Nicodème Bakimani Kolani
Le livre d'Amos

Beihefte zur Zeitschrift für die alttestamentliche Wissenschaft

Edited by
John Barton, Reinhard G. Kratz, Nathan MacDonald,
Carol A. Newsom and Markus Witte

Volume 510

Nicodème Bakimani Kolani

Le livre d'Amos

La place et la fonction des éléments supposés tardifs

DE GRUYTER

ISBN 978-3-11-056095-4
e-ISBN (PDF) 978-3-11-056274-3
e-ISBN (EPUB) 978-3-11-056154-8
ISSN 0934-2575

Library of Congress Control Number: 2018958585

Bibliografische Information der Deutschen Nationalbibliothek
The Deutsche Nationalbibliothek lists this publication in the Deutsche Nationalbibliografie;
detailed bibliografic data are available on the Internet at http://dnb.dnb.de.

MIX
Papier aus verantwor-
tungsvollen Quellen
FSC® C083411

Table des matières

Chapitre III :
La fonction des oracles contre tyr (Am 1, 9–10), Édom (Am 1, 11–12) et Juda (Am 2, 4–5)

Chapitre IV :
De l'apport des hymnes à l'équilibre du message d'Amos (Am 4, 13 ; 5, 8–9 ; 9, 5–6)

Chapitre V :
l'analyse du récit biographique (am 7, 10–17), de l'oracle contre les marchands (am 8, 4–14) et de l'oracle du salut (Am 9, 11–15)

Remerciements

« Une seule main ne peut jamais entourer un baobab »
Proverbe Moba

Cet ouvrage est la publication de notre thèse soutenue le 04 février 2017 à l'Université de Strasbourg, Faculté de Théologie Catholique. Elle a pu voir le jour grâce à tous ceux et toutes celles qui, d'une manière ou d'une autre, nous ont apporté un brin de lumière. Elle est le produit d'une chaîne insoupçonnée de bonnes volontés connues ou anonymes que nous aimerions remercier nommément. Nous pensons à notre feu provincial le frère Marcel Bakoma et à tous les frères de la Province Franciscaine du Verbe Incarné de l'Afrique de l'Ouest qui nous ont fait confiance en nous envoyant poursuivre nos études à l'Université de Strasbourg. Nous pensons à tous ces professeurs que nous avons rencontrés sur la route de nos études théologiques et qui ont su susciter en nous l'envie de scruter les Écritures. Nous exprimons notre reconnaissance aux frères franciscains de la Province du Bienheureux Duns Scot, spécialement à la fraternité de Strasbourg pour son soutien indéfectible durant la réalisation de ce travail, à tous les amis et bienfaiteurs qui nous ont soutenu d'une manière ou d'une autre par leurs paroles d'encouragement.

Nous remercions particulièrement Mme Anna Halimi pour la traduction des textes allemands et pour le soutien sans faille qu'elle nous a apporté, les frères de Bonne Fontaine qui nous ont toujours très fraternellement accueilli durant nos séjours de relecture, Mr Thiery, les frères Marc et Patrice, pour leurs minutieuses relectures.

Nous voulons exprimer notre gratitude et nos remerciements aux membres du jury, plus précisément aux professeurs Stefan Beyerle, Universität Greifswald, et Rainer Kessler, Philipps-Universität Marburg, qui ont lu la thèse et rédigé les pré-rapports pour la validation de la soutenance ; au professeur Daniel Gerber, le président du jury. Nous disons un merci particulier au Professeur Eberhard Bons, le directeur de cette thèse de doctorat, qui a accepté de nous accompagner dans cette recherche et qui n'a cessé de nous guider par ses suggestions et ses conseils. Sa disponibilité et la chaleur de son accueil nous ont permis de réaliser cette étude dans la confiance.

Enfin nos remerciements vont au comité de lecture de la maison d'édition De Gruyter, qui ont relu et donné un avis favorable pour la publication de cette thèse. Nous voulons nommer les Professeurs Markus Witte, Université de Berlin, et John Barton, University of Oxford, qui ont accepté de relire ce manuscrit pour la maison de Gruyter.

https://doi.org/10.1515/9783110562743-001

Résumé de la Thèse

Le livre d'Amos, l'un des livres bibliques les plus étudiés, continue d'être au centre des investigations de nombreux exégètes de plus en plus soucieux de le lire, dans sa forme actuelle, comme une œuvre cohérente dotée d'une stratégie littéraire unifiante.

Les deux premiers chapitres de la présente étude font le point sur l'histoire de l'exégèse de ce livre. Ils mettent en exergue les raisons pour lesquelles des biblistes dont le nombre est sans cesse croissant sont parvenus à la conviction que lire ce corpus dans la forme que la tradition nous l'a transmis comme un tout reste la voie la mieux indiquée pour entrer dans le processus de son d'interprétation. Le premier chapitre montre que, dans la veine de Wellhausen et de Gunkel, précurseurs de la *Redaktionsgeschichte* et de la *Formgeschichte,* les exégètes partisans de l'approche diachronique ont cherché et tentent de justifier la composition et l'organisation de ce livre par la reconstitution hypothétique des *ipsissima verba* d'Amos. Leurs travaux conduisent souvent au morcellement de ce corpus en de multiples petits fragments indépendants, à la dévalorisation d'un certain nombre de ses passages, perçus comme secondaires puis à la tentation d'une redisposition de ceux, supposés mal placés. Le second chapitre relève que ces mêmes passages empêchent les partisans de l'approche synchronique de s'accorder sur sa structuration d'ensemble et incitent des commentateurs à affirmer que ce livre manque de cohérence littéraire et théologique.

Les trois derniers chapitres sont consacrés à l'analyse des textes souvent tenus pour secondaires et moins importants dont la présence sape l'harmonie littéraire du corpus et l'unité théologique de la prédication d'Amos. Ils démontrent que, contrairement à ce que pensent les partisans de l'approche diachronique qui les considèrent comme des éléments disparates et inopportuns, ces passages sont accordés à leurs contextes et que leur présence est essentielle à l'équilibre littéraire et théologique du livre. En démontrant la place primordiale de ces neuf passages, cette étude révèle *de facto* que le corpus amosien n'est pas une œuvre dans laquelle des unités textuelles sont rassemblées sans véritable souci de logique et d'ordre. Il est un livre harmonieux ayant une stratégie littéraire unifiante. Le sacrifice d'un seul de ces éléments ou leur transfert à d'autres endroits du livre désarticulerait grandement son unité littéraire et théologique.

Summary of the Thesis

The book of Amos, being one of the most studied biblical books, continue to be at the centre of investigations of many exegetes who are more and more anxious to read, in its current form, like a coherent work which is endowed with a unifying literary strategy.

The first two chapters of the present study make a point in the history of exegesis of this book. They highlight the reasons why ever-increasing number of biblical scholars have come to the conclusion that reading this *corpus* in the form that tradition has transmitted to us as a whole, remains the best way enter into the process of its interpretation.

The first chapter shows that, in the mind of Wellhausen and Gunkel, the forerunners of *Redaktionsgeschichte* and *Formgeschichte*, the exegetes who favour the diachronic approach have sought and attempt to justify the composition and organisation of this book by the hypothetical reconstitution of the *ipsissima verba* of Amos. Their work often leads to the fragmentation of this *corpus* into multiple, small, and independent fragments, to the undermining of a number of its passages, perceived as secondary and then to the temptation of a re-disposition of those, supposedly misplaced. The second chapter maintains that these same passages prevent the proponents of the synchronic approach from agreeing on its overall structure and incite some commentators to assert that this book lacks literary and theological coherence.

The last three chapters are devoted to the analysis of texts often considered secondary and less important whose presence undermines the literary harmony of the *corpus* and the theological unity of the preaching of Amos. They show that, contrary to what the proponents of the diachronic approach consider as dissimilar and inappropriate elements, these passages are given to their contexts and that their presence is essential to the literary and theological equilibrium of the book. By demonstrating the primordial place of these nine passages, this study reveals *de facto* that the Amosian *corpus* is not a work in which textual units are assembled without any real concern for logic and order. It is a harmonious book having a unifying literary strategy. The sacrifice of one of these elements or their transfer from their place would greatly disarticulate its literary and theological unity.

Zusammenfassung der Dissertation

Das Amos-Buch, eines der meist untersuchten Bücher der Bibel, steht weiterhin im Zentrum der Forschungsarbeiten zahlreicher Exegeten, deren Anliegen immer mehr darin besteht, dieses Buch in seiner aktuellen Form als ein kohärentes und einheitliches Werk zu lesen.

Die ersten beiden Kapitel dieser Arbeit ermitteln den Forschungsstand der Exegese dieses Buches und gehen auf die Motive ein, die dazu geführt haben, dass eine immer größere Zahl von Exegeten die Meinung vertreten, dass das Text-korpus in der uns überlieferten Form als ein Ganzes gelesen werden muss : Dies ist in der Tat der beste Weg, um die herausragende Bedeutung und Aktualität der Botschaften des Buches Amos darzulegen. Der erste Teil zeigt, dass es den Kommentatoren, die eine diachrone Vorgehensweise wählen, und zwar diejeni-gen, die sich an den Arbeiten von Wellhausen und Gunkel, den Begründern der *Redaktionsgeschichte* und der *Formgeschichte,* orientieren, darum ging und heute noch darum geht, Aufbau und Organisation dieses Buches durch die hypothe-tische Rekonstruktion der *ipsissima verba* von Amos zu rechtfertigen. Trotz des unleugbaren Wertes dieser Arbeiten zerstückeln diese das Amos-Buch in zahl-reiche kleine voneinander unabhängige Fragmente, lassen neun Passagen, die sie als sekundär und unpassend betrachten, aus und ordnen andere nach ihrem Gutdünken an. Der zweite Teil der Arbeit soll aufzeigen, dass die position eben dieser ausgelassenen Passagen im Buch sowie ihre literatrischen und syntakti-schen Besondernheiten es den Vertretern einer synchronen Vorgehensweise nicht ermöglichen, sich über eine Struktur einig zu werden, die es erlauben würde, von diesem Korpus als einem sorgfältig durchkomponierten Werk zu sprechen. Trotz der interessanten und zutreffenden Ergebnisse dieser Forschungsarbeiten bleibt eben deshalb die Frage nach der Einheit dieses Buches eine Desiderat.

Die letzten drei Kapitel sind der Untersuchung der neun Passagen gewidmet, die oft als zweitrangig und weniger wichtig betrachtet wurde. Lange herrschte die Meinung vor, dass die Präsenz dieser Passagen der literarischen Harmonie des Korpus und der theologischen Einheit der Botschaft von Amos schaden könnte. Diese drei Kapitel zeigen, dass im Gegensatz zur Meinung der Vertreter der dia-chronen Methode eben diese Passagen sich bestens in den Kontext einfügen. Darüber hinaus trägt deren Präsenz wesentlich zum literarischen und theologi-schen Gleichgewicht des Buches bei. Indem unsere Untersuchung die vorrangige Bedeutung dieser Texte aufweist, zeigt diese Arbeit in der Tat, dass das Amos-Buch ein harmonisches Werk ist, das von einer übergreifenden literarischen Stra-tegie zeugt, und eben nicht eine bloße Ansammlung verschiedener Texteinheiten ohne jeglichen logischen und strukturellen Zusammenhang. Die Untersuchung zeigt vor allem, dass der Verzicht auf ein einziges Element des Korpus oder die Umstellung einer Passage die literarische und theologische Einheit des gesamten Textes destabilisieren. Diese Dissertation lädt den Leser dazu ein, das Textkor-pus nicht wie eine Abhandlung anzugehen, in der die einzelnen Elemente nach Themen und Motiven angeordnet sind, sondern dieses Korpus vielmehr als ein komplexes und schwieriges Werk zu lesen, das einen prophetischen und von Amos erfüllten Auftrag reflektiert.

Introduction Générale

Classé généralement dans le corpus des douze petits prophètes du fait de sa longueur[1], le livre d'Amos, le premier prophète dont les paroles ont été mises par écrit[2], occupe une place de premier plan[3] dans l'étude de la littérature prophétique à cause de son antériorité. Cette place de choix accordée au corpus amosien semble tenir aussi à sa richesse littéraire mais surtout à la force de son message, particulièrement riche et incisif, qui le rend impérissable, d'actualité[4]. Une étude sérieuse de ce livre pourrait constituer pour tout chercheur une porte d'entrée dans le monde vaste et complexe qu'est celui du prophétisme biblique. Aussi, malgré sa brièveté, le corpus amosien soulèverait, en tant que premier recueil prophétique, la plupart des questions d'ordre historique, littéraire ou religieux que l'on pourrait retrouver chez ses successeurs[5]. C'est pourquoi il demeure de loin l'un des livres prophétiques les plus étudiés[6] par les exégètes de tous bords qui ont cherché et cherchent toujours à cerner le génie littéraire du prophète, la porte pour mieux saisir son message. Pourtant, le parcours de l'histoire de l'exégèse révèle paradoxalement que ce corpus très fréquenté ne se laisse pas lire aisément, non seulement à cause des termes difficiles ou des hapax qui y foisonnent, de sa réalité socio-politique, culturelle et religieuse qui nous échappe, mais surtout en

---

1 En effet, le livre d'Amos ne compte que 9 chapitres et ne peut se comparer du point de vue longueur au volume du corpus d'Isaïe (66 chapitres), de Jérémie (52 chapitres) ou d'Ezéchiel (48 chapitres).

2 Avant la parution d'Amos, Israël a connu des prophètes tels que : Samuel au temps du roi Saül, Nathan, prophète attaché à la cours royale de David, Elie, Elisée et bien d'autres.

3 Bovati, P., Meynet, R., *Le livre du prophète Amos*, Paris, Cerf, 1994, p. 8.

4 Dans la dernière partie de son ouvrage consacrée à la postérité du livre d'Amos, Martin-Achard démontre que, même si la prédication de ce prophète est très peu citée explicitement dans les autres livres bibliques et dans les manuscrits anciens, elle a été lue et commentée par des auteurs de tous bords depuis les Pères de l'Église, en passant par les exégètes juifs de l'ère chrétienne, jusqu'aux penseurs modernes. Martin-Achard, R., *Amos, l'homme, le message, l'influence*, Genève, Labor et Fides, 1984, p. 161–271.

5 Martin-Achard, R., *Amos*, p. 9.

6 Dans son ouvrage consacré à l'état de la recherche sur le livre d'Amos, van der Wal a recensé plus de 1600 publications sur ce corpus pour la seule période allant de 1800 à 1985. Wal, A. van, der, *Amos : A Classified Bibliography*, Amsterdam, VU Boekhandel/Uitgeverij, [1981 ; 1983], 1986. Une multitude d'autres études sont recensées dans Paul, Sh. M., *Amos : A Commentary on the Book of Amos*, Hermeneia, Minneapolis, Fortress Press, 1991, p. 299–367 ; Thompson, H. O., *The Book of Amos : An Annotated Bibliography*, ATLABS 42, Lanham, Scarecrow Press, 1997 ; Melugin, R. F., « Amos in Recent Research », *BS* 6 (1998), p. 65–101 ; Carroll, M.D., *Amos – The Prophet and His oracles : Research on the Book of Amos*, Louisville-Londres, Westminster John Knox Press, 2002.

https://doi.org/10.1515/9783110562743-002

raison de sa texture, c'est-à-dire de la disposition de ses différents éléments qui déconcertent les lecteurs modernes[7]. Ceux-ci éprouvent des difficultés à cerner son unité et par conséquent, la cohérence de son message.

Il est récurrent dans les travaux de nombreux biblistes que ce livre, dans sa forme actuelle, pose à celui qui veut le lire de façon continue d'un bout à l'autre de grandes difficultés pour saisir les rapports qui lient ses différents passages[8]. Depuis Luther qui estima que « les prophètes ont une étrange façon de discourir, en ne maintenant aucun ordre, et en jetant toutes choses pêle-mêle, de telle sorte qu'on ne peut ni les comprendre, ni s'y faire »[9], jusqu'à nos jours, l'histoire de son exégèse est jalonnée de constantes affirmations selon lesquelles ce corpus serait dépourvu d'unité et de cohérence. Osty affirme dans ce sens que « le livre d'Amos est un curieux mélange d'ordre et de désordre »[10]. La même affirmation revient avec plus de force chez Coote, qui soutient que le corpus amosien « est un livre qui a trop peu d'histoire, trop peu d'entrain, trop peu de cohérence interne, un livre qui ne soutient l'intérêt que pour peu de versets ou un chapitre au maximum »[11]. La même impression se retrouve dans les propos de Martin-Achard qui avance que ce livre est partialement désordonné[12]. Ses propos relevés ci-dessus et ceux de ses prédécesseurs dévoilent que le corpus amosien apparaît toujours aux yeux

---

7 Bovati, P., Meynet, R., *Le livre du prophète Amos*, p. 9.

8 Bovati et Meynet résument ce sentiment qui a gagné plusieurs générations d'exégètes et qui tend à s'imposer comme une maxime, dans les termes suivants : « Ce qui déconcerte surtout le lecteur moderne – mais ce trait n'est pas propre à Amos – c'est l'impression de désordre que laisse la lecture continue de grands pans de son livre ». Selon eux, ce sentiment serait dû à la difficulté de cerner l'organisation de « la deuxième section (3 – 6) qui apparaît comme une sorte de pot-pourri dont les sous-titres de nos traductions modernes ne réussissent guère qu'à souligner l'incohérence ». Bovati, P., Meynet, R., *Le livre du prophète Amos*, p. 9.

9 Luther, M., *Œuvres complètes tome 14*, Genève, Labor et Fides, 1993, p. 102.

10 Osty, É., *La Bible, traduction française sur les textes originaux par Émile Osty avec la collaboration de Joseph Trinquet*, Paris, Seuil, 1973, p. 1975.

11 « Amos has too little story, too little train of thought, and too little internal coherence to hold interest for more than a few verses or, at most a chapter ». Coote, R. B., *Amos among the Prophets : Composition and Theology*, Philadelphia, Fortress Press, 1981, p. 1.

12 Il souligne : « Un premier contact avec le livre prophétique laisse penser que celui-cui est composé d'une suite d'oracles, en général disparates, et plus ou moins heureusement rassemblés ; les sujets les plus divers y sont abordés dans un même chapitre ; les motifs se succèdent sans que leur coordination nous apparaisse et l'atmosphère change parfois du tout au tout d'un verset à l'autre. Une deuxième lecture du livre d'Amos par exemple montre que le désordre n'est que partiel ; le recueil du prophète contient au contraire des ensembles, savamment agencés, comme le cycle sur les nations voisines (1, 3ss), la série des calamités évoquées en 4, 6–12, les cinq visions, jadis réunies, groupées deux par deux, qui débouchent sur 9, 1ss ; mais des difficultés subsitent pour d'autres chapitres ». Martin-Achard, R., *Amos*, p. 70–71.

de maints commentateurs comme un corpus dans lequel des unités textuelles sont rassemblées sans véritable souci de logique et d'ordre. Ils révèlent également que ces biblistes imputent ce manque de cohérence à un certain nombre de passages qu'ils supposent être des matériaux tardifs maladroitement incorporés à un noyau original renfermant des discours venant d'Amos. Les passages généralement considérés comme des interpolations secondaires, dont la présence briserait l'harmonie littéraire et l'unité théologique du livre, sont au nombre de neuf. Il s'agit notamment des oracles contre Tyr (Am 1, 9–10), Édom (Am 2, 11–12) et Juda (Am 2, 4–5) que certains commentateurs traitent séparément des cinq autres discours d'Am 1, 3 – 2, 16[13], des trois doxologies (Am 4, 13 ; 5, 8–9 ; 9, 5–6) souvent perçues comme des éléments inopportuns dans leur contexte[14], du récit biographique relatant l'altercation entre Amos et Amacya (Am 7, 10–17) et de l'oracle contre les marchands fraudeurs (Am 8, 4–14) qui apparaissent aux yeux de certains biblistes comme des corps étrangers interrompant l'enchaînement logique des récits de visions[15], enfin de l'oracle final (Am 9, 11–15) souvent vu comme un texte dont la teneur contredit la prédication d'Amos[16]. Ces exégètes traitent souvent séparément ces supposés compléments additionnels, sans tenir compte de leur rapport avec les textes authentiques, ou les disposent à leur guise en les transférant à d'autres endroits du livre[17]. Il résulte de toutes ces observations que considérer le corpus amosien dans sa forme actuelle comme une œuvre harmonieuse serait impossible, ou du moins resterait l'équation majeure que l'exégèse contemporaine doit tenter de résoudre.

Au regard de ce qui précède, nous nous posons quelques questions : que penser de la logique interne du livre d'Amos à l'heure où de nombreux biblistes

---

13 Schmidt, W. H., « Die deuteronomistische Redaktion des Amosbuches », *ZAW* 77 (1965), p. 168–193 ; Wolff, H. W., *Joel and Amos : A Commentary on the Books of the Prophets Joel and Amos*, Hermeneia, Philadelphia, Fortress Press, 1977, p. 140.

14 Mays, J. L., *Amos*, p. 83 : « Amos 4: 13 ; 5: 8f ; 9: 5f all stand distinct from their immediate context in style and subject. [...]. They depict the majestic might of Yahweh upon which earth and its inhabitants utterly depend is creator and establisher of earth's order and the one who can shake the world to recall its subjection to his sovereignty ». Auparavant, Cripps a soutenu que le style de ces hymnes et leur vocabulaire montrent qu'ils ont été ajoutés par les disciples d'Amos à ses oracles, lesquels leur semblaient impliquer une théophanie future. Cripps, R. S., *A Critical and Exegetical Commentary of the Book of Amos*, SPCK, London, 1969², p. 184.

15 Amsler affirme au sujet d'Am 7, 10–17 que « sa place entre la troisième et la quatrième vision est accidentelle ». Amsler, S., « Amos », dans Jacob, E., Keller, C. A., Amsler, S., *Osée, Joël, Amos, Abdias, Jonas*, CAT 21a, Genève, Labor et Fides, 1982, p. 228.

16 Wolff, H. W., *Joel and Amos*, p. 406.

17 Amsler, S., « Amos », p. 157–247 ; Soggin, J. A., *Il profeta Amos, Traduzione e commento*, SB 61, Brescia, Paideia Editrice, 1982, p. 25–32.

soutiennent que la voie la mieux indiquée pour accéder au cœur du message des textes bibliques reste de les accueillir tels qu'ils nous sont parvenus[18] ? Le livre qui porte le nom du berger de Teqoa est-il aussi désorganisé que certains auteurs le prétendent ? Peut-on déclarer ce livre mal planifié sans tomber dans un leurre consistant à vouloir imposer nos catégories littéraires aux écrits d'un prophète qui n'avait pas les mêmes schèmes de pensée et la même manière que nous de rapporter les faits ? En outre, les générations successives qui ont reçu le recueil des paroles du Teqoïte, qui l'ont lu et nous l'ont transmis, auraient-elles été ignorantes au point de nous avoir légué un corpus désordonné ou rempli d'anachronismes ? Enfin, peut-on soutenir que le livre d'Amos est incohérent, sans courir le risque de prendre ce prophète pour un écrivain qui se serait assis à sa table pour écrire ses recueils, suivant les principes littéraires modernes, pour ensuite aller les lire devant son public et s'éclipser de la scène sans problème ? Que penser alors des passages que la majorité des exégètes partisans de la critique des formes et de la critique rédactionnelle considèrent comme des éléments disparates et inopportuns dont la présence saperait la cohérence littéraire et l'unité théologique du corpus ? Le livre d'Amos ne doit-il pas plutôt être vu comme une œuvre qui retrace toute la réalité constitutive d'une délicate et difficile mission prophétique dans toute son épaisseur et sa complexité[19] ? Une telle vision ne pourrait-elle pas constituer une piste stimulante pour mieux appréhender son unité ?

Dans la logique des interrogations qui précèdent, nous voulons poser qu'en dépit de tout ce qu'il semble contenir comme matériaux tardifs, le livre d'Amos demeure une œuvre cohérente ayant une stratégie littéraire unifiante qu'il convient de découvrir. Ce corpus peut être vu comme un ensemble unifié dans lequel les divers éléments sont à leur place et ont leur rôle dans leur rapport à la globalité, de sorte que nul ne saurait retrancher ou déplacer un seul d'entre eux sans que l'équilibre littéraire et la dynamique de son message soient fortement

---

18 Andersen et Freedman estiment qu'il est préférable d'accueillir le livre tel qu'il se présente plutôt que de procéder à des reconstititutions hypothétiques de son texte original. « We prefer to leave some problem unsolved rather than attempt to explain the Unkown by the unkown ». Andersen, F. I., Freedman, D. N., *Amos : A New Translation with Introduction and Commentary*, AncB 24a, Yale, University Press, 2008, p. 4. Bovati et Meynet abondent dans le même sens en écrivant ceci : « Bien loin de devoir être considérées comme négatives, ces interventions rédactionnelles sont à tenir comme l'interprétation ‹ authentique › du prophète Amos. Il faut sans doute aller jusqu'à affirmer que, sans cette ‹ interprétation ›, nous n'avons plus le véritable Amos, mais une autre interprétation, une reconstruction singulièrement appauvrie ». Bovati, P., Meynet, R., *Le livre du prophète Amos*, p. 87.

19 Sa vie, sa prédication, les oppositions, les interjections et les objections imprévisibles de ses auditeurs, lesquelles l'obligent à changer de stratégie dans son discours.

atteints. Ces hypothèses constitueront le cœur de la problématique de notre thèse qui s'inscrit dans la préoccupation actuelle des biblistes qui veulent lire ce corpus comme un ensemble harmonieux, dans lequel chaque élément prend la place qui est la sienne. Cependant, nous n'insinuons pas que ce livre a été rédigé d'un seul jet. Autrement dit, nous ne considérons pas le texte écrit comme les notes sténographiques de la prédication d'Amos. Nous ne chercherons pas à répondre à la question : qui est l'auteur du corpus que la tradition attribue à ce prophète ? Cette question reste ouverte. Notre objectif est de montrer que le texte massorétique tel qu'il se présente est un ensemble unifié. Dès lors, la question qui demeure est celle de la méthode : comment procéderons-nous pour prouver la cohérence du livre d'Amos ?

Pour ce travail, nous adopterons l'approche synchronique[20] qui « seule peut compléter des recherches centrées avant tout sur l'aspect diachronique du message du prophète Amos et de ses avatars »[21] et nous permettre d'aborder son corpus comme une œuvre complète dont l'ensemble est producteur de sens. Cette approche, qui a l'avantage de viser l'intégrité esthétique des textes, prend aujourd'hui de plus en plus la priorité sur l'analyse diachronique qui examine l'évolution hypothétique des textes et des livres bibliques[22]. En ce qui concerne l'actualité et la pertinence de cette méthode, Hasel, dans son point sur l'état de la recherche portant sur les deux différentes approches littéraires[23] du livre d'Amos[24], souligne que les récents commentaires « semblent, chacun à sa manière, montrer clairement que l'approche synchronique est de plus en plus privilégiée dans les travaux des chercheurs modernes »[25]. Il est même allé jusqu'à dire que « si la méthode diachronique continuera d'attirer certains chercheurs, elle n'est plus

---

20 Nous n'entendons pas l'approche synchronique dans le sens de l'analyse rhétorique menée par des commentateurs tels Bovati et Meynet, qui cherchent à dégager les schémas de structures concentriques dans ce livre. Nous voulons considérer ce corpus comme un ensemble unifié dont chaque élément est essentiel.

21 Martin-Achard, R., *Amos*, p. 74.

22 Landy, F., « Vision and Prophetic Speech in Amos », *HAR* 11 (1987), p. 223–246 (p. 223) : « Over historical investigation, the aesthetical wholeness of the text [has priority] over its hypothetical evolution ». Cette vision de Landy est largement reprise par Hasel : « The issue before us is the perpetual problem of our time, namely, whether the diachronic approach of the past or the synchronic approach used widely at present has priority ». Hasel, G. F., *Understanding the Book of Amos : Basic Issues in Current Interpretation*, Grand Rapids, Baker Book House, 1991, p. 98–99.

23 L'approche diachronique est privilégiée par les exégètes adeptes de la démarche historico-critique tandis que l'approche synchronique s'intéresse plus à la forme finale des textes.

24 Hasel, G. F., *Understanding the Book of Amos*, p. 91–99.

25 Hasel, G. F., *Understanding the Book of Amos*, p. 99.

en pointe dans la recherche »[26]. Sans vouloir comme lui exalter outre mesure l'approche synchronique, qui demeure une parmi d'autres, nous retenons que la tendance actuelle est d'accueillir le corpus tel qu'il a été transmis par les massorètes et d'essayer d'appréhender les rapports qui lient ses différents passages. Les chercheurs estiment de plus en plus que l'emplacement des péricopes dans ce livre ne saurait être l'effet d'un hasard. Des lignes de développement coordonnées et organiques les gouvernent et il serait bon de les découvrir pour mieux entrer dans la dynamique du message d'Amos.

Les remarques de Hasel sur l'actualité et la pertinence de l'approche synchronique révèlent aussi que nous ne sommes pas le premier à vouloir lire le livre d'Amos comme un ensemble harmonieux. Plusieurs éminents exégètes ont déjà tenté une telle lecture, même si elle reste encore un défi pour l'exégèse contemporaine. En effet, dans son état de la recherche sur les approches littéraires du livre d'Amos, Hasel relève qu'en dehors de Schmidt[27], de Wolff[28] et de beaucoup d'autres adeptes de la critique rédactionnelle[29], maints exégètes ont plutôt tenté de déceler l'articulation d'ensemble du corpus d'Amos[30]. En effet, depuis les travaux de Koch

26 Hasel, G. F., *Understanding the Book of Amos*, p. 99 : « The diachronic approach will continue to attract some scholars, but it is no longer at the cutting edge of research ».

27 Schmidt, W. H., « Die deuteronomistische Redaktion des Amosbuches », p. 168–193.

28 Dans son commentaire paru en 1969 et traduit en anglais en 1977, il soutient que le livre d'Amos est issu de six strates rédactionnelles. Wolff, H. W., *Joel and Amos*, p. 106–113.

29 La plupart de ces auteurs se sont souvent lancés dans la quête du supposé noyau authentique du livre, noyau qui serait cohérent au départ, mais qui aurait subi des ajouts durant son processus de transmission. Vermeylen, J., *Du prophète Isaïe à l'apocalyptique : Isaïe I-XXXV, miroir d'un demi-millénaire d'expérience religieuse en Israël*, tome 2, Paris, Gabalda, 1978, p. 519–569 ; Soggin, J. A., *Il profeta Amos*, p. 25–32 ; Doorly, W. J., *Prophet of Justice : Understanding the Book of Amos*, New York/Mahwah, N. J. Paulist, 1989.

30 Koch, K., *Amos : Untersucht mit den Methoden einer strukturalen Formgeschichte*, 3 vols., AOAT 30, Neukirchen, 1976 ; Rudolph, W., *Joel-Amos-Obadja-Jona*, Gütersloh, Gerd Mohn Gütersloher Verlagshaus, 1971 ; Gordis, R., « The composition and Structure of Amos », in idem, *Prophets and Sages : Essay in Biblical interpretation*, Bloomington, Indiana University Press, 1971, p. 217–229 ou Gordis, R., « The Composition and Structure of Amos », *BS* 156 (1999), p. 160–174 ; Tromp, N. J., Deden, D., *De profeet Amos*, Boxtel, Katholieke bijbelstichting, 1971 ; Gitay, Y., « A Study of *Amos's Art of Speech* : A Rhetorical Analysis of *Amos* 3.1–15 », *CBQ* 42 (1980), p. 293–309 ; Waard, J. de, Smalley, W. A., *A translator's Handbook on the Book of Amos*, New York, United Bible Society, 1980. Voir aussi : Smalley, W. A., « Recursion Patterns and the Sectioning of Amos », *BT* 30 (1979), p. 118–127 ; Gese, H., « Komposition bei Amos », *VTSup.* 32 (1981), p. 75–95 ; Lust, J., « Remarks on the Redaction of Amos V 4–6, 14–15 », *OTS* 21 (1981), p. 129–154 ; Wal, A. van, der, « The Structure of Amos », *JSOT* 26 (1983), p. 107–113 ; Limburg, J., « Sevenfold Structures in the Book of Amos », *JBL* 106/2 (1987), p. 217–222 ; Stuart, D. K., *Hosea-Jonah*, Waco, Word, 1987 ; Pour compléter cet état de la recherche que nous a légué Hasel, il est utile de mentionner les travaux de : Childs,

et surtout ceux de Childs, nombreux sont les biblistes qui invitent à traiter le livre d'Amos non pas comme une collection de petites unités indépendantes ou un assemblage d'éléments disparates issus de différentes strates rédactionnelles, mais plutôt comme un corpus « fortement structuré »[31]. Mais d'une part, certains de ces commentateurs ont souvent limité leurs travaux à la justification de l'unité de telle ou telle section du livre d'Amos, ce qui fait qu'ils sont souvent trop parcellaires et ne couvrent pas tout le livre. C'est le cas, par exemple, des travaux de Brueggemann et de de Waard, qui ont respectivement, en 1965 et en 1977, cherché à justifier l'unité d'Am 4, 4–13[32] et 5, 1–17[33], longtemps fragmentés en de multiples petits morceaux indépendants ; c'est aussi le cas du travail de Gitay qui s'est intéressé à l'art rhétorique d'Amos mais a focalisé sa recherche sur la justification de l'unité d'Am 3, 1–15.

D'autre part, tous ceux qui se sont évertués à discerner une structure globale du livre d'Amos ne sont jamais parvenus à se mettre d'accord sur la manière de délimiter ses diverses sections. Ce manque d'unanimité autour d'une structure devant servir de pièce justificative de l'unité littéraire et théologique de ce corpus fait que la question de sa cohérence se pose aujourd'hui avec encore plus d'acuité. C'est sans doute ce manque de consensus qui a récemment conduit Möller à se demander s'il ne fallait pas admettre, avec Dorsey, que le livre d'Amos comporte un mélange de sections légèrement désordonnées et de sections fortement structurées[34]. Dès lors, au lieu de nous engager dans le débat sans cesse rebondissant sur la structure du livre d'Amos, il nous paraît nécessaire d'adopter deux attitudes. **La première** sera de chercher à avoir une ample connaissance de tous les obstacles qui empêchent les exégètes de s'accorder sur sa structuration d'ensemble. Il

---

B. S., *Introduction to the Old Testament as Scripture*, Philadelphia, Fortress Press, 1979 ; Coulot, C., « Propositions pour une structuration du livre d'Amos au niveau rédactionnel », *RevScRel* 51 (1977), p. 169–186 ; Garrett, D. A., « The Structure of Amos as a Testimony to its Integrity », *JETS* 27/3 (1984), p. 275–276 ; Bovati, P., Meynet, R., *Le livre du prophète Amos* p. 381–405 ; Noble, P. R., « The Literary Structure of Amos : a Thematic Analysis », *JBL* 114 (1995), p. 209–226 ; Bramer, S. J., « Analysis of the Structure of Amos », *BS* 156 (1999), p. 160–174 ; Park, A. W., *The Book of Amos as Composed and Read in Antiquity*, SBL 37, New York, Peter Lang, 2001 ; Möller, K., *A Prophet in Debate : The Rhetoric of persuasion in the Book of Amos*, JSOTSup. 372, London, Sheffield Academic Press, 2003.

31 Andersen, F. I., Freedman, D. N., *Amos*, p. 144.

32 Brueggemann, W., « Amos 4, 4–13 and Israel's Covenant Worship », *VT* 15 (1965), p. 1–15.

33 Waard, J. de, « The Chiastic Structure of Amos V 1–17 », *VT* 27 (1977), p. 170–177.

34 Möller, K., *A Prophet in Debate*, p. 48 : « What are we to make of such views ? [...] Is true that there is mixture of mild disorder and highly structured section, and if it is what are the implications ? ». Voir : Dorsey, D. A., « Literary Architecture and Aural Structuring Techniques in Amos », *Bib 73* (1992), p. 305–330 (p. 305).

s'agira principalement de chercher à comprendre pourquoi des commentateurs comme Westermann estiment que l'enchaînement de ses morceaux n'est basé sur aucun plan, pas même sur celui d'un rédacteur[35]. En fait, il nous faudra appréhender ce qui, dans ce corpus, donne au lecteur le sentiment résumé par Andersen et Freedman dans les termes suivants : « Le livre du prophète Amos, en une première lecture, semble être un ramassage de divers matériaux prophétiques. Il ne semble pas avoir beaucoup de système ou d'ordre. Il est plus un assemblage accidentellement réuni ou mal édité de discours faits par le prophète ou traditionnellement attribués à lui, qu'un livre planifié et bien mené »[36]. Cette quête nous permettra de déceler que les passages perçus par la majorité des partisans de l'approche diachronique comme des interpolations tardives sont les mêmes qui, de par leurs particularités littéraires et syntaxiques, rendent difficile la structuration du livre. **La seconde** sera donc de s'arrêter sur ces textes. Nous nous interrogerons surtout sur la place et la fonction de chacun d'eux afin de savoir en quoi ils contribuent à l'équilibre et à la dynamique du message d'Amos.

Dans la logique de ce qui précède, le plan de notre thèse se présentera comme suit :

Les deux premiers chapitres seront une forme de *Status Quaestionis* consacré à l'examen des différentes approches littéraires du livre d'Amos. Cet examen aura essentiellement pour but de nous permettre d'entrer plus profondément dans le débat sur la cohérence du livre en mettant en exergue les limites et les fragilités des différentes tentatives de justification de sa composition et de son organisation. Tout d'abord, nous évoquerons les diverses approches diachroniques de ce livre. Plus précisément, nous verrons comment, dans le sillage de la critique des sources du Pentateuque et surtout à la suite de Wellhausen, certains biblistes l'ont analysé. Nous examinerons également les approches qui ont dominé son exégèse depuis la critique des formes de Gunkel jusqu'à la première tentative de son analyse synchronique menée par Koch. Ensuite, nous nous intéresserons aux différentes approches synchroniques de ce livre, de Koch à nos jours, pour voir si les biblistes s'accordent sur son organisation.

Les trois derniers chapitres seront réservés à l'analyse des prétendus éléments tardifs et disparates du livre d'Amos. Premièrement, nous examinerons les dis-

---

35 Westermann, C., « Amos 5, 4–6. 14–15 : Ihr Werdet leben ! », p. 116.
36 Andersen, F. I., Freedmann, D. N., *Amos*, p. 9 : « The book of the prophet Amos, on first reading, seems to be a miscellaneous collection of various prophetic materials. It does not seem to have much system or order. It is more like an accidentally gathered or badly edited assemblage of speeches made by the prophet or traditionally assigned to him than a well-planned and well-wrought book ».

cours adressés à Tyr, à Édom et à Juda pour savoir ce que leur présence apporte à l'ensemble formé par les oracles destinés aux nations autres qu'Israël (Am 1, 3 – 2, 5) ; nous vérifierons s'ils s'accordent avec les autres discours et renforcent les fonctions littéraires et théologiques que les exégètes leur attribuent. Deuxièmement, nous scruterons les trois fragments d'hymnes (Am 4, 13 ; 5, 8–9 ; 9, 5–6) pour savoir quel équilibre ils apportent à la prédication d'Amos, plus particulièrement au portrait de Dieu qui l'a investi de son autorité et l'a envoyé parler en son nom. Enfin, nous analyserons l'unique récit biographique (Am 7, 10–17), l'oracle contre les marchands (Am 8, 4–14) et le célèbre oracle de salut (Am 9, 7–15), en poursuivant le même objectif : justifier qu'ils sont bien accordés à leurs contextes et demeurent indispensables pour l'harmonie du livre et pour l'équilibre du message d'Amos.

Chapitre I :
L'Analyse de la Composition du Livre d'Amos de Wellhausen à l'Approche Synchronique de Koch

Introduction

Depuis la rupture[1] avec la paraphrase[2] des Pères de l'Eglise et les commentaires des exégètes juifs dominés par l'idée que « dans la Bible, livres, sections et versets s'éclairent mutuellement »[3], le désir de saisir la composition et l'organisation d'ensemble du livre d'Amos s'est progressivement imposé comme l'un des principaux centres d'intérêt des travaux des exégètes modernes et contemporains. En

---

1 Cette rupture a été opérée par les scholastiques : Bovati et Meynet, se basant sur le commentaire d'Albert le Grand, soulignent que l'approche scholastique du livre d'Amos marque une grande nouveauté par rapport à l'âge patristique ; elle procède à un commentaire verset par verset (ou par petites unités de sens) mais recherche plutôt une organisation hiérarchisée de ce livre ou de ses chapitres. Bovati, P., Meynet, R., *Le livre du prophète Amos*, p. 12.

2 Les exégètes, tels Bovati et Meynet, notent que, même s'il y a quelques regroupements de petites unités chez Théodore de Mopsueste (Théodore de Mopsueste, *In Amosum Comentarius*, PG 66, p. 241–304), chez Cyrille d'Alexandrie (Cyrille d'Alexandrie, *In Amosum prophetam commentarius*, PG 71/4, 407–582) et chez Jérôme (Jérôme, *Commentariorum in Amos prophetam Libri III*, CCSL 76, Turnhout, Brepols, 1969, p. 211–348), les Pères de l'Eglise ont paraphrasé le livre d'Amos. Bovati, P., Meynet, R., *Le livre du prophète Amos*, p. 11. C'est le même constat qu'a fait Kelly de qui nous tenons une étude sur la lecture d'Amos par les Pères grecs. Il ressort de son analyse qu'en dehors de Cyrille d'Alexandrie, de Théodore de Mopsueste et de Théodoret de Cyr, qui ont consacré chacun un commentaire au livre d'Amos, les autres Pères se sont souvent contentés de citer l'un ou l'autre verset dans leurs sermons et leurs commentaires. Il a relevé, dans la littérature patristique, deux cent quatre citations d'Amos réparties comme suit : six chez Clément d'Alexandrie, trente et une chez Origène, dix-sept chez Tertullien, quatre chez Athanase et chez Didyme l'aveugle, trente et une chez Cyrille d'Alexandrie, dix-neuf chez Grégoire de Naziance, vingt-deux chez Jean Chrysostome. Kelly, J. G., « The Interpretation of Amos 4:13 in the Early Christian Community », dans Mcnamara, R. F. (ed.), *Essays in Honor of Joseph P., Brennan*, Rochester, N.Y., The Seminary, 1977, p. 60–77. Les divers volumes de *Biblia Patristica*, dont les résultats sont bien résumés par Martin-Achard, révèlent aussi qu'en dehors de quelques citations directes et de quelques allusions indirectes, certains passages du livre d'Amos tels que les oracles contre les nations et les visions sont quasi absents dans les commentaires et sermons des Pères. En somme, ces derniers n'ont pas abordé le livre d'Amos comme un ensemble dont les éléments sont intrinsèquement unis les uns aux autres. Martin-Achard, *Amos*, p. 202–203. Pour les volumes de *Biblia Patristica* voir : *Biblia Patristica*, Paris, 1 (1975), 2 (1977), 3 (1980).

3 Sans se soucier de la cohérence du livre, les exégètes juifs cherchent plutôt à éclairer ses éléments avec les passages des autres livres bibliques. Martin-Achard, R. *Amos*, p. 186. Beaucoup d'auteurs comme Markert, Blechmann, qui se sont intéressés à la lecture d'Amos par les exégètes juifs du début de la première ère chrétienne, soulignent que dans le Talmud ou les Midrash, les rabbins se préoccupent moins de présenter les articulations du livre d'Amos que d'éclairer chaque verset ou chaque mot de ce livre par d'autres textes bibliques. Markert, L., « Amos, Amosbuch », dans Krause, G., Müller, G. (ed.), *Theologische Realenzyklopädie*, vol. 2, Berlin-New York, De Gruyter, 1978, p. 471–487 (p. 482–485) ; Blechmann, M., *Das Buch Amos im Talmud und Midrash*, Leipzig, Oswald Schmidt, 1937.

https://doi.org/10.1515/9783110562743-003

effet, les récents auteurs qui se sont intéressés à l'état de la recherche sur ce livre retiennent que l'histoire de son exégèse est marquée par trois phases majeures[4] qui se chevauchent.

Tout d'abord, les biblistes ont, à la suite de Wellhausen, focalisé leur attention sur la personne du prophète Amos lui-même[5]. Après la parution des *Prolégomènes à l'histoire d'Israël* de cet auteur[6], ils ont tenté de présenter Amos comme un génie créateur ou un innovateur religieux ayant invité les fils d'Israël à une relation beaucoup plus personnelle avec Dieu, une relation basée sur la pratique de la justice plutôt que sur le culte. Dans cette optique, ils ont, pendant une très longue période, cherché à savoir si Amos avait été pour ou contre le culte[7]. De ce fait, seuls les passages du livre ayant trait au culte ont été au centre des études des exégètes.

Ensuite, toujours sous l'influence de Wellhausen, certains biblistes se sont interrogés sur la manière dont Amos a reçu le message du Seigneur et l'a livré au peuple de Dieu[8]. Ce questionnement sur le mode de réception du message prophétique et sur sa transmission ultérieure au peuple de Dieu les a conduits à situer Amos dans le contexte prophétique du Proche Orient Ancien. Aussi des auteurs comme Hölscher[9] ont-ils dépeint Amos comme un extasié, un homme qui a été saisi et investi par Dieu pour aller porter sa parole aux habitants du royaume d'Israël. Cette quête a connu son essor avec la découverte des écrits des prophètes de Mari et celle des prophéties d'exécration en Égypte[10]. Elle a même

---

4 Carroll, M.D., *Amos – The Prophet and His Oracles*, p. 3–4 ; Park, A., *The Book of Amos as Composed and Read in Antiquity*, p. 1–28.

5 Carroll, M.D., *Amos – The Prophet and His Oracles*, p. 3.

6 Wellhausen, J., *Prolegomena to the History of Israel*, [1878], Cambrige, Cambrige University Press, 2013.

7 Pour ce qui concerne les grandes parutions qui ont ponctué ce débat, l'on se référera à la bibliographie donnée dans Carroll, M.D., *Amos – The Prophet and his Oracles*, p.7–12 et p. 109–114. Martin Achard a aussi consacré la deuxième partie du troisième chapitre de son livre à cette question visant à savoir si Amos avait été pour ou contre le culte. Martin-Achard, R., *Amos*, p. 105. Mais cette question ne concerne pas notre thèse.

8 Carroll, M.D., *Amos – The Prophet and His Oracles*, p. 7.

9 Hölscher, G., *Die Propheten : Untersuchungen zur Religionsgeschichte Israels*, Leipzig, Hinrich, 1914.

10 Le palais de Mari a été découvert en 1934 par André Parrot. Pour une bonne présentation de ces textes voir : Charpin, D., Ziegler, N., *Florilegium Marianum V. Mari et le Proche-Orient à l'époque amorite : essai d'histoire politique*, MN 6, Paris, SEPAO, 2003 ou Charpin, R., « Tell Hariri/ Mari : textes II. Les archives de l'époque amorite », dans DBS 14, Paris, Letouzey & Ané, 2008, col. 233–248. Pour les textes d'exécration des prophètes d'Égypte, voir : Posener, G., *Princes et pays d'Asie et de Nubie. Textes hiératiques sur des figurines d'envoûtement du Moyen Empire*, Bruxelles, Fondation égyptologique Reine Elisabeth, 1940.

été prolongée par les travaux de certains auteurs contemporains tels que Bentzen et Wolff[11], qui se sont questionnés sur l'arrière-fond du message d'Amos. Mais elle a fait naître une opposition entre ceux qui ont voulu faire du contexte du Proche Orient Ancien le *Sitz im Leben* de la prédication d'Amos et ceux qui ont mis l'accent sur la particularité de son message. Cette opposition a poussé peu à peu les biblistes à s'interroger sur le génie littéraire et sur le style particulier de ce prophète. Ce questionnement a ouvert la porte à deux grandes approches littéraires de son livre.

Enfin, les biblistes tentent de discerner l'organisation et la composition du livre d'Amos. Dans la mouvance de la critique des sources du Pentateuque et suite à la publication du commentaire de Wellhausen sur les petits prophètes[12] - ouvrage dans lequel il refuse l'attribution d'Am 9, 8–15 à Amos – ses successeurs ont abordé le corpus amosien avec l'intention d'isoler ses paroles authentiques afin d'accéder à son expérience personnelle avec Dieu. Ils ont cru pouvoir faire paraître, dans leur état pur, les exigences spirituelles et éthiques qu'il avait posées au peuple[13]. C'est alors qu'une véritable approche diachronique visant à redécouvrir « *l'Amos historique* » par le rétablissement de ses « *ipsissima verba* » a progressivement vu le jour. Cette quête amorcée avec Wellhausen s'est poursuivie de deux manières après l'avènement de la critique des formes de Gunkel : certains de ses disciples, cherchant à isoler chacune des déclarations poétiques d'Amos, décomposent son corpus en de multiples petits morceaux ou unités littéraires ; d'autres tentent plutôt de retracer le processus qui a donné naissance à la forme actuelle du livre, afin de mettre en exergue ses différentes couches rédactionnelles successives.

Avant Wellhausen, il était donc généralement admis qu'excepté le récit biographique (Am 7, 10–15), tous les éléments du livre d'Amos sont l'œuvre d'Amos lui-même[14]. Mais la publication de son commentaire sur les petits prophètes, ouvrage dans lequel il refuse d'attribuer Am 9, 8–15 à Amos, a davantage suscité des interrogations sur l'originalité des matériaux qui entrent dans la composition de ce corpus. Convaincus que le corpus amosien contient des paroles authentiques et des compléments additionnels, ses successeurs ont très vite déduit que leur tâche est de recouvrer les *ipsissima verba* du prophète et de présenter sa

---

11 Bentzen, A., « The Ritual Background of Amos 1, 2 – 2, 16 », *OTS* 8 (1950), p. 85–99 ; Wolff, H. W., *L'enracinement spirituel d'Amos*, Genève, Labor et Fides, 1974.
12 Wellhausen, J., *Die kleinen Propheten übersetzt und erklärt. Skizzen und Vorarbeiten*, Berlin [Georg Reiner,1892], De Gruyter, 1963⁴.
13 Carroll, M.D., *Amos – The Prophet and His Oracles*, p. 9.
14 Childs, B. S., *Introduction to the Old Testament as Scripture*, p. 397.

vision théologique[15]. Cette première approche diachronique visant à restituer les dits authentiques d'Amos, afin d'avoir accès à sa personne, à son expérience extatique et à ses exigences éthico-religieuses vis-à-vis du peuple, a pris une nouvelle tournure avec Gunkel, fondateur de la critique des formes ou de la *Formgeschichte*.

Nous allons donc procéder à une brève présentation des travaux de quelques disciples de Wellhausen afin de prendre connaissance des interpolations tardives décelées par ces derniers. Cette présentation nous permettra aussi de mieux aborder les deux nouvelles formes que la quête des *ipsissima verba* d'Amos a prises chez les partisans de la *Formgeschichte*. Nous verrons plus précisément qu'après Gunkel et avant le commentaire de Koch, les biblistes ont, soit subdivisé ce corpus en de multiples petites unités littéraires, soit cherché à reconstituer l'histoire de son processus rédactionnel.

---

15 Park, A., *The Book of Amos as Composed and Read in Antiquity*, p. 8 : « Their task was in large part to recover the ipsissima verba of Amos and to present a prophet's theological view gleaned from biographical portrayal ». Park, A., *The Book of Amos as Composed and Read in Antiquity*, p. 8.

L'analyse du livre d'Amos de Wellhausen à Gunkel

La question de la composition du livre d'Amos a commencé par la remise en cause de l'authenticité de l'oracle du salut (Am 9, 8–15) par Wellhausen. Persuadé qu'Amos a été fondamentalement un prophète de malheur, ce dernier refusa catégoriquement de lui attribuer Am 9, 8–15 qui consiste en une annonce de salut. Pour justifier sa position, il affirma que les paroles d'Am 9, 8–15 sont « des roses et de la lavande au lieu du sang et du fer »[16] et ne concordent pas avec la prédication de ce prophète. Pour Wellhausen, attribuer le contenu d'Am 9, 8–15 à Amos, c'est édulcorer son message, marqué essentiellement par le rejet du culte et l'annonce de malheur et de la condamnation d'Israël. Cette position très largement partagée par ses successeurs les a encouragés à rechercher d'autres éléments tardifs dans le livre.

Les commentaires les plus représentatifs de cette tendance visant à séparer les ajouts ultérieurs des dits authentiques d'Amos sont sans doute ceux de Smith (1896)[17], de Nowack (1897)[18], de Marti (1904)[19] et de Harper (1905)[20]. Examinons les éléments inauthentiques, recensés par les trois premiers, avant de nous intéresser à ceux de Harper, qui, à en croire Park, se démarque d'eux parce qu'il ne présente pas Amos comme un représentant du monothéisme éthique[21].

La distinction des *ipsissima verba* d'Amos par Smith, Nowack et Marti

Smith, Nowack et Marti sont très connus pour être les premiers successeurs de Wellhausen à avoir essayé de distinguer les *ispsissima verba* d'Amos des gloses tardives. Le premier, tout en admettant, dans son commentaire sur les douze petits prophètes, que « l'authenticité de la plus grande partie du livre d'Amos n'est

---

16 Wellhausen, J., *Die kleinen Propheten*, p. 96 : « Rosen und Lavendel statt Blut und Eisen ».
17 Smith, G. A., *The Book of the Twelve Prophets, Commonly Called the Minor*, vol. 1, [1896], New York, Harper and Brothers, 1928³.
18 Nowack, W., *Die kleinen Propheten übersetzt und erklärt*, HKAT 3/4 Göttingen, Vandenhoeck & Ruprecht, [1897], 1922³.
19 Marti, K., *Das Dodekapropheton erklärt*, KHKAT 13, Tübingen, Mohr Siebeck, 1904.
20 Harper, W. R., *A Critical and Exegetical Commentary on Amos and Hosea*, ICC 28, Edinburgh, Clark, 1905.
21 Park, A. W., *The Book of Amos as Composed and Read in Antiquity*, p. 10.

https://doi.org/10.1515/9783110562743-004

remise en cause par aucune critique »[22] , refuse pourtant d'attribuer à ce prophète un certain nombre d'éléments du corpus. Il estime, comme Wellhausen, qu'Am 9, 8–15 est une interpolation tardive dont le ton contraste avec tout le contenu de la prédication d'Amos. En dehors de ce passage, il pense que tous les textes faisant référence à Juda ou à Sion [Am 2, 4–5 ; 6, 1 (Sion) ; 9, 11. 12] et les trois doxologies qui font l'éloge de la puissance destructrice du Dieu créateur (Am 4, 13 ; 5, 8–9 ; 9, 5–6) ne sont pas de la plume du prophète lui-même. Il croit aussi qu'Amos n'est pas l'auteur d'Am 1, 9–12 ; 5, 1. 2. 15 ; 6, 2. 14 parce que ces versets font allusion à des évènements remontant à une période postérieure à celle de l'activité prophétique d'Amos. Enfin, sans donner plus de précision, il soutient qu'Am 8, 1–13 doit être classé parmi les éléments inauthentiques parce qu'il ne s'accorde pas avec son contexte d'insertion.

En résumé, Smith pense qu'au total vingt-six ou vingt-sept versets sur les cent quarante-six que compte le livre ne viennent pas d'Amos. Il estime aussi que ces versets tardifs doivent être traités à part pour laisser libre cours à la prophétie d'Amos qui ne dépend pas trop d'eux[23]. Aussi pouvons-nous, sans exagération, déduire qu'il prône une mise à l'écart, voire une exclusion pure et simple de ces versets, dans le but de retrouver le message original d'Amos.

Le deuxième, Nowack, est allé dans le même sens que Smith. Dans son commentaire publié en 1897, soit un an seulement après la parution de celui de son prédécesseur, il distingue aussi les *ipsissima verba* d'Amos du matériau secondaire. Il considère comme authentiques : les oracles contre Damas, Gaza, Ammon, Moab et Israël (Am 1, 3–5 ; 1, 6–8 ; 1, 13–15 ; 2, 1–3 ; 2, 6–8. 14–16 ; 3, 1–2 ; 2, 9–13), les discours d'Am 3 – 6, les visions (Am 7, 1–9 ; 8, 1–3 ; 9, 1–10). Cette liste montre que, contrairement à Smith, Nowack retient comme interpolations tardives : les oracles contre Gaza (Am 1, 6–8), Tyr (Am 1, 9–10), Édom (Am 1, 11–12) et Juda (Am 2, 4–5), l'oracle du salut (Am 9, 11–15), les références à Juda (2, 4–5 ; 3, 1b ; 6, 1).

Le troisième, Marti, présente une liste d'éléments secondaires un peu différente de celle de Nowack. Il pense que sont originaux : les oracles contre Damas, Ammon, Moab et Israël (Am 1, 3–5 ; 1, 13–15 ; 2, 1–3 ; 2, 6–11. 13–16), les discours d'Am 3, 12 – 6, les cinq visions (Am 7, 1–3 ; 7, 3–6 ; 7, 7–9 ; 8, 1–3 ; 9, 1–4) et le récit biographique (Am 7, 10–17). Les matériaux qui lui semblent secondaires sont : les références à Juda (Am 2, 4–5 ; 3, 1–11 ; 6, 1), les oracles contre Gaza (Am 1, 6–8), Tyr (Am 1, 9–10) et Édom (Am 1, 11–12), les doxologies (Am 4, 13 ; 5, 8–9 ; 9, 5–6) et l'oracle du salut (Am 9, 8–15). Contrairement à Smith et Nowack, Marti est l'un des

---

22 Smith, G. A., *The Book of the Twelve Prophets*, p. 61 : « The guenuineness of the bulk of the book of Amos is not doubted by any critic ».
23 Smith, G. A., *The Book of the Twelve Prophets*, p. 61.

successeurs de Wellhausen qui croient qu'Am 7, 10–17 est un élément authentique. Pour lui, ce passage est à situer à la fin du livre, c'est-à-dire à la suite d'Am 9, 7 ; la mission d'Amos a pris fin avec son expulsion de Béthel. La position de Marti sur ce passage a été reprise plus tard par Sellin[24] et un certain nombre d'auteurs.

Il ressort de la présentation des *ipsissima verba* d'Amos décelés par Smith, Nowack et Marti deux observations :

- Ces trois auteurs admettent que l'oracle de salut (Am 9, 8–15) et tous les passages du livre dont le contenu fait référence à Juda sont des éléments tardifs (Am 2, 4–5 ; 3, 1–11 ; 6, 1). De cette observation, nous déduisons qu'ils croient, d'une part, qu'étant envoyé à Israël, Amos n'avait rien à dire sur Juda et n'est donc pas l'auteur des dénonciations contre ce royaume d'où il vient (Am 2, 4–5 ; 3, 1 ; 6, 1). D'autre part, ils croient qu'Amos, un prophète de malheur apparu pour annoncer le jugement et le châtiment d'Israël, ne saurait être l'auteur de la promesse de la restauration de la tente de David (Am 9, 11–15) présente dans son livre.
- Avec eux commence la remise en question de l'authenticité des trois fragments d'hymnes (Am 4, 13 ; 5, 8–9 ; 9, 5–6) et des oracles contre Gaza (Am 1, 6–8), Tyr (Am 1, 9–10) et Édom (Am 1, 11–12). Cette remise en cause s'est fortement accentuée chez Harper.

Harper et la quête des paroles authentiques d'Amos

Tout comme ses prédécesseurs, Harper maintient fermement qu'il est nécessaire de distinguer les dits authentiques d'Amos des interpolations tardives qui lui sont attribuées par la tradition. C'est dans ce sens qu'il affirme que « le message d'Amos ne peut être obtenu qu'à partir des paroles prononcées par lui-même. Cela implique la séparation d'insertions tardives issues de la plume de prophètes postérieurs »[25]. Cette affirmation dénote que pour lui, le premier devoir d'un exégète est de reconstruire, dans la mesure du possible, le « discours même » d'Amos[26].

---

24 Cet auteur croit qu'Am 7, 10–17 est original, mais estime, contrairement à Marti, qu'il faut déplacer ce passage pour le mettre à la suite d'Am 9, 10. Sellin, E., *Das Zwölfprophetenbuch übersetzt und erklärt*, KAT 12, Leipzig, Deichertsche Verlagsbuchhandlung, 1929², p. 188.

25 Harper, W. R., *A Critical and Exegetical Commentary on Amos and Hosea*, p. CX : « The message of Amos must be obtained from words actually uttered or written by Amos himself. This involves the separation of insertions and additions coming from the pen of later prophets ». Harper, W. R., *A Critical and Exegetical Commentary on Amos and Hosea*, p. CX.

26 Harper, W. R., *A Critical and Exegetical Commentary on Amos and Hosea*, p. VIII : « It is unquestionably the first duty of a commentator to reconstruct the text as he may ».

Il n'a effectivement pas manqué à ce devoir puisqu'en s'appuyant sur les travaux de Smith et de Marti, il a établi un tableau dans lequel il distingue les véritables paroles d'Amos des ajouts tardifs[27]. Plus catégorique que ses prédécesseurs, il est persuadé que presqu'un cinquième du matériau du livre ne vient pas du prophète lui-même et doit être mis de côté.

Il y discerne trois catégories de discours authentiques : les oracles (Am 1, 3–5 ; 1, 6–8 ; 1, 13–15 ; 2, 1–3 ; 2, 6–11. 13–16), les sermons (Am 3, 1–8 ; 3, 9 – 4, 3 ; 4, 4–7a. 8b-12. 13a ; 5, 1–6 ; 5, 7. 10–17 ; 5, 18a.c. 19–22a. 23 – 6, 1. 3–8. 11b-14) et les visions (Am 7, 1a-c. 2–7. 8b-9 ; 7, 10–17 ; 8, 1. 2b-5. 7–10. 11b-14 ; 9, 1–4. 7–8b). Quant aux insertions tardives, leur liste se présente comme suit : Am 1,1 ; 1, 2 ; 1, 9–10. 11–12 ; 2, 4–5 ; 2, 12 ; 4, 7b. 8a. 13a-d ; 5, 8–9 ; 5, 18b. 22b ; 6, 2. 9–11a ; 7, 1d. 8a ; 8, 2a. 6. 11a ; 9, 5–6 ; 9, 8c. 9–15. Cette liste révèle que pour Harper, les gloses sont présentes aussi bien dans les oracles (Am 1 – 2) que dans les sermons (Am 3 – 6) et dans les visions (Am 7 – 9). La particularité de sa démarche par rapport à celles de Smith, de Nowack et de Marti est qu'il ne s'est pas contenté d'identifier les éléments tardifs du livre ; il les a classés en fonction de leur date d'insertion.

En effet, il distingue : des insertions « *judaïques* », faites après la promulgation du deutéronome[28], des insertions historiques de la période exilique[29], des gloses théologiques de la période postexilique[30], des gloses techniques ou archéologiques explicitant certains passages (Am 4, 3 ; 4, 7 ; 4, 10 ; 5, 16 ...) et des gloses messianiques et d'autres phrases[31]. Par cette reconstitution hasardeuse, Harper a largement contribué à ouvrir la voie à une explication de l'organisation du corpus amosien par la reconstruction de l'histoire de son processus rédactionnel. Il justifie la présence des éléments tardifs par le fait que le corpus amosien est le résultat d'un processus rédactionnel qui va d'Amos jusqu'à la période postexilique, un processus dans lequel les rédacteurs deutéronomistes auraient pris une place majeure.

Nous terminons cette présentation de l'analyse du livre d'Amos par les disciples de Wellhausen en tirant trois conclusions:
- La majorité de ses successeurs considère les oracles contre Tyr (Am 1, 9–10), Édom (Am 1, 11–12), Juda (Am 2, 4–5), les trois doxologies (Am 4, 13 ; 5, 8–9 ;

---

27 Harper, W. R., *A Critical and Exegetical Commentary on Amos and Hosea*, p. CXXXI.
28 L'oracle contre Juda (Am 2, 4–5) qui parle de la destruction de Jérusalem.
29 Les oracles contre Tyr (Am 1, 9–10) et Édom (Am 1, 11–12) et la mention de la chute de Calneh, d'Hamath et de Gath (Am 6, 13–14).
30 Les doxologies (Am 4, 13 ; 5, 8–9 ; 9, 5–6), l'en-tête (Am 1, 1–2)].
31 Am 8, 11 ; 9, 8 ; 9, 11–15. Harper, W. R., *A Critical and Exegetical Commentary on Amos and Hosea*, p. CXXXII-CXXXIII.

9, 5–6), l'oracle du salut (Am 9, 8–15) et certaines références à Juda (Am 3, 1–1 ; 6, 1) comme secondaires.

– Leurs points de vue divergent quant à l'authenticité du récit biographique (Am 7, 10–15) : Marti, Harper et Sellin le considèrent comme authentique tandis que Smith et Nowack le classent parmi les éléments secondaires.

– Ils s'accordent pour dire que les éléments tardifs doivent être traités ou lus indépendamment des passages authentiques venant de la main d'Amos lui-même. Cette mise au point nous permet de voir comment Gunkel et ses successeurs ont analysé le livre d'Amos.

L'analyse du livre d'Amos de Gunkel à Koch

L'analyse de la composition du livre d'Amos, amorcée par Wellhausen, a vite pris son essor avec la critique des formes de Gunkel, très connu pour sa célèbre hypothèse de travail qui s'est imposée comme l'axiome méthodologique à partir duquel ses successeurs ont étudié les livres prophétiques. Cette hypothèse se présente comme suit : « les prophètes ont été par-dessus tout, des poètes et orateurs et non pas des rédacteurs »[32]. Bien que très courte, elle a, de par son insistance sur la nature poétique et sur la brièveté du discours prophétique, beaucoup influencé l'exégèse moderne du livre d'Amos.

Cette hypothèse a notamment conduit à l'élaboration de deux principes : le premier a consisté à dire que, puisque la forme primitive des discours des prophètes était brève, leurs livres reproduisent eux aussi de petites unités littéraires. Dans la logique de ce postulat, un bon nombre de successeurs de Gunkel a perçu le livre d'Amos comme une collection de petits morceaux de discours indépendants, juxtaposés les uns aux autres et se signalant par leurs formules introductives respectives.

Dans cette perspective, justifier l'organisation de ce corpus a consisté à isoler ou à mettre en évidence toutes les petites déclarations poétiques qu'il contient. C'est ainsi qu'ils l'ont décomposé en de petits fragments dont la longueur ne dépasse presque jamais quatre versets. Cette approche, que des auteurs comme Martin-Achard, Bovati et Meynet ont qualifiée de « subdivision atomistique »[33] du livre d'Amos, est la première attitude des partisans de Gunkel qui retiendra notre attention. Les commentaires représentatifs de cette tendance que nous évoquerons sont ceux de Balla, Eissfeldt, Weiser, Mays, Rinaldi, Amsler, Soggin, Rudolph, Jozaki, Sellin, Snaith et autres. Nous les répartirons en deux groupes : ceux qui ont décelé dans le livre deux grandes collections renfermant de multiples unités littéraires et ensuite, ceux qui ont regroupé leurs petits fragments en trois blocs.

Le second principe est l'implication du postulat selon lequel Amos et les autres prophètes n'ont été que des poètes. Comme Fohrer, les partisans de Gunkel pensent qu'Amos avait écrit ou dicté[34] le contenu de ses poèmes. Ils ont alors

---

32 Gunkel, H., « The Prophets as Writers and Poets », dans Petersen, D. (eds.), *Prophecy in Israel*, IRT 10, Philadelphia, Fortress Press, 1987, p. 22–73 (p. 24).

33 Martin-Achard, R., *Amos*, p. 74 ; Bovati, P., Meynet, R., *Le livre du prophète Amos*, p. 15.

34 Fohrer affirme dans un premier temps qu'Amos avait dicté le contenu de sa prédication à un de ses disciples dès son retour en Juda, après son expulsion de Béthel. Dans un second temps, il soutient qu'Amos avait écrit neuf petites collections d'oracles. Sellin, E., Fohrer, G., *Einleitung in das Alte Testament*, Heidelberg, Quelle/Meyer, 1965, p. 476–477.

https://doi.org/10.1515/9783110562743-005

cherché à retracer l'histoire du processus rédactionnel du livre que la tradition attribue à ce dernier. Pour ce groupe des disciples de Gunkel, justifier l'organisation du livre d'Amos a été synonyme de discerner ses différentes couches rédactionnelles. La présentation de quelques stades rédactionnels décelés par certains partisans de cette tendance constituera le troisième point.

La décomposition du livre d'Amos en deux collections de petites unités littéraires indépendantes

Le premier réflexe de certains partisans de la *Formgeschichte* a consisté à retenir les oracles et les récits de visions comme les deux principaux matériaux ou genres littéraires du livre d'Amos. Partant de ce constat, des auteurs tels que Weiser, Morgenstern, Watts ont estimé que ce corpus est composé de deux types de collections de prophéties : une collection d'oracles et une collection de visions. Par exemple, dans son commentaire d'Amos paru en 1929[35], Weiser, qui l'a découpé en soixante-deux fragments indépendants, soutient qu'il est composé de deux collections de prophéties ayant circulé de façon autonome avant d'être fusionnées en un document unique pendant la période exilique ou postexilique[36].

Selon cet auteur, la première collection, ou « le livre des visions », comprend cinq récits de visions qu'Amos a eues bien avant sa vocation prophétique (Am 7 – 9). Elle aurait été composée au moment du tremblement de terre mentionné en Am 1, 2 et ne comportait pas Am 8, 4–14. La seconde, ou « le livre des paroles », contient essentiellement des oracles réunis à la fin du ministère d'Amos dans le royaume du Nord (Am 1 – 6)[37]. Il pense que cette collection se terminait, à l'origine, par le récit biographique (Am 7, 10–17). De ce qui précède, nous pouvons déduire que le corpus amosien apparaît aux yeux de Weiser comme un assemblage de deux documents formellement distincts et composites. Cette idée qu'il a en réalité héritée de Gressmann et de Hempel[38] a été reprise par Morgenstern et Watts.

En effet, Morgenstern distingue une première collection composée de visions (Am 7, 1–3 ; 7, 4–6 ; 7, 7–9 ; 8, 1–3 ; 9, 1–6), du récit de l'altercation entre Amos

---

35 Weiser, A., *Die Profetie des Amos*, BZAW 53, Giessen, Töpelmann, 1929.

36 Weiser, A., *Die Profetie des Amos*, p. 31.

37 Weiser, A., *Die Profetie des Amos*, p. 9–77. On peut aussi consulter : Weiser, A., *The Old Testament : Its Formation and Development*, New York, Association Press, 1961, p. 243–44.

38 Gressmann, H., *Der Messias*, Göttingen, Vandenhoeck & Ruprecht, 1929, p. 69 ; Hempel, J., *Die althebräische Literatur und ihr hellenistisch-jüdisches Nachleben*, Potsdam, Athenaion, 1930, p. 129.

et Amacya (Am 7, 10–17) et de quelques fragments du chapitre trois (Am 3, 3–8. 14b. 15), et une seconde comprenant la plupart des éléments d'Am 1 – 6[39]. Même si, contrairement à Weiser, il intègre Am 7, 10–17 et Am 3, 3–8. 14b. 15 à la première collection (Am 7 – 9), il n'en partage pas moins l'hypothèse de la circulation distincte des deux collections avant leur unification. En outre, comme Weiser, il divise également le livre en plus d'une cinquantaine d'unités indépendantes.

Quant à Watts, il se démarque de ses deux prédécesseurs parce qu'il a renversé l'ordre des collections. Il maintient que le livre d'Amos comprend le livre des paroles (Am 1 – 6) rédigé dans le royaume du Nord et le livre des visions qu'Amos a eues durant son ministère en Juda (Am 7 – 9). Il estime aussi que ces deux collections ont été fusionnées en un seul document avant la fin du huitième siècle[40]. Comme Morgenstern, il intègre Am 7, 10–17 au livre des visions (Am 7 – 9). La place du récit biographique (Am 7, 10–17), la datation de chacune des deux collections et celle de leur fusion sont donc les principaux points de désaccord entre ces trois auteurs.

Pour trouver une solution à ces problèmes et surtout à celui de la place d'Am 7, 10–17, Gordis a adopté une attitude un peu différente. Ayant pressenti la difficulté de s'appuyer sur les genres littéraires pour diviser le livre d'Amos en deux collections (livre des oracles et livre des visions), il s'est basé sur ce que nous pouvons appeler un critère chronologico-topographique. En effet, il distingue deux phases dans la prédication d'Amos : une première, antérieure à l'incident de Béthel relaté dans Am 7, 10–17 et une seconde, postérieure à cet évènement qui, d'après lui, a marqué un tournant décisif dans la pensée d'Amos[41]. Pour ce dernier, le récit de l'altercation entre Amos et Amacya est, de par son emplacement, une balise séparant deux différentes phases d'activité prophétique.

Ainsi, les deux collections de prophéties que Gordis décèle se présentent comme suit : la première (Am 1 – 7, 9) rassemble les paroles qu'Amos a prononcées avant l'incident de Béthel ; elle comporte les huit oracles contre les nations (Am 1 – 2), trois prophéties introduites par « écoutez cette parole » (Am 3, 1–15 ; 4, 1–13 ; 5, 1–6), trois discours s'ouvrant par « malheur » (Am 5, 7–17 ; 5, 18–27 ; 6, 1–14) et trois visions (Am 7, 1–3 ; 7, 4–6 ; 7, 7–9). Selon lui, les paroles prophétiques que renferme cette collection ont été énoncées à une période où Amos espérait un salut national d'Israël. A ce moment, le sort de Juda ne le préoccupait pas tellement, même s'il était conscient des péchés de ce royaume en annonçant sa punition en

---

39 Morgenstern, J., « Amos Studies I », *HUCA* 11(1936), p. 19–140.
40 Watts, J. D. W., « The Origin of the Book of Amos », *ExpTim* 66 (1954–1955), p. 109–112. Voir aussi : Watts, J. D. W., *Vision and Prophecy in Amos*, Leiden, Brill, 1958, p. 27s.
41 Gordis, R., « The Composition and Structure of Amos », p. 248.

Am 2, 4–5. La seconde contient la prédication qu'Amos a faite après son expulsion de Béthel (Am 8, 1 – 9, 15). Dans cette phase, Amos croyait en la destruction complète d'Israël et cherchait la survie de ce peuple dans un Juda reconstitué[42]. Il répartit les prophéties de cette phase en quatre unités littéraires (Am 8, 1–11 ; 8, 12–14 ; 9, 1–11 ; 9, 12–15) dont deux (Am 8, 1–11 ; 9, 1–11) sont introduites par une vision et s'achèvent par la formule « voici venir des jours » (Am 8, 11 ; 9, 11).

Nous pouvons conclure que, pour Gordis, la forme finale du livre a été voulue afin de mettre en exergue une phase d'activité publique d'Amos qui a pris fin avec son expulsion de Béthel et une autre phase d'activité, plus discrète, qui se serait poursuivie dans un autre endroit, plus précisément en Juda. Il est certain que si l'on admet que la composition de ce livre obéit à cette logique, les difficultés liées à la présence des hymnes (Am 4, 13 ; 5, 8–9 ; 9, 5–6), du récit biographique (Am 7, 10–17), de l'oracle contre les marchands (Am 8, 4–14) et de l'oracle du salut (Am 9, 8–15) s'estomperaient. D'ailleurs, c'est pour éviter ces problèmes que ses devanciers ont admis deux principes devenus des axiomes dans l'étude moderne du livre d'Amos. Le principal consiste à poser qu'Amos a été exclusivement envoyé en Israël et ne peut, pour cette raison, être l'auteur des dénonciations contre Juda (Am 2, 4–5) et de la promesse de la restauration de la tente de David (Am 9, 11–15) présentes dans son livre. Le second revient à dire qu'Amos a prophétisé durant une période courte et que ses activités prophétiques ont pris fin avec son expulsion de Béthel[43]. Dans cette logique, les discours concernant Juda et ceux qui viennent après l'incident de Béthel apparaissent comme l'œuvre des disciples d'Amos. Ce sont donc ces principes qui sèment le doute sur l'authenticité de presque la moitié des éléments du livre que Gordis a voulu combattre.

En mettant en exergue les deux phases d'activité d'Amos, il pense avoir trouvé le moyen de réhabiliter d'une part les hymnes, le récit biographique, l'oracle contre les marchands et l'oracle du salut taxés d'éléments de seconde main par les autres disciples de Wellhausen. Il est surtout persuadé d'avoir trouvé, contrairement à Weiser, Morgenstern et Watts, la manière adéquate de classer sans trop de difficulté Am 7, 10–17 dans la première collection des prophéties d'Amos. Mais que pouvons-nous dire de son analyse ? Est-elle logique et soutenable ?

Bien que très originale et ayant sa raison d'être, sa démarche soulève quelques problèmes :
– Le morcèlement de ses deux collections (Am 1 – 7, 17 ; 8 – 9, 15) en plusieurs petites unités littéraires indépendantes. En effet, il les décompose respectivement en cinq et quatre petits fragments. Même si les siens sont plus longs que ceux

---

42 Gordis, R., « The Composition and Structure of Amos », p. 251.
43 Gordis, R., « The Composition and Structure of Amos », p. 240–241.

décelés par Weiser, Morgenstern et Watts, il les pose tout de même comme des portions indépendantes sans rapport les unes avec les autres.

– La place d'Am 7, 10–17 dans le plan global du livre. En réalité, si nous admettons avec Gordis qu'Am 1 – 7, 9 et Am 8, 1 – 9, 15 sont les deux collections de prophéties respectivement prononcées avant et après l'incident relaté dans Am 7, 10–17, ce passage se trouve *ipso facto* isolé. Dès lors, deux interrogations inévitables surgissent. Si Am 7, 10–17 n'appartient ni à Am 1 – 7, 9 ni à Am 8, 1 – 9, 15, ne devient-elle pas en soi une collection indépendante ? Dans ce cas, est-il cohérent de soutenir encore que le livre d'Amos comporte deux collections de prophéties ? Ces interrogations révèlent que, pour être plus logique, Gordis aurait dû admettre la présence de trois collections de prophéties puisque l'altercation entre Amacya et Amos (Am 7, 10–17) est, elle aussi, un moment de son activité prophétique. Mais au lieu de procéder ainsi, il a préféré rattacher Am 7, 10–17 à Am 1 – 7, 9 arguant que ce passage a été ajouté à cette première collection avant que la deuxième (Am 8, 1 – 9, 15) ne fasse partie du livre[44]. Cet argument dévoile qu'il traite finalement Am 7, 10–17 comme un élément secondaire.

– La justification de l'emplacement d'Am 7, 10–17 en référence à l'organisation des autres livres prophétiques, principalement ceux d'Isaïe et de Jérémie. En fait, Gordis allègue que lorsque des prophéties supplémentaires, supposées appartenir au même prophète, à tort ou à raison, ont été découvertes, elles ont été placées après les prophéties initiales[45]. Pour corroborer cette hypothèse, il souligne que dans les livres d'Isaïe et de Jérémie, les matériaux historiques (Is 36 – 39 ; Jr 26 – 45) se trouvent entre la collection originale (Is 1 – 35 ; Jr 1 – 25) et les prophéties supplémentaires (Is 40 – 66 ; Jr 46 – 52). Au regard de ce dernier argument de Gordis, deux remarques s'imposent.

Primo, nous observons qu'en voulant à tout prix défendre l'idée de la présence de deux collections de prophéties dans le corpus amosien, il n'a pas évité les pièges de ses prédécesseurs ; il a fini par considérer Am 7, 10–17 comme un supplément d'Am 1 – 7, 9, la première collection du livre[46]. Dans cette logique, il réduit Am 7, 10–17 à n'être qu'un encart[47] inséré à cet endroit pour séparer deux collections de prophéties prononcées dans des circonstances et des endroits différents.

---

44 Gordis, R., « The Composition and Structure of Amos », p. 247.
45 Gordis, R., « The Composition and Structure of Amos », p. 247.
46 Gordis, R., «The Composition and Structure of Amos », p. 247.
47 Un encart est une fraction de feuille en page isolée ou un feuillet que l'on insère dans un livre ou dans une publication.

Secondo, nous pourrons dire que sa démarche ne s'appuie plus sur les phases d'activité d'Amos parce que son argument définitif consiste à dire que le livre d'Amos a la même composition que les livres d'Isaïe et de Jérémie. Cette hypothèse renvoie à l'idée d'une édition exilique ou postexilique du livre d'Amos soutenue par Watts et ses prédécesseurs mais jugée peu probable et balayée par Harrison qui pose fermement que l'intégration des oracles et des visions est nécessaire pour obtenir une image holistique du ministère d'Amos[48].

Tertio, nous retenons que la démarche de Gordis, comme celles de Weiser, de Morgenstern et de Watts, débouche, d'une part, sur la question de l'harmonisation des livres prophétiques et, plus particulièrement, sur celle de la formation du livre des douze petits prophètes. Toutefois, cette question qui constitue le champ d'investigation dans lequel se sont lancés de nombreux exégètes[49] concerne de très loin notre thèse, qui a pour but de montrer que le livre d'Amos est en soi un corpus cohérent doté d'une stratégie littéraire unifiante. Elle pose, d'autre part, avec plus d'acuité la question du processus rédactionnel de ce livre. Avant d'aborder leur démarche, intéressons-nous d'abord à ceux qui ont discerné dans ce corpus trois ensembles de petites unités littéraires indépendantes.

Tentatives d'une division du corpus amosien en trois ensembles de petites unités littéraires indépendantes

L'un des premiers adeptes de la critique des formes à avoir regroupé les éléments du corpus amosien en trois blocs est sans doute Balla. Dans son étude portant sur les menaces et les réprimandes dans le livre d'Amos (Droh-und Scheltworte)[50], il discerne un premier ensemble contenant les « reine Drohworte » ou les purs

---

48 Harrison, R. K., *Introduction to the Old Testament*, Grand Rapids, Eerdmans, 1969, p. 891.
49 La question de la formation du livre des douze petits prophètes constitue le champ d'investigation privilégié par Ben Zvi, Nogalski, Sweeney, Jeremias, Kratz et autres. Voir : Ben Zvi, E., « Twelve Prophetic Books or ‹ The Twelve › ? A Few Preliminary Considerations », dans Watts, J. D. W., House, P. R. (ed.), *Forming Prophetic Literature : Essays on Isaiah and the Twelve in Honor of John D. Watts*, JSOTSup. 235, Sheffield, Sheffield Academic press, 1996, p. 125–156 ; Nogalski, J. D., Sweeney, M. A. (ed.), *Reading and Hearing the Book of the Twelve*, Atlanta, SBL (symposium 15), 2000 ; Nogalski, J. D., *Literary Precursors in the Book of the Twelve*, BZAW 217, Berlin/New York, De Gruyter, 1998 ; Jeremias, J., *Hosea und Amos. Studien zu den Anfängen des Dodekapropheton*, FAT 13, Tübingen, Mohr Siebeck, 1996 ; Kratz, R. G., « Hosea und Amos im Zwölfprophetenbuch », dans Kratz, R. G., *Prophetenstudien. Kleine Schriften II*, FAT 74, Tübingen, Mohr Siebeck, 2011, p. 275 – 286.
50 Balla, E., *Die Droh-und Scheltworte des Amos*, Leipzig, Edelman, 1926.

mots de menaces (Am 5, 3. 16–17 ; 6, 11 ; 7, 11 ; 8, 2b-3. 9–10 ; 9, 1–4), un deuxième composé de deux catégories de menaces : les « Drohworte mit Begründung » ou menaces suivies de justifications (Am 1, 3–5. 6–8. 13–15 ; 2, 1–3 ; 3, 1–2. 12. 13–15 ; 5, 5b. 18–20. 26–27 ; 6, 8–10 ; 7, 8b-9 ; 8,11–14) et les « Drohworte mit ausführlicher Begründung » ou menaces avec des justifications plus détaillées (Am 2, 6–16 ; 3, 9–11 ; 4, 1–3 ; 5, 7. 10–11 ; 6, 1–7. 13–14 ; 7, 16–17 ; 8, 4–5. 7), et un troisième constitué de « Schelworte » ou les réprimandes (Am 5, 12 ; 6, 12)[51]. Nous remarquons tout de suite que les trois blocs ne sont pas des ensembles unifiés et cohérents : chacun d'eux se présente comme un assemblage de petites unités issues de divers endroits du livre. Ils comportent respectivement sept, quatorze et deux unités. Il est donc clair que Balla procède à un fractionnement du livre.

Du fait de ce morcellement, Park, tout en reconnaissant à Balla le mérite d'avoir tenté de montrer que les menaces et les réprimandes constituent les deux parties essentielles du discours d'Amos, et qu'elles ne peuvent pas être traitées séparément, souligne que son commentaire est l'une des plus rigides applications de la critique des formes suivant les lignes fixées par Gunkel[52]. Cette remarque nous semble très pertinente parce que, même si Balla a regroupé les éléments du livre en trois grands blocs, il ne traite aucun d'eux comme un tout harmonieux dans lequel les éléments s'enchevêtrent pour produire du sens. Les trois blocs se présentent comme des collections indépendantes, constituées de fragments séparés eux aussi les uns des autres par des formules d'introduction. Par exemple, mis à part Am 2, 6–16, l'un des « Drohworte mit ausführlicher Begründung », la longueur d'aucun des fragments des trois blocs n'excède six versets ; celle de certains est égale à un demi-verset (Am 5, 5b) ou un verset (Am 5, 3 ; 6, 11 ; 6, 12 ; 7, 11). Dès lors, bien que basée sur le schème « menaces-réprimandes » et non pas sur les genres littéraires, son analyse demeure un cas typique d'un morcellement du livre d'Amos.

De plus, il est nécessaire de souligner que Balla est parvenu à une telle subdivision parce qu'il a fondé sa démarche sur le principe que nous traduisons comme suit : « Amos a certainement prononcé ses menaces en forme de paroles de Jahvé, mais les longues réprimandes, celles que nous appelons les paroles injurieuses, il les a ajoutées de son propre chef »[53]. Ce principe renvoie explicitement à l'hypothèse de Gunkel consistant à dire que les prophètes ont délivré leur message

---

51 Balla, E., *Die Droh-und Scheltworte des Amos*, p. 6–7.

52 Park, A. W., *The Book of Amos as Composed and Read in Antiquity*, p. 13.

53 Balla, E., *Die Droh-und Scheltworte des Amos*, p. 34 : « Amos zwar seine Drohungen überwiegend in der Form von Jahve Worten ausgesprochen hat, die längeren Begründungen aber, dir wir Scheltworte nennen, mehr und mehr als sein Eigenes hinzugefügt hat ».

sous forme de déclarations dont la longueur n'excède jamais une strophe ; il rappelle également les propos de Robinson qui, avant de subdiviser le livre en cinquante-cinq petites unités indépendantes, estima que toute énonciation prophétique est faite sous forme d'oracles dont la dimension est très brève[54]. C'est encore le même principe qui a guidé Eissfeldt dans son commentaire paru en 1965.

En effet, une lecture attentive de cet ouvrage révèle qu'en dehors de la collection des cinq oracles contre les nations qui débutent chacun par la formule introductive כֹּה אָמַר יְהֹוָה, des cinq visions qui commencent par כֹּה הִרְאַנִי, du récit biographique (Am 7, 10–17) et de l'oracle du salut (Am 9, 11–15), Eissfeldt décèle vingt-cinq petits discours individuels[55] dans le livre d'Amos. Et, si l'on ajoute les cinq oracles contre les nations et les cinq visions à ces vingt-cinq unités, il ressort que, pour lui, le corpus amosien comprend trente-cinq petits morceaux indépendants répartis comme suit :

- – une collection de cinq oracles contre les nations dont quatre adressés à des nations païennes (Am 1, 3–5 ; Am 1, 6–8 ; Am 1, 13–15 ; Am 2, 1–3) et un destiné à Israël (Am 2, 6–16) ;
- – une collection de cinq visions : Am 7, 1–3 ; Am 7, 4–6 ; Am 7, 7–9 ; Am 8, 1–3 ; Am 9, 1–6) ;
- – une collection de vingt-cinq unités disparates dispersées dans le livre.

La particularité de la subdivision d'Eissfeldt par rapport à celle de Balla découle du fait que certains éléments du corpus, tels que la suscription (Am 1, 1–2), la mention de l'interdiction de prophétiser (Am 6, 12b), le récit biographique (Am 7, 10–17), l'oracle du salut (Am 9, 10–15), les oracles contre Tyr (Am 1, 9–10), Édom (Am 1, 11–12) et Juda (Am 2, 4–5), ne font pas partie de ces trente-cinq petites unités. Pour cette raison, nous pouvons dire qu'il ne traite pas seulement le livre d'Amos comme un assemblage de petites unités littéraires réparties de façon désordonnée ; il le perçoit aussi comme un ouvrage comportant des éléments étrangers. Cette remarque vaut pour Amsler, un autre grand adepte de la critique des formes.

Ce dernier n'a retenu ni le plan tripartite de Balla, ni celui d'Eissfeldt. En effet, il distingue : une série d'oracles contre les nations (Am 1, 3 – 2, 16) précédée par

---

54 Robinson, T. H., *Prophecy and Prophets in Ancient Israel*, London, Gerald Duckworth, [1923], 1953, p. 52.

55 Am 3, 1–2 ; 3, 3–8. 9–11. 13–15 ; 4, 1–3. 4–5. 6–12a ; 5, 1–3. 4–6. 7. 10–11. 12. 14–15. 16–17. 18–20. 21–27 ; 6, 1–7. 8–10. 11. 12. 13–14 ; 8, 4–7. 9–10. 11–14 ; 9, 7. 8–10. Eissfeldt, O., *The Old Testament. An Introduction Including the Apocrypha and Pseudepigrapha, and also the Works of Similar Type from Qumran*, New York, Harper et Roy, 1965³, p. 400.

la suscription (Am 1, 1) et le thème général (Am 1, 2) ; une collection d'oracles et de paroles prophétiques adressées à Israël, à Samarie et à ses chefs (Am 3 – 6) ; une collection de cinq récits de visions et d'oracles de condamnation (Am 7 – 9)[56]. Ce plan n'est qu'illusoire, car il a morcelé les deux derniers blocs (Am 3 – 6 et Am 7 – 9) en petits fragments. Il les a respectivement découpés en dix-neuf et en dix-huit petites pièces[57] dont la longueur varie entre deux tiers d'un verset (Am 3, 12ab), un verset (Am 1, 1 ; 1, 2 ; 5, 7 ; 5, 13 ; 8, 3 ; 9, 7 ; 9, 8) et quatre versets. Pour ce qui concerne le premier bloc (Am 1 – 2), il estime que, mis à part les éléments étrangers [oracles contre Tyr (Am 1, 9–10), Édom (Am 1, 11–12) et Juda (Am 2, 4–5)], il est un ensemble unifié de cinq oracles dont Am 2, 6–16 est le point culminant.

Mais en plus du morcellement, il est utile de relever qu'Amsler a transféré Am 5, 14–15 et Am 5, 10–12. 16–17 pour les placer respectivement à la suite d'Am 5, 6 et d'Am 5, 7. C'est dire, qu'à ses yeux, les parties du livre les plus désorganisées sont Am 3 – 6 et Am 7 – 9. D'ailleurs, à propos de l'organisation d'Am 3 – 6, et notamment celle d'Am 5, 4 – 17, il soutient qu'il vaut mieux « lire ces versets en dissociant les éléments » parce que « c'est un accident de copie ayant curieusement mêlé deux péricopes différentes avec un fragment d'hymne et un aphorisme isolé »[58]. Nous retrouvons une affirmation de ce genre chez Soggin.

Dans son commentaire dont la première parution a eu lieu en 1982, soit plus de vingt-cinq ans après celui d'Amsler, Soggin a aussi regroupé les éléments du corpus amosien en trois grands ensembles. Il décèle un premier bloc unifié et composé de huit oracles (Am 1, 3 – 2, 16), un deuxième (Am 3 – 6) et un troisième (Am 7 – 9), très composites et comportant des éléments disparates. Mais contrairement à Amsler, il décompose respectivement Am 3 – 6 et Am 7 – 9 en quinze et en douze unités indépendantes.

En outre, il est l'un des auteurs qui ont le plus bouleversé l'ordre du texte, plus particulièrement celui d'Am 7 – 9. Il a notamment transféré Am 7, 10–17 et Am 8, 4–14 pour les situer à la suite d'Am 9, 1–5 pour que les quatrième et cinquième visions reviennent à la suite des trois premières afin qu'on puisse les lire ensemble sans interruption[59]. Enfin, il a déplacé Am 5, 14–15 et Am 5, 10–13. 16–17 pour les mettre respectivement à la suite d'Am 5, 6 et d'Am 5, 7. De tout ce qui précède, il ressort qu'avec Amsler, Eissfeldt et Soggin, nous sommes en face des partisans de

---

56 Amsler, S., « Amos », p. 157–247.
57 Am 3, 1–2 ; 3, 3–8 ; 3, 9–11 ; 3, 12ab ; 3, 12c-15 ; 4, 1–3 ; 4, 4–5 ; 4, 6–13 ; 5, 1–3 ; 5, 4–6.14–15 ; 5, 7 .10–12. 16–17 ; 5, 8–9 ; 5, 13 ; 5, 18–20 ; 5, 21–27 ; 6, 1–7 ; 6, 8–11 ; 6, 12 ; 6, 13–14 et Am 7, 1–3 ; 7, 4–6 ; 7, 7–8 ; 7, 9 ; 7, 10–17 ; 8, 1–2 ; 8, 3 ; 8, 4–8 ; 8, 9–10 ; 8, 11–12 ; 8, 13–14 ; 9, 1–4 ; 9, 5–6 ; 9, 7 ; 9, 8 ; 9, 9–10 ; 9, 11–12 ; 9, 13–15.
58 Amsler, S., « Amos », p. 163.
59 Soggin, J. A., *Il profeta Amos*, p. 149–184.

Gunkel qui ont morcelé le livre en petits fragments indépendants et procédé au transfert de certains passages vers leurs supposées places originales.

Pour éviter un trop grand morcellement du livre, et plus particulièrement celui d'Am 3 – 6, Rudolph, lui, a procédé autrement. Il a perçu dans le livre trois ensembles. Un premier bloc composé des oracles contre les nations (Am 1, 3 – 2, 16) précédés d'une suscription (Am 1, 1) et d'une introduction (Am 1, 2). Un deuxième bloc comportant trois oracles introduits par שִׁמְעוּ אֶת־הַדָּבָר (Am 3, 1–15 ; 4, 1–13 ; 5, 1–6) et quatre malédictions commençant par הוֹי (Am 5, 7–17 ; 5, 18–27 ; 6, 1–12 ; 6, 13–14). Une dernière partie constituée de récits autobiographiques [« Selbstbericht » (Am 7, 1–9 ; 8, 1–3 ; 9, 1–6)], d'un récit étranger [« Fremdbericht » (Am 7, 10–17)] et d'un groupe de sentences [« Spruchgruppen (Am 8, 4–14 ; 9, 7–15)][60].

Comme Soggin, il croit que les cinq visions doivent être groupées ensemble et les éléments étrangers (Am 7, 10–17 et Am 8, 4–14) transférés à d'autres endroits du livre. Mais, ce qui fait la particularité de sa démarche par rapport à celle de ses prédécesseurs, c'est qu'il a procédé à une correction du livre en introduisant deux nouveaux הוֹי, l'un en Am 5, 7 et l'autre en Am 6,13[61]. Cette introduction lui permet de subdiviser Am 3 – 6 en sept unités au lieu de dix-neuf ou de quinze unités préconisées respectivement par Amsler et Soggin. Il est bon de faire remarquer qu'il n'est pas le seul à avoir procédé à une telle subdivision d'Am 3 – 6 ; Delcor[62] et King[63] avaient, quelques années auparavant, soutenu un découpage analogue mais sans juger utile d'introduire la formule הוֹי en Am 5, 7 et en Am 6, 13.

Sans entrer dans le débat sur la critique textuelle du livre d'Amos que cette correction suscite, nous soulignons que l'attitude de Rudolph dénote que, sans la présence de הוֹי en Am 5, 7 et en Am 6, 13, l'ensemble formé par Am 5, 1 – 6, 14 serait un conglomérat de discours dont les connexions et les limites restent difficiles à déterminer. Cette posture dévoile également la prééminence qu'il accorde aux formules introductives et démontre bien qu'il croit, comme Gunkel, qu'Amos avait livré son message sous forme de déclarations très brèves.

En définitive, nous retenons que les auteurs ci-dessus évoqués ne sont que quelques exemples parmi tant d'autres biblistes qui, à la suite de Gunkel, ont tenté de recouvrer les diverses déclarations poétiques d'Amos. Nous pouvons également classer Jozaki, Robinson, Sellin et Snaith parmi ceux qui ont le plus morcelé le corpus amosien en petites unités indépendantes. Par exemple, Jozaki

---

60 Rudolph, W., *Joel-Amos-Obadja-Jona*, p. 100 et p. 228–271.

61 Rudolph, W., *Joel-Amos-Obadja-Jona*, p. 194 et p. 225.

62 Delcor, M., *Amos, les petits prophètes (La Sainte Bible)*, Paris, L. Pirot et S. Clamer, 1961, p. 178.

63 King, P. J., « Amos », dans Brown R. E., Fitzmyer, J. A., Murphy, R. E. (eds.), *The Jerome Biblical Commentary*, Englewood Cliff, N.J. Prentice-Hall, 1968, p. 245–252 (p. 246).

l'a subdivisé en cinquante-huit unités littéraires[64] tandis que, Sellin et Snaith l'ont respectivement découpé en quarante-deux et en cinquante-neuf fragments.

Après cette mise au point, nous abordons à présent les successeurs de Gunkel qui ont cru que la justification de la composition du livre d'Amos passe par la reconstruction de l'histoire de sa rédaction et de sa transmission.

Les tentatives d'une reconstitution des couches rédactionnelles du livre d'Amos par les partisans de Gunkel

Si certains partisans de la critique des formes considèrent Amos comme un poète et un orateur et cherchent, pour cette raison, à isoler les petites portions de déclarations poétiques que renferme son livre, d'autres, au contraire, estiment qu'il est à l'origine de certains écrits ayant été compilés par ses disciples ou par des rédacteurs deutéronomistes, lesquels n'ont pas manqué d'insérer des gloses explicatives ou interprétatives[65]. C'est dans cette perspective que, pour élucider la composition dudit corpus, beaucoup d'exégètes tentent plutôt de mettre en évidence ses différentes couches rédactionnelles. Cette quête a atteint son sommet avec la parution du magistral commentaire de Wolff publié en 1967.

En effet, en s'appuyant sur les études de Schmidt se rapportant aux insertions deutéronomistes dans les oracles d'Amos[66], Wolff a essayé de reconstituer les grandes phases du processus rédactionnel de tout le recueil des paroles que la tradition attribue à ce prophète. Dans son étude souvent présentée comme la plus importante critique rédactionnelle du livre d'Amos[67], il distingue six stades dans le processus de la formation de ce corpus. Selon lui, le premier stade correspondrait à la rédaction des discours d'Am 3 – 6 qu'il dénomme « paroles d'Amos de Teqoa ». Cette collection aurait le prophète Amos lui-même pour auteur. Le deuxième équivaudrait à la fixation littéraire des cycles de visions (Am 7, 1–8 ; 8, 1–2 ; 9, 1–4) et des oracles contre les nations (Am 1, 3 – 2, 16), excepté les oracles contre Tyr (Am 1, 9–10), Édom (Am 1, 11–12) et Juda (Am 2, 4–5). Cette fixation aurait été faite par « l'ancienne école d'Amos » au huitième siècle et ce, peut-être, du vivant du prophète[68]. Le troisième se situerait trois décenies après la mort du prophète et serait le moment où un groupe qu'il appelle « l'école d'Amos » aurait

---

64 Jozaki, S., « The secondary passages of the Book of Amos », *KGUAS* 4 (1956), p. 25–100.

65 Sellin, E., Fohrer, G., *Einleitung in das Alte Testament*, p. 476–477.

66 Schmidt, W. H., « Die deuteronomistische Redaktion des Amosbuches », p. 168–193.

67 Park, A. W., *The Book of Amos as Composed and Read in Antiquity*, p. 22.

68 Wolff, H. W., *Joel and Amos*, p. 91–113.

inséré Am 5, 13-15 ; 6, 2 ; 7, 10 – 17 ; 8, 4-14 ; 9, 7-10. Ces insertions auraient eu lieu en Juda. Le quatrième correspondrait à la rédaction pré-deutéronomique du livre, intervenue pendant la période de la destruction du temple de Béthel décrite dans 2 R 23, 15-30. Ce serait le moment où les doxologies qui ont trait au culte (Am 4, 13 ; 5, 8-9 ; 9, 5-6) et le discours d'Am 2, 6-12, qu'il considère comme une homélie faite au temple, auraient été introduits dans le livre. Le cinquième serait le moment de l'ajout des oracles contre Tyr (Am 1, 9-10), Édom (Am 1, 11-12) et Juda (Am 2, 4-5), du rappel des bienfaits du Seigneur (Am 2, 10-12) et de certains autres éléments tels qu'Am 1, 1 ; 3, 1b ; 5, 25 ; 8, 11-12 ; toutes ces additions auraient été faites par des rédacteurs deutéronomistes. Le sixième et dernier stade serait la mise en forme finale du livre avec l'insertion de l'oracle du salut (Am 9, 11-15) et des appellations telles que « David » (Am 6, 5)[69].

Il ressort de ce qui précède qu'aux yeux de Wolff, le livre d'Amos, dans sa forme actuelle, est le produit de nombreuses décennies de relectures interprétatives. Dans ce sens, il rejoint la position des partisans de Wellhausen. Celle-ci consiste à dire que certains éléments du corpus reflètent un contexte socio-historique postérieur à l'époque d'intervention de ce prophète et peuvent édulcorer son message. En clair, il ne perçoit pas le corpus amosien comme le fruit d'un assemblage successif de collections de discours venant d'Amos. Mais sa reconstruction très complexe a été diversement reçue par ses successeurs. Certains exégètes, tels que Mays, Coote et surtout Jeremias présenté par Hadjiev comme le plus récent commentateur fidèle à sa pensée[70], et beaucoup d'autres auteurs, ont favorablement accueilli sa démarche sans toutefois garder le nombre de stades rédactionnels qu'il a décelés.

Le premier, Mays, dans son commentaire publié la même année que celui de Wolff, a d'abord commencé par recenser les matériaux qui entrent dans la composition du livre. Il y en a decélés trois types distincts : les oracles prononcés par Amos en tant que rapporteur des paroles du Seigneur (Am 1 – 6, 14 ; Am 8, 4-14, Am 9, 7-15), les récits autobiographiques en « Je « énoncés par le prophète lui-même (Am 7, 1-3. 4-6. 7-9 ; 8, 1-3 ; 9, 1-6) et le récit biographique fait par une tierce personne (Am 7, 10-17)[71].

Après cette identification, Mays s'est interrogé sur l'origine de ces matériaux. Il soutient qu'Amos serait l'auteur des cinq oracles contre les nations (Am 1, 3-5 ; 1, 6-8 ; 1, 13-15 ; 2, 1-3 ; 2, 6-16), des cinq visions (Am 7, 1-9 ; 8, 1-3 ; 9, 1-4) et, peut-être (mais c'est très peu probable), des petits groupes d'oracles de longueur

---

69 Wolff, H. W. *Joel and Amos*, p. 106-113.

70 Hadjiev, T. S., *The Composition of the Book of Amos*, Berlin, De Gruyter, 2009, p. 4.

71 Mays, J. L., Amos : A Commentary, OTL, Philadelphia, Westminster Press, 1969, p. 12.

approximativement égale (Am 3 – 6 ; 8, 4–14) que des collectionneurs ont groupé selon leurs formules introductives identiques. Le titre du livre (Am 1, 1–2) et les oracles contre Tyr (Am 1, 9–10), Édom (Am 1, 11–12) et Juda (Am 2, 4–5), dominés par un vocabulaire deutéronomiste, ne viendrait pas de la main du prophète. Quant à Am 7, 10–17, Mays pense qu'il est l'œuvre d'un groupe de disciples, lesquels ont été en accointance avec Amos durant sa carrière prophétique[72]. Ce groupe serait également à l'origine de la forme finale du livre d'Amos. Il pense aussi que les fragments d'hymnes (Am 1, 2 ; 4,13 ; 5, 8–9 ; 9, 5–6 ; 8, 8) et Am 4, 6–16 auraient été rédigés par des Judéens appartenant à la communauté cultuelle du temple de Jérusalem[73]. Ces rédacteurs auraient joué un rôle crucial dans la mise en forme finale du livre.

De ce qui précède, nous retenons que Mays explique aussi l'organisation du corpus par le fait qu'il est le résultat d'un processus rédactionnel qui va d'Amos à la période postexilique, un processus dans lequel les rédacteurs deutéronomistes auraient pris une place majeure. Mais, contrairement à Wolff, il ne dit rien du nombre de stades que comporte ce long processus qui s'étend sur plusieurs siècles. Au contraire, il pense même que sa reconstruction restera toujours conjecturale et subjective[74]. Mais sa position n'a pas empêché d'autres de réduire ou d'augmenter le nombre de stades recensés par son devancier.

Le second, Coote, a réduit de moitié le nombre de stades rédactionnels retenus par Wolff. Il estime que la première phase se limite à la rédaction, par Amos lui-même, des paroles adressées à la classe dirigeante de Samarie (Am 2, 6 – 16). Elle aurait eu lieu autour des années 722. La seconde correspondrait à l'ajout de certains passages tels qu'Am 1, 1–8. 13–15 ; 2, 1–3 ; 7 – 9, 6. Ces insertions auraient eu lieu au septième siècle durant les règnes des rois Ezéchias et Josias. Quant à la troisième et dernière phase qu'il situe au sixième siècle avant Jésus-Christ, elle correspondrait à l'insertion d'Am 1, 9–12 ; 2, 4–5 ; 9, 7–15[75]. Mais, ni son processus, ni celui de Wolff n'aurait convaincu les commentateurs qui leur sont postérieurs.

Le troisième, Jeremias, demeure l'un des plus grands successeurs de Wolff parce qu'il pense, comme lui, que le message d'Amos ne peut être récupéré que par « la reconstruction compliquée et, dans bien des cas, seulement hypothétique » de l'histoire de la rédaction de son corpus. Il est persuadé que loin d'être le reflet direct du message d'Amos, le corpus attribué à ce prophète est plutôt le

---

72 Mays, J. L., *Amos*, p. 13.
73 Mays, J. L., *Amos*, p. 160.
74 Mays, J. L., *Amos*, p. 12.
75 Coote, R., *Amos among the Prophets*, p. 11–15.

précipité de l'histoire de sa réception et de son influence[76]. Cette position prouve que, comme Wolff, il ne perçoit pas ce livre comme un assemblage graduel de collections de prophéties d'Amos. Il le voit plutôt comme un corpus contenant des prophéties ayant continuellement subi des mises à jour répondant beaucoup plus aux attentes des lecteurs tardifs qu'à ceux des destinataires primitifs du message d'Amos. Aussi, soutient-il, par exemple, que c'est sous l'influence du livre des prophéties d'Osée que les disciples d'Amos ont rédigé Am 2, 8 ; 3, 2 ; 5, 25 ; 6, 8 ; 7, 9[77], pour que la prédication d'Amos englobe tout Israël et ne soit plus limitée aux destinataires originaux de son message que sont les membres de la classe dirigeante de la Samarie.

Mais, contrairement à Wolff, Jeremias distingue seulement deux stades dans le processus rédactionnel du livre d'Amos. Il pense que le premier est intervenu juste après la chute de Samarie. Quant au second, il le situe après la chute de Jérusalem durant la première période exilique[78]. De même, il ne croit pas qu'Am 3, 13–14 et 4, 6–12 aient été rédigés à Béthel durant le règne de Josias, comme l'a prétendu Wolff ; il pense plutôt qu'ils reflètent une liturgie de pénitence (Am 4, 6–16 et les doxologies) et seraient, pour cette raison, des écrits des rédacteurs deutéronomistes du temps de l'exil[79]. Sa proposition, qui diffère de celles de Wolff et de Coote, révèle combien les points de vue des exégètes divergent quant aux différentes couches rédactionnelles du livre d'Amos. Au lieu de les revoir à la baisse, certains ont augmenté, voire même dédoublé le nombre de stades défendus par Wolff.

A titre d'exemple, dans le courant de l'année même de la parution du commentaire de Jeremias, Rottzoll en a publié un dans lequel il soutient que l'histoire de la rédaction du corpus amosien comprend douze stades[80]. Il défend ainsi un nombre de stades rédactionnels nettement supérieur à celui de Wolff. En dehors de lui, Wood a posé très récemment, qu'à l'origine, le recueil des paroles d'Amos

76 Jeremias, J., *The Book of Amos : A Commentary*, (trad. D. W. Stott), OTL, Louisville, Westminster/John Knox, 1998, p. 5 : « To be sure Amos's message ... can be recovered only through complicated, and in many instances only hypothetical, reconstruction. The book of Amos by no means reflects his message directly, but represents rather the precipitate of this message's history of reception and influence ».

77 Jeremias, J., *The Book of Amos*, p. 5–9. 217–229 ; voir aussi : Jeremias, J., *Hosea und Amos*, p. 34–53.

78 Jeremias, J., *The Book of Amos*, p. 5–8.

79 Jeremias, J., *The Book of Amos*, p. 5–9.

80 Rottzoll, D. U., *Studien zur Redaktion und Komposition des Amosbuchs*, BZAW 243, Berlin/New York, de Gruyter, 1996, p. 285–290.

ne comportait que sept séries de poèmes[81] ; ils auraient été écrits et exécutés par Amos, comme une tragédie poétique, avant qu'un éditeur n'insère pendant l'exil de longs commentaires sur cette version primitive pour donner naissance au corpus actuel qui se divise en dix parties[82]. Cependant, la plupart des récents commentateurs tels que Lescow, Albertz et Park, ne décèlent pas plus de trois strates rédactionnelles[83]. Selon Lescow, le premier stade rédactionnel correspondrait à la collection des paroles d'Amos et de certains oracles anonymes vers 680 avant notre ère. Cette collection aurait connu une première édition en 600 av. J. C et deux autres postexiliques centrées respectivement sur le culte et la thématique de la sortie d'Égypte[84]. A sa suite, Albertz soutient que la souche originale du livre, composée entre les années 711 et 700 avant Jésus-Christ, comprenait cinq oracles contre les nations, quatre visions (Am 7, 1 – 8, 3) et la plupart des éléments d'Am 3 – 6. Des rédacteurs préexiliques auraient ajouté Am 1, 2 ; 3, 13–14 ; 5, 26 ; 8, 4–14 ; 9, 1–4 sur ce noyau primitif avant que les deutéronomistes n'y insèrent Am 4, 6–13 ; 5, 8–9 ; 9, 5–6 durant l'exil et 9, 7–15 juste après l'exil[85]. Quant à Park, il décèle trois stades rédactionnels : le premier, « l'édition de restauration » serait intervenu et a été achevé très peu de temps après la réforme de Josias ; le second, « l'édition de la pré-restauration », après la chute de la Samarie et le troisième, autour des années 750–745 avant notre ère.

Abondant dans le même sens que Park, Wöhrle maintient qu'il y avait au départ, un noyau constitué des paroles d'Amos, problamement certains oracles d'Am 3 – 6, compilées durant la seconde moitié du 8ème siècle avant Jésus-Christ. Ce noyau sur lequel l'école amosienne aurait ajouté Am 3, 3–6. 8 et Am 5, 6. 14–15

---

81 Premier poème (Am 1a ; 1, 3–8 ; 1, 13 – 2, 3 ; 2, 6–8 ; 2, 13–16) ; deuxième poème (Am 3, 1a ; 3, 2–6 ; 3, 9–11), troisième poème (Am 4, 1–5), quatrième poème (Am 5, 1–2 ; 5, 4–7), cinquième poème (Am 5, 10–12 ; 5, 18–20, Am 5, 21–24), sixième poème (Am 6, 1–3 ; 4–7 ; 6, 12–13) septième poème (Am 7, 1–9 ; 8, 1-3a ; 8, 4–6 ; 8, 9–10). Wood, J. R., *Amos in Song and Book Culture*, JSOT-Sup. 337, London/New York, Sheffield Academic Press, 2002, p. 27. De même, Steins vient de remettre en cause l'autheticité des visions. Il les considère comme une réflexion sur les raisons qui ont mené au désastre politique des années 722 et 587 avant Jésus-christ dans l'histoire politique d'Israël et de Juda et soutient même que Gunkel a eu tort de n'avoir pas perçu les livres prophétiques comme un écho du débat théologique. Steins, G., *Gericht und Vergebung : Re-Visionen zum Amosbuch*, SBS 221, Stuttgart, Katholisches Bibelwerk, 2010, p. 30–72.

82 Wood, J. R., *Amos in Song and Book Culture*, p. 15–23 ; 104–111.

83 Lescow, T., « Das nachexilische Amosbuch : Erwägungen zu seiner Kompositionsgeschichte », *BN 99* (1999), p. 69–101 ; Albertz, R., *Israel in Exile : The History and Literature of the Sixth Century B.C.E.*, SBL 3, Atlanta, Society of Biblical Literature Press, 2003, p. 226–227 ; Park, A. W., *The Book of Amos as Composed and Read in Antiquity*, p. 110–117.

84 Lescow, T., « Das nachexilische Amosbuch », p. 69–101.

85 Albertz, R., *Israel in Exile*, p. 226–227.

autour des années 722 avant Jésus-Christ, aurait subi une première importante retouche rédactionnelle avec l'insertion des discours contre le sanctuaire (Am 3, 13–14 ; 4, 4–5 ; 5, 4–5), les annonces de l'exil (Am 5, 21–22. 27), les cinq oracles contre les nations, les quatre visions rapportées en Am 7, 1 – 8, 2 et les oracles d'Am 8, 3–14. La mise en forme finale du livre aurait eu lieu au cours de l'exil où des rédacteurs deuteronmistes auraient introduit Am 7, 10–17 ; 8, 11–12 ; 9, 7–10, les hymnes (Am 4, 6–12) et la cinquième vision (Am 9, 1–4), puis, ont relié l'ensemble avec le livre des prophètes Osée, Amos, Michée et Sophonie pour former le « *livre des quatre* »[86]. Dans cette même perpesctive, Becker allègue que certains passages du livre, plus précisément les visions, sont postexiliques et dépendent des écrits des autres prophètes. Il soutient, contrairement à Fey et à Pschibille[87], qu'Am 9, 1 est inspiré d'Is 6[88], laissant croire que la rédaction finale de livre est postérieure ou date de l'époque de celle du corpus d'Isaïe.

En outre, à la suite de Nogaslkie et de ceux qui défendent l'hypothèse du corpus des douze petits prophètes, d'autres biblistes encore ont postulé que le livre dans son entièreté est une pure production postexilique, faisant apparaître Amos comme une pure figure littéraire. L'un des principaux adeptes de cette hypothèse est Levin. En s'inscrivant dans la logique de Fritz qui pense que la critique sociale ne remonte pas au prophète du 8ème siècle et que seuls deux visions (Am 7, 1–6) et deux oracles (Am 3, 12 ; 5, 3) seraient l'œuvre d'Amos lui-même[89], il soutient que la plupart des matériaux présents dans le corpus amosien sont une production postexilique[90]. L'autre adepte de cette hypothèse est Kratz pour qui Amos n'a pas été différent des prophètes du Proche Orient Ancien. Il est persuadé qu'après la destruction d'Israël par l'Assyrie, des scribes judéens, voulant expliquer la catastrophe d'une nation sœur, ont interprété les paroles d'Amos contre l'aristocratie de la Samarie comme proclamation d'un jugement inéluctable contre

---

86 Wöhrle, J., *Die frühen Sammlungen des Zwölfprophetenbuches : Entstehung und Komposition*, BZAW 360, Berlin/New York, De Gruyter, 2006, p. 125–137.
87 Ces auteurs et beaucoup d'autres pensent que c'est plutôt le rédacteur d'Is 6 qui s'est inspiré d'Am 9. Fey, R., *Amos und Jesaja : Abhängigkeit und Eigenständigkeit des Jesaja*, WMANT 12, Neukirchen-Vluyn, Neukirchener Verlag, 1963, p. 109–110. Pschibille, J., *Hat der Löwe erneut gebrüllt ? Sprachliche, formale und inhaltliche Gemeinsamkeiten in der Verkündigung Jeremias und Amos*, BTS 41, Neukirchen-Vluyn, Neukirchener Verlag, 2001, p. 85.
88 Becker, U., « Der Prophet als Fürbitter. Zum literarhistorischen Ort der Amosvisionen », VT 51 (2001), p. 141–165.
89 Fritz, V., « Amosbuch, Amos-Schule und historischer Amos », dans Fritz, V., Pohlmann, K. F., Schmitt, H. C. (eds.), *Prophet und Prophetenbuch*, BZAW 185, Berlin, 1989, p. 29–49 (p. 29–43).
90 Levin, C., « Das Amobuch der Anawin », dans Levin, C., *Fortschreibungen : Gesammelte Studien zum Alten Testament*, BZAW 316, Berlin/New York, de Gruyter, 2003, p. 265–290.

les fils d'Israël. Pour cet auteur, c'est bien après l'exil que la tradition a transformé la figure d'Amos en un *Amos littéraire*, c'est-à-dire en un intransigeant prophète de malheur qui a proclamé le jugement irrévocable de Dieu sur les Israélites à cause de leurs péchés[91].

Enfin, Hadjiev[92] et Hamborg[93] ne partagent pas du tout le point de vue de Kratz, Lescow et Fritz qui ont tendance à réduire le livre d'Amos à une légende prophétique. Ils proposent une histoire de la rédaction du livre d'Amos largement différente de celles de tous leurs devanciers. En somme, il résute de ce qui précède qu'il n'y a aucun consensus chez les successeurs de Wolff quant aux différents stades rédactionnels du livre d'Amos. Si nous ajoutons à cette liste les travaux de Willi-Plein qui discerne quatre strates rédactionnelles[94] et surtout ceux de Vermeylen, de Blenkinsopp[95] et bien d'autres auteurs qui attribuent beaucoup d'éléments (versets, expressions) aux rédacteurs deutéronomistes, il devient évident que l'approche de Wolff et de ses successeurs oriente la question de la composition du corpus amosien vers une impasse.

C'est pourquoi, contrairement à ce groupe, d'autres exégètes, comme Rudolph, ont fortement remis en cause la méthode de Wolff et de ses disciples. Rudolph a estimé que leurs déductions sont complètement inacceptables. Il a surtout réfuté l'idée d'une « école amosienne » mise en avant par Wolff, estimant que c'est une exagération de la critique des formes de laquelle dépend sa méthode[96]. Il considère que le livre d'Amos doit une grande partie de son contenu actuel au prophète Amos lui-même, les disciples de ce dernier n'ayant fait que mettre en forme des oracles venant de lui.

---

91 Kratz, R. G., « Die Redaktion der Prophetenbücher », dans Kratz, R. G., Krüger, T., *Rezeption und Auslegung im Alten Testament und seinem Umfeld*, OBO 153, Freiburg und Göttingen, Vandenhoeck & Ruprecht, 1997, p. 9–27 (p. 19–22) ; Kratz, R. G., « Die Worte des Amos von Tekoa », dans Köckert, M., Nissinen, M. (eds.), *Propheten Mari, Assyrien und Israel*, FRLANT 201, Göttingen, 2003, p. 54–89 (p. 62–67 ; 81–87).

92 Ce dernier n'envisage pas plusieurs stades de rédaction du livre d'Amos ; il pense qu'il a été édité une seule fois durant la période exilique. Hadjiev, T. S., *The Composition of the Book of Amos*, p. 207–209.

93 Hamborg, G., *Still Selling the Righteous : A Redaction-critical Investigation of Reason for Judgment in Amos 2.6–16*, LHBOTS 555, New York-London, Clark International, 2012, p. 23–38.

94 Willi-Plein, I., *Vorformen der Schriftexegese innerhalb des Alten Testaments : Untersuchungen zum literarischen Werden der auf Amos, Hosea und Micha zurückgehenden Bücher im hebräischen Zwölfprophetenbuch*, BZAW 123, Berlin/New York, de Gruyter, 1971, p. 15–69.

95 Vermeylen, J., *Du prophète Isaïe à l'apocalyptique*, p. 519–569 ; Soggin, J. A., *Il profeta Amos*, p. 30–32 ; Blenkinsopp, J., *Une histoire de la prophétie en Israël, depuis le temps de l'installation en Canaan jusqu'à l'époque hellénistique* (trad. M. Desjardins), LD 152, Paris, Cerf, 1993, p. 109–110.

96 Rudolph, W., *Joel-Amos-Obadja-Jona*, p. 102.

La vision de Rudolph rejoint celle de Mowinckel, qui est encore plus critique envers les partisans de la *Formgeschichte*. Il estime leur approche très réfutable pour deux raisons principales. D'abord, dit-il, cette analyse est fondamentalement subjective et génère une forme de scepticisme. Ensuite, ajoute-il, cette approche renie et détruit la belle unité et harmonie qui apparaît dans les livres prophétiques[97]. Dans le sillage de la critique de Mowinckel, nous relevons que l'approche de Wolff et de ses successeurs a beaucoup renforcé l'idée que le livre d'Amos est une œuvre composite, remplie d'interpolations tardives. Par conséquent, il n'est pas exagéré de dire que leurs travaux ont progressivement conduit à la dépréciation de certains passages perçus comme des gloses interprétatives édulcorant le message d'Amos. Sans compter les versets, les mots et les expressions que des auteurs comme Vermeylen attribuent aux rédacteurs deutéronomistes, les principaux textes souvent traités comme des interpolations tardives et relégués au second plan sont : les oracles contre Tyr, Édom, Juda (Am 1, 9–10 ; 1, 11–12 ; 2, 4–5), le rappel des bienfaits du Seigneur (Am 2, 9–12), le récit biographique (Am 7, 10–17) et l'oracle final (Am 9, 11–15).

En vue de sortir d'une telle démarche qui dévalorise certains passages et empêche de saisir les rapports de sens qui lient les divers éléments entrant dans la composition du livre d'Amos, des voix se sont élevées autour des années 1970 pour insister sur la nécessité de le lire, dans sa forme finale, comme un tout cohérent. Koch est l'un des premiers auteurs à avoir tenté une telle lecture. Son initiative a été très largement reçue par des biblistes dont Childs, fondateur de l'approche canonique des livres et des textes bibliques, Hayes, Paul et Sweeney[98], qui ont indiqué que lire le livre d'Amos, dans la forme que la tradition nous a transmise comme un ensemble cohérent et hautement structuré, reste la voie la mieux indiquée pour accéder à son message théologique.

A ces voix, il faudrait ajouter celles de Bovati et Meynet, partisans de l'analyse rhétorique qui croient que, loin de devoir être considérées comme négatives, les interventions rédactionnelles, si elles ont effectivement eu lieu, « sont à tenir pour une interprétation authentique du prophète Amos »[99]. Ils estiment même que, loin de donner accès au véritable Amos, la mise à l'écart des textes considérés comme des gloses interprétatives, conduit plutôt à une autre interprétation ou à

---

[97] Mowinckel, S., *Prophecy and Tradition : the Prophetic Books in the Light of the Study of the Growth and History of the Tradition*, Oslo, J. Dybwad, 1946.

[98] Sweeney, M. A., « The Dystopianization of Utopian in prophetic Literature : The Case of Amos 9: 11–15 », dans Ben Zvi, E. (ed.), *Utopia and Dystopia in Prophetic Literature*, Helsinki, Publication of the Finnish Exegetical Society, 2006, p. 175–185.

[99] Bovati, P., Meynet, R., *Le livre du prophète Amos*, p. 87.

une reconstruction singulièrement appauvrie du message de ce prophète[100]. Pour tous ces auteurs, seule une approche synchronique peut permettre d'appréhender ses articulations et de mieux découvrir son contenu. Ils sont persuadés que le corpus amosien et ceux des autres prophètes sont des ouvrages artistiques, subtils et harmonieux que l'exégète doit lire patiemment et humblement en respectant leurs complexités et en essayant de déchiffrer leurs structures afin d'atteindre leur message codé[101]. Dans cette perspective, ils ont voulu justifier l'unité et l'intégrité littéraire de ce livre sans se préoccuper de ses aspects diachroniques.

Et, puisque toute tentative pour discerner l'intégrité littéraire d'un corpus ou d'un texte biblique commence par l'analyse de sa structure[102], Koch et les autres adeptes de l'approche synchronique ont tour à tour cherché à appréhender l'organisation d'ensemble du recueil des paroles d'Amos. Cependant, un parcours des ouvrages de ces auteurs permet de constater que, depuis Koch, les biblistes ne parviennent pas à s'accorder sur une structure globale : la délimitation des sections majeures varie d'un auteur à l'autre au point que les biblistes se demandent encore en combien de parties s'articule le livre d'Amos. C'est pourquoi il est malaisé de passer sous silence les différentes tentatives de structuration d'ensemble de Koch à nos jours. Les présenter et surtout les discuter nous permettront de saisir leurs forces et leurs faiblesses, afin d'envisager la stratégie à adopter dans la deuxième partie de notre thèse.

---

100 Bovati, P., Meynet, R., *Le livre du prophète Amos*, p. 87.
101 Greenberg, M., *Ezekiel 1–20 : A New Translation with Introduction and Commentary*, AncB 22, Garden City, Doubleday, 1983, p. 21 : « ... By listen to it patiently and humbly ».
102 Park, A. W., *The Book of Amos as Composed and Read in Antiquity*, p. 45.

Conclusion

A la fin de ce parcours qui nous a permis de présenter diverses approches du livre d'Amos, il est important de récapituler les résultats de cette démarche afin de poser les jalons des quatre derniers chapitres de notre thèse qui a pour but de justifier que ce corpus demeure une œuvre harmonieuse dotée d'une stratégie littéraire unifiante. Cette mise au point se fera au travers des quelques observations suivantes.

Nous retenons que l'exégèse moderne du livre d'Amos est marquée par deux grandes approches littéraires. D'abord, dans la veine de la critique des sources du Pentateuque, des auteurs se sont lancés dans la quête de « *l'Amos historique* », approche visant à distinguer les « *supposées* » paroles authentiques du prophète des interpolations ultérieures. En effet, à la suite de Wellhausen, l'un des premiers à soutenir que ce livre contient aussi bien des paroles authentiques d'Amos que des compléments additionnels insérés par ses disciples ou par des éditeurs deutéronomistes, certains biblistes tels que Smith, Nowack, Marti, Harper, entre autres, ont tenté de démêler les véritables paroles de ce prophète des gloses tardives. Dans leurs travaux, le recueil des paroles du berger de Teqoa est alors perçu et traité comme une œuvre composite comportant deux types de matériaux: les matériaux authentiques ayant un intérêt considérable et les matériaux anachroniques, œuvres de seconde main.

Ainsi, les passages tels que les oracles contre Tyr (Am 1, 9–10), Édom (Am 1, 11–12) et Juda (Am 2, 4–5) qui sont dépourvus de la formule conclusive יְהוָ֥ה אָמַ֖ר, le récit biographique (Am 7, 10–17), l'oracle contre les marchands (Am 8, 4–14), les fragments d'hymnes (Am 4, 13 ; 5, 8–9 ; 9, 5–6) et l'oracle du salut (Am 9, 11–15) sont généralement considérés comme des éléments tardifs et donc anachroniques. Cette approche purement diachronique a eu deux impacts majeurs sur l'étude et sur la perception du livre d'Amos : d'une part, les travaux de ses partisans ont entraîné la dépréciation et la mise au second plan des passages jugés inauthentiques ; d'autre part, elle a souvent poussé un bon nombre d'auteurs à procéder au transfert de certains passages vers d'autres endroits du corpus en vue de rétablir sa cohérence. Cette approche purement diachronique s'est poursuivie avec Gunkel, le précurseur de la *Formgeschichte*.

Dans la logique de la critique des formes de Gunkel, le centre d'intérêt des biblistes s'est, outre la recherche des paroles authentiques d'Amos, davantage orienté vers deux nouvelles directions. Certains de ses successeurs, tels que Weiser, Morgenstern, persuadés comme lui que le message d'Amos était originairement constitué de très brèves déclarations poétiques dont la longueur ne dépassait pas une strophe, se sont mis à dépecer son livre en petites unités indépendantes. En cherchant ainsi à isoler les morceaux de discours poétiques

https://doi.org/10.1515/9783110562743-006

d'Amos pour mieux réentendre sa voix, ils ont morcelé le recueil de ses paroles en de multiples fragments, sans trop se préoccuper des liens qui les unissent les uns aux autres. Quelques grands représentants de cette approche sont Weiser, Morgenstern, Watts, Eissfeldt, Rinaldi, Amsler, Soggin, Rudolph, Sellin. Même si ces auteurs ont décelé un plan bipartite ou tripartite, ils ont le plus souvent procédé à une fragmentation du livre d'Amos.

D'autres exégètes, en revanche, croyant que des rédacteurs tardifs ont compilé, en opérant des ajouts, de brefs discours poétiques écrits ou dictés par Amos lui-même, ont plutôt cherché à retracer les différentes étapes du développement du corpus et de ses couches rédactionnelles successives. Fidèles à cette vision, ils ont traité ce livre comme un ouvrage composé de textes originaux bien organisés émanant de la main du prophète lui-même et de gloses disparates ajoutées par ses disciples ou par des rédacteurs deutéronomistes. Cette approche a connu son apothéose avec la parution du magistral commentaire de Wolff qui a repéré six différents stades rédactionnels ; elle a été poursuivie par Coote, Wood et Rottzoll, Jeremias et d'autres auteurs qui défendent cependant un nombre de stades rédactionnels différent.

Dans les travaux des auteurs appartenant à chacune de ces deux tendances, le livre d'Amos apparaît comme « une part de mille-feuille »[103] à décomposer pour analyser chaque pièce sans trop tenir compte des autres. Cette vision a conduit les disciples de Gunkel à morceler le livre d'Amos en de petits fragments afin de s'interroger à la fois sur le genre, sur la date et surtout sur le *Sitz im Leben* de chacun ; mais leurs divergences de vue quant au nombre de fragments et aux différentes étapes rédactionnelles a poussé d'autres biblistes à remettre en cause l'objectivité et la perspicacité de leur approche et à essayer de considérer le livre d'Amos, dans sa forme finale, comme un tout cohérent.

---

[103] Longman, T., Dillard, R., *Introduction à l'Ancien Testament*, p. 412.

Chapitre II

Les différentes tentatives de justification de l'unité du livre d'Amos : de Koch à nos jours

Introduction

Dans le courant des années 1970, beaucoup d'exégètes très insatisfaits des résultats des travaux des partisans de Wellhausen et de Gunkel ont estimé que, pour mieux entrer dans un processus interprétatif du livre d'Amos, il est nécessaire de le lire, dans sa forme finale, comme un tout cohérent. Koch est aujourd'hui reconnu pour être le premier exégète à avoir opté pour une approche synchronique visant à lire le corpus amosien, dans sa forme actuelle, comme un ensemble harmonieux dont chaque élément occupe la place qui est la sienne et contribue à la dynamique du message d'Amos. Reprochant à Wolff et à ses successeurs d'avoir traité ce livre comme une collection hasardeuse de petites déclarations indépendantes, il a, avec ses collaborateurs, produit en 1976 une série de commentaires[1] dans lesquels il défend l'architecture harmonieuse de ce corpus.

Depuis Koch, pour prouver que le corpus est un tout harmonieux dans lequel chaque élément occupe la place qui lui revient, les biblistes tentent de cerner sa structure d'ensemble. De plus en plus persuadés que le recueil des paroles du berger de Teqoa n'est pas une collection accidentelle de textes, de phrases, d'expressions et de mots isolés ou indépendants, ces derniers cherchent à discerner ses grandes articulations. La structure quadripartite qu'il a discernée a été vite remise en cause et délaissée par ses successeurs. Certains préconisent d'autres formes d'organisation quadripartite tandis que d'autres le divisent en deux, trois, cinq, six, sept, huit, neuf ou en vingt sections[2]. Si nous ajoutons les propositions de Barré, de Dempster et de Möller, qui le découpent respectivement en six, en huit et en neuf parties, à ces différentes structures recensées par Bramer, il devient évident que les avis divergent quant à la structuration d'ensemble de ce livre. Même si certains commentateurs s'accordent parfois sur la délimitation des sections majeures, ils ne parviennent jamais à un consensus quant à l'organisation interne de chacune d'elles. Ce désaccord révèle que la question de l'organisation du livre d'Amos demeure encore la pomme de discorde qui agite le monde exégétique. Il tend aussi à donner crédit à ceux qui pensent que c'est un corpus inorganisé. Il nous semble provenir du fait que les critères de structuration privilégiés par les uns ont toujours été jugés insuffisants et récusés par les autres.

---

1 Ces commentaires sont mentionnés dans la note 22, p. 4.

2 Bramer, qui a récemment passé en revue les divers modèles de structures proposées par différents auteurs, retient que le livre d'Amos a souvent été divisé soit en deux, soit en trois, en quatre, en cinq, en sept, en vingt ou en de multiples parties avant de le diviser, à son tour, en cinq parties. Chez Bramer, ceux qui ont subdivisé le livre en de multiples parties sont ceux qui l'ont dépecé en plus de vingt parties. Bramer, S. J., « Analysis of the Structure of Amos », p. 170–171.

https://doi.org/10.1515/9783110562743-007

En fonction des critères de structuration, nous pouvons dégager six tendances dans l'analyse structurelle du livre d'Amos. La première, celle dans laquelle nous classons Koch, revient à considérer certains dispositifs formels du corpus (les expressions et les formules récurrentes, les doxologies ....) comme des marqueurs indiquant les débuts et les fins de sections majeures. La deuxième, la plus répandue, repose sur la revalorisation du schème « oracles-visions ». La troisième est celle des commentateurs qui se sont évertués à trouver une structure basée davantage sur le contenu et surtout sur les emphases thématiques. La quatrième, celle dans laquelle se situent certains adeptes de l'analyse rhétorique, consiste à s'appuyer sur des inclusions et autres parallélismes pour dégager une organisation concentrique ou chiastique du livre. La cinquième insiste sur certains patterns tels que les patterns numéraux x et x+1. La sixième et dernière tendance est celle des commentateurs que les auteurs ont du mal à caser dans l'une des cinq tendances précédentes.

Dès lors, il nous paraît important de revenir sur ces diverses propositions de structures pour mieux appréhender leurs forces et leurs faiblesses. Nous ne classerons donc pas les auteurs en fonction du nombre de sections majeures qu'ils décèlent comme l'a fait Bramer[3]. Même si cette classification est pertinente, nous procéderons autrement : puisque Koch est le premier à avoir tenté de lire le corpus amosien comme un tout unifié, la logique demande que nous présentions d'abord sa structure afin de voir les critères sur lesquels elle repose et pourquoi elle a été récusée par ses successeurs. Et, puisqu'il fait partie du groupe des exégètes qui ont perçu certaines expressions, tournures et formules comme des marqueurs structurels subtilement placés pour indiquer les sections majeures, nous évoquerons à la suite de sa proposition de structuration d'ensemble, celles de tous ceux qui s'inscrivent dans cette logique. Nous examinerons notamment celles de van der Wal, de Dempster et, plus Exhaustivement, celle de Möller qui a très récemment retenu neuf marqueurs structurels ou « Structural markers »[4] pour montrer le manque de consensus au sein de ce groupe.

Dans un deuxième temps, nous passerons en revue les structures des auteurs qui, après Koch, ont revalorisé le schème « oracles et visions ». Pour rendre compte du manque d'unanimité au sein de ce groupe, nous classerons les auteurs en fonction du nombre de sections majeures qu'ils préconisent. Nous évoquerons respectivement les structures de Coulot, d'Andersen et Freedman, de Paul, de Barré, d'Alonso Schöckel et Sicre Diaz. Dans un troisième point, nous scruterons les analyses structurelles de Smith, Stuart, House et Bramer qui ont accordé beau-

---

3 Bramer, S. J., «Analysis of the Structure of Amos », p. 160–174.
4 Möller, K., *Prophet in Debate*, p. 102.

coup plus d'attention au contenu du livre. Dans un quatrième moment, nous nous intéresserons aux différentes structures prônées par les partisans de l'analyse rhétorique notamment celles de de Waard et Smalley, Bovati et Meynet, et de Dorsey. Le cinquième point sera consacré à la présentation des propositions de Limburg et de O'Connell, lesquels ont respectivement donné une prééminence aux patterns x/x+1 et n/n+1. Enfin, puisque certains auteurs n'entrent pas forcément dans une de ces cinq tendances, un sixième point leur sera donc réservé.

Les analyses structurelles basées sur des expressions et des formules récurrentes

Le livre d'Amos n'est pas dépourvu d'expressions récurrentes. Il est un corpus dans lequel foisonnent diverses formules introductives telles que שִׁמְעוּ[5],כֹּה אָמַר יְהוָה אֶת־הַדָּבָר[6], הוֹי[7], כֹּה הִרְאַנִי אֲדֹנָי יְהוָה[8] et des formules conclusives comme אָמַר יְהוָה[9] ou נְאֻם־יְהוָה[10]. Outre ces formules, il y a également l'occurrence de l'expression numérale עַל־שְׁלֹשָׁה וְעַל־אַרְבָּעָה[11] et de l'expression temporelle בַּיּוֹם הַהוּא[12]. Nous relevons aussi des appellations récurrentes comme בְּנֵי יִשְׂרָאֵל[13], עַמִּי יִשְׂרָאֵל[14],בֵּית יִשְׂרָאֵל[15], יַעֲקֹב[16], בֵּית יַעֲקֹב[17]. De même, nous observons la répétition des titres divins tels que יְהוָה[18], אֲדֹנָי יְהוָה[19], אֲדֹנָי[20], יְהוָה אֱלֹהֵי צְבָאוֹת אֲדֹנָי[21], יְהוָה אֱלֹהֵי־צְבָאוֹת[22] et beaucoup d'autres expressions de ce genre. Enfin, il faut noter aussi la présence des doxologies (Am 4, 13 ; 5, 8–9 ; 9, 5–6).

Pour ne pas tomber dans les mêmes difficultés que les biblistes partisans de la *Formgeschichte* et de la *Traditionsgeschichte* qui ont accordé une prééminence aux genres littéraires, Koch et certains de ses successeurs ont perçu ces formules et expressions comme des dispositifs textuels dont la fonction est de permettre au lecteur avisé de saisir les grandes articulations du livre. Pour eux, ces dispositifs textuels sont des signaux ou des marqueurs structurels de début de sections majeures. Examinons à présent la structure de Koch afin de repérer les critères sur lesquels elle repose.

---

5 « Ainsi parle le Seigneur » (Am 1, 3. 6. 9. 11. 13 ; 2, 1. 4. 6 ; 3, 11. 12 ; 5, 3. 4. 16 ; 7, 17).

6 « Écoutez cette parole » (Am 3, 1 ; 4, 1 ; 5, 1 ; 8, 1). Il y a aussi un שִׁמְעוּ en Am 3, 13.

7 « Malheureux » (Am 5, 18 ; 6, 1).

8 «Voici ce que me fit voir le Seigneur mon Dieu » (Am 7, 1. 4. 9 ; 8, 1 ; 9, 1).

9 « Dit le Seigneur » (Am 1, 5. 8. 15 ; 2, 3. 9, 15).

10 « Oracle du Seigneur » (Am 2, 11. 12 ; 3, 10. 15 ; 4, 3. 5. 6. 8. 9. 10. 11 ; 8, 9. 11 ; 9, 8. 12).

11 « À cause de trois et à cause de quatre » (Am 1, 3. 6. 9. 11. 13 ; 2, 1. 4. 6).

12 « Ce jour-là » (Am 2, 16 ; 8, 3. 9. 13 ; 9, 11).

13 « Fils d'Israël » (Am 2, 11 ; 3, 1 ; 3, 12 ; 4, 5 ; 9, 7).

14 « Mon peuple Israël » (Am 7, 8 ; 7, 15 ; 8, 2 ; 9, 14).

15 « Maison d'Israël » (Am 5, 2. 3. 4. 25 ; 6, 1. 14 ; 7, 10 ; 9, 9).

16 « Jacob » (Am 6, 8 ; 7, 2. 5 ; 8, 7).

17 « Maison de Jacob » (Am 3, 13 ; 9, 8).

18 « Le Seigneur » (Am 1, 2. 3. 5. 6. 9. 11. 13. 15 ; 2, 1. 3. 4. 6. 9).

19 « Le Seigneur Dieu » (1, 8 ; 2, 7. 8. 11. 3, 2. 5 ; 5, 3 ; 6, 8. 7. 1. 2. 4. 5. 6 ; 8. 1. 3. 9. 11 ; 9, 8).

20 « Mon Seigneur » (7, 7. 8 ; 9, 1).

21 « Le Seigneur, Dieu des puissances, mon Dieu » (Am 5, 16).

22 « Le Seigneur, le Dieu des puissances » (Am 4, 13 ; 5, 14. 15. 16. 27 ; 6, 8 ; 8, 14).

https://doi.org/10.1515/9783110562743-008

Koch et la tentative d'une organisation quadripartite du livre d'Amos

Pour montrer que le corpus amosien n'est pas une collection de petites unités littéraires disposées de façon hasardeuse, sans rapport les unes avec les autres, Koch l'a présenté comme une œuvre qui s'articule en quatre sections majeures : Am 1 – 2 ; 3 – 4 ; 5 – 9, 6 ; 9, 7-15. Cette organisation repose principalement sur ce qu'il a appelé les « Ausdrucksmerkmale und Wendungen »[23], c'est-à-dire « des expressions spécifiques ou des tournures ». En effet, il pense que le texte massorétique du livre d'Amos contient un certain nombre d'expressions et de tournures qui constituent de véritables signaux ou marqueurs structurels susceptibles d'aider le lecteur à appréhender les débuts et les fins de ces sections majeures. Les principaux marqueurs structurels qu'il a mis en exergue sont : le terme שִׁמְעוּ, les doxologies (Am 1, 2 ; 4, 13 ; 5, 8-9 ; 9, 5-6) et les appellations בְּנֵי יִשְׂרָאֵל et בֵּית יִשְׂרָאֵל.

Concernant le terme שִׁמְעוּ qui revient cinq fois dans le livre d'Amos, Koch relève qu'il n'est pas exprimé de la même façon dans les cinq endroits où il apparaît (Am 3, 1 ; 3, 13 ; 4, 1 ; 5, 1 ; 8, 4) ; il souligne qu'en Am 3, 1 ; 4, 1 et 5, 1, שִׁמְעוּ est suivi du complément d'objet direct אֶת־הַדָּבָר. Il précise pourtant que c'est en Am 3, 1 et en Am 5, 1 que le complément אֶת־הַדָּבָר est suivi d'un groupe de mots qui l'éclairent et le spécifient ; il souligne notamment qu'en Am 3, 1, אֶת־הַדָּבָר est complété par הַזֶּה אֲשֶׁר דִּבֶּר יְהוָה qui indique que la parole que le Teqoïte proclame est celle du Seigneur. De même, il retient qu'en Am 5, 1, après l'objet אֶת־הַדָּבָר, vient le groupe de mots הַזֶּה אֲשֶׁר אָנֹכִי נֹשֵׂא עֲלֵיכֶם קִינָה dont la fonction est de préciser que la parole que le peuple est invité à entendre est une lamentation, une [24]קִינָה sur Israël. Pour ces deux raisons, il soutient que le terme שִׁמְעוּ est utilisé de manière très particulière dans Am 3, 1 et dans Am 5, 1 et que sa présence sert à marquer, dans les deux cas, le début d'une nouvelle section[25].

Quant aux quatre différentes doxologies qui constituent son argument phare, Koch les a classées comme suit : une longue doxologie servant d'introduction à tout le livre (Am 1, 2), deux longues doxologies (Am 4, 13 et Am 9, 5-6) constituant les conclusions des deux sections majeures du livre (Am 3 – 4, 13 et Am 5 – 9, 6) et une courte doxologie (Am 5, 8) indiquant la fin de l'une des sous-sections d'Am 5 – 9, 6. Contrairement à Mays qui a affirmé que les hymnes ne marquent ni ne concluent aucune collection du livre d'Amos[26], Koch voit les doxologies d'Am 4,

---

23 Koch, K., *Amos*, vol. 1, p. 90.
24 Ce mot désigne un chant de deuil ou une lamentation funèbre.
25 Koch, K., *Amos*, vol. 1, p. 81.
26 Mays, J. L., *Amos*, p. 84.

13 et d'Am 9, 5–6 comme des signaux placés pour marquer la fin de deux grandes sections : Am 3, 1 – 4, 13 et Am 5, 1 – 9, 6. Les doxologies et les deux occurrences du terme שִׁמְעוּ ci-dessus présentées ont été renforcées par un troisième critère se rapportant aux différentes désignations des fils d'Israël dans Am 3 – 4 et dans Am 5 – 9, 6. Koch indique que dans la seconde section (Am 3 – 4) les habitants du royaume du Nord sont appelés בְּנֵי יִשְׂרָאֵל, alors que dans la troisième (Am 5 – 9, 6), ils sont fréquemment nommés בֵּית יִשְׂרָאֵל.

A la lumière de ces trois principaux critères, Koch a affirmé que le corpus amosien se divise en quatre sections. La première est une série de discours aux nations (Am 1 – 2) composée de huit oracles introduits par כֹּה אָמַר יְהוָֹה. La seconde est un ensemble de menaces de destruction et des admonitions de Dieu contre son peuple (Am 3 – 4) qui débutent toutes par אֶת־הַדָּבָר שִׁמְעוּ. La troisième est une série de menaces faites sous forme d'une lamentation funéraire (Am 5 – 9, 6). La dernière est un ensemble d'oracles (Am 9, 7–15) qu'il considère comme un « Postscript », c'est-à-dire un appendice ou une glose tardive[27]. A la suite de cette présentation, il s'avère important de reconnaître que Koch a le mérite d'avoir, pour la première fois, présenté une structuration qui respecte globalement l'ordre de succession des éléments dans le livre d'Amos.

L'originalité de la structure de Koch réside aussi dans le fait qu'elle remet en cause la position d'une multitude d'exégètes ayant toujours soutenu que l'expression כֹּה הִרְאַנִי אֲדֹנָי d'Am 7, 1, absente dans Am 1 – 6, marque le début d'une nouvelle grande section du livre d'Amos. En se positionnant clairement contre cette tendance, il a fermement maintenu qu'il n'y a pas de grande césure entre les chapitres six et sept : la formule כֹּה הִרְאַנִי d'Am 7, 1 n'introduit pas une grande section, elle marque le début d'Am 7, 3 – 9, une des sous-sections du grand ensemble formé par Am 5 – 9, 6[28].

De tout ce qui précède, nous retenons que Koch, pour avoir été l'un des premiers à privilégier une approche synchronique du livre d'Amos, mérite d'être félicité pour sa démarche très originale qui a sans doute marqué un tournant décisif dans l'histoire de l'exégèse de ce corpus. Cependant, nous observons que celle-ci a très vite été remise en cause par des commentateurs qui lui sont postérieurs.

Une des premières critiques vient de Melugin et se rapporte aux fragments d'hymnes (Am 4, 13 ; 5, 8–9 ; 9, 5–6). En effet, dans son article paru en 1978[29], ce dernier réfute le fait que Koch considère deux des trois fragments d'hymnes (Am

---

27 Koch, K., *Amos*, vol. 2, p. 105–106 ; 120–125.

28 Koch, K., *Amos*, vol. 2, p. 81.

29 Melugin, R. F., « The Formation of Amos : An Analysis of Exegetical Method », dans Achtemeier, P., *SBL 1978, Seminar Paper*, vol. 1, Missoula, Mont., Scholar Press, 1978, p. 369–391.

4, 13 ; 9, 5–6) comme marqueurs de fin de sections majeures sans en faire autant pour Am 5, 8–9 qui est aussi une doxologie et qui est bien plus développé. Or, si Am 5, 8–9 est compté comme un marqueur de fin de section majeure, l'organisation quadripartite préconisée par Koch s'écroule. La fonction structurelle des deux fragments d'hymne (Am 4, 13 ; 9, 5–6) a encore été fermement récusée par Auld et Marks. Le premier les a catégoriquement considérés comme étant « simplement de pieuses conclusions »[30] qui n'ont aucun rôle structurel. Le second a soutenu que la fonction des doxologies est de solenniser le jugement de Dieu[31]. De même, contrairement à Koch, Möller a très récemment estimé que seule la doxologie d'Am 4, 13 fonctionne comme un marqueur de conclusion (« marker of closure »). Il avance également qu'il est impossible d'admettre, comme Koch, que le fragment d'hymne d'Am 5, 8–9 est un marqueur de clôture d'une petite section (Am 5, 1–9), sans briser l'unité d'Am 5, 1–17. Enfin, Möller croit qu'il vaut mieux considérer les fragments d'hymne (Am 5, 8–9 ; 9, 5–6) comme des emphases rhétoriques indiquant les points culminants du discours d'Amos plutôt que de les voir comme des dispositifs structurels[32].

Un autre reproche souvent fait à Koch concerne la formule שִׁמְעוּ. Son affirmation selon laquelle l'usage de ce terme en Am 3, 1 et en Am 5, 1 diffère de celui d'Am 4, 1 a été remise en question par un certain nombre d'auteurs. En fait, mis à part Smith, Rudolph et Jeremias[33] qui, comme Koch, n'ont pas vu en Am 4, 1, le début d'une section majeure, Paul et beaucoup d'autres commentateurs, dont le plus récent est Möller[34], pensent que le terme שִׁמְעוּ est utilisé de la même façon en Am 3, 1 et Am 5, 1 qu'en Am 4, 1. Ces auteurs perçoivent Am 4, 1 comme le début d'une section majeure. Il ressort de ces objections qu'il n'y a aucune unanimité sur la fonction structurelle qu'on peut attribuer au terme שִׁמְעוּ d'Am 4, 1.

Une autre fragilité de la démarche de Koch, qui se veut synchronique, émane du fait qu'il traite Am 9, 7–15, la dernière section de sa structure, de « Postscript » ; cette limite constitue d'ailleurs le second reproche que Melugin n'a pas manqué de lui adresser[35]. En effet, dire qu'Am 9, 7–15 est un « Postscript », c'est le considérer comme un élément disparate, un texte de seconde main qui a été ajouté par un rédacteur ou une école ayant voulu apporter une note positive à la prédi-

---

30 Auld, A. G., *Amos*, OTG, Sheffield, JSOT Press, 1986, p. 58 : « Simply pious conclusions »
31 Marks, H. « The Twelve Prophets », dans Alter, R., Kermode, F. (eds.), *The Literary Guide to the Bible*, London, Collins University Press, 1987, p. 207–233 (p. 218).
32 Möller, K., *Prophet in Debate*, p. 62–63.
33 Smith, G. V., *Amos : A Commentary*, LBI, Grand Rapids, Zondervan, 1989, p. 127, note 93 ; Jeremias, J., *The Book of Amos*, p. 57.
34 Paul, Sh. M., *Amos*, p. 128 ; Möller, K., *Prophet in Debate*, p. 102.
35 Melugin, R. F., « The Formation of Amos », p. 375.

cation d'Amos. C'est aussi le présenter comme un appendice dont le contenu n'a pas trop de rapport avec le reste du livre. En agissant ainsi, Koch quitte sa perspective synchronique pour renouer avec l'approche diachronique des partisans de la Traditionsgeschichte qu'il a dénoncée au départ. En outre, cette démarche est fortement dépendante des méthodes structurales ou du structuralisme mis en valeur dans les sciences humaines de son époque[36]. N'est-ce pas ce que veut insinuer Park lorsqu'il affirme que celle-ci est une « critique des formes structurelles », une « structural form criticism » ou une « Strukturale Formgeschichte », accordant trop de prééminence aux signaux ou marqueurs textuels[37] et plus particulièrement aux formules introductives ?

Un ultime argument de Koch qui pose problème est que, pour présenter Am 5 – 9, 6, qu'il a subdivisé en six sous-sections (Am 5, 1–8 ; 5, 9–17 ; 5, 18–27 ; 6, 1–14 ; 7, 1 – 8, 3 ; 8, 4–9, 6), comme une section majeure, il a argué que la cinquième sous-section (Am 7, 1 – 8, 3) composée de récits de visions est construite de façon similaire qu'Am 1, 3 – 2, 16, la première sous-section de la première grande unité du livre (Am 1 – 4). Il souligne notamment qu'Am 1, 3 – 2, 16 et Am 7 – 8, 3 comportent tous les deux les formules אָמַר יְהוָה (Am 1, 5 ; 2, 3 ; 7, 3 ; 7, 6 ; 8, 15) et se terminent par בַּיּוֹם הַהוּא נְאָם [אֲדֹנָי] יְהוָה (Am 2, 6 ; 8, 3)[38]. Mais, d'une part, cette argumentation est insuffisante pour justifier l'unité d'Am 5 – 9, 6, d'autre part, elle est contestable parce qu'Am 7, 1 – 8, 3 n'est pas composé d'éléments de genre littéraire homogène comme l'est Am 1, 3 – 2, 16.

Tout ce qui précède prouve que la structure de Koch est loin de révéler que le livre d'Amos est un tout cohérent, un ensemble dans lequel chaque élément est à la place qui lui revient. C'est d'ailleurs à cause de la faiblesse de ses arguments que son invitation à lire le livre d'Amos comme un ensemble cohérent a été suivie par beaucoup d'exégètes sans que son organisation quadripartite ait été retenue ; ils ont privilégié d'autres marqueurs structurels.

Nous évoquons maintenant la structure de van der Wal, l'un des plus virulents réfutateurs des critères structurels prônés par Koch et l'un des plus fervents défenseurs de la « traditionnelle structure bipartite »[39] du livre d'Amos.

---

36 Martin-Achard, R., *Amos*, p. 72, note 75.
37 Park, A. W., *The Book of Amos as Composed and Read in Antiquity*, p. 21.
38 Koch, K., *Amos*, vol. 2, p. 104.
39 Wal, A. van der, « The Structure of Amos », p. 108.

Van der Wal et la tentative d'une organisation bipartite basée sur cinq catégories de marqueurs structurels

En réaction contre Koch qui refuse toute rupture entre les chapitres six et sept, van der Wal maintient qu'il y a des raisons convaincantes et suffisantes pour dire qu'Am 1 – 6 et Am 7 – 9 constituent bien les deux sections du livre d'Amos. Les marqueurs structurels mis en avant par cet auteur sont : les termes דִּבְרֵי et חָזָה d'Am 1, 1 et leurs occurrences respectives en Am 1, 2 et en Am 7, 1, l'usage des métaphores en Am 1, 2 – 6, les expressions בֵּית יִשְׂרָאֵל, בְּנֵי יִשְׂרָאֵל et l'usage des parfaits consécutifs ; ceux-ci lui ont permis d'élaborer six principaux arguments qui se présentent comme suit :

a- Les termes דִּבְרֵי et חָזָה d'Am 1, 1 suggèrent une division bipartite du livre parce qu'Am 1, 2 commence avec וַיֹּאמַר qui se rapporte à דִּבְרֵי, tandis qu'Am 7, 1 s'ouvre avec l'expression כֹּה הִרְאַנִי qui est en rapport avec le terme חָזָה.

b- Les métaphores présentes en Am 1, 2 – 6 et plus précisément en Am 1, 2 et en Am 5, 24 ne se retrouvent nulle part ailleurs dans le livre après le chapitre 6.

c- Conformément à l'argument (a) cité ci-dessus, on peut dire que les occurrences de la racine דבר sont concentrées dans Am 1 – 6 alors que celles de ראה se trouvent dans Am 7 – 9.

d- Dans Am 7 – 9, le peuple d'Israël est nommé עַמִּי יִשְׂרָאֵל ou בֵּית יִשְׂרָאֵל, יִשְׂרָאֵל בְּנֵי ; ces appellations sont rares en Am 1 – 6 où Dieu, au lieu de nommer explicitement les fils d'Israël, parle « d'eux ».

e- Dans Am 1, 2, le compte-rendu des paroles d'Amos commence par la formule introductive וַיֹּאמַר. Les chapitres un à six (Am 1 – 6, 14) se présentent comme une histoire des paroles d'Amos ; le prophète est plus ou moins dissimulé dans ce contexte. Or, dans Am 7 – 9, il parle à la première personne du singulier.

f- La fréquence comparative des parfaits consécutifs dans Am 1 – 6 et 7 – 9 est un critère favorable pour une division du livre en deux sections[40].

En complément de ces six arguments, van der Wal s'est également et principalement appuyé sur les phénomènes d'inclusion pour prouver qu'Am 1 – 6 est une section cohérente qui se démarque clairement d'Am 7 – 9 et se décompose aisément en cinq sous-sections. La première (Am 1, 2 – 3, 8) est formée des oracles contre les nations païennes (Am 1, 2 – 2, 3), d'un oracle contre Juda (Am 2, 4–5) et d'un oracle contre Israël (Am 2, 6 – 3, 8). Elle est délimitée par le verbe שָׁאַג associé au substantif יְהוָה en Am 1, 2 et à la métaphore אַרְיֵה qui désigne Dieu en Am 3, 8 ;

---

40 Wal, A. van der, « The Structure of Amos », p. 108.

les deux occurrences du verbe שָׁאַג permettent d'avoir une inclusion délimitant Am 1, 2 – 3, 8 comme une unité littéraire[41].

La deuxième (Am 3, 9 – 4, 3) est circonscrite par le terme אַרְמוֹן associé au nom de Samarie en Am 3, 9 et par le substantif הַהַרְמוֹנָה en Am 4, 3. Selon van der Wal, une inclusion peut être obtenue grâce à ces deux termes si, au lieu de corriger הַהַרְמוֹנָה par הַרְמוֹנָה [42], on le remplace par הָאַרְמוֹן qui veut dire forteresse. Il est convaincu que cette correction, proposée bien avant lui par Calvin, De Dieu et Rosenmüller, correspond à la logique de la syntaxe hébraïque[43].

La troisième (Am 4, 4 – 5, 6) est cadrée par les noms des différents lieux de cultes (Béthel, Béer-Shéva, Guilgal) énumérés dans Am 4, 4 et dans Am 5, 5–6 ; il estime que, même si Béthel est mentionné dans d'autres passages tels qu'Am 3, 14 ; 4, 4 ; 5, 5. 6. 7. 10. 17 et Béer-Sheva dans Am 8, 14, c'est uniquement dans Am 4, 4 et dans Am 5, 5 que Béthel, Béer-Shéva et Guilgal sont évoqués ensemble. Leur présence en Am 4, 4 et Am 5, 5–6 permet d'obtenir une inclusion justifiant Am 4, 4 – 5, 6 comme une unité littéraire. En ce qui concerne la quatrième (Am 5, 7–6-12), il souligne seulement qu'elle est marquée par l'usage dominant des termes מִשְׁפָּט et צְדָקָה suivi du verbe הָפַךְ [44]. Quant à la cinquième et dernière sous-section (Am 6, 13–14), il la considère comme la conclusion de l'ensemble formé par Am 1 – 6.

En résumé, nous retenons que van der Wal s'appuie davantage sur des marqueurs structurels différents de ceux de Koch et fait des phénomènes d'inclusion un argument phare qui justifie l'unité d'Am 1 – 6. Cependant, son argumentation comporte un certain nombre de limites. Une première est liée au fait qu'il n'a justifié que l'organisation interne d'Am 1 – 6, 14 sans rien dire de celle d'Am 7 – 9, la deuxième section de sa structure. Une deuxième émane de ce qu'Am 1, 1 n'apparaît pas dans la justification de la composition de la première sous-section (Am 1 – 3, 8) ; il y distingue seulement : une doxologie (Am 1, 2), les oracles contre les nations païennes (Am 1, 3 – 2, 3), l'oracle contre Juda (Am 2, 4–5), l'oracle contre Israël (Am 2, 6 – 3, 2) et la conclusion des oracles (Am 3, 3–8). Sa démarche ne prend pas en compte Am 1, 1 qui est pourtant un élément essentiel fournissant des informations sur l'origine du prophète, son époque d'intervention et sur les destinataires de son message. En outre, en rattachant Am 3, 1–2 à Amos 2, 6–16 et en considérant Am 3, 3–8 comme une unité servant de conclusion à la série des oracles contre les nations, il brise l'unité et l'intégrité d'Am 3, 1–15 défendues par

---

41 Wal, A. van der, « The Structure of Amos », p. 109.

42 Terme qui signifie Hermon.

43 Wal, A. van der, « The Structure of Amos », p. 109–110.

44 Am 5, 7 commence par le terme הַהֹפְכִים , forme qal, masculin pluriel du participe absolu du verbe הָפַךְ, qui veut dire « ils ont changé ».

Gitay[45] et admises par de nombreux auteurs. Une troisième limite se rapporte à son quatrième argument (d) basé sur les divers titres donnés aux fils d'Israël : nous avons déjà vu dans la présentation de la structure de Koch que faire de ces appellations un critère structurel est très discutable, parce que les expressions « maison d'Israël » et « fils d'Israël » se trouvent aussi bien dans Am 7 – 9 qu'en Am 1 – 6[46]. Toutes ces remarques expliquent pourquoi, en 1991, Dempster a plutôt préféré porter son attention sur la répartition des noms divins que sur les appellations des fils d'Israël. Scrutons à présent cette approche qui demeure assez particulière.

Une organisation octuple du livre d'Amos basée sur la répartition des noms divins : la proposition de Dempster

Aucun lecteur attentif ne peut parcourir le livre d'Amos sans être impressionné par les différents noms et titres qui sont attribués à Dieu. Les noms divins ont d'ailleurs été l'un des critères sur lesquels Wolff s'est appuyé pour déterminer les différents stades de la rédaction du livre d'Amos[47]. De même, Koch a également accordé une attention toute particulière à l'usage de l'épithète צְבָאוֹת dans la justification de l'unité d'Am 3 – 4[48]. Mais Dempster est sans doute l'un des auteurs qui les a le plus considérés comme des marqueurs structurels.

En effet, dans son remarquable article paru en 1991[49], il soutient qu'au-delà de l'élucidation du portrait de Dieu qui, par la bouche d'Amos, s'adresse à Israël, l'usage abondant et méthodique des titres divins a une forte implication sur l'organisation du corpus. Il soutient fermement que « l'utilisation des noms et des titres de Dieu dans le livre d'Amos n'est pas le travail bâclé ou désordonné d'un

---

45 Gitay, Y., « A Study of Amos's Art of Speech », p. 293–309.
46 Les expressions « maison d'Israël » et « fils d'Israël » se trouvent respectivement en Am 5, 1. 3. 4 ; 6, 1. 14 ; 9, 9 ; 7, 10 et en Am 2, 11 ; 3, 1. 12 ; 4, 5 ; 9, 7.
47 Wolff a estimé que les noms et titres divins du livre d'Amos sont des insertions tardives faites par des rédacteurs deutéronomistes. Wolff, H. W., *Joel and Amos*, p. 91–107.
48 La présence de הוה אֱלֹהֵי הַצְּבָאוֹת en Am 3, 13 et Am 4, 13 et Am 9, 6 a été un des éléments ayant poussé Koch à considérer les hymnes d'Am 4, 13 et d'Am 9, 5–6 comme des marqueurs de fin de section. Koch, K., « Die Rolle der Hymnischen Abschnitte in der Komposition des Amos-Buches », *ZAW* 86 (1974), p. 504–537 (p. 529–535).
49 Dempster, S., « The Lord is His Name : A Study of the Distribution of the Names and Titles of God in the Book of Amos », *RB* 98 (1991), p. 170–189.

rédacteur ou d'un glosateur avec un style pléonastique »[50]. A en croire cet auteur, l'arrangement minutieux et intentionnel de ces divers noms de Dieu constituerait une véritable stratégie littéraire dont le but est d'aider tout lecteur à appréhender les différentes articulations de ce livre. Autrement dit, l'organisation du corpus amosien reposerait essentiellement sur les différents titres attribués à Dieu[51]. En effet, en s'appuyant sur la répartition des différentes appellations de Dieu, il discerne huit sections majeures. Dans la première section (Am 1, 3 – 2, 16), Dieu est appelé יְהוָה. La deuxième (Am 3, 1–15) est caractérisée par l'usage alterné[52] des noms יְהוָה et אֲדֹנָי יְהוָה et par la présence du titre אֲדֹנָי יְהוָה אֱלֹהֵי הַצְּבָאוֹת en Am 3, 13. La troisième section (Am 4, 1–13) est marquée par l'usage de יְהוָה, אֲדֹנָי יְהוָה et de יְהוָה אֱלֹהֵי־צְבָאוֹת. La quatrième (Am 5, 1–17) est déterminée par le titre יְהוָה אֱלֹהֵי צְבָאוֹת אֲדֹנָי d'Am 5, 16. La cinquième (Am 5, 18–27) est dominée par l'emploi de יְהוָה et de יְהוָה אֱלֹהֵי־צְבָאוֹת. La sixième (Am 6, 1–14) comporte une double occurrence de יְהוָה אֱלֹהֵי הַצְּבָאוֹת, un titre dans lequel l'épithète צְבָאוֹת est déterminée par l'article défini הַ. La septième section (Am 7 – 9, 6) ne contient que les noms יְהוָה et אֲדֹנָי. La huitième et dernière section (Am 9, 7–15) se distingue des sept autres par la présence de l'appellation יְהוָה אֱלֹהֶיךָ d'Am 9, 15.

Cette structure n'a cependant pas échappé aux critiques des récents commentateurs. Möller, par exemple, tout en admettant que Dempster a eu raison d'affirmer qu'il y a un usage ordonné des titres divins, ne s'est pas privé de dire que son investigation est peu convaincante. Il lui reproche surtout d'avoir voulu faire croire que l'occurrence d'un long titre divin constitue en soi un critère de structuration fiable[53]. Pour illustrer son objection, il avance que rien ne prouve que la fin d'Am 1, 3 – 2, 16 est marquée par l'usage d'une forme très élaborée d'un nom divin. Cet argument nous paraît justifié parce que, d'une part, en Am 1, 3 – 2, 16, le nom יְהוָה est une forme très simple, d'autre part, ce nom se trouve dans les formules classiques introduisant ou concluant chaque oracle de cette section. Par conséquent, aucun nom de Dieu ne joue en Am 1, 3 – 2, 16 la fonction d'un marqueur de fin de section majeure.

En outre, Möller remarque que la présence de יְהוָה אֱלֹהֵי הַצְּבָאוֹת en Am 6, 8 démontre bien que la forme élaborée de noms divins peut se trouver partout,

---

50 Dempster, S., « The Lord is His Name », p. 184 : « The usage of the names and titles of God in Amos is not the haphazard work of redactor or glossator with a pleonastic style ».

51 Dempster, S., « The Lord is His Name », p. 172.

52 L'ordre de succession de ces noms divins se présente comme suit : deux occurrences de יְהוָה en Am 3, 1–6 suivies de deux usages de אֲדֹנָי יְהוָה en Am 3, 7–8 ; une occurrence de יְהוָה en Am 3, 10 suivie d'un autre usage de אֲדֹנָי יְהוָה en Am 3, 11 ; une occurrence de יְהוָה en Am 3, 12 qui précède un dernier usage de אֲדֹנָי יְהוָה en Am 3, 13 et un dernier emploi de יְהוָה en Am 3, 15.

53 Möller, K., *Prophet in Debate*, p. 82.

même au milieu d'un discours et, qu'au lieu de réduire ces noms divins à n'être que des marqueurs structurels indiquant la fin de sections majeures, il est préférable de les considérer plutôt comme des accentuations rhétoriques permettant de mettre en relief celui qui parle. Enfin, il trouve qu'il n'est pas logique que Dempster ait donné la prééminence à יְהוָה שְׁמוֹ d'Am 9, 6 en le considérant comme marqueur de fin d'une section majeure (Am 7, 1 – 9, 6) sans en faire autant pour יְהוָה אֱלֹהֵי־צְבָאוֹת שְׁמוֹ, la forme la plus longue et la plus élaborée présente en Am 4, 13 ; 5, 8.27[54].

Il nous paraît également très important d'ajouter trois autres observations. D'abord, Dempster a affirmé que la première section (Am 1, 3 – 2, 16) est caractérisée par l'usage de יְהוָה alors qu'il est bien conscient que cette considération exclut le nom אֲדֹנָי יְהוָה d'Am 1, 8. Ensuite, en soutenant que la septième section (Am 7, 1 – 9, 6) est essentiellement marquée par l'usage des termes יְהוָה et אֲדֹנָי, il a laissé aussi de côté אדני יהוה הַצְּבָאוֹת d'Am 9, 5. Enfin, il a hésité à faire débuter la première section en Am 1, 3 parce qu'il s'est certainement rendu compte que s'il procédait ainsi, il mettait de côté יְהוָה d'Am 1, 2, la toute première occurrence du nom de Dieu dans le livre.

A la lumière de toutes ces remarques, nous pouvons reconnaître à Dempster le mérite d'avoir invité les exégètes à inclure les divers noms de Dieu parmi les critères de structuration du livre d'Amos ; mais nous ne pouvons le suivre quand il fait de ces appellations l'unique critère pour discerner la structure d'ensemble de ce corpus. Nous comprenons alors pourquoi celle qu'il a préconisée n'a pas eu de suite favorable chez ses successeurs ; ils ont proposé des structures différentes, basées sur d'autres types de marqueurs. Ainsi, Möller, tout en estimant que l'analyse de Dempster offre beaucoup d'aperçus et a le mérite de souligner que l'usage des noms divins dans le livre d'Amos n'est pas accidentel, a porté son regard sur d'autres dispositifs textuels que nous allons découvrir dans les lignes suivantes.

Möller et la tentative d'une structure basée sur neuf « introductory markers »

Möller est l'un des plus récents commentateurs à avoir privilégié une approche synchronique visant à prouver que le corpus amosien est une œuvre unifiée ayant une stratégie littéraire propre. Persuadé que dans sa forme actuelle, il est une œuvre dans laquelle divers oracles et sermons d'Amos ont été rassemblés dans le but de présenter le débat entre ce prophète et son auditoire, il a plaidé pour une

---

54 Möller, K., *Prophet in Debate*, p. 82.

approche structurelle assez flexible et plus intégrative, tenant compte de la complexité des dispositifs formels et du contenu dudit livre. Considérant qu'aucune tentative de structuration ne devait se limiter aux signaux purement formels, il a tenté d'examiner « comment toutes les variétés de dispositifs structurels qu'il peut y avoir et le contenu des passages dans lesquels ils se trouvent, contribuent à la structure rhétorique de ce livre »[55]. Il s'est notamment inscrit, mais avec réserve[56], dans la logique de Weiss qui a mis l'accent sur l'importance de comprendre comment les éléments formels d'une structure poétique fonctionnent entre eux[57] et suivi la pensée de Dawon[58], pour dire que l'on doit résister à toute tentation de soumettre le corpus amosien à une théorie particulière[59].

La structure qu'il propose pour mettre en évidence le débat entre Amos et son auditoire repose essentiellement sur deux catégories de marqueurs structurels (« structural markers ») : les « marqueurs d'introduction » dénommés « introductory markers » et les « marqueurs de conclusion » appelés « closing markers ». Il discerne neuf « introductory markers » ayant pour fonction d'introduire les sections ou unités majeures du livre et les dispose comme suit :

1, 1–2	
1, 3 – 2, 16	כֹּה אָמַר יְהוָה
3, 1–15	שִׁמְעוּ אֶת־הַדָּבָר הַזֶּה
4, 1–13	שִׁמְעוּ אֶת־הַדָּבָר הַזֶּה
5, 1–17	שִׁמְעוּ אֶת־הַדָּבָר הַזֶּה
5, 18–27	הֹוי
6, 1–14	הֹוי
7, 1 – 8, 3	כֹּה הִרְאַנִי אֲדֹנָי יְהוִה
8, 4–14	שִׁמְעוּ־זֹאת
9, 1–15	רָאִיתִי אֶת־אֲדֹנָי [60]

---

55 Möller, K., *Prophet in Debate*, p. 88 : « It needs to investigate how all the structural devices, of which there could be a large variety and the content of the passages in question, contribute to the text's rhetorical structure ».

56 Möller, K., *Prophet in Debate*, p. 88, note 160.

57 Möller, K., *Prophet in* Debate, p. 88 ; Weiss, M., « Die Methode der « Total-Interpretation » : Von der Notwendigkeit der Struktur-Analyse für das Verständnis der biblischen Dichtung », dans Anderson, G. W. (ed.), *Congress, Uppsala 1971*, VTSup. 22, Leiden, Brill, 1972, p. 88–112 (p. 93).

58 Cet auteur est l'un des premiers à avoir soutenu que l'exégète doit résister à toute envie de se soumettre à une théorie préconçue, surtout lorsque celle-ci exige une modification de l'ordre des éléments du livre. Pour lui, c'est la théorie qui doit s'adapter à la texture de l'œuvre, le contraire n'est pas possible. Dawson, D. A., *Text-Linguistics and Biblical Hebrew*, JSOTSup. 177, Sheffield, Sheffield University Press, 1994, p. 16.

59 Möller, K., *Prophet in Debate*, p. 88.

60 Möller, K., *Prophet in Debate*, p. 102.

Cette disposition nous amène à faire les six observations suivantes :

Premièrement, il est manifeste que Möller perçoit, hormis le titre et le leit-motiv du livre (Am 1, 1–2), neuf sections majeures.

Deuxièmement, il a choisi le camp des exégètes qui pensent qu'Am 1, 3 – 2, 16 est la première section majeure du livre. Il soutient d'ailleurs que l'arrangement strophique de cette série d'oracles justifie clairement l'unité structurelle de cette section gouvernée par la formule כֹּה אָמַר יְהוָה, un marqueur de chaîne ou « chain markers » et qui se clôture par la formule נְאֻם־יְהוָה, employée en Am 2, 16.

Troisièmement, contrairement à Koch et à van der Wal, il s'est rangé du côté des biblistes qui considèrent Am 3, 1–15 ; 4, 1–13 ; 5, 1–17 et Am 8, 4–14 comme des sections majeures introduites par שִׁמְעוּ אֶת־הַדָּבָר הַזֶּה. Il ne perçoit donc aucune dif-férence dans l'usage du terme שִׁמְעוּ en Am 3, 1 ; 4, 1 ; 5, 1 et en Am 8, 4. S'il admet que, du point de vue formel, Am 3, 1 et Am 5, 1 sont parallèles et plus développés qu'Am 4, 1, il maintient que, dans Am 3, 1 ; 4, 1 et Am 5, 1, le terme שִׁמְעוּ est suivi de deux précisions importantes: l'une indique ce qu'il faut écouter, l'autre, celui à qui appartient la parole énoncée par Amos. Il ajoute que l'étude de l'usage du verbe שָׁמַע dans tout le corpus prouve qu'en Am 3, 1 ; 4, 1 ; 5, 1 et en Am 8, 4, שִׁמְעוּ fonctionne comme un marqueur structurel du même ordre que כֹּה אָמַר יְהוָה dans Am 1, 3 – 2, 16[61]. Finalement, pour cet exégète, Am 3, 1–15 ; 4, 1–13 et 5, 1–17 sont tous les trois des sections majeures s'ouvrant par שִׁמְעוּ אֶת־הַדָּבָר הַזֶּה et se refermant respectivement par נְאֻם־יְהוָה d'Am 3, 15, la doxologie d'Am 4, 13 et אָמַר יְהוָה d'Am 5, 17.

Quatrièmement, Möller voit en chacune des deux occurrences du terme הוֹי (Am 5, 18 ; 6, 1) les marques du début de nouvelles unités littéraires permettant de considérer Am 5, 18–27 et Am 6, 1–14 comme des sections majeures du livre : introduites par הוֹי, Am 5, 18–27 se refermerait par la formule אָמַר יְהוָה d'Am 5, 27 tandis qu'Am 6, 1–14 serait dépourvu de formule de clôture[62].

Cinquièmement, il considère Am 7, 1 – 8, 3 comme une section majeure intro-duite par כֹּה הִרְאַנִי אֲדֹנָי יְהוָה d'Am 7, 1 mais qui manque aussi de « closing marker ». Quant à l'expression כֹּה הִרְאַנִי אֲדֹנָי יְהוָה, il la perçoit comme un « chain marker » ayant la même fonction que כֹּה אָמַר יְהוָה qui introduit les différents oracles conte-nus dans Am 1, 3 – 2, 16.

Sixièmement, il établit Am 9, 1–15 comme une section majeure qui s'ouvre par רָאִיתִי אֶת־אֲדֹנָי et se referme par אָמַר יְהוָה d'Am 9, 15. Après ces remarques, que conclure de la structure et des « structural markers » de Möller ?

---

61 Möller, K., *Prophet in Debate*, p. 90–94.
62 Möller, K., *Prophet in Debate*, p. 103.

Avant toute réponse, il est utile de rappeler que les marqueurs structurels qu'il a relevés ne sont pas une nouveauté dans l'histoire de l'exégèse du livre d'Amos. En effet, les dispositifs formels qu'il a dénommés « introductory markers » correspondent exactement à ce qu'Alonso Schökel et Sicre Diaz ont appelé « des mots de liaison »[63]. L'originalité de sa proposition résulte, d'une part, du fait qu'il a préféré diviser le livre en neuf unités majeures au lieu de quatre, d'autre part, de ce qu'elle maintient chaque élément du livre à sa place et ne suggère aucun transfert. De plus, en divisant Am 3 – 6 en cinq unités, il pose les הוֹי d'Am 5, 18 ; 6, 1 comme des « introductory markers » et met ainsi fin à la propension de certains exégètes à vouloir introduire un nouveau הוֹי en Am 5, 7[64], afin de rendre plus aisée la structuration de l'ensemble formé par les chapitres cinq et six du livre.

En ce qui concerne la question de la solidité des arguments de Möller, nous pouvons dire que, même s'il pense avoir trouvé une structure basée sur des dispositifs formels ostensibles ayant un rapport avec le contenu des passages[65], certains points de son argumentation posent quelques difficultés qui méritent d'être soulignées.

Le premier problème concerne une contradiction dans ses propos sur la fonction des hymnes. En effet, il invite à considérer les doxologies du livre comme des emphases rhétoriques n'ayant aucune fonction structurelle[66], alors qu'il considère la doxologie d'Am 4, 13 comme le « closing marker » de la grande section qui s'étend sur Am 4, 1–13. Il n'est pas logique de sa part de dire que le fragment d'hymne d'Am 4, 13 est la conclusion d'Am 4, 1–13, tout en refusant que d'autres commentateurs puissent attribuer la même fonction aux autres doxologies du livre (Am 5, 8–9 ; 9, 5–6). Nous rappelons qu'il a vivement critiqué Koch qui a fait d'Am 4, 13 et d'Am 9, 5–6 des marqueurs de fin de ses deux sections majeures que sont Am 3, 1 – 4 et Am 5, 1 – 9, 6.

Le deuxième problème vient des arguments qu'il a fait valoir pour la délimitation d'Am 7, 1 – 8, 3 et pour celle d'Am 9, 1–15. A titre d'exemple, pour distinguer Am 7, 1 – 8, 3, la septième section de sa structure, des deux unités situées respectivement en son amont et en son aval (Am 6, 1–14 et Am 8, 4–14), il argue que cette partie (Am 7, 1 – 8, 3) est gouvernée par la formule כֹּה הִרְאַנִי אֲדֹנָי יְהוִה et a

---

63 Alonso Schökel, L., Sicre Diaz, J. L., *Profetas : Introducciones y commentario. II. Ezequiel, Doce Profetas Menores, Daniel, Baruc, Carta de Jeremía*, NBE, Madrid, Ediciones Cristiandad, 1980², p. 157.

64 Gordis estime qu'il doit y avoir un הוֹי ou un הֵן en Am 5, 7. Gordis, R., « The Composition and Structure », p. 225 ; même proposition chez van der Wal, Rudolph. Voir : Wal, A. van der, « The Structure of Amos », p. 110–111 ; Rudolph, W., *Joel-Amos-Obadja-Jona*, p. 194–195.

65 Möller, K., *Prophet in Debate*, p. 88.

66 Möller, K., *Prophet in* Debate, p. 89.

une disposition analogue à celle d'Am 1, 3 – 2, 16, laquelle consiste en une série de huit oracles introduits par la formule stéréotypée כֹּה אָמַר יְהוָה [67]. Cette proposition, non plus, ne nous paraît pas cohérente parce qu'Am 1, 3 – 2, 16 est composé uniquement d'oracles, c'est-à-dire de passages de genre littéraire homogène alors qu'en Am 7, 1 – 8, 3, il y a, outre les récits de visions introduits par כֹּה הִרְאַנִי אֲדֹנָי יְהוִה, le récit de l'altercation entre Amos et Amacya (Am 7, 10–17), lequel débute par וַיִּשְׁלַח אֲמַצְיָה כֹּהֵן. Prétendre, par conséquent, que c'est la formule כֹּה הִרְאַנִי אֲדֹנָי יְהוִה qui régit tous les passages d'Am 7, 1 – 8, 3, c'est dissimuler ou occulter la présence d'Am 7, 10–17. Möller est d'ailleurs bien conscient de cette difficulté puisqu'il affirme dans une note qu'Am 7, 10–17, « pour des raisons évidentes, ne commence pas de la même façon que les visions »[68]. Il rejoint ainsi le camp de Limburg et Dorsey qui, comme nous le verrons dans les points suivants, considèrent Am 7, 1 – 8, 3 comme une section majeure ; mais, tout comme eux, son argumentation se trouve limitée par la présence d'Am 7, 10–17, un récit biographique introduit différemment et s'intercalant entre des récits de visions ayant la même formule introductive. En outre, s'il affirme que cette section (Am 7, 1 – 8, 3) et d'autres telles qu'Am 6, 1–14 et Am 8, 4–14 sont dépourvues de « closing markers », nous pouvons nous demander sur quoi il s'appuie pour établir leurs fins respectives en Am 8, 3 ; 6, 14 et en Am 8, 14.

Le troisième problème a trait à la délimitation et à la justification d'Am 9, 1–15 comme une grande section du livre. En ce qui concerne cette délimitation, Möller soutient qu'Am 9, 1–15 se détache aisément de la pénultième unité (Am 8, 4–14) grâce à la formule introductive רָאִיתִי אֶת־אֲדֹנָי d'Am 9, 1 ; si tel est le cas, tâchons de savoir pourquoi il n'a pas rattaché Am 9, 1–4 à Am 7, 1 – 8, 3, qu'il dit être régi par le même genre de formule stéréotypée. Cette interrogation dévoile que associer Am 9, 1–4 à Am 9, 1–15 pour en faire la dernière grande section du livre, c'est couper la cinquième vision (Am 9, 1–4) des quatre autres qui la précèdent. Même s'il tente de reprendre les arguments de Hayes et de Dorsey[69], remis

---

67 Il considère יְהוָה אָמַר כֹּה et כֹּה הִרְאַנִי אֲדֹנָי יְהוִה comme des « chain markers » gouvernant respectivement Am 1, 3 – 2, 16 et Am 7, 1 – 8, 3. Möller, K., *Prophet in Debate*, p. 97–98 et p. 102.
68 Möller, K., *Prophet in Debate*, p. 92 : « The narrative in Amos 7, 10–17 is, for obvious reasons, not opened by the words כה הראני אדני יהוה ».
69 Hayes affirme que la différence réside dans le fait que, dans les quatre premières (Am 7, 1–9 ; 8, 1–3), c'est le Seigneur qui fait voir les choses à Amos alors que dans la dernière (Am 9, 1–4) c'est le prophète qui voit par lui-même. Dorsey confirme la même chose quatre ans plus tard. Hayes, J. H., *Amos – The Eighth-Century Prophet : His time and His Preaching*, Nashville, Abingdon Press, 1988, p. 216 ; Dorsey, D. A., « The Literary Architecture and Aural Structuring Techniques in Amos », p. 319.

d'ailleurs en cause par Wendland[70], en disant que la cinquième vision (Am 9, 1–4) diffère de celles qui la précèdent (Am 7, 1–9 ; 8, 1–3), son raisonnement reste tout de même très fragile pour un autre motif : il fusionne Am 9, 1–10 et Am 9, 11–15 pour en constituer une section, bien qu'il considère Am 9, 11–15 comme « la conclusion dramatique du livre »[71]. En effet, si Am 9, 11–15 est la conclusion du corpus amosien, la logique commande qu'il le détache d'Am 9, 1–10, tout comme il a distingué Am 1, 1–2 du reste du livre ; à défaut, dans sa structure, Am 1–2 n'a pas de correspondant et demeure comme un élément isolé.

Notre dernière remarque se rapporte à la délimitation d'Am 5, 1–17 que Möller pose comme une section majeure ; son unique argument consiste à dire que les auteurs s'accordent aujourd'hui pour reconnaître que cette partie du discours est une unité organisée de manière concentrique[72]. L'arrangement concentrique des éléments d'Am 5, 1–17 ne nous paraît pas être une raison suffisante pour énoncer que ce passage est une section majeure du livre pour la simple raison qu'une sous-section peut être organisée sous cette forme. En outre, des auteurs tels que de Waard, Tromp, Lust, Bovati et Meynet, ou encore Dorsey, ne se sont pas toujours accordés sur le centre de la structure concentrique de ce passage. En effet, de Waard et Tromp le mettent en Am 5, 8–9 alors que Bovati et Meynet proposent plutôt Am 5, 7–13. Quant à Lust, il pense même que cette structure concentrique doit concerner l'ensemble formé par Am 4, 1 – 6, 7[73]. Ces quelques exemples montrent que l'organisation concentrique d'Am 5, 1–17 n'est pas perçue de la même façon par tous et ne s'impose pas de façon évidente.

Le découpage du corpus amosien et notamment les marqueurs structurels proposés par Möller ont suscité des critiques et n'ont pas été retenus par les commentateurs postérieurs. Garrett s'est récemment prononcé en faveur d'une structure concentrique basée sur sept « introductory markers »[74] que nous examinerons dans le dernier point de cette partie. Auparavant, Park a prôné une structure bipartite reposant sur deux formules introductives : כֹּה אָמַר יְהוָה d'Am 1, 3 et אָמַר יְהוָה אֱלֹהֶיךָ d'Am 9, 15. Il a considéré Am 1, 1–2 comme une première partie composée de deux éléments : la suscription (Am 1, 1) et le leitmotiv ou le rapport des paroles d'Amos (Am 1, 2). Quant à la seconde partie (Am 1, 3 – 9, 15), il a estimé

---

70 Wendland, lui, considère Am 7, 1 – 9, 10 comme une unité. Wendland, E. R., « The ‹ Word of the Lord › and the organization of Amos : A Dramatic Message of Conflict and Crisis in the Confrontation between the Prophet and the People of Yahweh », *OPTAT* 2/4 (1988), p. 1–51 (p. 19–25).
71 Möller, K., *Prophet in Debate*, p. 113.
72 Möller, K., *Prophet in Debate*, p. 90.
73 Lust, J., « Remarks on the Redaction of Amos 5, 4–6, 14–15 », p. 154.
74 Garrett, D. A., *Amos : A Handbook on the Hebrew Text*, Waco, Texas, Baylor University Press, 2008, p. 3–7.

qu'elle est encadrée par les formules אָמַר יְהוָה אֱלֹהֶיךָ et כֹּה אָמַר יְהוָה qui forment entre elles une inclusion. Elle est un compte-rendu du discours du Seigneur rapporté par le prophète en deux phases : le plan de Dieu pour punir Israël (Am 1, 3 – 9, 6) et le projet de Dieu pour restaurer Israël (Am 9, 7–15)[75].

Pour terminer, nous relevons qu'il y a une très grande divergence de vues chez les biblistes en ce qui concerne les marqueurs structurels introduisant les sections majeures. Koch défend une structure quadripartite fondée sur les occurrences du terme שִׁמְעוּ (Am 3, 1 ; 5, 1), sur deux doxologies (Am 4, 13 ; 9, 5–6) et sur la répartition des appellations בֵּית יִשְׂרָאֵל et בְּנֵי יִשְׂרָאֵל dans ce livre. Certains de ces marqueurs structurels, plus précisément le terme שִׁמְעוּ et les doxologies sont vigoureusement remis en cause par van der Wal. Celui-ci préconise une organisation bipartite basée principalement sur les termes דִּבְרֵי et חָזָה en Am 1, 1 et leurs occurrences respectives en Am 1, 2 et en Am 7, 1 ainsi que sur les expressions בֵּית יִשְׂרָאֵל et בְּנֵי יִשְׂרָאֵל, עַמִּי יִשְׂרָאֵל. A l'encontre de van der Wal et de Koch, Dempster défend une structure basée uniquement sur la répartition des noms divins, une proposition que Möller juge peu convaincante. En effet, rappelons que ce dernier s'appuie sur יְהוָה אָמַר כֹּה (Am 1, 3), הֵזֶּה אֶת־הַדָּבָר שִׁמְעוּ (Am 3,1 ; 4, 1 ; 5, 1), הוֹי (Am 5,18 ; 6, 14), יְהוָה אֲדֹנָי הִרְאַנִי כֹּה (Am 7, 1), שִׁמְעוּ־זֹאת (Am 8, 4) et רָאִיתִי אֶת־אֲדֹנָי (Am 9, 1) pour diviser le livre en neuf sections.

Les marqueurs structurels privilégiés par un auteur sont constamment réfutés par les autres. Ce désaccord provient de trois faits : la diversité des dispositifs textuels susceptibles de servir de marqueurs structurels, la multiplicité des marqueurs structurels présents dans le corpus, la répartition de ces dispositifs formels. En effet, le livre d'Amos comporte une diversité de formules et d'expressions susceptibles d'être considérées comme des marqueurs structurels[76] de sorte que tenir compte de tout pour dégager sa structure d'ensemble s'avère impossible. Aussi les auteurs sont-ils obligés d'en privilégier certains aux dépens des autres. Outre cette diversité, la multiplicité de certaines formules telles que כֹּה אָמַר יְהוָה אָמַר יְהוָה et נְאֻם־יְהוָה qui reviennent respectivement quatorze, douze et vingt fois, implique que tout auteur qui veut se baser sur elles pour justifier l'organisation de ce livre court le risque de le morceler en petits fragments comme l'ont fait les partisans de la critique des formes.

---

75 Park, A. W., *The Book of Amos as Composed and Read in Antiquity*, p. 47–48.

76 Par exemple, il est difficile de s'accorder sur une structure qui prend en compte à la fois des formules introductives comme כֹּה אָמַר יְהוָה, שִׁמְעוּ אֶת־הַדָּבָר, הוֹי,כֹּה הִרְאַנִי אֲדֹנָי יְהוָה, des formules conclusives telles que אָמַר יְהוָה ou נְאֻם־יְהוָה, des expressions temporelles comme בַּיּוֹם הַהוּא, des appellations telles que בְּנֵי יִשְׂרָאֵל, עַמִּי יִשְׂרָאֵל, בֵּית יִשְׂרָאֵל, בֵּית יַעֲקֹב, יַעֲקֹב, des titres divins comme יְהוָה אֲדֹנָי, יְהוָה אֱלֹהֵי צְבָאוֹת, אֱלֹהֵי צְבָאוֹת et des doxologies (Am 4, 13 ; 5, 8–9 ; 9, 5–6).

Enfin, la principale difficulté réside dans la manière dont ces dispositifs formels y sont répartis. Quelques preuves : les successeurs de Koch auraient sans doute admis sa structure quadripartite, si le livre d'Amos ne comportait que deux expressions de שָׁמְעוּ et deux fragments d'hymnes ; tel n'est pas le cas. Pour parvenir à sa structure, Koch n'a considéré comme marqueurs de début de section majeure que deux occurrences de שָׁמְעוּ (Am 3, 1 ; 5, 1) alors que le livre en comporte cinq, et seulement deux doxologies (Am 4, 13 ; 9, 5–6) sur les trois présentes (Am 4, 13 ; 5, 8–9 ; 9, 5–6) : Am 4, 13 ; 9, 5–6. De même, la structure de Möller ne poserait pas de problème si Am 4, 13 était l'unique doxologie du livre, car il fait de ce fragment d'hymne (Am 4, 13) un marqueur de clôture d'une de ses sections majeures (Am 4, 1–13), mais refuse que les deux autres doxologies (Am 5, 8–9 ; 9, 5–6) soient considérées comme des « closing markers ». Enfin, la structure de Dempster n'aurait pas suscité de vives critiques s'il n'y avait effectivement que sept noms divins dans chacune des huit sections majeures. Le manque d'unanimité sur les diverses sections majeures que comporte le livre d'Amos pose la question de savoir si le corpus amosien doit être divisé en deux, trois, quatre, cinq, six, sept, huit ou neuf sections. Aussi, pour cerner sa structure d'ensemble, d'autres commentateurs, sans vouloir nier le rôle que peuvent jouer les marqueurs structurels, ont-ils procédé à un découpage reposant davantage sur le schème « oracles-visions ». Evoquons maintenant quelques structures d'ensemble léguées par les biblistes postérieurs à Koch mais s'inscrivant dans cette tendance.

De la reconsidération du schème « oracles–visions » dans la quête de la structure d'ensemble du livre d'Amos après Koch

L'analyse structurelle la plus répandue consiste à distinguer dans le livre d'Amos des textes poétiques (oracles encore appelés « paroles ») et des récits autobiographiques (des visions rapportées par le prophète lui-même). Cette tendance qui a prévalu chez les adeptes de la critique des formes resurgit dans les travaux de nombreux commentateurs postérieurs à Koch. Ces biblistes n'évoquent les dispositifs formels ou marqueurs structurels mentionnés ci-dessus que pour justifier l'organisation interne des sections ou sous-sections de leurs structures ; la distinction entre oracles et visions demeure, d'une manière générale, l'argument principal sur lequel ils se fondent pour dégager les parties majeures du livre.

Les partisans de cette approche ont opté pour une organisation bipartite, tripartite, quadripartite ou sextuple du livre. A titre d'exemple, Coulot estime qu'au niveau rédactionnel le livre d'Amos se divise aisément en deux blocs (Am 1 – 6, Am 7 – 9)[77]. Stuart, Martin-Achard, Assurmendi, Longman et Dillard prônent une subdivision tripartite, Andersen et Freedman défendent une organisation quadripartite tandis que Paul et Barré préconisent une structure sextuple. Commençons par l'examen de la structure bipartite de Coulot qui est représentative de celles de tous ceux qui perçoivent Am 1 – 6 et Am 7 – 9 comme deux sections majeures du livre d'Amos.

La tentative d'une structuration du livre au niveau rédactionnel : la subdivision bipartite de Coulot

Dans son article paru en 1977, soit un an après la publication des travaux de Koch, Coulot s'est engagé à justifier que le livre d'Amos peut être lu comme « un ensemble dont les parties se tiennent et sont en corrélation »[78]. Comme Koch qu'il ne cite pas[79], il reproche aux partisans de la critique des formes de ne l'avoir analysé que pour dégager les unités littéraires, connaître leur signification, rechercher leur authenticité, sans se préoccuper de vérifier si ces unités possèdent entre elles

---

77 Coulot, C., « Propositions pour une structuration du livre d'Amos », p. 175.
78 Coulot, C., « Propositions pour une structuration du livre d'Amos », p. 174.
79 Coulot semble ne pas avoir eu connaissance de l'existence des travaux de Koch et de ses collaborateurs.

https://doi.org/10.1515/9783110562743-009

une organisation[80]. Pour montrer que le corpus amosien n'est pas un ensemble d'unités complètes en elles-mêmes, il le présente comme une œuvre composée de deux grands ensembles (Am 1–6 et Am 7 – 9). Pour défendre sa structure bipartite, censée reposer sur les personnages, les images, les thèmes, le vocabulaire et sur l'usage des mêmes formules[81], il avance trois principaux arguments dont le premier et le troisième ont trait au contenu du corpus tandis que le deuxième se rapporte à la forme des discours d'Amos :

- dans Am 1 – 6, la première partie du livre, Yahvé, par son prophète, invective les nations voisines d'Israël et Israël lui-même ; il leur reproche leur comportement, leurs injustices et leur annonce sa visite, c'est-à-dire le châtiment de leurs iniquités sociales, religieuses et guerrières ;
- il n'y a pas de récits autobiographiques et biographiques dans Am 1 – 6 : dans cette section, Amos n'utilise pas « je » ; ces deux types de récits se trouvent dans Am 7 – 9 ;
- la seconde partie du livre (Am 7 – 9), formée de cinq visions et de l'incident de Béthel, comporte des menaces et des promesses messianiques[82].

A la lumière de ces arguments, il soutient que, d'un point de vue rédactionnel, le livre d'Amos se divise aisément en deux ensembles de six unités (Am 1, 3 – 2, 16 ; 3, 1 – 15 ; 4, 1–13 ; 5, 1–17 ; 5, 18–27 ; 6, 1–14 et Am 7, 1–3 ; 7, 4–6 ; 7, 7–17 ; 8, 1–14 ; 9, 1–10 ; 9, 11–15) dont la disposition alternée (« 1 unité-2 unités ») donne un rythme à l'ensemble. Par ce constat conclusif, il pense avoir trouvé la clef pour justifier d'une part l'organisation d'ensemble du livre d'Amos et montrer d'autre part qu'il « peut être considéré comme un tout dans lequel les unités littéraires sont reprises au niveau rédactionnel en un développement organisé qu'il convient de discerner »[83].

Or, les arguments sur lesquels repose sa structure d'ensemble comportent des limites qui méritent d'être soulignées. Tout d'abord, dire que les unités littéraires du livre d'Amos sont disposées suivant un rythme (« 1 unité-2 unités ») ne signifie pas montrer les rapports qui les lient les unes aux autres ; autrement dit, des unités indépendantes pourraient être posées les unes à côté des autres selon un rythme donné sans qu'un rapport de sens les lient les unes aux autres. Ensuite, un examen critique des trois arguments qu'il fait valoir pour justifier sa structure bipartite révèle que celle-ci repose sur la tendance classique consistant à avancer

---

80 Coulot, C., « Propositions pour une structuration du livre d'Amos », p. 174.
81 Coulot, C., « Propositions pour une structuration du livre d'Amos », p. 174–175.
82 Coulot, C., « Propositions pour une structuration du livre d'Amos », p. 175.
83 Coulot, C., « Propositions pour une structuration du livre d'Amos », p. 185.

que le livre d'Amos comporte un premier ensemble composé d'oracles (Am 1 – 6) et un second comprenant des visions (Am 7 – 9).

En effet, le premier argument est très fragile parce qu'il restreint la critique sociale à Am 1 – 6 alors que celle-ci est également présente en Am 7 – 9, puisqu'en Am 8, 4–14, le tequoïte s'en prend avec véhémence aux marchands frauduleux qui projettent de fausser les balances et acheter les pauvres pour quelques sous. Le troisième aussi pose explicitement que seul Am 7 – 9 comporte des menaces et des promesses alors qu'en Am 1 – 6, des annonces de destruction et des promesses de salut abondent dans le livre. Par exemple, en Am 5, 5. 14. 17, le prophète promet le salut à ceux qui cherchent le Seigneur en faisant le bien ; dans Am 1 – 2, 16, Dieu invective les nations et envisage constamment d'envoyer le feu pour détruire les villes (Am 1, 7–8 ; 1, 12 ; 1, 14–15 ; 2, 2–3 ; 2, 5) et d'anéantir tous les coupables de crimes (Am 2, 13–14). Il est utile de rappeler que, bien avant Coulot, Rosenmüller avait tenté de s'appuyer sur le schème « menaces-promesses » pour justifier une organisation bipartite du livre. Il avait précisément discerné une première partie (Am 1 – 9, 10) composée de « comminationes nudae » ou les menaces directes (Am 1 – 6, 14) et de « comminationes figuratae » ou les menaces indirectes (Am 7 – 9, 10) et une seconde contenant des promesses (Am 9, 10–15)[84]. Mais une telle opération s'était avérée impossible pour la raison que nous venons d'évoquer.

A la lumière de toutes ces remarques, il convient d'admettre que même si Coulot a le mérite d'avoir milité pour une lecture du livre d'Amos comme un tout cohérent, sa structure bipartite ne se fonde en fin de compte que sur son deuxième argument, lequel insiste sur l'absence des récits autobiographiques et biographiques dans Am 1 – 6, essentiellement formé d'oracles. Or, si nous relevons que, mis à part l'unique récit biographique (Am 7, 10–17), les cinq récits autobiographiques sont des visions, il devient évident que son argumentation consiste à établir une scission entre les oracles (Am 1 – 6) et les visions dans lesquelles le prophète parle à la première personne du singulier (Am 7 – 9). Manifestement, sa structure, reprise quelques années plus tard par McComiskey[85], repose sur le schème « oracles-visions » ; cependant, la répartition des oracles dans le corpus ne permet pas d'y distinguer une section composée uniquement d'oracles et une autre ne comportant que des visions. Pour parvenir à une telle organisation, il faudrait procéder au transfert de l'oracle qui se trouve au sein des visions (Am 8, 4–14) et des oracles situés après elles (Am 9, 7–15) ; de même, dire qu'Am 1 – 6 et Am 7 – 9 ne contiennent respectivement que des oracles et des visions, c'est

---

84 Rosenmüller, E. F. C., *Scholia in Vetus Testamentum VII*, vol 2, Leipzig, Barth, 1813, p. 2–4.
85 McComiskey, Th. E., « Amos », dans Gæbelein, F. E. (ed.), *The Expositors Bible Commentary*, vol 7, Grand Rapids, Zondervan, 1985, p. 267–331 (p. 278).

occulter la présence des hymnes (Am 4, 13 ; 9, 5–6 ; Am 5, 8–9). Dès lors, si une organisation bipartite basée sur le schème « oracles-visions » est difficilement concevable, qu'en est-il des organisations tripartites prônées par certains commentateurs ?

Les différentes structures tripartites basées sur le schème « oracles-visions »

L'approche structurelle la plus fréquente consiste à dire que, mis à part l'introduction et le leitmotiv (Am 1, 1–2), le livre d'Amos s'articule en trois sections majeures : les oracles contre les nations (Am 1, 2 – 2, 16), les oracles contre Israël (Am 3 – 6) et les visions (Am 7 – 9, 10). Les plus récentes propositions qui corroborent cette forme d'organisation tripartite sont celles défendues par Martin-Achard, Asurmendi, Longman et Dillard. Le premier, dans ses deux commentaires parus respectivement en 1984 et en 1990, soutient que le livre d'Amos s'articule en trois sections, encadrées en amont par une introduction (Am 1, 1–2) et en aval par une conclusion (Am 9, 11–15), dont « le ton positif contraste avec ce qui précède »[86]. Il discerne plus précisément : les oracles contre les nations voisines du royaume du Nord et contre Israël lui-même (Am 1, 3 – 2,16), les oracles contre Israël et contre son « élite », réelle ou supposée (Am 3 – 6, 14) et les visions accompagnées de commentaires annonçant la fin du royaume (Am 7 – 9, 10)[87]. Le second, Asurmendi, estime qu'en dehors d'Am 1, 1–2, le corpus se divise en trois sections majeures : une première composée d'oracles construits selon le même schéma (Am 1, 3 – 2, 16), une deuxième comportant des oracles concernant uniquement Israël (Am 3 – 6) et une troisième ordonnée autour de cinq visions (Am 7 – 9, 10)[88]. Quant à Longman et Dillard, ils maintiennent qu'il comprend : les oracles contre les nations (Am 1 – 2), les discours de jugement contre Israël (Am 3 – 6), un ensemble de visions culminant en un oracle de salut (Am 7 – 9)[89].

La même subdivision tripartite se retrouve, avec de légères modifications, chez Jeremias. En effet, il propose une structure quasiment analogue à celle de Martin-Achard et d'Assurmendi ; la seule différence, c'est qu'il ne dissocie pas Am 9, 1–15 d'Am 7 – 9, 1–10. Il ressort de son commentaire, dont l'édition alle-

86 Martin-Achard, R., *L'homme de Teqoa : message et commentaire du livre d'Amos*, Aubonne, Éditions du Moulin, 1990, p. 19 ; Martin-Achard, R., *Amos*, p. 49.
87 Martin-Achard, R., *L'homme de Teqoa*, p. 19.
88 Asurmendi, J., *Amos et Osée*, CE 64, Paris, Cerf, 2011, p. 11.
89 Longman, T., Dillard, R., *Introduction à l'Ancien Testament, OR*, France, Excelsis, 2008, p. 413.

mande date de 1995, qu'en dehors du titre et du leitmotiv (Am 1, 1–2), le livre comprend trois sections : la sentence contre les peuples composée d'une série de huit oracles (Am 1, 3 – 2, 16) ; la collection des paroles d'Amos comportant des oracles adressés à Judas et à Israël (Am 3 – 6) ; la collection de visions dans lesquelles s'intercalent un récit biographique (un élément tardif) et deux collections d'oracles (Am 8, 4–14 ; 9, 7–15)[90]. La troisième section couvre donc l'ensemble formé par Am 7 – 9, 15.

Un des problèmes posés par toutes ces structures tripartites, c'est qu'Am 1, 1–2 n'est pas compté comme une partie du livre. Un autre émane du fait qu'Am 9, 11–15, considéré comme un appendice dont « le ton positif contraste avec tout le livre »[91], est souvent mis de côté. Même si Jeremias a intégré Am 9, 11–15 à sa troisième grande section (Am 7, 1 – 9, 17), il la pose comme un appendice ne s'accordant pas avec le reste du livre. Mais la plus grande difficulté réside dans le fait que, en tant que structure tributaire du schème « oracles-visions », ces organisations tripartites dissimulent la présence d'Am 7, 10–17 et celle d'Am 8, 4–14 qui se trouvent parmi les visions ainsi que celle d'Am 9, 11–15 qui se situe après elles.

Pour prendre en considération Am 1, 2 et Am 9, 11–15, Stuart opte pour une organisation tripartite largement différente ; dans son commentaire publié en 1987, il soutient, comme Mays, qu'il « n'est pas possible de déduire un arrangement strictement chronologique et thématique des oracles d'Amos »[92]. Il est convaincu que la structure du livre d'Amos devient relativement évidente si Am 1, 1 est considéré comme l'introduction générale et si les fragments d'hymnes (Am 4, 13 ; 5, 8–9 ; 9, 5–6) ne sont pas perçus comme des matériaux fonctionnellement indépendants. Aussi propose-t-il la structure tripartite suivante : le premier groupe d'oracles (Am 1, 2 – 6, 14), les récits de visions incluant un récit narratif (Am 7, 1 – 8, 3) et le second groupe d'oracles (Am 8, 4 – 9, 15)[93].

La particularité de sa proposition est liée au fait qu'il classe la cinquième vision (Am 9, 1–3) dans la collection des oracles finaux (Am 8, 4 – 9, 15). Pour justifier cette classification, il affirme que, quoiqu'étant techniquement une vision, Am 9, 1–4 fonctionne pratiquement comme un oracle[94]. Cette affirmation dénote qu'en fait Stuart discerne dans le corpus amosien deux blocs composés d'oracles (Am 1 – 6 ; Am 8, 4 – 9, 15) et un bloc constitué essentiellement de visions (Am 7 – 8, 3). Mais une telle position s'avère contestable pour deux raisons : d'une

90 Jeremias, J., *The Book of Amos*, p. 5–8.
91 Martin-Achard, R., *L'homme de Teqoa*, p. 19.
92 Stuart, D. K., *Hosea-Jonah*, p. 287.
93 Stuart, D. K., *Hosea-Jonah*, p. 287.
94 Stuart, D. K., *Hosea-Jonah*, p. 287.

part, dans le bloc censé contenir des visions se trouve un récit biographique (Am 7, 10–14), d'autre part, même si Am 9, 1–3 renforce l'oracle contre les marchands et ouvre la description de la fin des coupables et de l'annonce de la restauration de la tente de David (Am 9, 6–15), il demeure toujours, du point de vue du genre, une vision. En un mot, si c'est par rapport au contenu d'Am 9, 1–3 que Stuart soutient que cette cinquième vision fonctionne comme un oracle, son idée est pertinente ; mais formellement, il n'est pas possible de dire qu'Am 9, 1–4 est un oracle. Basée sur le schème « oracles-visions », la structure de Stuart soulève les mêmes questions que celles des auteurs ci-dessus cités ; la répartition éparse des oracles, des hymnes et des visions ne permet pas de dégager dans le livre d'Amos trois sections, dont deux ne contiennent que des oracles et une seulement des visions. Il serait intéressant de scruter à présent les subdivisions quadripartites reposant toujours sur ce même schème.

Les différentes organisations quadripartites basées sur le schème « oracles-visions »

En 1980, soit quatre années après les travaux de Koch, Alonso Schöckel et Sicre Diaz ont maintenu que le livre d'Amos comprend quatre sections majeures, composées comme suit : les oracles contre les nations (Am 1 – 2) ; les oracles contre Israël (Am 3, 1 – 6, 14 ; 8, 4–14 ; 9, 7–10), les visions (Am 7, 1–3. 4–6. 7–9 ; 8, 1–3 ; 9, 1–6) et les oracles du salut (Am 9, 11–15)[95] ; de fait, ils y décèlent trois groupes d'oracles [(Am 1 – 2), (Am 3, 1 – 6, 14 ; 8, 4–14 ; 9, 7–10), (Am 9, 11–15)] et un groupe de cinq visions (Am 7, 1–9 ; 8, 1–3 ; 9, 1–6). Or, pour parvenir à une telle organisation quadripartite, ils ont, d'un côté, procédé au transfert de certains passages en déplaçant notamment Am 8, 4–14 et Am 9, 7–10 de leur contexte d'insertion pour les placer à la suite des oracles contre Israël (Am 3 – 6)[96] ; de l'autre, ils ont délaissé Am 7, 10–14 parce qu'il ne figure pas parmi les éléments de leur structure. Ces deux observations dévoilent réellement la fragilité de leur démarche et expliquent pourquoi, mis à part Am 9, 11–15, les auteurs qui, après eux, se sont

---

95 Alonso Schökel et Sicre Diaz ont estimé que les compilateurs ont classé les sept éléments qui entrent dans la composition du livre d'Amos – les oracles contre les nations (Am 1 – 2) , les oracles contre Israël (Am 3 – 6 ; 8, 4–14 ; 9, 7–10) , les visions (7, 1–9 ; 8, 1–3 ; 9, 1–4), les hymnes (Am 4, 13 ; 5, 8 ; 9, 5–6) et les oracles de salut (Am 9, 11–15) – en se servant des mots de liaison : « ainsi parle le Seigneur » (Am 1, 3. 6. 9. 11. 13 ; 2, 1. 4. 6), « écoutez cette parole du Seigneur » (Am 3, 1 ; 4, 1 ; 5, 1 ; 8, 4), « malheur » (Am 5, 7. 18 ; 6, 1) et « voici ce que me fit voir le Seigneur » (Am 7, 1. 4. 7 ; 8, 1 ; 9, 1). Alonso Schökel, L., Sicre Diaz, J. L., *Profetas*, p. 958.
96 Alonso Schökel, L., Sicre Diaz, J. L., *Profetas*, p. 957.

basés sur le schème « oracles-visions » pour prôner une organisation quadripartite, n'ont rien retenu de leur proposition. La plupart ont toujours considéré
Am 9, 11–15 comme la dernière section majeure du livre d'Amos. C'est le cas, par
exemple, de la structure que nous ont léguée Andersen et Freedman.

En effet, dans leur très volumineux commentaire publié en 1989, ils prônent
une organisation quadripartite dont les sections se présentent comme suit : le
livre du jugement d'Israël et de Juda (Am 1 – 4) composé de l'en-tête, des oracles
contre les nations (Am 1, 2 – 2, 8), des oracles contre tout Israël (Am 2, 9 – 3 , 8),
du discours contre Samarie (Am 3, 9 – 4, 3) et du discours contre tout Israël (Am 4,
4–13) ; le livre des malheurs et des lamentations sur Israël (Am 5 – 6) comportant
des exhortations adressées à Israël et à Juda (Am 5, 1–27), des discours de malheur
et des réprimandes (Am 6, 1–14) ; le livre des visions (Am 7, 1 – 9, 6) qui comprend
une série de quatre visions (Am 7, 1 – 8, 3) et une cinquième vision (Am 8, 4 – 9,
6) ; l'épilogue (Am 9, 8–15) contenant un discours sur la fin de la nation et une
annonce de restauration[97].

L'une des particularités de leur structure par rapport à celle d'Alonso Schökel
et de Sicre Diaz, c'est qu'elle garde chaque élément du livre à sa place, même
le récit de la rencontre de Béthel (Am 7, 10–17) et l'oracle contre les marchands
(Am 8, 4–14) qui y figurent comme des encarts. L'autre particularité émane du fait
qu'elle ne présente pas Am 1, 3 – 2, 16 comme une section majeure ; cette série
d'oracles (Am 1, 3 – 2, 16) leur apparaît comme une sous-section d'Am 1 – 4. Pour
justifier leur choix d'étendre la première section aux quatre premiers chapitres
du livre, ils font valoir trois arguments : d'abord, ils estiment qu'Am 3 – 4 contient
des arguments élucidant l'attitude du Seigneur envers Israël et Juda, telle qu'elle
est décrite en Am 2, 9 – 4, 13[98]. Ensuite, ils pensent qu'Am 3, 1–2 constitue le pivot
articulant les oracles contre les nations (Am 1, 2 – 2, 8) avec Am 3 – 4 ; pour eux,
ces deux versets (Am 3, 1–2) développent l'un des thèmes centraux de tout le livre
et établissent un lien très fort entre Am 1, 2 – 2, 16 et Am 3, 1 – 4, 13. Enfin, ils considèrent le fragment d'hymne d'Am 4, 13 comme un dispositif structurel placé pour
marquer la fin de la première grande section (Am 1 – 4)[99]. A propos des hymnes, il
est important de souligner qu'ils s'inscrivent dans la logique de Koch, en faisant
des doxologies d'Am 4, 13 et d'Am 9, 5–6 les conclusions de deux des sections
majeures de leur structure : Am 1 – 4 et Am 7 – 9, 6.

En ce qui concerne la délimitation de la deuxième unité majeure de leur structure (Am 5 – 6), ils allèguent qu'elle se démarque aisément d'Am 1 – 4 et Am 7,

---

97 Andersen, F. I., Freedman, D. N., *Amos*, p. 23–72.
98 Andersen, F. I., Freedman, D. N., *Amos*, p. 32.
99 Andersen, F. I., Freedman, D. N., *Amos*, p. 42–43.

1 – 9, 6, les deux sections situées respectivement en amont et en aval de celle-ci, en arguant qu'Am 5 – 6 est fortement marqué par une tonalité de lamentation, inexistante tant en Am 1 – 4, qu'en Am 7, 1 – 9, 6. Enfin, pour prouver les limites de la troisième section majeure (Am 7, 1 – 9, 6), ils ont argué que la présence des visions la distingue de la quatrième (Am 9, 7–15), laquelle sert également de conclusion générale du livre.

Nous retenons d'abord que l'originalité de cette subdivision quadripartite réside dans le fait qu'elle maintient les quatre premiers chapitres (Am 1 – 4) comme la première grande section du livre car cette position semble être unique dans l'histoire de l'exégèse de ce corpus. Nous relevons ensuite qu'Andersen et Freedman limitent la série des oracles contre les nations à Am 1 – 2, 8. Cette délimitation, prônée aussi par Noble, remet en cause la position traditionnelle qui perçoit plutôt en Am 2, 16 la fin de la série des oracles contre les nations (Am 1, 3 – 2, 16).

Cependant, il nous apparaît que soutenir comme eux qu'Am 1, 2 – 2, 16 est une sous-section d'Am 1, 2 – 4, 13, parce que Am 3 – 4 explicite l'attitude de Dieu envers Israël et Juda, est une position contestable. En effet, cette raison donne l'impression qu'Israël et Juda sont les seules nations visées par le jugement de Dieu en Am 1, 2 – 4 ; il éclipse ainsi le fait que des nations païennes sont aussi la cible de la colère de Dieu en Am 1, 3 – 2, 5. De plus, en dépit des arguments avancés par Andersen et Freedman[100], il est intéressant de se demander s'il est cohérent d'utiliser certains hymnes (Am 4, 13 ; 9, 5–6) comme des indicateurs de fin de sections majeures, sans en faire autant pour la doxologie d'Am 5, 8–9. Enfin, leur démarche surtout est fragilisée par le fait qu'ils dénomment Am 7 – 9, 6, la troisième section de leur structure, le livre des visions. Cette appellation est inappropriée parce qu'Am 7 – 9, 6 ne contient pas que des visions ; elle dissimule la présence du récit de la rencontre entre Amos et Amacya (Am 7, 10–17) ainsi que celle de l'oracle contre les commerçants (Am 8, 4–14). Elle dévoile surtout que le schème « oracles-visions » est fondamentalement le critère de base de leur argumentation. Finalement, nous renouons avec les mêmes difficultés ayant conduit Alonso Schökel et Sicre Diaz à transférer certains passages du livre. Pour éviter ces écueils, Barré et Paul ont divisé le livre d'Amos en six parties que nous allons étudier.

---

100 Andersen et Freedman ont démontré qu'Am 5, 8–9 ne constitue pas la conclusion d'une section parce que le nom du Seigneur y est évoqué dans sa forme la plus simplifiée. Andersen, F. I., Freedman, D. N., *Amos*, p. 488.

Les structures sextuples de Barré et de Paul

Barré et Paul sont à notre connaissance les deux seuls exégètes postérieurs à Koch qui ont divisé le livre d'Amos en six sections. Le premier, sans donner trop d'arguments, affirme que ce corpus s'articule en six sections (Am 1, 1–2 ; 1, 3 – 2, 16 ; 3, 1 – 5, 17 ; 5, 18 – 6, 14 ; 7 – 9, 10 ; 9, 11–15) composées respectivement de deux, huit, trois, six, onze et deux unités[101]. Par rapport au schème « oracles-visions », il discerne, après la section introductive (Am 1, 1–2), quatre autres sections constituées essentiellement d'oracles (Am 1, 3 – 2, 16 ; 3, 1 – 5, 17 ; 5, 18 – 6, 14 ; 9, 11–15) et une ne renfermant que des visions (Am 7, 1 – 9, 10). La particularité de sa démarche c'est qu'il est le seul à avoir décelé un rapport entre le premier et le neuvième chapitre du livre. Il affirme que des inclusions peuvent s'établir entre Am 1, 1 et Am 9, 1. 9, à cause de la mention du tremblement de terre ; il estime également qu'une prise en compte de certaines mentions telles que « la crête du Carmel » et « le dépérissement » permet d'établir un parallélisme entre Am 1, 2 et Am 9, 3 et Am 9, 5. De même, il voit un lien entre Am 1, 5 et Am 9, 7 et entre Am 1, 8 et Am 9, 7. Pourtant, sa structure a été jugée peu convaincante par Paul, de qui nous tenons une autre forme d'organisation sextuple.

Dans son commentaire publié en 1991, Paul, l'un des plus remarquables défenseurs de l'authenticité du livre d'Amos, maintient qu'il comporte des collections indépendantes, disposées selon les genres littéraires bien connus[102]. Pour ce qui concerne son organisation, il perçoit, en dehors de la suscription et du leitmotiv (Am 1, 1–2), six sections : une première (Am 1, 3 – 2, 16) composée d'une concaténation de sept oracles stéréotypés adressés aux nations (Am 1, 3 – 2, 5) et aboutissant à celui destiné à Israël (Am 2, 6–16) ; une deuxième regroupant trois oracles introduits par שִׁמְעוּ אֶת־הַדָּבָר הַזֶּה et dépeignant les perversions morales et éthiques des influentes et opulentes couches sociales de la Samarie (Am 3, 1 – 5, 17)[103] ; une troisième formée de deux oracles de malheur (Am 5, 18–27 ; 6, 1–7) s'ouvrant par הוֹי et annonçant à ceux qui se plaisent dans l'hédonisme et l'orgie que le jour du Seigneur sera ténébreux et désastreux pour eux (Am 5, 18 – 6, 7) ; une quatrième (Am 6, 8–14) introduite par נִשְׁבַּע אֲדֹנָי יְהוִה בְּנַפְשׁוֹ, formule caractéristique d'un serment du Seigneur, présent dans plusieurs textes bibliques (Jr 22, 5 ; 51, 14 ; 49, 13 ; Is 45, 23) ; une cinquième (Am 7, 1 – 9, 10) constituée d'une série

---

101 Barré, M. L., « Amos », dans Brown, R., Fitzmyer, J. A., Murphy, R. E. (eds.), *The New Jerome Biblical Commentary*, London, 1989, p. 209–216 (p. 210).

102 Paul, Sh. M., *Amos*, p. 6 : « A composite of independent collections with a well-organized structure arranged according common literary genres ».

103 Paul, Sh. M., *Amos*, p. 6–7.

de cinq visions interrompues par un récit biographique (Am 7, 10–14) et deux collections d'oracles indépendants (Am 8, 4–14 ; 9, 7–10) ; une sixième, consistant en un oracle de consolation et de salut (Am 9, 11–15).

Cette structure se différencie de celle de Barré car la répartition des oracles en six groupes est radicalement différente. Elle se présente ainsi : une collection d'oracles introduits par כֹּה אָמַר יְהוָה (Am 1, 3 – 2, 16), une collection de discours commençant par שִׁמְעוּ אֶת־הַדָּבָר הַזֶּה (Am 3, 1–15 ; 4, 1–13), une collection de prophéties s'ouvrant par הוֹי (Am 5, 18–27 ; 6, 1–7), un oracle-serment introduit par נִשְׁבַּע אֲדֹנָי יְהוִה בְּנַפְשׁוֹ (Am 6, 8–14), des oracles s'intercalant dans les visions (Am 8, 4–14 ; 9, 7–10) et un oracle final (Am 9, 11–15).

Sa fragilité résulte du fait qu'en faisant d'Am 6, 8–14 une section majeure, Paul brise l'unité du chapitre six du livre. Même s'il croit que les titres divins, נְאֻם־יְהוָה אֱלֹהֵי הַצְּבָאוֹת et נְאֻם־יְהוָה אֱלֹהֵי d'Am 6, 8 et d'Am 6, 14, forment une inclusion délimitant Am 6, 8–14 comme une grande section composée de deux petites unités littéraires (Am 6, 8–11 ; 12–14), il est, à notre connaissance, le seul commentateur qui fait d'Am 6, 8–14 une section majeure. De plus, en soutenant qu'Am 7, 1 – 9, 3 contient cinq visions, un récit biographique et une collection d'oracles indépendants (Am 8, 4–14 ; 9, 7–10), il fait apparaître cette section comme un ensemble composite et formé d'éléments disparates. En outre, dans sa décomposition d'Am 7, 1 – 9, 10, il ne fait pas mention d'Am 9, 5–6 ; où se trouve donc ce fragment d'hymne ? Enfin, les propos de Paul, relatifs à l'organisation d'Am 7 – 9, 10, dénotent également qu'il conçoit cet ensemble comme un conglomérat d'unités littéraires indépendantes et sans rapport les unes avec les autres. Trop dépendante du schème « oracles-visions », sa démarche bute sur les mêmes difficultés que celles des auteurs présentés dans cette partie.

Pour clore cette présentation des structures des exégètes qui ont tenté de s'appuyer sur le schème « oracles-visions », deux remarques s'imposent. D'abord, comme dans les deux approches structurelles précédentes, il n'y a aucune unanimité chez ces auteurs quant aux sections majeures. Coulot propose une organisation bipartite alors que Martin-Achard, Asurmendi, Longman et Dillard procèdent à une subdivision tripartite différente de celle de Jeremias, laquelle diverge aussi de celle de Stuart. De même, l'organisation quadripartite d'Andersen et Freedman n'a rien à voir avec les structures sextuples de Barré et de Paul. Ensuite, la cause majeure de ce manque émane du fait que les matériaux entrant dans sa composition ne sont pas disposés suivant leur genre littéraire ; la dispersion des hymnes (Am 4, 13 ; 5, 8–9 ; 9, 5–6) parmi les oracles, la présence du récit biographique (Am 7, 10–17) et celle d'un oracle (d'Am 8, 4–14) parmi les visions sont une des sources principales de ces difficultés. Pour éviter cette approche tendant à discerner dans le livre d'Amos des oracles et des récits disposés les uns à côté des autres, certains auteurs ont opté pour une démarche beaucoup plus attentive à son contenu qu'à ses genres littéraires et autres dispositifs formels. Les structures d'ensemble prônées par les partisans de cette troisième approche retiendront notre attention dans la présentation qui suit.

Les analyses structurelles plus attentives au contenu du livre d'Amos

La difficulté de s'accorder sur les marqueurs structurels a progressivement conduit certains exégètes à s'intéresser davantage au contenu du livre d'Amos. C'est dans cette troisième approche structurelle que s'inscrivent les travaux des auteurs tels que Keil, Smith, House, Hubbard et Bramer. Ceux-ci ont, en plus des dispositifs textuels, accordé une attention beaucoup plus grande au développement thématique du recueil des paroles d'Amos ; ils ont plus précisément cherché à saisir comment se succèdent ou s'enchaînent les faits et les actions qui forment la trame ou l'intrigue de ce livre. Ils s'accordent sur le fait que le jugement d'Israël est le thème central du livre mais procèdent à des découpages différents. Pour mieux appréhender cette divergence de vue, un examen de la structure de chaque auteur s'avère indispensable.

L'organisation bipartite de Keil et la structure tripartite de Smith

Dans son article paru en 1906, Keil soutient que le livre d'Amos est une œuvre complète et soigneusement élaborée, composée de deux grandes parties correspondant à deux phases du jugement d'Israël introduit en Am 1 – 2. A ses yeux, Am 1 – 2 se présente comme une introduction générale ou un préambule ayant pour but d'exposer ou d'énoncer le sujet du corpus. Ces deux chapitres, au travers d'une présentation de la colère du Seigneur qui, telle une tempête, surgit brusquement sur les nations étrangères, sur Juda et sur Israël mentionné en dernier, posent le jugement de cette nation comme le thème central qui sera développé tout au long du livre[104]. Ainsi, il souligne qu'Am 1 – 2 met en scène l'entrée de Dieu en procès contre Israël ; ce réquisitoire qu'il engage contre les habitants de cette nation, à la suite du jugement et de la condamnation des nations païennes et de Juda, connaît un premier grand développement en Am 3, 1 – 6, 14.

Cette première partie du livre est, selon lui, composée de trois sections (Am 3, 1–15 ; 4, 1–13 ; 5 – 6, 14) comportant de courtes déclarations prophétiques dans lesquelles Amos expose les crimes des habitants d'Israël et les invite à une grande

---

104 Keil, C. F., « Amos », dans Keil, C. F., *The Twelve Minor Prophets*, vol. 2 (trad. J. Martin), [Edinburgh, T. Clark, 1878], Grand Rapids, Eerdmans, 1982², p. 236–336 (p. 237).

https://doi.org/10.1515/9783110562743-010

repentance[105] en vue d'éviter leur destruction. Il insiste principalement sur le fait qu'en Am 3 – 6, le prophète présente les coupables (les dirigeants du royaume), les injustices et les méchancetés courantes avant d'annoncer la destruction des palais et des lieux saints, les fausses garanties auxquelles les Israélites se fient. Selon lui, Am 3 – 6 constitue assurément la première phase explicite du jugement de Dieu énoncé en Am 1 – 2. A ce stade dans lequel le salut n'est pas encore totalement perdu pour Israël succède une étape où le discours du jugement prend une autre allure et une tournure décisive ; celle-ci comprend l'ensemble formé par Am 7 – 9 qui estime que cette partie du livre comporte cinq visions présentant d'abord les menaces (Am 7, 1–3 ; 4–6) et ensuite l'impossibilité d'arrêter le jugement et l'anéantissement de tout le peuple (Am 7, 7–9 ; 8, 1–3, 9, 1–6)[106].

Il ressort de ce qui précède qu'au regard de Keil, le livre d'Amos commence avec une introduction générale (Am 1–2) qui énonce le jugement d'Israël. Celui-ci se fait en deux étapes, une première dans laquelle le prophète tente d'obtenir la conversion du peuple, une seconde dans laquelle la sentence devient irrévocable. Contrairement à Coulot, Martin-Achard, Asurmendi, Barré, Paul, Andersen et Freedman qui ont tendance à dissocier les éléments du livre, Keil a le mérite de mettre l'accent sur le rapport qui unit l'introduction aux deux parties. L'originalité de sa proposition réside surtout dans le fait qu'il considère Am 1 – 2 comme une introduction. C'est une piste très intéressante qui mérite d'être creusée : elle invite à voir Am 3 – 9 comme une suite logique et une explicitation de ce qui est posé en Am 1 – 2 ; autrement dit, elle dévoile qu'en Am 1 – 2 s'ouvre le procès d'Israël, lequel atteint son sommet en Am 3 – 6 et trouve son dénouement en Am 7 – 9.

Même si sa démarche tranche avec les approches fondées sur les critères formels et constitue un pas très important dans l'analyse structurelle du livre d'Amos, certaines limites méritent d'être relevées. D'abord, elle ne met pas assez en évidence l'annonce du salut d'Am 9, 11–15 ; elle fait du châtiment du peuple, annoncé dans les visions, le dénouement du procès contre Israël, d'où la fragilité de sa démarche. En effet, même si le dénouement du procès est bien sûr la sanction des coupables, l'anéantissement d'Israël n'est pas la note finale du livre. Celui-ci se clôture par un rappel de l'action salvifique de Dieu pour tous les peuples, une annonce de salut pour un petit reste et une promesse de la restauration d'Israël (Am 9, 7–15), qui conduit d'ailleurs le lecteur à se demander si c'est tout le peuple qui est anéanti ou seulement les coupables des injustices.

---

105 Keil, C. F., « Amos », p. 237 : « A great warning to repent ».
106 Keil, C. F., « Amos », p. 237–238.

Cette limite nous semble provenir du fait qu'il n'a pas relevé tous les thèmes que comporte Am 1 – 2 afin de montrer comment ils trouvent leur explicitation dans les deux parties de sa structure (Am 3 – 6 ; 7 – 9).

Ensuite, si le jugement d'Israël est bien la thématique centrale du livre d'Amos, il implique d'autres thèmes connexes, comme les questions du prophétisme (rôle du prophète), des injustices sociales et du culte, du jour du Seigneur, de l'implication et la place du cosmos, du petit reste, etc. dont la prise en compte s'avère nécessaire pour la justification de l'unité et de la cohérence dudit corpus. En effet, s'il avait par exemple tenu compte du motif du prophétisme et celui de la dissociation entre le culte et la pratique de la justice, il n'aurait pas ainsi passé sous silence Am 9, 7-10 et Am 8, 4-14 en affirmant qu'Am 7 – 9 ne comporte que cinq visions. En outre, en insistant sur le jugement d'Israël, Keil occulte la problématique de la relation entre Dieu et les nations, posée tout au long du livre (Am 1, 3 – 2, 1-3 ; 3, 9 ; 9, 7). Enfin, en présentant Am 1 – 2 comme une introduction, Keil considère que Dieu n'est pas déjà en procès contre Israël. Or, Smith l'expose comme une étape du procès d'Israël et partant, comme la première section majeure du livre.

L'organisation du livre d'Amos que Smith repère dans un commentaire publié en 1989 est très semblable à celle de Keil. Il y perçoit une première partie caractérisée par le jugement des nations voisines d'Israël et d'Israël lui-même (Am 1 – 2, 16), une deuxième contenant des avertissements de Dieu adressés aux habitants de la Samarie (Am 3 – 6) et une troisième comportant des visions et des exhortations (Am 7 – 9, 15)[107]. Ainsi, la seule différence résulte du fait que Keil considère Am 1 – 2 comme une introduction générale alors que Smith le perçoit comme la première partie du livre. Pour ce dernier, c'est Am 1, 1-2 qui introduit le jugement d'Israël, lequel connait un premier déroulement en Am 1, 3 – 2, 16. Hormis cette différence, Smith pense comme Keil qu'Am 3 – 6 explicite le procès amorcé en Am 1, 3 – 2, 16 et qu'Am 7 – 9 constitue son apothéose et son dénouement. C'est la même logique qui prévaut chez House, sauf que ce dernier décèle quatre phases que nous exposerons dans le point suivant.

---

107 Smith, G. V., *Amos*, p. 7-9.

House et l'organisation quadripartite mettant en exergue le jugement d'Israël

Suite aux travaux de Keil et de Smith, House a fait paraître un article dans lequel il maintient que le livre d'Amos s'articule en quatre sections majeures : Am 1 – 2 ; 3 – 6 ; 7, 1 – 9, 10 ; 9, 11–15[108]. Pour justifier sa subdivision, reprise sept ans plus tard par Simian-Yofre[109], il porte son regard sur les emphases thématiques du livre. Ainsi, il y discerne :

Une première section (Am 1 – 2) constituant la situation initiale ou le cadre dans lequel l'intrigue (le « plot »)[110] du livre est posé. Il relève qu'en s'ouvrant par la présentation d'un Dieu qui, tel un lion furieux, s'attaque aux nations étrangères, à Juda et à Israël, Am 1 – 2 suscite chez le lecteur trois questions : pourquoi Yahvé rugit-il ? Quel est le problème ? Dieu a-t-il la juridiction sur les nations[111] ? Selon lui, ces interrogations trouvent une réponse partielle dans l'attitude de Dieu qui sanctionne des nations étrangères (Am 1, 3 – 2, 3) ainsi que dans le jugement et la promesse de châtier, en son jour, Juda et Israël qui se comportent comme ces nations voisines (Am 2, 4 – 2, 16). Il relève également que le procès d'Israël (l'intrigue qui se noue en Am 1 – 2) met en scène cinq principaux acteurs (Yahvé, Amos, Israël, Juda et les nations). En effet, Yahvé, par la bouche d'Amos, juge Israël, Juda et les nations étrangères.

Une deuxième section (Am 3 – 6) se démarquant de la première par son contenu qui s'adresse uniquement à Israël et à Juda. Dans celle-ci, les iniquités d'Israël et de Juda sont exposées de façon plus détaillée ; ce qui prouve que la situation décrite en Am 1 – 2 empire. Elle dévoile également comment Dieu, créateur et Seigneur de l'univers, et Amos, travaillent ardemment pour obtenir la conversion du peuple qui semble désespérée (Am 3, 13–15 ; 4, 2–3 ; 5, 18–27 ; 6, 7,14) ; Israël, vivement invité à chercher Dieu pour vivre (5, 4. 14–15) ou pour éviter sa ruine nationale (Am 6, 6), ne saisit pas l'opportunité et rend inévitable son jugement décrit en Am 7 – 9, 10[112].

Une troisième section (Am 7 – 9, 10) composée de cinq visions, entrecoupées d'un récit biographique (Am 7, 10–17) et d'un oracle contre les marchands (Am 8,

---

108 House, P. R., « Amos and Literary Criticism » *RevExp* 92 (1995), p. 175–187.

109 Simian-Yofre s'inscrit dans la même logique que House. Il retient Am 1 – 2 ; 3 – 6 ; 7 – 9, 10 et 9, 11–15 comme les sections majeures ; mais il ne classe pas Am 7, 10–17 et Am 8, 4–14 au sein des visions (Am 7 – 9, 10). Simian-Yofre, H., *Amos : nuova versione, introduzione e commento*, Milano, Paolines, 2002, p. 16.

110 House, P. R., « Amos and Literary Criticism », p. 182.

111 House, P. R., « Amos and Literary Criticism », p. 183.

112 House, P. R., « Amos and Literary Criticism », p. 182–185.

4–14). Celle-ci renforce le jugement d'Am 3 – 6 en dépeignant la catastrophe que Dieu veut faire venir sur les deux nations coupables. Ainsi, pour House, le contenu des visions d'Am 7 – 9, 10 montre combien Dieu qui, en tant que créateur (Am 9, 5–6), déteste détruire la création, est contraint d'infliger une punition minutieuse à son peuple (Am 9, 1–10) ; une sanction pour laquelle Amos, messager et partenaire de Dieu, ne doit plus intercéder pour l'écarter[113]. Ces visions constitueraient, par conséquent, le dénouement du procès engagé contre le peuple d'Israël en Am 1 – 2.

Une quatrième et dernière section (Am 9, 11–15) met en exergue la promesse de restauration de la tente de David[114]. Contrairement à Keil et à Smith, House estime que le jugement de Dieu ne peut se clore avec l'anéantissement d'Israël ; une telle fin ne correspond pas à la nature et à l'être de Dieu. Aussi souligne-t-il que le contenu d'Am 9, 11–15 révèle que, comme le péché mène à la punition, la punition aide à créer le renouvellement car, sans ce renouvellement et cette renaissance, Dieu ne saurait être vrai avec lui-même[115].

En définitive, la structure de House est plus intéressante et plus perspicace que celles de Keil et de Smith. Elle fait ressortir beaucoup plus l'intrigue et la caractérisation ou l'ensemble des traits par lesquels les personnages y sont dépeints[116]. De plus, elle démontre mieux que celles de ses prédécesseurs l'évolution du procès d'Israël avec l'interaction entre Amos et Dieu. En proposant une intrigue comportant trois questions importantes, House fait un pas essentiel vers une prise en compte des diverses interrogations qu'une lecture d'Am 1 – 2 peut susciter dans l'esprit de tout exégète. Cependant, les trois questions constitutives de son intrigue n'épuisent pas toutes les interrogations que suscite Am 1 – 2. Il est d'ailleurs conscient de cette limite puisqu'il reconnaît que de nombreux facteurs littéraires n'ont pas été mis en relief dans son bref commentaire et invite les futurs exégètes à les explorer plus en détail[117]. Que proposent ceux qui défendent une organisation quintuple du livre d'Amos ?

---

113 House, P. R., « Amos and Literary Criticism », p. 185 : « The prophet's personality and his humanity become evident ».

114 House, P. R., « Amos and Literary Criticism », p. 182.

115 House, P. R., « Amos and Literary Criticism », p. 184.

116 La caractérisation est un terme spécifique qui, dans la narratologie, désigne l'ensemble des traits par lesquels un personnage de récit est décrit sous ses aspects physiques, sa culture, sa moralité, son humeur, etc. Cf., Aletti, J. N., Gilbert, M., Ska, J. L., Vulpillieres, S., *Vocabulaire raisonné de l'exégèse biblique – les mots, les approches, les auteurs*, Paris, Cerf, 2008. p. 71.

117 House, P. R., « Amos and Literary Criticism », p. 185.

Les partisans d'une structure quintuple reposant sur l'organisation thématique du livre d'Amos

Deux auteurs, Hubbard et Bramer, prônent une structure quintuple du livre d'Amos. Il y a peu de commentaires à faire sur celle du premier parce qu'il reprend l'organisation tripartite de Smith (Am 1, 1 – 2, 16 ; 3 – 6, 14 ; 7 – 9, 15) qu'il modifie légèrement ; il détache notamment Am 1, 1–2 et Am 9, 11–15 pour les poser comme des sections majeures du livre. Ses cinq sections sont donc ainsi délimitées : Am 1, 1–2 ; 1, 3 – 2, 16 ; 3 – 6, 14 ; 7 – 9, 10 ; 9, 11–15[118]. Bramer, quant à lui, élabore une proposition originale et particulière mettant en relief la progression thématique du livre. Il revisite d'abord les diverses formes de structures préconisées par ses prédécesseurs. Ce parcours lui permet d'établir que s'appuyer uniquement sur les dispositifs formels pour dégager une structure d'ensemble du livre d'Amos reste très compliqué pour cinq raisons. **Premièrement**, Amos utilise une très grande variété de formes littéraires. **Deuxièmement**, il ne suit pas un ordre biographique ou chronologique décelable. **Troisièmement**, bon nombre de ses thèmes globaux ne sont pas immédiatement évidents ; **Quatrièmement**, certains textes sont à la première personne du singulier, d'autres à la deuxième du pluriel et d'autres encore à la troisième personne du singulier. **Cinquièmement**, le discours prophétique sur l'Alliance n'exige pas un plan spécifique et détaillé[119].

Après avoir recensé les cinq motifs qui, d'après lui, expliquent pourquoi ses prédécesseurs ne s'accordent pas sur l'organisation d'ensemble du corpus, il s'est ensuite attelé à dégager le fil conducteur du message d'Amos. Il remarque que l'essentiel de la prédication du Teqoïte se résume comme suit : « Dieu, le tout-puissant, comme un guerrier indomptable et souverain, viendra pour juger de manière décisive tous les peuples et plus spécifiquement Israël, la nation alliée, à cause de ses violations de l'Alliance. Un petit reste de la lignée de Jacob survivra et sera le noyau béni qui garantira l'avenir d'Israël conformément aux promesses du Dieu d'Alliance »[120]. Enfin, il s'est intéressé aux différentes phases du développement du message de l'homme de Teqoa. Il en dénombre cinq juxtaposées les unes aux autres.

---

118 Hubbard, D. A., *Joel and Amos : An Introduction and Commentary*, TOTC 25, Leicester, Inter-Varsity Press, 1989, p. 118–119.
119 Bramer, S. J., « Analysis of the Structure of Amos », p. 171.
120 Bramer, S. J., « Analysis of the Structure of Amos », p. 171–172 : « The message of the book is that God Almighty will come as a mighty, sovereign Warrior to judge justly, righteously, and decisively all peoples and specifically the covenant nation of Israel because of her covenant violations ; however, a few of the line of Jacob will survive and form the nucleus of a restored, blessed, and secure future Israel in keeping with God's covenant promises ».

La première correspondant au prologue (Am 1, 1–2), fournit au lecteur les informations indispensables pour entreprendre la lecture du livre. Bramer note qu'ici Amos indique ses origines, ses destinataires et ce qu'il a vu concernant Israël (le rugissement de Dieu qui engendre le dépérissement de la nature), afin de susciter un pressentiment sur le message qu'il va proclamer par la suite.

La deuxième, formellement et structurellement marquée par les récurrences des trois expressions (« Ainsi parle le Seigneur » communément appelée la formule du messager, l'expression numérale avec l'acte d'accusation « à cause de trois et à cause de quatre crimes » et la clause de punition « j'enverrai le feu sur ... »), consiste en une énonciation du jugement de Dieu contre les nations étrangères et contre Juda et Israël (Am 1, 3 – 2, 16).

La troisième (Am 3, 1 – 6, 14) constitue un moment où le discours d'Amos prend tour à tour la forme d'un procès de l'Alliance, celle d'un discours de jugement, celle d'une lamentation et celle d'une déclaration de malheur. Selon Bramer, le discours du téqoïte est ici conçu d'une façon créative et dynamique dans le but de renverser les illusions d'Israël sur l'œuvre de Dieu : Amos procède de sorte que cette nation fomenteuse d'une rébellion délibérée et persistante soit spécifiquement la cible du jugement de Dieu, lequel devient effectif, imminent et inéluctable[121]. Il est d'ailleurs persuadé qu'Am 3,1 – 6, 14 constitue le climax du message d'Amos en ce qu'il prépare le lecteur à mieux entendre et comprendre « la destruction d'Israël au jour du Seigneur »[122], thème largement développé dans les phases suivantes.

La quatrième (Am 7 – 9, 6) équivaut à l'énonciation des visions dont le contenu renforce le jugement prononcé dans Am 3 – 6, 14 en précisant comment le Seigneur compte traiter Israël, la nation rebelle. Sans expliciter son propos, Bramer affirme que le récit biographique (Am 7, 10–17), situé entre la troisième et la quatrième vision, prolonge le jugement contre les autorités religieuses et politiques d'Israël. Quant à l'oracle contre les marchands (Am 8, 4–14), il le considère comme une réminiscence d'Am 3 – 6 venant à la fois durcir et donner une orientation eschatologique au jugement de la quatrième vision.

La cinquième et dernière phase coïncide avec l'annonce de la restauration d'Israël (Am 9, 11–15) ; c'est un message d'espoir destiné à tout peuple fidèle à Dieu qui vient prouver que les promesses divines se réaliseront. Contrairement au jugement de Dieu qui occupe huit chapitres et demi (Am 1 – 9, 10), Dieu « fait

---

121 Bramer, S. J., « Analysis of the Structure of Amos », p. 173.
122 Bramer, S. J., « Analysis of the Structure of Amos », p. 173.

une marche arrière irréversible » en Am 9, 11-15 et la prospérité abondante revient dans le royaume Davidique reconstitué[123].

En somme, Bramer divise le corpus amosien en cinq sections : le prologue (Am 1, 1-2), les oracles contre les nations (Am 1, 3 - 2, 16), les oracles contre Israël (Am 3, 1 - 6, 14), les visions (Am 7, 1 - 9, 6) et la restauration (Am 9, 7-15)[124]. Il a fait un effort remarquable en ce qui concerne la mise en exergue des rapports existant entre ces cinq sections. Il démontre, mieux que ses prédécesseurs, qu'une section appelle ou conduit à la suivante. Il pense que cette juxtaposition fait que chacune d'elles se présente comme une explicitation et un aboutissement de celle qui la précède immédiatement. S'inscrivant dans la même logique que Bushey[125], il soutient que les différentes sections du livre d'Amos sont en lien les unes avec les autres et concourent à former un message cohérent et unifié[126]. Mais pourquoi alors sa démonstration n'a-t-elle pas retenu l'attention de ses successeurs ? Quelles sont les limites ou les faiblesses de ses arguments et de son découpage ?

Soulignons avant tout que l'une des fragilités de sa démarche résulte du fait qu'il n'a pas expliqué pourquoi Am 8, 4-14 fonctionne comme la quatrième vision qui constitue son contexte antérieur immédiat. Sans argument probant, sa tentative de présenter Am 8, 4-14 comme une réminiscence d'Am 3 - 6 et une continuité de la quatrième vision[127] apparaît comme une affirmation sans fondement. En outre, la justification de la place d'Am 7, 10-17 au sein des visions reste très sommaire : Bramer affirme tout simplement que ce passage accentue le jugement contre les autorités religieuses et politiques. Cette assertion est intéressante, mais elle ne met pas assez en valeur la question de l'autorité du prophète qui est l'enjeu principal de cette péricope. Cette remarque dévoile que sa démarche est aussi trop focalisée sur le thème du jugement d'Israël et ne souligne pas assez les autres thèmes qui lui sont connexes.

Pour conclure, disons que nous nous trouvons une nouvelle fois devant une variété de propositions de structures d'ensemble censées toutes reposer sur le

---

123 Bramer, S. J., « Analysis of the Structure of Amos », p. 174 : « While God's judgment has been the subject of eight and a half chapters, in five short verses He « reversed the irreversible » Abundant prosperity will mark the restored Davidic kingdom ».

124 Bramer, S. J., « Analysis of the Structure of Amos », p. 171.

125 Il emprunte à Bushey l'affirmation selon laquelle le livre d'Amos transmet un message unifié, un message dont tous les éléments sont logiquement liés les uns avec les autres. Bushey, S. D., « The Theology of Amos », Ph. D. diss., Bob Jones University, 1979, p. 46, cité dans Bramer, S. J., « Analysis of the Structure of Amos », p. 174.

126 Bramer, S. J., « Analysis of the Structure of Amos », p. 174.

127 Sa position aurait pu être très innovante pour la conception de cette péricope (Am 8, 4-14) que beaucoup considèrent comme disparate et mal placée.

développement thématique du livre d'Amos. Ce manque d'unanimité, qui peut amener certains à déduire que le corpus amosien est, du point de vue de son contenu, un livre désorganisé, nous pousse à croire qu'il est difficile de s'appuyer sur un seul thème, celui du jugement, pour cerner son organisation d'ensemble.

Par conséquent, nous pouvons déplorer le fait que Keil, Smith, House et Bramer aient fortement mis l'accent sur le jugement d'Israël sans tenir compte qu'Am 1 – 2 suscite tout autant d'interrogations sur Dieu, les nations, l'Alliance, le rôle du prophète, le rapport entre les injustices et le culte et autres thèmes importants.

Leur démarche demeure tout de même une piste intéressante qui demande à être approfondie par la prise en compte d'autres thématiques importantes du livre. Elle invite à chercher davantage la cohérence du livre d'Amos au niveau du sens de son contenu qu'au niveau de sa forme, c'est-à-dire celui de la répartition homogène de ses divers matériaux constitutifs. Leurs travaux seront des outils précieux pour les trois derniers chapitres consacrés à la justification de la cohérence du livre par la mise en relief de l'importance des passages que certains commentateurs considèrent comme éléments disparates et inopportuns. Mais auparavant, intéressons-nous à la quatrième approche structurelle dans laquelle se sont inscrits les adeptes de l'analyse rhétorique postérieurs à Koch.

Les différentes tentatives de structuration d'ensemble du livre d'Amos menées par les adeptes de l'analyse rhétorique

Mis à part les trois approches structurelles abordées ci-dessus, une autre tendance marque fortement l'histoire de l'exégèse du livre d'Amos : elle consiste à poser qu'étant un écrit biblique, ce corpus est construit suivant les règles spécifiques de la rhétorique sémitique. Dans cette perspective, pour discerner la structure de ce corpus, les adeptes de l'analyse rhétorique sont beaucoup plus attentifs aux procédés sémitiques de composition des textes bibliques ; ils cherchent précisément à y déceler les traces de compositions symétriques (les chiasmes, les inclusions, les parallélismes et autres formes de procédés sémitiques) afin de pouvoir établir des rapports entre ces éléments. Nombreux sont les biblistes qui se sont inscrits dans cette théorie qui tire son origine des travaux de Lowth[128] et surtout de ceux de Jebb et Boys (considérés par Meynet comme fondateurs de l'analyse rhétorique[129]), repris et systématisés par Lund[130], Vanhoye[131], van Dyke Parunak[132] et Meynet[133], l'un des plus récents auteurs qui, avec Bovati, ont appliqué cette approche à l'ensemble du livre d'Amos. Mais l'analyse rhétorique du corpus commence véritablement en 1977 avec la publication de l'article de de Waard qui propose une structure chiastique d'Am 5, 1–17[134], une organisation réitérée par des auteurs tels que Tromp, Wicke, Wendland, Dorsey[135].

---

128 Lowth, R., *Leçons sur la poésie sacrée des Hébreux* II, (trad. M. Sicard), Lyon, Avignon, 1812.

129 Meynet, R., *Lire la Bible*, Paris, Flammarion, 1996, p. 80.

130 Cet auteur est l'élaborateur des lois caractérisant le centre des compositions concentriques. Lund, N. W., *Chiasmus in the New Testament. A Study in Formgeschichte*, Chapel Hill, University of North Carolina Press, 1942.

131 Vanhoye, A., *La structure littéraire de l'Epître aux Hébreux*, Paris, Desclée De Brouwer, 1976.

132 Parunak, H. D. van, « Some Axioms for Literary Architecture », *Semitics* 8 (1982), p. 1–16 (p. 2–4).

133 Meynet, R., *L'Analyse rhétorique, Initiations*, Paris, Cerf, 1989 ; Meynet, R., *Initiations à la rhétorique biblique. « Qui donc est le plus grand ? »*, Initiations, Paris, Cerf, 1982 ; Meynet, R., *Quelle est donc cette parole ? Lecture rhétorique de l'Evangile de Luc (1 – 9 et 22 – 24)*, Paris, Cerf, 1979.

134 Waard, J. de, « The Chiastic Structure of Amos V 1–17 », p. 170–177.

135 Tromp, N. J., « Amos V 1–17. Towards a stylistic and Rhetorical Analysis », dans Woude, van der, A. S. (ed.), *Prophets, Worship and Theodicy : Studies in Prophetism, Biblical Theology and Structural and Rhetorical Analysis, and the place of Music in Worship*, OTS 23, Leiden, Brill, 1984, p. 56–84 ; Wicke, D. W., « Two perspectives (Amos 5. 1–17) », *CurTM* 13 (1986), p. 89–96 ; Wendland, E. R., « The ‹ Word of the Lord › and the organization of Amos », p. 1–51 ; Dorsey, D. A., « Literary Architecture and Aural Structuring Techniques in Amos », p. 312–314.

https://doi.org/10.1515/9783110562743-011

Cependant, nous n'évoquerons pas ici tous les auteurs qui ont décelé une structure concentrique ou chiastique dans l'un ou l'autre passage du livre d'Amos ; nous ne nous intéresserons qu'à ceux qui ont étendu ces types de structure à l'ensemble du corpus, à l'instar des propositions de de Waard et Smalley, de Bovati et Meynet et de Rottzoll, très représentatives de cette tendance.

La structure chiastique de de Waard et Smalley

En se basant sur la répétition de certains thèmes et motifs, de Waard et Smalley ont divisé le livre en vingt petites unités littéraires qu'ils ont ensuite disposées comme suit :

A Prologue (Am 1, 1-2a)
  B Le pouvoir de Dieu pour punir [hymne] (Am 1, 2b)
    C La culpabilité spécifique d'Israël parmi les nations (Am 1, 3 – 3, 2)
      D Le rôle du prophète et la commission (Am 3, 3 – 4, 3)
        E Israël n'a pas appris les leçons de Dieu (Am 4, 4–12)
  B1 Le pouvoir de Dieu pour créer [hymne]) (Am 4, 13)
          F Lamentation sur Israël (Am 5, 1–3)
            G Cherchez Dieu pour éviter la destruction (Am 5, 4–6)
              H Avertissement aux pécheurs (Am 5, 7)
                I/B1 Le pouvoir de Dieu pour créer [hymne] (Am 5, 8a)
              J Son nom est le Seigneur (Am 5, 8b)
              I'/B' Le pouvoir de Dieu pour punir [hymne] (Am 5, 9)
            H' Avertissement aux pécheurs et aux justes (Am 5, 10–13)
          G' Cherchez Dieu pour obtenir la miséricorde (Am 5, 14–15)
        F' Lamentation sur Israël (Am 5, 16–17)
      E' Israël se fie à de fausses sécurités (Am 5, 18 – 6, 14)
      D' L'expérience du prophète (Am 7, 1 – 8, 3)
    C' La punition d'Israël (Am 8, 4 – 9, 4)
  B'/B1 Le pouvoir de Dieu pour punir et pour créer [hymne] (Am 9, 5–6)
A' Epilogue, punition et recréation (Am 9, 7–15)[136].

L'originalité de l'organisation chiastique prônée par de Waard et Smalley réside dans le fait qu'elle pose Am 5, 8b (la séquence J) comme le point central du livre d'Amos. C'est la première fois que des auteurs présentent une organisation d'ensemble sous forme d'un schéma mettant en relief un certain nombre de parallélismes et d'autres rapports de symétrie qui relient les différents versets et passages. Ils ont également le mérite d'avoir proposé une structure dans laquelle la

---

136 Waard, J. de, Smalley, W. A., *A Translator's Handbook on the Book of Amos*, p. 192.

disposition des unités respecte l'ordre des éléments de la forme finale du livre. Leur structure d'ensemble a sans doute été la source d'inspiration de Bovati et Meynet ainsi que d'autres commentateurs qui ont défendu une structure concentrique dans l'ensemble du livre ou dans l'un de ses passages. Dès lors, nous pouvons nous demander pourquoi leur organisation chiastique n'a pas eu de succès chez leurs successeurs.

Dans cette perspective, il convient de relever que les commentateurs qui leur sont postérieurs portent généralement un regard critique sur les vingt différentes unités et sur la manière dont ils les ont disposées. Par exemple, Bovati et Meynet jugent peu convaincante leur proposition. Ils pensent que l'une de ses faiblesses est qu'elle « montre que les neuf très courts éléments de la séquence 5, 1–17 (de un à quatre versets) seraient encadrés par les douze éléments du reste du livre dont la taille va d'un demi-verset (1, 2b) à vingt-quatre versets »[137]. Leur remarque nous paraît très importante parce qu'elle met implicitement en lumière la disproportion existant entre les vingt unités de leur structure.

En effet, certaines ont une longueur égale à un demi-verset ou un verset alors que d'autres comportent trois, quatre, voire vingt-quatre versets : les unités B (Am 1, 2b), I/B1 (Am 5, 8a) et J (Am 5, 8b) contiennent chacune un demi-verset alors que E' (Am 5, 18 – 6, 14) en comporte vingt-quatre. De même, B1 (Am 4, 13), H (Am 5, 7), I'/B' (Am 5, 9) comptent chacune un verset alors qu'elles sont censées avoir le même degré et la même intégrité littéraire que leurs unités correspondantes [H' (Am 5, 10–13) et B'/B1 (Am 9, 5–6)], lesquelles ont respectivement une longueur correspondant à quatre et à deux versets. Cette disproportion reste également pour nous l'une des principales limites de leur structure : faire d'un demi-verset une unité littéraire est déjà problématique, bien plus encore quand il s'agit de lui donner la même valeur littéraire qu'une autre qui s'étend sur quatre, voire vingt versets.

Une autre remarque faite par Bovati et Meynet, c'est qu'ils ont brisé l'unité du fragment d'hymne (Am 5, 8–9) en le découpant en trois petites unités (I/B1 (Am 5, 8a), J (Am 5, 8b), I'/B' (Am 5, 9)[138]. Cette observation rejoint les reproches du précédent paragraphe et accentue le fait que la démarche de de Waard et Smalley conduit à un morcellement du livre en de petits fragments.

Enfin, Bovati et Meynet croient que c'est pour obtenir coûte que coûte leur disposition chiastique qu'ils considèrent Am 4, 13 comme « une insertion secondaire à mettre entre parenthèses »[139]. Cette remarque essentielle dévoile implicitement

---

137 Bovati, P., Meynet, R., *Le livre du prophète Amos*, p. 21–22.

138 Bovati, P., Meynet, R., *Le livre du prophète Amos*, p. 21, note 68.

139 Smalley, W. A., « The Chiastic Structure of Amos », *VT 27* (1977), p. 170–177 (p. 175–176).

qu'Am 4, 13 n'est pas réellement intégré dans l'organisation chiastique prônée par de Waard et Smalley. En fait, c'est pour qu'Am 5, 8b puisse demeurer le centre de leur structure qu'ils réduisent Am 4, 13 à être un élément secondaire ou un doublé de I/B1 (Am 5, 8a). Ce désir de faire à tout prix d'Am 5, 8b le point focal du discours d'Amos est encore dénoncé par Bramer dans les termes suivants : « Voulant faire du livre d'Amos un vêtement homogène (ou sans couture) centré en Am 5, 8b, de Waard et Smalley l'ont traité de façon artificielle, sans prêter attention à ses formes littéraires »[140]. Cette remarque dénote que leur structure est un peu forcée.

D'ailleurs, Bramer soutient que les liens entre certaines unités, tel le paral-lélisme entre H et H', ne sont pas assez clairs et forts[141]. Ce n'est pas le seul auteur qui relève ce caractère superficiel : Möller, tout en reconnaissant que l'organi-sation chiastique de de Waard et Smalley, « a amorcé un changement d'attitude dans l'approche du corpus amosien et plus précisément dans celle d'Am 5, 1–17 qui, de par ses « supposées incohérences » a longtemps déconcerté ou intrigué les commentateurs »[142], abonde dans le sens de Bramer. Il estime précisément que les césures et les rapports de symétrie des différentes unités de leur structure sont très obscurs[143].

De ce qui précède, nous retenons que la structure chiastique préconisée par ces deux auteurs est trop forcée ; eux-mêmes sont bien conscients qu'elle pose des problèmes et suscite des contestations[144]. Mais qu'en est-il de celle de Bovati et Meynet qui n'ont pas été tendres avec leurs deux prédécesseurs ?

La structure concentrique de Bovati et Meynet

Dans leur très volumineux commentaire paru en 1994, Bovati et Meynet posent que, pour découvrir la structure globale du livre d'Amos, il est impératif de rompre avec les règles du discours de la rhétorique gréco-latine et de se placer davan-

---

140 Bramer, S. J., « Analysis of the Structure of Amos », p. 170 : « The major problem with this approach is that in its attempt to make of Amos a seamless garment centered on 5, 8b, it makes the book artificial with no attention given to any literary forms ».
141 Bramer, S. J., « Analysis of the Structure of Amos », p. 170.
142 Möller, K., *Prophet in Debate*, p. 69.
143 Möller, K., *Prophet in Debate*, p. 70.
144 Waard, J. de, Smalley, W. A., *A Translator's Handbook on the Book of Amos*, p. 193 : « There are other difficulties in this structure. It does not all fit neatly, and some people may not find it convincing ».

tage à l'intérieur du monde et de la culture qui ont produit les textes bibliques[145]. Fidèles à ce principe, ils cherchent à poser que le recueil des paroles de l'homme de Teqoa s'articule en trois sections, A (Am 1 – 2), B (Am 3 – 6) et C (Am 7 – 9), disposées de façon concentrique[146].

En dehors du titre (Am 1, 1–2), la première [A (Am 1 – 2)] consiste en un ensemble d'oracles contre huit nations différentes et se subdivise en trois séquences (Am 1, 3 – 2, 3 ; 2, 4–5 ; 2, 6–16), disposées elles aussi de manière concentrique et comportant chacune des sous-séquences construites de la même façon[147]. La deuxième section [B (Am 3 – 6)], plus ample et plus complexe, renferme sept séquences[148], rangées également de manière concentrique[149]. La troisième et dernière [C (Am 7 – 9)], caractérisée par une série de visions dont on ne trouve pas de trace dans A et B, comprend cinq séquences (Am 7, 1–6 ; 7, 7 – 8, 3 ; 8, 4–14 ; 9, 1–10 ; 9, 11–15) ordonnées de façon identique à celles des sections qui la précèdent[150]. Mais pourquoi cette structure, censée reposer sur les règles du discours de la rhétorique hébraïque, n'a-t-elle pas convaincu les commentateurs postérieurs ?

Il faut relever que la structure concentrique de Bovati et Meynet pose certains problèmes. En effet, comme le souligne Möller, même si leur structure concentrique demeure aussi une révolution dans l'histoire de l'exégèse du livre d'Amos, elle suggère également des pauses ou des césures très obscures entre les différents éléments. Il relève, avec raison, que ces deux auteurs ont tendance à exagérer, par des descriptions ou des titres tout à fait ingénieux, des relations minimes et superficielles qui existent entre les parties supposées parallèles[151]. Il note, par exemple, que Bovati et Meynet décèlent un parallélisme entre Am 3, 1–8 intitulé « un piège pour la maison d'Israël » et Am 6, 8–14 dénommé « le poison

---

145 Bovati, P., Meynet, R., *Le livre du prophète Amos*, p. 22. Dans une parution antérieure, Meynet a déjà établi la distinction entre la rhétorique gréco-latine et la rhétorique hébraïque ; la première cherche à convaincre par un raisonnement imparable alors que la seconde indique le chemin pour atteindre le sens. Meynet, R., *Lire la Bible*, p. 77.

146 Bovati, P., Meynet, R., *Le livre du prophète Amos*, p. 39. 102. 278.

147 Les oracles contre les six nations étrangères (Am 1, 3 – 2, 3), l'oracle contre Juda (Am 2, 4–5) et l'oracle contre Israël (Am 2, 6–16). Bovati, P., Meynet, R., *Le livre du prophète Amos*, p. 38–73.

148 Un piège pour les fils d'Israël (Am 3, 1–8), la multiplication des richesses ne sauvera pas les fils d'Israël (Am 3, 9 – 4, 3), la multiplication des sacrifices ne sauvera pas les fils d'Israël (Am 4, 4–13), une lamentation funèbre sur la vierge d'Israël (Am 5, 1–17), un culte perverti ne sauvera pas la maison d'Israël (Am 5, 18–27), une richesse pervertie ne sauvera pas la maison d'Israël (Am 6, 1–7), le poison de la maison d'Israël (Am 6, 8–14). Bovati, P., Meynet, R., *Le livre du prophète Amos*, p. 102.

149 Bovati, P., Meynet, R., *Le livre du prophète Amos*, p. 102–213.

150 Bovati, P., Meynet, R., *Le livre du prophète Amos*, p. 278. 365.

151 Möller, K., *Prophet in Debate*, p. 70.

de la maison d'Israël »[152] alors qu'il y a des différences thématiques et structurelles majeures entre ces deux passages[153]. Pour étayer cette idée, il relève le fait que Wendland ne remarque aucun parallélisme entre Am 3, 1–8 et Am 6, 1–18 ; ce dernier établit plutôt une correspondance entre Am 3, 13–15 et Am 6, 8–11 et entre Am 3, 9–12 et Am 6, 12–14[154]. Il souligne encore que Dorsey soutient plutôt que c'est tout le chapitre trois du livre d'Amos, lequel présente la destruction future d'Israël et du sanctuaire de Béthel, qui doit être mis en parallèle avec Am 7, 1 – 8, 3 où le jugement de Dieu porte sur le même sanctuaire[155].

Enfin, Möller évoque le fait que Smalley, lui, met Am 3, 3 – 4, 3, qu'il dénomme « le rôle du prophète et son pouvoir », en correspondance avec Am 7, 1 – 8, 3 qu'il appelle « l'expérience du prophète : ses visions, son rôle et son pouvoir ». Il veut ainsi montrer que la structure de Bovati et Meynet, comme celles des autres, repose sur des titres inventés[156]. Cette divergence de vue prouve que les rapports de symétrie, défendus par les uns et les autres, ne s'imposent pas de façon indiscutable. Elle révèle aussi que Bovati et Meynet sont les seuls à voir une inclusion entre Am 3, 1–8 et Am 6, 8–14 ; il n'est donc pas exagéré de dire avec Möller que la structure concentrique qu'ils discernent en Am 3, 1 – 6, 14 est trop forcée[157].

En plus de la fragilité des parallélismes, les césures des différentes séquences de la troisième section [C (Am 7 – 9)] sont elles aussi fortement problématiques. Par exemple, pour soutenir qu'Am 7 – 9, 15 a une organisation concentrique, Bovati et Meynet établissent un parallélisme entre Am 7, 1–6 et Am 7, 7 – 8, 3 alors qu'ils affirment plus loin que ces deux séquences (Am 7, 1–6 et Am 7, 7 – 8, 3) sont « beaucoup moins proches entre elles »[158]. En outre, certains de leurs arguments, comme ceux basés sur le nombre de mots contenus dans la première et la dernière des cinq séquences de la dernière section de leur structure (Am 7,

152 Bovati, P., Meynet, R., *Le livre du prophète Amos*, p. 102.

153 Möller, K., *Prophet in Debate*, p. 70–71.

154 Wendland établit un parallélisme entre Am 3, 13–15 et Am 6, 8–11 tous deux appelés « testament contre la maison de Jacob » et entre Am 3, 9–12 et Am 6, 12–14 ayant comme titres respectifs « un ennemi va oppresser la nation oppressive » et « une nation oppressera la nation injuste ». Pour ce qui concerne les structures de Wendland et de Dorsey, voir : Wendland, E. R., « The ‹ Word of the Lord › and the organization of Amos », p. 19. De même, la structure concentrique que Steins décèle en Am 3 – 6, diffère légèrement de celle de Bovati et Meynet. Steins, G., « Das Chaos kehrt zurück ! Aufbau und Theologie von Amos 3–6 », BN 122 (2004), p. 35–43.

155 Dorsey, D. A., « Literary Architecture and Aural Structuring Techniques in Amos », p. 327–328.

156 Möller, K., *Prophet in Debate*, p. 71.

157 Möller, K., *Prophet in Debate*, p. 71.

158 Bovati, P., Meynet, R., *Le livre du prophète Amos*, p. 366.

1–6 ; 7, 7 – 8, 3 ; 8, 4–14 ; 9, 1–10 ; 9, 11–15)[159], nous paraissent insuffisants. En effet, même si ces séquences (Am 7, 1–6 ; Am 9, 11–15) renfermaient un même nombre de termes, ceux-ci ne sont pas identiques. Toutes ces observations dévoilent les limites de la structure de Bovati et Meynet. Elle n'est d'ailleurs pas retenue par Rottzoll ; dans son commentaire publié deux années plus tard, celui-ci défend une organisation concentrique ayant Am 5, 8 pour centre[160], structure que nous présenterons afin de cerner ses forces et ses faiblesses.

La structure concentrique du livre d'Amos selon Rottzoll

Cette structure couvre l'ensemble du livre d'Amos ; Rottzoll y discerne précisément vingt-deux petites unités disposées de manière concentrique. Le schéma récapitulatif se présente comme suit :

Am 1, 2 : hymne
   Am 3, 1(s.) : parole de justice contre ceux qui sont sûrs d'eux-mêmes
    Am 1, 3 – 2, 16 : cycle des nations
     Am 3, 3–8 : questions didactiques
      Am 3 (9-) 15 : contre les maisons
       Am 4, 1–3 : contre les femmes de la Samarie
        Am 4, 4s. : contre le culte
         Am 4, 6–12 (13) : annonce de justice
          Am 5, 1–3 : lamentation funèbre
           Am 5, 4–6 : invitation à chercher
            Am 5, 7 : dénonciation du péché
             Am 5, 8 (s.) : hymne
            Am 5, (9) 10–12 (13) : dénonciation du péché
           Am 5, 14s. : invitation à chercher
          Am 5, 16 s. : lamentation funèbre
         Am 5, 18–20 : annonce de la justice
        Am 5, 21–27 : contre le culte
       Am 6, 1–7 : contre les hommes de la Samarie
      Am 6, (8-) 11 : contre les maisons
     Am 6, 12 : questions didactiques
    Am 7, 1s. : cycles de visions
Am 9, 5s. : hymne[161].

---

159 Ils soutiennent que la première (Am 7, 1–6) et la cinquième (Am 9, 11–15) sont de même longueur alors qu'elles renferment respectivement 80 et 81 mots. Bovati, P., Meynet, R., *Le livre du prophète Amos*, p. 365.
160 Rottzoll, D. U., *Studien zur Redaktion und Komposition des Amosbuchs*, p. 1–7.
161 Rottzoll, D. U., *Studien zur Redaktion und Komposition des Amosbuchs*, p. 3.

Quelques brèves observations s'imposent : la première a trait à l'absence d'Am 1, 1, verset présentant des informations importantes sur le prophète Amos et sur les destinataires de son message. Ce verset ne figure pas parmi les éléments de la structure de Rottzoll non parce qu'il le considère comme un élément secondaire mais pour la simple raison que sa prise en compte aurait sans doute faussé son plan concentrique. La deuxième se rapporte à la troisième unité (Am 3, 1s), dénommée « parole de justice contre ceux qui sont sûrs d'eux-mêmes » ; elle n'est en correspondance avec aucune autre unité et demeure ainsi comme un élément isolé. La troisième concerne le doute entretenu quant aux limites de certaines unités, telles Am 3, (9-)-15 ; 4, 6–12 (13) ; 5, 8 (s.) ; 5, (9) 10–12 (13) ; 6 (8-) 11. En effet, leur délimitation n'est pas explicitement établie. Il est difficile de savoir ce qu'il pense de la place des versets entre parenthèses. Ces remarques prouvent combien sa structure est, elle aussi, très fragile et récusable.

En conclusion de la présentation de ce quatrième type d'approche structurelle, nous retenons qu'il n'y a pas de consensus quant à une organisation concentrique ou chiastique du livre d'Amos. Nous nous trouvons en face de propositions de structures discordantes qui se traduisent par un grand manque de consensus quant au nombre de sections, de séquences, de sous-séquences. Il en est de même pour ce qui concerne le point central du livre : de Waard et Smalley le situent en Am 5, 8b tandis que Bovati et Meynet le localisent en Am 5, 7–13. Quant à Rottzoll, il identifie plutôt la doxologie d'Am 5, 8 comme le point focal du corpus.

Ainsi, bien que de Waard et Smalley, Bovati et Meynet ainsi que Rottzoll aient le mérite de présenter ce livre comme une œuvre harmonieuse, organisée de manière concentrique, ils ont néanmoins fait des lectures quelque peu sélectives de certains de ces passages. La structure de Rottzoll en est l'exemple type : il établit un rapport entre Am 4, 1–3 et Am 6, 1–7[162] ; ce parallélisme est uniquement basé sur l'occurrence du terme Samarie dans les deux passages qui ont pourtant des destinataires très différents ; l'un est adressé aux femmes, l'autre à l'élite de la Samarie. De même, pour mettre en correspondance Am 1, 3 – 2, 16 et Am 7, 1 – 9, 4, il les a respectivement dénommés « cycle des nations » et « cycle des visions » ; or, si dans le premier cas le titre « cycle des nations » ne pose aucun problème parce qu'Am 1, 3 – 2, 16 ne renferme que des oracles, dans le second, la désignation d'Am 7, 1 – 9, 4 comme « cycle de visions » est osée, cette section ne comportant pas que des visions. Enfin, le fait le plus frappant c'est que, pour avoir à tout prix une disposition concentrique des éléments de sa structure, il n'a pas hésité à dénommer Am 9, 5 – 15 un hymne. Ces exemples révèlent à quel point, les partisans de cette

---

162 Rottzoll, D. U., *Studien zur Redaktion und Komposition des Amosbuchs*, p. 3.

approche ont tendance à gloser les relations minimes et superficielles qui existent entre les passages en leur attribuant des titres très contestables.

Il est également intéressant de relever que leurs structures n'échappent pas au piège du morcellement du livre ; Bovati et Meynet décomposent Am 5, 8 en huit segments ; que ce soit de Waard et Smalley, Bovati et Meynet ou Rottzoll, ils attribuent la même intégrité et valeur littéraire à des segments de longueur très différente, ce qui est problématique. Pour éviter cette tendance, Limburg et O'Connel proposent des structures reposant davantage sur des patterns numéraux qu'ils ont respectivement dénommés patterns x/x+1et n/n+1.

Les approches structurelles du livre d'Amos basées sur les patterns x/x+1 et n/n+1.

Suite aux études de Kapelrud[163] portant sur l'usage du nombre sept dans les textes ougaritiques, de nombreux biblistes tentent de maintenir que la construction de certains livres bibliques repose nécessairement sur ce nombre qui a une très grande importance symbolique dans la culture et la littérature du Proche-Orient Ancien[164]. Les travaux des commentateurs tels que Limburg et O'Connell[165] s'inscrivent dans cette perspective ; ils tentent de montrer que l'organisation du livre d'Amos repose sur la répartition septénaire d'un certain nombre de ses éléments constitutifs (formules introductives, verbes, actions).

Dans son article intitulé « Sevenfold Structures in the Book of Amos » paru en 1987, Limburg soutient une structure septénaire basée principalement sur deux critères, la répétition par sept d'expressions stéréotypées qu'il dénomme les « divine speech formulas »[166] et la présence des patterns x/x+1 (sept et sept plus un) dans certaines parties du livre. Quant à O'Connell, il défend une structure quadripartite reposant sur ses fameux patterns n/n +1 (trois et trois plus un). La spécificité de leur démarche se situe donc à deux niveaux : d'une part, le premier divise le livre en sept sections alors que le second n'en discerne que quatre ; d'autre part, dans les patterns de Limburg, « x » est toujours égal à sept tandis que dans ceux de O'Connell, « n » peut être égal à sept ou à trois. La présentation de chaque structure s'avère indispensable si nous voulons saisir la force et les faiblesses de leur approche.

---

163 Kapelrud, E. G. A. S., « The Number Seven in Ugaritic Texts », *VT* 18 (1968), p. 494–499.
164 Sassin, J., « Genealogical convention in biblical chronology », *ZAW* 90 (1978), p. 171–183 ; Alter, R., *The Art of Biblical Narrative*, New York, Basic Books, 1981 ; Paran, M., *Forms of the Priestly Style in the Pentateuch, Patterns, Linguistic, Usages, Syntactic Structures*, Jerusalem, Magnes Press, 1989.
165 O'Connell s'appuie sur les travaux de : Freedman, D. N., « Deliberate Deviation from an Established Pattern of Repetition in Hebrew Poetry as a Rhetorical Device », dans Giveon R., Anbar, M. (eds.), *Proceedings of the Ninth World Congress of Jewish Studies*, Jerusalem, World Union of Jewish Studies, 1986, p. 45–52 ; O'Connell, R. H., « Telescoping v + 1 Patterns in the Book of Amos », *VT* 46 (1996), p. 56–73.
166 Limburg, J., « Sevenfold Structures in the Book of Amos », p. 219.

https://doi.org/10.1515/9783110562743-012

Limburg et la prise en compte des patterns x/x+1 dans la structuration d'ensemble du livre d'Amos

Limburg est un des auteurs les plus convaincus que le livre d'Amos comporte plusieurs septénaires de formules introduisant ou concluant le discours du Seigneur et plusieurs portions de discours dans lesquelles le lecteur peut aisément dénombrer sept ou sept plus une énumérations. Il est très convaincu que c'est un rédacteur qui aurait reclassé les éléments par groupe de sept ou de sept plus un pour présenter chaque section comme une unité contenant la plénitude de la parole du Seigneur[167]. Aussi s'attèle-t-il à recenser les diverses unités comportant des septénaires ou une énumération de sept actions.

Le premier type d'éléments auquel il accorde une attention singulière est ce qu'il appelle les « divine speech formulas ». En effet, il pense que le livre d'Amos comporte quarante-neuf (7 × 7 ou encore 7²) formules de messager, introduisant ou concluant des portions de discours certifiées comme paroles du Seigneur ; il les classe en trois groupes : vingt-sept contenant le verbe אָמַר dites « *'āmar formulas* », vingt et une comportant le terme נְאֻם, dénommées les « *nĕ'um formulas* » et une renfermant le verbe דִּבֶּר, appelée le « *dibber formula* »[168].

En ce qui concerne leur fonction, il croit fermement que ces trois catégories de formules sont disposées de sorte à dévoiler les grandes césures du livre ; autrement dit, il estime que si un lecteur prête attention à leur disposition, il pourrait déceler sans peine les sections majeures. En somme, pour lui, les « divines speech formulas » sont de véritables marqueurs structurels répartis à raison de sept formules par section majeure, de sorte qu'un simple décompte permet de repérer le début et la fin de chacune des grandes sections que comprend le livre d'Amos. Voici le schéma représentatif de leur répartition que ce dernier propose :

---

167 Limburg, J., « Sevenfold Structures in the Book of Amos », p. 219 : « It is well known ; however, that the number seven in the Bible symbolizes completeness and may in fact even represent it. Was the redactor indicating that each of these sections is certified as wholly, completely a message from the Lord ? ».

168 Limburg, J., « Sevenfold Structures in the Book of Amos », p. 218 : « The table indicates a total of twenty-seven « *'āmar formulas* », twenty-one « *nĕ'um formulas* », and one *dibber formula*, for a grand total of forty-nine, or seven times seven ».

1, 1–2	1, 3–2,16 ;	3, 1–15 ;	4, 1–13 ;	5, 1 – 6, 14 ;	7, 1 – 8, 3 ;	8, 4 – 9, 15
1, 3. 5	*3, 1*	*4, 3*	5, 3	7, 3	*8, 9*
1, 6. 8	3, 1	*4, 5*	5, 4	7, 6	*8, 11*
1, 9. 11	*3, 10*	*4, 6*	5, 16	7, 8	*9, 7*
1,13.15	3, 11	*4, 8*	5, 17	7, 15	*9, 8*
2, 1. 3	3, 12	*4, 9*	5, 27	7, 17	*9, 12*
2, 4. 6	*3, 13*	*4, 10*	6, 8	8, 2	*9, 13*
2,11. 16	*3, 15*	*4, 11*	*6, 14*	*8, 3*	9, 15[169]

Cette classification dans laquelle nous avons coloré les « *ně'um formulas* » en bleu et le « *dibber formula* » en rouge révèle sans ambages comment Limburg perçoit l'organisation du livre d'Amos ; il y discerne sept sections. Une première (Am 1, 1–2) qui sert d'introduction à tout le corpus, section dans laquelle il ne recense pourtant aucune « divine speech formula ». Après elle, vient une seconde où il en dénombre quatorze (Am 1, 3 – 2, 16)[170]. Celle-ci est suivie par trois autres sections (Am 3, 1–15 ; 4, 1–13 et Am 5, 1 – 6, 14), comportant chacune sept « divine speech formulas », se distinguant des autres par le fait qu'elles sont toutes introduites par l'expression « hear this word formulas »[171]. Puis, un nouveau décompte de sept « divine speech formulas »[172] lui permet de considérer Am 7, 1 – 8, 3 comme la sixième section du livre ; un autre décompte de sept « divine speech formulas »[173] l'amène à conclure qu'Am 8, 4 – 9, 15 est une section majeure s'ouvrant par « hear this word formula ».

Le second type d'éléments recensés par Limburg est constitué par les occurrences de x/x+1. Il repère notamment quatre portions de discours comportant un septénaire d'éléments (Am 2, 6–8 ; 2, 14–16 ; 5, 8–9 ; 8, 4–8). Il dénombre respectivement en chacun de ces quatre discours sept accusations[174], sept annonces

---

169 Limburg, J., « Sevenfold Structures in the Book of Amos », p. 218.

170 Huit formules introductives faites avec le verbe אָמַר, quatre formules conclusives faites à l'aide du verbe אָמַר deux formules conclusives comportant le verbe נְאֻם.

171 « Ecoutez cette parole » : Am 3, 1 ; 4, 1 ; 5, 1.

172 Six « *'āmar formulas* » en Am 7, 1 – 8, 2 et un « *ně'um formula* » en Am 8, 3. Limburg, J., « Sevenfold Structures in the Book of Amos », p. 218.

173 Six « *ně'um formula* » (Am 8, 9. 11 ; 9, 7. 8. 12. 13) et un « *'āmar formula* » (Am 9, 15). Limburg, J., « Sevenfold Structures in the Book of Amos », p. 218.

174 Vente du juste, vente du pauvre, piétinement des pauvres, détournement de la route du faible, exploitation sexuelle de la fille, usage des vêtements de gage, consommation du vin d'amandes.

de châtiment[175], sept verbes utilisés pour décrire les actions de Dieu[176] et sept accusations portées contre les marchands[177]. Quels sont à présent les parties dans lesquelles il recense sept plus une ou x+1 énonciations[178] ?

L'auteur relève qu'en Am 1, 3 – 2, 16 sept oracles adressés aux nations (Am 1, 3 – 2, 5) sont suivis de l'oracle contre Israël (Am 2, 6–16) qui, de par sa position, sa longueur et son contenu, constitue le point culminant du discours d'Amos dans cette partie du livre. Il estime également qu'Am 3, 3–8 comporte sept plus un élément et se présente comme une controverse composée de sept questions rhétoriques[179] et d'une double interrogation (« le lion a rugi, qui ne craindrait ? Le Seigneur a parlé, qui ne prophétiserait ? »), laquelle demeure le climax du questionnement d'Amos. De même, il repère x+1 énumérations dans l'ironique invitation à l'adoration d'Am 4, 4–5. Cette exhortation qui, d'après lui, comporte sept verbes à l'impératif (venez, transgressez, multipliez-vous, amenez, offrez, proclamez, publiez), trouve son point de chute dans l'affirmation « c'est ainsi que vous m'aimez fils d'Israël », l'ironie d'Amos sur la pratique cultuelle de ceux qui spolient les biens des pauvres est alors à son paroxysme. Il perçoit aussi la présence de x+1 éléments dans Am 6, 4–6. Il y dénombre plus précisément sept verbes décrivant l'orgie des coupables (Allonger, vautrer, manger, improviser, chanter, boire, oindre), une description débouchant sur la déclaration « mais ils ne ressentent aucun tourment pour la ruine de Joseph » que renferme Am 6, 6, le dernier verset. Enfin, il dénombre encore x+1 énonciations dans Am 9, 1–4 ; il

---

175 Le rapide ne pourra pas s'enfuir, le fort sera faible, le puissant ne s'échappera pas, l'archer tombera, le coureur rapide ne s'échappera pas, le cavalier ne s'échappera pas, le plus vaillant s'enfuira nu.

176 Faire les Pléiades et l'Orion, changer l'obscurité en clarté du matin, réduire le jour en sombre nuit, convoquer les eaux de la mer, répandre les eaux sur la surface de la terre, livrer au pillage l'homme fort et forcer l'entrée de la forteresse ... . Limburg, J., « Sevenfold Structures in the Book of Amos », p. 219.

177 Quand la nouvelle lune sera-t-elle finie, que nous puissions vendre du grain, le sabbat pour que nous puissions vendre le blé en diminuant l'epha, augmenter le shekel, fausser les balances, acheter les indigents pour de l'argent et le pauvre pour une paire de sandales et vendre les déchets du blé. Telles sont d'après Limburg les actions planifiées par les marchands en Am 8, 4–8. Limburg, J., « Sevenfold Structures in the Book of Amos », p. 220.

178 Limburg, J., « Sevenfold Structures in the Book of Amos », p. 220 : « We turn next to a number of instances in Amos where seven items are listed and then, after this listing of seven, comes a climactic statement ».

179 Il écrit : « The controversy saying in 3:3–8 begins with seven rhetorical questions ». Limburg, J., « Sevenfold Structures in the Book of Amos », p. 220.

dégage une énumération de sept actions punitives[180] que Dieu projette d'infliger au peuple, suivie de l'imparable affirmation, « j'aurai l'œil sur eux pour le mal et non pour le bien » d'Am 9, 4[181]. C'est sur la base de ces deux types d'occurrences et surtout sur la répartition par septénaire des « divine speech formulas » que Limburg soutient que l'organisation de ce corpus repose sur les patterns x/x+1.

Toutefois, un regard critique sur la répartition par septénaire des « divine speech formulas » et sur les occurrences de x/x+1 permet de nous rendre compte que son raisonnement est parfois très discutable. En ce qui concerne son premier critère, les « divine speech formulas» et plus spécifiquement les « *'āmar formulas* », Möller se demande pourquoi Limburg ne recense pas les formules לֵאמֹר (Am 3, 1) et וַיֹּאמֶר (Am 9, 1), un parfait consécutif du verbe אָמַר ayant אֲדֹנָי pour sujet[182]. Comme lui, nous pouvons avancer que l'expression וַיֹּאמֶר est certainement délaissée par Limburg parce que les paroles divines qui la suivent sont adressées à Amos tandis que, dans les autres cas, אָמַר introduit des oracles destinés au peuple d'Israël. Mais, si telle est sa logique, tous les « divine speech formulas » qu'il a relevés dans les visions deviennent alors problématiques parce que, dans ces récits autobiographiques, Dieu s'adresse directement à Amos et non au peuple. Et si ces « divine speech formulas » ne sont pas valables, toute la structure septénaire du livre défendue par Limburg s'écroule.

Il est également intéressant de remarquer qu'il n'a retenu qu'un seul « divine speech formula » en Am 7, 8 et en Am 8, 2 alors que chacun de ces deux versets en contient deux. Ainsi, nous pouvons déduire que si tous les « divine speech formulas » présents dans le livre sont pris en compte, leur nombre dépassera quarante-neuf et leur répartition par septénaire sera également remise en cause. Par conséquent, s'appuyer sur la distribution de ces formules qui abondent dans le livre d'Amos pour le diviser en sept parties reste une opération compliquée et, à vrai dire, quasi-impossible. Son premier critère s'avérant très fragile, qu'en est-il donc du second, consistant à affirmer que certaines parties du corpus comportent une énumération de x ou de x+1 actions ?

Limburg souligne que Am 2, 6–8 ; 2, 14–16 ; 5, 8–9 et Am 8, 4–8 contiennent respectivement sept transgressions, sept catégories de combattants, sept verbes et sept actions que les marchands projettent d'accomplir à la fin du sabbat ; cepen-

---

180 Sept actions punitives de Dieu mentionnées avec un pronom personnel de la première personne du singulier « je les assassinerai, ma main les retirera, je les ferai descendre, je les rechercherai, je les prendrai, je commanderai, je commanderai ». Limburg, J., « Sevenfold Structures in the Book of Amos », p. 221.

181 Limburg, J., « Sevenfold Structure in Amos », p. 220–221.

182 Möller, K., *Prophet in Debate*, p. 84.

dant, après une analyse attentive, il résulte que la présence de sept transgressions dans Am 2, 6–8, tout comme celle de sept accusations dans l'oracle contre les marchands d'Am 8, 4–8, est contestable. En effet, en Am 2, 6–8 le prophète dénonce la vente du juste pour de l'argent, la vente du pauvre pour une paire de sandales, l'avidité envers les biens des pauvres, le détournement du chemin des humbles, les rapports sexuels entretenus par un homme et son père avec leur domestique, la profanation du saint nom de Dieu, l'usage de vêtements mis en gage devant l'autel, la consommation de vin confisqué dans la maison de leur dieu, des violations dont le total est de huit. Il en est de même du nombre d'actions que renferme Am 8, 4–8 ; les marchands projettent de vendre du grain, d'ouvrir les sacs de blé, de diminuer l'épha, d'augmenter le sicle, de fausser les balances, d'acheter l'indigent pour de l'argent, d'acheter le pauvre pour une paire de sandale et de vendre la criblure du blé, soit huit plans. Ces deux exemples montrent que le décompte des éléments peut varier d'un auteur à l'autre. Que dire alors des occurrences de x+1 énumérations ?

Limburg décèle x+1 énumérations dans Am 3, 3–8 ; 4, 4–5 ; 4, 6–12 ; 5, 21–24 ; 6 ; 4–6 et Am 9, 1–4. Avant toute analyse, il est utile de préciser que d'autres auteurs ont déjà voulu, à partir de l'expression numérale « pour trois et pour quatre crimes », postuler que le livre d'Amos est construit sur la base de x+1[183]. Cependant, ses devanciers ont souvent limité leurs travaux aux oracles contre les nations (Am 1, 3 – 2, 16). L'apport de Limburg consiste à soutenir que d'autres passages sont organisés sur ce principe. Dès lors, une interrogation s'impose : est-ce que ces textes comportent effectivement x+1 énonciations ?

En réponse à cette question, nous relevons que la présence de x+1 énumérations dans trois (Am 3, 3–8 ; 4, 6–12 ; Am 9, 1–4) des six occurrences recensées par Limburg est problématique. Il défend qu'Am 3, 3–8 comporte sept questions rhétoriques débouchant sur une double interrogation se présentant comme le climax de cette portion du livre d'Amos. Son affirmation n'est plausible que dans la mesure où nous considérons la double interrogation comme une seule énumération. Autrement dit, en tenant compte du nombre d'interrogations, nous posons qu'Am 3, 3–8 renferme x+2 questions rhétoriques.

Il estime aussi qu'il y a dans Am 4, 6–12 sept verbes présentant les avertissements de Dieu envers le peuple (précisons qu'il ne retient que ceux qui sont suivis du suffixe כֶם). Ainsi, וְהִמְטַרְתִּי d'Am 4, 7 (parfait consécutif, première personne du singulier du *hifil* du verbe מטר qui se traduit par « j'avais fait tomber »)

---

183 Weiss, M., « The Pattern of Numerical Sequence in Amos 1–2 : A Re-Examination », *JBL* 86 (1967), p. 416–423 ; Wolff, H. W., *Joel and Amos*, p. 137–138 ; Paul, Sh. M., « Am 1:3 – 2, 3 : A Concatenous Literary Pattern », *JBL* 90 (1971), p. 397–403.

n'est pas recensé. Même s'il est vrai que ce verbe n'est pas suivi du suffixe כֶם, l'option de Limburg suscite tout de même une interrogation, car ne pas classer « faire tomber la pluie » parmi les autres actions de Dieu énoncées dans Am 4, 6–12, n'est-ce pas insinuer que cet acte ne constitue pas un avertissement adressé au peuple au même titre que les sept autres ? Nous ne pouvons répondre par la négative puisque la mention « vous n'êtes pas revenus à moi », par laquelle se termine Am 4, 7, indique que les deux actions énumérées dans ce verset sont à voir comme des signes ayant pour fonction de décider le peuple à retourner au Seigneur ; dès lors, si les deux actions d'Am 4, 7 sont prises en compte, il n'est plus possible d'avoir x+1 énonciations dans Am 4, 6–12.

Limburg soutient également qu'Am 9, 1–4 contient une énumération de sept actions punitives de Dieu débouchant sur l'affirmation culminante « j'aurai l'œil sur eux, pour le mal et non pour le bien ». Mais, dans ce cas aussi, il ne retient que les verbes dont le sujet est à la première personne du singulier, principalement les verbes précédés de « je » ou de « ma main »[184]. Il s'appuie sur Weiss qui, avant lui, a dénombré sept actions punitives de Dieu en Am 9, 1–4 alors qu'il est conscient que ce dernier reconnaît qu'une telle liste ne peut s'obtenir que si les mentions « je découvrirai » et « je prendrai » sont considérées comme un « hendiadys »[185]. Autrement dit, en dehors de la condition posée par Weiss, il n'est pas possible d'alléguer qu'Am 9, 1–4 renferme sept verbes à la première personne du singulier, décrivant sept actions punitives de Dieu. En fin de compte, nous retenons que les patterns x/x+1, ne s'appliquent pas incontestablement aux sections précitées du livre d'Amos.

Toutes ces observations nous aident à comprendre pourquoi la structure de Limburg n'a pas eu l'adhésion des commentateurs qui lui sont postérieurs. Comme nous le verrons, même Dorsey qui reprend totalement à son compte les occurrences de x/x+1, présente un découpage très différent de celui de Limburg. A titre d'exemple, il décompose Am 5 – 6 en deux sections majeures (Am 5, 1–17 et Am 5, 18 – 6, 14)[186]. En outre, n'ayant décelé la présence d'aucune liste de septénaires dans Am 1, 1–2, il ne le détache pas de la série des oracles contre les nations (Am 1, 3 – 2, 16) pour le poser comme une section majeure. O'Connell, quant à lui, prend ses distances avec les x/x+1 de Limburg en proposant un pattern flexible

---

184 Limburg, J., « Sevenfold Structure in the Book of Amos », p. 221.
185 L'hendiadys ou hendiadyin ou encore hendiadyoïn, du grec ἓν διὰ δυοῖν (« un en deux »), est une figure de rhétorique qui consiste en la substitution d'une expression unique par deux mots. Weiss, M., « The Pattern of Numerical Sequence in Amos 1 – 2 : A Re-Examination », p. 420.
186 Dorsey, D. A., « Literary Architecture and Aural Structuring Techniques in Amos », p. 305 – 330.

(n/n+1) dans lequel « n » peut être égal à trois ou à sept. Sa démarche est-elle plus solide, plus perspicace et moins contestable que celle de son devancier ?

O'Connell et la tentative d'une organisation quadripartite du livre d'Amos, basée sur les patterns n/n+1

Neuf années après la parution de l'article de Limburg, O'Connell publie les résultats de son étude dans laquelle il démontre que l'architecture du livre d'Amos repose sur les patterns n/n+1[187]. Il soutient qu'une analyse de la répartition des formules introductives dans le corpus dévoile qu'il comporte quatre sections disposées de manière télescopique[188], suivant le pattern n+ 1. Il affirme que chacune d'entre elles est un ensemble comportant sept ou trois composantes, suivies d'une dernière ayant pour fonction de créer la surprise et de favoriser le passage à la section suivante. Ainsi, il distingue une première section (Am 1, 3 – 2, 16) composée de sept brefs oracles de jugement (Am 1, 3 – 2, 5) et d'un oracle plus long destiné à Israël (Am 2, 6–16) ; une deuxième formée de trois oracles de jugement (Am 3, 1 – 5, 17) et d'un double oracle de malheur (Am 5, 18 – 6, 14) ; une troisième (Am 7, 1 – 8, 2) comprenant une série de visions (Am 7, 1–9) suivie d'une autre vision (Am 8, 1–2) ; enfin, une dernière section constituée de trois jugements eschatologiques (Am 8, 3–14) et d'une promesse de salut (Am 9, 11–15)[189].

Cette structure quadripartite, très fascinante, a le mérite de présenter une idée nouvelle et assez particulière dans le débat sur l'organisation d'ensemble du livre d'Amos. Surtout, elle a l'intérêt de proposer une forme de diagramme représentatif de la disposition de ses éléments et de son mouvement d'ensemble. Ce mouvement se résume comme suit : le livre commence par un ensemble de sept plus un oracles de jugement (n+1) dans lequel l'oracle contre Israël constitue l'élément de surprise lui permettant d'être apposé à un second qui contient trois oracles de jugement plus un double oracle de malheur (Am 3 – 6, 14), lui-même juxtaposé à un troisième (Am 7 – 8, 2) comportant trois plus une (n+1) visions de signes, lequel est enfin accolé à un quatrième (Am 8, 3 – 9, 15) composé de trois discours de jugement eschatologique (Am 8, 1–3 ; 8, 9–10 ; 8, 11–12 + 13–14) et d'une promesse eschatologique (Am 9, 11–15)[190]. En outre, elle est la seule struc-

---

187 O'Connell, R. H., « Telescoping N + 1 Patterns in the Book of Amos », p. 56–73.
188 Télescopique désigne ici le coulissage et l'emboîtement des éléments les uns dans les autres.
189 O'Connell, R. H., « Telescoping N + 1 Patterns in the Book of Amos », p. 59–60.
190 O'Connell, R. H., « Telescoping N + 1 Patterns in the Book of Amos », p. 70–71.

ture qui suggère le début d'une section majeure en Am 8, 3, invitant à considérer les expressions בַּיּוֹם הַהוּא et הִנֵּה יָמִים בָּאִים comme des marqueurs structurels.

Cependant, aussi originales qu'elles soient, sa théorie n/n+1 et son organisation quadripartite comportent quelques incohérences frappantes. Par exemple, dans la seconde section de sa structure (Am 3, 1 – 5, 17), l'application du pattern n+1 (n = 3) s'avère illogique et donc contestable ; la logique aurait voulu qu'il utilise plutôt le pattern n+2 puisqu'il reconnaît lui-même que cette section comporte trois oracles de jugement (Am 3, 1 – 5, 17) et un double oracle de malheur (Am 5, 18 –27 ; 6, 1–14). En outre, dans la troisième et quatrième section (Am 7, 1 – 8, 2 ; 8, 3 – 9, 15), certains passages, tels qu'Am 7, 10–17 et Am 9, 1–10, ne sont pas comptabilisés avec les autres ; il les considère comme des encarts, c'est-à-dire des feuillets isolés, insérés lors de l'édition[191]. En réalité, leur prise en compte rend *ipso facto* impossible l'application du pattern n+1 dans Am 7, 1 – 8, 2 et Am 8, 3 – 9, 15.

Ces raisons expliquent en partie pourquoi Möller affirme que les patterns n/n+1 de O'Connell ne fonctionnent que pour Am 1, 3 – 2, 16, la première grande section de sa structure quadripartite ou que leur application dans Am 3 – 6 ainsi que dans 7, 1 – 8, 2 est trop forcée[192]. En outre, il trouve peu convaincante la justification de la délimitation d'Am 8, 3 – 9, 15 comme une section majeure ; pour lui, la répétition de בַּיּוֹם הַהוּא ne constitue pas une raison suffisante pour couper Am 8, 3, le dernier verset de la quatrième vision qui débute en Am 8, 1 et le rattacher à Am 8, 4, verset par lequel commence l'oracle contre les marchands (Am 8, 4–14). Une telle césure brise non seulement l'unité de la quatrième vision (Am 8, 1–3) mais aussi celle de l'oracle contre les marchands (Am 8, 4–14). C'est aussi pour ces mêmes motifs que Garrett juge cette théorie peu probante[193]. Nous reviendrons sur cet auteur dans le point suivant ; soulignons d'ores et déjà qu'il préfère plutôt les patterns x/x+1 de Limburg.

La théorie de O'Connell s'applique pertinemment à Am 1, 3 – 2, 16 où l'oracle contre Israël se présente à la fois comme le sommet du discours d'Amos contre les nations (Am 1, 3 – 2, 5) et comme la passerelle reliant cet ensemble au reste du livre. Elle demeure une piste intéressante parce qu'elle invite à examiner davantage la fonction d'Am 2, 6–16 par rapport aux oracles qui le précèdent, mais surtout par rapport au reste du livre (Am 3 – 9, 15) auquel l'ensemble des oracles contre les nations (Am 1, 3 – 2, 16) est juxtaposé. Sur ce point, cet auteur rejoint les commentateurs tels que Smith, House, Bramer qui tentent de maintenir qu'Am 1,

---

191 O'Connell, R. H., « Telescoping N + 1 Patterns in the Book of Amos », p. 70.

192 Möller, K., *Prophet in Debate*, p. 87.

193 Garrett, D. A., *Amos*, p. 3.

3 – 2, 16 pose le thème central, développé dans le reste du livre. Mais elle demeure pourtant très fragile, son application dans certaines sections (Am 3 – 6 ; 7, 1 – 8, 2 ; 8, 3 – 9, 15) étant trop forcée.

De la présentation des structures de Limburg et de O'Connell, nous retenons d'une part, que même si les deux auteurs ont adopté une approche identique, ils ne s'accordent ni sur les occurrences des patterns, ni sur l'organisation d'ensemble ; d'autre part, qu'il est impossible d'appliquer leurs théories respectives (x/x+1, n/n+1) à toutes les parties du livre d'Amos ; c'est là la cause principale de la faiblesse de leur approche. Avant eux, d'ailleurs, Gese n'a-t-il pas fermement soutenu que le recueil des paroles d'Amos a une organisation quintuple ou, plus précisément, qu'il est composé de cinq parties disposées de façon graduelle et en trois niveaux de sorte que le dernier constitue le but et le point culminant de l'ensemble[194] ?

S'il est indéniable que dans certaines parties du livre d'Amos telles qu'Am 1, 3 – 2, 16 ; 4, 4–5 ; 4, 6–12, le pattern x+1 ou n+1 (n=7) est utilisé comme un dispositif stylistique en vue de conduire à une déclaration culminante, en déduire que tout le corpus est construit sur la base des patterns x/x+1 ou n/n+1 est douteux et, par conséquent, contestable. Aussi Dorsey ne se contente-t-il pas de reprendre à son compte les patterns x/x+1 de Limburg ; il combine l'approche structurelle de son prédécesseur avec celle dans laquelle se sont inscrits de Waard et Smalley, Bovati et Meynet. Analysons à présent sa structure ainsi que celles de Noble et de Garrett dont les approches sont également mixtes.

---

194 Gese, H., « Komposition bei Amos », p. 74–95.

Les autres formes d'approches structurelles du livre d'Amos

Nous avons réservé ce point à l'analyse des structures de Noble, Dorsey et Garrett parce qu'il est difficile de les classer dans l'une ou l'autre des cinq approches structurelles examinées précédemment. Le premier, dans son article paru en 1995[195], souligne d'abord que le manque de consensus quant à la structure d'ensemble du corpus est essentiellement lié à la divergence de vues des commentateurs sur l'organisation d'Am 3 – 6[196]. Ensuite, il estime que ce désaccord provient du fait que ses prédécesseurs ont trop souvent donné aux critères formels[197] une importance beaucoup plus grande qu'ils ne méritent ou fait un usage trop subjectif des chiasmes et des inclusions[198]. Partant de cette observation, il pose que, pour sortir de ce piège, le chercheur doit accorder un intérêt particulier aux thèmes du livre ; pourtant une lecture attentive de son écrit révèle qu'il n'a pas du tout rompu avec la tendance qui consiste à rechercher les chiasmes et autres formes de parallélismes. Il nous lègue par conséquent une structure basée aussi bien sur le contenu du livre que sur la disposition concentrique de ses diverses parties ; d'où la difficulté rencontrée par les auteurs pour le « classer ». Bramer le range parmi ceux qui prônent une approche structurelle beaucoup plus attentive au contenu du livre alors que Möller le classe parmi ceux qui accordent une importance particulière aux chiasmes, aux inclusions et autres procédés sémitiques de composition des textes bibliques[199].

Le deuxième, Dorsey, reprend et prolonge la liste des occurrences des patterns x/x+1 de Limburg mais présente tout de même une organisation chiastique de l'ensemble du livre d'Amos. Ainsi, Carroll le range dans le même groupe que de Waard et Smalley, Bovati et Meynet tandis que Möller le situe dans celui de Limburg et O'Connell[200]. Quant au troisième, Garrett, il s'appuie aussi sur les sections majeures de Limburg qu'il dispose de façon concentrique. Une analyse de chacune de leurs structures s'avère nécessaire.

---

195 Noble, P. R., « The Literary Structure of Amos », p. 209–226.

196 Noble cite trois exemples : Hayes divise Am 3 – 6 en cinq sections (Am 3, 1–11 ; 3, 12 – 4, 13 ; 5, 1–17 ; 5, 18–27 ; 6, 1–14), Andersen et Freedman la divisent en deux (Am 1, 2 – 4, 13 ; 5, 1 – 6, 14) et Dorsey en quatre (Am 3, 1–15 ; 4, 1–13 ; 5, 1–17 ; 5, 18 – 6, 1).

197 Surtout les formules d'introduction et de conclusion.

198 Noble, P. R., « The Literary Structure of Amos », p. 209.

199 Bramer, S. J., « Analysis of the Structure of Amos », p. 163 ; Möller, K., *Prophet in Debate*, p. 69.

200 Carroll, M.D., *Amos – The Prophet and His Oracles*, p. 45 ; Möller, K., *Prophet in Debate*, p. 85–86.

https://doi.org/10.1515/9783110562743-013

La structure palistrophique de Noble

Comme nous l'avons souligné, la structure tripartite de Noble met en évidence les thèmes et les rapports de symétrie qui relient les divers passages du livre d'Amos. Il y discerne, en dehors de la suscription (Am 1,1), trois grandes sections se distinguant les unes des autres par leur organisation interne et par leur contenu. Il y décèle plus précisément une première section constituée d'oracles dont les paroles sont destinées aux nations (Am 1, 2 – 3, 8), une deuxième composée essentiellement d'oracles de jugement et ayant la forme d'une palistrophe, c'est à dire d'un chiasme très étendu (Am 3, 9 – 6,14) et une troisième marquée par des annonces de destruction et de restauration d'Israël (Am 7, 1 – 9, 15).

Selon lui, la première section (Am 1, 2 – 3, 8) est caractérisée par le jugement, principalement par l'assimilation de la parole de Dieu au rugissement du lion. Cette image métaphorique présente en Am 1, 2 et Am 3, 8, permet d'avoir une inclusion délimitant Am 1, 2 – 3, 8 comme une unité littéraire[201], construite sous la forme d'un chiasme comprenant trois séquences A (Am 1, 2), B (Am 1, 3 – 3, 2) et C (Am 3, 3–8) dénommées : le titre ou le leitmotiv (Am 1, 2), Israël au milieu des nations (Am 1, 3 – 3, 2) et Israël, Dieu et la prophétie (Am 3, 3–8)[202]. La séquence centrale [B (Am 1, 2 – 3, 2)] se subdivise en quatre sous-séquences [B1 (Am 1, 3 – 2, 3), B2 (Am 2, 4–12), B3 (Am 2, 13–16) et B4 (Am 3, 1–2)] dont les deux premières, c'est-à-dire les oracles contre les nations étrangères [B1 (Am 1, 3 – 2, 3)] et les oracles contre les nations de l'Alliance [B2 (Am 2, 4–3)], sont respectivement organisées sous la forme aabba'a' et abc, comme l'indique ce schéma :

A : le leitmotiv (Am 1, 2).
B : Israël au milieu des nations (Am 1, 3 – 2, 16)
   B1 : les oracles contre les nations païennes (Am 1, 3 – 2, 3)
      a : Aram (Am 1, 3–5)
      a : Gaza (Am 1, 6–8)
         b : Tyr (Am 1, 9–10)
         b : Édom (Am 1, 11–12)
      a' : Ammon (Am1, 13–15)
      a' : Moab (Am 2, 1–3)

---

201 Noble reconnaît qu'en dehors de van der Wal, des auteurs tels que Paul, Andersen et Freedman, bien qu'ayant souligné cette inclusion, n'ont toutefois pas vu en elle la délimitation d'une grande section. Noble, P. R., « The Literary Structure of Amos », p. 218 ; Wal, A. van der, « The Structure of Amos », p. 109 ; Andersen, F. I., Freedman, D. N., *Amos*, p. 219 et p. 226 ; Paul, Sh. M., *Amos*, p. 37.
202 Noble, P. R., « The Literary Structure of Amos », p. 218.

B2 : le discours contre le peuple de Dieu (Am 2, 4–12)
    a : Juda (Am 2, 4–5)
    b : Israël (Am 2, 6–8)
    c : Israël « classique » (Am 2, 9–12)
B3 : le discours contre toutes les nations (Am 2, 13–16)
B4 : la réflexion théologique sur les oracles (Am 3, 1–2)
C : Israël, Yahvé et la prophétie (Am 3, 3–8)[203]

La deuxième section (Am 3, 9 – 6, 14), celle dont la justification occupe presque le tiers de son article, s'organise sous la forme du schéma suivant :

A : les oracles introductifs (Am 3, 9–15)
    x : Israël vis-à-vis des nations étrangères (Am 3, 9–11)
    y : une image de ruine (Am 3, 12)
    z :vla dévastation d'Israël (Am 3, 13–15)
      B : l'indolence impardonnable dans la Samarie (Am 4,1–3)
        C : le rejet du culte d'Israël (Am 4, 4–5)
          D : le jugement final (Am 4, 6–12)
            E : les lamentations sur Israël (Am 5, 1–3)
              F : une invitation à chercher le Seigneur (Am 5, 4–6)
                G : la corruption de la justice (Am 5, 7. 10)
                  H : l'hymne au Seigneur (Am 5, 8–9)
                G › : la corruption de la justice (Am 5, 11–13)
              F › : une invitation à chercher le Seigneur (Am 5, 14–15)
            E › :vles lamentations sur Israël (Am 5, 16–17)
          D › : Le jugement final (Am 5, 18–20)
        C › : le rejet du culte d'Israël (Am 5, 21–27)
      B › : l'indolence impardonnable dans la Samarie (Am 6,1. 3–7)
A › : les oracles conclusifs (Am 6, 2. 8–14)
    x › : Israël vis-à-vis des nations étrangères (Am 6, 2. 8)
    y › : une image de ruine (Am 6, 9–10)
    z › : La dévastation d'Israël (Am 6, 11–14)[204]

Avant même la présentation de la disposition des éléments de sa troisième section (Am 7, 1 – 9, 15) qu'il considère comme un ensemble de visions parsemées de matériaux narratifs oraculaires[205], nous pouvons déjà nous prononcer sur son approche. Ce schéma démontre sans équivoque qu'il ne s'appuie sur les thèmes du livre que pour justifier l'organisation chiastique des trois sections majeures qu'il y discerne. Nous remarquons avec étonnement que même s'il reproche à

---

203 Noble, P. R., « The Literary Structure of Amos », p. 219.
204 Noble, P. R., « The Literary Structure of Amos », p. 211.
205 Noble, P. R., « The Literary Structure of Amos », p. 223.

ses prédécesseurs d'avoir donné aux chiasmes et autres formes de parallélismes plus d'importance qu'ils ne méritent, il n'hésite pas lui-même à modifier l'emplacement de certains versets afin de prouver qu'Am 3, 9 – 6, 14 a une organisation palistrophique ayant pour centre Am 5, 8–9. En effet, il déplace Am 5, 10 pour le mettre à la suite d'Am 5, 7 ; il transfère Am 6, 2 pour le placer après Am 6, 7. Sans ces deux transferts, il n'aurait certainement pas pu y avoir l'organisation chiastique d'Am 3, 9 – 6, 14. Dès lors, nous pouvons sans exagération soutenir que ce chiasme n'a jamais existé dans l'entendement du prophète ou des éditeurs de son livre. Si Amos avait construit son discours sous cette forme, Noble n'aurait pas eu besoin de réorganiser le texte afin de l'obtenir, ce schéma s'imposant par lui-même à tout lecteur.

Cette remarque discrédite l'organisation d'Am 3, 9 – 6, 14 qu'il propose et, par conséquent, celle de sa structure d'ensemble du livre d'Amos, rendant peu nécessaire un développement sur sa troisième section. Notons seulement que sa décomposition en trois séquences A (Am 7, 1 – 8, 14), B (Am 9, 1–10) et C (Am 9, 11–15) pose un problème ; en effet, la séquence A est intitulée « quatre visions de jugement » alors qu'elle comporte aussi un récit biographique (Am 7, 10–17) et un oracle (Am 8, 4–14). La présence de ces deux passages rend manifestement récusable le titre de cette séquence. Elle dévoile surtout que Möller a raison de dire que Noble et ceux qui défendent diverses organisations concentriques du livre d'Amos proposent des titres ronflants pour dissimuler les erreurs et les difficultés de leurs structures. Elle relève, par exemple, que c'est pour éviter certaines difficultés que Noble propose un arrangement particulier des séquences extérieures A (Am 3, 9–14) et A' (Am 6, 2. 8–14) bien qu'il considère la partie intérieure restante, c'est à dire Am 4, 1 – 6, 7, comme un chiasme ordinaire[206].

En plus de ce qui précède, nous trouvons que les parallélismes que Noble établit entre Am 4, 4–5 et Am 5, 21–27 et entre Am 4, 6–12 et Am 5, 18–20 sont réfutables. Pour ce qui concerne le rapport entre Am 4, 6–12 et Am 5, 18–20, Möller reste dubitatif et affirme que, même si une mise en parallèle entre les deux passages permet d'identifier la rencontre d'Am 4, 12 comme le jour du Seigneur et de mieux comprendre ce jour dans le contexte d'Am 4, 6–12, il y a lieu de se demander si ce critère est suffisant pour justifier sa décision de considérer les deux sous-sections comme deux unités parallèles dans un arrangement chiastique. Il prolonge sa critique en avançant que l'affirmation « traditionnelle » selon laquelle Am 3 – 6 est une unité majeure est plus précise que la délimitation de Noble[207].

---

206 Möller, K., *Prophet in Debate*, p. 73.
207 Möller, K., *Prophet in Debate*, p. 70–71.

Même si ce dernier incite à prendre en compte les thèmes du livre d'Amos pour éviter la polémique autour des marqueurs structurels, il n'échappe pas à la tentation d'une réorganisation de ses éléments ; en agissant ainsi, il renforce l'idée que le livre du berger de Teqoa contient dans sa forme actuelle des éléments disparates et mal placés. Qu'en est-il des structures de Dorsey et de Garrett ?

Les structures septénaires et chiastiques du livre d'Amos préconisées par Dorsey et Garrett

Dans un article publié en 1992[208], Dorsey soutient comme Limburg que la présence significative des septénaires dans le corpus amosien ne peut pas être le fruit du hasard ; il est persuadé que ceux-ci sont des « oral/aural indicators », c'est-à-dire des signaux oraux placés stratégiquement de sorte à aider le lecteur à percevoir les commencements et les fins des unités majeures du livre d'Amos[209]. En d'autres termes, pour Dorsey, les septénaires sont des techniques rhétoriques aisément perceptibles, employés pour réaliser la cohésion du livre et plus particulièrement la mise en évidence de ses grandes articulations.

C'est dans cette optique qu'il complète la liste des occurrences des patterns x/ x+1 de Limburg. En plus des septénaires déjà recensés par son devancier, il relève respectivement en Am 3, 14–15 ; 5, 4–6a ; 5, 10–13 ; 5, 14–15 ; 6, 1–6 ; 9, 2a-4a ; 9, 11–15 et Am 9, 14–15, sept propositions verbales décrivant la punition de Dieu, sept verbes exprimant une invitation à changer d'attitude, sept paires de crimes justifiant la condamnation d'Israël, sept verbes exprimant une exhortation ou une promesse, sept participes, sept traits caractéristiques du futur d'Israël, sept bonnes actions que Dieu posera en faveur d'Israël et sept verbes à la troisième personne du pluriel décrivant l'avenir d'Israël[210].

La structure d'ensemble envisagée est toutefois très différente de celle de son prédécesseur ; certes, il divise le livre d'Amos en sept sections mais délimitées comme suit : Am 1 – 2 ; 3, 1–15 ; 4, 1–13 ; 5, 1–17 ; 5, 18 – 6, 14 ; 7, 1 – 8, 3 ; 8, 4 – 9, 15[211]. En outre, il soutient que celles-ci sont disposées sous forme d'un chiasme ayant Am 5, 1–17 comme pivot central. Dorsey défend, par conséquent, une struc-

---

208 Dorsey, D. A., « Literary Architecture and Aural Structuring Techniques in Amos », p. 305–330.

209 Dorsey, D. A., « Literary Architecture and Aural Structuring Techniques in Amos », p. 329–330.

210 Dorsey, D. A., « Literary Architecture and Aural Structuring Techniques in Amos », p. 85.

211 Dorsey, D. A., « Literary Architecture and Aural Structuring Techniques in Amos », p. 330.

ture chiastique du corpus, une structure composée de sept séquences, basée sur des « oral/aural indicators » que sont les patterns x/x+1. Comme Limburg et O'Connell, il croit que ces patterns sont les seuls critères pertinents permettant de discerner les sections majeures. Comme de Waard et Smalley, Rottzoll, Bovati et Meynet, il est convaincu que ce livre a une organisation chiastique. Il affirme, en effet, que le chiasme omniprésent dans la littérature biblique et dans celle du Proche Orient Ancien concourt à la mise en valeur de la beauté, de la cohérence et de la force d'un livre ou d'un discours[212].

Néanmoins, deux principales causes de la fragilité de sa proposition peuvent être dégagées. Premièrement, pour compléter la liste des septénaires de Limburg, il allègue qu'Am 3, 14–15 ; 5, 4–6a ; 5, 10–13 ; 5, 14–15 ; 6, 1–6 ; 9, 2a-4a ; 9, 11–15 et Am 9, 14–15 contiennent chacun sept énumérations. Or, la manière dont il fait son décompte pose parfois problème. Dans certains cas, il retient deux actions commandées par un même verbe alors que dans d'autres cas, il ne procède pas de même[213] ; ainsi, il comptabilise deux actions décrites par le verbe מָכַר en Am 2, 6 alors qu'il ne retient qu'une des deux actions dépeintes par le verbe קָנָה en Am 8, 6. Deuxièmement, sa structure concentrique place Am 5, 1–17 comme la clef de voûte du livre et, par conséquent, le point focal de toute la prédication du livre d'Amos alors que de Waard et Smalley, Bovati et Meynet proposent des passages différents. De plus, comme ses devanciers et inspirateurs, il a tendance à donner la même intégrité littéraire aux séquences dont la longueur est égale à un ou demi-verset qu'à celles qui s'étendent sur plus de dix à vingt versets.

Quant à Garrett, dans son ouvrage paru en 2008, il adopte une démarche analogue à celle de Dorsey. Il reprend également les sept sections majeures proposées par Limburg et les dispose de manière concentrique[214] ; la structure d'ensemble qu'il dégage se présente alors comme suit :

> **A :** le jugement des nations avec une inclusion inattendue d'Israël (Am 1, 3 – 2, 16)
>> **B :** la première défense de la mission prophétique d'Amos contre ceux qui prétendent qu'il n'a pas le droit de prophétiser contre Israël (Am 3, 1–15)
>>> **C :** la première grande accusation contre l'arrogance du matérialisme et du culte en Israël (Am 4, 1–13)
>>> **C' :** la deuxième grande accusation contre l'arrogance du matérialisme et du culte en Israël (Am 5, 1 – 6, 14)

---

212 Dorsey, D. A., *The Literary Structure of the Old Testament : A commentary on Genesis-Malachi*, Grand Rapids, Baker, 1999, p. 26–44.
213 Bramer, S. J., « Analysis of the Structure of Amos », p. 168.
214 Garrett, D. A., *Amos*, p. 3–7.

> **B'** : la deuxième défense de la mission prophétique d'Amos contre ceux qui prétendent qu'il n'a pas le droit de prophétiser contre Israël (Am 7, 1 – 8, 3)
>
> **A'** : l'accusation finale et le verdict contre Israël avec une inattendue annonce de salut (Am 8, 4 – 9, 15)[215].

Sa structure dévoile qu'Am 4, 1–13 constitue le centre du livre d'Amos. Pour ce qui concerne les limites de son découpage, nous avons déjà vu que les sept sections majeures de Limburg, qu'il reprend, ne font pas l'unanimité des auteurs. Les critiques faites à Limburg valent donc pour lui ; de même, puisqu'il prône une organisation concentrique du livre, les remarques de Möller relatives à la superficialité des rapports de symétrie de diverses séquences des structures de de Waard et Smalley, de Bovati et Meynet et de celle de Rottzoll s'appliquent également à la sienne.

Nous pouvons clore la présentation des analyses structurelles de Noble, de Dorsey et de Garrett par cette observation : ces trois auteurs ont compris, comme Möller, que pour cerner l'organisation d'ensemble du livre très complexe qu'est le corpus amosien, l'exégète devrait résister à toute tentation de le soumettre à une théorie particulière, si élaborée soit-elle[216] ; c'est pour cette raison qu'ils ont essayé de ne pas se camper sur un seul type d'approche structurelle. Dès lors, à la lumière de leurs travaux, nous pouvons dire que, pour relever ce défi, le chercheur ne doit pas choisir entre telle ou telle autre approche. En ayant en vue les forces et les limites de chaque approche structurelle, l'exégète devra chercher à privilégier une démarche beaucoup plus intégrale conciliant la forme et le contenu du livre ; en outre, il nous faudra tenir compte de certains acteurs (les victimes, le cosmos) qui sont souvent absents dans les critères mis en exergue par nos prédécesseurs. Il faudra voir ces approches comme des pas vers une possible justification de la cohérence du livre d'Amos, qui demeure encore un grand défi pour l'exégèse contemporaine.

---

215 Garrett, D. A., *Amos*, p. 7.
216 Möller, K., *Prophet in Debate*, p. 88.

Conclusion

En conclusion de ce chapitre, nous retenons qu'autour des années 1970, plusieurs voix se sont levées pour dénoncer la subjectivité des résultats des travaux des partisans des deux approches diachroniques, qui relèguent certains éléments du livre d'Amos au second plan et le morcellent en de multiples petits fragments indépendants. Depuis lors, maints commentateurs, à la suite de Koch et de Childs, précurseur de l'approche canonique des livres et textes bibliques[217], abordent ce livre en portant beaucoup plus d'intérêt à son organisation littéraire et à son mouvement rhétorique qu'à l'histoire de sa rédaction. Trouver une structure d'ensemble susceptible de dévoiler les grandes articulations et les mouvements de sens du livre d'Amos a été et reste la préoccupation majeure des biblistes qui s'inscrivent dans cette nouvelle perspective méthodologique. Mais, même si plusieurs tentatives de structuration très pertinentes ont vu le jour, force est de constater que les analyses structurelles des partisans de cette approche synchronique ont souvent abouti à des résultats contradictoires : ils ne s'accordent jamais sur la délimitation des grandes sections du livre et ceux qui s'entendent sur leurs limites les subdivisent différemment. Étant donné que ce désaccord provient essentiellement des critères de structuration mis en avant par chaque commentateur, nous les avons classés en six groupes.

Le premier groupe comprend les commentateurs qui, à l'image de Koch, n'ont voulu s'appuyer que sur certains dispositifs textuels, pris pour des marqueurs structurels, afin de cerner l'organisation d'ensemble du corpus amosien. A cet égard, nous avons constaté que ces auteurs ne sont pas parvenus à des résultats concordants, parce que leurs points de vue divergent sur les dispositifs textuels à considérer comme marqueurs de début ou de fin de sections majeures. Koch a proposé une structure quadripartite basée principalement sur les deux occurrences de שִׁמְעוּ (Am 3, 1 ; 5, 1), sur les appellations בְּנֵי יִשְׂרָאֵל et בֵּית יִשְׂרָאֵל et sur deux doxologies (Am 4, 13 ; 9, 5–6). Ses marqueurs structurels ont été remis en cause par ses successeurs au profit d'autres éléments tels que les termes דִּבְרֵי et חָזָה et les expressions עַמִּי יִשְׂרָאֵל ou בֵּית יִשְׂרָאֵל, יִשְׂרָאֵל, בְּנֵי יִשְׂרָאֵל privilégiés par van der Wal, les noms et autres attributs divins retenus par Dempster, les « introductory formulas [כֹּה אָמַר יְהוָה] (Am 1, 3), שִׁמְעוּ אֶת־הַדָּבָר הַזֶּה (Am 3, 1 ; 4, 1 ; 5, 1), הוֹי (Am 5, 18 ; 6, 14), שִׁמְעוּ־זֹאת (Am 8, 4) et רָאִיתִי אֶת־אֲדֹנָי (Am 9, 1)] יְהוָה אֲדֹנָי הִרְאַנִי כֹּה (Am 7, 1) de Möller, pour ne citer que ceux-là.

De la présentation des structures de Koch, de van der Wal, de Dempster et de Möller, nous avons retenu avec Noble que leur désaccord, signe de la faiblesse

---

217 ChildS, B. S., *Introduction to the Old Testament as Scripture*, p. 397s.

https://doi.org/10.1515/9783110562743-014

de leur approche, résulte du fait qu'ils ont donné aux dispositifs formels du livre plus d'importance que ceux-ci ne le méritent[218]. Dès lors, sans vouloir nier que ces derniers sont utiles pour l'analyse littéraire du livre, il nous faudra, à la lumière des remarques de Noble, et surtout de celles de Parunak relatives à l'usage de certaines formules d'introduction et de conclusion dans le discours prophétique[219], renoncer à y repérer des sections comprenant des discours introduits de manière identique. La variété et la multiplicité des marqueurs structurels, loin d'être un signe de manque d'unité ou de cohérence, seront à considérer comme une marque de richesse stylistique. Quant à la répartition des doxologies, conscient qu'Amos ou ceux qui ont procédé à la mise en forme de son livre avaient leur manière de s'exprimer, nous éviterons la tendance qui consiste à voir en chaque occurrence d'un hymne la marque d'un début ou de la fin d'une unité majeure indépendante ; notre préoccupation consistera à prouver en quoi chaque hymne est précieux et en quoi il contribue par sa présence à l'unité et à l'harmonie du livre.

Le deuxième groupe est composé d'auteurs qui, dans leurs analyses structurelles, ont réparti les éléments du livre selon deux genres littéraires (les oracles et les récits de visions). Dans cette tendance, nous avons successivement classé la structure bipartite de Coulot, les structures tripartites de Martin-Achard, d'Assurmendi, de Longman et Dillard, de Jeremias et de Stuart, les structures quadripartites d'Alonso Schökel et Sicre Diaz et d'Andersen et Freedman, les structures sextuples de Barré et de Paul. Tous ces chercheurs ont en commun l'ambition de vouloir dégager dans ce livre des sections composées de passages d'un même genre littéraire. Nous nous sommes aperçus qu'au-delà de leur désaccord sur les sections majeures, deux facteurs fragilisent chacune de leurs structures d'ensemble. D'abord, le fait que les matériaux qui entrent dans la composition du livre d'Amos n'y sont pas disposés en fonction de leur genre littéraire. La présence du récit de l'altercation entre Amos et Amacya (Am 7, 10–17), celle de l'oracle contre les marchands (Am 8, 4–14) dans les visions, tout comme celle des hymnes (Am 4, 13 ; 5, 8–9 ; 9, 5–6), disséminés tant dans les oracles (Am 1 – 6 ; 9, 5–6) que dans les visions (Am 7 – 9), empêchent tout découpage du livre en sections ne contenant que des oracles ou des visions. De plus, même dans des

---

218 Noble, P. R., « The Literary Structure of Amos », p. 209.

219 Dans son étude sur l'usage de יְהוָה אָמַר et de נְאֻם־יהוה dans le livre de Jérémie, Parunak est parvenu à trois conclusions : ces formules permettent d'identifier les oracles particuliers et leurs limites originales ; elles nous aident à analyser la structure interne de chaque oracle ; elles servent de moyens de connexion entre différents oracles. Parunak, H. D. van, « Some Discourse Functions of Prophetic Quotation Formulas in Jeremiah », dans Bergen, R. D. (ed.), *Biblical Hebrew and Discourse Linguistics*, Dallas, Summer Institute of Linguistics, 1994, p. 489–519 (p. 492).

parties du corpus présentant une certaine homogénéité formelle, il n'est pas rare de repérer des passages qui, de par leurs particularités littéraires, se démarquent des autres. Tel est le cas en Am 1, 3 – 2, 16, où certains oracles, plus précisément ceux adressés à Tyr (Am 1, 9–10), à Édom (Am 1, 11–12) et à Juda (Am 2, 4–5) se différencient des autres parce qu'ils sont dépourvus d'une formule conclusive אָמַר יְהוָה ou נְאֻם־יְהוָה, un des éléments caractéristiques des textes appartenant au genre oraculaire. L'oracle contre Israël (Am 2, 6–16) se distingue aussi nettement des sept autres discours adressés aux nations à cause du rappel des bienfaits du Seigneur (Am 2, 9–11) qu'il comporte. La présence de ce rappel fait que la construction de l'oracle contre Israël (Am 2, 6–16) n'obéit pas, comme les autres, au schème binaire « accusations-sanctions » ; c'est ce qui fait que les auteurs comme Andersen et Freedman limitent les oracles contre les nations à Am 1, 3 – 2, 8. De même, en Am 3 – 6, les oracles ne sont pas introduits de la même façon : certains commencent par שִׁמְעוּ אֶת־הַדָּבָר הַזֶּה (Am 3, 1 ; 4, 1 ; 5, 1) alors que d'autres débutent par הוֹי (Am 5,18 ; 6, 14). C'est la raison pour laquelle les opinions divergent grandement sur l'architecture de cette partie du livre, de sorte que Noble affirme que le manque de consensus sur l'organisation globale du livre d'Amos est principalement dû à l'absence d'unanimité sur l'organisation d'Am 3 – 6. A titre d'exemples, Barré y discerne trois sections majeures (Am 3, 1 – 5, 17 ; 5, 18 – 6, 7 ; 6, 8–14), Paul trois également mais différentes, Hayes six (Am 3, 1–11 ; 3, 12 – 4, 13 ; 5, 1–17 ; 5, 18–27 ; 6, 1–14)[220], Andersen et Freedman, deux (Am 1, 2 – 4, 13 ; 5, 1 – 6, 14). En somme, la texture de ce livre est telle qu'il s'avère quasi impossible de s'appuyer sur ses genres littéraires pour cerner son organisation, ce corpus étant une œuvre dans laquelle les genres littéraires sont entremêlés ou du moins enchâssés les uns dans les autres.

Cette réalité de la disposition des éléments du livre d'Amos a probablement conduit Westermann à alléguer que « l'enchaînement des morceaux ne se fonde pas sur un plan, même pas sur celui d'un rédacteur »[221]. Ces propos ne sont pas sans rappeler ceux d'auteurs tel von Rad qui, à la suite de Luther, a déjà soutenu que « la tradition prophétique consiste elle aussi en un amalgame de récits en grande partie informes et disposés sans aucun ordre logique ni chronologique : toutes les lois qui ont présidé au développement de la littérature semblent être

---

220 Hayes, J. H., *Amos – The Eighth-Century Prophet*, p. 5.
221 Nous reprenons ici la traduction de Bovati et Meynet. Voir : Bovati, P., Meynet, R., *Le livre du prophète Amos*, p. 22. Voir aussi : Westermann, C., « Amos 5, 4–6. 14. 15 : Ihr werdet leben », dans Westermann, C., Albertz, R., *Erträge der Forschung am Alten Testament : Gesammelte Studien III*, TB 73, München, Chr., Kaiser Verlag, 1984, p. 107–118. (p. 116).

absentes »[222]. Mais cette assertion de ce dernier dénote que la disposition des éléments rebute le lecteur qui aborde le corpus amosien avec les catégories littéraires d'un homme moderne, voulant y voir des passages classés selon leur genre littéraire.

Dès lors, il nous paraît nécessaire de changer d'attitude : au lieu d'être découragé par la disposition des passages dont la présence semble briser l'harmonie du livre, nous nous interrogerons sur leurs raisons d'être à la place qu'ils occupent. L'un des apports de notre thèse sera de chercher à savoir si, du point de vue herméneutique, il existe un lien de sens entre des passages apparemment disparates et ceux de leur contexte d'insertion ; en ce sens, nous examinerons en quoi l'absence de ces passages affecterait l'harmonie et la dynamique d'ensemble du message d'Amos.

Le troisièmement groupe rassemble les commentateurs qui ont accordé une attention beaucoup plus grande au contenu du livre d'Amos qu'à ses genres littéraires et autres dispositifs formels. Ici, nous avons examiné tour à tour les structures de Keil, de Smith, de House, de Hubbard et de Bramer. Ces auteurs ont fourni un effort constant de mise en exergue des rapports qui relient les diverses sections de leurs structures. Tous s'accordent pour exposer que le procès d'Israël est le thème central ou le fil conducteur du livre ; chacun, à sa manière, s'est efforcé de montrer qu'Am 1 – 2 pose une intrigue qui trouve son dénouement progressif dans la suite du livre. Toutefois, leurs points de vue divergent sur les différentes articulations du développement de ce thème central : Keil perçoit deux parties (Am 3 – 6 ; 7 – 9) précédées d'une introduction générale (Am 1 – 2), Smith trois (Am 1, 1 – 2, 16 ; 3 – 6 ; 7 – 9), House, quatre, et Bramer, cinq.

En dépit de leur désaccord sur les grandes phases du développement du jugement, leur approche est très innovante et très intéressante parce qu'elle présente Am 1 – 2 comme un cadre comportant des questions qui trouvent leurs réponses dans les autres parties du livre ; cet aspect nous intéressera particulièrement dans le cadre de notre étude. Cependant, ils n'ont pas assez tenu compte des thèmes connexes au jugement d'Israël ; or, pour montrer que la suite du livre est une explicitation de ce qui est posé en Am 1 – 2, une mise en valeur de tous les thèmes de cette partie s'avère nécessaire. Nous retenons d'eux que nous ne devons pas abandonner le fond et le sens pour chercher l'unité et la cohérence du corpus amosien au niveau de la forme. Leurs travaux nous incitent donc à éviter cette attitude qu'Ellul dénonce chez les commentateurs du livre de l'Apocalypse en ces termes : « Pour devenir scientifiques, ils ont pratiquement abandonné l'étude du fond et du sens, pour s'attacher à l'étude de la forme, de la composition, du style, du

---

222 Rad, G. von, *Théologie de l'Ancien Testament, tome 2*, Genève, Labor et Fides, 1965, p. 31.

genre. Mais c'est une erreur de méthode [...] de dissocier fond et forme : celle-ci est une servante, comme dans tous les poèmes, pour illustrer le fond du message »[223]. Le fond doit avoir une priorité sur la forme dans l'approche du corpus amosien.

Le quatrième groupe réunit les exégètes qui ont tenté de repérer les traces des compositions symétriques dans l'intention de mettre en rapport ses différents éléments ; aussi avons-nous parcouru les différentes structures préconisées par de Waard et Smalley, Bovati et Meynet et Rottzoll, adeptes de l'analyse rhétorique[224], et constaté que ces auteurs ne sont pas davantage parvenus à des résultats consensuels. Un examen critique de ces structures nous a permis de percevoir qu'elles n'échappent pas à un certain nombre d'erreurs, dénoncées, entre autres, par Boda[225] et par Möller. Ce dernier a surtout déploré la tendance de ces auteurs à exagérer, par des descriptions ou des titres tout à fait ingénieux, des relations minimes et superficielles entre les parties supposées parallèles[226]. Décidement, leur quête d'une structure concentrique ou chiastique prime, d'où des rapports de symétrie quelque peu forcés.

Mais l'un des problèmes majeurs dénotant une part de subjectivité dans leur démarche est leur désaccord sur le point focal du livre : Am 5, 8b pour de Waard et Smalley, Am 5, 7–13 pour Bovati et Meynet, Am 5, 1–17 pour Dorsey, Am 4, 6–13 pour Spreafico[227]. Ce manque d'unanimité révèle que les structures concentriques et chiastiques préconisées par les uns et les autres ne s'imposent pas de manière évidente ; il dénote aussi que ces chiasmes relèvent le plus souvent de la construction propre à chaque auteur plutôt que d'une organisation repérable en tant que telle. Tout en étant conscient qu'en tant qu'écrit enraciné dans la tradition biblique et sémitique, le livre porte certaines traces des compositions symétriques, nous ne nous inscrirons pas dans la tendance à vouloir à tout prix justifier une disposition concentrique ou chiastique de ces éléments. Dans cette perspective, les

---

223 Ellul, J., *L'Apocalypse, architecture en mouvement*, Paris, Desclée, 1975, p. 17.
224 Bovati, P., Meynet, R., *Le livre du prophète Amos*, p. 102. 249.
225 Boda, se basant sur les travaux de Welch, de Butterworth et de Watson, a identifié quatre types d'erreurs que font régulièrement les partisans de la méthode rhétorique : « Errors in symmetry, errors in subjectivity, errors in probability, errors in purpose ». Boda, M. J., « Chiasmus in Ubiquity : Symmetrical Mirages in Nehemiah 9 », *JSOT* 71 (1996), p. 55–70 (p. 56–58) ; Welch, J. W. (ed.), *Chiasmus in Antiquity : Structures, Analyses, Exegesis*, Hildesheim, Gerstenberg, 1981 ; Watson, W. G. E., *Classical Hebrew Poetry A Guide to Its Techniques*, JSOTSup. 26, Sheffield, JSOT Press, 1986 ; Butterworth, M., *Structure and the Book of Zechariah*, JSOTSup. 130, Sheffield, JSOT Press, 1992.
226 Möller, K., *Prophet in Debate*, p. 70.
227 Spreafico, A., « Amos : Struttura formale e spunti per una interpretazione », *RivB* 29 (1981), p. 147–176.

parallélismes et procédés rhétoriques, s'ils sont avérés de façon évidente, nous serviront de preuve pour justifier l'unité sémantique du livre d'Amos.

Le cinquième groupe est réservé à Limburg et à O'Connell qui, dans leurs analyses structurelles, ont respectivement soutenu que l'organisation du livre d'Amos repose sur les patterns x/x+1 et n/n+1. Une fois encore, nous avons observé que, bien qu'ayant adopté une démarche similaire, ceux-ci ne sont pas parvenus à des résultats consensuels et irréfutables. Une analyse très attentive de leurs arguments nous a permis de constater que l'application de leurs patterns x/x+1 et n/n+1 s'avère impossible dans certaines parties du livre où il est plus adéquat d'utiliser les patterns x/x+2 ou n/n+2 ; quant à la mise en pratique des patterns x+1 et n+1, hormis Am 1, 3 – 2, 16, elle est généralement trop poussée. Ce constat renforce notre conviction que le livre d'Amos résiste à toute théorie préconçue et basée sur des critères formels, quel que soit son degré de clarté. Ainsi, sans nier la présence de sept et de sept plus une (x/x+1) énumérations dans certaines parties du livre d'Amos, nous estimons qu'il n'est pas cohérent de partir de cette théorie pour le diviser en quatre ou sept sections, comme l'ont fait O'Connell et Limburg. Nous chercherons plutôt à savoir quel rapport peut être établi entre les portions de discours qui contiennent x/x+1 éléments, dans l'intention d'appréhender le climax de certaines portions du discours, plus particulièrement celle dans laquelle Amos s'adresse aux nations (Am 1, 3 – 2, 16).

Le sixième groupe renferme les auteurs qu'il est difficile de classer dans l'un ou dans l'autre des cinq types d'analyse structurelle présentés ci-dessus. Il s'agit notamment de Noble, Dorsey et de Garret ; leur point commun est qu'ils se sont appuyés sur les patterns x/x+1 de Limburg pour diviser le livre en sept séquences disposées de façon concentrique. Noble s'appuie sur les thématiques pour décomposer le livre en quatre sections disposées de manière chiastique, mais il procède au transfert de certains de ses passages, ce qui fragilise sa démarche. Quant à Dorsey et Garrett, ils basent leur démarche sur la théorie de Limburg et défendent tous deux une organisation concentrique du livre ; étant tributaire des patterns x/x+1, leur démarche pose les mêmes problèmes que celle de leurs devanciers. En outre, ayant une disposition concentrique, leurs structures suscitent les mêmes questions que celles défendues par de Waard et Smalley, Bovati et Meynet. Le seul intérêt de leur démarche, que nous retiendrons pour la suite de notre travail, est leur invitation à ne pas s'enfermer dans l'une des cinq approches structurelles explorées.

De tout ce qui précède, nous posons que pour faire valoir que le livre d'Amos est un corpus cohérent, il convient d'éviter de partir d'une théorie ou d'un schéma pré-établi. Certes, il est un écrit biblique, et comme tel, il comporte des données littéraires propres à la littérature sémitique, mais il doit également être considéré comme une œuvre singulière, relatant toute la réalité, particulière et complexe, de la mission prophétique assumée par Amos ; cette voie nous semble la plus appropriée pour saisir la cohérence du livre. C'est dans ce sens qu'Andersen et Freedman invitent les biblistes à ne pas rechercher l'unité de ce livre dans l'uniformité des expressions litteraires ou des idées[228]. Amsler avait sans doute également pressenti cela quand il affirme qu'il faudrait attacher plus d'importance à la forme polémique dans laquelle Amos délivre son message[229].

Dans cette perspective, Möller n'a-t-il pas tenté de montrer que les matériaux du livre d'Amos ont été ainsi disposés pour présenter Amos menant un débat de persuasion avec son auditoire ? Il a ouvert un *nouveau* chantier qu'il a à peine exploré, celui de la situation et de la stratégie rhétorique du livre ; il invite à lire ce corpus comme un ouvrage présentant un débat dans lequel Amos ne parvient pas à convaincre ses auditeurs sur la nécessité de se repentir ; cette situation d'échec devient un avertissement pour les Judéens qui ont finalisé le livre. Ce raisonnement nous paraît pertinent, mais il pose implicitement la question du processus rédactionnel du livre, plus précisément celle de l'intention de ses derniers rédacteurs, que les auteurs ont du mal à identifier. Dès lors ce que nous retiendrons de l'analyse de Möller, c'est l'aspect polémique du livre dans lequel Amos reprend et explicite un message déjà dit en Am 1 – 2, 16. Plus récement, Kessler vient de publier un article dans lequel il montre qu'Am 1, 3 – 6 soulève un certain nombre de questions qui trouvent leurs réponses dans le reste du livre et met en exergue le motif du prophétisme comme le fil conducteur du livre[230]. Mais cette analyse pertinente, en établissant qu'après son altercation avec Amacya, Amos est allé en Juda pour prophétiser, et que cette nation sera sauvée si elle écoute la parole prophétique comme l'a fait Israël, suppose une activité judéenne d'Amos. Or, comme nous le verrons dans l'analyse d'Am 7, 10–17, les avis des exégètes divergent sur la question du ministère d'Amos dans sa patrie.

Somme toute, notre contribution au débat sur l'organisation cohérente du livre d'Amos consistera à prouver la place et la fonction des passages souvent

---

228 ». Andersen, F. I., Freedman, D. N., *Amos*, p. 10 : « The unity of the Book is not to be found in informity, either of the literary expression or of ideas. The range of ideas and variety of forms are remarkable. The integrity of the book is to be found rather in ‹ the words of Amos › (1:1), that is, in his life and ministry ».

229 Amsler, S., « Amos », p. 162.

230 Les questions qu'il relève concernent l'autorité de Dieu pour juger les nations, les types d'accusations de l'oracle adressé à Israël, le sort des victimes des injustices, l'articulation entre les exhortations à chercher Dieu et les annonces d'une fin radicale. Kessler, K. « Von hinten gelesen. Das Amosbuch im Licht der Schlusskapitel », dans Geiger, M., Poser, R., Voß, Ch., *Visionen im Dialog. Der Schluss des Amosbuches (Am 7 – 9)*, SBS 236, Stuttgart, Verlag Katholisches Bibelwerk, 2016, p. 122–139.

relégués au second plan par les partisans de l'approche diachronique et qui, de par leur situation contextuelle, leurs particularités littéraires et leur contenu, rendent si délicate et si complexe la structuration d'ensemble de ce corpus. Cette justification sera pour nous l'occasion de démontrer comment ces péricopes sont profondément enchâssées dans leur contexte d'insertion, et en quoi leur absence modifierait l'harmonie et surtout la dynamique du message du livre. Il ne sera pas question de réétudier tous les éléments considérés comme secondaires. Notre investigation portera tour à tour sur les trois oracles contre Tyr, Édom et Juda (Am 1, 9–10 ; 1, 11–12 ; 2, 4–5), le récit biographique (Am 7, 10–17), l'oracle contre les marchands (Am 8, 4–14), les fragments d'hymnes et l'oracle du salut (Am 9, 11–15). Cette analyse nous permettra de déduire, dans la partie conclusive, le mouvement de sens qui relie les divers éléments du livre.

Chapitre III :
**La fonction des oracles contre tyr (Am 1, 9–10),
Édom (Am 1, 11–12) et Juda (Am 2, 4–5)**

Introduction

Les oracles contre Tyr, Édom et Juda font partie d'Am 1, 3 – 2, 5, un ensemble d'oracles sur lequel le lecteur tombe inopinément après le parcours rapide d'Am 1, 1–2, versets indiquant, d'une part, l'origine, la situation sociale, l'époque d'intervention d'Amos, d'autre part, l'état d'esprit ou l'humeur de Dieu, la nature de la parole qu'il envoie ce berger clamer contre Israël. La présence de ces oracles adressés à des nations [Damas (Am 1, 3–5), Gaza (Am 1, 6–8), Tyr (Am 1, 9–10), Édom (Am 1, 11–12), Ammon (Am 1, 13–15), Moab (Am 2, 1–3) et Juda (Am 2, 4–5)] vers lesquelles Amos n'avait pas été dépêché pour parler contre elles, a toujours intrigué les biblistes. Ceux-ci n'ont jamais cessé de se demander pourquoi, envoyé pour prononcer un jugement contre Israël, ce prophète commence sa prédication par la condamnation des nations étrangères et de Juda, sa patrie (Am 1, 3 – 2, 5). Cette question a reçu des réponses très contradictoires, de sorte qu'il n'est pas possible de s'interroger sur les raisons d'être des discours contre Tyr, Édom et Juda sans avoir au préalable pris position dans le débat relatif à l'ensemble dans lequel ils se situent. En d'autres termes, nous ne saurons nous interroger sur la place et la fonction des oracles destinés à Tyr, à Édom et à Juda sans nous demander quel sens il y avait pour Amos à placer, pour la première fois dans la religion biblique, des nations étrangères sous le jugement du Dieu de l'Alliance.

A la lumière de l'observation qui précède, nous établissons un plan quadripartite qui se présentera comme suit : dans un premier temps, nous évoquerons les diverses hypothèses relatives à la fonction de l'ensemble que forment les oracles adressés aux nations étrangères et à Juda ; ce rappel sera pour nous l'occasion de prendre une position claire sur le rôle d'Am 1, 3 – 2, 5 dans la prédication d'Amos ou dans la stratégie littéraire de son corpus. Nous examinerons ensuite, dans les trois points ultérieurs, la fonction des oracles contre Tyr, Édom et Juda dont certains commentateurs pensent que la présence brise l'harmonie de cet ensemble. Notre préoccupation majeure sera de savoir quel serait la perte dans la prédication d'Amos si ces oracles n'intégraient pas la forme actuelle de son corpus : en quoi l'absence de l'un ou de l'autre de ces oracles affecterait la prédication et la stratégie communicationnelle d'Amos et, par-delà, tout le contenu du livre ?

https://doi.org/10.1515/9783110562743-015

Les grandes hypothèses sur la fonction des oracles contre les nations dans la prédication d'Amos (Am 1, 3 – 2, 5)

La question de la raison d'être des oracles qui précèdent celui destiné à Israël ne date pas d'aujourd'hui. Plusieurs exégètes ont déjà cherché à comprendre pourquoi, pour parler aux habitants d'Israël, Amos commence par s'attaquer aux nations étrangères et à Juda, sa patrie d'origine ; leurs réponses ont donné lieu à trois grandes hypothèses inconciliables. D'abord, nous avons celle qui pose que les oracles d'Am 1, 3 – 2, 5 fonctionnent comme les textes égyptiens d'exécration ou les paroles d'imprécation ayant pour but d'attirer, de façon magique, la fureur de Dieu contre les puissances hostiles à Israël ; ensuite, nous avons celle défendue par les exégètes qui les considèrent comme des « *Rîb-patterns* » ou des réquisitoires prophétiques visant à dénoncer la rupture de la « *pax davidica* ». Enfin, nous avons celle prônée par les commentateurs qui, depuis Barton, voient en eux une stratégie littéraire ou un dispositif rhétorique mis en œuvre par Amos pour capter l'attention de ses auditeurs. La brève présentation des arguments des partisans de chacune de ces trois grandes manières de percevoir la place et la fonction d'Am 1, 3 – 2, 5 nous permettra de choisir celle qui correspond le mieux aux données textuelles ou, à défaut, d'en proposer une autre qui pourra servir d'hypothèse opératoire pour justifier l'importance ou le rôle indispensable des trois oracles (Tyr, Édom et Juda). Celle-ci sera succincte, les différentes propositions étant amplement exposées dans les travaux de nombreux auteurs[1].

Les oracles contre les nations (Am 1, 3 – 2, 5), des imprécations contre les ennemis d'Israël ?

Suite à la découverte en Égypte des prophéties d'exécration et à leur publication par Sethe (1926)[2], des exégètes tels que Bentzen et Fohrer[3], pour expliquer la

---

1 Paul, Sh. M., « Amos 1:3 – 2:3 : A Concatenous Literary Pattern », p. 388–400 ; Barton, J., *Amos's Oracles against the nations : A Study of Amos 1:3 – 2:5*, SOTSMS 6, Cambridge, University Press, 1980 ; Martin-Achard, R., *Amos*, p. 132–134 ; Möller, K., *Prophet in Debate*, p. 188–194.

2 Sethe, K.,. *Die Ächtung feindlicher Fürsten, Völker und Dinge auf altägyptischen Tongefäßscherben des Mittleren Reiches nach den Originalen im Berliner Museum*, Berlin, Verlag der Akademie der Wissenschaften, 1926.

3 Bentzen, A., « The Ritual Background of Amos 1:2 – 2. 16 », p. 85–99 ; Fohrer, G., « *Prophetie und Magie* », ZAW 78 (1966), p. 25–47.

https://doi.org/10.1515/9783110562743-016

raison d'être des oracles d'Am 1, 3 – 2, 5 dans la prédication d'Amos, les ont situés dans l'arrière-plan contextuel de ces rituels à fonction magique. Dans son article publié en 1950, Bentzen soutient que les oracles d'Am 1, 3 – 2, 16 sont modelés et disposés dans un ordre géographique semblable à celui des textes égyptiens d'exécration, textes dans lesquels la malédiction est invoquée d'abord sur les puissances du Sud, ensuite sur celles du Nord, de l'Ouest, de l'Est et enfin sur les ennemis du pharaon vivant à l'intérieur de l'Égypte[4]. Aussi, pour lui, leur forme stéréotypée et leur ordre de succession sont-ils la preuve qu'ils ont pour *Sitz im Leben* les textes égyptiens d'exécration et qu'ils fonctionnent comme eux ; il est persuadé qu'Amos a modelé les discours d'Am 1, 3 – 2, 16 par rapport à eux et les a lus lors d'une grande fête religieuse, plus précisément lors de celle du nouvel an[5], en vue d'attirer la malédiction sur les ennemis du peuple de Dieu.

Cette hypothèse a été plutôt favorablement accueillie, mais avec certaines nuances, par de nombreux autres commentateurs tels que Fohrer[6], Würthwein[7], Reventlow[8], Kapelrud[9] ; ces derniers, sans approuver l'idée d'une possible participation d'Amos à une liturgie de fin d'année, abondent dans le sens de leur devancier en situant les oracles d'Am 1, 3 – 2, 5 dans la fonction particulière des prophètes de salut, celle qui consiste à maudire les ennemis de la nation. Par exemple, Fohrer doute de la participation d'Amos à une fête de nouvel an, mais établit un parallèle entre les oracles contre les nations étrangères et les discours d'imprécation de certains prophètes bibliques (Jr 46, Is 14, Ez 25 et So 2), et conclut qu'Amos s'est certainement servi d'une vieille tradition dont le rôle est de maudire les ennemis de la nation[10]. Würthwein, Reventlow et Kapelrud pensent, quant à eux, qu'Amos est intervenu dans le cadre de la liturgie du renouvellement de l'Alliance. Ils évoquent souvent le fait que Balak, roi de Moab et Akhab, roi d'Israël, invitent respectivement Balaam et Michée (fils de Yilma) à proférer des malédictions contre leurs adversaires (Nb 22, 5 – 24, 25 ; 1 R 22) et la polémique de Jérémie contre les faux prophètes (Jr 28) comme preuves de l'existence, en Israël, de prophètes chargés de maudire les ennemis pour assurer le salut du peuple élu. L'un d'eux, Würthwein, croit même fermement que c'est en tant que « *Heilsnabi* », chargé de proclamer le salut pour Israël, qu'Amos a prononcé à Béthel ses oracles

---

4 Bentzen, A., « The Ritual Background of Amos 1:2 – 2. 16 », p. 85–99.

5 Bentzen, A., « The Ritual Background of Amos 1:2 – 2. 16 », p. 93.

6 Fohrer, G., *Prophetie und Magie*, p. 40–42.

7 Würthwein, E., « Amos-Studien », *ZAW* 62 (1950), p. 10–52.

8 Kapelrud, A., *Central Ideas in Amos*, Olso, Aschehoug, 1956, p. 17–33.

9 Reventlow, H. Graf, *Das Amt des Propheten bei Amos*, FRLANT 80, Göttingen, Vandenhoeck & Ruprecht, 1962, p. 64–75.

10 Fohrer, G., *Prophetie und Magie*, p. 42.

contre les nations lors d'une grande fête religieuse[11]. Pour lui, il est certain qu'il y a eu une évolution dans l'activité d'Amos : Würthwein estime en ce sens que le berger de Teqoa fut d'abord un prophète de salut ou un « *Heilsnabi* » avant de devenir un prophète de malheur ou un « *Unheilsnabi* » pour Israël[12].

Cette vision, partagée ultérieurement par Reventlow et Kapelrud[13], resurgit également chez Hayes qui situe Am 1, 3 – 2, 5 dans l'arrière-plan des prophéties de la guerre sainte. Dans un premier écrit, publié en 1968, il pose que les oracles d'Amos contre les nations s'enracinent dans la tradition de la guerre sainte et peuvent être perçus comme le discours d'un prophète attaché au sanctuaire (*Kultprophet*), discours visant à prononcer le jugement contre les puissances hostiles à Israël (1R 22 ; 2R 3, 4–19 ; 6, 8–7)[14]. Dans un second article, paru en 1995, il mentionne que « les accusations portées contre les nations étrangères, excepté Moab (Am 2, 1–3), semblent condamner leurs habitants à cause de leurs actions contre Israël et Juda »[15]. Plus nuancé, Christensen affirme que « la guerre sainte de Yahvé est maintenant dirigée non seulement contre l'adversaire d'Israël, mais contre lui aussi »[16]. Pour ce dernier, comme pour Hoffmann, Amos aurait repris des oracles de guerre ou « warfare oracles » et les aurait remodelés en leur donnant un nouveau contenu[17]. Somme toute, pour tous ces commentateurs, les oracles d'Am 1, 3 – 2, 5 doivent être saisis comme une partie intégrale des rituels associés à la guerre sainte, rituels magiques suivant lesquels le prophète devait annoncer l'appui de Dieu envers son camp et la destruction totale du camp ennemi.

Cette tendance à vouloir expliquer les oracles d'Am 1, 3 – 2, 5 en les mettant en parallèle avec les « warfare oracles » ou avec les textes égyptiens d'exécration s'est très vite avérée incompatible avec les données textuelles d'Am 1, 3 – 2, 16 et, par conséquent, remise en question pour plusieurs raisons :

---

11 Würthwein, E., « Amos-Studien », p 35–40.

12 Würthwein, E., « Amos-Studien », p. 35–40.

13 Reventlow, H. Graf, *Das Amt des Propheten bei Amos*, p. 56–58 ; Kapelrud, A., *Central Ideas in Amos*, p. 32.

14 Hayes, J. H., « The Usage of the Oracles against the Foreign Nations in Ancient Israel », *JBL* 87 (1968), p. 81–92 (p. 84) : « Warfare is the original *Sitz im Leben* for Israelite oracles against the nations ».

15 Hayes, J. H., « Amos's Oracles against the Nations », *RevExp* 92 (1995), p. 153–167 (p. 165).

16 Christensen, D. L., *The Transformation of the War Oracle in the Old Testament Prophecy : Studies in the Oracles against the Nations*, Missoula, Scholars Press, 1975, p. 70 : « Yahweh's holy war is now directed not only against Israel's foe, but against Israel as well ».

17 Hoffmann, Y., *The Prophecies against Foreign Nations in the Bible, Heb. Doctoral Dissertation*, Tel Aviv, Tel Aviv University, 1977.

Premièrement, le jugement prononcé par Amos ne se termine pas par l'annonce d'un salut pour Israël ou pour Juda ; au contraire, ces deux nations comptent parmi celles qu'il condamne, Amos annonçant même une condamnation beaucoup plus sévère pour Israël (Am 2, 13–16).

Deuxièmement, dans les textes des rituels égyptiens d'exécration, l'ordre de succession des pays passe du Sud au nord et de l'Ouest à l'est alors que, dans les oracles amosiens, ils sont cités comme suit : Nord-Est (Damas), Sud-Ouest (Gaza), Nord-Ouest (Tyr), Sud-Est (Édom, Ammon, Moab) et Sud-Ouest (Juda)[18].

Troisièmement, Amos fonde chacun de ses discours sur une double motivation, l'une d'ordre général, commune à tous les oracles et l'autre particulière, très variable ; chacun des huit oracles d'Am 1, 3 – 2, 16 comporte en effet les quatre éléments caractéristiques suivants :

- Une formule d'introduction caractéristique de l'oracle prophétique : כֹּה אָמַר יְהוָה
- Une motivation générale : עַל־שְׁלֹשָׁה פִּשְׁעֵי ... וְעַל־אַרְבָּעָה לֹא אֲשִׁיבֶנּוּ
- Une motivation particulière renfermant une énumération des crimes de chaque nation
- Un verdict de condamnation dans lequel Dieu parle à la première personne et annonce la destruction des villes par le feu (Am 1. 5. 7. 10. 12. 14 ; 2, 2. 5) ou l'anéantissement des coupables (Am 2, 13–16).

Fondé sur des motivations générales et particulières, chaque oracle du corpus amosien devient un discours raisonné sortant de tout cadre magique sur lequel reposent les prophéties d'exécration ; dans Am 1, 3 – 2, 16, chaque nation est mise en jugement pour avoir commis des crimes qualifiés d'actes de rébellion (פִּשְׁעִים). En outre, le verdict de condamnation est absent dans les discours des prophètes égyptiens ; ces derniers se contentaient « de jeter rituellement à terre pour les briser les vases ou les figurines portant les noms des ennemis »[19] : cet acte confirme la fonction magique de ces rituels. Ce constat de l'absence d'aspect magique dans les oracles amosiens a d'ailleurs obligé Amsler, partisan de l'hypothèse de Bentzen, à nuancer ses propos pour avancer qu'Amos s'est emparé du style rituel propre à une cérémonie liturgique et en a réalisé un usage nouveau. De plus, il a aussi reconnu que dans les oracles amosiens, l'exécration magique cède la place à une condamnation théologique[20]. Or, admettre qu'Amos a construit

---

18 Weiss, M., « The Pattern of the ‹ /1 › in the Prophetic Literature », *IEJ* 19 (1969), p. 150–157 ; Wolff, W. H., *Joel and Amos*, p. 145–147 ; Barton, J., *Amos's Oracles against the nations*, p. 12–14.
19 Amsler, S., « Amos », p. 170.
20 Amsler, S., « Amos », p. 170.

chacun de ses oracles contre les nations autour d'une motivation théologique implique que ses discours n'ont ni les mêmes fondements, ni la même visée que les paroles d'un prophète d'exécration ; autrement dit, c'est poser que les oracles d'Am 1, 3 – 2, 16 ne servent pas à bénir les habitants d'Israël et à maudire leurs ennemis potentiels.

Quatrièmement, l'hypothèse de ceux qui considèrent les oracles d'Am 1, 3 – 2, 5 comme le discours d'un « Heilsnabi » ne résiste pas non plus parce qu'Amos, originaire de Juda, prophétise en Israël, nation rivale et hostile à sa patrie. Au moment de son intervention, Israël connaissait une période de paix, n'étant en guerre contre aucune des nations citées dans ses oracles et, comme le souligne si bien Clements, n'ayant, de plus, jamais été en guerre contre toutes ces nations dans un même moment[21]. En outre, soutenir que le berger de Teqoa a agi en tant que prophète de salut, c'est réduire son discours contre les nations aux dires d'un prophète nationaliste, représentant un Dieu patriarcal qui, au nom de l'élection, est prêt à défendre Israël à tout prix en fermant les yeux sur ses fautes. Cette vision n'est pas corroborée dans la suite du livre (Am 3 – 9) : l'élection demeure un motif de jugement (Am 2, 9–11 ; 3, 1–8), Dieu convoque d'autres nations à constater le désordre d'Israël (Am 3, 9), réaffirme son autorité sur tout l'univers (Am 4, 13 ; 5, 8–9) et sa bienveillance pour tous les peuples (Am 9, 7).

Cinquièmement, il est intéressant de souligner que nul ne peut situer les oracles amosiens dans le contexte de la guerre sainte ou dans celui des textes égyptiens d'exécration sans admettre que les victimes des crimes reprochés aux nations étrangères sont des Israélites et sans suggérer par là-même que, s'il s'agissait des non-Israélites, leur sort n'aurait point suscité le courroux de Dieu et son intervention par l'entremise d'Amos. Weiser[22], Würthwein[23] et surtout Beaucamp le pensent. Ce dernier soutient même fermement qu'en Am 1, 3 – 2, 4, Dieu « ne fait qu'épouser la querelle de son peuple ; c'est à titre d'ennemis d'Israël, qu'il sévit contre les nations »[24]. S'appuyant sur certains passages bibliques tels que Is 41, 1 et Mi 4, 13, il relève que Dieu ne proteste jamais lorsqu'Israël écrase ou rêve d'écraser ses adversaires ou même d'éventrer les femmes enceintes des nations ennemies (2R 8, 12 ; 15, 16 ; Is 13, 16 ; Os 10, 14 ; Na 3, 10) ou même encore, lorsqu'un nouveau-né est jeté contre la roche[25]. Aussi la portée universelle des

---

21 Clements, R., *Prophecy and Tradition*, Oxford, B. Blackwell, 1975, p. 71.

22 Weiser, A., *Die Prophetie des Amos*, p. 111.

23 Würthwein, E., « Amos-Studien », p. 36–38.

24 Beaucamp, É., « Am 1–2, le *pèscha* d'Israël et celui des nations », *ScEs* 21 (1969), p. 435–441 (p. 439).

25 Beaucamp, É., « Am 1–2, le *pèscha* d'Israël et celui des nations », p. 437.

oracles d'Am 1, 3 – 2, 5 se trouve-t-elle réduite et ceux-ci deviennent-ils également le discours d'un Dieu national, voire tribal, proféré par un prophète de salut.

Pour contrecarrer l'hypothèse de Bentzen et de tous ceux qui traitent les oracles d'Am 1, 3 – 2, 5 comme des discours d'imprécation énoncés par un prophète nationaliste, visant à susciter l'intervention de forces nuisibles contre les nations ayant traité le peuple élu avec barbarie et une cruauté monstre, d'autres auteurs les ont situés dans un tout autre contexte, celui des traités d'alliance ou traités de vassalité, « *monnaie courante* » dans le Proche Orient Ancien.

Les oracles d'Am 1, 3 – 2, 5, des « rîb-patterns » pour dénoncer la violation de la « *pax davidica* » ?

Les commentateurs tels que Fensham, Mauchline, Vischer[26] considèrent les oracles d'Am 1, 3 – 2, 5 comme des « Rîb-patterns »[27], c'est-à-dire des réquisitoires prophétiques dont la fonction est de condamner l'attitude des nations ayant violé les traités de paix qui les lient à l'empire davidique. Ils avancent comme argument principal que les oracles d'Am 1, 3 – 2, 5 ne peuvent pas être perçus comme des rituels magiques visant à attirer la malédiction divine sur les ennemis du peuple élu parce que l'Égypte et l'Assyrie, les deux grandes puissances de l'époque, ne figurent pas dans la liste des nations condamnées par Amos. Ainsi, ils sont convaincus que si Amos assumait la fonction d'un prophète de culte chargé d'exécrer les ennemis d'Israël, il n'aurait jamais passé sous silence ces deux grandes puissances, objets de maints oracles de condamnation chez d'autres prophètes bibliques comme Isaïe (Is 14, 24–27.18–19), Jérémie (Jr 25, 15–38), Ezéchiel (Ez 29 – 32), Nahoum (Nah 2, 2 – 3) et Sophonie (So 2, 12–15).

Fensham, s'appuyant sur les résultats de ses investigations sur les malédictions et les bénédictions dans les traités de vassalité dans l'Ancien Testament et

---

26 Fensham, F. C., « Common Trends in Curses of the Near Eastern Treaties and I Kudurru-Inscriptions Compared with Maledictions of Amos and Isaiah », *ZAW* 75 (1963), p. 155–175 ; Mauchline, J., « Implicit Signs of a Persistent Belief in the Davidic Empire », *VT* 29 (1970), p. 287–303 ; Vischer, A. W., « Amos, citoyen de Teqoa », *EThR* 50 (1975), p. 133–159.

27 L'expression désigne un réquisitoire prophétique dont la fonction est de dénoncer une rupture d'alliance. Pour approfondir ce terme, se référèr à : Gemser, B., *The Rib-or-Controversy-Pattern in Hebrew Mentality*, VTSup. 3, Leiden, Brill, 1955, p. 120–137 ; Huffmon, H., « The Convenant Lawsuit in the Prophets », *JBL* 78 (1959), p. 285–295 ; Harvey, J., « Le « Rib-pattern », réquisitoire prophétique sur la rupture de l'Alliance », *RB* 43 (1962), p. 172–196.

dans le Proche Orient Ancien[28] et sur ceux des études de Hempel concernant les inscriptions de Kudurru et les malédictions du prophète Ezéchiel[29], relève qu'il y a beaucoup de traits communs, voire une connexion très étroite, entre les traités de vassalité et les malédictions d'Amos et d'Isaïe[30]. Mauchline, l'un des plus farouches défenseurs de l'hypothèse d'une rupture de « *la pax davidica* », soutient dans son écrit paru en 1970, que le choix de Damas, Gaza, Tyr, Édom, Ammon et Moab n'est pas fortuit ou aléatoire ; il repose sur le fait que, dans le passé, toutes ces nations ont été membres de l'empire davidico-salomonique auquel Tyr a adhéré plus tard en signant un traité de paix[31]. Aussi pose-t-il que, pour dénoncer la rupture de ce traité de vassalité, Amos a intentionnellement destiné ses oracles aux anciens membres de l'empire davidique qui, depuis ce temps-là, avaient une connaissance indirecte de Dieu. Quant à Vischer, il établit que la lecture d'Am 1 – 2 devrait conduire le bibliste à se demander pourquoi, en Am 1, 3 – 2, 3, Dieu rend les nations étrangères responsables et les punit. Il répond à cette interrogation, en affirmant que :

> « Ce que le Seigneur lui communique concerne un fait historique. Lequel ? Il est donné sous le règne de David : le deuxième livre de Samuel, spécialement le chapitre huit, raconte comment David a annexé les peuples qu'Amos énumère et comment il les a réunis et attachés à sa couronne par une structure de divers liens et dépendances. A la différence du royaume exclusivement national de Saül, le royaume de David était international. Tout en laissant aux différentes nations leurs propres structures sociales, économiques et politiques, David les liait entre elles, au nom du Seigneur qui les lui avait confiées, par quelques règles fondamentales du « droit de l'homme » et nommément, par l'interdiction de commettre dans la guerre des cruautés contre des « frères »[32].

Cette assertion dénote qu'aux yeux de Vischer, les discours d'Am 1, 3 – 2, 3 ont pour fonction de dénoncer l'attitude de ces nations qui, dans la vision d'Amos, demeurent toujours des vassaux d'Israël. Des auteurs plus contemporains, tels que Barré et Polley, abondent dans le même sens que lui. Le premier, dans son étude sur la signification du terme פֶּשַׁע dans les oracles contre les nations, allègue qu'étant membres de l'ancien empire davidique, les nations mentionnées en Am 1, 3 – 2, 3 étaient assujetties à Dieu et avaient, pour ce motif, l'obligation de

---

28 Fensham, F. C., « Malediction and Benediction in Ancient Near Eastern Vassal-Treaties and in the Old Testament », *ZAW* 74 (1962), p. 1–9.

29 Hempel, J., « Die israelitischen Anschauungen von Segen und Fluch im Lichte altorientalischer Parallelen, Apoxysmata », *BZAW* 81(1961), p. 30–113.

30 Fensham, F. C., « Common Trends in Curses of the Near Eastern », p. 173–174.

31 Mauchline, J., « Implicit Signs of a Persistent Belief in the Davidic Empire », p. 289.

32 Vischer, A. W., « Amos, citoyen de Teqoa », p. 139.

garder l'alliance entre les frères, crime reproché à Tyr (Am 1, 11)[33]. Quant au second, Polley, il estime que l'idéal de la « *pax davidica* » est la pierre de touche des oracles proférés par le berger de Teqoa[34].

Il ressort de ce qui précède que pour Fensham, Mauchline, Vischer et tous ceux qui adhèrent à leur hypothèse, Amos s'attaque aux nations voisines ayant violé des traités de bonne conduite les liant à Dieu, seul suzerain de l'empire davidique, accords qu'elles avaient l'obligation de respecter, même en temps de guerre. Dans cette logique, les oracles amosiens fonctionnent comme les traités de vassalité, qui foisonnent dans le Proche Orient Ancien et dans la Bible et dont la rupture dénote une insoumission ou un acte de rébellion répréhensible. Cette thèse a l'avantage de présenter une vision plus large de Yahvé que celle d'un Dieu national et tribal, exposée par Bentzen et ses successeurs. Cependant, elle restreint toujours l'autorité de Dieu en ne l'appliquant qu'aux nations ayant connu la « *pax davidica* ». Dans une telle perspective, les oracles contre les nations demeureraient le discours d'un prophète, porte-parole d'un Dieu impérial qui ne se serait jamais donné la peine d'intervenir si les victimes d'Am 1, 3 – 2, 5 n'étaient pas des membres de l'empire davidique[35]. Pour cette raison, la théorie de la rupture de la « *pax davidica* » crée une grande difficulté parce que le message d'Am 1, 3 – 2, 16, comme celui du reste du livre (Am 4, 13 ; Am 5, 8–9 ; Am 9, 7), dépasse de loin celui d'un Dieu impérial.

D'ailleurs, c'est pour éviter cette tendance à limiter l'autorité de Dieu à l'ancien empire davidique que Néher, qui croit également que toutes les victimes d'Am 1, 3 – 2, 3 sont des Israélites, pose que c'est au nom de « *la berith noahidique* »[36] que Dieu juge les nations étrangères. En effet, il précise que depuis Noé, tous les peuples sont liés à Dieu, le seul suzerain. Sa thèse a très vite été écartée par nombre de ses successeurs[37], en raison d'allusions à l'Alliance sinaïtique en Am 2, 9–10 ;

---

33 Barré, M. L., « The Meaning of *l'šybnw* in Amos 1. 3 – 2. 6 », *JBL* 105 (1986), p. 611–631.

34 Polley, M. E., *Amos and the Davidic Empire : A Socio-Historical Approach*, New York, Oxford University Press, 1989, p. 61–64.

35 Il est intéressant de relever que Tyr, représentant la Phénicie, a eu des relations plutôt bonnes avec Israël parce que, d'une part, cette nation a contribué à la construction du Temple en livrant des matériaux à Salomon (1R5), d'autre part, Jézabel, une de ses filles, a épousé le roi Achab (1R16, 31).

36 Neher, A., *Amos, contribution à l'étude du prophétisme*, Paris, J. Vrin, 1950, p. 61.

37 La question du statut des nations ou du pouvoir que le Dieu d'Amos a sur les nations étrangères n'ayant aucune connaissance de l'Alliance est l'un des points les plus débattus dans l'histoire de l'exégèse d'Am 1, 3 – 2, 16. Les différents points de vue sont parfaitement présentés par Martin-Achard : dans la ligne des travaux de Wellhausen, certains auteurs tels Lods et Humbert, ont perçu les oracles contre les nations comme une manière pour Amos d'instaurer un monothéisme moral ou une morale universelle garantie par Dieu. A cette vision s'oppose celle de ceux qui, comme Bentzen, Würthwein et Weiser confèrent au contenu de ces oracles une dimension

3, 1–8. En fait, ces allusions obligent celui qui pose la berith noahidique comme fondement du jugement d'Am 1, 3 – 2,16 à admettre que Dieu se base, d'une part, sur l'alliance conclue avec Noé pour juger les nations étrangères et, d'autre part, sur celle du Sinaï pour condamner Juda et Israël (Am 2, 4–5). Or, une telle assertion induit que Dieu juge les nations étrangères et le peuple élu (Juda et Israël) au nom de deux lois différentes et, par conséquent, que son procès est inéquitable. Aussi, Martin-Achard trouve-t-il que, même si elle s'inscrit dans la perspective traditionnelle du judaïsme sur le statut des nations, la thèse de Néher ne correspond pas aux vues du prophète du huitième siècle puisque la *bérith noahidique* n'a occupé une place importante qu'après l'exil[38]. Bien que réfutée, cette position a tout de même le mérite d'avoir conduit les commentateurs qui lui sont postérieurs à approfondir davantage la question du statut des nations étrangères puis à conférer aux oracles d'Am 1, 3 – 2, 5 une fonction beaucoup plus pédagogique.

Les oracles contre les nations (Am 1, 3 – 2, 5), une construction particulière à visée pédagogique

Selon d'autres exégètes, les oracles d'Am 1, 3 – 2, 5 sont fondés sur une motivation d'ordre éthique ainsi que sur la volonté divine et ne dépendent dès lors d'aucun modèle de prophéties antérieures. Timidement émise par Wolff[39] et par Weiss[40], cette hypothèse a entraîné deux conséquences majeures sur le débat relatif à la fonction des oracles contre les nations étrangères et Juda : d'une part, elle a conduit Barton et ses successeurs à examiner de plus près ce qui est reproché aux

---

beaucoup plus nationaliste, en soutenant que les victimes des crimes reprochés aux nations sont des Israélites ou des membres de l'empire davidique. Cette conception diverge de celle de Néher qui place la *berith noahidique* comme fondement du jugement des nations, hypothèse rejetée par plusieurs auteurs dont Barton : celui-ci est persuadé qu'Amos ne se réfère à aucun principe moral universellement connu et placé sous le contrôle d'une divinité ; il croit plutôt que ce prophète recourt à une sorte de droit coutumier ou à un code de conduite visant à régler les comportements des puissances en cas de conflits. Amsler récuse cette ultime thèse, soulignant qu'Israël est la seule nation jugée dans les oracles amosiens et que si les autres nations comparaissent avec elle au banc des accusés, c'est que la justice qui lui a été révélée, a une dimension universelle. Martin-Achard, R., *Amos*, p. 138–142.

38 Martin-Achard, R., *Amos*, p. 139.

39 Il estime qu'Amos a emprunté seulement quelques formulations de la tradition sapientiale telles les expressions « à cause de trois » et « à cause de quatre » pour construire son discours contre les nations. Wolff, H. W., *Joel and Amos*, p. 12–14.

40 Il préconise un abandon pur et simple des hypothèses de Bentzen et de Fohrer. Weiss, M., « The Pattern of Execration Texts in the Prophetic Literature », p. 150–157.

nations mises au même banc des accusés qu'Israël ; d'autre part, elle les a amenés à poser que les oracles d'Am 1, 3 – 2, 5 relèvent d'une stratégie communication-nelle adoptée par l'homme de Teqoa.

Dans son article publié en 1980, Barton établit que les biblistes ne doivent plus s'efforcer d'expliquer les oracles d'Am 1, 3 – 2, 5 en recourant aux données de l'idéologie royale, du culte jérusalémite, de l'organisation militaire avec le motif de la guerre sainte ou à celles des « Rîb-patterns ». Convaincu que c'est leur contenu et non leur forme qui a retenu l'attention des auditeurs d'Amos, il affirme que les discours d'Am 1, 3 – 2, 16 représentent un genre particulier dont la plus ancienne attestation biblique se trouve chez ce prophète ; il argue que, s'il est impossible de prouver que les oracles amosiens n'ont pas eu de modèles antérieurs, il n'y a pas davantage de raisons de supposer qu'ils en ont eu[41]. Mais sa pensée phare consiste à soutenir qu'en condamnant les nations étrangères et Juda (Am 1, 3 – 2, 5) avant de prononcer le jugement sur Israël, Amos vise deux objectifs : gagner ou capter l'attention de ses auditeurs, en flattant leur sentiment de supériorité et leur xénophobie naturelle pour qu'ils écoutent son message de malheur et rendre difficile le rejet de ses paroles qu'ils auraient explicitement admises auparavant[42]. Ainsi Barton est l'un des premiers auteurs à tenir que les nations étrangères et Juda ne sont pas en tant que telles concernées par le jugement d'Amos ; les condamnations prononcées contre elles ne visent qu'un seul objectif : préparer les habitants du royaume du Nord à mieux entendre et à adhérer aux paroles dures que celui-ci leur adresse à la fin.

---

41 Barton, J., *Amos's oracles against the Nations*, p. 15. Vesco, dans un article paru la même année, maintient que nul ne peut déterminer exactement quel est *le Sitz im Leben* des oracles d'Amos contre les nations ; il est certain qu'Amos dépasse le nationalisme et se situe dans une perspective délibérément universelle, en visant des peuples qui violent les droits les plus sacrés de la personne humaine. Vesco, J. L., « Amos de Teqoa, défenseur de l'homme », *RB* 4 (1980), p. 481–513 (p. 486).

42 Barton, J., *Amos's oracles against the Nations*, p. 3–4. Good opte pour cette idée, affirmant qu'en commençant son discours contre Israël par la condamnation des nations étrangères et Juda, Amos adopte une attitude ironique visant à exalter et à flatter le sentiment nationaliste de ses auditeurs avant de faire venir sur eux le jugement de Dieu. Good, E. M., *Irony in the Old Testament*, BLS 3, Sheffield, Almond Press, 1981², p. 34.

A la suite de Barton, des biblistes tels que Wright[43], Jemielity[44], Nogalski[45], défendent l'idée qu'Am 1, 3 – 2, 5 est un procédé rhétorique que le Teqoïte a élaboré pour permettre aux habitants du royaume du Nord de se juger et de se condamner eux-mêmes. A titre d'exemple, Jemielity, dans son étude sur la satire des prophètes, compare les oracles d'Am 1, 3 – 2, 16 à « un « thriller »[46], ironique, progressif et effrayant, dans lequel l'ultime et la principale victime, grandement satisfaite des infortunes des autres, se rend progressivement compte qu'elle a été témoin de sa propre destruction »[47]. Il relève également que, pour rendre efficace cette stratégie, Amos adopte un plan géographique d'encerclement, afin que les fils d'Israël se rendent à l'évidence qu'ils sont de plus en plus cernés par le jugement de Dieu : en effet, en suivant le Teqoïte qui passe des nations les plus éloignées d'Israël (Damas et Édom, Tyr et Gaza) aux plus rapprochées (Ammon, Moab), puis à Juda, les Israélites découvrent que le procès se rapproche d'eux et qu'ils ne peuvent certainement plus y échapper[48]. Möller a récemment rejoint ce groupe, en alléguant que l'ordre de succession des oracles d'Am 1, 3 – 2, 5 dénote logiquement qu'Amos a mis en œuvre un plan géographique se refermant tout doucement sur Israël dont la situation devient comparable à celle des autres nations, voire plus grave ; il dégage qu'Amos commence par les nations étrangères, celles qui ont une relative parenté de sang avec Israël, et tombe sur Juda, sa sœur jumelle, le but étant de créer un nœud autour de cette nation[49]. En résumé, en dépit de quelques désaccords sur l'ordre de succession des oracles ou sur le

---

43 Wright, C. J. H., *Living as People of God : The Relevance of Old Testament Ethic*, Leicester, Inter-Varsity Press, 1985, p. 123.

44 Jemielity, T., *Satire and the Hebrew Prophets : Literary Current in Biblical Interpretation*, Louisville, Westminster John Knox Press, 1992, p. 90–91.

45 Nogalski, J. D., « A Teaching Outline for Amos », *RevExp* 92 (1995), p. 147–151 (p. 147).

46 Le « thriller » est un anglicisme pour désigner un genre artistique diffusé dans la littérature ou le cinéma. Les œuvres de ce genre cherchent à provoquer chez le spectateur ou le lecteur une certaine tension, un suspense à l'idée de ce qui pourrait arriver aux acteurs.

47 « This series works like a progressively chilling, ironic thriller in which the ultimate and principal victim, disarmingly satisfied and rendered complacent by the misfortune of others, comes slowly and fearfully to realize that she has been witnessing an irresistible movement towards her own destruction ». Jemielity, T., *Satire and the Hebrew Prophets*, p. 91.

48 Alter parle de « rhétorique de piégeage » (« rhetoric of entrapment »). Alter, R., *The Art of Biblical Poetry*, p. 144. Mosley affirme aussi que la fonction des oracles contre les nations étrangères et contre Juda est de piéger l'esprit des Israélites afin de mieux leur montrer leur propre culpabilité devant Dieu. Mosley, H. R., « The Oracles against the Nations », *ThE* 52 (1995), p.37–45 (p. 39 et 45).

49 Möller, K., *A prophet in Debate*, p. 196–197.

plan géographique suivi par Amos[50], les exégètes appartenant à cette tendance admettent que les oracles contre les nations païennes sont une introduction au discours contre Israël qui, du point de vue littéraire, constitue leur sommet et leur aboutissement.

Nous nous inscrivons dans cette manière d'expliquer la présence des oracles contre les nations étrangères et contre Juda dans la prédication d'Amos parce qu'elle satisfait le mieux les données de son livre et surtout celles de son discours contre Israël (Am 2, 6–16), données qui restent trop souvent « *aux abonnés absents* » dans un débat fortement centré sur la forme stéréotypée des oracles, sur leur ordre de succession et sur l'historicité des crimes. Assurément, nombre d'indices textuels corroborent l'idée que la principale raison d'être des discours d'Am 1, 3 – 2, 5 est de préparer l'oracle contre Israël, plus développé et placé à la pointe d'Am 1, 3 – 2, 16. L'un d'entre eux est la mention עַל־יִשְׂרָאֵל (« contre Israël ») d'Am 1, 1. Celle-ci indique incontestablement que le royaume du Nord est l'unique destinataire des paroles qu'Amos a eu l'ordre de clamer ; elle dévoile également qu'aucune des nations citées en Am 1, 3 – 2, 5 n'est en soi visée par le message d'Amos parce que ce dernier aurait pu commencer sa prédication par l'oracle contre Israël (Am 2, 6–16), sans pour autant soulever de problème.

Un autre résulte du fait que les crimes des nations étrangères et celui de Juda sont situés dans un passé lointain. Les verbes employés en Am 1, 3 – 2, ont la forme de l'infinitif construit du *qal* [דּוּשָׁם (Am 1, 3), רָדְפוֹ (Am 1, 11), בִּקְעָם(Am 1, 13),שָׁרְפוֹ (Am 2, 1), מָאֳסָם (Am 2, 4)], de l'accompli du *qal* [שָׁמְרוּ (Am 2, 4)], à l'inaccompli du *qal* [יִטְרֹף (Am 1, 11)], de l'infinitif construit du *hifil* [הַגְלוֹתָם,הַסְגִּיר (Am 1, 6),הַסְגִּירָם (Am 1, 9)], de l'inaccompli du *hifil* [וַיַּתְעוּם(Am 2, 4)] et de l'accompli du *piel* [וְשִׁחֵת (Am 1, 11)]. Mais ils décrivent tous des actions chronologiquement envi-

---

50 Certains auteurs, comme Barton, Wright, Jemiélity, Alter, Möller, estiment que le but de ce plan qui vise à encercler Israël, est de produire un effet rhétorique (créer un climax en Am 2, 6–16). Barton, J., *Amos's oracles against the Nations*, p. 3–4 ; Wright, C. J. H., *Living as People of God*, p. 123 ; Jemiélity, T., *Satire and the Hebrew Prophets*, p. 91 ; Alter, R., *The Art of Biblical Poetry*, p. 144 ; Möller, K., *A prophet in Debate*, p. 196–197. D'autres commentateurs, tels que Marti et Sweeney, soutiennent, par contre, que l'ordre de succession des nations vise à dessiner la route par laquelle viendront les Assyriens, ceux que Dieu suscitera pour anéantir Israël. Voir: Marti, K., « Zur Komposition von Amos 1,3 – 2,3 », dans Frankenberg, W., Küchler, F. (eds.), *Abhandlungen zur semitischen Religionskunde und Sprachwissenschaft : Wolf Wilhelm Graf von Baudissin zum 26. September 1917 überreicht von Freunden und Schülern*, BZAW 33, Giessen, Toöpelman, 1918, p. 323–330 ; Sweeney, M. A., « Formation and Form in the Prophetic Literature », dans Mays, J. L., Petersen, D. L., Richards, K. H. (eds.), *Old Testament Interpretation, Past, Present and Future. Essays in Honor of Gene M. Tucker*, Nashville, Abingdon, 1995, p. 113–126 (p. 123). Cette idée n'est réaliste que si et seulement si les oracles contre Gaza, Tyr et Juda sont exclus d'Am 1, 3– 2, 5 ; c'est pourquoi elle n'a pas été suivie par les commentateurs les plus récents.

sagées comme des évènements passés bien avant le moment où Amos prononce son jugement. Par conséquent, il nous paraît cohérent de souligner qu'Amos n'intervient pas pour condamner à titre posthume des auteurs de crimes commis il y a plusieurs décennies, et encore moins pour juger et punir leurs descendants pour des actes dont ils n'auraient peut-être qu'un piètre souvenir. Aussi pouvons-nous en déduire que le berger de Teqoa n'est pas envoyé pour condamner par contumace Damas, Gaza, Tyr, Édom, Ammon, Moab et Juda dans un procès qu'il engage contre eux en leur absence. Au contraire, c'est plutôt pour les fils d'Israël qu'il prend la parole parce que les verbes en Am 2, 6–16 décrivent tous des actions se déroulant à l'instant précis où le prophète parle[51].

De plus, nous relevons qu'en Am 1, 3 – 2, 5, le discours du Teqoïte est très allusif alors qu'en Am 2, 6–16, sa tonalité change et il devient un véritable réquisitoire dans lequel Dieu discute et plaide sa cause en face d'auditeurs vivement interpellés et désignés par la deuxième personne du pluriel [מִפְּנֵיהֶם,אֶתְכֶם (Am 2, 10), מִבְּנֵיכֶם (Am 2, 11), וּמִבַּחוּרֵיכֶם (Am 2, 11), צִוִּיתֶם (Am 2, 12), תַּחְתֵּיכֶם (Am 2, 13)]. Nous notons également que l'oracle contre Israël (Am 2, 6–16) est plus long et plus détaillé que celui des autres nations (Am 1, 3 – 2, 5) et que la sanction des coupables est plus radicale : c'est un anéantissement total qui est promis en Am 2, 13–16. Enfin, alors que dans les oracles adressés aux nations étrangères et à Juda, l'agent destructeur est le feu et les éléments concernés par la destruction sont les palais et les murs, dans Am 2, 6–16, c'est Dieu lui-même qui déclare avec emphase (Am 2, 13) être là pour écraser ou anéantir complètement ceux qui oppriment et violent les droits des autres (הִנֵּה אָנֹכִי מֵעִיק תַּחְתֵּיכֶם). Somme toute, nous maintenons, comme Amsler, qu'Amos ne vise pas les nations en tant que telles ; même s'il les condamne, il prononce ses oracles pour les fils d'Israël. La dynamique de son discours invite donc à lire Am 1, 3 – 2, 5 en fonction d'Am 2, 6–16[52].

Toutes les données ci-dessus relevées démontrent que le rôle principal des oracles d'Am 1, 3 – 2, 5 est la mise en contexte de celui contre Israël (Am 2, 6–16). Nous sommes enclins à penser qu'Amos adopte une stratégie communicationnelle semblable à celle du prophète Nathan qui raconta une histoire pour permettre à David de prendre conscience de la gravité de son propre crime et surtout

---

51 Kolani, N. B., « Amos, prophète et défenseur de la dignité humaine. Une lecture d'Am 2, 6–16 à la lumière de la déclaration universelle des droits de l'homme », dans Keith, P. (dir.), *Texture sacrée, l'intertexte biblique dans quelques œuvres littéraires et textes autorisés*, Strasbourg, Presses Universitaires, 2016, p. 59–92.

52 Amsler, S., « Amos et les droits de l'homme », p. 185. Mosley soutient dans le même sens que l'apex du message d'Amos n'est pas la dénonciation des nations environnantes, mais la déclaration de punition sur Israël. Mosley, H. R., « The Oracles against the Nations », p.38–39.

de la sanction qu'il mérite[53]. Ainsi, il n'est pas exagéré d'affirmer qu'en ouvrant son discours par une énumération des crimes d'autres nations, le berger de Teqoa compte susciter chez ses auditeurs des sentiments similaires à ceux de David[54] ; de fait, Amos prononce les oracles d'Am 1, 3 – 2, 5 pour dire aux fils d'Israël que leurs crimes envers leurs frères sont de la même nature, voire plus graves que les actes abominables des nations. Dans cette perceptive, il a probablement choisi des crimes qui, de par leur caractère, pourraient être mis en rapport avec ceux reprochés aux fils d'Israël.

Aussi n'y a-t-il plus lieu de débattre sur le statut des nations étrangères qu'Amos soumet au jugement du Dieu de l'Alliance, sur l'identité des victimes des oracles d'Am 1, 3 – 2, 5, ni de chercher à préciser à quoi se réfèrent historiquement les crimes dénoncés dans chaque oracle d'Am 1, 3 – 2, 5[55]. La culpabilité des nations qui comparaissent dans le procès visant avant tout Israël ne réside ni dans leur rapport à Dieu, ni dans la véracité historique de leurs crimes, mais plutôt dans le fait qu'ils sont dirigés contre des humains. En effet, en Am 1, 3 – 2, 16, le Dieu présenté par Amos apparaît moins comme un juge réclamant des comptes aux nations hostiles à Israël ou à celles ayant manqué d'observer un traité de vassalité, voire un code d'éthique commune, que comme un Dieu dont l'être et la sainteté (ce qu'il a d'essentiel) peuvent être radicalement atteints par tout acte qui avilit et dégrade l'être humain (Am 2, 7) ; c'est d'ailleurs la raison pour laquelle ce prophète qualifie les crimes des nations de פֶּשַׁע. Ce terme, dont le sens étymologique va bien au-delà de la simple transgression d'une loi pour désigner une révolte, un acte de rébellion ou « une offense brutale incluant une menace et un battage à la luge »[56], prend en Am 1, 3. 6. 9. 11. 13 ; 2, 1. 4. 6 la signification d'une attaque contre l'être même de Dieu, attaque qui se manifeste par les traitements dégradants que certains font subir à leurs frères en humanité.

---

53 2S 12, 1–15. Kolani, N. B., « Amos, prophète et défenseur de la dignité humaine », p.77.

54 Il condamna sans appel à mort l'homme riche ayant arraché l'unique agnelle du pauvre pour accueillir son hôte, avant même que Nathan ne lui signifie que c'est de lui qu'il s'agit (2S 12, 7).

55 Kolani, N. B., « Amos, prophète et défenseur de la dignité humaine », p. 76. Les exégètes qui se sont efforcés de déterminer les faits historiques auxquels les oracles d'Am 1, 3 – 2, 5 font allusion, sont souvent parvenus à des résultats contradictoires et très peu probants, de sorte que Barton n'a pas eu tort d'affirmer qu'il n'y a aucun espoir de dater les événements auxquels Amos se réfère (« there is no hope of dating the events Amos refers to with anything approaching certainly ») Barton, J., *Amos's Oracles against the Nations*, p. 35.

56 Sans nier le sens étymologique de פֶּשַׁע, Ringgen et Seebass soulignent qu'il apparaît dans le corpus amosien comme un mot générique pour une variété d'offenses très répugnantes. Ringgren, H., Seebass, H., פֶּשַׁע ; פָּשַׁע , dans *Theological Dictionary of Old Testament (TDOT)*, vol. 12, (trad. D. W. Stott), Grand Rapids, Eerdmans, 2003, p. 133–151 (p. 137).

Sûrement, hormis le discours contre Juda, la motivation particulière de chaque oracle d'Am 1, 3 – 2, 5 consiste en une énumération d'actes barbares et révoltants portant sur des êtres humains. Leur contenu indique clairement que le principal motif de la condamnation des nations étrangères est leur conduite inhumaine[57] ; elles sont jugées pour avoir commis des crimes que toute personne dotée d'une conscience droite ne peut que percevoir comme détestables[58].

Et comme c'est la conduite inhumaine qui justifie pour chaque nation sa condamnation par Amos, il y a lieu de poser que du rôle pédagogique des oracles amosiens découle également une fonction théologique relevée par Amsler, celle de présenter Dieu comme Juge et protecteur de la dignité de toute personne humaine quels que soient son lieu, son milieu de vie et sa condition sociale[59]. Dès lors, il n'est pas nécessaire de chercher à savoir si l'ordre de succession actuelle des oracles est géographique ou historique[60]. Du moment où Amos veut amener ses auditeurs à faire leur propre examen de conscience pour mieux entendre le jugement qu'il va prononcer contre eux, nous pensons que le principe d'ordre de succession des oracles en Am 1, 3 – 2, 16 ne peut être que rhétorique, même s'il a des implications géographiques puisqu'il s'agit des nations. Concrètement, nous sommes enclins à postuler que les crimes énumérés en Am 1, 3 – 2, 5 sont en lien avec ceux d'Am 2, 16–16, et que les nations sont classées en fonction de la gravité de leurs actes ou du degré de leur culpabilité ; autrement dit, Amos qui affectionne les effets crescendo, a classé les nations selon une gradation dans l'ordre des crimes atroces et barbares qu'elles ont commis. Cette hypothèse jamais émise[61] sera un élément très important dans la justification de la place et de la fonction des oracles contre Tyr, Édom et Juda, objet principal de ce chapitre.

---

57 Martin-Achard, R., *Amos*, p. 137–138.

58 Noble, P. R., « Israel among the Nations », *HBT* 15 (1997), p. 56–82 (p. 64) : « The crimes of the nations are particularly extreme instances of wrongdoing which all right-minded men ought to recognize a wrong ». Cette idée rejoint celle de Wolff, l'un de ceux qui soutiennent que toutes les nations d'Am 1, 3 – 2, 16 sont condamnées pour s'être conduites de façon inhumaine. Wolff, H. W., *Joel and Amos*, p. 173.

59 Amsler, S., « Amos et les droits de l'homme », p. 184–186.

60 Nous avons rappelé dans la note 47 qu'un débat sans cesse rebondissant oppose les commentateurs qui pensent que le plan géographique vise à encercler Israël à ceux qui soutiennent que l'ordre de succession des nations dévoile qu'Amos veut tracer la route par laquelle viendront les Assyriens pour anéantir cette nation.

61 La plupart des exégètes, tels Bovati et Meynet, insistent davantage sur ce qui distingue les crimes des nations étrangères à ceux des fils d'Israël que sur ce qui les relie. Ils soulignent qu'Amos juge les nations étrangères pour des crimes de guerre se situant tous dans un cadre international et les fils d'Israël pour des exactions se rapportant toutes au domaine social. Jusqu'à

A la lumière de ce qui précède, nous nous efforcerons de démontrer comment les oracles contre Tyr, Édom et Juda participent respectivement à la mise en contexte de l'oracle contre Israël (Am 2, 6–16). En quoi chacun de ces trois discours est-il indispensable pour un meilleur fonctionnement de la stratégie communicationnelle adoptée par Amos ? Ou encore, en quoi, chacun d'eux contribue-t-il à la préparation des auditeurs d'Am 2, 6–16 ? Ces interrogations nous invitent à adopter deux attitudes : d'abord, chercher à savoir si les oracles contre Tyr (Am 1, 9–10), Édom (Am 1, 11–12) et Juda (Am 2, 4–5) adhèrent chacun à son contexte d'insertion ; ensuite, voir quel rapport peut être établi entre le פֶּשַׁע dénoncé dans chacun de ces trois oracles et celui énoncé dans Am 2, 6–16, le discours adressé à Israël.

---

présent peu d'efforts ont été faits pour montrer le rapport entre les crimes des nations et ceux des fils d'Israël. Bovati, P., Meynet, R., *Le livre du prophète Amos*, p. 98–100.

L'importance de l'oracle contre Tyr dans le livre d'Amos

Avant de chercher à démontrer l'importance de l'oracle contre Tyr, exercice dans lequel nous aurons à nous prononcer sur l'accusation portée contre cette nation, il convient que nous nous plions aux exigences de l'exégèse de tout texte biblique en procédant à sa traduction ; celle-ci nous permettra de prendre, s'il y a lieu, une position claire sur certains mots et expressions qui peuvent avoir un sens ambivalent.

L'oracle contre Tyr, sa traduction et sa situation dans son contexte d'insertion

Mis à part l'expression לֹא אֲשִׁיבֶנּוּ et le terme פִּשְׁעֵי, présents dans tous les oracles d'Am 1, 3 – 2, 16 et dont l'interprétation fait l'objet d'un débat sans cesse rebondissant, l'oracle contre Tyr comporte peu d'éléments posant des problèmes majeurs pour sa traduction. Nous relevons quelques divergences de vues quant à la traduction de la formulation עַל־הַסְגִּירָם גָּלוּת שְׁלֵמָה לֶאֱדוֹם dues à l'adjectif שְׁלֵמָה qui, littéralement, peut signifier indemne ou sauf (Gn 33, 18), paisible (Gn 34, 21 ; 1R, 8, 61 ; Is 38, 3) et vaste, totale, ou complète (Gn 15, 16 ; Jr 13, 19)[62]. La grande difficulté résulte donc de ce que שְׁלֵמָה peut être considéré comme un adverbe désignant la totalité des déportés ou un adjectif décrivant l'état physique ou encore un terme dépeignant la qualité morale, c'est-à-dire l'état d'âme des déportés livrés[63]. En outre, le fait que ce terme porte la marque du féminin et se rapporte indéniablement au substantif גָּלוּת ne facilite pas non plus les choses puisqu'il peut aussi

---

[62] C'est ce dernier sens qui indique une déportation totale de la population qui est préviligié dans Koehler, L., Baumgartner, *The Hebrew And Aramaic lexicon of the Old Testament (HALOT)*, vol. 4, Leiden, Brill, 1999, p. 1538.

[63] A titre d'exemple, Hoonacker soutient que l'idée de totalité induite par la formule גָּלוּת שְׁלֵמָה n'affecte pas un terme concret comme dans Jr 13, 19 où elle s'applique à Juda ; c'est pourquoi il la traduit par « des convois entiers de captifs ». Hoonacker, A. van, *Les douze petits prophètes*, p. 213. Or, Néher pose que שְׁלֵמָה ne désigne pas une perfection morale comme en Gn 34, 21 et rend גָּלוּת שְׁלֵמָה par « une foule d'exilés paisibles, pacifiques, innocents ». Cependant, la plupart des exégètes retiennent que שְׁלֵמָה dénote l'idée de la totalité plutôt que celle de la quantité. Ainsi, traducteurs de la *TOB* et ceux de la *RABINA* rendent גָּלוּת שְׁלֵמָה par « des déportés en masse » ; dans la *BJ*, dans la bible de *Derby* et dans celle de Louis Segond, cette formulation est respectivement traduite par « des populations entières de captifs », par « la captivité toute entière » et par « une foule de captifs ».

https://doi.org/10.1515/9783110562743-017

bien désigner une déportation qu'une population ou une foule de personnes déportées, comme c'est le cas en Is 20, 4. Cependant, nous optons pour le sens de la totalité parce qu'il correspond à l'accusation de l'oracle contre Gaza dans laquelle nous avons la première occurrence de l'expression גָּלוּת שְׁלֵמָה. Par conséquent, nous estimons qu'il convient de traduire l'accusation d'Am 1, 6 par « ils ont déporté des populations en masse pour les livrer à Édom » et עַל־הַסְגִּירָם גָּלוּת שְׁלֵמָה לֶאֱדוֹם par « parce qu'ils ont livré des déportés en masse à Édom ».

Nous observons également quelques désaccords quant au sens à donner aux substantifs בְּחוֹמַת et אַרְמְנֹתֶיהָ, traduits, le premier par « enceinte »[64] ou par « mur »[65], et le second par « édifices »[66], « palais » ou « citadelles »[67]. Nous préférons rendre בְּחוֹמַת par « rempart », le mur qui sert de clôture sécurisée pour la ville puis אַרְמְנֹתֶיהָ par palais, la maison fortifiée où résident le monarque et sa suite.

En ce qui concerne l'expression לֹא אֲשִׁיבֶנּוּ, la principale difficulté que pose sa traduction vient du fait que le référent du suffixe נּוּ n'est donné dans aucun des huit oracles d'Am 1, 3 – 2, 16. Dans la Septante qui la traduit par οὐκ ἀποστραφήσομαι αὐτόν, c'est-à-dire « je ne le ferai pas revenir », le suffixe נּוּ se réfère au nom du pays cité dans l'oracle, tandis que dans le Targum[68] et dans la version de la Bible Syriaque (peshitta), il se rapporte au peuple, l'expression prenant le sens de « je ne leur pardonnerai pas »[69]. Barré, suite à l'analyse des différentes traductions, en opposition à Wolff[70] et à Coote[71], soutient que le suffixe נּוּ désigne le peuple à qui le Seigneur exprimerait son refus de le faire revenir de l'exil[72]. Sa position va aussi à l'encontre de celle de Christensen qui, laissant de côté le suffixe, rend לֹא אֲשִׁיבֶנּוּ par « je ne retournerai pas »[73].

Le débat sur le référent du suffixe נּוּ semblant interminable, nous pensons qu'il vaut mieux rester fidèle au sens littéral du texte massorétique sans présup-

---

64 Hoonacker, A. van, *Les douze petits prophètes*, p. 214.

65 Andersen, F. I., Freedman, D. N., *Amos*, p. 260.

66 Hoonacker, A. van, *Les douze petits prophètes*, p. 214.

67 Andersen, F. I., Freedman, D. N., *Amos*, p. 260.

68 Cathcart, K. J., Gordon, R. P., *The Targum of the Minor prophets : Translate, with a Critical Introduction, Apparatus*, and Notes, AB 14, Edinburgh, Clark LTD, 1989, p. 77.

69 Holladay, W. L., *The Root šubh in the Old Testament : with Particular Reference to its Usages in Covenantal Contexts*, Leiden, Brill, 1958, p. 33.

70 Wolff soutient que le suffixe נּוּ se réfère au jugement de Dieu qui sera prononcé dans la suite du discours, c'est-à-dire la sanction qui clôt l'oracle. Wolff, H. W., *Joel and Amos*, p. 128.

71 Coote estime que לֹא אֲשִׁיבֶנּוּ est une expression ordinaire illustrant la colère et l'apaisement. Coote, R. B., *Amos among the Prophet*, p. 115.

72 Barré, J. M., « The Meaning of lᵒ ᵓšybnw in Amos 1. 3 – 2. 6 », p. 617.

73 Christensen, D. L., « The prosodic Structure of Amos 1 – 2 », *HThR* 67 (1974), p. 427–436 (p. 428).

poser la finalité du discours, d'autant plus que l'expression לֹא אֲשִׁיבֶנּוּ est utilisée dans tous les oracles et que l'envoi du peuple n'est explicitement évoqué que dans ceux adressés à Damas (Am 1, 5) et à Ammon (Am 1, 15). Aussi ne serait-il pas plus judicieux de référer le suffixe נו à celui à qui se rapportent les paroles prononcées par Amos, c'est-à-dire le Seigneur ? En effet, le verbe שׁוב qui porte le suffixe נו est au *hifil* et peut assurément s'appliquer à un désir ou une décision interne de celui qui parle par la bouche du prophète ; suivant cette logique, לֹא אֲשִׁיבֶנּוּ peut se traduire par « je ne le révoquerai pas » ou par « je ne le retournerai pas ». Dans ce cas, nous pouvons déduire qu'Amos utilise le verbe שׁוב au *hifil* pour insister sur l'irrévocabilité du jugement de Dieu[74]. Mais comme le sens de « retourner » n'apparaît qu'une seule fois dans 4, 6–11, il nous apparaît plus cohérent de rendre לֹא אֲשִׁיבֶנּוּ par « je ne le révoquerai pas ». Cette traduction implique que le suffixe נו se réfère à la parole de jugement, débouchant sur une sanction qui intervient chaque fois après l'énumération des crimes. Dans ce sens, l'expression לֹא אֲשִׁיבֶנּוּ dénote une sentence arrêtée sur laquelle le Seigneur ne peut pas revenir. En somme, le prophète apparaît dans chaque oracle comme celui qui énonce, de la part du Seigneur, un discours de jugement devant déboucher nécessairement sur une condamnation irrévocable ; la gravité des crimes est telle que Dieu ne peut plus se taire.

Pour conclure cette présentation, il est utile de souligner que certains commentateurs estiment que le substantif אֱדוֹם doit être remplacé par Aram ; ils prétextent qu'un copiste aurait confondu le ר de אֲרָם (Aram) avec le ד de אֱדוֹם (Édom). Puisque notre objectif est de lire le livre tel que la tradition nous l'a transmis, nous n'entrerons pas dans ce débat qui relève de la critique textuelle. Nous garderons donc Édom, qui est également une nation voisine d'Israël. Finalement, la traduction de l'oracle contre Tyr que nous proposons se présente comme suit :

Texte hébraïque	Traduction
1, 9 כֹּה אָמַר יְהוָה	Ainsi parle le Seigneur
עַל־שְׁלֹשָׁה פִּשְׁעֵי־צֹר וְעַל־אַרְבָּעָה	A cause de trois rebellions de Tyr et à cause de quatre
לֹא אֲשִׁיבֶנּוּ	je ne le révoquerai pas ;
עַל־הַסְגִּירָם גָּלוּת שְׁלֵמָה לֶאֱדוֹם	parce qu'ils ont livré des déportés en masse à Édom
וְלֹא זָכְרוּ בְּרִית אַחִים:	ils ne se sont pas souvenus de l'alliance entre frères.
1, 10 וְשִׁלַּחְתִּי אֵשׁ בְּחוֹמַת צֹר	J'enverrai le feu sur le rempart de Tyr,
וְאָכְלָה אַרְמְנֹתֶיהָ:	et il dévorera ses palais.

---

74 Fabry, H. J., שׁוב ; שׁוּבָה ; מְשׁוּבָה ; תְּשׁוּבָה, dans *TDOT*, vol. 14, 2004, p. 461–522 (p. 485).

Après la traduction de l'oracle contre Tyr, il importe que nous cherchions à savoir si ce passage (Am 1, 9–10) s'accorde avec son contexte d'insertion ; pour ce faire, il est nécessaire de rappeler brièvement les raisons qui poussent certains biblistes à le considérer comme un élément disparate, se démarquant ainsi des autres discours d'Am 1, 3 – 2, 5.

Am 1, 9–10, un oracle accordé à son contexte

La plupart des commentateurs qui traitent Am 1, 9–10 comme un élément discordant fondent généralement leurs assertions sur quatre raisons principales bien présentées par Briquel-Chatonnet[75].

Premièrement, ils insistent sur la particularité de sa forme et de sa structure stylistique ; dans ce sens, ils avancent que c'est un oracle beaucoup plus bref, dépourvu de la formule de conclusion כֹּה אָמַר יְהוָה, comportant une accusation plus longue et plus développée que celles des oracles contre Damas (Am 1, 3–5), Gaza (Am 1, 6–8), Ammon (Am 1, 13–15) et Moab (Am 2, 2, 1–3) et, inversement, une sanction plus courte[76].

Deuxièmement, ils relèvent que cet oracle reprend l'accusation portée contre Gaza et se présente ainsi comme une doublure ou un passage superfétatoire non indispensable pour l'équilibre d'Am 1, 3 – 2, 5.

Troisièmement, ils allèguent que, d'un point de vue historique, il était impossible pour Tyr de livrer, sous le règne de Jéroboam II, des déportés à Édom séparée de cette nation par toute la largeur d'Israël ; pour cette raison, nombre d'exégètes estiment que le crime reproché à Tyr est une allusion à une pratique beaucoup plus tardive décrite en Jl 4, 6, un passage qui relate la vente des esclaves aux grecs par des phéniciens[77].

Quatrièmement, certains auteurs arguent que le vocabulaire d'Am 1, 9–10 est beaucoup plus tardif que celui des oracles destinés à Damas, Gaza, Ammon et Moab ; l'élément qu'ils brandissent souvent est l'expression זָכְרוּ בְּרִית אַחִים ; la

---

75 Briquel-chatonnet, F., *Les relations entre les cités de la côte phénicienne et les royaumes d'Is-raël et de Juda, Studia Phoenicia XII*, Leuven, Département Oriëntalistiek, Uitgeverij Peeters, 1992, p. 132–140.

76 Harper, W. R., *A Critical and Exegetical Commentary on Amos and Hosea*, p. 28–29 ; Schmidt, W. H., « Die deuteronomistiche Redaktion des Amosbuches », p. 168–193 ; Mays, J. L., *Amos*, p. 33 ; Wolff, H. W., *Joel and Amos*, p. 140–141 ; Barton, J., *Amos's oracles against the Nations*, p. 22.

77 Marti, K., *Das Dodekapropheten*, p. 152 ; Harper, W. R., *A Critical and Exegetical Commentary on Amos and Hosea*, p. CXXXII ; Wolff, H. W., *Joel and Amos*, p. 158.

plupart de ces commentateurs attribuent sa toute première attestation dans la littérature biblique aux écrits sacerdotaux[78].

Pour clore cet exposé, nous soulignons que, excepté l'argument historique insistant sur l'impossibilité d'échange entre Tyr et Édom au temps de Jéroboam II, l'oracle contre Tyr est taxé d'élément anachronique et superfétatoire, principalement en considération de ses particularités structurelles, syntaxiques et stylistiques, lesquelles le singularisent par rapport aux oracles contre Damas, Gaza, Ammon et Moab. Ainsi, il n'est pas exagéré de dire avec Hasel que ces exégètes instituent les oracles contre Damas, Gaza, Ammon, Moab, comme la norme contre laquelle l'oracle contre Tyr, et même ceux destinés à Édom et à Juda, sont mesurés[79] ; en procédant de la sorte, Am 1, 9–10 apparaît naturellement à leurs yeux comme un élément discordant dont la présence brise l'harmonie de l'ensemble dans lequel il se situe. Dès lors, deux interrogations s'imposent : l'oracle contre Tyr se présente-il réellement comme un texte disparate et superflu comme certains veulent nous le faire croire ? Comment s'accorde-t-il alors à son contexte d'insertion si nous prenons en compte la fonction pédagogique que nous avons attribuée aux oracles d'Am 1, 3 – 2,5 ?

Nous ne pouvons pas répondre à ces deux questions sans relever quelques quiproquos sur les quatre raisons ci-dessus évoquées, et plus particulièrement, sur celles qui ont trait à certaines particularités littéraires d'Am 1, 9–10. Tout d'abord, nous posons qu'il n'est pas judicieux d'arguer que sa forme et ses particularités syntaxiques et stylistiques le démarquent des oracles contre Damas, Gaza, Ammon et Moab, d'autant plus que les caractéristiques littéraires qui le rattachent à ces quatre discours que certains posent comme des oracles archétypes sont plus nombreuses que celles qui l'en distinguent. En effet, du point de vue structural, Am 1, 9–10 est manifestement construit sur le même schème binaire « accusation-sanction » sur lequel repose la construction de ces quatre oracles (Am 1, 3–5 ; Am 1, 6–8 ; Am 1, 13–15, Am 2, 1–3). De même, sa sanction, bien que plus brève, ne diffère pas de celles des autres quant à l'agent destructeur ; elle s'ouvre avec la mention de l'envoi du feu (וְשִׁלַּחְתִּי אֵשׁ), lequel vise, avant tout, les remparts et les palais, lieux où résident le monarque et sa suite. L'agent destruc-

---

78 Wolff, H. W., *Joel and Amos*, p. 193 ; Markert, L., *Struktur und Bezeichnung des Scheltworts. Eine gattungskritische Studie anhand des Amosbuches*, BZAW 140, Berlin/New York, de Gruyter, 1977, p. 60 ; Barton, J., *Amos's Oracles against the Nations*, p. 22–24 ; Martin-Achard, R., *Amos*, p. 128–130 ; Gosse, B., « Le recueil d'oracles contre les nations du livre d'Amos et l'histoire deutéronomique », *VT* 38 (1988), p. 22–40 ; Strong, J. T., « Tyre's Isolationist Policies in the Early Sixth Century BCE : Evidence from the Prophets », *VT* 47 (1977), p. 207–219.
79 Hasel, G. F., *Understanding the Book of Amos*, p. 63.

teur (le feu) et l'envoyeur, Dieu, qui parle à la première personne du singulier, sont aussi les mêmes.

En outre, nous observons que, des quatre principales caractéristiques communes aux oracles contre Damas, Gaza, Ammon et Moab[80], une seule, la formule de clôture oraculaire (אָמַר אֲדֹנָי יְהֹוִה ou אָמַר יְהֹוָה), fait défaut à l'oracle contre Tyr ; son absence ne peut pas occulter les trois autres éléments qui le relient à ces quatre discours. D'ailleurs, concernant les formules אָמַר יְהֹוָה, אָמַר אֲדֹנָי יְהֹוִה ou נְאֻם־יְהֹוָה, nous précisons, comme Parunak, que leur rôle structurel est très faible dans les oracles prophétiques parce qu'elles se trouvent parfois au milieu ou à la fin[81], comme par exemple en Am 2, 6–16 ; 3, 1 – 4, 13. Même s'il est évident qu'en Am 1, 3 – 2, 5, elles marquent la fin des oracles qui la comportent, les formules אָמַר יְהֹוָה et אָמַר אֲדֹנָי יְהֹוִה jouent davantage le rôle d'un dispositif de mise au point indiquant l'origine des paroles proclamées par Amos que celui d'une conclusion synthétisant le contenu de l'oracle. Aussi, Amos aurait-il pu se passer de ces formules puisqu'il a bien signifié en Am 1, 1–2 que les paroles qu'il a reçues l'ordre de proclamer sont celles du Seigneur. En conséquence, nous postulons que l'usage de ces formules de clôture oraculaire relève de la liberté du prophète Amos et que son absence dans l'oracle contre Tyr, comme dans ceux adressés à Édom et à Juda, est intentionnelle ; elle est voulue pour briser la monotonie dans la forme des oracles d'Am 1, 3 – 2, 16 et pour donner ainsi un certain rythme à son discours. La prise en compte de la formule conclusive permet d'ailleurs de remarquer que les oracles d'Am 1, 3–2, 16 sont rangés en fonction du plan suivant :

Oracles	formules conclusives
Damas	אָמַר יְהֹוָה
Gaza	אָמַר אֲדֹנָי יְהֹוִה
Tyr	-----------------
Édom	-----------------
Ammon	אָמַר יְהֹוָה
Moab	אָמַר אֲדֹנָי יְהֹוִה
Juda	-----------------
Israël	נְאֻם־יְהֹוָה

---

80 La formule introductive (כֹּה אָמַר יְהֹוָה), expression numérale fondant la motivation générale pour chaque oracle (עַל־שְׁלֹשָׁה פִּשְׁעֵי ....וְעַל־אַרְבָּעָה לֹא אֲשִׁיבֶנּוּ), la sanction mentionnant l'envoi du feu [וְשִׁלַּחְתִּי אֵשׁ (Am 1, 4. 7 ; 2, 2) ou וְהִצַּתִּי אֵשׁ (Am 1, 14)] et la formule conclusive [אָמַר יְהֹוָה (Am 1, 5. 15) ou אָמַר אֲדֹנָי יְהֹוִה (Am 1, 8 ; 2, 3)].

81 Parunak, H. D. van, « Some Discourse Functions of Prophetic Quotation Formulas in Jeremiah », p. 514.

Ce plan dévoile que l'usage des formules de clôtures oraculaires en Am 1, 3 – 2, 16, suit un plan bien défini[82]. Après une paire d'oracles dotés de formules conclusives (Damas et Gaza), vient une paire d'oracles dépourvus de conclusion (Tyr et Édom), laquelle est suivie d'une autre paire d'oracles (Ammon et Moab) ayant des formules conclusives correspondant respectivement à celles des oracles contre Damas et Gaza, elle-même suivie d'une dernière paire d'oracles (Juda et Israël) dont seul le second (Israël) se termine par une marque de clôture très différente de toutes celles employées dans les oracles précédents. De ce constat, nous déduisons que, loin de prouver que l'oracle contre Tyr est un élément disparate, ses particularités syntaxiques et stylistiques, comme d'ailleurs ceux de chaque oracle, attestent plutôt qu'Amos ne s'est pas senti lié par un schéma stéréotypé[83]. Il a sans doute composé des oracles variés, puisque les formules conclusives des discours contre Damas, Gaza, Ammon, Moab, que certains posent comme oracles modèles, ne sont pas identiques. En effet, les discours contre Damas et Ammon se terminent par אָמַר יְהוָה (Am 1, 5. 15), ceux adressés à Gaza et à Moab par אָמַר אֲדֹנָי יְהוִה (Am 1, 8 ; 2, 3) et l'oracle contre Israël par נְאֻם־יְהוָה (Am 2,16). Nous retenons dès lors que l'absence de la formule אָמַר יְהוָה ou אָמַר אֲדֹנָי יְהוִה ne peut pas servir d'argument valable pour traiter l'oracle contre Tyr d'élément disparate ou intrus dans son contexte ; elle n'entache en rien l'intégrité de l'oracle contre Tyr, lequel demeure un texte complet comportant une accusation et une sanction visant des destinataires précis.

Enfin, il n'est pas davantage fondé de soutenir que l'accusation de l'oracle contre Tyr (עַל־הַסְגִּירָם גָּלוּת שְׁלֵמָה לֶאֱדוֹם) reprend celle déjà portée contre Gaza (עַל־הַגְלוֹתָם גָּלוּת שְׁלֵמָה לְהַסְגִּיר לֶאֱדוֹם) et en déduire qu'elle manque d'originalité, et ce pour deux raisons. D'une part, la reprise de l'accusation formulée contre Gaza en Am 1, 9, loin d'être un signe de manque d'originalité, dénote plutôt, d'un point de vue littéraire, une interdépendance réciproque entre les crimes de ces deux nations[84] : elles pratiquent toutes les deux le même genre de trafic avec le même

---

82 Gordis, R., « The Composition and Structure of Amos », p. 242 : « It may be added that in the present text the use of the closing formula, ‹ amar Yahveh follows a definite scheme : it is used twice (Damascus v. 5, Gaza v. 6), then omitted twice (Tyre, v. 10, Édom, v. 12), then used twice again (Ammon v. 15, Moab 2: 3), then omitted twice again (Judah v: 5, Israel 2:16) ».

83 Cripps, R. S., *A Critical and Exegetical Commentary of the Book of Amos*, p. 282 ; Hammershaimb, E., *The Book of Amos : A Commentary*, Oxford, Blackwell, 1970, p. 32–35 ; Rudolph, W., *Joel-Amos-Obadja-Jona*, p. 119 ; Briquel-Chatonnet, F., *Les relations entre les cités de la côte phénicienne et les royaumes d'Israël et de Juda*, p. 134.

84 Haran, M., « Observation on the Historical Background of Am 1, 2 – 2, 6 », *IEJ* 18 (1968), p. 101–107 ; Paul, Sh. M., « A Literary Reinvestigation of the Authenticity of the Oracles against the Nations of Amos », dans Doré, J., Grelot, P., Carrez, M. (éds.), *De la Tôrah au Messie, Mélanges*

partenaire, Édom. D'autre part, l'accusation adressée à Gaza n'est pas reprise telle quelle dans l'oracle contre Tyr. Comme nous l'avons déjà souligné, ceux qui prétendent que l'oracle contre Tyr n'a pas d'originalité mettent souvent de côté la mention וְלֹא זָכְרוּ בְּרִית אַחִים, qu'ils considèrent comme une expression tardive, issue d'une élaboration postexilique. Or une telle hypothèse s'avère fragile, parce que dans les écrits postexiliques, notamment dans les textes sacerdotaux, le terme בְּרִית est uniquement utilisé pour désigner les relations entre les hommes et Dieu, et non pas celles qui relient les hommes entre eux. C'est d'ailleurs pour cette raison que Cazelles et Briquel-Chatonnet soutiennent que l'argument concernant le caractère tardif de l'usage de l'expression זָכְרוּ בְּרִית אַחִים dans Am 1, 9–10 doit être inversé puisqu'elle décrit, en Am 1, 9–10, une relation entre hommes et que la formule בְּרִית אַחִים est déjà attestée dans les écrits antérieurs aux textes deutéronomistes[85].

De plus, la mention וְלֹא זָכְרוּ בְּרִית אַחִים est absente dans l'accusation de l'oracle contre Gaza. Et, d'un point de vue quantitatif, le פֶּשַׁע de Tyr, le reproche formulé contre ses habitants porte sur deux faits (la livraison des déportés et l'oubli de l'alliance entre frères) alors que celle de Gaza n'en comporte qu'un seul. Enfin, le terme הַגְלוֹתָם par lequel s'ouvre le reproche adressé à Gaza, n'apparaît plus dans celui formulé contre Tyr[86]. Il y a donc une différence syntaxique majeure entre

---

Henri Cazelles, Paris, Desclée, p. 189–204 (p. 191) ; Christensen, D. L., « The Prosodic Structure of Amos 1 – 2 », p. 431, note 13.

85 Cazelles, H., « L'arrière-plan historique d'Amos 1, 9–10 », dans Avigdor, S. (éd.), *Proceedings of the Sixth World Congress of Jewish Studies*, tome 1, Jérusalem, WCJS, 1977, p. 71–76 ; Paul, Sh. M., « A Literary Reinvestigation », p. 192 ; Briquel-Chatonnet, F., *Les relations entre les cités de la côte phénicienne et les royaumes d'Israël et de Juda*, p. 134.

86 Néher est le seul exégète à notre connaissance qui souligne que l'absence de הַגְלוֹתָם en Am 1, 19 induit une différence syntaxique et un écart de sens majeur entre l'accusation portée contre Gaza et Tyr. Dans la première, celle adressée à Gaza, la situation se présente comme suit : cette nation contraint, par son entrée en guerre, des convois de réfugiés fuyant la bataille qu'Édom a engagée contre Israël et Juda et espérant trouver refuge chez elle, à rebrousser chemin pour retomber ainsi dans les mains des Édomites. Dans la seconde, celle destinée à Tyr, la situation est autre : Tyr, tout en n'étant pas en guerre, ferme impitoyablement sa frontière aux réfugiés ayant cherché asile chez elle ; ce qui les contraint à rebrousser chemin pour se livrer à leurs ennemis. Neher, A., *Amos*, p. 52. Mais l'idée de Néher n'a pas été suivie par les exégètes qui lui sont postérieurs. Nous ne partageons pas non plus sa vision, mais nous pensons tout de même qu'il y a lieu de se demander si l'absence de הַגְלוֹתָם n'implique pas que les déportés livrés par Tyr sont des refugiés ou déportés ayant vécu un certain moment sur son territoire et ont ainsi pu tisser des liens de fraternité avec les Phéniciens. Une telle explication justifie le mieux le non-respect de la fraternité dont il est question dans ce verset et dont l'interprétation fait l'objet d'un débat sans cesse rebondissant. Hayes note aussi que contrairement à Gaza, Tyr n'est pas accusé de mener une déportation mais plutôt de livrer des déportés à Édom ; mais il relève par la suite que la dif-

l'acte d'accusation d'Édom et celui de Tyr. De ces observations, nous déduisons que l'acte d'accusation de l'oracle contre Tyr n'est pas tout à fait indentique à celui de l'oracle contre Gaza ; elle comporte un certain nombre de vocables (זָכְרוּ בְּרִית, אַחִים) ouvrant des champs sémantiques qui lui sont propres. Cette mise au point nous invite justement à chercher à savoir comment l'accusation de l'oracle contre Tyr s'articule à la fois avec celles des deux oracles (Damas et Gaza) qui le précèdent et avec celle de l'oracle contre Édom qui constitue son contexte postérieur immédiat.

L'oracle contre Tyr, un texte en adéquation avec son contexte d'insertion

Pour démontrer qu'une péricope est accordée à son contexte d'insertion, tout exégète tente spontanément de relever certains éléments (genre littéraire, style, motifs, thèmes, acteurs, lieux et temps du déroulement des actions, etc.) permettant d'établir un rapprochement entre celle-ci et les passages situés en son amont et en son aval[87]. C'est pouquoi, vu que la question de la forme et celle de la structure stylistique et syntaxique d'Am 1, 9–10 ont déjà été abordées dans le point précédent et surtout que la fonction des oracles d'Am 1, 3 – 2, 5 est d'introduire les reproches d'Am 2, 6–16, la principale donnée qui retiendra notre attention est

---

férence entre Am 1, 9 et Am 1, 6 est plutôt apparente que réelle. Pour lui, le premier est une forme abrégée du second : « unlike Gaza in verse 6, Tyr is not unequivocally condemned for the actual seizure and deportation of captives but only for handing them over, that is, engagement in slave trade. The difference between what is being described in verses 6 and 9, however, may be more apparent than real. The statement in verse 9 may simply be an abbreviated form of what is said more fully in verse 6 ». Hayes, J. H., « Amos's Oracles Against the Nations », p. 159.

[87] C'est ce qu'a fait Paul. Il est l'un de ceux qui ont tenté de démontrer que les oracles d'Am 1, 3 – 2, 16 sont reliés chacun à son précédent et à son suivant par des mots clefs (ou des « catchwords ») et forment une sorte de concaténation. Paul, Sh. M., « Amos 1:3–2:3 : A Concatenous Literary Pattern », p. 401. Son hypothèse s'est avérée fragile parce qu'inapplicable à tous les oracles et plus particulièrement à l'oracle contre Édom et Ammon. De même, les travaux de la plupart de ses successeurs tels que Christensen, Steinmann et d'autres qui ont remis en cause son hypothèse, ont également conduit à la séparation des oracles d'Am 1, 3 – 2, 16 en deux, voire trois groupes, sans véritablement montrer comment ils sont en connexion les uns avec les autres. Christensen, D. L., « The Prosodic Structure of Amos 1–2 », p. 427–436 ; Steinmann, A., « The Order of Amos's Oracles against the Nations : 1:3–2:16 », *JBL* 111/4 (1992), p. 683–689. La fragilité de leurs démarches résulte du fait que leurs arguments ne se rapportent qu'aux aspects littéraires, le sens des accusations pour lesquelles chaque nation est mise en procès n'étant quasiment pas pris en compte.

le crime pour lequel Tyr comparaît au côté d'autres nations mises en procès par Amos. Et, puisque dans la forme actuelle des oracles d'Am 1, 3 – 2, 16, Tyr est la troisième nation mise au banc des accusés, nous nous demanderons si, de par sa nature, son crime est en lien avec ceux de Damas et de Gaza qui le précèdent ainsi que celui d'Édom qui le suit. Pour répondre à cette question, nous scrutons d'abord la logique qui sous-tend le rangement des oracles contre Damas et Gaza, lesquels constituent son contexte antérieur. Y-a-t-il des similitudes dans la nature des crimes reprochés à chacune de ces deux nations ?

L'accusation portée contre Damas est formulée comme suit : עַל־דּוּשָׁם בַּחֲרֻצוֹת הַבַּרְזֶל אֶת־הַגִּלְעָד. Sa traduction fait couler beaucoup d'encre[88] ; nous préférons celle de Hoonacker, plus proche du sens littéral des mots. Quant à son interprétation, elle suscite également un débat opposant les partisans d'une lecture symbolique à ceux qui lui confèrent un sens littéral et qui cherchent à préciser même les faits historiques concrets dénoncés par Amos[89]. Toutefois, malgré leurs positions

---

88 La Septante y apporte quelque correctif à עַל־דּוּשָׁם בַּחֲרֻצוֹת הַבַּרְזֶל אֶת־הַגִּלְעָד en le rendant par « ἀνθ' ὧν ἔπριζον πρίοσιν σιδηροῖς τὰς ἐν γαστρὶ ἐχούσας τῶν ἐν Γαλααδ » qui signifie « parce qu'ils ont haché avec une herse en fer les femmes enceintes du Galaad ». La Vulgate, fidèle au texte massorétique, par « eo quod trituraverint in plaustris ferreis Galaad » (parce qu'il ont écrasé ou broyé le Galaad sous un chariot en fer), בַּחֲרֻצוֹת הַבַּרְזֶל y étant compris comme chariot de fer. Les rédacteurs de la *TOB* le traduisent par « parce qu'ils ont haché le Galaad sous des herses de fer » ; ceux de la *BJ* et de la Bible de Louis Segond par « parce qu'ils ont foulé le Galaad par des traîneaux de fer » ; certains commentateurs tels que Hoonacker et Asmler le rendent respectivement par « parce qu'ils ont broyé avec des traîneaux [garnis] de fer le Giléad » et « parce qu'ils ont vanné le Galaad sous des traîneaux de fer ». Hoonacker, A. van, *Les douze petits prophètes*, Paris, Librairie Victor Lecoffre, 1908, p. 210 ; Amsler, S., « Amos », p. 171. Mis à part Amsler qui traduit דּוּשָׁם par « ils ont vanné », la divergence de vue sur la traduction porte donc beaucoup moins sur l'action que sur l'instrument utilisé (בַּחֲרֻצוֹת הַבַּרְזֶל) : « une herse en fer », « des traineaux de fer », « un chariot en fer » pour d'autres encore. Nous gardons l'explication de Hoonacker qui pense qu'Amos fait référence au « nauraj ou maurag », un instrument surmonté de fers aiguisés servant à broyer la paille pour en sortir le blé ; Hoonacker, A. van, *Les douze petits prophètes*, p. 209. La même description a été faite très récemment par Hayes. Voir : Hayes, J. H., « Amos's Oracles against the Nations », p. 156–157.

89 Le premier groupe rassemble des exégètes tels que Hoonacker, Rudolph, Vesco, Bovati et Meynet, entre autres, lesquels croient qu'Amos utilise une image métaphorique pour décrire la brutalité ou la violence avide que les Syriens ont exercée sur leurs voisins, plus précisément sur les populations Nord transjordaniennes (2R 10, 32 ; 2R 13, 3–7). Hoonacker, A. van, *Les douze petits prophètes*, p. 208–209 ; Rudolph, W., *Joel-Amos-Obadja-Jona*, p. 130 ; Vesco, J. L., « Amos de Teqoa », p. 487. Le second groupe comprend les commentateurs qui, comme Amsler, sont certains que, loin d'être une métaphore, l'accusation portée contre Damas « est un exemple des traitements impitoyables destinés à anéantir des populations vaincues », comme les massacres des membres des familles royales d'Israël et de Juda (Gadites, Rubénites et des Manassites) commis par Hazaël lors de la fin du règne de Jéhu (2 R 10, 32s). Amsler, S., « Amos », p. 172.

divergentes, ils s'accordent sur le fait que Damas est soumis au jugement, non pas en raison d'une conquête qu'il aurait menée contre le Galaad, mais pour le sort ou la manière dont il a traité ce dernier. Par conséquent, la gravité du crime pour lequel cette nation est la première à être mise en procès réside dans la manière [broyer (דּוּשׁ)] et dans l'instrument de torture (חֲרֻצוֹת הַבַּרְזֶל) utilisé pour éliminer le Galaad[90] ; autrement dit, passer le Galaad, un être humain, sous des traîneaux de fer, c'est ce qui rend le crime de Damas barbare, effroyable et abominable. En effet, en utilisant cet outil destiné à broyer la paille pour en faire ressortir le blé, Damas traite sa victime comme de l'herbe. En définitive, nous retenons que, dans ce premier oracle, Amos dénonce le fait de traiter des humains (vaincus) comme des choses.

Cette interprétation nous permet d'établir une connexion logique entre la nature du crime de Damas et celle du crime de Gaza qui est accusé « d'avoir livré en masse des déportés à Edom » (עַל־הַגְלוֹתָם גָּלוּת שְׁלֵמָה לְהַסְגִּיר לֶאֱדוֹם). Hormis certains désaccords sur la traduction et sur la question de savoir si les déportés sont des prisonniers de guerre ou des victimes de razzias, une pratique courante de l'époque (1S 30, 1–3 ; 2 R 5, 2 ; 1Ch 21, 17)[91], la plupart des commentateurs pensent qu'Amos reproche à Gaza de disposer des êtres humains comme de simples marchandises[92]. L'accusation d'Am 1, 6 porte sur la livraison des personnes capturées à Édom : Amos dénonce le fait que Gaza déporte en masse des populations dans le but de les vendre à Édom. Cette finalité de l'action de Gaza rend son crime abject, ignoble et odieux, puisqu'elle dévoile qu'il prend les humains pour des objets de marchandises. Par conséquent, d'un point de vue herméneutique, Damas et Gaza comparaissent pour le même motif : les deux nations traitent les hommes comme des choses. Cependant, étant donné que le crime de la première (Damas) est commis sur un champ de bataille contre les membres du camp adverse, il devient pour cette raison moins grave que celui de la seconde (Gaza), beaucoup

---

90 C'est ce que Hoonacker veut insinuer lorsqu'il affirme que les traitements infligés au Galaad « sont représentés sous l'image du battage du blé sur l'aire ». Hoonacker, A. van, *Les douze petits prophètes*, p. 209.

91 A titre d'exemple, Mays soutient qu'Amos dénonce ici des razzias ou des raids contre des personnes innocentes en vue d'en faire des esclaves afin de les vendre à l'image de Joseph vendu par ses frères (Gn 37, 36). Mays, J. L., *Amos*, p. 33. Amsler, lui, pense qu'il ne s'agit pas d'une dénonciation de la pratique de la razzia en soi, mais plutôt de son usage à une grande échelle pour en faire un commerce d'hommmes ; il souligne que les razzias étaient d'un usage courant et même autorisées par les institutions de l'époque. Amsler, S., « Amos », p. 173.

92 Rudolph, W., *Joel-Amos-Obadja-Jona*, p. 132–134 ; Bovati, P., Meynet, R., *Le livre du prophète Amos*, p. 46 ; Motyer, A., *Amos, le rugissement du Dieu*, Lausanne, Presses Bibliques universitaires, 1982, p. 34.

plus morbide et pernicieux parce qu'il se déroule en période de paix et qu'il a pour cible des personnes innocentes. Nous percevons dès lors une gradation dans l'ordre de la comparution de ces deux nations. Elles sont classées en fonction du degré de leur culpabilité : du traitement des adversaires comme de l'herbe, nous passons à une réduction de personnes innocentes à de simples marchandises.

L'oracle contre Tyr s'inscrit dans cette suite logique. En effet, après la motivation générale qui constitue le lieu de compréhension et d'interprétation de chaque oracle de l'ensemble formé par Am 1, 3 – 2,16, le chef d'accusation porté contre Tyr est formulé comme suit : « parce qu'ils ont livré des déportés en masse à Édom et ne se sont pas souvenus de l'alliance entre frères » (Am 1, 9). Contrairement aux reproches dirigés contre Damas et Gaza, celui fait à Tyr dévoile que la troisième nation comparaît pour un acte de rébellion ou un פֶּשַׁע à double dimension : la livraison des déportés en masse à Édom et l'oubli ou le non-respect de l'alliance entre frères (בְּרִית אַחִים). Le premier aspect du פֶּשַׁע de Tyr révèle que cette nation pose le même acte que Gaza : ses habitants pratiquent aussi la traite d'êtres humains avec Édom. Ainsi, de par sa nature, le crime de Tyr est le même que celui de Gaza (Am 1, 6) et, par ricochet, que celui de Damas (Am 1, 3). Quant au second aspect du פֶּשַׁע de Tyr, son interprétation fait l'objet d'un incessant débat opposant cinq tendances dont quatre sont présentées par Amsler[93]. Cette discussion est principalement mue par le désir de savoir si l'expression בְּרִית אַחִים (alliance entre frères) désigne une fraternité naturelle ou bien une fraternité créée par alliance

---

93 Cet auteur résume les quatre tendances qui ont dominé l'exégèse de la mention לֹא זָכְרוּ בְּרִית אַחִים. Les partisans de la première tendance soutiennent que לֹא זָכְרוּ בְּרִית אַחִים renvoie à la rupture de l'alliance politico-commerciale que Salomon, roi d'Israël avait conclue avec Hiram, roi de Tyr/Sidon (1 R 5, 26 ; 1 R 9, 13), alliance qui entre temps avait été renouvelée par Omri et Achab. Tyr aurait violé cet accord en livrant comme esclaves des prisonniers Israélites à Édom (Jl 4, 6). Les exégètes appartenant à la deuxième tendance estiment, d'une part, que Jl 4, 6 est trop tardif et, d'autre part, qu'il est illogique qu'Amos ait imputé à Tyr la responsabilité de violer l'alliance conclue sous Salomon parce que celle-ci avait été rompue par Israël sous l'usurpation de Jéhu. Pour eux, il s'agit plutôt d'une violation de l'alliance entre les habitants de Tyr : certaines personnes (puissants ou riches) auraient vendu leurs propres compatriotes Phéniciens. Les partisans de la troisième tendance sont convaincus que le terme אַחִים désigne Jacob et Esaü (Israël et Édom) et posent qu'il s'agit de l'alliance de consanguinité entre Israël et Édom, bafouée par les Édomites qui auraient acheté aux Phéniciens des esclaves Israélites. Mais dans ce cas, le reproche devrait être adressé aux Édomites et non pas aux Phéniciens. La quatrième tendance consiste à défendre qu'il pourrait s'agir de l'alliance entre toutes les populations descendantes de Sem. Mais pourquoi Amos accuserait-il Tyr de mépriser une règle qui serait violée par les autres peuples ? Amsler, S., « Amos », p. 174. La cinquième tendance, la plus récente, celle incarnée par Briquel-Chatonnet, maintient qu'il s'agirait de la violation d'une alliance phénico-israélite conclue à l'époque de Jéroboam II, laquelle reste difficile à situer avec précision. Briquel-Chatonnet, F., *Les relations entre les cités de la côte phénicienne et les royaumes d'Israël*, p. 137–140.

à l'image de celle que Salomon conclut avec Hiram (1R 9, 5. 26), qu'il appela frère (1R 9, 13). Or, bien que légitime, une telle quête ne s'impose pas parce qu'Amos ne fait nullement mention des torts faits à la réputation de telle ou telle nation (Israël, Juda ou encore Édom). En outre, qu'il s'agisse d'une fraternité née d'une alliance, comme l'affirment, entre autres, Bovati et Meynet, Briquel-Chatonnet[94], ou d'une fraternité naturelle, la présence de ce motif dans le chef d'accusation visant Tyr confère de toute évidence à celle-ci un degré de gravité supérieur à celle de Gaza ; de la réduction de personnes inconnues à des objets de commerce [Gaza (Am 1, 6)], nous passons à la disposition de frères comme des marchandises [Tyr (Am 1, 9)]. Dès lors, nous pouvons déduire que l'oracle contre Tyr s'articule pleinement avec celui contre Gaza et apporte lui aussi une gradation au discours d'Amos.

Si l'oracle contre Tyr s'enchaîne avec les oracles qui le précèdent, qu'en est-il de son lien avec celui qui le suit ?

Pour répondre à cette interrogation, nous relevons que le motif de la fraternité[95], qui aggrave le crime de Tyr, réapparaît dès la première ligne du procès d'Édom dont le פֶּשַׁע comporte plus de quatre dimensions. En effet, le premier et le principal chef d'accusation porté contre Édom se présente comme suit : « il a poursuivi son frère avec l'épée ». Sans entrer dès à présent dans le débat sur l'interprétation, nous remarquons que, si les habitants de Tyr sont jugés parce qu'ils réduisent leurs frères à des marchandises, ceux d'Édom, eux, comparaissent sur le banc des accusés parce qu'ils poursuivent les leurs avec l'épée sans doute pour leur ôter la vie sans aucune pitié. Nous sommes là aussi devant une gradation : de la vente du frère (Tyr), nous passons à un fratricide (Édom). Même si dans les deux situations nous avons une négation de la fraternité ou, du moins, le non-respect des bonnes relations entre frères, dans le cas de Tyr, bien que vendu, le frère a la vie sauve tandis que dans celui d'Édom, la vie du frère est éliminée.

Nos propos peuvent se résumer sous la forme d'un schéma où apparaît la gradation suivante :

---

94 Briquel-Chatonnet, F., *Les relations entre les cités de la côte phénicienne et les royaumes d'Israël*, p. 136.

95 Paul a retenu le terme אָחִים comme mot clef, servant à relier l'oracle contre Tyr et Édom, hypothèse limitée puisqu'il n'a pas analysé l'implication de ce terme dans le sens et la gravité de chaque crime. Paul, Sh. M., « *Amos 1:3–2:3 : A Concatenous Literary Pattern* », p. 401.

ÉDOM : tuer son **frère** par l'épée

TYR : réduction **des frères** *à des marchandises*

GAZA : réduction de *l'homme à une marchandise*

DAMAS : traiter l'homme *comme un objet (herbe)*

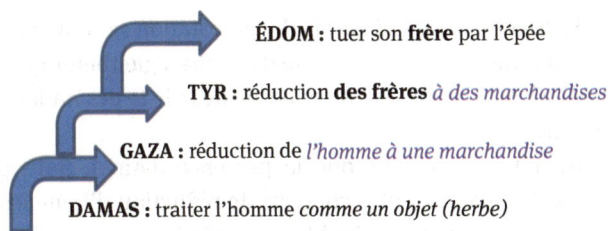

Deux observations majeures découlent de ce qui précède : tout d'abord, l'oracle contre Tyr est opportun dans son contexte. Il s'inscrit dans la suite logique de ceux contre Damas et Gaza, qui constituent son contexte antérieur, et forme avec eux un ensemble de discours (Am 1, 3–10) adressés à trois nations disposant des êtres humains comme des choses. Il s'accorde très bien aussi avec l'oracle contre Édom, grâce au motif de la fraternité. En conséquence, l'oracle contre Tyr permet d'articuler les deux premiers discours (Am 1, 3 – 5 ; Am 1, 6–8) avec l'oracle contre Édom et de facto, avec la suite de la série des oracles adressés aux nations étrangères (Am 1, 3–2, 4). Ensuite, son originalité découle du fait qu'il demeure l'unique passage du livre dans lequel apparaît le motif de la בְּרִית, même si ce terme ne désigne que les relations entre frères. Dès lors, si l'oracle contre Tyr adhère bien à son contexte d'insertion, qu'apporte-t-il au message et à la pédagogie d'Amos ?

Le rôle indispensable de l'oracle contre Tyr (Am 1, 9–10) dans la pédagogie communicationnelle d'Amos

Après avoir démontré que l'oracle contre Tyr s'accorde avec son contexte d'insertion, il importe que nous cherchions à saisir son apport à la prédication et à la stratégie rhétorique d'Amos, laquelle vise à mettre en contexte les accusations d'Am 2, 6–16. Autrement dit, en quoi le contenu de cet oracle permet-il à ceux qui sont coupables des crimes énumérés en Am 2, 6–16 de mieux comprendre la gravité de leurs actes de rébellion ? Et quel rapport y a-t-il entre l'accusation d'Am 1, 9–10 et celles d'Am 2, 6–16 ?

Plusieurs raisons nous incitent à considérer Am 1, 9–10 comme un passage clef et incontournable dans Am 1, 3 – 2, 5.

Premièrement, il nous semble important de relever que l'absence d'un discours de jugement contre Tyr aurait pu sérieusement entraver la stratégie communicationnelle adoptée par Amos. Celle-ci aurait paru curieuse pour ses auditeurs et aurait suscité en eux des interrogations sur l'intégrité de sa personne et de son message. En effet, il aurait été étonnant, pour les habitants d'Israël, d'entendre ce prophète exposer les crimes des nations entourant la leur, sans rien dire sur Tyr qui partage une large frontière avec lui. Ces derniers l'auraient suspecté d'être complaisant vis-à-vis de cette nation, des voix de protestation se seraient élevées au sein de son auditoire. Aussi, pour la réussite de la stratégie rhétorique préconisée par Amos, est-il nécessaire que Tyr fasse partie de la liste des nations mises sur le banc des accusés.

Deuxièmement, nous soulignons que la présence d'Am 1, 9–10 permet d'avoir en Am 1, 3 – 2, 5 deux exemples concrets de réduction d'hommes à des marchandises (Am 1, 6 ; Am 1, 9). Cette double dénonciation de vente d'hommes est le pendant de la première double accusation d'Am 2, 6, verset dans lequel Amos accuse les fils d'Israël de « vendre le juste pour de l'argent et le pauvre contre une paire de sandales ». Autrement dit, la nature de l'acte de rébellion pour lequel Tyr est mise en procès (Am 1, 9) est la même que celle des deux crimes d'Am 2, 6. Du fait de cette similitude, nous pouvons établir que l'oracle contre Tyr, comme celui contre Gaza, dispose mieux les auditeurs d'Amos à entendre et accueillir les reproches d'Am 2, 6.

Troisièmement, la mention לֹא זָכְרוּ בְּרִית אַחִים d'Am 1, 9 contient trois vocables chargés de sens pour les auditeurs d'Amos (זָכְרוּ, בְּרִית, אַחִים), vocables dont la prise en compte permet de dégager un certain nombre de dénominateurs communs entre le jugement contre Tyr (Am 1, 9–10) et le procès d'Israël (Am 2, 6–16). Tout d'abord, avec le terme אַחִים, nous pouvons prouver que l'acte de rébellion de Tyr, comme celui d'Israël, est une exaction contre des frères : Tyr est mise sur le banc des accusés parce que ses habitants ont déporté leurs frères (consanguins ou par alliance) pour les livrer à Édom. Israël comparaît, elle aussi, pour sept chefs d'accusation consistant en des exactions que certains citoyens (forts et riches) font subir à leurs propres compatriotes justes et pauvres (Am 2, 6), indigents et fille avec laquelle un homme et son père entretiennent des rapport sexuels (Am 2, 7), personnes dont les biens sont extorqués (Am 2, 6–8), prophètes et nazirs corrompus, chassés ou martyrisés. (Am 2, 12). En somme, ce qui est reproché aux auteurs des crimes énumérés en Am 2, 6–8. 12, c'est essentiellement leur conduite envers leurs frères, leurs concitoyens faibles et pauvres. Ainsi, pour ce qui concerne le lien de fraternité entre les victimes et leurs bourreaux, l'oracle contre Tyr est le premier passage qui laisse mieux présager la nature des crimes de l'oracle contre Israël.

Ensuite, avec le vocable זָכְרוּ qui signifie ici non seulement se rappeler, mais aussi et surtout observer ou respecter la בְּרִית אַחִים, nous dégageons le point commun suivant entre le procès de Tyr et celui d'Israël : si Amos accuse les habitants de Tyr d'avoir agi sans tenir compte de l'alliance entre frères, il condamne également les auteurs des crimes d'Am 2, 6–8 d'avoir perdu de vue les bienfaits du Seigneur [l'extermination de l'Amorite, la sortie d'Égypte, la conduite au désert, le don de la terre, des prophètes et des nazirs (Am 2, 9–11)]. Si Amos oppose les bienfaits du Seigneur aux exactions d'Am 2, 6–8, c'est pour signifier à leurs auteurs qu'ils n'en tiennent pas compte ou du moins qu'ils en ont perdu la mémoire. Or ceux-ci ne sont pas des actes anodins : mis à part le don des prophètes et des nazirs, les trois autres bienfaits constituent les actes fondateurs d'Israël en tant que peuple. Ils sont au cœur du « crédo historique »[96] que les biblistes appellent communément le résumé de la foi yahviste[97], crédo dont la principale fonction est d'aider le peuple à garder le mémorial de l'Alliance[98]. Il résulte de ce qui précède que, même si le mot בְּרִית n'est pas employé en Am 2, 6–16, et plus précisément dans les versets 9–11, le rappel du traitement privilégié dont les fils d'Israël ont bénéficié évoque nécessairement l'Alliance. Dès lors, ce n'est point une exagération de soutenir qu'en opposant les crimes d'Am 2, 6–8 aux actes fondateurs, Amos veut signifier aux coupables que leurs attitudes envers leurs frères est contraire à l'Alliance, et plus exactement à l'idéal de vie que celle-ci exige[99]. Dans l'oracle contre Tyr, comme dans celui destiné à Israël, nous avons un cas de non-respect d'une alliance (entre frères pour le premier et avec Dieu pour le second), lequel constitue une circonstance aggravant l'acte d'accusation porté contre chacune de ces deux nations. En tant que tel, le jugement prononcé contre Tyr anticipe le mieux celui d'Israël. Après avoir entendu Amos condamner les habitants de Tyr pour une violation d'alliance entre frères, les fils d'Israël qui commettent des actes contraires à l'Alliance comprendront que leur situation est pire ; aussi comprendront-ils leur condamnation lorsqu'Amos la prononcera.

Enfin, quelles sont les implications du terme בְּרִית lui-même pour la stratégie rhétorique d'Amos ? Nous relevons[100] qu'étant donné qu'il n'apparaît nulle part

---

96 Jos 24, 2–13 ; 1S 12, 6–15 ; Dt 26, 5–10 ; Ps 136.

97 Martin-Achard, R., *L'homme de Teqoa*, p. 49 ; Park, A. W., *The Book of Amos as Composed and Read in Antiquity*, p. 75.

98 La présence de ces bienfaits incite de nombreux exégètes à situer l'intervention d'Amos à Béthel, lors de la fête de l'Alliance. Renventlow, H. G., *Das Amt des Propheten bei Amos*, p. 56–75 ; Amsler, S., « Amos », p. 182 ; Martin-Achard, R., *L'homme de Teqoa*, p. 49 ; Bovati, P., Meynet, R., *Le livre du prophète Amos*, p. 89 ; Park, A. W., *The Book of Amos as Composed and Read in Antiquity*, p. 75.

99 Vesco souligne que, même si le terme בְּרִית est absent dans cet oracle, Dieu, par le rappel de ses bienfaits, se présente comme le Dieu d'Israël, un allié en faveur de qui il a combattu. Vesco, J. L., « Amos de Teqoa », p. 510. D'autres, tels que Buis, Blenkinsopp, relèvent que les accusations d'Am 2, 6–8 ne sont pas faites au hasard ; elles correspondent pour la plupart des cas aux stipulations du code de l'Alliance (Ex 20, 23 – 23, 19, Dt 8, 11–18 ; 11, 1–30) et se conforment à l'idéal de la société que Dieu a voulu juste et droite. Buis, P., « Les formulaires d'alliance », *VT* 16 (1966), p. 396–411 (p. 410) ; Blenkinsopp, J., « The prophetic Reproach », *JBL* 90 (1971), p. 267–278 (p. 267). Asurmendi estime que l'énumération des bienfaits du Seigneur en Am 2, 9–11 vise à exprimer aux coupables d'exactions d'Am 2, 6–8 que le comportement que le Dieu d'Alliance attend d'eux se situe au niveau social. Asurmendi, J., « Amos », p. 15.

100 Sans entrer une nouvelle fois dans le débat visant à savoir s'il désigne un accord politico-commercial entre Israël et Tyr ou un lien de sang entre Jacob (Israël) et Esaü (Édom)].

ailleurs dans le livre, son usage n'est sans doute pas fortuit. En effet, au lieu de désigner les relations entre Dieu et les hommes, בְּרִית s'applique ici à celles que ces derniers entretiennent entre eux. Or, la violation de ces relations horizontales est présentée comme une dimension de l'acte de rébellion de Tyr contre Dieu. Par conséquent, nous pouvons croire que l'utilisation de בְּרִית en Am 1, 9 est intentionnelle ; son but est de signifier non seulement que Dieu garantit et veille sur les bons rapports entre les hommes, mais aussi que toute entrave à ceux-ci devient un affront, un פֶּשַׁע contre lui. Et, si transgresser la בְּרִית אַחִים est synonyme de se rebeller contre Dieu, c'est que, comme l'a si bien souligné Barth, sa cause et celle des humains dont il est le garant sont liées[101]. Dans ce sens, l'oracle contre Tyr prélude non seulement au jugement d'Am 2, 6–16, mais aussi à ceux énoncés dans la suite du livre où la dissociation entre la relation à Dieu (le culte) et la sollicitude envers le prochain (la pratique de la justice) est sans cesse présentée comme l'attitude des fils d'Israël, qui irrite, révolte Dieu, le fait déserter les lieux de sa présence (Am 2, 8 ; 3, 9–10 ; 4, 1–4 ; 5, 4–6. 12 ; 8, 4–14), l'amène, lui ainsi que son prophète, à se taire (Am 5, 13 ; 8, 11–12). Nous pouvons donc en déduire que les auditeurs d'Amos, après avoir entendu condamner les habitants de Tyr pour le non-respect des bonnes relations fraternelles, le comprendront lorsqu'il se tournera vers eux pour leur dire que leurs injustices envers leurs frères révoltent Dieu et qu'il est prêt à les anéantir (Am 2, 6–8 ; 3, 9–12 ; 4, 1–3 ; 5, 1–17 ; 6, 1–7).

Avant de clore cette analyse qui nous a permis de mettre en lumière l'importance de l'oracle contre Tyr dans la stratégie littéraire du livre d'Amos, nous faisons les observations suivantes :

- Avant tout, nous relevons que l'oracle contre Tyr a certaines caractéristiques, dont la mention לֹא זָכְרוּ בְּרִית אַחִים, qui le singularisent et le démarquent des autres discours d'Am 1, 3 – 2. Mais loin de faire de lui un élément disparate et superflu dans son contexte, cette référence permet plutôt à ce passage, dont l'accusation est accordée avec celles des oracles contre Damas et Gaza qui le précèdent, d'être en lien avec le discours contre Édom qui le suit. Aussi permet-elle à l'oracle contre Tyr d'être le discours climax dévoilant que la dévalorisation de l'être humain (plus précisément la réduction de ce dernier à

---

101 Barth souligne que le Dieu présenté par Amos est « le Dieu du prochain abaissé, outragé et écrasé, le vengeur appelé à intervenir immédiatement et sans pardon pour le mal qui a été fait à celui qui souffre de l'inhumanité de son semblable ». Il poursuit en soutenant que le berger de Teqoa est sans doute l'un des plus anciens prophètes ayant le mérite d'avoir uni « la cause du prochain durement et continuellement foulé aux pieds par son semblable, mais invariablement soutenu et défendu par Dieu ». Barth, K., *Kirchliche Dogmatik* IV, 2/2, p. 78, cité dans Martin-Achard, R., *Amos*, p. 253–254.

une chose) n'atteint pas uniquement des adversaires (Damas) et des déportés (Gaza), mais aussi des frères.

–   Ensuite, grâce au terme אַחִים et le motif de la fraternité qu'il induit, l'oracle contre Tyr garde une connexion très étroite avec l'oracle contre Édom et devient, de ce fait, le passage pivot articulant les deux premiers oracles (Damas et Gaza) avec la suite du discours contre les nations étrangères et contre Juda (Am 1, 11 – 2, 5). Ce même motif permet à l'accusation de Tyr de préluder aux crimes des fils d'Israël qui sont tous dirigés contre des frères.

–   Enfin, le motif de l'alliance implique également que le jugement de Tyr permet aux auditeurs d'Amos de comprendre l'articulation et l'essentiel de ce qui leur est reproché.

A présent, nous abordons l'analyse de l'oracle contre Édom, en poursuivant le même objectif, c'est-à-dire montrer qu'il est nécessaire pour la pédagogie d'Amos.

La place et la fonction de l'oracle contre Édom (Am 1, 11–12)

L'analyse du discours de jugement qu'Amos a prononcé contre Édom, royaume situé au Sud d'Israël dans la dépression de l'Arabah, s'effectuera en trois points. D'abord, nous procéderons à sa traduction afin de préciser, s'il y a lieu, la signification de certains termes et syntagmes qui sont l'objet d'interprétations divergentes. Ensuite, nous tâcherons de mettre en exergue, par l'analyse de son chef d'accusation, les rapports qui le lient avec les oracles contre Ammon et Moab, lesquels constituent son contexte postérieur. Enfin, nous démontrerons en quoi il est un élément clef et indispensable pour le fonctionnement de la stratégie rhétorique adoptée par Amos.

La traduction d'Am 1, 11–12

La traduction de l'oracle contre Édom varie sensiblement d'un exégète à l'autre. Cette divergence résulte principalement du sens que les uns et les autres accordent à וְשִׁחֵת רַחֲמָיו et à וַיִּטְרֹף לָעַד אַפּוֹ, deux des quatre syntagmes que comporte son chef d'accusation, formulé en Am 1, 11b : עַל־רָדְפוֹ בַחֶרֶב אָחִיו וְשִׁחֵת רַחֲמָיו וַיִּטְרֹף לָעַד אַפּוֹ וְעֶבְרָתוֹ שְׁמָרָה נֶצַח. Concernant la traduction du premier, וְשִׁחֵת רַחֲמָיו, la discussion porte davantage sur la signification contextuelle du terme רַחֲמָיו, le complément d'objet de וְשִׁחֵת (parfait non consécutif du verbe שחת à la troisième personne du masculin singulier au *piel*) qui doit ici[102] être rendu par « il a supprimé » ou mieux par « il a étouffé ». En effet, dans son article publié en 1970, Fishbane, comme Jepsen[103], soutient que רַחֲמָיו est utilisé dans le Proche Orient Ancien pour désigner une relation juridique entre deux partenaires d'alliance ; estimant que ce mot prend la même connotation en Am 1, 11, il traduit וְשִׁחֵת רַחֲמָיו par « il a détruit ses alliés/frères »[104]. Sa proposition est fortement critiquée par bon nombre de

---

102 Le sens le plus fréquent de ce verbe est « détruire » (Gn 6, 17 ; Gn 13, 10 ; 2S 1, 14 ; Jr 12, 10 ; Ex 21, 17) ou corrompre (Gn 6, 11 ; Ex 8, 20 ; Dt 32, 5 ; Ez 28, 17). Son objet étant la pitié, un sentiment, il est préférable de le traduire par « étouffer » ou par « supprimer ».

103 Jepsen, A., « Gnade und Barmherzigkeit im Alte Testament », *KerDog* 7 (1961), p. 261–271 (p. 262) ; cité dans *HALOT*, vol. 3, 1996, p. 1218–1219.

104 Fishbane, M., « The Treaty Background of Amos 1:11 and Related Matters », *JBL* 89/3 (1970), p. 313–318. Rudolph, s'appuyant sur Jepsen, donne le même sens, le traduisant par « Brüderlichkeit abwürgte ». Rudolph, W., *Joel – Amos – Obadja – Jona*, p. 125. March, lui, parle de « brotherly regard ». March, W. E., « Amos 1:3 – 2:16, the Exegesis of a Tradition », *ASB* 90 (1975), p. 7–34 (p. 9).

https://doi.org/10.1515/9783110562743-018

commentateurs postérieurs. Coote, tout en admettant que רַחֲמָיו prend en Am 1, 11 la connotation d'une alliance, avance que ce mot doit tout de même être rendu par son sens abstrait de « miséricorde » ; il propose que וְשִׁחֵת רַחֲמָיו soit traduit par « il a détruit la miséricorde de son alliance »[105]. De même Paul, dans le but de lier l'accusation portée contre Édom (Am 1, 11) au reproche adressé à Ammon (Am 1, 13), établit un parallèle entre רַחֲמָיו et רַחַם רַחֲמָתַיִם de Jg 5, 30[106] et suggère ainsi que רַחֲמָיו soit plutôt rendu par « jeune fille » ou par « femme »[107]. Mais aucune de ces propositions n'est retenue par Barré[108], Andersen et Freedman et d'autres[109] qui reprennent la traduction de Fishbane.

De nombreux autres exégètes, comme Simian-Yofre, estiment que רַחֲמָיו a un sens beaucoup plus concret que ceux préconisés par les auteurs cités ci-dessus[110]. En effet, רַחֲמָיו est la forme suffixée de רַחֲמִים, le pluriel du substantif רַחַם qui signifie littéralement « le sein maternel » ou « les entrailles » ; il est couramment utilisé dans la littérature biblique pour désigner la compassion, la pitié ou la miséricorde (Gn 43, 14 ; 1R 3, 26 ; 1R 8, 50 ; Is 47, 6, Ps 106, 46 ; Dn 1, 9 ; Ne 1, 11 ; 2Ch 30, 9)[111]. C'est plutôt ce sens étymologique privilégié par la Septante et la Vulgate[112] qu'ils retiennent généralement en traduisant וְשִׁחֵת רַחֲמָיו par « et il a étouffé sa

---

105 « And spoiled his covenant mercy ». Coote, R. B., « Amos 1. 11 : *rhmyw* », *JBL* 90 (1971), p. 206–208.

106 Dans Jg 5, 30, רַחַם רַחֲמָתַיִם désigne des jeunes filles que les guerriers se partagent comme butin ; or ce n'est pas cette formulation qui est utilisée en Am 1, 11.

107 Paul, Sh. M., « Amos 1: 3 – 2, 6 : A Concatenous Literary Pattern », p. 402–403.

108 Barré, après une étude sur l'usage du couple רדף et שחת (poursuivre et détruire) dans le Ps 23, 6, adopte la traduction de Fishbane. Barré, M. L., « Amos 1:11 Reconsidered », *CBQ* 47 (1985), p. 420–427.

109 Andersen, F. I., Freedman, D. N., *Amos*, p. 266–267. Koehler et Baumgartner optent également pour cette traduction. *HALOT*, vol. 3, p. 1218–1219. Dietrich et Arnet semblent être du même avis. Dietrich, W., Arneth, A. (eds.), *Konzise und aktualisierte Ausgabe des Hebräischen und Aramäischen Lexikons zum Alten Testament*, Leiden-Boston, Brill, 2013, p. 539.

110 Il écrit : « Etymological evidence stands in the way off accepting Fisbane's proposal to translate *rahamîm* as « friends, allies ». Without etymological support, the argument based on the structure of Am 1, 11 is insufficient. It does seem likely that in some texts *rhm* contains an allusion to covenant, but in my opinion the translation « convenant mercy » in Am 1:11 is not persuasive ». Simian-Yofre, H., Dahmen, U., רַחֲמִים ; רַחוּם ; רַחֲמִים, dans *TDOT*, vol. 13, 2004, p. 437–454 (p. 448) ; voir aussi : Simian-Yofre, H., *Amos*, p. 39–40.

111 Clines, D. J. A. (ed.), *The Dictionary of Classical Hebrew*, vol. 7, Sheffield, Phoenix Press, 2010, p. 470–471.

112 La Septante rend וְשִׁחֵת רַחֲמָיו par « ἐλυμήνατο μήτραν ἐπὶ γῆς » qui littéralement signifie « il a détruit ses entrailles par terre », expression générique pour exprimer le fait de manquer de miséricorde, de la compassion ou de la pitié. Dans la Vulgate וְשִׁחֵת רַחֲמָיו est traduit par « violaverit misericordiam ».

compassion » ou par « il a étouffé sa pitié » ou bien encore par « et il a étouffé sa miséricorde »[113]. Par conséquent, l'on n'est donc pas obligé de se référer au sens que le mot רַחֲמִים prend dans les traités du Proche Orient Ancien pour traduire le syntagme וְשִׁחֵת רַחֲמָיו. Nous préférons tenir compte de son sens étymologique en rendant à notre tour וְשִׁחֵת רַחֲמָיו par « et il a étouffé sa pitié »[114]. Une telle traduction nous semble appropriée d'autant plus que le syntagme précédent dénonce la poursuite du frère avec l'épée, et les deux suivants, l'entretien de la colère et de la rancune inextinguible.

Quant à l'expression וַיִּטְרֹף לָעַד אַפּוֹ, la difficulté de sa traduction résulte à la fois du sens et de la fonction syntaxique que les exégètes accordent respectivement au verbe וַיִּטְרֹף et au substantif אַפּוֹ. Concernant le mot וַיִּטְרֹף, certains commentateurs suggèrent de le substituer par וַיִּנְטֹר, inaccompli du verbe נטר, souvent rendu par « garder » (Jr 3, 5 ; Ct 1, 6 ; 8, 11)[115], alors que beaucoup d'autres le maintiennent et le traduisent par « a déchiré » ou par « a persisté » ou bien encore par « a entretenu »[116]. En effet, le terme וַיִּטְרֹף est l'inaccompli du verbe טרף dont le sens basique est « déchirer » ou « dépecer ». Abondamment utilisé dans la Bible hébraïque, il s'applique généralement aux animaux prédateurs, principalement aux lions ou aux loups qui déchirent leurs proies (Gn 49, 27 ; 37, 33 ; Ex 22, 15 ; Jr 5, 6)[117], mais il peut également, comme en Jb 16, 6, s'appliquer métaphoriquement à la colère de Dieu qui déchire quelqu'un. Il peut enfin, s'il est employé au *hifil*, signifier dispenser, sustenter, ou fournir de la nourriture à quelqu'un (Pr 30, 8).

---

113 La Bible Louis Segond traduit וְשִׁחֵת רַחֲמָיו par « en étouffant sa compassion » ; les éditeurs de la *TOB*, ceux de la *BJ* et des exégètes tels que Hoonacker, la rendent par « et a étouffé sa pitié ». Dans la Bible de Derby, nous lisons « et a étouffé sa miséricorde ». A noter que seul Néher rend וְשִׁחֵת רַחֲמָיו par « a dénaturé son sentiment de pitié ». Neher, A., *Amos*, p. 49.

114 Tous les trois désignent le sentiment d'affliction qu'une personne éprouve pour les maux et pour les souffrances d'autrui et l'élan qui la porte à soulager les douleurs d'un autre ou à lui pardonner. Léon-Dufour les regroupe ensemble. Leon-Dufour, X., *Dictionnaire du Nouveau Testament*, Paris, Seuil, 1975, p. 372–373. Voir également l'article de Ferry sur la miséricorde. Ferry, B. M., « La miséricorde », dans Bogaert, P. M., Delcor, M., Jacob, E., (als.), *Dictionnaire encyclopédique de la Bible*, Turnhout, Brepols, 1987, p. 847.

115 Hoonacker résume le mieux les arguments de ces commentateurs. Il souligne précisément que c'est en s'inscrivant dans la logique de la Vulgate qui traduit וַיִּטְרֹף par « tenuerit » que ceux-ci allèguent que ce mot proviendrait d'un copiste, lequel aurait rattaché par erreur la lettre פ de אַפּוֹ qui, à l'origine, se trouvait juste après וַיִּנְטֹר. Hoonacker, A. van, *Le livre des douze petits prophètes*, p. 214.

116 Dans la *TOB* comme dans la *BJ*, וַיִּטְרֹף est traduit par « a déchiré » ; Hoonacker et Amsler le rendent respectivement par « a persisté », « a entretenu ». Hoonacker, A. van, *Le livre des douze petits prophètes*, p. 214 ; Amsler, S., « Amos », p. 175.

117 Le substantif טֶרֶף est utilisé pour désigner la proie en Is 31, 4. Pour les différents sens de ce terme voir : Wagner, S., טָרַף ; טְרֵפָה ; טֶרֶף, *TDOT*, vol. 5, 1986, p. 350–357.

Beaucoup d'exégètes modernes[118], suivant la logique de la Septante, gardent le sens premier de וַיִּטְרֹף et traduisent l'expression וַיִּטְרֹף לָעַד אַפּוֹ par « et sa colère l'a toujours déchiré ». Toutefois, cette traduction privilégiée par Barthélémy[119] dans sa critique textuelle pose problème puisqu'elle considère אַפּוֹ (sa colère) comme le sujet de וַיִּטְרֹף alors qu'il comporte un wav consécutif, impliquant qu'il partage le même sujet que רָדְפוֹ et וְשִׁחֵת employé dans les deux syntagmes précédents. Autrement dit, le sujet de וַיִּטְרֹף n'est pas אַפּוֹ (sa colère) mais Édom. Or ce serait aussi un non-sens de traduire וַיִּטְרֹף לָעַד אַפּוֹ par « il (Édom) a déchiré pour toujours sa colère »[120].

Par conséquent, nous nous inscrivons dans la logique des commentateurs qui considèrent אַפּוֹ comme le complément d'objet direct de וַיִּטְרֹף et rendent וַיִּטְרֹף לָעַד אַפּוֹ soit par « et il a maintenu »[121], soit par « et il a entretenu »[122]. Pour notre part, nous préférons rendre וַיִּטְרֹף לָעַד אַפּוֹ par « il a toujours nourri sa colère », une telle traduction ayant l'avantage de pointer la responsabilité d'Édom en ce que sa colère, vouée par nature à s'éteindre, se poursuit dans le temps ; elle dévoile que contrairement à sa pitié qu'il a étouffée, Édom a toujours attisé ou ravivé sa colère.

Suite aux précisions apportées sur le sens de וְשִׁחֵת רַחֲמָיו et sur celui de וַיִּטְרֹף לָעַד אַפּוֹ, nous préconisons la traduction suivante de l'oracle contre Édom :

Texte hébraïque	Traduction
1, 11 כֹּה אָמַר יְהֹוָה	Ainsi parle le Seigneur
עַל־שְׁלֹשָׁה פִּשְׁעֵי אֱדוֹם וְעַל־אַרְבָּעָה	A cause de trois rebellions d'Édom et à cause de quatre
לֹא אֲשִׁיבֶנּוּ	Je ne le révoquerai pas ;
עַל־רָדְפוֹ בַחֶרֶב אָחִיו	parce qu'il a poursuivi son frère avec l'épée
וְשִׁחֵת רַחֲמָיו	et a étouffé sa pitié,
וַיִּטְרֹף לָעַד אַפּוֹ	et sa colère, il l'a toujours nourrie
וְעֶבְרָתוֹ שְׁמָרָה נֶצַח:	et sa fureur, il l'a toujours gardée.
1,12 וְשִׁלַּחְתִּי אֵשׁ בְּתֵימָן	J'enverrai le feu dans Teman
וְאָכְלָה אַרְמְנוֹת בָּצְרָה	et il dévorera les palais de Boçra.

---

118 Wolff, H. W., *Joel and Amos*, p. 130 ; Soggin, J. A., *Il profeta Amos*, p. 65–67 ; Rudolph, W., *Joel-Amos-Obadja-Jona*, p. 127 ; Andersen, F. I., Freedman, D. N., *Amos*, p. 267–274.

119 Barthelémy, D., *Critique textuelle de l'Ancien Testament, tome 3 : Ezéchiel, Daniel et les 12 prophètes*, OBO 50/3, Freiburg, Éditions Universitaires ⎯ Göttingen, Vandenhoeck et Ruprecht, 1992, p. 642–643.

120 C'est la traduction retenue par Bovati et Meynet. Bovati, P., Meynet, R., *Le livre du prophète Amos*, p. 50–51.

121 Terme choisi par la Vulgate, laquelle traduit וַיִּטְרֹף לָעַד אַפּוֹ par « et tenuerit ultra furorem suum » qui veut dire : il a toujours maintenu ou gardé sa fureur.

122 « Et il a entretenu sa colère sans fin ». Amsler, S ; « Amos », p. 175.

Nous pouvons à présent nous demander pourquoi, en dépit des arguments de ceux qui le prennent pour un texte secondaire et disparate, il demeure un passage accordé à son contexte.

L'oracle contre Édom et son contexte d'insertion

L'oracle contre Édom est souvent perçu comme un élément discordant pour des raisons similaires à celles que nous avons évoquées dans l'analyse du discours destiné à Tyr: la particularité de son style, de sa structure syntaxique[123], et le prétendu caractère tardif du crime rapporté dans son chef d'accusation. Pour ce qui est des arguments fondés sur les particularités stylistiques et syntaxiques d'Am 1, 11–12, nous avons déjà démontré qu'ils ne constituent pas un critère suffisant devant permettre de classer l'un des oracles d'Am 1, 3 – 2, 16 comme un élément disparate et superfétatoire ; étant des discours de jugement fondés sur des motivations particulières et destinés à différentes nations, les oracles d'Am 1, 3 – 2, 16 comportent naturellement des traits stylistiques et syntaxiques les singularisant les uns des autres. Dès lors, au lieu de ne tenir compte que de ce qui fonde la particularité du jugement prononcé contre Édom et qui le distingue de ceux adressés aux autres nations, l'exégète qui entend saisir l'unité et la cohérence d'Am 1, 3 – 2, 16 devra une fois encore chercher à saisir le lien entre son פֶּשַׁע et celui de ses co-accusées.

Quant à l'argument historique permettant de penser que le fait reproché à Édom serait tardif, ses partisans sont divisés quant à sa datation. Certains arguent que cette nation, restée sous l'emprise d'Israël pendant toute la période de la monarchie, à l'exception d'un très bref intermède (sous le règne de Yoram, les rebelles Édomites ont installé leur propre roi), n'a pu prendre sa revanche qu'après la chute de Jérusalem en 587 sous les forces babyloniennes. Durant la destruction de cette ville, au lieu de porter secours aux Judéens, peuple lié à eux par une réelle parenté[124], les Édomites se sont plutôt réjouis de la prise de la ville, exhortant l'envahisseur à la raser jusqu'en ses fondations (Ez 25, 12–14 ; 35, 1–15 ; Ps 137, 7). C'est cette vengeance des Édomites qui leur vaudrait d'être condam-

---

123 Les exégètes relèvent souvent que l'oracle contre Édom est dépourvu de formule conclusive, son accusation est plus longue et sa sanction moins développée et beaucoup plus stéréotypée que celles des oracles contre Damas, Gaza, Ammon et Moab.

124 La parenté proche des Israélites et Édomites transparaît dans les récits patriarcaux de Gn 25, 19–34 où Esaü, fils aîné et ancêtre éponyme du peuple d'Édom et Jacob, son frère jumeau surnommé Israël, se combattaient déjà dans le sein de leur mère, Rébecca (Gn 25, 22–23).

nés en Am 1, 11–12, tout comme dans beaucoup d'autres textes bibliques (Is 34, 5–17 ; 63, 1–6 ; Jr 49, 7–22 ; Ab 10–14 ; Ez 25, 12–14 ; 35, 1–15 ; Jl 4, 19 ; Ml 1, 4 ; Lm 4, 21–22)[125]. Gosse est l'un des partisans de cette hypothèse. Même s'il met l'accent sur le lien terminologique entre Am 1, 11b et 1R 8, 50[126], son analyse consiste à poser qu'en Am 1, 11b, le téqoïte reproche à Édom d'avoir profité de la situation lors de la chute de Jérusalem sans manifester de pitié, laquelle lui était demandée en 1 R 8, 50. D'autres, tel Hayes, pensent que les évènements spécifiques auxquels se rapporte l'accusation d'Am 1, 11b ont probablement eu lieu dans le contexte de la guerre syro-éphraïmite, sous le règne du roi Achaz (743–728)[127]. Gosse n'écarte d'ailleurs pas cette idée : il avance que si en 2 Rois 17, 6, Aram est remplacé par Édom, le présage du futur comportement de cette nation lors de son action au cours de la guerre syro-ephraïmite devient plus marqué[128].

En fait, outre la particularité de la structure syntaxique d'Am 1, 11–12, la raison majeure pour laquelle ces exégètes considèrent cet oracle comme un passage non accordé à son contexte consiste à dire que la haine inextinguible des Édomites (descendants d'Esaü) contre les Israélites (issus de la lignée de Jacob) ne s'est révélée qu'au moment de la destruction de Jérusalem par les forces de Nabuchodonosor ou lors de la guerre syro-éphraïmite et n'est devenue un thème tradition- nel dans la littérature biblique qu'après l'exil. Cet argument a le mérite d'être basé sur un fait historique concret, la réjouissance des Édomites du mal des Israélites, réjouissance qui révèle la haine qu'ils vouent à ces derniers. Il a l'intérêt de per- mettre au lecteur de lire Am 1, 11–12 à la lumière de Gn 25, 19–34 et d'y voir une allusion à l'incessant antagonisme entre Esaü et Jacob. Mais ce raisonnement tendant à constituer Am 1, 11–12 comme un passage relatant un fait tardif et ne s'accordant donc pas avec les oracles qui rapportent des faits datant d'avant ou du moment de l'intervention d'Amos, est-il soutenable ?

D'abord, tous les exégètes ne sont pas d'avis que le crime dénoncé en Am 1, 11b est une allusion au comportement affiché par les Édomites lors de la prise de Jérusalem par les troupes de Nabuchodonosor ou lors de la guerre syro-éphraï- mite. A titre d'exemple, Paul, l'un de ceux qui sont le plus persuadés que le dis-

---

125 Wolff, H. W., *Joel and Amos*, p. 159–160 ; Martin-Achard, R., *L'homme de Teqoa*, p. 45 ; Jere- mias, J., *The Book of Amos*, p. 8, 23, 29–31, 44.

126 Gosse, B., « Le recueil d'oracles contre les nations du livre d'Amos », p. 34.

127 Tout en posant que les événements spécifiques auxquels se rapporte l'accusation d'Am 1, 11b sont incertains, il allègue pourtant qu'ils ont probablement eu lieu dans le contexte des évène- ments relatés dans 2R 16, 6 et 2 Ch 28, 17 ; selon lui, le contexte d'Am 1, 11b est incontestablement celui de la guerre syro-éphraïmite survenue sous le règne du roi Achaz (743–728), soit plusieurs années après l'intervention d'Amos. Hayes, J. H., « Amos's Oracles against the Nations », p. 160.

128 Gosse, B., « Le recueil d'oracles contre les nations du livre d'Amos », p. 34.

cours de jugement contre Édom a sa place parmi les oracles amosiens contre les nations, estime, tout comme Hoffmann, que cette hypothèse est très discutable pour deux raisons. D'une part, il relève qu'Am 1, 11–12, à la différence des autres textes bibliques cités ci-dessus, ne comporte aucune allusion à une aide quelconque d'Édom dans la destruction de Juda. D'autre part, il souligne qu'Am 1, 11b n'évoque pas l'extension de la domination d'Édom sur le Sud de la Judée après l'effondrement d'Israël[129]. Hammershaimb quant à lui, affirme que celui qui soutient que les Édomites sont visés en Am 1, 11–12 pour s'être réjouis de la chute de Jérusalem, devrait admettre que ces escarmouches avec Israël avaient eu lieu des centaines d'années avant l'intervention d'Amos[130]. Aussi retenons-nous avec Rudolph que, même si le fait visé en Am 1, 11b était probablement connu de son public, ou du moins, présent dans la mémoire de ses auditeurs, il nous échappe[131] parce que rien ne permet ni de le déterminer avec exactitude, ni même de le supposer.

Ensuite, les critiques qui précèdent révèlent qu'il est trop hasardeux de défendre qu'en Am 1, 11b, il est reproché aux Édomites d'avoir manqué de compassion ou de pitié à l'égard des Israélites lors de la destruction de Jérusalem et de présumer que l'oracle contre Édom est un passage discordant. Une telle thèse ne se fonde sur aucune donnée textuelle crédible. En effet, non seulement Am 1, 11b ne contient aucune mention de la chute de Jérusalem et de l'occupation de la terre judéenne par Édom, mais aussi et surtout, il serait contradictoire de la part d'Amos de condamner les Édomites parce qu'ils se réjouissent de la destruction d'Israël que lui-même annonce avec force en Am 2, 5. De plus, ce qui est reproché à Édom, ce n'est point le fait de se réjouir du mal infligé par une tierce personne à son frère, mais plutôt le fait que lui-même le poursuit pour mettre un terme à sa vie ; autrement dit, en Am 1, 11b, Édom n'est pas assigné en procès en tant que complice ayant approuvé le meurtre de son frère, mais il comparaît en tant que principal bourreau de ce dernier. Comme nous l'avons déjà souligné, le sujet des quatre verbes רָדְפוֹ, וְשָׁחֵת, וַיִּטְרֹף et שְׁמָרָה qui décrivent le chef d'accusation, est assurément Édom. En outre, nous avons déjà établi qu'Amos n'intervient pas comme un prophète national de salut prônant la soumission d'Édom à Israël.

---

129 Hoffmann, Y., *The Prophecies against the Nations in the Bible*, p. 170 ; Paul, Sh. M., « A literary Reinvestigation », p. 193.

130 Hammershaimb, E., *The Book of Amos*, 1970, p. 38.

131 Rudolph, W., *Joel-Amos-Obadja-Jona*, p. 134. Andersen et Freedman acquiescent en ces termes « we do not know which of the many wars between Israel and/or Judah and Édom Amos has in mind ». Andersen, F. I., Freedman, D. N., *Amos*, p. 265.

Après tout, nous retenons à la lumière des données textuelles et des observations qui précèdent que les Édomites sont mis au banc des accusés pour avoir
commis un fratricide motivé par un refus de pardonner et par une colère gratuite
doublée d'une haine irraisonnée qu'ils ont toujours gardée contre leur victime[132].
Et, puisqu'aucun motif de la colère d'Édom n'y est donné, nous sommes enclin
à penser que son crime est arbitraire : il ne dépend que de sa volonté ou de son
désir, celui d'anéantir son frère pour assouvir un sentiment de fureur. Par conséquent, Édom a traité son frère comme s'il s'agissait d'une chose ou d'un objet
que l'on peut, sans pitié, détruire à sa guise au gré de ses émotions. Son acte est
d'autant plus arbitraire qu'il s'oppose également à la volonté de Dieu, lequel, en
condamnant Caïn qui, au lieu de dominer sa colère, a tué son frère, s'oppose à
tout fratricide et le prohibe (Gn 4, 3–11). De plus, la loi mosaïque qu'il inspira plus
tard proscrit, outre le meurtre, le fait de nourrir une haine, de garder la rancune
et de se venger contre son frère (Lv 19, 17)[133].

Nous référant à cette interprétation du crime d'Édom, nous pouvons, en plus
du lien entre son chef d'accusation et celui de l'oracle contre Tyr que nous avons
déjà démontré, établir une connexion entre ce פֶּשַׁע et ceux d'Ammon et de Moab.
En effet, au jugement d'Édom succède celui d'Ammon, un ensemble de tribus
vivant au Sud-Est du Galaad sur une terre aride et désertique. L'acte d'accusation
formulé contre cette dernière nation se présente comme suit : עַל־בִּקְעָם הָרוֹת הַגִּלְעָד
לְמַעַן הַרְחִיב אֶת־גְּבוּלָם. Sa traduction et son interprétation ne posent pas de difficulté majeure. La plupart des exégètes le rendent par « parce qu'ils ont éventré
les femmes enceintes du Galaad afin d'élargir leur territoire »[134]. Quant au sens

---

132 Cette interprétation s'inscrit dans le sens d'Andersen et Freedman. Ils soulignent que, sous
l'influence de Jr 49 et du Ps 137, les commentateurs, au lieu de percevoir en Am 1, 11b la dénonciation d'une attaque perfide ou d'une attaque cruelle sur un champ de bataille, allèguent qu'il
s'agit de la dénonciation de l'attitude d'Édom lors de la chute de Jérusalem, celle-ci ayant entraîné la destruction du temple et l'exil des Israélites (Os 14). Pour ces auteurs, les condamnations
d'Amos concernent généralement des politiques ou des pratiques. Andersen, F. I., Freedman,
D. N., *Amos*, p. 275.
133 D'autres textes bibliques postérieurs à la prédication d'Amos condamnent aussi la rancune
gardée contre son frère : Si 10, 6 ; Na 2 ; Ps 103, 9. En ce qui concerne la vengeance, elle n'appartient qu'à Dieu seul, Dt 32, 35 ; 41, 43 ; 1S 24, 12 ; Is 34, 8 ; 35, 4 ; 59, 17 ; Jr 11, 20 ; Na 1, 2 ; Ps 94, 1 ;
il condamne les peuples qui se vengent eux-mêmes et demande aux siens de ne point les imiter
(Lv 19, 18 ; 1S 25, 26. 33 ; Ez 25, 12–15.
134 Des exégètes, comme Hoonacker, préfèrent traduire le terme בִּקְעָם par « ils ont fendu ».
Hoonacker, A. van, *Les douze petits prophètes*, p. 216. C'est le sens que le verbe בָּקַע prend par
exemple en Ex 14, 16 et Qo 10, 9. Une telle traduction ne diverge pas de celle donnée ci-dessus.
Mais puisqu'il s'agit des ventres de femmes enceintes, éventrer est plus approprié.

à lui donner, ils sont quasi unanimes[135] pour soutenir que ce n'est point l'invasion des Ammonites qui est dénoncée par Amos, mais la cruauté et le sadisme dont ils ont fait preuve en éventrant les femmes enceintes du Galaad[136]. Rudolph et d'autres vont même plus loin, en relevant que ce crime ignoble et cruel, qui était une pratique courante dans le Proche Orient Ancien (2R 8, 12 ; 2R 15, 16 ; Os 14, 1)[137], révèle que les Ammonites sont animés d'une volonté de porter à son terme ultime la destruction totale d'une population. En effet, en massacrant les femmes et les enfants qu'elles portent, c'est la possibilité d'un avenir pour tout un peuple qui est radicalement supprimée[138].

Ainsi exposé, le פֶּשַׁע d'Ammon peut être mis en rapport avec celui d'Édom pour trois motifs : le premier concerne le manque de pitié qui se dégage de l'acte d'accusation porté contre chacune de ces deux nations. En effet, éventrer des femmes enceintes et mettre ainsi fin à la vie de fœtus en gestation et incapables de se défendre, c'est faire preuve d'une cruauté et d'un sadisme monstrueux en s'attaquant à des personnes faibles et fragiles dont la détresse devrait susciter de la compassion. Au regard de la fragilité des victimes, le manque de pitié des Ammonites est beaucoup plus déplorable que celui des Édomites qui poursuivent

---

135 Une minorité de commentateurs, comme Fishbane, pensent qu'Ammon est condamnée ici pour avoir enfreint l'alliance, en usurpant le territoire des Israélites dans le Galaad. Fishbane, M., « The Treaty Background of Amos 1:11 and Related Matters », p. 318 ; une certaine hésitation est perceptible chez Néher qui écrit qu'Amos dénonce une extirpation de la race ou une recherche d'un plus grand espace vital. Neher, A., *Amos*, p. 52.

136 Rudolph, W., *Joel-Amos-Obadja-Jona*, p. 135 ; Martin-Achard, R., *Amos*, p. 135 ou Martin-Achard, R., *L'homme de Teqoa*, p. 45 ; Bovati, P., Meynet, R., *Le livre du prophète Amos*, p. 55–56.

137 Hayes souligne que cette pratique d'éventrer les femmes et d'abattre les fœtus était tellement courante pendant les guerres qu'elle est mentionnée dans la littérature akkadienne et arabe. Dans l'Iliade, Agamemnon ne supplie-t-il pas Menelaus d'abattre les captifs de Troie en ces termes : « Let us not spare a single one of them, not even the child unborn and in its mother's womb ; let not a man of them be left alive, but let all in Ilius perish, unheeded and forgotten », Hayes, J. H., « Amos's Oracles Against the Nations », p. 161. Une inscription de Téglath-Phalasar Iᵉʳ (vers 1100 avant notre ère), citée par de Viviés, fait également état de ce genre de pratique : « Il a mis en pièce le ventre des femmes enceintes, il a transpercé le corps des faibles ». Viviés, M. P., de, *Oracles du Seigneur, Amos, Osée, Isaïe*, Lyon, Profac, 2012, p. 32.

138 Bovati, P., Meynet, R., *Le livre du prophète Amos*, p. 97. Amsler souligne également que les femmes enceintes sont mentionnées non parce qu'elles sont sans défense mais parce qu'elles portent la vie et l'avenir du peuple. Les éventrer, c'est porter à son comble l'atteinte à la vie humaine. Amsler, S., « Amos », p. 175. Dans ce même sens, Martin-Achard tient les propos suivants : « En s'attaquant aux futures mères, c'est l'avenir même du peuple d'Israël en Galaad qu'Ammon met en question ; il peut ainsi être sûr de conserver la haute main sur la région ». Martin-Achard, R. *L'homme de Teqoa*, p. 45.

leurs frères avec l'épée. Le deuxième découle de la correspondance entre l'intention profonde des Ammonites et celle des Édomites, chacune d'elles visant l'anéantissement ou la suppression totale de leurs victimes. Le troisième résulte du fait que le crime d'Ammon, tout comme celui d'Édom, est arbitraire parce qu'il est mû par le désir avide d'agrandir son territoire. Comme les Édomites suppriment leurs frères à cause de leurs sentiments personnels (colère et fureur), les Ammonites anéantissent les habitants de Galaad à cause de leur avidité et de leur ambition personnelle. Si, chez Édom, la colère et la fureur ont étouffé la pitié, chez Ammon, c'est l'ambition et l'avidité qui l'ont bannie. Une telle attitude est également un affront contre Dieu, lequel n'a pas tardé à dépêcher le prophète Elie pour condamner à une mort infâme le roi Akhab qui, sous l'instigation de sa femme Jézabel, a éliminé Naboth pour s'emparer de sa vigne (1 R 21, 17–23). Toutes ces données nous permettent de conclure que l'oracle contre Édom garde un lien très fort avec celui destiné à Ammon, une nation qui au regard du statut de ses victimes, a une culpabilité beaucoup plus grave.

De même, le פֶּשַׁע d'Édom peut se rattacher à celui de Moab, la sixième et dernière nation étrangère qu'Amos a mise au banc des accusés. En effet, l'accusation portée contre celle-ci est formulée comme suit : עַל־שָׂרְפוֹ עַצְמוֹת מֶלֶךְ־אֱדוֹם לַשִּׂיד. Elle peut être traduite littéralement par « parce qu'il a brûlé les os du roi d'Édom à la chaux »[139]. Elle connait également plusieurs formes d'interprétations : certains auteurs, comme Condamin, estiment que le prophète Amos dénonce des sacrifices humains, et plus concrètement le fait de brûler des corps à Moloch, le dieu des Ammonites appelé aussi démon[140]. D'autres, tels que Ehrlich et Néher, soutiennent qu'Amos accuse Moab de s'être jeté sur les cadavres d'hommes extermi-

---

139 La traduction varie d'un exégète à l'autre ; ceux de la *TOB* la rendent par « parce qu'il a brûlé à la chaux les restes du roi d'Édom », ceux de la *BJ* et d'autres comme Gosse, suivant la logique de la Vulgate qui la rend par « eo quod incenderit ossa regis Édom usque ad cinerem », la traduisent par « parce qu'il a brûlé les os du roi d'Édom jusqu'à les calciner ». Amsler s'inscrit dans cette perspective mais sa traduction diffère un peu « parce qu'ils ont réduit en chaux, par le feu, les os du roi d'Édom ». Amsler, S., « Amos », p. 177. Quant à Ehrlich et à Néher, ils suivent le Targum Jonathan en la traduisant par « parce qu'il a brûlé les ossements du roi d'Édom et qu'il en a fait un revêtement de chaux pour les murs de sa maison ». Cathcart, K. J., Gordon, R. P., The Targum of the Minor prophets, p. 46 ; Ehrlich, A. B., *Randglossen zur hebräischen Bibel. Textkritisches, Sprachliches und Sachliches, Bd 5 : Ezechiel und die kleinen Propheten*, Leipzig, Hinrichs Buchhandlung, 1912, p. 230 ; Neher, A., *Amos*, p. 52–53.

140 Honnacker résume parfaitement leur thèse et avant de les récuser, il relève que Condamin suggère que מֶלֶךְ־אֱדוֹם לַשִּׂיד soit remplacé par לְשַׁד נָאָדָם לַמֹלֶךְ et qu'ainsi le crime de Moab soit traduit par « parce qu'ils ont brûlé des corps à Moloch, des hommes à un démon ». Mais c'est une traduction non conforme au texte de l'hébreu massorétique. Hoonacker, A. van, *Les douze petits prophètes*, p. 217.

nés par le roi d'Édom pour en faire une exploitation industrielle, c'est-à-dire pour fabriquer de l'ersatz de chaux[141]. Mais aucune de ces deux interprétations n'a pu s'imposer chez les commentateurs modernes et contemporains parce que le texte de l'hébreu massorétique d'Am 2, 1b ne mentionne ni Moloch, ni des massacres perpétrés par le roi d'Édom : il s'agit incontestablement de עַצְמוֹת מֶלֶךְ־אֱדוֹם (les os du roi d'Édom). La plupart des exégètes, tels qu'Amsler, Mays et Rudolph, se basant sur le sens littéral de עַצְמוֹת מֶלֶךְ־אֱדוֹם, soutiennent que le berger de Teqoa dénonce plutôt une profanation très grave de la tombe ou des os du roi d'Édom[142], profanation visant à ravir au défunt, par un acte magique, le repos de la tombe, un droit sacré dû même au condamné et à l'ennemi (2 R 9, 34 ; Dt 21, 22)[143]. Cette interprétation rejoint celle de Lagrange et de Dorhme, lesquels sont persuadés qu'Amos reproche aux Moabites d'avoir fait disparaître le corps du roi d'Édom en le jetant dans un four à chaux, dans le but de rendre impossible le rite d'enterrement qui était de rigueur chez les sémites[144]. Au plus fort, Bovati et Meynet relèvent que, plus qu'une profanation de la tombe ou qu'un acharnement sur un cadavre, le crime des Moabites vise surtout à mettre définitivement fin à l'existence d'un homme. Dans ce sens, comme l'exprime Martin Achard, le crime reproché à Moab dénote une liquidation totale de la personne[145], visant à supprimer toutes ses traces afin d'empêcher toute mémoire de lui. Vu sous cet angle, le crime de Moab est un acte dans lequel le manque de pitié et le désir d'une liquidation complète et définitive de l'autre, déjà observés chez les Édomites et les Ammonites, atteignent leur summum.

En conclusion, nous retenons que, loin d'être un élément discordant et superflu, l'oracle contre Édom (Am 1, 11–12) est synchronisé avec les passages qui constituent ses contextes antérieur et postérieur immédiats (Am 1, 3 – 2, 3). Il garde un lien solide avec l'oracle contre Tyr en raison du motif de la fraternité et il devient même le climax des oracles contre Damas, Gaza et Tyr, situés en amont. Dans cet oracle, le traitement de l'homme comme un objet, observé dans les crimes de Damas, de Gaza et de Tyr devient plus grave puisqu'il s'agit d'un fratricide arbitraire visant à assouvir deux émotions : la colère et la rancœur. Il garde également un lien très ferme avec les oracles contre Ammon et Moab, situés en aval, pour divers motifs tels que le manque de pitié, l'intention de supprimer définitivement

---

141 Pour ces auteurs, c'est plutôt l'utilisation industrielle de restes humains qu'Amos récuse. Ehrlich, A. B., *Randglossen zur hebräischen Bibel*, p. 230 ; Neher, A., *Amos*, p. 52–53.

142 Mays, J. L., *Amos*, p. 38 ; Rudolph, W., *Joel-Amos-Obadja-Jona*, p. 135.

143 Amsler, S., « Amos », p. 177.

144 Lagrange, P. M. J., *Études sur les religions sémitiques*, Paris, Lecoffre, 1903, p. 281 ; Dhorme, E., « L'Idée de l'au-delà dans la religion hébraïque », *RHR* 123 (1941), p. 113–142.

145 Martin-Achard, R., *L'homme de Teqoa*, p. 47.

une personne au nom de ses sentiments ou de ses ambitions personnelles. Ainsi, il apparaît en réalité comme un passage clef, un texte pivot, articulant les oracles contre Damas, Gaza et Tyr avec les oracles contre Ammon et Moab.

Dès lors, nous nous demandons en quoi ce passage prépare les auditeurs d'Amos à mieux comprendre les reproches d'Am 2, 6–16.

L'apport de l'oracle contre Édom dans la pédagogie rhétorique d'Amos

L'oracle contre Édom s'avère indispensable à la stratégie communicationnelle adoptée par Amos pour trois raisons principales. Tout d'abord, Édom est cité comme complice des crimes reprochés à Gaza et à Tyr puisque c'est à lui que ces deux nations vendent des déportés (Am 1, 6. 9). En tant qu'acheteuse, cette nation peut même être vue comme celle qui incite Gaza et Tyr à pratiquer le commerce d'hommes. Il résulte de cette observation que l'absence d'un procès contre Édom porterait une entorse grave aussi bien à la pédagogie d'Amos qu'à la cohérence de son discours contre les nations. Il serait étonnant, en effet, qu'après avoir jugé et condamné Gaza et Tyr pour avoir disposé d'êtres humains comme des objets à vendre, le Teqoïte ne dise rien de la nation qui les achète et dont la responsabilité dans ce trafic est sans doute beaucoup plus grande, puisqu'elle a fixé ou accepté leur prix ou leur valeur monétaire. Certains peuvent logiquement objecter qu'Édom n'est pas jugée pour sa responsabilité dans la traite humaine que Gaza et Tyr pratiquent avec elle (Am 1, 11). Mais nous soulignons qu'en jugeant Édom pour un autre crime (« il a poursuivi son frère avec l'épée, étouffé sa pitié, nourri toujours sa colère et gardé sa fureur », Am 1, 11), il pousse son auditeur à ajouter cette nouvelle culpabilité à celle qui est annoncée implicitement dans le procès intenté à Gaza et à Tyr (Am 1, 6–10). Ceci implique que la rebellion d'Édom est beaucoup plus grave et justifie sa comparution à la suite de Gaza et de Tyr.

Ensuite, comme le souligne Paul, il serait étrange qu'Édom soit la seule nation de la triade traditionnelle, Édom-Moab-Ammon, à ne pas faire partie de la liste des condamnés[146]. Le fait qu'Amos condamne les Moabites pour avoir brûlé les ossements du roi d'Édom (Am 2, 1) rend encore le jugement de cette nation indispensable pour l'intégrité de sa personne et de son discours. Sans l'oracle contre Édom, la condamnation prononcée contre Moab inciterait les auditeurs d'Amos à le suspecter d'être apparu pour défendre la cause des Édomites ; ainsi, ils ne pourraient plus accueillir les reproches qu'il a formulés contre eux en Am 2, 6–16.

---

146 Paul, Sh. M., « A Literary Reinvestigation », p. 193.

Enfin, la raison principale qui rend indispensable l'oracle contre Édom résulte de l'adéquation entre l'attitude des Édomites et celle des fils d'Israël, coupables d'exactions énumérées en Am 2, 6–8. En effet, en Am 1, 11b, les Édomites sont dépeints comme des personnes ayant étouffé leur pitié, en poursuivant sans fin leurs frères pour les anéantir ; au lieu de se montrer indulgents en pardonnant à leurs frères, ils nourrissent continuellement envers eux de la colère et de la fureur. Or, le manque de pitié et l'acharnement constant conduisant à l'extinction progressive de leurs frères pauvres et indigents, sont précisément les deux attitudes affichées par les Israélites, coupables des crimes dénoncés en Am 2, 6–8. Ces derniers, au lieu d'avoir pitié et d'être indulgents à l'égard du juste et du pauvre, vendent le premier pour de l'argent et troquent le second contre une paire de sandales (Am 2, 6b)[147] ; ils sont impassibles à la souffrance des דַּלִּים, c'est-à-dire des personnes faibles et chétives, amaigries physiquement, ruinées et défigurées par la misère ; ils convoitent plutôt avidement leur moindre bien, symbolisé par la poussière (Am 2, 7aa)[148]. Ils n'éprouvent aucune compassion, ni

---

[147] Le double crime d'Am 2, 6b connaît trois lignes d'interprétation bien présentées par Bovati et Meynet. Bovati, P., Meynet, R., *Le livre du prophète Amos*, p. 75. La première, l'interprétation la plus ancienne, celle qui accorde plus d'importance au terme צַדִּיק qu'au mot אֶבְיוֹן, consiste à dire qu'Amos dénonce les malversations des juges qui se laissent acheter par des riches pour condamner une personne innocente ; Amsler, S., « Amos », p. 180. La deuxième, celle qui privilégie le terme אֶבְיוֹן, pose que le téqoïte s'en prend plutôt aux maîtres qui vendent leurs esclaves aux étrangers, les condamnant ainsi à un esclavage perpétuel. Lang, Fleische, Jeremias et les autres partisans de cette interprétation s'appuient sur l'exemple de la vente de Joseph aux égyptiens (Gn 37, 25–28) et sur le fait que d'autres textes bibliques dénoncent une telle pratique (Ex 21, 2 ; Dt 15, 12 ; 2 R 4, 1 ; Ez 27, 13 ; Jl 4, 6 ; Ne 5, 8). Lang, B., « Sklaven und Unfreie im Buch Amos (II 6, VIII 6) », *VT* 31 (1981), p. 482–488 ; Fleischer, G., *Von Menschenverkäufern, Baschankühen und Rechtsverkehren. Die Sozialkritik des Amosbuches in historischkritischer, sozial-geschichtlicher und archäologischer Perspektive*, BBB 74, Frankfurt, Athenäum, 1989, p. 47–48 ; Jeremias, J., *The Book of Amos*, p. 35. La troisième, la plus répandue dans laquelle nous nous inscrivons, comprend les exégètes qui considèrent צַדִּיק et אֶבְיוֹן comme des termes synonymes et maintiennent qu'Amos dénonce l'attitude des créanciers envers leurs débiteurs ne pouvant pas rembourser leurs dettes. Cette interprétation (et même la deuxième) dévoile combien les riches manquent de pitié et d'indulgence envers les indigents.

[148] Le premier crime énoncé en Am 2, 7, הַשֹּׁאֲפִים עַל־עֲפַר־אֶרֶץ בְּרֹאשׁ דַּלִּים, fait l'objet de diverses traductions liées au sens que les uns et les autres accordent au mot הַשֹּׁאֲפִים. Torrey, se basant, d'une part, sur la Septante qui le rend par πατοῦντα, participe présent actif de πατέω, sous prétexte que les massorètes auraient confondu שָׁאַף avec שׁוּף (Gn 3, 15 ; Job 9, 17) et, d'autre part, sur la Vulgate qui le rend par « qui conterunt », suggère qu'il soit traduit par « piétiner » et qu'ainsi הַשֹּׁאֲפִים עַל־ עֲפַר־אֶרֶץ בְּרֹאשׁ דַּלִּים soit rendu par « ils donnent des coups sur la tête des pauvres ». Il veut garder le lien avec la mention de la paire de sandales d'Am 2, 6b. Torrey, C. C., « Notes on Amos II. 7, VI. 10, VII. 3, IX. 8–10 », *JBL* 15 (1896), p. 151–154. Paul admet cette interprétation tout en soulignant que le terme הַשֹּׁאֲפִים est plutôt en lien avec le droit des pauvres. Paul, Sh. M., *Amos*, p. 79–90.

pour les עֲנָוִים, les humbles supportant dignement et consciemment les injustices qui leurs sont infligées (Am 2, 7ab)[149], ni pour la fille domestique ; ils détournent le chemin des premiers[150] et utilisent la seconde comme une esclave sexuelle (Am 2, 7). Les auteurs des crimes d'Am 2, 6–8 manifestent d'ailleurs un manque de pitié beaucoup plus grave que les Édomites parce qu'ils dépouillent les pauvres de leurs biens [manteaux et vins (Am 2, 8)] et les utilisent dans les lieux de cultes, en violation de la loi sur le gage qui justement impose aux créanciers d'avoir pitié du malheureux en lui restituant son manteau au coucher du soleil pour qu'il ne meure pas de froid la nuit (Ex 22, 25 ; Dt 24, 12–13)[151]. Ce manque de pitié envers le pauvre, camouflé dans l'appareil judiciaire (Am 2, 6–7ab)[152] et concrétisé par

---

Pourtant, rendre הַשֹּׁאֲפִים, le participe présent, masculin pluriel, du verbe שׁאף qui, littéralement, signifie « aspirer » ou « renifler » (Jr 2, 24) ou même « traquer » (Ps 56, 2) par « ils aspirent » nous semble faire beaucoup plus sens. Cette traduction retenue dans *HALOT* et privilégiée par les rédacteurs de la *TOB*, de la Bible de Rabbinat et de la Bible de Louis Segond, puis très, récemment par Garrett, a l'avantage de dévoiler que les riches brûlent du désir avide de s'approprier les moindres biens des pauvres. Cf., שׁאף, *HALOT*, vol. 4, p. 1375 ; Garrett, D. A., *Amos*, p. 58–59.

149 Asurmendi, J., *Amos et Osée*, p. 13.

150 L'interprétation du second crime d'Am 2, 7, וְדֶרֶךְ עֲנָוִים יַטּוּ, que nous rendons par « et le chemin des humbles, ils le dévient », varie aussi en fonction du sens que les uns et les autres donnent à יַטּוּ, parfait du *hifil* du verbe נטה (dévier) mais surtout au substantif דֶּרֶךְ. Les traducteurs de la *TOB* parlent du détournement des ressources des pauvres. Hoonacker pense qu'il s'agit du fait de repousser avec force ou de refouler les humbles hors du chemin. Hoonacker, *A. van, Les douze petits prophètes*, p. 221. Jeremias, quant à lui, est persuadé que c'est le traitement brutal de l'être et surtout le fait d'humilier les pauvres de façon insultante qui est dénoncé par Amos. Jeremias, J., *The Book of Amos*, p. 36. Cependant, le parallélisme entre le v. 7ab et d'autres passages tels qu'Am 5, 7. 10, 12. 15 pousse à dire qu'Amos dénonce plutôt la violente obstruction de la justice due à la corruption des juges. Wolff, *Joel and Amos*, p. 133. Dans ce sens, nous pensons qu'Amos s'en prend aux puissants qui, dans les actes judiciaires intentés par les pauvres, détournent la voie de la justice pour défendre leurs intérêts. Ce crime s'inscrit donc dans la suite logique des accusations précédentes parce qu'il révèle que la vie du pauvre apparaît sans issue. Ce dernier est matériellement dépouillé, et tout recours juridique lui est impossible. La justice, qui devrait être une voie de salut pour le pauvre, lui est fermée et obstruée. Le pauvre se trouve anéanti sur tous les plans et condamné à s'éteindre.

151 Le fait que les vêtements soient étendus dans le sanctuaire nous incite à dire qu'il s'agit des manteaux mis en gage par les pauvres auprès de leurs créanciers ; or le gage est un contrat par lequel un débiteur remet en dépôt à son créancier un bien pour garantir l'exécution de ses engagements. Les créanciers qui les étendent devant les autels en font donc un usage illicite. Ils violent ainsi la loi sur le gage en confisquant les vêtements appartenant aux pauvres. Par conséquent, le crime du v. 8a justifie celui du v. 7a parce que la confiscation des vêtements est aussi une forme de détournement. Au détournement du chemin des humbles (v. 7a) s'ajoute celui des garanties de solvabilité (v. 8a). Aussi, l'obstruction de la justice évoquée dans le v. 7a se concrétise-t-elle dans le non-respect de la loi sur le gage (Ex 22, 25 ; Dt 24, 12ss).

152 Bovati, P., Meynet, R., *Le livre du prophète Amos*, p. 94.

le non-respect de la loi sur le gage, révèle aussi que les catégories de pauvres citées en Am 2, 6–8 sont dans une situation sans issue. Les pauvres ne peuvent plus emprunter, même pour se nourrir, au risque d'être dépouillés de leur unique bien qu'ils doivent mettre en gage. Impitoyablement cernés de toutes parts – de la place publique aux lieux de culte en passant par la famille – les faibles et les pauvres d'Am 2, 6–8 sont irrémédiablement condamnés à s'éteindre à petit feu ou à disparaître comme le frère de l'Édomite (Am 1, 11).

Pour clore cette présentation sur le rôle de l'oracle contre Édom dans la stratégie rhétorique d'Amos, nous retenons qu'en accusant l'Édomite d'avoir étouffé sa pitié en poursuivant son frère, Amos prépare sa critique contre les injustices sociales en Israël. Tout d'abord, l'attitude des responsables des actions énumérées en Am 2, 6–8 est comparable à celle de l'Édomite, qui au lieu de faire preuve de miséricorde envers son frère, le poursuit pour l'éliminer. Ensuite, le manque de compassion et de pitié envers le frère s'observe aussi chez ceux de la montagne de Samarie qui violentent, commettent des rapines et oppressent les pauvres dans leurs palais (Am 3, 9–10) ; chez les femmes qui incitent leurs maîtres à écraser les faibles ; chez les juges qui changent le droit en poison, jettent la justice par terre (Am 5, 7), abominent le prophète (Am 5, 10), pressurent l'indigent en lui saisissant sa part de grain, et déboutent les pauvres au tribunal (Am 5, 11–12) ; chez l'élite de la nation qui mène un style de vie opulent et exubérant sans se soucier de la ruine de Joseph (Am 1, 6) ; chez les commerçants qui pendant les fêtes de la nouvelle lune et du sabbat projettent de fausser les balances, d'augmenter le sicle pour pouvoir acheter le pauvre pour une paire de sandales (Am 8, 4–6) ; enfin, chez les autorités religieuses qui refusent à Amos d'exercer son ministère en Israël (Am 7, 10–17). Ces injustices sociales révèlent l'oppression des faibles par les puissants, oppression contraire à la volonté de Dieu, lequel veut que le plus fort vienne en aide au plus faible.

En somme, l'oracle contre Édom est un discours incontournable puisqu'il fournit un portrait auquel les différents auteurs des crimes énumérés en Am 2, 6 – 8, 6 peuvent s'identifier.

L'apport de l'oracle contre Juda à la stratégie rhétorique d'Amos

Longtemps considéré par de nombreux biblistes comme un passage secondaire et disparate, brisant l'harmonie littéraire et l'unité théologique du jugement d'Amos contre les nations (Am 1, 3 – 2, 16)[153], mais néanmoins défendu par un petit nombre d'exégètes comme un passage clef de cet ensemble[154], l'oracle contre Juda fait toujours l'objet de controverses quant à sa place et sa fonction dans le livre d'Amos. Pour contribuer à ce débat, notre démarche sera la même que celle que nous avons adoptée dans l'analyse des oracles contre Tyr et Édom. D'abord, nous procéderons à la traduction du texte de l'hébreu massorétique d'Am 2, 4–5. Ensuite, nous situerons Am 2, 4–5 dans son contexte d'insertion, en cherchant à savoir si sa position ne lui confère pas une fonction spécifique par rapport aux autres oracles contre les nations étrangères qui le précèdent et par rapport à celui contre Israël qui le suit. Enfin, nous dégagerons son rôle dans la pédagogie d'Amos.

La traduction du texte hébraïque de l'oracle contre Juda

L'oracle contre Juda comporte peu de termes ou d'expressions difficiles à traduire. La traduction d'un seul élément pose vraiment problème : il s'agit du syntagme וַיַּתְעוּם כִּזְבֵיהֶם אֲשֶׁר־הָלְכוּ אֲבוֹתָם אַחֲרֵיהֶם. Le désaccord sur sa traduction résulte principalement du sens que les exégètes accordent au terme כִּזְבֵיהֶם. Beaucoup d'exégètes suivent la logique de saint Jérôme qui, dans la Vulgate, traduit כִּזְבֵיהֶם par « leurs idoles » et transcrivent ce syntagme par « parce qu'ils ont été égarés par les idoles mensongères après lesquelles leurs pères ont marché »[155]. Mais, en fait,

---

153 Harper, W. R., *A Critical and Exegetical Commentary on Amos and Hosea*, p. cxxx-cxxxii ; Kapelrud, A., *Central Ideas in Amos*, p. 24–30 ; Amsler, S., « Amos », p. 179 ; Maag, V., *Text, Wortschatz und Begriffswelt des Buches Amos*, Leiden, Brill, 1951, p. 8 ; Mays, J. L., *Amos*, p. 42 ; Wolff, H. W., *Joel and Amos*, p. 139–142 ; Barton, J., *Amos's Oracles against the Nations*, p. 22–24 ; Martin-Achard, R., *Amos*, p. 128–129 ; Soggin, J. A., *Il profeta Amos*, p. 72.

154 Hammershaimb, E., *The Book of Amos*, p. 45–46 ; Rudolph, W., *Joel-Amos-Obadja-Jona*, p. 121–131 ; Cazelles, H., « L'arrière-plan historique d'Amos 1, 9–10 », p. 71–76 ; Paul, Sh. M., « A Literary Reinvestigation », p. 194–195 ; Hayes, J. H., *Amos – The Eighth-Century Prophet*, p. 52–55 ; Bons, E. « Das Denotat von *kzbyhm* ‹ ihre Lügen › im Judaspruch Am 2,4–5 », *ZAW* 108 (1996), p. 201–213 ; Andersen, F. I., Freedman, D. N., *Amos*, p. 294–306.

155 Leur nombre est si important que nous ne pouvons pas les citer tous ici ; pour une liste complète se référer à : Pfeifer, G. A., « Ich bin in tiefe Wasser geraten, und die Flut will mich ersäufen

https://doi.org/10.1515/9783110562743-019

כִּזְבֵיהֶם n'est pas en soi un mot difficile ou ambigu ; il est la forme du masculin pluriel du substantif כָּזָב, qui signifie « mensonge ». Le suffixe הֶם qu'il porte et dont le référent n'est pas explicitement donné dans le texte invite à le rendre par « leurs mensonges ». Dès lors, pour être fidèle à son sens étymologique, nous préférons nous inscrire dans la logique de ceux qui le rendent par « leurs mensonges ». Nous reviendrons sur les raisons qui incitent certains exégètes à penser que כִּזְבֵיהֶם désigne les idoles ou les faux dieux dans le point suivant où nous examinerons le sens du פֶּשַׁע de Juda. Mais avant cela, voici la traduction du texte de l'oracle contre Juda que nous préconisons :

Texte hébraïque	Traduction
2, 4 כֹּה אָמַר יְהוָה	Ainsi parle le Seigneur
עַל־שְׁלֹשָׁה פִּשְׁעֵי יְהוּדָה וְעַל־אַרְבָּעָה	A cause de trois rebellions de Juda et à cause de quatre
לֹא אֲשִׁיבֶנּוּ	je ne le révoquerai pas
עַל־מָאֳסָם אֶת־תּוֹרַת יְהוָה	parce qu'ils ont rejeté la loi du Seigneur
וְחֻקָּיו לֹא שָׁמָרוּ	et ses commandements, ils ne les ont pas observés
וַיַּתְעוּם כִּזְבֵיהֶם	et leurs mensonges les ont égarés,
אֲשֶׁר־הָלְכוּ אֲבוֹתָם אַחֲרֵיהֶם	ceux que suivaient leur pères
2, 5 וְשִׁלַּחְתִּי אֵשׁ בִּיהוּדָה	j'enverrai le feu dans Juda
וְאָכְלָה אַרְמְנוֹת יְרוּשָׁלָםִ:	et il dévorera les palais de Jérusalem

Interressons-nous maintenant aux arguments de ceux qui soutiennent que ce passage est un élément superflu, non accordé avec son contexte d'insertion.

L'analyse de l'oracle contre Juda dans son contexte d'insertion

L'oracle contre Juda est le plus souvent considéré comme un discours dont l'esprit et le style reflètent un contexte nettement différent de celui de l'époque d'intervention d'Amos[156], ou du moins comme un passage exprimant une vision théologique beaucoup plus proche de l'école deutéronomiste que de celle véhiculée par les véritables paroles du berger de Teqoa, notamment, celles adressées à Damas, Gaza, Ammon, Moab et Israël[157]. Pour prouver que son contenu n'est pas dans la ligne des autres discours d'Am 2, 3 – 2, 16, les partisans de cette hypothèse

---

(Psalm LXIX 3) : Anregungen und Vorschläge zur Aufarbeitung wissenschaftlicher Sekundärliteratur », *VT* 37 (1987), p. 327–339.

156 Maag, V., *Text, Wortschatz und Begriffswelt des Buches Amos*, p. 8.

157 Martin-Achard, R., *Amos*, p. 129.

avancent habituellement six arguments majeurs, présentés par Paul[158]. Les quatre premiers concernent respectivement le mandat prophétique reçu par Amos, la stratégie rhétorique, la forme particulière d'Am 2, 4–5 et l'énumération septénaire des discours d'Am 1, 3 – 2, 16, tandis que les deux derniers, les plus fréquemment mis en avant, se rapportent à l'acte d'accusation formulé contre Juda (Am 2, 4b).

Ainsi, le premier des quatre arguments consiste à soutenir qu'Amos a été exclusivement envoyé pour parler à Israël et, par conséquent, n'a pas prononcé de jugement contre Juda[159]. Pour les exégètes qui se situent dans cette perspective, l'oracle contre Juda n'est que « le résultat d'une adaptation tardive du message d'Amos à la situation de Juda »[160]. Pourtant, un tel raisonnement s'avère très fragile parce qu'il condamne les oracles destinés aux autres nations (Am 1, 3 – 2, 3) à n'être perçus que comme des éléments secondaires et superflus[161]. Or, il n'est pas logique d'admettre qu'Amos ait prononcé des discours de jugement contre les nations étrangères (Am 1, 3 – 2, 5), sans lui accorder le droit de s'adresser aux Judéens, peuple de l'Alliance. Quant au second, il remonte à Wellhausen, l'un des précurseurs de ceux qui soutiennent que si Amos avait prononcé un oracle contre Juda, il aurait permis à ses auditeurs de réaliser qu'ils seront la prochaine cible de son jugement et qu'ainsi, le discours d'Am 12, 6–16 ne les aurait point surpris[162]. Un tel argument, que Paul qualifie à juste titre de psychologisant, est également très limité parce qu'après avoir condamné les nations voisines d'Israël, Amos aurait trop facilement donné l'impression à ses auditeurs d'être un prophète nationaliste, venu défendre la cause de sa patrie qu'il n'a pas mise en procès[163]. Loin d'entraver sa stratégie communicationnelle, la présence de l'oracle contre Juda la rend plus dynamique et plus efficace. Le troisième insiste sur la

---

158 Paul, Sh. M., « A Literary Reinvestigation », p. 194–195.

159 Gordis dresse une longue liste d'auteurs qui ont progressivement fait de cette hypothèse une axiomatique dans l'étude moderne du livre d'Amos. Gordis, R., « The composition and Structure of Amos », p. 239–25. A titre d'exemple, nous pouvons citer : Nowack, F., *Die kleinen Propheten*, p. 126 ; Seesemann, S. O., *Israel und Juda bei Amos and Hosea*, Leipzig, Dietrich, 1898, p. 16–18 ; Harper, W. R., *A Critical and Exegetical Commentary on Amos and Hosea*, p. cxxxii.

160 Martin-Achard, R., *Amos*, p. 129.

161 Hammershaimb, E., *The Book of Amos*, p. 45–46 ; Paul, Sh. M., « A Literary Reinvestigation », p. 194.

162 Wellhausen, J., *Die Kleinen Propheten*, p. 69–70 : « Durch das Dazwischentreten Juda die Überraschung abgeschwächt wird, das Gewitter schließlich in Israel selbst einschlägt ».

163 Rudolph, W., *Joel-Amos-Obadja-Jona*, p. 30 : « So ist das nicht stichhaltig, weil die ephraimitische Hörerschaft die Beschelung und drohende Bestrafung Judas sicher mit derselben Genugtuung vernahm wie die Wörte gegen die Fremdvölker ». Cette affirmation rejoint les propos suivants de Hoonacker : « L'omission de Juda aurait été beaucoup plus étrange que la prétendue irrégularité des conditions dans lesquelles il est mentionné ; vu surtout que nous voyons Amos

forme et la construction particulière d'Am 2, 4–5[164]. Or, nous avons déjà fait remarquer dans l'analyse de l'oracle contre Tyr, que rien ne prouve qu'Amos ait suivi un plan rigide pour construire ses discours contre les nations (Am 1, 3 – 2, 16) ; de plus, comme Motyer, nous soulignons que, si un rédacteur a voulu faire endosser à Amos son propre matériau, il n'aurait certainement pas pris le risque de donner à l'oracle contre Juda une forme différente[165]. Le quatrième argument maintient que l'absence d'Am 2, 4–5 permet d'avoir sept discours, celui destiné à Israël étant le septième et symbolisant ainsi la plénitude de la parole[166], mais rien ne le corrobore. Bien plus, la présence de cet oracle permet d'avoir sept plus un (x+1) discours, celui destiné à Israël étant le climax de ceux qui le précèdent.

Qu'en est-il des deux arguments portant sur le contenu et le style du chef d'accusation porté contre Juda (Am 2, 4b) ? Pour ce qui a trait au style d'Am 2, 4b, la majorité des exégètes persuadés qu'Am 2, 4–5 est un supplément de discours exprimant une vision théologique qui tranche nettement avec celles des autres oracles, avance habituellement que מָאֲסָם, תּוֹרַת יְהֹוָה, וְחֻקָּיו שָׁמָרוּ, et אֲשֶׁר־ הָלְכוּ אֲבוֹתָם אַחֲרֵיהֶם sont des expressions typiquement et exclusivement deutéronomistes, peu fréquentes dans le livre[167]. Pourtant, cette hypothèse est de plus en plus remise en cause par certains commentateurs, tels que Hammershaimb, Paul, Bons, Andersen et Freedman. Suite à l'analyse attentive de leurs différents emplois dans la littérature biblique, ils sont tous parvenus à la conclusion selon laquelle les expressions מָאֲסָם, תּוֹרַת יְהֹוָה, וְחֻקָּיו שָׁמָרוּ, אַחֲרֵיהֶם הָלְכוּ ne sont ni distinctivement, ni exclusivement des terminologies deutéronomistes ; elles sont davantage caractéristiques de la pensée prophétique que celles des rédacteurs appartenant à cette école[168].

---

s'intéresser encore au sort de Juda en Am 6, 1s ». Hoonacker, A. van, *Les douze petits prophètes*, p. 218.

164 Il est souvent avancé qu'Am 2, 4–5 est dépourvu d'une formule conclusive et comporte une accusation plus longue ainsi qu'une sanction trop stéréotypée et moins élaborée que celles des oracles contre Damas, Gaza, Ammon et Moab. Amsler, S., « Amos », p. 179.

165 Motyer, A., *Amos, le rugissement de Dieu*, p. 31.

166 Hehn, F., « Zur Bedeutung der Siebenzahl », *BZAW* 41 (1925), p. 128–136.

167 Gosse, B. « Le recueil d'oracles contre les nations du livre d'Amos », p. 29 ; Amsler, S., « Amos », p. 179 ; Barré, M. L., « Amos », p. 211 ; Martin-Achard, R., *L'homme de Teqoa*, p. 46–47.

168 Paul, après une étude minutieuse des occurrences des expressions תּוֹרַת יְהֹוָה, חֻקִּים שָׁמַר, אַחֲרֵי הָלַךְ, כְּזָבִים, conclut que même s'il est vrai que la phraséologie globale d'Am 2, 4–5 semble être tardive et a même été nommée « proto-Deutéronomique », l'examen individuel des termes donne des résultats contraires. Paul Sh. M., « A Literary Reinvestigation », p. 195–196. Bons relève également l'absence de formulations parallèles à celles d'Am 2, 4–5 dans ce qui est d'habitude considéré comme le langage deutéronomiste. Il pose comme Andersen et Freedman que, selon toute vraisemblance, les formules d'Am 2, 4–5 ont davantage de points de contact avec une série

A propos de מְאָסָם, Andersen et Freedman soulignent que le verbe מָאַס n'apparaît pas dans les écrits sacerdotaux postérieurs (Esdras, Néhémie, Chroniques) et que son usage est très limité dans le Pentateuque[169]. De plus, il est plutôt récurrent dans les discours des prophètes classiques et préexiliques où il exprime soit le rejet total du Seigneur, de son messager ou de sa parole par une personne (Is 30, 12 ; Os 4, 6), soit celui d'un fautif par le Seigneur (1S 15, 23. 26 ; 16, 7), soit encore le mépris d'une chose ou d'une personne (Is 7, 16 ; Jr 6, 30 ; Jr 4, 30). Cet emploi trouve sa première attestation dans livre de Samuel (1S 8, 7 ; 10, 19 ; 15, 23. 26 ; 16, 1. 17) plutôt que dans le passage du deuxième livre des Rois (2R 17, 13–15) souvent mis en parallèle avec Am 2, 4–5. Toutes ces observations s'appliquent aussi aux expressions תּוֹרַת יְהוָה et חֻקָּיו שָׁמַר. La première se trouve dans Is 5, 24 ; 30, 9, versets qui n'ont jamais été soupçonnés d'avoir été rédigés sous l'influence de l'école deutéronomiste. De plus, comme nous le verrons dans l'interprétation du פֶּשַׁע de Juda, l'expression תּוֹרַת יְהוָה ne prend pas ici forcément la même connotation que celle qu'elle revêt sous la plume des rédacteurs deutéronomistes. Elle désigne la parole prophétique plutôt que la loi de Moïse. Quant à la seconde, certes, elle est fréquemment employée dans le Deutéronome[170] mais pas exclusivement. En effet, elle est attestée dans beaucoup d'autres passages bibliques dont le contenu n'a aucun rapport avec la pensée deutéronomiste[171]. Enfin, en ce qui concerne l'expression אַחֲרֵי הָלַךְ (aller derrière ou suivre), outre le fait qu'elle est attestée dans des textes pré-deutéronomiques tels que Os 2, 7. 15 ; 5, 11 ; 11, 15, Paul relève qu'elle tire son origine sémantique et étymologique de l'expression akkadienne « alãku arki », bien antérieure à l'école deutéronomiste[172]. Dès lors, nous pouvons, au vu de l'attestation des expressions מְאָסָם, תּוֹרַת יְהוָה, וְחֻקָּיו שָׁמָרוּ et

---

de textes prophétiques préexiliques. Bons, E., « Das Denotat von *kzbyhm* ‹ ihre Lügen › im Judas-pruch Am 2, 4–5 », p. 201–213 ; Andersen, F. I., Freedman, D. N., *Amos*, p. 296–306. De même, Monloubou est aussi persuadé que le vocabulaire de l'oracle contre Juda n'est pas nettement deutéronomique. Monloubou, L., « Amos », *DBS* 8, Paris, Letouzey et Ané, 1972, col. 706–724 (col. 708–709).

169 Il n'y est employé que dans Lv 26, 43–44 ; Nb 11, 20 ; 14, 3.

170 Dt 4, 6 ; 6, 24 ; 16, 12.

171 Voir la liste établie par Weinfeld. Weinfeld, M., *Deuteronomy and Deuteronomic School*, Oxford, Clarendon Press, 1972, p. 336.

172 Paul, s'appuyant sur une étude de Weinfeld dans laquelle il compare les procédés rhétoriques du Deutéronome avec ceux des Proverbes, écarte l'origine lévitique du code deutéronomique et démontre que ses rédacteurs, des scribes appartenant au milieu des sages ou de la cour royale habitués à la rédaction des actes diplomatiques, n'ont pas inventé tous les éléments de leur vocabulaire ; ils pense que la plupart de leurs termes trouvent leurs racines dans le vocabulaire diplomatique du Proche Orient Ancien. PAUL, Sh. M., « A Literary Reinvestigation », p. 195.

de אַחֲרֵיהֶם הָלְכוּ dans de nombreux textes prophétiques préexiliques, conclut que son vocabulaire n'est pas deutéronomique.

Pour ce qui concerne le contenu du פֶּשַׁע de Juda, les exégètes persuadés qu'Am 2, 4–5 est un élément discordant avancent habituellement deux observations. Tout d'abord, ils identifient כִּזְבֵיהֶם (leurs mensonges) avec les idoles ou avec les faux dieux[173] et avancent qu'étant donné que la polémique contre ceux-ci est précédée de la mention du rejet de la loi du Seigneur (מָאֳסָם אֶת־תּוֹרַת יְהֹוָה), le reproche d'Am 2, 4b est censé s'inscrire dans la théologie deutéronomiste. Cette école théologique aurait produit cet oracle exposant les deux péchés primordiaux des Israélites, la désobéissance à la Torâh et l'idolâtrie, pour justifier les catastrophes occasionnées par la chute de Samarie. Dans une telle perspective, cette formule d'accusation (Am 2, 4b), et probablement l'oracle tout entier adressé à Juda, ne sauraient être un *ipssissum verbum* d'Amos, ni même un texte issu du cercle de ses élèves. Il ne serait qu'une élaboration tardive, exprimant un point de vue théologique nettement différent de celui des discours authentiques (Am 1, 3–5 ; 6–8 ; 13–15 ; 2, 1–3 ; 6–16). Schmidt[174] est le précurseur de cette hypothèse suivie par nombre d'auteurs qui abondent dans son sens[175]. Ensuite, ces biblistes soulignent

---

173 Les commentateurs qui traduisent כִּזְבֵיהֶם par « idoles » estiment souvent que, dans l'Ancien Testament, l'expression « marcher derrière » est spécialement employée pour signifier « suivre » les idoles, pratiquer l'idolâtrie. Amsler, S., « Amos », p. 179 ; Bovati, P., Meynet, R., *Le livre du prophète Amos*, p. 69 et 71. La liste des exégètes qui rendent כִּזְבֵיהֶם par « idoles » ou par « faux dieux » nous est donnée par Pfeifer. Il n'est pas nécessaire de la reprendre ici. Pfeifer, G. A., « Ich bin in Tiefe Wasser geraten », p. 337–339.

174 Schmidt, W. H., « Die deuteronomistische Redaktion des Amosbuches », p. 168–193.

175 Mays, J. L., *Amos*, p. 41 ; Vermeylen, J., *Du prophète Isaïe à l'apocalyptique*, p. 534 ; Martin-Achard, R., *Amos*, p. 128–129. Gosse qui établit un parallèle entre Am 2, 4b et 2R 17, 13–15, écrit : « En 2Rois xvii 7ss., nous avons une réflexion sur les causes de la fin du royaume du Nord rapportée en 2 Rois xvii 1–6. Mais, il apparait également, et les mentions de Juda en 2 Rois xvii 13–19 vont dans ce sens, que les rédacteurs des livres des Rois ont vu, dans les évènements de la guerre syro-ephraïmite mentionnée en 2 Rois xvi, un présage de ce qui allait arriver au royaume du Sud. En 2 Rois xvi 5, l'intervention syro-ephraïmite est présentée comme la conséquence des fautes d'Achaz. Si les assaillants « ne purent la réduire (Jérusalem) », ce n'était que partie remise à l'occasion d'une autre invasion. ». En conclusion, il apparaît que les rédacteurs des livres des Rois ont vu, dans les évènements de la guerre syro-ephraïmite et de la chute de Samarie, l'accomplissement de l'oracle d'Amos contre Damas et des oracles contre Israël. Il apparaît également qu'ils ont découvert dans cette guerre syro-ephraïmite, un présage de la fin du royaume du Sud. Nous pensons que c'est dans ces conditions que l'oracle contre Juda a pu être introduit dans le recueil d'oracles contre les nations du livre d'Amos. Cela permet d'expliquer les correspondances de vocabulaire et de thèmes entre Amos ii 4b et 2Rois xvii 13–15, ainsi que la reprise de termes identiques pour parler du rejet et de la déportation d'Israël et de Juda dans les livres des Rois ». Gosse, B., « Le recueil d'oracles contre les nations du livre d'Amos », p. 30.

souvent que les reproches faits à Juda sont d'un autre type que ceux adressés aux autres nations étrangères : les Judéens ne sont pas coupables d'exactions inhumaines mais plutôt de violations portées directement contre le Seigneur[176].

Ces deux observations s'avèrent cependant très discutables. Comme nous le relèverons dans le point suivant où nous aurons à interpréter le פֶּשַׁע de Juda, tous les exégètes ne sont pas d'avis que l'expression כִּזְבֵיהֶם désigne en Am 2, 4bg les idoles ou les faux dieux. Certains sont convaincus qu'elle désigne plutôt les faux prophètes. Néanmoins, aucune donnée textuelle n'oblige à lire Am 2, 4–5 à la lumière de 2 R 17, 13–15 puisque nous venons d'établir que les formules d'Am 2, 4b ont davantage de points de contact avec des textes prophétiques préexiliques qu'avec ceux qui sont généralement attribués à l'école deutéronomique.

De plus, même si la nature du פֶּשַׁע de Juda est différente de celle des nations étrangères, il n'y a pas lieu de conclure qu'Am 2, 4–5 est discordant sans chercher à savoir si les reproches adressés aux Judéens peuvent avoir un lien avec les accusations d'Am 2, 6–16 que les discours d'Am 1, 3 – 2, 5 introduisent. Même si les crimes des nations étrangères, en tant qu'exactions contre les êtres humains, se recoupent de par leur nature, les faits rapportés ne sont pas identiques. Chacune est accusée d'avoir commis un crime particulier. Gosse, un de ceux dont la différence entre le crime de Juda et ceux des nations étrangères est l'argument phare, n'écrit-il pas : « En dehors de l'oracle contre Israël, le vocabulaire des accusations présente certaines particularités par rapport au reste du livre. Il semble bien que cela soit lié à la volonté d'accuser chaque nation d'un crime qui lui soit propre »[177] ? Dès lors, la particularité du פֶּשַׁע de Juda, comme d'ailleurs celles des exactions commises par les nations, résulte du fait qu'Amos n'a pas eu recours à une formule identique. Et, si les différentes accusations des oracles contre les nations portaient sur les mêmes faits, ces discours ne manqueraient-ils pas d'originalité ?

Il ressort clairement de ce qui précède que le vocabulaire propre à Am 2, 4b et les reproches particuliers faits aux Judéens ne constituent pas non plus des motifs suffisants susceptibles de prouver que l'oracle contre Juda est un élément disparate et superflu dont la présence brise l'unité d'Am 1, 3 – 2, 16. D'ailleurs, des exégètes, tel Hoonacker, soutiennent même que « l'omission complète de l'oracle contre Juda aurait été beaucoup plus étrange que la prétendue irrégularité des conditions dans lesquelles il est mentionné »[178]. Bien qu'Amsler argue que c'est la tradition qui a ressenti l'absence de l'oracle adressé à Juda comme une lacune et

---

176 Amsler, S., « Amos », p. 179 ; Barré, M. L., « Amos », p. 211 ; Bovati, P., Meynet, R., *Le livre du prophète Amos*, p. 70–71.

177 Gosse, B., « Le recueil d'oracles contre les nations du livre d'Amos », p. 24–25.

178 Hoonacker, A. van, *Les douze petits prophètes*, p. 2018.

l'a comblée à sa manière, il ne fait que confirmer l'importance et la nécessité de ce discours pour l'équilibre et surtout pour le bon fonctionnement de la stratégie communicationnelle d'Amos. Par conséquent, il convient de se demander ce qui fonde la raison d'être du procès contre Juda à la suite du jugement des nations étrangères (Am 1, 3 – 2, 3) et avant celui d'Israël (Am 2, 6–16).

Quoique Juda ne soit pas accusé d'avoir perpétré le même genre d'atrocités que celles commises par les nations étrangères, sa comparution après ces pays et avant Israël s'avère cohérente et primordiale pour une double raison : d'abord, en plus d'être une nation voisine d'Israël, Juda est sa sœur jumelle. Ensuite, entre ces deux nations régnait une certaine rivalité liée, d'une part à la richesse d'Israël, et d'autre part au fait que ses habitants avaient fait de Béthel un lieu de culte, au détriment du temple de Jérusalem considéré par les Judéens comme le véritable haut lieu où Dieu réside. Dès lors, en tant que nation voisine et surtout sœur jumelle d'Israël, Juda ne pouvait être la seule exempte du jugement d'Amos.

Ainsi, en tant que procès intenté à une nation jumelle, l'oracle contre Juda devient un discours pivot, articulant le jugement prononcé contre les nations étrangères (Am 1, 3 – 2, 3) avec celui adressé aux Israélites, peuple de l'Alliance. En outre, la comparution de Juda, la patrie d'Amos et rivale d'Israël, ouvre non seulement la porte à un jugement des Israélites, mais elle les empêche aussi de percevoir Amos comme un prophète nationaliste apparu pour défendre la cause de sa patrie.

Si certains auteurs modernes, à l'instar de Polley, n'hésitent pas à traiter Amos comme « un nationaliste judéen qui prononça ses oracles contre les nations et aussi contre le royaume d'Israël, au Nord, parce qu'ils avaient brisé le royaume de David »[179], qu'auraient dit ses auditeurs s'il n'avait pas condamné Juda ? Les Israélites n'auraient-ils pas perçu ses critiques contre les sanctuaires de Béthel et de Gilgal (Am 2, 7 ; 3, 14 ; 4, 4 ; 5, 5–6 ; 7, 9 ; 9, 1–4), ses diatribes contre le culte (Am 5, 21–27) et sa déclaration « de Sion, le Seigneur rugit et de Jérusalem, il élève la voix » (Am 1, 2) comme les propos d'un pro-jérusalémite militant en faveur de la centralité du culte dans le temple de Jérusalem ? Les riches d'Israël qui sont la cible de son jugement ne l'auraient-ils pas aussi traité avec les propos de Renan[180],

---

179 Polley, M. E., *Amos and the Davidic Empire*, p. 174.
180 Il avance que « l'état de la propriété matérielle d'Israël sous Jéroboam II a eu pour consé-quence de créer de grandes inégalités de condition. Or, l'idée la plus enracinée, dans les temps anciens, était qu'il y a des pauvres parce qu'il y a des riches. Les lois utopiques de l'année ju-bilaire n'existaient que sur les feuillets du yahviste (à vrai dire, de telles lois n'ont jamais été réellement en exercice). Le principe fondamental des sociétés patriarcales, l'égalité des chefs de famille, était outrageusement violé. Cette dérogation aux anciennes mœurs produit son effet en Israël, c'est-à-dire la recrudescence de l'esprit prophétique le plus ardent. Chez Jonas, fils

lequel le présente comme un mécontent, un nostalgique de la vie rurale et un envieux de la fortune des riches du royaume du Nord qu'il soumet au jugement et à la colère divine ? Vu que la situation économique du Nord était considérablement meilleure que celle du Sud, si Amos n'avait rien dit sur sa patrie, les riches Israélites auraient sans doute considéré sa critique contre les injustices sociales (Am 2, 6–8 ; 3, 10–11 ; 4, 1 ; 5, 7. 10–12 ; 8, 4–6), ses attaques contre les palais luxueux, les maisons d'hiver et d'été (Am 3, 12–15) et contre l'orgie des fortunés (Am 6, 4–6), comme les propos d'un pauvre envieux de leurs richesses. D'ailleurs, Amacya, le prêtre de Béthel, n'a-t-il pas intimé à ce prophète de retourner chez lui, en Juda, pour mener son activité prophétique et gagner son pain (Am 7, 12) ?

En somme, tous les arguments tendant à faire croire que l'oracle contre Juda serait un passage non accordé à son contexte postérieur (Am 2, 3 – 2, 3), voire un texte superfétatoire non nécessaire pour l'équilibre d'Am 2, 3 – 2, 16, perdent leur consistance. Sa présence à la place qu'il occupe dans la forme actuelle du livre d'Amos est entièrement justifiée.

A présent, nous nous demandons si le פֶּשַׁע de Juda a un lien avec celui d'Israël dont tous les discours d'Am 1, 3 – 2, 5 sont censés préparer l'énonciation.

L'acte de rébellion de Juda, une anticipation de l'attitude des fils d'Israël envers les prophètes

Comme nous l'avons signalé dans la traduction de cet oracle, l'interprétation du chef d'accusation porté contre les Judéens donne lieu à un débat très controversé et sans cesse rebondissant, lié principalement à la signification que les exégètes donnent à l'expression תּוֹרַת יְהוָה et au substantif כִּזְבֵיהֶם, deux éléments qui se

---

d'Amittaï, le patriotisme fit taire, à ce qu'il paraît, les révoltes sociales. Il n'en fut pas de même pour d'autres exaltés. Le contraste de la situation des riches et des pauvres, la persuasion que la richesse est toujours le fruit de l'injustice, que l'usure et le prêt sur gage sont des actes d'inhumanité, l'horreur du luxe, surtout, et des commodités de la vie, excitèrent les plus violentes déclamations. Un certain Amos, berger ou plutôt propriétaire de bestiaux en Thékoa, canton situé sur la frontière du désert de Judée, fut l'interprète de la protestation de la démocratie théocratique contre les nécessités d'un monde qui échappait chaque jour aux rêves enfantins. On peut dire que le premier article de journaliste a été écrit vers 800 ans avant Jésus-Christ, et que c'est Amos qui l'a écrit. Nous possédons de ce patron des publicistes radicaux une dizaine de surates, qui doivent compter entre les pages les plus étranges que nous ait léguées la haute antiquité. C'est ici, bien sûrement, la première voix de tribune que le monde ait entendue. La masse des écrits Assyriens, égyptiens, chinois est mensongère et adulatrice. Voici enfin un mécontent, qui ose élever hardiment la voix et faire appel de la béatitude officielle à un juge, ami du faible ». Renan, E., *Histoire du peuple d'Israël, livre IV*, tome 2, Paris, Calmann Levy, 1893, p. 425–426.

retrouvent respectivement dans la première (Am 2, 4ba) et la dernière (Am 2, 4bg) des trois propositions consécutives d'Am 2, 4b. La plus grande difficulté résulte du fait que le sens accordé à תּוֹרַת יְהֹוָה détermine nécessairement celui du כִּזְבֵיהֶם et vice-versa. En scrutant d'abord l'expression תּוֹרַת יְהֹוָה, complément d'objet de מָאֲסָם, nous soulignons que le problème découle de deux faits : d'une part, תּוֹרַת recouvre dans l'histoire de la littérature biblique plusieurs modalités[181] ; d'autre part, Am 2, 4b ne comporte aucune donnée susceptible de nous aider à identifier précisément laquelle de ces modalités le tequoïte avait en vue en prononçant son discours. Certains biblistes, plus particulièrement Néher, croient que תּוֹרַת d'Am 2, 4ba désigne à la fois « la thora orale des prêtres et des prophètes et l'enseignement donné par Dieu dans la nature et dans l'histoire »[182]. Les autres, à la suite de Schmidt, établissent un parallèle entre Am 2, 4–5 et 1R 17, 13–15 et identifient תּוֹרַת à la loi de Moïse (Dt 1, 5 – 3 ; 4, 4s.).

Récemment, des exégètes, tels qu'Andersen et Freedman, ont avancé des raisons convaincantes qui nous incitent à poser que la תּוֹרַת dont il est question en Am 2, 4ba, correspond plutôt aux instructions de Dieu proclamées par les prophètes, c'est-à-dire à la parole prophétique[183]. Leur interprétation, retenue par

---

181 Les exégètes ayant retracé l'histoire de l'utilisation du terme תּוֹרַת dans la littérature biblique relèvent que ce mot et sa notion apparaissent dans la religion d'Israël sous plusieurs modalités. Les trois principales sont présentées par Andersen et Freedman qui distinguent : « *la thora prophétique* » ou les instructions divines proclamées par les prophètes (Is 1, 10 ; 2, 3), ceux que Dieu choisit et établit pour instruire le peuple (2R 17, 13 ; Dt 18, 14–19), la « *thora orale des prêtres* » comportant les règles de la bonne conduite dans la liturgie, « *la thora des rois* » (2R 10, 31) et la « *thora de Moïse* », celle qui se trouve maintenant dans le Pentateuque. Andersen, F. I., Freedman, D. N., *Amos*, p. 297. A ces trois types de thora, il faut ajouter ce que Weber et Néher appellent respectivement la « *thora lévitique* » et l'enseignement donné par Dieu dans la nature et dans l'histoire. Weber, M., *Gesammelte Aufsätze zur Religionssoziologie III : Das antike Judentum*, Tübingen, Mohr Siebeck, 1923, p. 318 ; Neher, A., *Amos*, p. 69. Pour plus de précisions sur l'usage du terme Thora dans la religion biblique, se référer à l'étude de Bergen. Bergen, R. V., *The Prophets and the Law. Monographs of the Hebrew Union College 4*, New York, Hebrew Union College, 1974.

182 Neher, A., *Amos*, p. 69.

183 Tout en admettant que les référents du terme תּוֹרַת ne sont pas précis, ils choisissent une position médiane entre ceux qui identifient la תּוֹרַת d'Am 2, 4 à la thora de Moïse et ceux qui l'identifient à la parole prophétique. Ils soulignent que les matériaux qui ont finalement trouvé leurs voies dans le Pentateuque, ou au moins des matériaux très semblables à eux, ont déjà existé dans le temps, dans les sources préexiliques, comme en Am 2, 4 au temps de la monarchie, certains remontant à l'âge de Moïse lui-même. C'est ce code traditionnel qui a fourni un fond dominant aux discours de jugement prophétique. Après cette mise au point, ils soutiennent que אֶת־תּוֹרַת יְהֹוָה מָאַס d'Am 2, 4b peut être interprété de trois manières : premièrement, s'il est lu à la lumière de certaines prophéties préexiliques similaires à Am 2, 4b où il est question du rejet de

Bons[184], nous semble pertinente pour trois raisons : tout d'abord, rappelons que nous avons établi que toutes les formules et les expressions d'Am 2, 4b ont des points de contact avec les prophéties préexiliques (Is 1, 10 ; 2, 3 ; 30, 9–12 ; Jr 8, 9). Aussi est-il plus logique de lire Am 2, 4b en se référant à ces passages. Ensuite, notons que la majorité des biblistes qui identifient la תּוֹרַת d'Am 2, 4ba avec la loi de Moïse, parvient à la conclusion que le berger de Teqoa reproche aux Judéens de s'être prostitués avec les idoles[185]. Or l'idolâtrie ou le culte rendu aux faux dieux n'est pas une thématique majeure de la prédication d'Amos. Enfin, de nombreuses données textuelles révèlent que le culte de Dieu est célébré somptueusement et fastueusement. C'est plutôt Dieu qui se déclare lassé du culte que le peuple lui rend (Am 2, 8 ; 4, 4–5 ; 5, 5 ; 7, 21–27). D'autres éléments, ceux d'Am 1, 1 ; 2, 7 ; 3, 8 ; 5, 10 ; 7, 10–17, prouvent que le motif du prophétisme et de l'accueil de la parole prophétique sont une dialectique qui parcourt tout le livre. Par conséquent, mieux vaut identifier תּוֹרַת יְהֹוָה à la parole prophétique que de l'assimiler à la thora de Moïse et induire ainsi que le crime d'Israël est l'idolâtrie. Une telle interprétation évite d'isoler l'oracle contre Juda du reste du livre, qui insiste sur l'origine divine des paroles qu'Amos proclame (Am 1, 1–2 ; 3, 3–8), de sa vocation prophétique (Am 7, 14) et décrète une mort infâme pour ceux qui, comme Amacya, tentent de l'empêcher d'accomplir sa mission d'instructeur du peuple (Am 2, 13 ; 7, 16–17).

Quant au substantif כִּזְבֵיהֶם, le débat sur sa signification a donné naissance à trois lignes d'interprétation[186] et la question qui se pose aujourd'hui est de savoir

---

la loi et où le mot *thora* a souvent d'autres termes parallèles tels que דְּבָרַי [mes paroles (Jr 6, 19)], דַּעַת [la connaissance (Os 4, 6)] et אָמְרָה [parole (Is 5, 24)], il peut être compris comme une rupture d'Alliance. C'est le cas en Os 4, 6, où il est question du rejet de la connaissance de Dieu ou en Is 5, 24 où le malheur est similaire à celui prononcé dans le livre d'Amos. Mais dans ce cas, אֶת־תּוֹרַת יְהֹוָה מָאַס signifierait le refus de pratiquer le droit et la justice ou accomplir les injustices dénoncés en Is 5, 8–23 ou Am 5, 7. 15. 24 ; 6, 12b. Deuxièmement, si Am 2, 4b est lu à la lumière de 2R 17, 15. 20 ou de 2R 23, 27, אֶת־תּוֹרַת יְהֹוָה מָאַס ne désigne plus le refus d'un roi humain, comme c'est le cas en 1S 8, 7 ; 10, 19 ou le refus de pratiquer la justice sociale, comme en Os 4, 6, en Is 5, 8–23 et en Am 5, 7. 15. 24, mais plutôt l'idolâtrie. Aussi, כִּזְבֵיהֶם (leurs mensonges) dont il est question dans la troisième proposition d'Am 2, 4b, deviennent-ils « les idoles ». Troisièmement, lorsqu'Am 2, 4b est mis en rapport avec des textes prophétiques préexiliques dans lesquels l'objet du verbe מָאַס est « paroles du Seigneur » (Jr 8, 9 ; Is 30, 9–12) et avec d'autres passages dans lesquels la thora désigne la parole du Seigneur (Is 1, 10 ; 2, 3), אֶת־תּוֹרַת יְהֹוָה מָאַס devient synonyme du rejet du message prophétique et, par conséquent, du prophète lui-même. Dans ce sens, il signifie bien l'acceptation de fausses prophéties. Andersen, F. I., Freedman, D. N., *Amos*, p. 298–300.

184 Bons, E., « Das Denotat von *kzbyhm* ‹ ihre Lügen › im Judaspruch Am 2, 4–5 », p. 205–209.

185 Bovati, P., Meynet, R., *Le livre du prophète Amos*, p. 71.

186 Les trois tendances sont parfaitement détaillées dans Pfeifer, G., « Ich bin in tiefe Wasser geraten und die Flut will mich ersäufen (Psalm LXIX 3) », p. 327–339.

laquelle respecte le mieux la cohérence syntaxique d'Am 2, 4b. La première, la plus traditionnelle et la plus répandue, considère כְּזֵבֵיהֶם comme une expression péjorative désignant les idoles ou les faux dieux[187]. Bien que prônée tant par les auteurs les plus anciens que par la majorité des exégètes modernes, elle a été remise en cause par un certain nombre de commentateurs dont les plus récents sont Bons, Andersen et Freedman. Nous tenons de ces derniers plusieurs arguments convaincants qui prouvent que כְּזֵבֵיהֶם désigne en Am 2, 4bg plutôt les faux prophètes[188].

Suivant leur raisonnement, nous relevons que dans l'Ancien Testament le terme כָּזָב (mensonge) ne se réfère jamais aux idoles. Habituellement, elles sont désignées par d'autres termes péjoratifs tels que הֲבָלִים (Dt 32, 21 ; 1R 16, 13. 26 ; 2R 17, 15), שִׁקּוּצִים (1R 11, 5 ; 2R 23, 13. 24 ; Na 3, 6), גִּלּוּלִים (Lv 26, 30 ; Dt 29, 17 ; 1R 15, 12 ; 2R 17, 12 ; 21, 11. 21 ; 23, 24), תּוֹעֵבוֹת, (Dt 18, 9 ; 1R 14, 24). De plus, nous remarquons que les exégètes qui rendent כְּזֵבֵיהֶם par « les idoles » ou par « les faux dieux » ne tiennent pas compte de la forme suffixée de ce substantif. Ils occultent le suffixe

---

187 Hoonacker, A. van, *Les douze petits prophètes*, p. 218 ; Zorell, F. (éd.), *Lexicon Hebraicum et Aramaicum Veteris Testamenti*, Rome, Pontificium Institutum Biblicum, 1984, p. 351 ; Gesenius, W., *Hebräisches und aramäisches Handwörterbuch über das Alte Testament*, (ed. H. Donner), Heidelberg, Springer, 2013[18], p. 536 ; Holladay, W. L. (ed.), *A Concise Hebrew and Aramaic Lexicon to the Old Testament*, Leiden, Brill, 1971, p. 154 ; Koehler, L., Baumgartner, W., *Hebräisches und aramäisches Lexikon zum Alten Testament* II, Leiden, Brill,1974, p. 446 ; Paul, Sh. M., *Amos*, p. 22 ; Bovati, P., Meynet, R., *Le livre du prophète Amos*, p. 69. Nous n'avons rappelé que quelques commentaires très anciens, des dictionnaires et un petit nombre d'ouvrages des exégètes plus récents. Une liste détaillée des auteurs qui identifient כְּזֵבֵיהֶם aux idoles ou aux faux dieux nous est présentée par : Pfeifer, G., « Ich bin in tiefe Wasser geraten », p. 337–338.

188 Ils avancent huit raisons suffisantes dans ce qui suit : « adaquate sense can be made out of the salient meaning. There is no other certain instance of *kāzāb* meaning ‹ idol ›. The identification assumes what it has to prove. False words and false gods can both be called *hăbālīm*, but it does not follow from this usage that *kĕzābîm* has the same two denotations. The passage reflects immediately Amos' reiterated condemnation of Israel (including Judah) for rejecting the authentic word of the prophecy and following false oracles, so this meaning ‹ lies › is quite suited to the context. The prevailing interpretation identifies the subject and object of the *wayyat͘ûm*, ‹ and they led *them* astray › as being ‹ their lies › and ‹ Judah ›, respectively ; but there is good reason for doubting this reading ; the subject of *hit͘â* is usually human, namely, false teachers or prophets [...] ; here we have synecdoche : ‹ lies › for lying prophets and other leaders ; there is no indication that ‹ lies › can be the subject of such a verb, let alone ‹ idols ›. The interpretation concedes too much actuality and capacity to idols. Is it conceivable that Amos would say that idols can do anything ? All of the eighth-century prophets had to cope with competition from false prophets. The later are the ones who delude and mislead the people ». Andersen, F. I., Freedman, D. N., *Amos*, p. 302–303. Bons approuve la majorité de leurs arguments. Bons, E. « Das Denotat von *kzbyhm* ‹ ihre Lügen › im Judaspruch Am 2, 4–5 », p. 201–213.

הֶם qu'il comporte. La non-considération de ce suffixe qui se réfère ici au pronom relatif אֲשֶׁר, qui désigne par « *resumption* » les auteurs des mensonges, implique une identification des כִּזְבֵיהֶם avec ceux qui les profèrent. Une telle identification conduit à une confusion entre le sujet (leurs mensonges) et l'objet (Juda) de וַיַּתְעוּם, forme du *hifil* de l'inaccompli, troisième personne masculin pluriel du verbe תָּעָה surmonté d'un suffixe désignant les habitants de Juda. Or, considérer les idoles comme le sujet du verbe תָּעָה pose problème parce que dans la littérature biblique, même dans les textes les plus tardifs, elles sont toujours dépeintes comme de simples œuvres humaines dépourvues de toute sensibilité, de facultés locatives et de raison[189]. Elles ne peuvent, dès lors, ni parler pour proférer des mensonges, ni égarer quelqu'un. Pourquoi Amos ferait-il exception à cette conception en concédant aux idoles la capacité de proférer des mensonges ? En clair, en considération du fait que dans la mentalité biblique les idoles sont perçues comme de vils objets incapables de parler ou d'astreindre, par ruse ou par duperie, une personne à venir vers eux, il n'est pas logique d'identifier כִּזְבֵיהֶם aux idoles ou aux faux dieux.

La seconde ligne d'interprétation, la moins répandue, regroupe les commentateurs qui estiment que כִּזְבֵיהֶם désigne les fausses raisons alléguées par les Judéens pour justifier leurs manquements à la loi mentionnée dans la première proposition (Am 2, 4ba)[190]. En ne se référant qu'au sens étymologique de כִּזְבֵיהֶם, cette signification pourrait être retenue et aurait l'avantage de montrer que les Judéens mettent en avant de fausses excuses pour ne pas respecter la loi relative à la pratique des injustices, comme en Os 4, 1–6, où la non-connaissance de Dieu et le refus de ses instructions (Os 4, 6) demeurent les principaux motifs de la pratique des injustices ou encore en Is 5, 8–23, qui peut d'ailleurs être mis en parallèle avec Am 5, 7. 15. 24. Cependant, une telle interprétation ne respecte pas la cohérence syntaxique d'Am 2, 4bg puisqu'elle ne tient pas du tout compte de la fonction syntaxique du pronom relatif אֲשֶׁר, qui permet d'établir sans équivoque que « leurs mensonges qui égarent les Judéens » ne sont pas les leurs : ils sont ceux des personnes que leurs pères avaient suivies. Reconnaître que כִּזְבֵיהֶם désigne les fausses excuses des Judéens, c'est faire d'elles le sujet de וַיַּתְעוּם et, par conséquent, induire que c'est derrière ces derniers que leurs pères ont marché. Une telle explication est complètement illogique et incorrecte. Définitivement, Amos accuse les Judéens de s'être laissés égarer par les mensonges d'autres personnes que leurs pères avaient suivies.

---

189 Is 40, 19 ; 4, 6 ; 44, 9–18 ; Jr 10, 3–5 ; Ps 115, 4–8 ; Sg 13, 10–19 ; 15, 15.
190 Harper, W. R., *A Critical and Exegetical Commentary on Amos and Hosea*, p. 46 ; Edghill, E. A., *The Book of Amos*, London, Westminster Commentaries, 1926, p. 19.

La troisième ligne d'interprétation, la plus récente, dans laquelle se situent Laetsch, Bons, Andersen et Freedman, identifie כִּזְבֵיהֶם aux oracles des faux prophètes[191]. Bien qu'elle soit très récente et suivie seulement par un petit nombre d'exégètes, elle nous paraît convaincante parce qu'elle prend en considération l'usage de כִּזְבֵיהֶם et l'emploi du verbe תָּעָה dans l'Ancien Testament. De plus, elle respecte la fonction syntaxique du pronom relatif אֲשֶׁר, en évitant d'une part toute confusion entre « les mensonges » et leurs auteurs, et d'autre part entre ces derniers et les Judéens qui sont égarés.

En effet, dans l'Ancien Testament, le verbe תָּעָה dont כִּזְבֵיהֶם est le complément d'objet direct, a habituellement pour sujet l'homme. En outre, ce verbe est rarement employé dans le sens transitif ou dans le sens de « je m'égare », mais plutôt dans celui d'égarer quelqu'un (2 R 21, 9 ; Is 3, 12 ; 63, 17 ; Jr 42, 20 ; 50, 6), ou encore dans celui de se laisser égarer par quelqu'un ou par quelque chose (Is 28, 7). Qui plus est, la tournure « les mensonges égarent quelqu'un » semble plutôt s'inscrire dans la polémique contre les faux prophètes (Is 28, 7–15 ; Jr 23, 32 ; Ez 13, 10 ; Mi 3, 5).

Enfin, tous les prophètes du huitième siècle se sont trouvés confrontés aux faux prophètes qui, en raison de leur accointance avec le pouvoir, trompaient et induisaient les gens en erreur par des prédictions illusoires et rassurantes (Is 28, 7–15 ; Jr 4, 10 ; 6, 14 ; 14, 14 ; 23, 11–22 ; 27, 10–10 ; Ez 13, 2–10. 16–19)[192]. Aussi, Andersen et Freedman n'ont-ils pas tort de maintenir que כִּזְבֵיהֶם est une synecdoque[193], c'est-à-dire une sorte de métonymie désignant, par restriction, les faux prophètes[194]. Après avoir statué sur la signification de l'expression, que dire du פֶּשַׁע de Juda ?

Au vu de ce qui précède, nous pouvons reformuler le פֶּשַׁע de Juda comme suit : les Judéens ont dédaigné les instructions de Dieu données par les vrais prophètes et ont refusé de garder ses commandements, se laissant égarer par les

---

191 Andersen, F. I., Freedman, D. N., *Amos*, p. 302–303 ; Bons, E. « Das Denotat von *kzbyhm* ‹ ihre Lügen › im Judaspruch Am 2, 4–5 », p. 201–213.

192 Nous n'insinuons point que tous les prophètes du huitième siècle ont utilisé des termes issus de la racine כזב pour désigner les faux prophètes ou leurs discours. À titre d'exemple, Jérémie préfère שֶׁקֶר (Jr 3, 10 ; 10, 14 ; 23, 14. 32), Ezéchiel, Amos et Osée privilégient כָּזָב tandis qu'Isaïe utilise les deux termes (Is 7, 1 ; 9, 14). Cette particularité, qui reflète la liberté de chacun d'eux, n'exclut pas le fait qu'ils ont tous eu à faire face, à un moment ou à un autre de leur activité prophétique, aux faux prophètes qui changent la parole de Dieu par de faux oracles (Mi 3, 5, Ez 13, 10. 16).

193 Figure de rhétorique procédant par extension ou par restriction de sens d'un terme. Elle peut utiliser l'espèce pour désigner le genre, la matière pour l'objet, le particulier pour le général et inversement.

194 Andersen, F. I., Freedman, D. N., *Amos*, p. 302.

mensonges des faux prophètes que leurs pères avaient suivis. Ils se sont dès lors comportés comme le עַם מְרִי (le peuple révolté) et les בָּנִים כֶּחָשִׁים (les fils trompeurs) d'Is 30, 9–12, qui ont refusé d'écouter les instructions du Seigneur et ont dit aux רֹאִים (voyants) de cesser d'avoir des visions, aux וְלַחֹזִים (prophètes) de ne plus prophétiser ce qui est juste mais plutôt des paroles de complaisance, des flatteries ou des illusions. Ainsi exposé, le פֶּשַׁע de Juda trouve sa parfaite illustration dans le comportement des Israélites qui enjoignent aux prophètes de ne pas prophétiser (Am 2, 12). Aussi l'auditeur israélite qui aura entendu Amos condamner les Judéens d'avoir rejeté la parole prophétique comprendra-t-il mieux le reproche d'Am 2, 12 et d'autres passages du livre dans lesquels le prophète est chassé ou réduit au silence (Am 5, 10 ; 7, 10–13).

L'acte d'accusation formulé contre Juda permet aussi de comprendre le sens du rappel des bienfaits du Seigneur, qui se clôture justement par la mention du don des prophètes [וָאָקִים מִבְּנֵיכֶם לִנְבִיאִים (Am 2, 11a)]. En effet, en lisant le crime de Juda en référence au contenu d'Am 2, 9–11, nous nous rendons compte que l'attitude des Israélites est analogue à celle des Judéens. Comme les habitants de Juda qui refusent d'écouter les prophètes, ceux-là même qui maintiennent en Israël la mémoire de l'autorité et de la présence salvifique de Dieu[195], les coupables d'exactions énumérées en Am 2, 6–8 dédaignent les bienfaits du Seigneur (Am 2, 9–11). Cette lecture dévoile également que les injustices d'Am 2, 6–8 trouvent leurs racines dans le refus de tenir compte des bienfaits du Seigneur dont le couronnement est le don des prophètes (Am 2, 9–11).

En d'autres termes, l'analyse d'Am 2, 4b, en considération des bienfaits énumérés en Am 2, 9–11 et surtout du silence imposé aux prophètes en Am 2, 12, révèle que les exactions d'Am 2, 6–8 sont la conséquence du refus d'écouter la parole prophétique. Une telle interprétation permet de mieux saisir pourquoi la réduction des prophètes au silence n'est pas mentionnée avec les exactions d'Am 2, 6–8, mais est mise en exergue en Am 2, 12 pour constituer l'élément catalyseur ou le crime excessif qui déclenche l'entrée emphatique de Dieu sur scène(הִנֵּה אָנֹכִי) dans le but d'écraser ou d'anéantir les coupables (Am 2, 13).

Un autre rapport inédit peut être établi entre l'ampleur du פֶּשַׁע de Juda et celui d'Israël, si nous prenons en compte les syntagmes אֲשֶׁר־הָלְכוּ אֲבוֹתָם אַחֲרֵיהֶם et וְאִישׁ וְאָבִיו יֵלְכוּ אֶל־הַנַּעֲרָה, présents respectivement dans Am 2, 4–5 et Am 2, 6–16. Assurément, le syntagme אֲשֶׁר־הָלְכוּ אֲבוֹתָם אַחֲרֵיהֶם indique que les Judéens sont égarés par les mensonges, c'est-à-dire par les faux prophètes que leurs pères avaient suivis. Cette indication dénote qu'ils agissent comme leurs pères (leurs géniteurs ou leurs ascendants) ou qu'ils canonisent les erreurs de leurs parents. Autrement

---

195 Bovati, P., Meynet, R., *Le livre du prophète Amos*, p. 91.

dit, en Juda, les erreurs de la génération des parents, devient un axiome pour celle des fils. En conséquence, nous pouvons conclure qu'en Juda, le même crime est commis par toutes les générations, et que la parole de Dieu proclamée par le prophète n'est plus le critère de référence, les fils copiant l'attitude de leurs pères.

Le syntagme וְאִישׁ וְאָבִיו יֵלְכוּ אֶל־הַנַּעֲרָה (« un homme et son père vont vers la même fille ») d'Am 2, 7bg traduit une situation sociale analogue à celle de Juda que nous venons de décrire. En effet, la mention וְאִישׁ וְאָבִי (un homme et son père) par laquelle il s'ouvre, indique que les fils et leurs pères posent les mêmes actes. Elle connote également que le fait d'aller vers la même fille n'est pas un acte isolé, posé dans une famille, mais plutôt une pratique courante et généralisée, qui touche la génération des pères autant que celle des fils. Cette pratique révèle donc un nivelage générationnel du comportement en Israël. Dès lors, en Israël comme en Juda, l'attitude perverse des pères devient la norme de conduite.

Aussi, une lecture d'Am 2, 4–5 et d'Am 2, 6–16 qui tient compte des deux syntagmes אֲשֶׁר־הָלְכוּ אֲבוֹתָם אַחֲרֵיהֶם et וְאִישׁ וְאָבִיו יֵלְכוּ אֶל־הַנַּעֲרָה, construits autour du verbe הלך, prouve une fois encore combien l'ampleur du פֶּשַׁע de Juda et celui d'Israël se recoupent.

En définitive, nous retenons que l'oracle contre Juda joue un rôle clef et irremplaçable dans la pédagogie communicationnelle d'Amos. En tant que discours adressé à une nation sœur ayant connu l'Alliance, il constitue l'oracle charnière qui prélude au jugement d'Israël, en dévoilant que la racine profonde de son פֶּשַׁע réside dans le rejet des prophètes. Il introduit donc une thématique majeure, celle du prophétisme et de l'accueil de la parole prophétique que nous retrouvons tout au long du livre. Nous retenons également que, centré sur le rejet de la parole prophétique, le jugement prononcé contre Juda devient un discours stratégique dont la fonction première est de prémunir ses auditeurs, les habitants du royaume du Nord, contre toute tentative de rejet de la parole qu'Amos veut leur adresser de la part de Dieu. En condamnant les Judéens pour avoir dédaigné les paroles des vrais prophètes pour suivre les mensonges des faux messagers, le téqoïte prévient subtilement ses auditeurs, auteurs des injustices énumérées en Am 2, 6–8, des risques qu'ils encourent s'ils n'accueillent pas sans réserve la sienne. Or ces derniers ont plutôt tenté de réduire Amos au silence (Am 2, 12), attitude beaucoup plus grave et beaucoup plus intolérable que celle des habitants des nations étrangères et de Juda. L'oracle contre Juda est bien accordé à son contexte : de par sa situation et le contenu de son פֶּשַׁע, il sert de point de jonction entre le jugement des nations étrangères qui le précède (Am 1, 3 – 2, 3) et celui des fils d'Israël qui le suit (Am 2, 6–16).

Conclusion

En conclusion de ce chapitre consacré à l'analyse de la place et de la fonction des oracles contre Tyr (Am 1, 9–10), Édom (Am 1, 11–12) et Juda (Am 2, 4–5), nous pouvons récapituler notre démarche et nos résultats par quelques observations. Dès le premier abord, nous nous sommes rendu compte que nous ne pouvons pas saisir la raison d'être de ces trois discours sans avoir cherché à comprendre pourquoi, avant de s'adresser aux habitants d'Israël, sa terre de mission, Amos a prononcé des jugements contre les populations des nations étrangères et celles de Juda, sa patrie. Pour apporter une réponse adéquate à cette question incontournable, nous avons réexaminé les différentes hypothèses émises par les exégètes qui se la sont posés. Concrètement, nous avons commencé par scruter celle de biblistes tels que Bentzen, Fohrer, Würthwein, Reventlow, Kapelrud, Hayes et autres, qui les comparent aux prophéties égyptiennes d'exécration ou aux discours des prophètes de salut, qui ont pour but d'attirer le malheur sur les ennemis d'une nation. Nous retenons de cette analyse que, même si elle a l'intérêt de rechercher le « *Sitz im Leben* » des oracles amosiens, cette proposition s'avère très limitée parce que non corroborée par les données du livre. En effet, il n'est pas du tout logique de considérer Amos qui condamne Juda, sa patrie d'origine et Israël, sa terre de mission, comme un prophète d'exécration ou un « *heilsnabi* », étant intervenu pour attiser la colère de Dieu contre les ennemis du peuple élu.

Ensuite, nous avons examiné l'hypothèse défendue par d'autres exégètes, tels que Fensham, Mauchline, Vischer, qui soutiennent que les discours d'Am 1, 3 – 2, 5 sont des « *Rîb-patterns* » prononcés contre des nations ayant rompu la « *pax davidica* », en posant des actes proscrits par des traités de vassalité qui les liaient à Israël. Cette étude nous a permis de relever que leur hypothèse tendant à lier l'autorité du Dieu d'Amos à l'ancien empire davidique contraste également avec les nombreuses données du livre qui annoncent le châtiment d'Israël (Am 2, 13–16 ; 6, 7–14 ; 7, 9), étendent le pouvoir de Dieu sur tout le cosmos (Am 1, 2 ; 4, 13 ; 5, 8–9 ; 9, 5–6) et ses interventions en faveur de tous les peuples (Am 9, 7).

Enfin, nous avons apprécié la position des exégètes qui maintiennent que les oracles d'Am 1, 3 – 2, 5 sont un dispositif rhétorique mis en œuvre par Amos pour capter l'attention de ses auditeurs. Bien exposée par Barton, cette thèse nous a paru convaincante parce qu'elle est confirmée par une multitude de données textuelles, qui nous ont permis de démontrer que les oracles d'Am 1, 3 – 2, 5 ont une fonction essentiellement pédagogique. L'expression עַל־יִשְׂרָאֵל en Am 1, 1, qui identifie sans équivoque Israël comme l'unique destinataire des paroles qu'Amos est appelé à proclamer, l'époque des crimes des nations et de ceux de Juda (tous

https://doi.org/10.1515/9783110562743-020

situés dans un passé lointain), le ton beaucoup plus interpellatif de l'oracle contre Israël marqué par l'emploi abondant du pronom אֶתְכֶם, l'intervention personnelle de Dieu en Am 2, 13–16 pour sanctionner les coupables sont, entre autres, des éléments qui prouvent qu'Amos ne vise pas en soi les nations étrangères et Juda. Le rôle essentiel du jugement prononcé contre elles est de préparer les fils d'Israël à mieux entendre et comprendre les reproches que le prophète leur adresse en dernier lieu en Am 2, 6–12.

Cette dernière observation nous a incité, d'une part, à établir que le berger de Teqoa a sans doute adopté une stratégie semblable à celle de Nathan qui a raconté une histoire afin de permettre à David de mieux comprendre la gravité de son crime et, d'autre part, à poser que pour le bon fonctionnement de cette stratégie communicationnelle, la forme stéréotypée des oracles importe moins que le פֶּשַׁע ou l'acte d'accusation formulé dans chacun d'eux. Aussi avons-nous déduit que pour saisir le rôle et l'importance de chacun des sept oracles, l'exégète devra porter son attention sur les reproches faits à la nation à laquelle il s'adresse. Plus précisément, il devra se demander en quoi l'acte de rébellion de cette nation permet aux auditeurs d'Amos d'admettre les accusations et la sentence d'Am 2, 6–16. De même, nous avons postulé que l'ordre de comparution des sept nations citées en Am 1, 3 – 2, 5 n'est justifié ni par leur situation géographique, ni par leur lien historique avec Israël, mais plutôt par la gravité de leurs פְּשָׁעִים ; autrement dit, elles y sont citées en fonction de leur degré de culpabilité.

A la suite de cette mise au point sur la fonction d'Am 1, 3 – 2, 5 et sur la manière dont l'exégète devrait appréhender le rôle irremplaçable de chaque discours, nous avons successivement tenté de montrer la place des oracles contre Tyr, Édom et Juda. De cette analyse, il ressort qu'ils sont souvent considérés comme des éléments tardifs et donc anachroniques et superfétatoires pour trois motifs. D'abord, la particularité de leurs formes et de leurs structures syntaxiques (ils sont dépourvus de la formule conclusive אָמַר יְהוָה et comportent des actes d'accusations plus développés ainsi qu'une sanction plus brève et stéréotypée que celles des oracles contre Damas, Gaza, Ammon), ensuite, la particularité de leurs vocabulaires souvent jugés deutéronomiques et enfin, le « *supposé* » aspect tardif des faits sur lesquels portent leurs actes d'accusation.

Cependant, l'examen critique desdits motifs nous a permis de déceler combien ils sont limités et récusables. En effet, la forme particulière de ces trois oracles ne peut servir de motif suffisant susceptible de prouver qu'ils sont des éléments disparates. Tout d'abord, parce que la formule de clôture אָמַר יְהוָה ne remplit pas une fonction structurelle majeure et que son absence semble plutôt intentionnelle puisqu'elle apporte un certain rythme à l'ensemble du discours d'Am 1, 3 – 2, 16 ; ensuite, parce que les caractéristiques formelles que ces oracles partagent avec ceux contre Damas, Gaza, Ammon, Moab et Israël sont beaucoup plus nombreuses que celles qui les particularisent ou les singularisent. De plus, chaque oracle d'Am 1, 3 – 2, 16 est conçu comme un discours particulier. Quant à la fragilité de l'argument historique insistant sur l'aspect tardif de faits reprochés à Tyr, à Édom ou à Juda, nous avons noté que les exégètes qui le défendent ne s'accordent pas sur la datation de ces faits, certains les situant pendant la destruction de Jérusalem par l'armée de Nabuchodonosor, d'autres les reportant à la guerre syro-éphraïmite. Nous avons souligné qu'Amos n'a pas voulu dater avec précision les crimes reprochés aux nations puisque leur attestation historique importe peu pour sa pédagogie communicationnelle. Ce sont plutôt leurs aspects barbares, inacceptables pour la conscience humaine qui sont déterminants pour son message.

Aussi avons-nous pu établir que les oracles contre Tyr, Édom et Juda sont, malgré les particularités de leurs structures syntaxiques et de leur vocabulaire, des passages clefs dans le discours d'Am 1, 3 – 2, 16. S'agissant de l'oracle contre Tyr, nous avons constaté qu'un lien herméneutique très fort lie son פֶּשַׁע avec ceux des oracles contre Damas et Gaza qui le précèdent et avec celui de l'oracle contre Édom qui le suit. Ce lien permet de le percevoir comme un oracle pivot articulant ceux qui le précèdent (Am 1, 3–5 ; 6–8) avec ceux qui le suivent (Am 1, 11 – 2, 16). Dans cet oracle, le traitement barbare de l'homme, et plus particulièrement, sa réduction à une chose atteint son paroxysme par rapport aux oracles contre Damas et Gaza puisque la victime est le frère du bourreau (Damas, Gaza). L'accent particulier mis sur les bons rapports fraternels dont toute violation devient une atteinte à Dieu qui les garantit, fait de ce passage le premier discours qui anticipe l'attitude des coupables d'exactions dénoncées en Am 2, 6–8. Ces derniers, après avoir entendu Amos condamner les Judéens pour le non-respect des liens fraternels, le comprendront mieux lorsqu'il les accusera de maltraiter leurs frères.

L'oracle contre Édom se révèle également indispensable parce que, grâce au motif de la fraternité, son פֶּשַׁע est en connexion avec celui de Tyr et il devient, de ce fait, le chaînon reliant Am 1, 3–10 aux oracles contre Ammon et Moab avec lesquels il garde aussi un lien très fort à cause du motif de la pitié. Ce manque de pitié, qui est au centre de l'accusation portée contre les Édomites, trouve une première gradation dans l'acte des Ammonites qui s'attaquent à des êtres fragiles, incapables de se défendre (femmes enceintes et fœtus), avant d'atteindre son comble dans l'exaction des Moabites qui poursuivent la personne même au-delà de sa vie en s'en prenant à son cadavre. Ce même motif fait que cet oracle devient un discours préludant au portrait moral de ceux qui s'acharnent contre les pauvres en Am 2, 6–8 et dans la suite du livre (Am 3, 9–10 ; 4, 1–3 ; 5, 10–12 ; 6, 6 ; 8, 4–8). En effet, ce que Dieu, par la bouche d'Amos, reproche aux coupables taxés de rebelles, c'est leur manque de pitié envers leurs frères (innocents, pauvres et indigents) qu'ils oppriment, exploitent injustement, vendent à vil prix ou troquent contre une paire de sandales.

Quant à l'oracle contre Juda, il demeure l'élément charnière articulant les discours de jugements prononcés contre les nations étrangères avec celui adressé à Israël. Si les oracles contre les nations préparent les auditeurs à saisir la nature de leurs crimes, la fonction principale de l'oracle contre Juda est de les mettre en garde contre toute tentative de rejet de sa parole. De plus, il introduit les crimes d'Am 2, 12 qui ont trait à la particularité d'Israël. Ainsi, Amos commence donc par soumettre les habitants des nations étrangères, coupables de crimes inhumains, au jugement de Dieu avant de tomber subitement sur les Judéens, ses compatriotes qui ont jadis dédaigné la parole prophétique, puis sur les Israélites, qui assujettissent leurs frères aux traitements injustes et imposent le silence aux prophètes.

L'ensemble de ces discours (Am 1, 3 – 2, 16) se présente alors comme une forme d'assomption théologique, présentant un Dieu maître et juge de toutes les nations, un Dieu qui ne tolère aucune iniquité dans le monde. Chacun de ces éléments joue un rôle déterminant dans la préparation de la révélation des crimes d'Israël. Si l'un de ces trois oracles manquait, la force et la teneur du message de cet ensemble s'en trouveraient amoindries. Si ces discours sont absents, au lieu de compter une série de sept oracles adressés à sept nations, nous n'en aurions que quatre et certaines nations voisines ne seraient pas mentionnées. Une telle situation susciterait des suspicions sur l'intégrité du prophète Amos. En outre, tous les aspects des crimes d'Am 2, 6–16 ne seraient pas anticipés. De plus, comporter sept plus un oracle plutôt que quatre plus un ne donne pas le même effet d'intensification, la même force au message. Chaque oracle confirme et accentue le crime du précédent, anticipe une dimension du פֶּשַׁע d'Israël, et crée ainsi une dramatisation croissante du discours d'Amos. Le tableau suivant met en exergue cette gradation et dévoile le rôle indispensable des oracles contre Tyr, Édom et Juda :

NATIONS ETRANGERES		**DAMAS** Am 1, 3–5	Adversaire haché avec des herses de fer : humains traités comme de l'herbe
		GAZA Am 1, 6–8	Déportés livrés à Édom : des humains traités comme des marchandises
		TYR Am 1, 9–10	déportés livrés à Édom en violation de l'alliance entre frères : des frères traités comme des marchandises
		ÉDOM Am 1, 11–12	Poursuite du frère avec l'épée, manque de pitié : fratricide arbitraire, *acharnement sans fin contre son frère ; refus de pardonner*
		AMMON Am 1, 13–15	Eventrement de femmes enceintes pour agrandir son territoire ; meurtre arbitraire de personnes faibles et fragiles (femmes enceintes et fœtus) ; manque de pitié envers des humains faibles et fragiles, *acharnement visant à éliminer tout un peuple*
		MOAB Am 2, 1–3	Brûler les os d'un cadavre ; manque de pitié grave, désir de ravir le repos d'un défunt, *poursuite d'un humain après sa vie, au-delà du raisonnable*
PEUPLE DE L'ALLIANNCE		**JUDA** Am 2, 4–5	Refus d'écouter les prophètes, les représentants de Dieu
	ISRAEL Am 2, 6–16	**Première catégorie de crimes** (Am 2, 6–8) Justes et pauvres, Faibles et humbles vendus, fille réduite à une esclave sexuelle	des frères traités comme des marchandises et objets de plaisir
		Confiscation des biens des pauvres au détriment de la loi sur le gage	manque de pitié envers les pauvres, refus de pardonner ou de remettre les dettes des pauvres (désir morbide du gain), acharnement
		Actions de Dieu Crédo primitif (Am 2, 9–11)	Dieu avait eu pitié des ancêtres des fils d'Israël, les a fait sortir d'une situation d'esclavage pour les établir sur une terre ; il leur donne des prophètes et des nazirs
		Deuxième catégorie de crimes : exaction contre les prophètes et les nazirs **(Am 2, 12)**	**Silence imposé aux prophètes ; non-respect de la consécration des nazirs**
		Sanction (Am 2, 13–16)	Anéantissement, poursuite implacable et impitoyable des coupables Am 2, 13–16

Chapitre IV :
**De l'apport des hymnes à l'équilibre du message
d'Amos (Am 4, 13 ; 5, 8–9 ; 9, 5–6)**

Introduction

Les trois hymnes du livre d'Amos, communément appelés aussi doxologies (Am 4, 13 ; 5, 8–9 ; 9, 5–6)[1] ont été l'objet de diverses études[2] et continuent d'être au centre des investigations de nombreux exégètes, soucieux d'apporter des réponses crédibles à un certain nombre de questions difficiles et complexes que leur présence suscite. L'une d'elles concerne leur origine et oppose trois tendances : la première est incarnée par des commentateurs qui les considèrent comme des gloses tardives et intrusives datant de la période exilique ou postexilique[3], mais les raisons pour lesquelles les rédacteurs les ont introduites seraient à découvrir. La deuxième regroupe les auteurs qui soutiennent que ces trois doxologies sont une composition d'Amos lui-même[4]. Enfin, la troisième tendance comprend les biblistes qui

---

1 Nous soulignons que des exégètes tels que Koch, de Waard, Wendland, Jeremias et Möller, considèrent aussi Am 1, 2 comme un hymne. Koch, K., « Die Rolle der hymnischen Abschnitte der Komposition des Amos-Buches », p. 530–534 ; Waard, J. de, « Le Dieu créateur dans l'hymne d'Amos », FV, 83 (1984), p. 35–44 ; Wendland, E. R., « The ‹ Word of the Lord › and the organization of Amos », p. 38 ; Jeremias, J., « Amos 3 – 6 : from the Oral Word to the Text », dans Truker, G. M., Peterson, D. L., Wilson, R. R. (eds.), *Canon, Theology and Old Testament interpretation : Essays in Honor of Brevard S. Child*, Philadelphia, Fortress Press, 1988, p. 217–229, (p. 219) ; Möller, K., *Prophet in Debate*, p. 63 ; Cox, lui, pense qu'Am 7, 4 est également une doxologie. Cox, G., « The Hymns of Amos : An Ancient Flood Narrative », *JSOT* 38 (2013), p. 81–108. Mais leurs positions ne s'imposent pas.
2 Bien qu'examinées dans tous les commentaires du livre d'Amos, plusieurs importantes monographies leur sont consacrées : Rad, G. von, « Gerichtdoxologie », dans Jepsen, A., Bernhardt, K. H., *Studien zu Glaube und Geschichte Israels*, Stuttgart, Calwer, 1971, p. 28–37 ; Horst, F., « Die Doxologien im Amosbuch », ZAW 47 (1929), p. 45–54 ; Watts, J. D.W., « An Old Hymn Preserved in the Book of Amos », JNES 15 (1956), p. 33–39 ; Koch, K., « Die Rolle der hymnischen Abschnitte des Amos-Buches », p. 504–537 ; Berg, W., *Die sogenannten Hymnenfragmente im Amosbuch*, Bern/ Frankfurt, Peter Lang, 1974 ; Crenshaw, J. L., *Hymnic Affirmation of Divine Justice : The Doxologies of Amos and Related Texts in the Old Testament*, SBLD 24, Missoula, Scholars Press, 1975 ; Waard, J. de, « Le Dieu créateur dans l'hymne du livre d'Amos », p. 35–44 ; Bergler, S., Die hymnische Passagen und die Mitte des Amosbuches, Tübingen, Magisterschrift, 1978 ; Paas, S., « De HERE als Schepper en Koning : De hymnen in Amos », NedThT 49 (1995), p. 124–139. Pour de plus amples détails bibliographiques, voir : Foresti, F., « Funzione semantica dei brani participiali di Amos (4, 13 ; 5, 8s ; 9, 5s) », Bib 62 (1981), p. 169–184.
3 Horst, F., « Die Doxologien im Amosbuch », p. 45–54 ; Maag, V., *Text, Worstschatz und Begriffswelt des Buches Amos*, p. 24–25 ; Wolff, H. W., *Joel and Amos*, p. 112 ; Crenshaw, J. L., *Hymnic Affirmation of Divine Justice*, p. 143 ; Berg, W., *Die sogenannten Hymnenfragmente im Amosbuch*, p. 319 ; Jeremias, J., « Amos 3 – 6 : from the Oral Word to the Text », p. 220–221 ; Jeremias, J., *The Book of Amos*, p. 76–80.
4 Story, C. I. K., « Amos-Prophet of Praise », VT 30 (1980), p. 67–80 ; McComiskey, Th. E., « The Hymnic Elements of the Prophecy of Amos : A study of Form Critical Methodology », JETS 30

https://doi.org/10.1515/9783110562743-021

pensent qu'Amos n'est pas le compositeur de ces hymnes mais plutôt l'utilisateur. Il aurait employé des hymnes anciens, bien connus de ses auditeurs, hymnes dont le contenu est conforme à son enseignement[5]. Ces trois positions tranchées sont totalement inconciliables, de sorte qu'il est très hasardeux et compliqué de se prononcer pour l'une ou pour l'autre[6]. Bref, la question de l'origine des hymnes amosiens semble conduire leur exégèse vers l'impasse.

Une autre question, qui résulte de la précédente, porte sur l'unité d'Am 4, 13 ; 5, 8–9 ; 9, 5–6. Elle suscite également un débat sans fin entre les exégètes qui pensent que ces hymnes, dès leur origine, ont constitué une doxologie unique faite de deux, trois ou quatre strophes (Am 4, 13ab ; 5, 8 ; 9, 5–6)[7] et ceux qui, au contraire, maintiennent qu'Amos a lui-même composé chacun d'eux, soit de son propre chef, soit en imitant d'anciens hymnes liturgiques[8]. Leurs opinions

---

(1987), p. 139–157 (p. 156) ; Finley, T. J., « Dimensions of the Hebrew Word for ‹ Create › (בְּרָא) », *BS* 148 (1991), p. 409–423 ; Pfeifer, G., « Jahwe als Schöpfer der Welt und Herr ihrer Mächte in der Verkündigung des Propheten Amos », *VT* 41 (1991), p. 475–481 ; Paas écrit ceci : « In fact, there is no convincing evidence why the hymns would not belong to the actual preaching of the historical Amos ». Paas, S., « Seeing and Singing : Visions and Hymns in the Book of Amos », *VT* 52 (2002) p. 253–274 (p. 255).

5 Gaster parle de citation d'un ancien poème (« Embodied quotations from an ancient poem »). Gaster, T. H., « An Ancient Hymn in the Prophecies of Amos », *JMEOS* 19 (1935), p. 23–26 (p. 23) ; Watts, J. D.W., « An Old Hymn Preserved in the Book of Amos », p. 35 ; Vuilleumier-Bessard, R., *La tradition cultuelle d'Israël dans le livre d'Amos et d'Osée*, CahTheo 45, Neuchâtel/Paris, Delachaux & Niestlé, 1960, p. 88 ; Monloubou, L., « Amos », Col. 710 ; Mays, J. L., *Amos*, p. 84 ; Hammershaimb, E., *The Book of Amos*, p. 133 ; Rudolph, W., *Joel-Amos-Obadja-Jona*, p. 181–183 ; Hayes, J. H., *Amos – The Eighth-Century Prophet*, p. 150 ; Stuart, D. K., *Hosea-Jonah*, p. 286 ; Andersen, F. I., Freedman, D. N., *Amos*, p. 455–457.

6 Story, C. I. K., « Amos-Prophet of Praise », p. 68 : « Thus it is not easy to decide whether the hymns of Amos or Paul are respectively their own work or hymns in current use which they felt free to use ». Il montre que les auteurs antiques n'éprouvaient aucune difficulté à passer d'un discours à une doxologie. Il cite en exemple l'usage des hymnes par Paul dans 1Co 13 ; Ep 2, 6–11 ; Col 1, 15–20.

7 Horst, sûrement l'un des plus importants élaborateurs de cette théorie, allègue que leur séparation s'est faite par l'effet d'un malheureux hasard (ein böser Zufall). Horst, F., « Die Doxologien im Amosbuch », p. 45–54. Martin-Achard soutient aussi cette unité primitive, même s'il reconnaît que leur emplacement actuel n'est pas dû à un hasard. Il écrit : « Les ressemblances qu'ils offrent entre eux permettent cependant de les attribuer à une même tradition, peut-être à un même poème ». Martin-Achard, R., *Amos*, p. 62.

8 Gottlieb, H., « Amos und Jerusalem », *VT* 17 (1967), p. 430–463 (p. 432–437) ; Story, C. I. K., « Amos-Prophet of Praise », p. 67–80 ; McComiskey, Th. E., « The Hymnic Elements of the Prophecy of Amos », p. 154–156 ; Pfeifer, G., « Jahwe als Schöpfer der Welt », p. 475–481. Rudolph objecte même que la thèse de l'unité primitive des hymnes amosiens ne peut être prouvée et est sans importance. Rudolph, W., *Joel-Amos-Obadja-Jona*, p. 120.

sont si contrastées qu'il s'avère très difficile et délicat de dégager un consensus. Une autre question concerne le *Sitz im Leben* de ces trois doxologies : certains exégètes les situent dans un cadre cultuel, plus précisément dans celui de la liturgie pénitentielle[9], tandis que d'autres les placent plutôt dans l'arrière-plan de la littérature sapientiale, en établissant un parallèle entre Am 4, 13 ; 5, 8–9 ; 9, 5–6 et d'autres hymnes théophaniques (Jb 5, 9–16 ; 9, 5–10)[10]. Enfin, la question relative à la place actuelle de ces hymnes dans le livre donne lieu à une controverse entre les commentateurs qui les perçoivent comme des éléments étrangers, mal raccordés à leurs contextes actuels[11] et ceux qui trouvent qu'ils y adhèrent[12].

Toutes ces questions complexes qui ont longtemps marqué l'exégèse de ces hymnes cèdent aujourd'hui la place à une autre, celle de leur raison d'être dans la forme actuelle du livre d'Amos[13]. En effet, étant donné que les débats sur l'origine, l'unité, le *Sitz im Leben* et la place de ces trois doxologies, quoique légitimes, mènent leur exégèse et, au-delà, celle du corpus amosien, vers une impasse ou

---

9 Horst, le précurseur de cette hypothèse, estime que la présence de ces hymnes, qui se démarquent nettement de leurs contextes parce qu'ils chantent Yahvé non pas en tant que créateur mais comme le souverain de la création, s'explique par un antique usage de la tradition israélite qui veut que le condamné avoue sa culpabilité et rend aussi gloire à Dieu qui le juge. Il cite Jos 7 ; Ps 65, 7 ; Ps 118, 17ss ; 1 S 6, 5, comme passages témoignant de cette pratique. Mais, contraint de constater que le deuxième hymne (Am 5, 8–9) ne suit pas une condamnation, il argue qu'Am 5, 8 est certainement un élément isolé, qu'un « malheureux hasard » a malencontreusement inséré entre Am 5, 7 et Am 5, 10. Horst, F., « Die Doxologien im Amosbuch », p. 45–54. Mais l'assertion de Horst ne résout pas la question de la présence d'Am 5, 9. Pourtant nombreux sont ceux qui abondent dans son sens. A titre d'exemple, Thompson considère ces hymnes comme des réponses « *antiphonales* » du peuple aux maux que Dieu lui inflige. Thompson, J. A., « The Response in Biblical and Non-Biblical Literature with Particular Reference to the Hebrew Prophets », dans Conrad, E.W., Newing, E. G. (eds.), *Perspectives on Language and Text : Essays and Poems in Honor of Francis I. Anderson's Sixtieth Birthday*, Winona Lake, Eisenbrauns,1987, p. 255–268.
10 Crenshaw, J. L., *Hymnic Affirmation of Divine Justice*, p. 214. De même, Koch récuse les explications de Horst et de ses disciples qui situent les hymnes dans le cadre cultuel en arguant qu'aucune confession de péché n'y est relatée. Koch, K., « Die Rolle der hymnischen Abschnitte des Amos-Buches », p. 506.
11 Duhm, B., « Anmerkungen zu den Zwölf Propheten », *ZAW* 31 (1911), p. 1–43. Andersen et Freedman estiment que seul deux hymnes (Am 4, 13 ; 9, 5–6) occupent une place convenable, le troisième (Am 5, 8–9), devant être placé à la fin d'Am 6, 14. Andersen, F. I., Freedman, D. N., *Amos*, p. 89. Paul partage leur point de vue, sans toutefois donner de précisions sur la place originale d'Am 5, 8–9. Paul, Sh. M., *Amos*, p. 167.
12 Story, C. I. K., « Amos-Prophet of Praise », p. 67–80 ; Mccomiskey, Th. E., « The Hymnic Elements of the Prophecy of Amos », p. 156.
13 Martin-Achard, R., *Amos*, p. 59.

dans le cercle vicieux décrit par Crenshaw[14], les commentateurs ont compris qu'un changement d'attitude s'impose. Ils estiment à juste titre qu'il faudrait davantage s'orienter vers une approche plus globale de ces hymnes, en cherchant à déterminer leur fonction dans la composition du livre d'Amos conçu comme un ensemble[15]. Aussi importe-t-il de scruter chacune de ces trois doxologies pour saisir comment chacune fonctionne dans son contexte et ce qu'elle apporte au message global du livre. C'est dans cette nouvelle perspective qu'Andersen et Freedman incitent d'ailleurs les biblistes à s'engager en posant que, même si les études portant sur l'origine, l'unité, le *Sitz im Leben* et l'étendue d'Am 4, 13 ; 5, 8–9 ; 9, 5–6 satisfont notre curiosité, il n'en reste pas moins que ces hymnes sont bien présents dans le livre d'Amos et qu'ils y sont situés à des endroits différents. En conséquence, la question opportune est de s'interroger non pas sur la fonction qu'ils remplissaient lorsqu'ils étaient chantés dans le culte, mais plutôt le rôle qu'ils jouent dans le livre[16]. Et très récemment, Harper, après avoir parcouru les différentes approches de ces hymnes, a fini par conclure également qu'il est nécessaire de chercher à saisir leur fonction et leur apport au message du livre en tant que formant un ensemble[17].

Dès lors, ce chapitre se veut être une contribution au débat sur la fonction d'Am 4, 13 ; 5, 8–9 ; 9, 5–6, laquelle constitue le grand défi pour l'exégèse contemporaine[18] qui veut mieux pénétrer dans l'intelligence de la prédication d'Amos. Conscient que leur présence dans le corpus ne saurait être l'effet d'un hasard, nous tenterons de cerner leur rôle dans le contexte où ils se trouvent afin de montrer pourquoi leur absence serait un grand manque pour la prophétie d'Amos, notamment en ce qui concerne l'identité de Dieu au nom de qui il parle et les conséquences des injustices sur son projet créateur et sur la destinée d'Israël.

---

14 Bien qu'étant l'un de ceux qui se sont le plus interrogés sur l'origine, l'unité et le *Sitz im Leben* des hymnes amosiens, il n'hésite pas à reconnaître que ces questions ont souvent fait tomber les exégètes dans le piège du cercle vicieux qu'il présente comme suit : « In a sense, we find ourselves trapped in vicious circle. We date the text on the basis of our understanding of the development of Israel's language, literature and thought, and we arrive at that understanding by means of the very texts we seek to date ». Crenshaw, J. L., *Hymnic Affirmation of Divine Justice*, p. 154.
15 Paas, S., « Seeing and Singing », p. 254–255.
16 Andersen, F. I., Freedman, D. N., *Amos*, p. 5 : « When all of that work has been done to the best of our ability, the fact remains that these hymns now exist in the book of Amos. The question then remains – it is quite a distinct one, to be handled on its own terms – not what did such hymns do when they were sung in the cult, but what are these pieces now doing in the book of Amos ? ».
17 HASEL, G. F., *Understanding the Book of Amos*, p. 88. Möller partage également cette idée. Möller, K., *Prophet in Debate*, p. 89.
18 Martin-Achard souligne bien que la raison d'être de ces hymnes demeure toujours obscure. Martin-Achard, R., *Amos*, p. 59.

Nous articulerons le chapitre en trois grandes parties. D'abord, nous présenterons succinctement les diverses opinions des commentateurs qui se sont déjà prononcés d'une manière ou d'une autre sur la raison d'être de ces trois hymnes dans le corpus amosien, puis nous procéderons à la présentation et la traduction de chaque hymne. Enfin, nous tâcherons d'analyser leur contenu afin de saisir leur portée théologique et montrer pourquoi ils sont indispensables pour l'équilibre de la prédication d'Amos.

Les différentes hypothèses sur la fonction des trois doxologies

La question de la fonction d'Am 4, 13 ; 5, 8–9, 9, 5–6 n'est pas récente. En effet, pour justifier la position des précurseurs que furent Duhm, Wellhausen et Gunkel, qui ont tenus ces doxologies pour des interpolations tardives, les partisans de la critique des formes et ceux de la critique rédactionnelle ont été très rapidement conduits à se demander pour quels motifs un rédacteur de la période exilique ou postexilique a introduit ces hymnes aux différents endroits du livre où ils se trouvent. Horst donna une première tentative de réponse en posant que ces trois doxologies ont été insérées pour des motifs liturgiques[19]. Son hypothèse, qui provoqua un boom dans l'histoire de l'exégèse de ces hymnes, a été bien suivie par de nombreux biblistes[20], avant d'être remise en question par des commentateurs comme Fohrer, Koch, de Waard et d'autres qui leur confèrent une fonction purement structurelle[21]. Et des partisans, plus récents de l'analyse rhétorique, tels que Marks et Möller, sans nier le rôle structurel de certains de ces hymnes, les perçoivent davantage comme des marqueurs d'emphase ou des points culminants du discours d'Amos. L'examen des arguments des auteurs de chacune de ces trois tendances nous permettra de percevoir leurs forces et leurs faiblesses afin de prouver, principalement par l'analyse de leur contenu, que ces hymnes font partie intégrante des dispositifs littéraires adoptés par Amos et renforcent, de ce fait, la cohérence de son corpus.

La fragilité de l'hypothèse d'une fonction liturgique des hymnes

Horst est probablement le premier exégète à attribuer une fonction aux hymnes amosiens. Dans son article paru en 1929, après avoir posé qu'un rédacteur postexilique a introduit de façon maladroite Am 4, 13, Am 5, 8 et Am 9, 5–6 à leur place actuelle, il s'est questionné sur l'objectif visé par ce dernier. Il y établit que c'est

---

19 Horst, F., « Die Doxologien im Amosbuch », p. 45–54.
20 Weiser, A., « Zu Amos 4, 6–13 », *ZAW* 46 (1928), p. 49–59 ; Maag, V., *Text, Wortschatz und Begriffswelt des Buches Amos*, p. 24–25.
21 Sellin, E., Fohrer, G., *Einleitung in das Alte Testament*, p. 479 ; Koch, K., « Die Rolle der hymnischen Abschnitte der Komposition des Amos-Buches », p. 535 ; Waard, J. de, « Le Dieu créateur dans les hymnes d'Amos », p. 42 ; Bulkeley, T., « The Book of Amos and the Day of Yhwh», *Col* 45/2 (2013), p. 154–169.

https://doi.org/10.1515/9783110562743-022

dans le but de rendre la prédication d'Amos conforme à un usage antique de la tradition israélite[22] que ce rédacteur a détaché ces hymnes de leur souche primitive pour les insérer dans ce corpus. Aussi postule-t-il que ces doxologies, surtout Am 4, 13, sont une forme de « *confessio* » ou d'exhomologèse visant à exalter la grandeur de Dieu qui a permis l'exil du peuple[23]. A sa suite, de nombreux biblistes ont souvent soutenu que la fonction principale des hymnes amosiens est de conférer à Am 4, 1–12 une connotation liturgique aux différents passages dans lesquels ils sont insérés et de les rendre ainsi utilisables dans les cérémonies religieuses.

Berg est sans doute l'un de ceux qui ont largement développé l'hypothèse de Horst. Il envisage Am 4, 13 et Am 5, 8 comme des textes liturgiques, insérés dans le simple but de procurer une réponse confessionnelle adéquate aux menaces d'Am 4, 1–12. Dans son étude très approfondie, même s'il réfute l'idée d'une unité primitive[24] des hymnes défendue par son prédécesseur et exige qu'Am 4, 13 et Am 5, 8 ne soient plus qualifiés d'hymnes, il avance tout de même que ces passages sont des expressions de foi ou des *Bekenntniss*, c'est-à-dire des réponses de la communauté aux malheurs annoncés par Amos[25]. Crenshaw s'est également inscrit dans la logique de Horst. En s'appuyant sur Watts qui qualifie également Am 4, 13 et Am 9, 5–6 de psaumes yahvistes chantés lors des célébrations liturgiques, il affirme qu'Am 4, 13 est une réponse prophétique à la tentation des Israélites de faire des serments aux dieux étrangers après leur confrontation avec la religion assyro-babylonienne. Il allègue encore que ces doxologies ont été ajoutées au texte prophétique pour un usage confessionnel dans la liturgie pénitentielle[26]. De même Wolff, dans la continuité de Sellin qui est persuadé que les hymnes se trouvent là où il est question de la chute du sanctuaire de Béthel[27], argue qu'Am 4, 13 ; 5, 8–9 ; 9, 5–6 sont une réponse du rédacteur à la destruction

---

22 Voir note 568, p. 196–197.

23 Horst, F., « Die Doxologien im Amosbuch », p. 45–54. Vuilleumier-Bassard et Jeremias approuvent pleinement cette idée. Vuilleumier-Bassard, R., *La tradition cultuelle d'Israël dans la prophétie d'Amos et d'Osée*, p. 90 ; Jeremias, J., *The Book of Amos*, p. 76.

24 Berg pense qu'Am 4, 13 ; 5, 8 datent de la période exilique tandis qu'Am 5, 9 ; 9, 5–6 seraient de la période postexilique. Berg, W., *Die sogenannten Hymnenfragmente im Amosbuch*, p. 117–271.

25 Berg, W., *Die sogenannten Hymnenfragmente im Amosbuch*, p. 324–325.

26 Crenshaw, J. L., *Hymnic Affirmation of divine Justice*, p. 38 et 140 ; voir aussi : Crenshaw, J. L., « Wedōrēk ʿal-bāmŏtê ʾāreṣ », *CBQ* 34 (1972), p. 39–53 (p. 44). Nous citons aussi Martin-Achard qui maintient que le but d'Am 4, 13 est de « confesser la grandeur du Seigneur au moment où celui-ci condamne le coupable ». Martin-Achard, R., *L'homme de Teqoa*, p. 64.

27 Sellin, E., Fohrer, G., *Einleitung in das Alte Testament*, p. 479.

de l'autel de ce lieu de culte[28]. D'autres auteurs, comme Weiser et Jozaki, croient qu'Am 4, 13 a été ajouté pour permettre qu'Am 4, 1–12 soit lu dans le cadre de la liturgie afin de montrer la manière dont l'homme est soumis au jugement divin[29].

Pour mieux asseoir leurs arguments, Horst et les partisans de sa théorie lisent les trois doxologies, et plus particulièrement Am 4, 13, à la lumière de Jos 7, 19, passage dans lequel Josué invite Akan à rendre grâce à Dieu devant l'assemblée au moment même où ce dernier lui inflige un châtiment. Ils établissent également un parallèle entre ces doxologies et d'autres textes bibliques tels que Job 4 ; 1 S 6, 5 ; Ps 104. C'est ainsi que des chercheurs comme Gaster et Dobbs-Allsopp voient respectivement en Am 4, 13 une réminiscence saisissante de certains hymnes babyloniens ou des légendes phéniciennes[30] et un emprunt à certaines lamentations sumériennes (Sumer et Ur) ou égyptiennes[31]. En somme, pour Horst et ses successeurs, les hymnes amosiens ont une fonction essentiellement liturgique.

Cette hypothèse, pourtant très séduisante, se fonde indibutablement sur un a priori majeur constituant une pierre d'achoppement pour l'exégèse moderne d'Am 4, 13 ; 5, 8–9 ; 9, 5–6. En fait, Horst et ses partisans présupposent que ces textes « ont été tirés du patrimoine liturgique d'Israël et introduits plus tard dans le livre pour permettre sa lecture dans les services du culte divin »[32]. Autrement dit, ils présument qu'ayant été extraits du patrimoine cultuel d'Israël pour être insérés dans le corpus amosien, ces hymnes gardent, dans leur nouveau contexte, leur fonction liturgique d'origine. Dès lors, ils n'expliquent pas le rôle qu'Am 4, 13 ; 5, 8–9 ; 9, 5–6 jouent dans le livre d'Amos. Ils ne font qu'élucider ce à quoi ils servaient dans leur *Sitz im Leben* antérieur, voire postérieur, avant leur intégration à la prédication du berger de Teqoa. Par conséquent, ils ne traitent pas ces hymnes comme des composantes qui tirent leur sens et leur raison d'être de leurs rapports avec les autres passages du corpus. Or la fonction d'un texte dépend largement, sinon exclusivement, du contexte dans lequel il se trouve et non pas dans celui de son origine. Ainsi, des exégètes n'ont pas eu tort de récuser cette thèse puisque nous percevons difficilement pourquoi un auteur aurait introduit des hymnes

---

28 Wolff, H. W., *Joel and Amos*, p. 216–218.
29 Weiser, A. *Die Prophetie des Amos*, p. 156–157 et p. 181 ; Jozaki, S., « The secondary Passages of the Book of Amos », p. 26.
30 Gaster, H. T., « An Ancient Hymn in the Prophecies of Amos », p. 24.
31 Dobbs-Allsopp, F. W., *Weep, O Daughter of Zion : A Study of the City-Lament Genre in the Hebrew Bible*, BibOr 44, Roma, Pontificio Istituto Biblico, 1993, p. 58. Cox compare aussi le vocabulaire des hymnes amosiens avec Job 9, 5–9 et avec certains textes sumériens et égyptiens. Cox, G., « The Hymn of Amos », p. 86–88.
32 Vuilleumier-Bassard, R., *La tradition cultuelle d'Israël dans la prophétie d'Amos et d'Osée*, p. 89.

pour donner une connotation liturgique à des passages qui rejettent vigoureusement le culte (Am 4, 1–12 ; Am 5, 1–27) ou annoncent le rasage du temple (Am 9, 1–6). Dès lors, il serait interessant d'examiner à présent les arguments de ceux qui insistent davantage sur la place des hymnes dans la construction du corpus amosien.

Les limites de l'hypothèse d'une fonction rhétorique des hymnes

La majorité des exégètes partisans de l'approche synchronique mettent en relief la place qu'Am 4, 13 ; 5, 8–9 ; 9, 5–6 occupent dans la construction d'ensemble du livre d'Amos. Ils estiment que ces doxologies servent à marquer la fin de certaines grandes sections du corpus. Fohrer semble, à notre connaissance, être l'un des premiers auteurs à avoir attribué une telle fonction structurelle à ces textes. Tout en admettant que ces hymnes n'ont le prophète ni pour auteur, ni pour utilisateur, il pose, contrairement à Horst, que ces passages, plus particulièrement Am 4, 13, ont été introduits avec l'intention de signaler la fin d'une série d'oracles prononcés par Amos[33]. Sa thèse a été bien suivie par Koch qui invite à lire les hymnes amosiens non plus en fonction de leur *Sitz im Leben* mais plutôt de leur contexte actuel. Dans son article paru en 1974, il démontre qu'Am 4, 13 et Am 9, 5–6 sont des marqueurs placés stratégiquement dans le seul but d'indiquer au lecteur la fin d'Am 3 – 4, 13 et celle d'Am 5 – 9, 6, les deux sections majeures du livre, lesquelles sont introduites par אֶת־הַדָּבָר שִׁמְעוּ et renferment respectivement une série de menaces de destruction empreintes d'admonitions divines et une série de menaces faites sous forme d'une lamentation funéraire[34]. Quant à Am 5, 8–9, il soutient qu'il sert à marquer la fin d'Am 5, 1–9, la première sous-section d'Am 5 – 9, 6. De même, de Waard avance dans ce sens qu'Am 4, 13 ; 5, 8–9 ; 9, 5–6 (et Am 1, 2) sont des morceaux d'une doxologie unique, lesquels ont été insérés tardivement dans le corpus amosien à des endroits où « ils remplissent une fonc-

---

33 Sellin, E., Fohrer, G., *Einleitung in das Alte Testament*, p. 479.

34 Nous rappelons que Koch discerne trois grandes sections majeures : une première constituée d'oracles introduits de manière identique (Am 1 – 2), une seconde et une troisième (Am 3 – 4 et Am 5 – 9, 6), chacune débutant par l'expression שִׁמְעוּ אֶת־הַדָּבָר הַזֶּה, puis, se clôturant par une doxologie (Am 4, 13 ; 9, 5–6). Il tient Am 9, 7–15 pour un postscript. Koch, K., « Die Rolle der hymnischen Abschnitte in der Komposition des Amos-Buches », p. 535. Mathys suit son raisonnement en attribuant une fonction structurelle à Am 4, 13 et Am 9, 5–6. Mathys, H. P., *Dichter und Beter : Theologen aus spätalttestamentlicher Zeit*, OBO 132, Freiburg, Universitätsverlag, 1994, p. 112.

tion structurelle de première importance »[35]. Il ajoute que le rôle d'Am 4, 13 ; 5, 8–9 ; 9, 5–6 est de « marquer le début et la fin du livre d'Amos, et de mettre en évidence son message principal, placé au centre d'une construction ingénieuse »[36]. En effet, il discerne dans le livre une organisation concentrique dans laquelle Am 5, 8–9 constitue à la fois la conclusion de la deuxième partie et le point central de la structure, tandis que les deux autres (Am 4, 13 ; 9, 5–6) demeurent les conclusions respectives des deux autres grands blocs (Am 1 – 4, 13 ; 5 – 9, 6). Aussi, bien que leur structuration d'ensemble soit différente de celle de Koch et de de Waard, Andersen et Freedman attribuent-ils à Am 4, 13 et à Am 9, 5–6 le rôle de marqueurs de clôture d'Am 1 – 4 et Am 7 – 9, 6, deux sections majeures de l'organisation quadripartite qu'ils préconisent[37]. En fait, Fohrer et les auteurs cités ci-dessus assignent essentiellement à Am 4, 13 ; 5, 8–9 ; 9, 5–6 la fonction rhétorique de conclusion. Ils révèlent ainsi que ces passages ne sont pas placés par hasard ou maladroitement et que leur présence répond à un besoin structurel ou architectural du livre.

Cependant, comme nous l'avons souligné dans le *Status Quaestionis*, tous les exégètes ne partagent pas l'avis qu'Am 4, 13 ; 5, 8–9 ; 9, 5–6 sont des indicateurs de fin de sections majeures[38]. De plus, si on ne leur attribue qu'un rôle purement structurel, ils sont réduits à des encarts servant de marque-page ou des feuillets dont la présence n'a aucune incidence sur le contenu du livre. Une telle idée est difficilement soutenable au regard de la teneur de ces hymnes. C'est d'ailleurs pour cette raison que certains nouveaux partisans de l'approche rhétorique que nous évoquerons dans le point suivant, sans nier que l'un ou l'autre de ces hymnes, de par sa position, puisse remplir une fonction structurelle, les considèrent davantage comme des éléments d'emphase.

---

35 Waard, J. de, « Le Dieu créateur dans les hymnes du livre d'Amos », p. 37.

36 Waard, J. de, « Le Dieu créateur dans les hymnes du livre d'Amos », p. 43.

37 Andersen, F. I., Freedman, D. N., *Amos*, p. 42–43 ; Hubbard considère aussi Am 4, 13 comme un marqueur structurel servant à délimiter Am 4, 1–13 comme une section unifiée. Il avance que les participes présents utilisés en Am 4, 1 pour décrire l'attitude des femmes de Samarie traitées de vaches de Basan correspondent, par parallélisme antithétique, à ceux qui dépeignent les actions de Dieu en Am 4, 13 ; ils permettent de déduire une inclusion délimitant Am 4, 1–13 comme une unité cohérente. Hubbard, D. A., *Joel and Amos*, p. 161. Dorsey juge également Am 4, 13 comme la conclusion d'une unité cohérente comportant x+1 patterns. Dorsey, D. A., « Literary Architecture and Aural Structuring Techniques in Amos », p. 311.

38 Certains soutiennent catégoriquement que les hymnes ne marquent ni ne concluent aucune grande section du livre d'Amos. Mays, J. L., *Amos*, p. 84 ; Wal, A. van der, « The Structure of Amos », p. 108 ; Melugin, R. F., « The Formation of Amos », p. 369–391 ; Auld, A. G., *Amos*, p. 58 ; Marks, H. « The Twelve Prophets », p. 218.

Les hymnes, des éléments d'emphase de la prédication d'Amos ?

Les commentateurs tels que Finley, Marks, Bovati et Meynet, plus récemment Möller, mettent l'accent sur l'apport des trois hymnes à la rhétorique d'Amos. Finley estime qu'Am 4, 13 ; 5, 8–9 ; 9, 5–6 représentent respectivement le point culminant de la première proclamation d'Amos que le peuple est invité à entendre (Am 3, 1 – 4), le centre de son livre, l'apogée des visions exposant le jugement du Seigneur contre les activités religieuses d'Israël[39]. Marks adopte la proposition de son devancier et l'amplifie en soutenant que chacun de ces trois fragments d'hymnes est introduit à un endroit où le discours d'Amos revêt une sévérité exceptionnelle, dans le but de solenniser sa parole de jugement[40]. Persuadés eux aussi que ces doxologies occupent des places privilégiées dans la composition du livre et servent soit de conclusion, soit de pivot de certaines de ses sections[41], Bovati et Meynet avancent que leur position stratégique implique que leur auteur leur a attribué « une importance décisive comme moments particulièrement révélateurs de Dieu »[42]. Pour eux, ces hymnes remplissent dans le livre une fonction rhétorique primordiale, celle de servir de lieux où le nom de Dieu est proclamé avec emphase.

Möller semble être le commentateur le plus récent à insister davantage sur le rôle emphatique d'Am 4, 13 ; 5, 8–9 ; 9, 5–6. Se basant sur les observations de Marks, il invite les biblistes à les percevoir comme des indicateurs de climax ou des accentuations locales du discours d'Amos plutôt que de les considérer comme de simples dispositifs structurels[43]. A titre d'exemple, il argue que, même si Am 4, 13 sert de marqueur de conclusion, cette fonction structurelle est beaucoup plus limitée que son rôle de climax puisque sa présence oblige ce passage à finir sur une note plutôt sinistre[44]. Aussi entend-il souligner que ces trois doxologies

---

39 Finley, T. J., *Joel, Amos, and Obadiah*, WEC, Chicago, Moody Press, 1990, p. 333.

40 Marks, H., « The Twelve Prophets », p. 218–220.

41 Ils soulignent que le premier hymne (Am 4, 13), de par sa position, remplit sans équivoque une fonction rhétorique de conclusion de la séquence formée par Am 4, 4–13 tandis que le deuxième et le troisième se trouvent respectivement au centre du livre et au cœur de la construction d'une séquence comportant des menaces (Am 9, 1–10). Bovati, P., Meynet, R., *Le livre du prophète Amos*, p. 152.

42 Bovati, P., Meynet, R., *Le livre du prophète Amos*, p. 152.

43 Möller, K., *Prophet in Debate*, p. 63.

44 Möller, K., *Prophet in Debate*, p. 63 : « The second hymn fragment (Am 4, 13) in fact does function as a marker of closure, but not in the way envisaged by Koch [...] its structural significance is of a more local nature in that is closes the discourse of Am 4. Yet, its real significance seems to

sont à considérer comme des lieux où le jugement d'Amos atteint son apothéose. Elles solennisent ou donnent force au jugement prononcé par Amos en exaltant le pouvoir destructeur de Dieu qui, par la bouche d'Amos, fait le procès d'Israël son peuple.

Nous observons chez les commentateurs ci-dessus mentionnés une volonté de ne plus présenter les trois hymnes amosiens comme des éléments qui perturbent l'harmonie littéraire de son livre mais plutôt comme des passages dont la présence apporte une certaine tonalité à son jugement. La faiblesse de leurs travaux résulte du seul fait qu'ils ont tendance à limiter la fonction de ces hymnes à leur contexte d'insertion sans montrer qu'ils sont indispensables pour l'équilibre théologique du corpus amosien. Dès lors, leurs travaux nous incitent à procéder à l'analyse du contenu d'Am 4, 13 ; 5, 8–9 ; 9, 5–6, afin de faire valoir qu'ils remplissent une fonction théologique de très haute importance et d'en déduire que leur présence s'avère indispensable pour que la prédication d'Amos soit complète. Mais auparavant, nous allons procéder à leur traduction pour préciser le sens de certains termes complexes, objets d'interprétations divergentes.

---

lie in its climatic role, as it causes that passage to end on rather ominous note ». Nous rappelons qu'il considère Am 1, 2 comme la première doxologie du livre.

La présentation et la traduction opératoire des trois hymnes

L'une des plus importantes difficultés de l'exégèse des trois doxologies du livre d'Amos réside dans leur traduction parce qu'elles comportent beaucoup de mots rares et des expressions difficiles. Aussi convient-il de procéder à l'analyse de ces termes, qui font que la traduction de chaque hymne varie d'un exégète à l'autre.

La traduction du premier hymne (Am 4, 13)

Dans la forme actuelle du livre d'Amos, cet hymne se situe entre Am 4, 1–12 et Am 5, 1–27, deux oracles débutant par la même expression שִׁמְעוּ הַדָּבָר הַזֶּה . Il est relié à Am 4, 1–12 par sa formule introductive כִּי הִנֵּה et comporte six propositions. Les cinq premières se présentent sous forme de chaînes construites, renfermant chacune un participe présent qui décrit une action de Dieu, et la sixième, un long titre divin :

– la formule introductive

כִּי הִנֵּה : car voici

– les six propositions

13aa יוֹצֵר הָרִים : il façonne les montagnes
13ab וּבֹרֵא רוּחַ : il crée le vent
13ag וּמַגִּיד לְאָדָם מַה־שֵּׂחוֹ : et il révèle à l'homme son dessein
13ad עֹשֵׂה שַׁחַר עֵיפָה : fait le jour les ténèbres
13ae וְדֹרֵךְ עַל־בָּמֳתֵי אָרֶץ : qui marche sur les hauteurs de la terre
13b יְהוָה אֱלֹהֵי־צְבָאוֹת שְׁמוֹ : le Seigneur, le Dieu des puissances est son nom.

Excepté Harper qui suggère d'inverser cet ordre de succession en déplaçant la sixième proposition (13b) pour la mettre à la suite d'Am 4, 12, afin que l'on puisse lire Am 4, 12–13 comme suit : « Prépare-toi à rencontrer Dieu, ô Israël (12c), le Seigneur, le Dieu des puissances est son nom (13d) ; car voici qu'il forme les montagnes, […], il convertit l'aurore en ténèbres »[45], la plupart des commentateurs respectent la disposition des six syntagmes d'Am 4, 13. Leurs points de vue ne

---

45 Harper, W. R., *A critical and Exegetical Commentary on Amos and Hosea*, p. 104 : « The strophic arrangement would be satisfied and good thought obtained by combining 12c and 13d thus, (12c) *Prepare to meet the God, O Israel, (13d) Yahweh God of horst is his name* ; (13a) for behold, etc. ».

https://doi.org/10.1515/9783110562743-023

divergent que sur la manière de les traduire, plus particulièrement le premier (Am 4, 13aa), le troisième (13ag), le quatrième (13ad) et le sixième (13b).

Concernant **le premier syntagme** [13) יוֹצֵר הָרִים aa)], certains exégètes, tels que Nowack[46] et Driver[47], suivent la logique de la Septante qui la traduit par ἐγὼ στερεῶν βροντήν[48], littéralement, « je façonne le tonnerre », dans l'intention d'avoir un substantif qui, dans l'ordre des évènements cosmiques, va de pair avec רוּחַ (vent), lequel est mentionné en Am 4, 13ab. Ils proposent de remplacer le terme הָרִים (montagnes) par הָרַעַם (tonnerre). Or, le tonnerre, non seulement n'est cité nulle part dans la Bible comme une merveille de la création de Dieu, mais il n'est jamais mentionné de pair avec רוּחַ ; au contraire, l'évocation des montagnes (הָרִים) parmi les activités créatrices de Dieu est fréquente (Is 40, 12 ; Ps 65, 7 ; Pr 8, 25). Pour cette raison, et aussi parce que la montagne est déjà citée en Am 4, 1, nous estimons raisonnable de retenir le substantif הָרִים et de traduire יוֹצֵר הָרִים par « il façonne les montagnes ».

Les difficultés de l'interprétation du **troisième syntagme** [וּמַגִּיד לְאָדָם מַה־שֵּׂחוֹ 13)ag)] résultent du fait que le terme שֵּׂחוֹ est un hapax legomenon, employé uniquement dans cet hymne et du manque de précision sur le référent du suffixe i que ce mot porte. En effet, le suffixe i de ce substantif masculin pluriel de שֵׂחַ peut se rapporter à Dieu ou bien à l'homme, qui sont respectivement, le sujet et le complément d'objet de מַגִּיד, forme *hifil* du participe masculin singulier du verbe נגד (révéler). Voulant éviter la difficulté posée par l'hapax legomenon שֵׂחוֹ, la Septante a choisi de le remplacer par « τὸν χριστὸν αὐτοῦ[49], « son oint ». Mais ni cette traduction qui confère une connotation messianique, voire christologique à Am 4, 13, ni celle du Targum qui lie עוֹבָדוֹהִי מָא (ses œuvres)[50] à la place de שֵׂחוֹ, ne sont suivies par les commentateurs modernes. Ceux-ci choisissent plutôt celle des autres versions grecques de l'ère chrétienne et de la Vulgate[51]. Ils considèrent

---

46 Nowack, W., *Die kleinen Propheten*, p. 141.

47 Driver, S. R., *The Books of Joel and Amos, with introduction and notes*, Cambridge, University Press, [1901], 1934, p. 177.

48 Tout comme les traducteurs de la Septante, ils supposent qu'en recopiant une ancienne version, les rédacteurs de l'actuel texte de l'hébreux massorétique d'Am 4, 13 auraient, par erreur, omis la lettre ע de הָרַעַם et reproduit הָרִים. Hoonacker expose parfaitement leur point de vue et le réfute scrupuleusement. Hoonacker, A. van, *Les douze petits prophètes*, p. 240.

49 Les traducteurs estiment qu'en voulant réécrire le mot שֵׂחוֹ (מְ)ה, un copiste l'a, par erreur, scindé en deux mots מַה־שֵׂחוֹ ; leur objectif est aussi de disposer d'un substantif parallèle à רוּחַ d'Am 4, 13ab, qu'ils traduisent par πνεῦμα, désignant ainsi l'esprit au lieu du vent.

50 Paul, Sh. M., *Amos*, p. 154–155.

51 Aquila traduit מַה־שֵׂחוֹ par ἡ ὁμιλία αὐτοῦ (son instruction), le Symmachus, par τὸ ἰώνημα αὐτοῦ (sa présence) et la Vulgate, par « eloquium suum » (sa pensée).

généralement שֵׂחוֹ comme un hapax dérivé du substantif [52] שִׂיחַ qui signifie l'intention, la pensée, la préoccupation (1S 1, 16 ; 1R 18, 27 ; 2R 9, 11 ; Ps 55, 3 ; Pr 23, 29). Le référent du suffixe וֹ demeure aujourd'hui le problème crucial de l'interprétation de cette troisième proposition. Certains auteurs, tels Andersen et Freedman, jugent qu'il se rapporte à Dieu et rendent ainsi וּמַגִּיד לְאָדָם מַה־שֵּׂחוֹ par « il déclare sa pensée à l'humanité »[53], alors que d'autres pensent qu'il se réfère plutôt à l'homme et traduisent donc Am 4, 13ag par « il révèle à l'homme sa pensée »[54]. Nous nous rangeons derrière cette position parce qu'elle connote davantage l'idée d'un Dieu omniscient au regard de qui rien n'échappe, ni le vent cité en Am 4, 13ab, ni les pensées les plus intimes de l'homme. Une telle traduction trouve aussi des parallèles dans la Bible, notamment dans Jr 11, 20 et Ps 94, 11, où Dieu est dépeint comme celui qui sonde et qui connaît les pensées et les sentiments de l'homme. Elle a le mérite de révéler que le Dieu que les auteurs des exactions énumérées depuis Am 2, 6 – 4, 12 doivent se préparer à rencontrer est le juge suprême capable de voir les choses invisibles. Elle dénote également que ces coupables ne pourront pas se cacher pour échapper à son regard ou éviter la sanction qui leur sera infligée. Enfin, traduire Am 4, 13ag par « Dieu révèle à l'humanité son dessein » nous semble contredire les données d'Am 3, 7, verset dans lequel la révélation semble être réservée aux prophètes.

Le quatrième syntagme [עֹשֵׂה שַׁחַר עֵיפָה (Am 4, 13ad)] fait également l'objet de diverses traductions en raison des substantifs עֵיפָה et שַׁחַר qui sont juxtaposés l'un à l'autre sans aucun mot de liaison ; aussi doit-il être rendu littéralement par « qui fait aurore obscurité ». Une telle traduction n'ayant pas de sens, les traducteurs de la Septante ont supposé un *wav* entre עֵיפָה et שַׁחַר et ont ainsi traduit עֹשֵׂה שַׁחַר עֵיפָה par ποιῶν ὄρθρον καὶ ὁμίχλην (il fait l'aurore et les ténèbres)[55] . Mais peu de commentateurs modernes ont suivi leur proposition parce qu'elle présente l'aurore et les ténèbres comme des éléments créés distinctement et sans

---

52 Wolff, H. W., *Joel and Amos*, p. 223–224 ; Soggin, J. A., *Il profeta Amos*, p. 107.

53 Andersen, F. I., Freedman, D. N., *Amos*, p. 453–456 : « And who declared his secret thought to Adam ». Quant à Paas et Möller, ils traduisent וּמַגִּיד לְאָדָם מַה־שֵּׂחוֹ par « and declares his thought into mankind », puis, Bovati et Meynet qui s'accordent avec Wolff, par « qui fait savoir à l'homme quel est son dessein ». Paas, S., « Seeing and Singing », p. 254 ; Möller, K., *Prophet in Debate*, p. 62 ; Wolff, H. W., *Joel and Amos*, p. 223–224 ; Bovati, P., Meynet, R., *Le livre du prophète Amos*, p. 150.

54 Hoonacker, A. van, *Les douze petits prophètes*, p. 240 ; Rudolph, W., *Joel-Amos-Obadja-Jona*, p. 181–182 ; Barthelemy, D., *Critique textuelle de l'Ancien Testament*, p. 657–660 ; Berg, W., *Die sogenannten Hymnenfragmente im Amosbuch*, p. 287 ; Motyer, A., *Amos, le rugissement de Dieu*, p. 88 ; Carasik, M., « The Limits of Omniscience », *JBL* 119 (2000), p. 221–232.

55 Cette traduction est également retenue dans la *BJ*.

rapport l'un avec l'autre. La majorité des biblistes préfère garder intact Am 4, 13ad et le traduire soit par « celui qui, des ténèbres, produit l'aurore »[56], soit par « celui qui change l'aurore en ténèbres »[57], les deux insistant sur le pouvoir de Dieu de changer l'aurore en ténèbres ou vice-versa. Nous avons choisi de retenir la seconde, celle qui met l'accent sur le changement de l'aurore en ténèbres parce qu'elle connote l'idée de jugement et est plus en lien avec les données du livre, plus précisément avec les annonces concernant le jour du Seigneur, constamment dépeint comme un jour de deuil et de lamentation (Am 5, 16–17 ; 6, 8–11 ; 8, 8. 10–14), un jour de ténèbres (Am 5, 18. 20) où Dieu provoquera le coucher du soleil en plein jour ou remplira la terre entière d'obscurité (Am 8, 9).

Le sixième syntagme [13) שְׁמוֹ צְבָאוֹת אֱלֹהֵי וַיהוָה(b)] ne renferme pas de difficulté majeure, excepté l'épithète צְבָאוֹת, qui revient neuf fois dans le livre, avec des combinaisons très variées, dont trois[58] attestées uniquement chez Amos, et deux dans d'autres livres bibliques[59]. Certains le rendent par « des armées »[60], et d'autres par « des puissances »[61]. Quand bien même la première est plus proche du sens littéral, nous avons choisi la seconde afin de conforter l'idée de la toute-puissance de Dieu que dénote cet attribut.

---

56 La plupart des partisans de cette traduction prévilégiée par les rédacteurs de la *TOB* se fondent sur l'étude de Driver, dans laquelle il souligne que la règle de l'apposition en hébreu ou l'emploi de l'accusatif de limitation exige que le mot qui exprime la provenance d'une chose soit placé en seconde position et qui maintient que l'on devrait dire que Dieu tire l'aurore (שַׁחַר, mise en première position), des ténèbres (עֵיפָה, placé en dernière position). Driver, S. R., *A Treatise on the Use of the Tenses in Hebrew : and some other syntactical Questions*, Oxford, Oxford University Press, 1892, p. 195.

57 Hoonacker, A., van, *Les douze petits prophètes*, p. 240 ; Mays, J. L., *Amos*, p. 77 ; Wolff, H. W., *Joel and Amos*, p. 221 ; Andersen, F. I., Freedman, D. N., *Amos*, p. 456 ; Jeremias, J., *The Book of Amos*, p. 66 ; Story, C. I. K., « Amos-Prophet of Praise », p. 69 ; Paas, S., « Seeing and Singing », p. 256 ; Paas, S., « A Textual Remark note on Ps 143, 6 (אֶרֶץ – עֵיפָה a weary Land ?) », *ZAW* 113 (2001), p. 415–418 ; Möller, K., *Prophet in Debate*, p. 287.

58 יְהוָה אֱלֹהֵי צְבָאוֹת אֲדֹנָי (Am 5, 16). אֲדֹנָי יְהוָה צְבָאוֹת אֲדֹנָי(Am 9, 5), וַאֲדֹנָי יְהוָה הַצְּבָאוֹת (Am 3, 13), אֲדֹנָי יְהוָה הַצְּבָאוֹת

59 יְהוָה אֱלֹהֵי הַצְּבָאוֹת (Am 4, 13 ; 5, 14. 15. 27 ; 6, 8 ; 2S 5, 10 ; 1R 19, 10. 14 ; Jr 15, 16 ; Ps 60, 12 ; 80, 5) יְהוָה אֱלֹהֵי־צְבָאוֹת (Os 12, 6), יְהוָה אֱלֹהֵי הַצְּבָאוֹת (Am 6, 14 ;

60 Andersen, F. I., Freedman, D. N., *Amos*, p. 453–457 ; Bovati, P., Meynet, R., *Le livre du prophète Amos*, p. 150.

61 C'est la proposition retenue par les traducteurs de la *TOB*.

La traduction du second hymne (Am 5, 8–9)

La traduction d'Am 5, 8–9 donne lieu à des positions beaucoup plus divergentes que celle du premier hymne, du fait que la Septante présente un texte entièrement différent du texte massorétique[62]. Notre objectif étant de le lire dans sa forme actuelle, nous ne nous attarderons pas sur les nombreux amendements que les traducteurs de la Septante ont opérés sur le texte massorétique de cet hymne. Plus développé qu'Am 4, 13, il s'étend sur deux versets, comprenant respectivement six et deux propositions ou syntagmes :
- Les six propositions d'Am 5, 8

8aa עֹשֵׂה כִימָה וּכְסִיל : celui qui crée les pléiades et l'Orion
8ab וְהֹפֵךְ לַבֹּקֶר צַלְמָוֶת : qui change la nuit obscure en clarté matinale
8ag וְיוֹם לַיְלָה הֶחְשִׁיךְ : qui réduit le jour en une nuit obscure
8ba הַקּוֹרֵא לְמֵי־הַיָּם : celui qui convoque les eaux de la mer
8bb וַיִּשְׁפְּכֵם עַל־פְּנֵי הָאָרֶץ : et les répand sur la surface de la terre
8bg יְהוָה שְׁמוֹ : Il se nomme le Seigneur

- Les deux propositions d'Am 5, 9

9a הַמַּבְלִיג שֹׁד עַל־עָז : celui qui fait surgir la destruction sur le fort
9b וְשֹׁד עַל־מִבְצָר יָבוֹא : et la destruction entre dans la forteresse

Parmi les six propositions d'Am 5, 8, seules les traductions de la première (8aa), de la deuxième (8ab) et de la quatrième (8ba) varient sensiblement d'un exégète à l'autre. La difficulté qu'elle pose pour Am 5, 8aa résulte des deux substantifs,

---

62 La Septante transforme en effet Am 5, 7 du texte massorétique qu'elle rend par « κύριος ὁ ποιῶν εἰς ὕψος κρίμα καὶ δικαιοσύνην εἰς γῆν ἔθηκεν » qui, à la lettre, veut dire « le Seigneur qui fait en haut le jugement et il pose sur la terre la justice » afin de le relier à Am 5, 8. Elle traduit ainsi Am 5, 8 par « ποιῶν πάντα καὶ μετασκευάζων καὶ ἐκτρέπων εἰς τὸ πρωὶ σκιὰν θανάτου καὶ ἡμέραν εἰς νύκτα συσκοτάζων ὁ προσκαλούμενος τὸ ὕδωρ τῆς θαλάσσης καὶ ἐκχέων αὐτὸ ἐπὶ προσώπου τῆς γῆς κύριος ὁ θεὸς ὁ παντοκράτωρ ὄνομα αὐτῷ » qui signifie littéralement : « il façonne tout, il change et transforme l'aurore en l'ombre de la mort et le jour en nuit obscure, appelle l'eau de la mer pour la répandre à la surface de la terre ; le Seigneur, le Dieu tout puissant, est son nom ». Quant au v. 9, elle le rend par « ὁ διαιρῶν συντριμμὸν ἐπ᾽ ἰσχὺν καὶ ταλαιπωρίαν ἐπὶ ὀχύρωμα ἐπάγων » qui peut être traduit par « qui inflige la destruction à l'homme fort et qui fait venir la détresse sur la forteresse ». Nous soulignons que l'objectif du traducteur de la Septante a été de tout faire pour que le verbe הפך, employé en Am 5, 7, et celui d'Am 5, 8 aient Dieu pour sujet. Mais à part Watts et quelques autres qui procèdent à une reconstruction forcée du texte massorétique, cette démarche est peu suivie par les commentateurs. Watts, J. D., « Note on the Text of Amos 5: 7 », *VT* 4 (1954), p. 215–216.

כִּימָה et כְּסִיל, peu fréquents dans la Bible. Ils ne sont attestés ensemble qu'une seule fois dans Jb 38, 3 où ils désignent des constellations, et dans Jb 9, 9 où ils sont suivis de noms d'autres astres. La plupart des exégètes modernes suivent la logique de la Septante qui les a respectivement traduits par Pléiade et Orion, sans toutefois s'accorder sur la portée symbolique de ces deux astres. Certains commentateurs sont persuadés qu'il s'agit de deux constellations qui représentaient les divinités présidant à la justice[63], alors que d'autres tels que Paul, qui s'appuie sur Fohrer, maintiennent qu'elles étaient plus associées à la Nouvelle année (Nisan) et ainsi au changement de l'hiver et de l'été[64]. Nous avons opté pour la traduction largement admise qui rend עֹשֵׂה כִימָה וּכְסִיל par « il crée les pléiades et l'Orion » ; nous nous rangeons du côté de ceux qui soutiennent que ces astres symbolisent dans ce contexte le changement des saisons. Cette explication, nous le verrons, convient pour la suite de la compréhension de l'hymne ; plus particulièrement, elle est en accord avec l'énoncé d'Am 5, 8ab, où il est question du changement de temps.

L'interprétation d'Am 5, 8ab varie également en fonction du sens que chaque commentateur accorde, d'une part, au terme הֹפֵךְ, participe présent du verbe הפך, aussi employé en Am 5, 7 et surtout, d'autre part, au substantif צַלְמָוֶת. Le verbe הפך est très usité dans la Bible hébraïque où il décrit le retournement de quelque chose (2R 21, 13 ; Lm 3, 3), le renversement d'un trône (Ag 2, 23) ou d'une ville (Gn 19, 21) ou bien encore d'une personne (Jb 34, 25), le changement de l'essence d'une chose en une autre (Dt 23, 6 ; Jr 13, 13 ; 31, 23 ; Ps 114, 8) ; nous privilégions la dernière signification pour insister sur la transformation radicale de la justice en poison[65]. Quant au substantif צַלְמָוֶת, certains biblistes s'inscrivent dans la perspective de la Septante qui le décompose en deux mots, צֵל signifiant « ombre » et מָוֶת, « mort » et le traduisent par « l'ombre de la mort »[66]. Cette décomposition est réfutée par bon nombre de commentateurs, tels que Paul[67], Andersen et Freedman[68] qui rendent צַלְמָוֶת par « obscurité » ou par « sombre nuit ». Cette dernière

---

63 Kock, K., « Die Rolle der hymnischen Abschnitte in der Komposition des Amos-Buches », p. 523–526 ; Mowinckel, S., « Die Sternnamen im Alten Testament », *NorTT* 29 (1928), p. 5–75 ; Bovati, P., Meynet, R., *Le livre du prophète Amos*, p. 165.

64 Fohrer, G., *Das Buch Hiob, KAT* 16, Gütersloh, G. Mohn, Gütersloher Verlagshaus, 1963, p. 216 ; Paul, Sh. M., *Amos*, p. 168.

65 Certains auteurs, comme Bovati et Meynet préfèrent la première. Bovati, P., Meynet, R., *Le livre du prophète Amos*, p. 165.

66 C'est la traduction retenue dans la Bible de Derby et dans celle de la Pléiade.

67 Paul, Sh. M., *Amos*, p. 168.

68 Ils soulignent avec raison que des mots composés sont quasiment absents de la littérature hébraïque. Andersen, F. I., Freedman, D. N., *Amos*, p. 491.

traduction nous a paru plus plausible parce que ce mot est absent dans la Bible hébraïque. Il est donc peu probable que ce soit une erreur de copiste qui aurait collé צֵל à מָוֶת. En effet, mis à part Am 5, 8, צַלְמָוֶת est attesté neuf fois dans l'Ancien Testament où il est souvent le parallèle synonymique de חֹשֶׁךְ (obscurité) ou de אֹפֶל (obscurité, ténèbres)[69]. Aussi avons-nous considéré l'idée de l'obscurité et rendu צַלְמָוֶת, l'objet du verbe הפך, par « nuit obscure », traduisant ainsi וְהֹפֵךְ לַבֹּקֶר צַלְמָוֶת par « celui qui change la nuit obscure en clarté matinale ».

Le problème majeur de la quatrième proposition (Am 5, 8ba) émane du fait que certains biblistes rendent le terme הַקּוֹרֵא, participe présent du verbe קרא, par « celui qui appelle », tandis que d'autres le traduisent par « celui qui convoque ». Dans la Bible hébraïque, le verbe קרא est utilisé abondamment pour désigner le fait d'appeler quelqu'un par son nom (Gn 27, 1 ; 39, 15), soit de le convoquer, c'est-à-dire lui intimer l'ordre de se présenter devant soi (Gn 12, 18) ou de l'inviter (1S 9, 13 ; 1R 1, 9). Ainsi, dans l'intention de garder l'idée de l'ordre impératif que dénote le terme convoquer, nous avons préféré traduire הַקּוֹרֵא par « celui qui convoque ». Nous insistons dès lors sur l'acte : il ne s'agit pas d'une simple invitation mais d'un ordre que le Seigneur donne à l'eau de se répandre sur la surface de la terre.

Quant aux deux propositions d'Am 5, 9, seule la première, הַמַּבְלִיג שֹׁד עַל־עָז, pose problème. Sa complexité provient, d'une part, du mot הַמַּבְלִיג, participe présent du verbe בלג, qui n'est employé nulle part ailleurs dans le livre, et d'autre part, de son étymologie et de ses quelques rares occurrences qui n'aident pas à rendre compte de son sens contextuel. En effet, d'après Hoonacker, ce verbe serait issu d'un mot arabe qui signifierait briller ou luire et qui serait généralement utilisé pour décrire l'aurore[70]. Dans les textes bibliques où il est attesté (Ps 39, 14 ; Jb 9, 27 ; 10, 20), il prend la signification de « réjouir ». Or, en Am 5, 9a, il a une forme causative et son objet שֹׁד désigne littéralement la destruction. Aussi n'y a-t-il aucun sens à traduire הַמַּבְלִיג שֹׁד עַל־עָז par « il fait briller la destruction sur l'homme » ou par « il fait réjouir la destruction sur le fort ». Soucieux de préserver le sens étymologique ainsi que l'idée de l'éclat et de la soudaineté qu'il dénote, une large majorité d'exégètes traduit הַמַּבְלִיג par « faire lever » ou par « déchaîner »[71] ou encore par « faire surgir brusquement »[72]. Nous nous sommes inscrits dans cette perspective

---

69 Is 9, 1 ; Ps 23, 24 ; Jb 10, 22 ; 12, 22 ; 16, 16 ; 24, 17 (deux fois) ; 34, 22 ; 38, 17.

70 Hoonacker, A. van, *Les douze petits prophètes*, p. 241. D'ailleurs, il traduit Am 5, 9 par « il fait briller le salut pour le malheureux et sur la forteresse, il amène la destruction ».

71 Bovati, P., Meynet, R., *Le livre du prophète Amos*, p. 165–166.

72 Andersen, F. I., Freedman, D. N., *Amos*, p. 486 : « Burst upon ».

en rendant הַמַּבְלִיג שֹׁד עַל־עָז par « celui qui fait surgir la destruction sur l'homme fort » ; Dieu seul est en mesure d'anéantir les braves hommes chargés de défendre la ville, pour qu'elle soit ravagée.

La traduction du troisième hymne (Am 9, 5–6)

Le troisième hymne se situe entre Am 9, 1–4, le cinquième récit de vision, et Am 9, 7–10, un discours dans lequel Dieu évoque sa relation avec d'autres peuples. Il confirme la condamnation imparable et irrémédiable des coupables et annonce la survie d'un « *petit reste* ». Il partage certaines caractéristiques communes avec les deux doxologies qui le précèdent. Deux titres divins, וַאדֹנָי יְהוִה הַצְּבָאוֹת et יְהוָה שְׁמוֹ, par lesquels il s'ouvre et se clôture, se retrouvent respectivement en Am 4, 13 et Am 5, 8. L'énoncé de la deuxième partie de son second verset (Am 9, 6b) est identique à celui d'Am 5, 8b. Mais parallèlement, il s'en démarque par sa longueur et surtout par le fait qu'il débute par un long titre divin. A cause de sa longueur et de son contenu, maints exégètes le considèrent justement comme le climax des doxologies du livre[73]. Il est également le seul hymne dont une partie du contenu est quasi identique à celui d'un oracle. En effet, excepté le titre divin, וַאדֹנָי יְהוִה הַצְּבָאוֹת, l'énoncé d'Am 9, 5 est presque semblable à celui d'Am 8, 8, bien que ce passage soit en partie formulé sous la forme interrogative.

Son énoncé s'étend sur deux versets, renfermant chacun cinq syntagmes que nous proposons de traduire comme suit :
–   Les cinq syntagmes d'Am 9, 5

> 5aa וַאדֹנָי יְהוִה הַצְּבָאוֹת : Et le Seigneur Dieu, le tout puissant
> 5ab הַנּוֹגֵעַ בָּאָרֶץ וַתָּמוֹג : il touche la terre et elle tremble
> 5ag וְאָבְלוּ כָּל־יוֹשְׁבֵי בָהּ : et sont en deuil tous ceux qui l'habitent
> 5ba וְעָלְתָה כַיְאֹר כֻּלָּהּ : elle monte tout entière comme le Nil
> 5bb וְשָׁקְעָה כִּיאֹר מִצְרָיִם : elle s'affaisse comme le Nil d'Égypte

–   Les cinq syntagmes d'Am 9, 6

> 6aa הַבּוֹנֶה בַשָּׁמַיִם (מַעֲלוֹתָו) [מַעֲלוֹתָיו] : celui qui construit ses escaliers dans le ciel
> 6ab וַאֲגֻדָּתוֹ עַל־אֶרֶץ יְסָדָהּ : qui pose les fondements de sa voûte sur la terre
> 6ba הַקֹּרֵא לְמֵי־הַיָּם : qui convoque les eaux de la mer
> 6bb וַיִּשְׁפְּכֵם עַל־פְּנֵי הָאָרֶץ : pour les répandre sur la surface de la terre
> 6bg יְהוָה שְׁמוֹ : le Seigneur est son nom

---

73 Paas, S., « Seeing and Singing », p. 259.

L'interprétation de cet hymne étant beaucoup plus controversée que celle des deux premiers, justifions le choix du sens que nous avons attribué à certains termes. Deux mots difficiles, הַנּוֹגֵעַ et וַתָּמוֹג, se trouvent dans Am 9, 5ab. Le premier, הַנּוֹגֵעַ, est le participe présent masculin singulier du verbe נגע qui peut, en fonction de son contexte, exprimer « toucher » (Ps 104, 32 ; 144, 5) ou « frapper » (Gn 32, 26. 33 ; 1S6, 9). Certains commentateurs, sans doute dans l'intention d'établir un parallélisme synonymique entre הַךְ, impératif du *hifil*, première personne du singulier du verbe נכה (frapper), employé en Am 9, 1, privilégient le deuxième sens, traduisant ainsi הַנּוֹגֵעַ בָּאָרֶץ וַתָּמוֹג par « celui qui frappe la terre »[74]. Nous préférons suivre la voie de ceux qui privilégient la première signification parce qu'elle souligne davantage la force et la puissance de Dieu ; elle connote que par un simple toucher, le Seigneur est en mesure de faire trembler la terre. Le second, וַתָּמוֹג, est l'inaccompli de la troisième personne du féminin singulier du verbe מוג, préfixé d'un wav consécutif. Plusieurs auteurs le traduisent par « et elle vacille »[75], quelques-uns par « et elle bouge »[76], d'autres par « et elle se dissout» ou par « et elle se fond »[77] et d'autres encore par « et elle tremble », comme dans le Ps 104, 32. Nous privilégions cette dernière signification parce que le tremblement de terre est déjà mentionné plus de deux fois dans le livre, en Am 1, 1 avec le substantif רַעַשׁ et en Am 8, 8 avec le verbe רגז.

Deux autres termes, וְעָלְתָה et וְשָׁקְעָה, sont respectivement présents en Am 9, 5ba et en Am 9, 5bb, deux syntagmes entretenant entre eux un parallélisme antithétique. Le premier, וְעָלְתָה, est habituellement rendu par « et il se soulève »[78] ou par « et il se gonfle »[79] ou bien encore par « et elle monte »[80]. En fait, ce mot est le parfait consécutif féminin singulier du verbe עלה, qui signifie « monter ». Ainsi, pour respecter le sens littéral de וְעָלְתָה, la traduction de וְעָלְתָה כִיאֹר כֻּלָּהּ par « et elle monte tout entière » s'impose. Celle-ci nous a paru plus appropriée parce que le mouvement de la terre est comparé à celui d'un fleuve, le Nil, qui lors des crues monte ou sort de son lit, ce qui entraîne des conséquences fatales pour tous les habitants, hommes et bêtes, et même pour la végétation. Le second, וְשָׁקְעָה, est un parfait consécutif, troisième personne du féminin singulier du verbe שקע qui veut

---

74 Andersen, F. I., Freedman, D. N., *Amos*, p. 844–845.

75 Amsler, S., « Amos », p. 240.

76 Bovati, P., Meynet, R., *Le livre du prophète Amos*, p. 343.

77 Hoonacker, A. van, *Les douze petits prophètes*, p. 279.

78 Hoonacker, A. van, *Les douze petits prophètes*, p. 279.

79 C'est le sens retenu par les traducteurs de la *TOB*.

80 C'est la traduction proposée dans la Septante « ἀναβήσεται » ; elle est suivie par Andersen et Freedman ainsi que par Bovati et Meynet. Andersen, F. I., Freedman, D. N., *Amos*, p. 884 ; Bovati, P., Meynet, R., *Le livre du prophète Amos*, p. 343.

dire « baisser », « s'éteindre » (Nb 11, 2), « tomber » ou bien « sombrer » (Jr 51, 64). Afin de garder sa forme réfléchie et de ne pas briser le parallélisme antithétique qu'il entretient avec וְעָלְתָה, nous avons choisi de le traduire par « et elle s'affaisse ».

Deux termes, מַעֲלוֹתָו et וַאֲגֻדָּתוֹ, rendent également très controversée la traduction des deux syntagmes qui composent le deuxième verset de l'hymne. Le premier, מַעֲלוֹתָו, celui d'Am 9, 6aa, est un *ketib* dont le *qere* est מַעֲלוֹתָיו. Un bon nombre d'exégètes, à la suite de Wellhausen, propose qu'il soit remplacé par עֲלִיּוֹתָיו (« ses étages ») ou par עֲלִיָּתוֹ (« son étage ») et préconise qu'Am 9, 6aa soit rendu par « celui qui construit ses chambres hautes ou ses appartements supérieurs dans les cieux »[81]. Pourtant, מַעֲלוֹתָו est la forme construite du substantif מַעֲלָה, lequel est attesté dans l'Ancien Testament. A titre d'exemple, מַעֲלוֹת désigne les escaliers ou les marches (Ex 20, 26 ; 2R 9, 13), appelées également degrés (1R 10, 19 ; 2Ch 9, 18), et dans Ez 11, 5 et le Ps 120, 1, il prend respectivement le sens de « ce qui monte » et de « la montée ». S'appuyant sur ces occurrences, d'autres exégètes proposent que מַעֲלוֹתָו soit traduit soit par « ses faîtes »[82], soit par « ses escaliers »[83], traduction que nous avons retenue pour deux raisons. Tout d'abord, en désignant les escaliers où les degrés, le marchepied du trône de Dieu (1 R 10, 19–20 ; 2Ch 9, 18), מַעֲלוֹתָו peut être perçu comme une synecdoque ou une forme de métonymie indiquant par extension le siège ou le trône même de Dieu[84]. Dans ce sens, traduire הַבּוֹנֶה בַשָּׁמַיִם (מַעֲלוֹתָו) [מַעֲלוֹתָיו] par « celui qui construit ses escaliers dans le ciel » exalte davantage la majesté et la seigneurie de Dieu, architecte de son propre trône qu'il érige dans les cieux, c'est-à-dire au-dessus du cosmos d'où il peut tout voir. Ensuite, lu à la lumière de Gn 28, 12, les escaliers peuvent également symboliser le lien entre le ciel, la demeure de Dieu, et la terre. Là encore, le pouvoir et la seigneurie de Dieu dont les marches de son trône mènent de la terre jusqu'au ciel, en traversant tout l'univers, se trouvent mis en exergue puisque les humains ont voulu réaliser une œuvre semblable à travers la construction de la tour de Babel mais n'y sont pas parvenus (Gn 11, 1–9). Le second terme, וַאֲגֻדָּתוֹ, celui d'Am 9, 6ab, la forme construite du substantif אֲגֻדָּה, est encore plus complexe

---

81 Une liste de ces auteurs est établie par Barthélemy qui récuse cette proposition. Il cite, entre autres, Wellhausen, Nowack, Harper, Duhm, lesquels, ne tenant pas compte du *ketib/qere*, proposent de lire עֲלִיּוֹתָיו en se référant au Ps 104, 3, et aussi Weiser, Robinson, Wolff, Rudolph, Mays, Soggin qui suggèrent עֲלִיָּתוֹ. Barthelemy, D., *Critique textuelle de l'Ancien Testament*, p. 693.

82 Hoonacker, A. van, *Les douze petits prophètes*, p. 279–280.

83 Cette traduction, préconisée par les traducteurs de la TOB, est suivie par Barthélemy qui souligne que מַעֲלוֹתָו est attesté dans le texte de Wadi Murabaat, découvert dans le désert Judéen, mais aussi par Bovati et Meynet et d'autres commentateurs. Barthelemy, D., *Critique textuelle de de l'Ancien Testament*, p. 693–694 ; Bovati, P., Meynet, R., *Le livre du prophète Amos*, p. 343–344.

84 Garrett, D. A., *Amos*, p. 268–269.

que le précédent. En effet, excepté ce verset, il n'apparaît que trois fois dans la Bible hébraïque où il prend successivement la signification d'un faisceau ou d'une botte d'hysopes (Ex 12, 22), d'une troupe d'hommes (1S 2, 25) et d'un joug de péchés (Is 58, 6). De ces occurrences, il résulte que אֲגֻדָּה indique toujours un corps formé par la ligature ou la réunion de plusieurs éléments. Dans cette perspective, la majorité des exégètes pensent qu'étant donné qu'il est question de construction en Am 9, 6ab, le mot אֲגֻדָּה ne peut vraisemblablement que désigner la « voûte », la portion d'un édifice servant à immobiliser dans une liaison solide, les diverses parties dudit ouvrage. C'est dans ce sens que nous avons traduit, tels Hoonacker et Paul, Am 9, 6ab par « qui pose les fondements de sa voûte sur la terre »[85]. De même, nous estimons que אֲגֻדָּה est une synecdoque représentant le firmament, lequel était saisi non seulement comme une voûte couvrant la terre mais surtout comme la demeure de Dieu. Une telle interprétation fait ressortir, une fois de plus, la seigneurie inégalable de Dieu, dont le palais est au-dessus de tout.

En conclusion de cette deuxième partie consacrée à l'analyse de certains termes des trois doxologies du corpus amosien, nous soulignons que celles-ci se caractérisent par la présence de vocables, l'emploi de titres divins et d'images métaphoriques laissant apparaître le portrait d'un Dieu unique, créateur et ordonnateur de l'univers sur lequel il exerce constamment sa souveraineté et sa maîtrise. A titre d'exemple, en Am 4, 13, עשׂה, ברא et יצר, les trois verbes couramment utilisés dans la Bible hébraïque pour décrire l'œuvre créatrice de Dieu, sont mentionnés. En Am 5, 8, עשׂה est également employé pour dépeindre la création des pléiades et d'Orion. La richesse du vocabulaire de ces trois hymnes laisse présager celle de leur théologie et nous invite à nous interroger sur leur apport à la prédication d'Amos.

---

85 Hoonacker, A. van, *Les douze petits prophètes*, p. 279–280 ; Paul, Sh. M., *Amos*, p. 280.

L'apport incontournable des trois passages hymniques à la prédication d'Amos

La question de l'intérêt de la teneur d'Am 4, 13 ; 5,8–9 ; 9, 5–6 pour l'équilibre théologique du livre d'Amos nous place d'entrée de jeu en face d'une opinion qui a fortement marqué l'histoire de l'exégèse de ces hymnes et qui d'ailleurs continue d'attirer de nouveaux partisans. Il s'agit de celle des adeptes de la critique des formes et de la critique rédactionnelle qui les considèrent comme des éléments étrangers ayant une relation très ténue avec leurs contextes respectifs et, par conséquent, les prennent pour des textes superflus dont le contenu contraste avec le message du Teqoïte[86]. Nous devrons tenir compte de cette pensée dans l'analyse de chaque hymne, montrer ses limites et justifier pourquoi chaque hymne est incontournable pour l'équilibre du message d'Amos.

L'apport du premier hymne

L'exégèse d'Am 4, 13 continue d'être dominée par la position des biblistes qui le considèrent comme une glose tardive, non essentielle pour l'équilibre théologique du corpus amosien. Même si de nos jours le lien syntaxique entre cet hymne et Am 4, 12 qui le précède[87] est de moins en moins contesté, son intérêt pour le message d'Amos est toujours très mal perçu. A titre exemple, Hadjiev, l'un des plus récents partisans de cette opinion, tout en reconnaissant qu'Am 4, 13 est bien suscité par Am 4, 12 et forme une conclusion adéquate d'Am 4, 1–13, affirme pourtant que

---

86 Mays, J. L., *Amos*, p. 83–84 ; Cripps, R. S., *A Critical and Exegetical Commentary of the Book of Amos*, p. 184.

87 Duhm est l'un des premiers à présenter Am 4, 13 comme un élément disparate, mal relié à ce qui le précède. Il écrit que cet hymne « est un fragment de poème récent, dont sont conservées d'autres lignes en 5, 8. 9 et 9, 5. (8), et qui à l'origine a dû être inséré entre les lignes écrites à la moitié du vieux manuscrit. Il est relié au verset 12 (texte authentique) par une transition artificielle et maladroite ». Duhm, B., « Amerkungen zu den Zwölf Propheten », p. 7. A sa suite, de nombreux commentateurs tels que Cripps, Watts, Wolff, ont également nié toute connexion syntaxique entre Am 4, 13 et Am 4, 12 qui le précède, considérant même cette doxologie comme une glose tardive. McComiskey présente parfaitement les propos de ces auteurs et les réfute. McComiskey, Th. E., « The Hymnic Elements of the Prophecy of Amos », p. 141–147. De nos jours, quand bien même la majorité des exégètes reconnaît qu'Am 4, 13 est assurément suscité par l'invitation הִכּוֹן לִקְרַאת־אֱלֹהֶיךָ יִשְׂרָאֵל (prépare-toi à rencontrer ton Dieu, Israël) d'Am 4, 12, et se raccorde donc parfaitement à ce verset grâce à l'expression כִּי הִנֵּה qui constitue sa formule introductive. Hadjiev, T. S., *The Composition and Redaction of the Book of Amos*, p. 128.

https://doi.org/10.1515/9783110562743-024

cette doxologie n'est en aucune façon indispensable à son contexte actuel[88]. Cet auteur et ses prédécesseurs justifient leur position en alléguant qu'en plus du genre littéraire, la théologie de cette doxologie est très élevée, plus proche de celle du Déteuro-Isaïe que celle du livre d'Amos, et serait par conséquent un texte de la période préexilique[89] ou exilique[90], voire postexilique[91]. Ils avancent que trois des participes présents, יוֹצֵר, בֹּרֵא, עֹשֶׂה, qui y sont utilisés pour décrire les actes créateurs de Dieu et l'expression יְהוָה אֱלֹהֵי־צְבָאוֹת שְׁמוֹ ne sont devenus courants dans la littéraire biblique qu'à partir de l'exil, plus précisément pendant la période de la rédaction du Deutéro-Isaïe[92]. Ainsi, ils interprètent souvent Am 4, 13 en établissant un rapport entre son contenu et ceux d'Is 43, 7 ; 45, 7. 18, des passages dans lesquels se retrouvent les trois verbes יָצַר, בָּרָא, עָשָׂה. Quant au titre divin, יְהוָה אֱלֹהֵי־צְבָאוֹת שְׁמוֹ, certains de ces commentateurs le perçoivent comme une confession de foi des exilés à Dieu qui a semblé impuissant face à la défaite de son peuple et à la destruction de son temple[93]. Mais la teneur d'Am 4, 13 est-elle réellement en tout point similaire à celle des passages du second livre d'Isaïe ci-dessus cités ? La réponse à cette question nous permettra de cerner le fondement particulier du contenu d'Am 4, 13, fondement impliquant qu'il demeure un passage clef et incontournable pour l'équilibre théologique du livre d'Amos.

Trois observations préalables sur le prétendu aspect sophistiqué de la théologie d'Am 4, 13 et sur sa similitude avec celle du Deutéro-Isaïe s'imposent. D'abord, outre le fait que les verbes יָצַר, בָּרָא, עָשָׂה ne désignent pas les mêmes actes créa-

---

88 Hadjiev, T. S., *The Composition and Redaction of the Book of Amos*, p. 128 : « V. 13 is in fact closely connected to v. 12 where Israel is the commanded to prepare to meet her God. The series of the participles in v. 13 elaborates on that command by depicting what kind of God it is exactly that Israel is about to meet. The verse, therefore, forms a fitting conclusion to the passage as a whole. On other hand, it must be emphasized that, whilst appropriate, v. 13 is in no way indispensable to its present literary context ».

89 Mays et Wolff croient respectivement que cet hymne a été inséré par les premiers disciples d'Amos et au temps de la réforme de Josias. Mays, J. L., *Amos*, p. 84 ; Wolff, H. W., *Joel and Amos*, p. 111–112.

90 Berg, W., *Die sogenannten Hymnenfragmente im Amosbuch*, p. 319 ; Jeremias, J., *The Book of Amos*, p. 76–77.

91 Horst, F., « Die Doxologien im Amosbuch », p. 54 ; Berg, W., *Die sogenannten Hymnenfragmente im Amosbuch*, p. 319.

92 Kapelrud, A. S., *Central Ideas in Amos*, p. 39. Crenshaw argue que Dieu n'a été pensé comme le créateur du cosmos qu'à l'époque de la rédaction du second livre d'Isaïe qui développe une théologie de la nouvelle création. Crenshaw, J. L., *Hymnic Affirmation of divine Justice*, p. 11. Smith allègue aussi que le contenu d'Am 4, 13 ne reflète pas la situation historique dans laquelle a eu lieu l'intervention d'Amos. Smith, G. V., *The Book of the Twelve Prophets*, p. 204–205.

93 Crenshaw, J. L., *Hymnic Affirmation of divine Justice*, p. 168.

teurs en Am 4, 13 qu'en Is 43, 7 ; 45, 7. 18[94], il est établi de nos jours que l'idée de la création n'est pas un concept tardif en Israël[95]. Une pléthore d'études relatives à l'emploi de ces verbes et de leurs dérivés substantifs dans l'Ancien Testament révèle que, même s'ils sont plus abondamment utilisés dans les textes dont la rédaction remonte à la période exilique ou postexilique, leur usage dans la littérature biblique et mésopotamienne est nettement antérieur[96]. Dès lors, rien ne nous empêche de penser qu'Am 4, 13 est la première attestation littéraire biblique des verbes עָשָׂה, בְּרָא, יָצַר qui ont été ensuite très largement employés pour développer le concept de la création après l'exil[97]. En somme, il n'est pas logique de

---

94 En Am 4, 13, les objets respectivement décrits par ces trois verbes sont : les montagnes, les vents et le couple aurore et ténèbres ; en Is 43, 7, ils relatent tous la création des hommes, en Is 45, 7, la création de la lumière, des ténèbres et du bonheur et en Is 45, 18, les verbes יוֹצֵר, עָשָׂה désignent Dieu comme créateur de la terre et בָּרָא, celui des cieux.

95 Brueggemann, W., « Amos IV 4–13 and Israel's Covenant Worship », p. 15 ; Story, C. I. K., « Amos-Prophet of Praise », p. 68.

96 Par exemple, en ce qui concerne le verbe בָּרָא, Bernhardt qui fait remarquer que ce terme, attesté 49 fois, dans l'Ancien testament date manifestement de la période exilique ou postexilique et déduit que son occurrence en Am 4, 13, comme en Gn 5, 1 ; Ex 34, 10 ; Is 4, 5 ; Jr 31, 22, doit être attribuée au travail rédactionnel desdites périodes , il reconnaît tout de même que l'emploi de ce terme dans Nb 16, 30 et dans le Ps 89, 13. 48, remonte à l'époque préexilique. Bergman, J., Ringgreen, H., Bernhardt, K. H., Botterweck, G. J., בָּרָא ; dans *DTOT*, vol 2, 1975, p. 242–249 (p. 245). Or, si ce verbe est utilisé trois fois avant l'exil l'on peut, à juste titre, inclure Am 4, 13 parmi ces textes témoins dont parle Körner. Körner, J., « Die Bedeutung der Wurzel bārā im Alten Testament », *OLZ* 64 (1969), p. 533–540 (p. 535). Nihaus, quant à lui, démontre que les participes sont empruntés des titres divins du Proche Orient Ancien. Niehaus, J. J., *God at Sinai : Covenant and Theophany in the Bible and Ancient Near East*, SOTBT, Grand Rapids, Michigan, Zondervan Publishing House, 1995, p. 406. Hoonacker pose aussi très fermement « qu'il n'y a pas lieu de sacrifier Am 4, 13 comme interpolé » et ajoute que « ce sont des assertions sans fondement de dire que ברא ne se rencontre pas avant Jérémie et que שׂחו appartient à un développement plus récent de la langue ». Hoonacker, A. van, *Les douze petits prophètes*, p. 240. Paul croit avec Rudolph qu'il n'y a aucune raison de mettre en doute l'originalité d'Am 4, 13 ou de l'attribuer à une polémique conjecturelle contre le sanctuaire de Béthel. Rudolph, W., *Joel-Amos-Obadja-Jona*, p. 182 ; Paul, Sh. M., *Amos*, p. 156.

97 C'est ce que pensent Bovati et Meynet ; en s'appuyant sur les recherches de leurs prédécesseurs, ils posent qu'Am 4, 13 est « la première attestation littéraire biblique du concept de la création ». Bovati, P., Meynet, R., *Le livre du prophète Amos*, p. 153. Ils s'appuient sur des études très importantes notamment celle de Schmidt, de Reisel, d'Angerstorfer, d'Eberlin, de Finley, de Herrman et surtout de Humbert. Pour ce qui concerne les travaux de ces différents auteurs, voir : Schmidt, W. H., *Die Schöpfungsgeschichte der Priesterschrift. Zur Überlieferungsgeschichte von Genesis 1, 1–2,4a von 2, 4b–3,24*, WMANT 17, Neukirchen-Vluyn, Neukirchener Verlag, 1967[2] ; Reisel, M., « The Relation Between the Creative Function of the Verbs יצר -ברא עָשָׂה in Is 43, 7 and 45, 7 », dans Boertien, M. E. A. (ed.), *Verkenningen in een Stroomgebied : proeven van oudtestamentisch onderzoek*, Amsterdam, Huisdrukkerij Universiteit, 1974, p. 65–79 ; Angerstorfer, A.,

mettre le contenu d'Am 4, 13 sur le compte du rédacteur du Déteuro-Isaïe sous prétexte que la notion d'un Dieu créateur et maître du cosmos n'est pas postérieure
à Amos. De plus, elle n'est pas contraire à son message de jugement dans lequel
Dieu soumet les nations étrangères au même procès qu'Israël, étend sa sollicitude
à tous les peuples (Am 9, 7), exerce sa maîtrise sur les pluies et les saisons (Am 4,
6–8), et son pouvoir sur tous les éléments cosmiques (Am 1, 2 ; 4, 9–11 ; 8, 5–6 ; 7,
1–9 ; 9, 1–6).

Ensuite, il est utile de relever que, même si à cause des trois participes ,יֹצֵר
בֹּרֵא, עֹשֶׂה, un rapport sémantique peut être établi entre Am 4, 13 et les passages
du Deutéro-Isaïe ci-dessus évoqués[98], le portrait de Dieu que ces textes développent n'est pas le même que celui de cet hymne. En effet, Is 43, 7 ; 45, 7. 18 se
situent dans un contexte où Dieu est principalement dépeint comme le créateur,
le sauveur [מֹשִׁיעַ (Is 44, 23 ; 48, 20)] et le rédempteur [גֹּאֵל (Is 45, 1)] d'Israël. Or, non
seulement les termes מֹשִׁיעַ et גֹּאֵל ne sont présents ni dans Am 4, 13, ni dans le reste
du corpus, mais aussi cette doxologie vient juste après Am 4, 12, un verset se terminant par une invitation lancée avec insistance aux coupables appelés « des fils

---

*Der Schöpfergott des Alten Testaments : Herkunft und Bedeutungsentwicklung des hebräischen Ter-
minus* ברא *(bara) « schaffen »*, RSTh 20, Frankfurt/Bern/Las Vegas, Peter Lang, 1979 ; Eberlein,
K., *Gott der Schöpfer-Israels Gott. Ein exegetisch-hermeneutische Studie zur theologischen Funktion
alttestamentlicher Schöpfungsaussagen*, BEATAJ 5, Frankfurt/Bern/New York/Paris, Peter Lang,
1986 ; Finley, T. J., « Dimensions of Hebrew word for ‹ create › (בָּרָא)», p. 409–423 ; Herrmann, W.,
« Wann wurde Jahwe zum Schöpfer der Welt ? », *UF* 23 (1991), p. 165–180 ; Humbert, P., « Emploi
et portée biblique du verbe yāsar et de ses dérivés substantifs », dans Hempel, J., ROST, L., Albright, W. F., *Von Ugarit nach Qumran : Beiträge zur alttestestamentlichen und altorientalischen
Forschung, Otto Eissfeldt zum 1. September 1957 dargebracht von Freunden und Schülern*, BZAW
77, Berlin, Töpelmann, 1958, p. 82–88 ; McComiskey souligne le fait qu'Is 37, 16 et Jr 27, 5 qui présentent Dieu comme créateur de l'univers sont de moins en moins considérés comme des textes
tardifs par les récents commentateurs et, plus particulièrement, par Bright. Il évoque également
le fait que certains psaumes [Ps 89, 13 (LXX 12) ; 104, 30 ; 148, 5] dans lesquels le terme בָּרָא est
attribué à Dieu est très parallèle à celui d'Am 4, 13, longtemps considéré comme postexilique,
alors que l'étude de Breasted montre que le Ps 104 a des affinités avec l'hymne à Aten Amun-
hotep IV et que Dahood situe le Ps 89 à l'époque de la monarchie post-davidique. McComiskey,
Th. E., « The Hymnic Elements of the Prophecy of Amos », p. 149. Pour les recherches de Breasted,
de Bright et de Dahood, voir : Breasted, J., The Down of Conscience, New York, Charles Scribner's
Sons, 19683 ; Bright, J., Jeremiah, AncB 21, Garden City, New York, Doubleday, 1965 ; Dahood, M.,
Psalms III (101–150), AncB 17a, Garden City, New York, Doubleday, 1970.
98 A propos de ce lien, Story le qualifie d'indéniable mais pose que c'est plutôt le rédacteur du
Deutéro-Isaïe qui s'est inspiré des participes utilisés par Amos. Story, C. I. K., « Amos-Prophet of
Praise », p. 78.

d'Israël »[99] à se préparer à rencontrer leur Dieu. Cette invitation, contrairement à ce que certains exégètes pensent[100], présage une rencontre de jugement, c'est-à-dire un rendez-vous belliqueux ou de confrontation entre Dieu, un allié furieux et rugissant comme un lion (Am 1, 2 ; 3, 4. 8) et ses partenaires (Am 2, 9–11 ; 3,

---

99 Nous postulons que cette appellation ne désigne que les coupables des exactions parce qu'il n'est pas logique de compter les victimes d'injustices parmi ceux qui doivent se préparer à rencontrer le Seigneur. Il s'agit des auteurs d'exactions énumérées en Am 2, 6–8. 12, lesquels sont identifiés en Am 3, 10–15 comme les résidents des palais luxueux, et en Am 4, 1–2 comme ceux qui, pour satisfaire le plaisir de leurs femmes, spolient et écrasent les indigents tout en continuant d'aller à Béthel et à Guilgal pour offrir le culte à Dieu ; le terme Israël désigne les coupables comme Joseph désigne les victimes en Am 6, 6.

100 Certains auteurs, se basant principalement sur Ex 19, 17 ainsi sur d'autres passages tels que Gn 18, 2 ; 19, 1 ; Ex 5, 3 ; Nb 23, 3 ; Za 2. 3, soutiennent que la rencontre avec Dieu dans la Bible suggère toujours l'idée de grâce et que l'invitation « prépare-toi à rencontrer ton Dieu, Israël » d'Am 4, 13 dénote la grâce plutôt que le châtiment. Il convient de relever que Bruegemann y voit une invitation pour un renouvellement d'Alliance. Brueggemann, W., « Amos IV 4–13 and Israel's Covenant Worship », p. 13–15. Motyer, quant à lui, se base sur l'usage de l'expression « ton Dieu » d'Am 4, 12, la mention « celui qui, des ténèbres, produit l'aurore » d'Am 4, 13, l'appellation « le Seigneur, Dieu des puissances est son nom », et aussi sur Is 40, 27 ; 50, 2–3 et le Ps 74, 12 pour dire que « les références au statut et à la puissance du Seigneur visent souvent à renforcer l'affirmation qu'il contrôle tout pour le bien de son peuple et qu'il interviendra en sa faveur ». En ce qui concerne l'expression « ton Dieu », le même Motyer souligne qu'elle rompt avec l'habitude d'Amos mais surtout que le pronom personnel possessif « ton » est inexplicable s'il ne parle pas d'espoir. Quant à la mention « celui qui des ténèbres produit l'aurore », il l'interprète dans le sens du Ps 30, 5 en arguant qu'elle décrit un Dieu qui ne permet les pleurs que le temps d'une nuit. Nous tenons également de cet auteur les propos de Clavin et Pusey sur l'invitation d'Am 4, 1 ; ils avancent respectivement que « vous pouvez tempérer la colère de Dieu à condition de vous préparer à le rencontrer » et « Dieu n'invite jamais, ici-bas, des individus ou même un peuple à se préparer à le rencontrer sans vouloir leur bien ... ». Jamais, il ne dit « Venez entendre votre condamnation » mais « Prépare-toi à rencontrer ton Dieu ». Motyer, A. Amos, *le rugissement de Dieu*, p. 86. Mais la position de ceux qui pensent qu'Amos invite le fils d'Israël à une rencontre de miséricorde et de grâce n'est pas suivie par la majorité des exégètes parce qu'elle est trop peu corroborée par les données du livre. La plupart des exégètes font prévaloir l'argument exégétique et refusent de voir en Am 4, 12 une seconde main tendue aux coupables dont le refus obstiné est mentionné plusieurs fois avec emphase dans Am 4, 6–11. Il faut souligner aussi que d'autres biblistes, tel Youngblood qui suit Ramsey, rendent cette invitation par « Prépare-toi à appeler tes dieux, Israël ». Ramsey, G. W., « Amos 4: 12 – A New Perspective », *JBL* 89 (1970), p. 187–191 ; Youngblood, R., « לקראת in Amos 4: 12 », *JBL* 90 (1977), p. 98. Mais cette traduction, que nous n'approuvons pas, n'écarte pas non plus l'idée d'une confrontation, elle la présente seulement comme celle entre Dieu et les faux dieux que vénéreraient les fils d'Israël. Mais elle ne correspond pas aux données contextuelles parce que les fils d'Israël sont accusés de combiner la pratique du culte de leur Dieu avec celle des injustices sociales ; il n'est pas question de faux dieux en Am 4, 1–13.

1–3) qui commettent sans cesse des פְּשָׁעִים contre lui (Am 2, 6–8 ; 3, 10–11 ; 4, 1) et refusent de changer d'attitude en dépit d'incessants signes avertisseurs qu'il a opérés (Am 4, 6–12). Bref, fermement lié à Am 4, 12, qui fait fonction d'une parole délibérative par la proposition כִּי הִנֵּה, Am 4, 13 se situe bien spécifiquement dans la droite ligne du procès que Dieu par la bouche d'Amos fait aux fils d'Israël qui combinent la pratique cultuelle et l'exploitation des pauvres (Am 4, 1–12). Par conséquent, l'image de Dieu qui s'en dégage est au service du jugement d'Israël.

Enfin, les participes יוֹצֵר, בֹּרֵא, עֹשֶׂה ne sont pas les seules données qui dressent le portrait de Dieu en Am 4, 13 ; deux autres, מַגִּיד et דֹרֵךְ, qui se trouvent respectivement dans les propositions וּמַגִּיד לְאָדָם מַה־שֵׂחוֹ (Am 4, 13ag) et וְדֹרֵךְ עַל־בָּמֳתֵי אָרֶץ (Am 4, 13ae), laissent paraître l'image d'un Dieu juge, un guerrier tout-puissant et redoutable auquel rien ne résiste. En effet, comme nous l'avons souligné dans la traduction d'Am 4, 13ag, l'affirmation וּמַגִּיד לְאָדָם מַה־שֵׂחוֹ dénote que le Dieu créateur des montagnes et des vents est un omniscient[101] qui pénètre les pensées de l'homme, celui auquel rien, ne peut échapper. Quant à l'expression וְדֹרֵךְ עַל־בָּמֳתֵי אָרֶץ, elle le dépeint comme un puissant guerrier qui s'avance sur les hauteurs de la terre[102]. Aussi la proposition permet-elle d'établir un parallèle entre Am 4, 13 et Mi 1, 3–7 que la majorité des biblistes classe parmi les hymnes théophaniques de l'Ancien Testament, hymnes dont la fonction théologique est d'étendre la puissance dominatrice et destructrice de Dieu à tout le cosmos[103] et d'ajouter donc à l'image d'un Dieu créateur celle d'un conquérant puissant[104]. Ce portrait est encore renforcé par אֱלֹהֵי־צְבָאוֹת שְׁמוֹ, le titre divin clôturant cet hymne, un titre qui confirme que le Dieu avec qui les coupables ont rendez-vous est l'unique souverain auquel toutes les puissances du ciel et de la terre sont soumises ou doivent se soumettre[105]. Ainsi, la fonction sémantique des propositions וּמַגִּיד לְאָדָם מַה־שֵׂחוֹ et

---

101 Pour la traduction d'Am 4, 13, nous avons préféré nous ranger du côté de ceux qui réfèrent le suffixe שֵׂחוֹ à l'homme plutôt qu'à Dieu.

102 En ce qui concerne l'interprétation d'Am 4, 13a, nous soulignons que les occurrences interviennent majoritairement dans un contexte de guerre ; דרך על montre que seul Dieu est capable de marcher sur les hauteurs (Mi 1, 3 ; Jb 9, 8) et que nul ne peut les fouler (même Israël) si Dieu n'est avec lui (Dt 33, 29 ; 1S 5, 5 ; Ps 91, 13).

103 Jg 5, 4 ; 2S 22, 8–16 ; Na 1, 2–6 ; Ha 3, 3–15 ; Ps 18, 8–16 ; Ps 50, 1–3 ; Ps 68, 8–9. McComiskey, Th. E., « The Hymnic Elements of the Prophecy of Amos », p. 141.

104 Paul qui s'appuie sur les études de Devescovi et de Crenshaw, et surtout sur celle que ce dernier a consacrée à l'expression עַל־בָּמֳתֵי אָרֶץ, relève que cette formulation tire son origine de la mythologie cananéenne et connote l'idée d'un Dieu puissant et conquérant. Paul, Sh. M., *Amos*, p. 156 ; Devescovi, U., « Camminare sulle Alture », *RivB* 9 (1961), p. 235–242 ; Crenshaw, J. L., « Wᵊdōrēk ʿal-bāmŏtê ʾāres », p. 39–53.

105 L'interprétation de ce titre, rarement employé sous cette forme dans la Bible, fait l'objet de maintes controverses. Nous avons retenu celle de Story, laquelle s'inspire de celle d'Anderson ;

וְדֹרֵךְ עַל־בָּמֳתֵי אָרֶץ, comme celle du titre divin אֱלֹהֵי־צְבָאוֹת שְׁמוֹ, est de laisser présager une issue fatale pour ceux qui, en Am 4, 12, sont conviés à rencontrer leur Dieu.

De ces trois observations, il résulte que le contenu théologique d'Am 4, 13 n'est pas exactement dans la même perspective que celui véhiculé par Is 43, 7 ; 45, 7. 18. Le portrait de Dieu brossé dans ces passages du Déteuro-Isaïe vise essentiellement à convaincre les Israélites vivant en exil que Dieu, le créateur de l'univers, recréera Israël. Or, en Am 4, 13, l'exaltation du pouvoir créateur de Dieu est un mérisme magnifiant la puissance destructrice qu'il déchaînera contre les fils d'Israël qui se rebellent contre lui. Une nouvelle fois, Amos recourt à cette figure de style pour mettre en exergue le pouvoir d'anéantissement de Dieu. Précédemment, par exemple en Am 2, 9, la destruction de l'Amorite, l'homme le plus fort de la terre et le plus redouté par les Israélites, qui a osé s'opposer au plan souverain de Dieu, est également faite sous forme de mérisme pour exalter la toute-puissance de Dieu et préluder à l'anéantissement des coupables annoncé en Am 2, 14–16. En Am 4, 13, le portrait de Dieu est plus accentué. Celui à la rencontre duquel le peuple est invité à se préparer n'est pas un *primus inter pares*, mais l'unique souverain ayant le monopole de la puissance sur les sphères terrestres et célestes, œuvres de ses mains[106]. Aussi Dieu n'est-il pas présenté comme un rédempteur et un sauveur mais plutôt comme un juge, qui vient sanctionner ceux qui, en Israël, se croient forts, exploitent, oppressent et broient les pauvres (Am 2, 6–8 ; 3, 10–11 ; 4, 1–2).

---

il souligne que ce titre révèle que les puissances célestes et terrestres sont sous la domination de Dieu et que, conformément à la signification « Yahvé », il est prêt à agir de façon souveraine dans l'histoire. Story, C. I. K., « Amos-Prophet of Praise » p. 79–70 ; Anderson, B. W., « Hosts, Host of heaven », dans Buttrick, G. A. (ed.), *IDB* II, New York-Abingdon, 1962, p. 654–656. Paul estime également qu'il n'y a aucune raison de douter de l'originalité de ce nom divin. Paul, Sh. M., *Amos*, p. 156. Nous avons déjà noté que l'épithète צְבָאוֹת évoqué d'ordinaire pour soutenir que ce nom divin est tardif, revient plus de neuf fois dans le livre et accompagne souvent un ou plusieurs titres divins très variés et, de plus, certaines combinaisons, telles que אֲדֹנָי יְהוִה אֱלֹהֵי הַצְּבָאוֹת (Am 3, 13), וְאדֹנָי יְהוִה צְבָאוֹת אֲדֹנָי (Am 9, 5), יְהוָה אֱלֹהֵי הַצְּבָאוֹת (Am 5, 16), sont propres à Amos ; seul אֱלֹהֵי־צְבָאוֹת (Am 4, 13 ; 5, 14. 15. 27 ; 6, 8) et יְהוָה אֱלֹהֵי הַצְּבָאוֹת (Am 6, 14) se retrouvent dans d'autres livres bibliques. En conséquence, s'appuyer sur cette épithète pour alléguer que אֱלֹהֵי־צְבָאוֹת שְׁמוֹ est tardif, n'est pas opportun.

106 Rudolph souligne qu'Amos présente Dieu comme le créateur des montagnes et des vents, deux éléments respectivement le plus stable et le plus mobile, juxtaposant ainsi ce qui ne peut être inaperçu à ce qui est le plus invisible ; cette juxtaposition exprime, par mérisme, la totalité de la création et dévoile donc que Dieu est le créateur de tout l'univers. Rudolph, W., « Amos 4, 6–13 », dans Stoebe, H. J. (ed.), *Wort – Gebot – Glaube : Beiträge zur Theologie des Altes Testaments, Walter Eichrodt zum 80 Geburtstag*, ATANT 59, Zürich, Zwingli, 1970, p. 27–38 (p. 36) ; Rudolph, W., *Joel-Amos-Obadja-Jona*, p. 182.

De l'analyse du contenu d'Am 4, 13, nous pouvons déduire que cet hymne demeure un élément incontournable pour deux motifs :

Premièrement, son absence déséquilibrerait le message d'Am 4, 1–13. En effet, rien de l'identité du Dieu qui, en Am 4, 12, invite les rebelles à un face à face, ne serait connu sans cette doxologie ; une telle imprécision donnerait libre cours à toutes sortes d'interprétations de l'énoncé du verset qui la précède. N'est-ce pas en ne tenant pas compte que le Dieu dont il est question dans cette invitation est celui-là même dont le portrait est dressé en Am 4, 13, que certains commentateurs, tels que Ramsey et Youngblood, la traduisent par « prépare-toi à appeler tes dieux, Israël »[107] ? De même, il manquerait des précisions sur la toute-puissance et le pouvoir d'anéantir du Dieu créateur qui appelle les rebelles à une rencontre décisive[108]. Autrement dit, sans le portrait présentant Dieu comme un juge et un guerrier hors pair, l'invitation des coupables à se préparer pour cette rencontre, envisagée comme fatale, perdrait tout son sens et toute sa force. Dès lors, Carny a raison de poser qu'Am 4, 12 ne saurait, à lui seul, être la conclusion de ce qui précède (Am 4, 1–11), parce qu'il manquerait les motifs pour lesquels les coupables doivent s'apprêter pour la rencontre avec leur Seigneur[109]. De plus, en présentant Dieu comme l'omnipotent qui crée les montagnes et les vents et exerce sa maîtrise sur le cosmos et le cours du temps, Am 4, 13 atteste que lui seul est capable d'accomplir les actions qu'il s'attribue en Am 4, 6–1, actions que les insurgés refusent justement de percevoir comme des signes opérés en vue de leur conversion[110]. En outre, si nous considérons le fait que, depuis Am 3, 1, le prophète s'adresse spécifiquement à ceux qui résident dans les palais fortifiés

---

[107] Ramsey, G. W., « Amos 4:12 – A New Perspective », p. 187–191 ; Youngblood, R., « לקראת in Amos 4:12 », p. 98.

[108] Hunter insiste sur le fait que la rencontre d'Am 12 est annoncée comme une rencontre décisive. Hunter, A. V., *Seek the Lord ! A study of the Meaning and the Function of the Exhortations in Amos, Hosea, Isaiah, Micah, and Zephaniah*, Baltimore, St. Mary's Seminary and University, 1982, p. 115–121.

[109] Carny n'oublie pas que ce sont les incessants refus de revenir au Seigneur mentionnés en Am 4, 6–11 qui motivent l'invitation d'Am 4, 12. Il relève, avec raison, qu'Am 4, 13 permet au lecteur d'envisager la nature de cette rencontre et ses conséquences pour les rebelles. C'est aussi ce que Rudolph et Paul insinuent en arguant qu'Am 4, 13 est la conclusion d'Am 4, 12 et qu'il est la suite naturelle des versets qui le précèdent en insistant sur le pouvoir et la force de l'omnipotent Dieu créateur, celui qu'Israël est sur le point d'affronter dans un jugement final. Carny, P., « Doxologies – A Scientific Myth », *HS* 18 (1977), p. 149–159 (p. 155) ; Rudolph, W., *Joel-Amos-Obadja-Jona*, p. 181 ; Paul, Sh. M., *Amos*, p. 153.

[110] Hammershaimb souligne qu'Am 4, 13, qui décrit le pouvoir de Yahvé, sert également à assurer aux auditeurs d'Amos que Dieu est en mesure de mettre ses menaces à exécution et argue qu'il est complètement erroné que certains commentateurs tentent d'expliquer cette doxologie

(Am 3, 10–15), les mêmes qui sous l'instigation de leurs femmes dépossèdent les pauvres (Am 4, 1), l'insistance sur la toute-puissance de Dieu en Am 4, 13 survient opportunément pour montrer que ces palais ne résisteront pas ou ne serviront pas de lieux sécurisés, le jour du face à face avec leur Dieu.

Deuxièmement, l'insistance sur le caractère unique du Dieu d'Israël en Am 4, 13, implique que l'absence de cet hymne désarticulerait toute la théologie du livre. En effet, en le dépeignant comme le créateur de l'univers et en lui conférant le titre אֱלֹהֵי־צְבָאוֹת שְׁמוֹ qui dénote que tout, dans les sphères célestes et terrestres, est sous sa domination, Am 4, 13 pose subtilement deux appréciations. D'une part, il fait apparaître un contraste entre l'attitude des auditeurs d'Amos et celle des autres éléments du cosmos qui obéissent à Dieu ; sa présence confère donc à l'attitude des rebelles une gravité extrême : ils sont les seuls au sein de la création à entrer en rébellion contre Dieu. D'autre part, sa présence incite également à déduire qu'en s'entêtant dans leurs rebellions, les fils d'Israël se retrouvent seuls face à Dieu et à tous les autres éléments de l'univers. Son contenu corrobore ainsi les données d'Am 2, 14–16, où même les éléments de la nature (le refuge) se dérobent devant les fugitifs pour que ces derniers soient atteints. Il pose aussi les fondements des trois premières visions dans lesquelles Dieu projette de les punir par le biais des éléments cosmiques [sauterelles, feu, étain (Am 7, 1–9,] et surtout ceux de la cinquième et dernière qui démontre que les coupables ne peuvent se cacher nulle part pour échapper à la mort, même ceux qui s'enfuient dans la mer sont mordus par les serpents sur ordre de Dieu (Am 9, 1–4).

Aussi la lamentation sur la chute d'Israël (Am 5, 1–3) qui suit immédiatement Am 4, 13, une quinah dans laquelle le prophète insiste beaucoup sur l'inutilité et la mort des hommes forts qui seront recrutés pour défendre la ville devient-elle compréhensible : les forces militaires ne sauront pas défendre la ville contre le tout-puissant avec ses alliés, les autres peuples et les forces de la création dont il pourra se servir pour les anéantir. De même, le dépérissement de la nature que le rugissement de Dieu entraîne en Am 1, 2 prend tout son sens à la lumière du portrait qu'Am 4, 13 dépeint ; il confirme le contenu d'Am 4, 6–11 en prouvant que seul Dieu, créateur des vents et maître des temps, est capable de réaliser ces catastrophes naturelles. En conséquence, nous retenons que la théologie d'Am 4, 13 est loin d'être en opposition avec celle du livre d'Amos. Au contraire, elle s'accorde avec l'ensemble de sa prédication et la renforce même, la rendant plus dynamique par rapport à la situation sans issue de la vie menée par ceux qui sont taxés de rebelles.

---

et celles figurant en Am 5, 8–9 et en Am 9, 5–6 par une seconde main sous prétexte qu'elles ne répondent pas au style du passage. Hammershaimb, E., *The Book of Amos*, p. 74.

L'apport du second hymne au message du livre d'Amos

L'importance du second hymne donne lieu à un débat beaucoup plus controversé que celle du premier (Am 4, 13). La plupart des commentateurs partisans de la *Formgeschichte* et de la *Traditionsgeschichte* le considèrent comme un élément étranger et inopportun dans son contexte[111]. Ils avancent habituellement que sa présence interrompt brutalement le cours de l'énumération des actes d'accusation portant sur le renversement de la justice, qui commence en Am 5, 7 et se poursuit en Am 5, 10–13[112]. Ainsi, pour eux, sacrifier Am 5, 8–9 comme une glose tardive ou l'extirper de sa présente position permettrait à Am 5, 10–13 de suivre immédiatement Am 5, 7. Hadjiev, l'un des plus récents adeptes de cette thèse, affirme dans ce sens qu'Am 5, 7 et Am 5, 10–13 se correspondent parce qu'ils sont construits de la même façon et traitent du même sujet, le manque de justice[113]. Au-delà de sa forme, le contenu d'Am 5, 8–9 semble n'avoir aucun rapport avec la question du dévoiement de la justice, raison principale pour laquelle cette doxologie est taxée de passage secondaire et intrusif, maladroitement placé entre Am 5, 7 et Am 5, 10–13.

Cependant, cette tendance à ériger le contenu d'Am 5, 7. 10–13 en norme pour juger Am 5, 8–9 inopportun dans son contexte et, par conséquent, dans le livre, est très récusable si nous tenons compte de la nature composite d'Am 5, 1–17, la

---

111 Cripps, R. S., *Critical and Exegetical Commentary on the Book of Amos*, p. 184 ; Mays, J. L., *Amos*, p. 95 ; Wolff, H. W., *Joel and Amos*, p. 233 ; Amsler, S. « Amos », p. 204–209 ; Crenshaw, J. L., *Hymnic Affirmation of divine Justice*, p. 14–15. Smith est encore plus ferme sur l'inopportunité d'Am 5, 8–9 dans son contexte : « The real difficulty is the second doxologie : chap. 5. 8–9 which does break the connection in a sudden and violent way. Remove it, and the argument is consistent. We can read chap. 5 without feeling that, whether Amos wrote these verses or not, they did not originally stand where they stand at present ». Smith, G. A., *The Book of the Twelve Prophets*, p. 204.

112 Certains suggèrent qu'il soit transféré à la suite d'Am 13, 13, d'autres, à la fin d'Am 5, 6, afin de présenter le portrait du Dieu que les fils d'Israël sont invités à rechercher pour avoir la vie sauve (Am 5, 4–6) ; d'autres encore, à la suite d'Am 5, 20 ou d'Am 5, 27, et les derniers à la suite d'Am 9, 5a. Rudolph présente un bon résumé des différentes positions. Rudolph, W., *Joel-Amos-Obadja-Jona*, p. 184.

113 Un résumé des arguments de ces auteurs, dont la liste est très longue, nous est donné par Hadjiev, résumé que nous traduisons en ces termes : « Les deux versets correspondent l'un à l'autre par le fond et la forme. Le sujet, le manque de justice, est le même. Dans les deux endroits (Am 5, 7. 10), nous avons une double colonne contenant trois mots arrangés de façon chiastique, les verbes/participes formant les limites extérieures de chaque chiasme. Et dans les deux versets, les coupables sont désignés par la troisième personne du masculin. Il est donc tout à fait probable qu'à l'origine, ils formaient un seul oracle ». Hadjiev, T. S., *The Composition and Redaction of the Book of Amos*, p. 130.

portion de discours dans laquelle cet hymne et Am 5, 10–13 se situent. En effet, Am 5, 1–17, la première partie[114] du troisième discours introduit par שִׁמְעוּ אֶת־הַדָּבָר הַזֶּה, comprend un chant funèbre ou une *qinah*, marqué par un ton de lamentation et formulé avec des verbes au parfait (Am 5, 2–3), une invitation pressante à chercher le Seigneur, dominée par l'usage de l'impératif (Am 5, 4–6), une dénonciation du renversement de la justice et du droit (Am 5, 7), une énumération d'un certain nombre d'actions que Dieu accomplit (Am 5, 8–9), une dénonciation de l'exécration de celui qui réprouve la perversion de la justice (Am 5, 10–12), un rappel des injustices qui justifient ce pourquoi l'homme avisé se tait (Am 5, 10–13), une invitation à chercher le bien et la justice (Am 5, 14–15) et une annonce de malheurs imminents (Am 5, 16–17). Cette liste révèle que le prophète passe, sans aucune gêne, d'une forme d'énonciation à l'autre. Cet ordre de succession des énoncés d'Am 5, 1–17, qui donne lieu à un débat controversé[115], révèle qu'Amos procède autrement que le voudraient nos esprits habitués à la logique cartésienne. Les paroles qu'il énonce ne se succèdent pas et ne s'enchaînent pas d'après les thèmes

---

114 Dans le *status quaetionis*, nous avons relevé que la délimitation de cet ensemble varie selon les exégètes : certains voient en Am 5, 18 le début d'une nouvelle grande section, introduite par הוֹי, formule qui revient en Am 6, 1, d'autres pensent qu'Am 5, 1 – 6 forme une grande section, introduite par שִׁמְעוּ אֶת־הַדָּבָר הַזֶּה. Afin de ne pas nous détourner de notre objectif qui est de démontrer l'importance d'Am 5, 8–9, nous considérons que, pour tenir compte de la formule introductive שִׁמְעוּ אֶת־הַדָּבָר הַזֶּה, le chapitre 6 devrait être logiquement inclus à ce discours (Am 5, 1 – 6, 14). Rien n'empêche de considérer Am 5, 1–17 comme une première partie de ce grand ensemble ; depuis de Waard, maints commentateurs considèrent Am 5, 1–17 comme une unité littéraire cohérente ; leurs avis ne divergent que sur l'élément focal de ce discours. Waard, J. de, « The Chiastic Structure of Amos V 1–17 », p. 170–77.

115 Wolff, l'un de ceux qui se sont demandé pourquoi une exhortation (Am 5, 4–6), laissant entrevoir une perspective de vie, vient subitement après une lamentation dont les paroles annoncent une décision irrévocable de Yahvé pour la décimation d'Israël (Am 5, 1–3), a répondu en arguant que celle-ci est ironique comme l'est l'exhortation d'Am 4, 4 où Dieu invite le peuple à venir à Béthel. Wolff, H, W., *Joel and Amos*, p. 237. Hunter abonde dans le même sens. Hunter, A. V., *Seek the Lord ! A Study of the Meaning and Function of the Exhortations in Amos, Hosea, Isaiah, Micah, and Zephaniah*, Baltimore, 1982, p. 61–65. Contrairement à ses deux prédécesseurs, Randall y voit une forme de « satire », relevant de la liberté absolue de Dieu qui seul peut dire « tu mourras » et, sans se justifier, dire « tu vivras ». Randall, C. C., « An Approach to Biblical Satire », dans Knight, J. C., Sinclair, L. A., Hunt, J. I., *The Psalms and Other Studies on the Old Testament, presented to Joseph I. Hunt, Professor of Old Testament and Hebrew, Nashotah House Seminary on his Seventieth Birthday*, Nashotah/Wisconsin, Nashotah House Seminary, 1990, p. 132–144. Bovati et Meynet affirment « qu'il est possible d'expliquer cette apparente contradiction entre l'annonce d'une mort inéluctable et l'invitation à la vie en recourant à la logique de la controverse (ou *rîb*) bilatérale » et comparent Am 5, 1–6 à Jon 3, 4. Bovati, P., Meynet, R., *Le livre du prophète Amos*, p. 181.

et les motifs qu'elles développent[116]. En effet, l'acte d'accusation d'Am 5, 7 est lui-même précédé d'un chant funèbre sur la chute imparable d'Israël (Am 5, 1–3), qui débouche inopinément sur une exhortation au changement. Dès lors il n'est pas opportun, au regard de l'enchaînement des paroles énoncées en Am 5, 1–17, de poser qu'Am 5, 8–9 est un élément intrusif, brisant le lien entre Am 5, 7 et Am 5, 10–12 puisque la même déduction peut être faite d'Am 5, 7[117], en ce qu'il est un acte d'accusation venant subitement à la suite d'une exhortation à chercher le Seigneur (Am 5, 4–6), une invitation qui, elle aussi, suit de façon inattendue la lamentation sur la chute d'Israël (Am 5, 1–3).

Ainsi, McComiskey n'a pas tort de postuler que l'apparente intrusion d'Am 5, 8–9 est caractéristique du style même d'Amos[118]. En effet, ce n'est pas l'unique fois qu'une énumération inattendue d'un certain nombre d'actions de Dieu est encadrée par des actes d'accusation portés contre les fils d'Israël. Déjà, en Am 2, 6–16, le tout premier discours adressé à Israël, un rappel soudain des actes fondateurs d'Israël, jadis accompli par Dieu (Am 2, 9–11)[119], sépare l'énumération des exactions envers les pauvres et les faibles (Am 2, 6–8) de celle du traitement infligé aux nazirs et aux prophètes (Am 2, 12). En Am 5, 7–13, nous sommes en présence du même procédé qu'en Am 2, 6–16. Amos encadre à nouveau une série d'actions de Dieu (Am 5, 8–9) par une double énumération d'actes d'accusation présentés comme la conduite permanente de certains fils d'Israël : la transformation du droit en absinthe (לְעֲנָה), c'est-à-dire en poison[120] et le renversement de la

---

116 Des exégètes comme Wolff et Amsler ont même réorganisé ce chapitre en disposant les versets suivant les thématiques. Wolff, H. W., *Joel and Amos*, p. 240–241 ; Amsler, S. « Amos », p. 203–208.

117 Story s'interroge s'il est judicieux que Cripps, qui tient Am 5, 8–9 pour un élément intrusif, admette qu'une lamentation (Am 5, 2–3) soit contrée par une exhortation (Am 5, 4–6) sans accepter qu'une doxologie (Am 5, 8–9) suive un acte d'accusation (Am 5, 7). Story, C. I. K., « Amos-Prophet of Praise », p. 72.

118 A titre d'exemple, il cite Am 6, 9–10, se situant entre Am 6, 8 et Am 6, 11, deux versets qui, d'après lui, parlent de la destruction de la maison de Jacob. McComiskey, Th. E., « The Hymnic Elements of the Prophecy of Amos », p. 145–146.

119 Nous rappelons que certains auteurs ont aussi voulu voir dans ce changement de rythme entre Am 2, 6–8 et Am 2, 9–11, le signe de l'intervention de rédacteurs deutéronomistes, qui auraient ajouté ce rappel de bienfaits du Seigneur. Vermeylen est l'un d'eux. Vermeylen, J., *Du prophète Isaïe à l'Apocalyptique*. p. 536–542. Cette thèse ne s'impose pas et Park, dans son récent commentaire, démontre combien il est difficile d'affirmer aujourd'hui qu'Am 2, 9–11 relève d'une composition tardive. Park, A. W., *The Book of Amos as Composed and Read in Antiquity*, p. 79.

120 Le nom de cette plante amère (Pr 5, 4) est souvent mis en parallèle avec le poison (Am 6, 12 ; Jr 9, 14 ; 23, 15 ; Dt 29, 19).

justice (Am 5, 7)[121]], puis l'exécration du prophète[122], celui qui réclame l'ordre au tribunal[123] et parle avec intégrité, et d'autres crimes contre la justice (Am 5, 10–13). Aussi, Am 5, 7–13, tout comme Am 2, 6–16[124], peut-il être perçu comme un passage présentant les actions de deux différents acteurs antagonistes : les rebelles (Am 5, 7. 10–13) et Dieu (Am 5, 8–9). Plus précisément, nous avons deux actions des rebelles portant successivement sur le droit et la justice (v. 7), situées en amont de cinq actions de Dieu énumérées dans les v. 8–9, suivies de sept[125] autres actions de ces mêmes rebelles concernant les prophètes, l'indigent, le juste, les pauvres, exposées en aval de celles de Dieu (Am 5, 10–13). Nous pouvons représenter la disposition de ces éléments sous la forme du schéma suivant :

Les Actions des rebelles : **ils changent** le droit en poison
et traînent la justice par terre (Am 5, 7)
il crée les Pléiades et l'Orion,
change la nuit obscure en clarté matinale,
Cinq actions de Dieu : réduit le jour en une nuit obscure,

---

121 L'expression לָאָרֶץ הִנִּיחוּ qui, littéralement, doit être rendue par « à terre, ils délaissent », prend en Is 28, 2, le sens « d'abattre » ou de « coucher par terre » ; aussi pouvons-nous dire que ceux qui sont taxés de rebelles détruisent ou anéantissent la justice et la couchent par terre, tel un cadavre gisant sur le sol.

122 En Am 5, 10, les deux premières actions énumérées concernent le בַשַּׁעַר מוֹכִיחַ qui littéralement signifie « celui qui réprouve devant la porte » (souvent aussi rendu par « celui qui rappelle à l'ordre à la porte ») et le וְדֹבֵר תָּמִים, fréquemment traduit par « celui qui parle avec intégrité ». Nous pensons qu'il s'agit du prophète ; le prophète voue une obéissance inconditionnelle à Dieu qu'il appelle constamment son Seigneur (Am 3, 8) et est réprouvé en Am 2, 12 ; 7, 10–17. Bovati et Meynet voient en Am 5, 10 le refus du prophète ; ils soulignent que « ce verset rappelle Am 2, 6–16 où après avoir dénoncé l'injustice (Am 2, 6–8), le Seigneur reproche aux Israélites d'avoir imposé le silence aux prophètes ». Bovati, P., Meynet, R., *Le livre du prophète Amos*, p. 171.

123 Le terme hébraïque utilisé est שַׁעַר. Il désigne littéralement la porte. Dans les sociétés du Proche Orient Ancien, en plus d'être un lieu de transactions commerciales, la porte de la ville faisait office de tribunal ; c'était le lieu où la justice était rendue (Dt 25, 7 ; Is 29, 21 ; Rt 4, 1).

124 En Am 2, 6–16, le prophète oppose les exactions des coupables (Am 2, 6–8. 12) aux actes fondateurs d'Israël que Dieu a accomplis. Pour plus de précisions sur une structure qui dévoile ce contraste et son implication pour la lecture d'Am 2, 6–12, nous renvoyons le lecteur à notre article qui vient de paraître. Kolani, N. B., « Amos, prophète et défenseur de la dignité humaine », p. 59–92.

125 Cette liste ne tient compte que des verbes ayant pour sujet les coupables désignés par la troisième personne du pluriel (« ils ») ou par la deuxième personne du pluriel (« vous ») ainsi que les deux qualificatifs, צֹרְרֵי (oppresseurs), לקְחֵי כֹפֶר (extorqueurs de rançons), qui leurs sont donnés en Am 5, 12. Les verbes בנה (construire) et נטע (planter) ainsi que ישב (résider) et שתה (boire) ne sont pas pris en compte parce que les deux premiers, quand bien même ils dévoilent l'identité et les mobiles du comportement des rebelles, décrivent des actions situées dans le passé, et les deux seconds, des actions que les auteurs d'injustices ne pourront plus accomplir.

| | convoque les eaux pour les répandre sur la terre, fait surgir la destruction sur le fort (Am 5, 8–9). |
| **Les actions des rebelles :** | ils haïssent celui qui rappelle à l'ordre le tribunal, abominent celui qui parle avec intégrité, pressurent l'indigent en lui saisissant sa part de grain, oppressent le juste, extorquent les rançons, déboutent les pauvres au tribunal (Am 5, 10–13)[126]. |

Ce schéma montre effectivement une nette opposition entre les actions de rebelles, qui bouleversent le droit et la justice (Am 5, 7. 10) et celles de Dieu mises en exergue dans la doxologie (Am 5, 8–9). Pour rendre plus manifeste cette opposition, Amos utilise le même verbe [הפך (Am 5, 7. 8] pour ouvrir la dénonciation du renversement du droit et de la justice (Am 5, 7) et le rappelle des changements que le Seigneur effectue régulièrement dans l'univers (Am 5, 8). En effet, la grande majorité des commentateurs, même ceux qui perçoivent Am 5, 8–9 comme un élément inopportun, admet que la réprise du verbe הפך en Am 5, 8 n'est pas fortuite[127]. Elle vise à marquer une opposition entre l'attitude de Dieu décrite en Am 5, 8–9 et celle des rebelles, auteurs des injustices dénoncées en Am 5, 7, puis explicitées en 5, 10–13. Cette opposition entre l'agir de Dieu et celui des rebelles invite indéniablement le lecteur à chercher à comprendre la signification profonde des actions de Dieu exaltées par le prophète. Elle incite surtout le bibliste à se demander quel est le rapport entre les actes créateurs de Dieu (Am 5, 8–9) et la perversion du droit et de la justice (Am 5, 7. 10–12) et inversement, quelles sont les conséquences des injustices sur le projet créateur et le destin d'Israël[128]. Dès lors, il importe de chercher à savoir quelle interprétation donner à chacune des cinq actions que le prophète présente, en Am 5, 8–9, comme la conduite permanente de Dieu au sein de la création.

La première action est la création des Pléiades et d'Orion. Son explication dépend essentiellement de la signification que les commentateurs accordent aux termes Pléiades et Orion. Dans la traduction d'Am 5, 8–9, nous avons choisi de nous inscrire dans la voie de la majorité de exégètes modernes qui s'appuient sur Jb 38, 31 où les Pléiades et Orion désignent des constellations et soutiennent que ces deux termes sont les noms des deux astres traditionnellement associés à la Nouvelle année (Nisan) ou au passage de l'hiver à l'été. Par conséquent, nous en déduisons qu'en exaltant Dieu comme le créateur des Pléiades et Orion,

---

126 Voir notre article en voie de parution. Kolani, N. B., « Pratiquer la justice sociale ou s'effondrer. L'actualité du message d'Amos (Am 5, 7–13 ; 6, 12) », *Théologiques* 24 (2016), p 15–36.
127 Wolff, H. W., *Joel and Amos*, p. 241 ; Jeremias, J., *The Book of Amos*, p. 90–91.
128 Kolani, N. B., « Pratiquer la justice sociale ou s'effondrer », p. 10.

Amos le décrit non seulement comme celui qui a établit le cycle des années et des saisons mais surtout comme celui qui assure leurs successions régulières dans le temps[129]. Les deux actions suivantes portent respectivement sur le changement de l'obscurité en clarté matinale et sur la réduction du jour en sombre nuit. Les exégètes pensent généralement qu'elles font écho au récit de la création et plus particulièrement à la création de la lumière (Gn 1, 2–5) et à celle des étoiles (Gn 1, 16)[130]. Ainsi, lues à la lumière de Gn 1, 2–5 et de Gn 1, 16, ces deux actions impliqueraient que le Dieu d'Israël est l'initiateur de l'alternance régulière des jours et des nuits. Autrement dit, elles dénotent que c'est Dieu qui assure la succession des deux moments du temps journalier.

Quant à la quatrième action, celle brossant l'image d'un Dieu convoquant les eaux des mers pour les répandre sur la face de la terre, son explication suscite souvent un débat controversé entre des commentateurs appartenant à deux tendances non conciliables[131]. L'interprétation préconisée par les partisans de chacune de ces deux tendances est sans doute très pertinente. Mais trois raisons

---

129 Kolani, N. B., « Pratiquer la justice sociale ou s'effondrer », p. 10.

130 Andersen, F. I., Freedman, D. N., Amos, p. 491 ; Bovati, P., Meynet, R., *Le livre du prophète Amos*, p. 171.

131 Les différents points de vue sont exposés dans Kolani, N. B., « Pratiquer la justice sociale ou s'effondrer », p. 11–12. Nous y avons relevé que « maints biblistes y voient le prélude d'une catastrophe de proportion cosmique et lui donnent deux significations très similaires. D'une part, ils estiment qu'Amos annonce à ceux qui dénaturent le droit et la justice que Dieu est sur le point d'enclencher le processus inverse de ce qu'il fit respectivement le deuxième et le troisième jours de la création de l'univers, c'est-à-dire l'établissement du firmament séparant les eaux terrestres des eaux célestes (Gn 1, 6) et les eaux inférieures de la terre ferme (Gn 1, 9 ; Jb 38, 8–11 ; Pr 8, 29 ; Ps 104, 9). Autrement dit, comme en Jr 4, 23–26, cette action traduirait le retour de la terre au chaos ou du moins à l'aspect qu'elle avait avant l'intervention de Dieu après le premier jour de la création. D'autre part, en s'appuyant sur le récit du déluge, ils avancent que cette quatrième action prend la connotation d'une annonce d'un déversement des océans sur la terre comme au jour de Noé. Aussi estiment-ils qu'en dépit de l'engagement de Dieu dans Gn 8, 21 à ne plus anéantir la création, Amos avertit les coupables de crimes contre la justice qu'à cause de leurs exactions, Dieu est sur le point de provoquer une inondation similaire à celle du temps de Noé afin d'anéantir de nouveau toute la création. En un mot, pour les partisans de cette ligne d'interprétation, Amos annoncerait la fin du monde ». Ohler, A., *Elementi mitologici nell'Antico Testamento*, Torino, Marietti, 1970, p. 92–100 ; Andersen, F. I., Freedman, D. N., *Amos*, p. 493 ; Bovati, P., Meynet, R., *Le livre du prophète Amos*, p. 173. D'autres commentateurs « maintiennent qu'à travers le syntagme « il convoque les eaux des mers pour les répandre sur la face de la terre », le prophète dresse plutôt le portrait d'un Dieu présidant aux cycles des eaux, lesquelles s'évaporent des mers pour retomber en pluie sur la terre ». Speier, S., « Bermerkungen zu Amos», *VT* 3 (1953), p. 305–310 (p. 307) ; Mays, J. L., *Amos*, p. 95–96 ; Amsler, « Amos », p. 211 ; Story, C. I. K., « Amos-Prophet of Praise », p. 72.

nous incitent à nous inscrire dans la perspective des exégètes qui défendent qu'à travers cette double action, Amos dépeint l'image d'un Dieu qui envoie la pluie pour nourrir la terre. Tout d'abord, le verbe קרא utilisé pour décrire l'acte de convoquer les eaux des mers, tout comme les verbes עשה et הפך employés en Am 5, 8, décrit une action située dans le présent. Ensuite, étant au participe présent, un temps qui indique habituellement une action continue, en cours, le verbe קרא ne décrit pas une action ponctuelle qui sera accomplie dans un futur proche ou lointain : c'est donc de façon régulière et continuelle que Dieu appelle les eaux pour les répandre sur la terre. Enfin, plusieurs données du livre présentent Dieu comme le maître des pluies et des saisons, le seul qui est en mesure de provoquer la sécheresse (Am 4, 7) ou le dessèchement des pâturages et de la crête du Carmel (Am 1, 2).

La cinquième action présente Dieu comme celui qui fait venir la destruction sur le fort et, par conséquent, dans la ville. Elle est encore plus complexe puisque beaucoup de commentateurs éprouvent des difficultés à établir le lien entre elle et les quatre premières énumérées en Am 5, 8[132]. Nous pensons que pour appréhender la signification de cette action, il convient de se poser la question suivante : qu'est-ce que la description de Dieu comme l'unique puissant capable de livrer l'homme fort à la dévastation pour que celle-ci entre dans la citadelle implique pour la sécurité et la survie d'Israël[133] ? Cette interrogation nous permet d'appréhender qu'en exaltant le Dieu d'Israël comme le seul qui soit en mesure de livrer l'homme fort au ravage afin que celui-ci pénètre dans la ville, Amos, signifie à son auditoire que la citadelle (la Samarie) n'a pas connu de dévastation parce que le Seigneur n'a pas anéanti ses hommes forts chargés d'assurer sa défense contre ses ennemis. Autrement dit, la cinquième action implique que sans la protection du Seigneur, la Samarie aurait déjà été dévastée par une nation ennemie. L'énoncé d'Am 5, 9 brosse donc le portrait d'un Dieu puissant qui assure de façon permanente la sécurité et la paix en Israël et, au-delà, dans l'univers.

En conclusion, en considérant les Pléiades et Orion comme deux constellations associées à la Nouvelle année, le jour et la nuit comme les deux moments du temps journalier et la convocation des eaux des mers comme symbolisant le don de la pluie, les cinq actions énumérées en Am 5, 8–9 montrent que « Dieu effectue le changement régulier des temps et des saisons pour maintenir l'ordre des choses dans le règne de la création ; il garantit aussi la paix et la stabilité d'Is-

---

132 C'est pourquoi certains commentateurs considèrent Am 5, 9 comme une interpolation tardive et complexe provenant d'un autre contexte, probablement d'Am 6, 14 ou bien d'Am 4, 13 ; Watts, J. D. W., « An Old Hymn Preserved in the Book of Amos », p. 33–39 ; Wolff, H. W., *Joel and Amos*, p. 241 ; Jeremias, J., *The Book of Amos*, p. 91.

133 Kolani, N. B., « Pratiquer la justice sociale ou s'effondrer », p. 13.

raël »[134]. Elles indiquent donc que Dieu, créateur et maître de l'univers, maintient en vie ses créatures en régulant constamment le rythme des temps et des saisons, et veille sur la sécurité et la paix dans le règne de la création. Or, quelques-uns parmi les fils d'Israël bouleversent quotidiennement le droit et la justice, deux valeurs pourtant indispensables pour préserver l'ordre juste et assurer l'équilibre et l'harmonie au sein d'une société et, au-delà, dans l'univers[135]. En dénaturant ces deux valeurs essentielles, ils détruisent les fondements d'un univers juste et harmonieux que Dieu s'attèle à maintenir et instaurent ainsi le chaos social[136].

De ces observations, nous pouvons raisonnablement déduire que, loin d'être un texte intrusif et superflu dans son contexte, la seconde doxologie est un élément essentiel dont la présence permet de créer un profond contraste entre l'attitude de ceux qui renversent la justice et celle de Dieu créateur. Or, la justice et le droit étant deux valeurs essentielles qui assurent l'équilibre et l'harmonie au sein d'une société et dans l'univers, nous pouvons déduire que ceux qui les renversent quotidiennement bouleversent complètement l'ordre des relations entre les hommes[137] ; par conséquent, ils sapent les fondements d'un univers juste et harmonieux et instaurent ainsi le désordre et le chaos social. Dès lors, nous pouvons légitimement poser que la présence d'Am 5, 8–9 s'avère nécessaire pour mieux saisir pourquoi Amos présente les crimes contre la justice comme des פְּשָׁעִים, c'est-à-dire des actes de rébellion contre le Dieu créateur. En effet, en instaurant le désordre dans sa création, les auteurs des exactions énumérées en Am 5, 7. 10–13 et de celles dénon- cées dans le restant du livre (Am Am 2, 6–8. 12 ; 3, 9–10 ; 4, 1–3 ; 5, 7. 10–12 ; 6, 4–6 ; 8, 4–8) s'opposent à Dieu ou entrent en sédition contre lui qui s'attèle constam- ment à préserver un ordre juste et harmonieux dans l'univers. En conséquence, la position d'Am 5, 8–9 dans son contexte actuel nous donne à voir que les injustices sont essentiellement des actes contraires au projet créateur, des facteurs de ruine ou de « dé-création »[138], faisant retourner la société au chaos.

De ce qui précède, il résulte également qu'en favorisant la mise en opposi- tion entre l'action de Dieu dans le règne de la création et le comportement des rebelles, Am 5, 8–9 révèle que la מִשְׁפָּט et la צְדָקָה constituent deux valeurs essen- tielles sur lesquelles Dieu veille. Il dévoile donc que ceux qui bouleversent ces valeurs engagent leur société dans un processus de désagrégation ou vers une

---

134 Carroll, M.D., *Context for Amos : Prophetic Poetics in Latin American Perspective*, JSOT-Sup. 132, Sheffield, Sheffield Academic Press, 1992, p. 229.

135 Martin-Achard, R., *L'homme de Teqoa*, p. 68 ; Byargeon, R. W., « The Doxologies of Amos : A Study of their Structure and Theology », *TE* 52 (1995), p. 47–56 (p. 54).

136 Kolani, N. B., « Pratiquer la justice sociale ou s'effondrer », p. 14.

137 Bovati, P., Meynet, R., *Le livre du prophète Amos*, p. 173.

138 Bovati, P., Meynet, R., *Le livre du prophète Amos*, p. 173.

ruine aux dimensions cosmiques, qui les anéantira avec tout ce qu'ils ont acquis et bâti à coup d'injustices (Am 3, 15 ; 5, 11).

Ainsi, Am 5, 8–9 demeure un élément indispensable permettant de mieux comprendre le chant funèbre d'Am 5 ; 1–3, une lamentation dans laquelle le prophète pleure la chute d'Israël comme si elle avait déjà eu lieu. En effet, une lecture d'Am 5, 7 à la lumière du contenu d'Am 5, 8–9 révèle que, sans la מִשְׁפָּט et la צְדָקָה, qui constituent le ciment de la société, Israël apparaît effectivement comme une société ne correspondant plus au dessein du Dieu créateur ou comme une nation qui n'est pas régie par sa providence. Elle est une société déjà morte ou, du moins, condamnée à périr. C'est d'ailleurs pour cette raison qu'Amos affirme, contrairement aux autorités politiques et aux fortunés qui se croient en paix et appellent de tous leurs vœux la venue du jour du Seigneur (Am 5, 18 ; 6, 1. 3), que l'homme avisé (le prophète) se tait (Am 7, 13) parce qu'il perçoit un avenir très sombre (Am 5, 16–20 ; 6, 3. 7–11).

De même, en impliquant que les fondements d'Israël, la מִשְׁפָּט et la צְדָקָה, sont sapés et que cette nation marche à l'envers et ne peut plus poursuivre sa destinée, le contenu d'Am 5, 8–9 fonde les incessantes invitations à rechercher le Seigneur en Am 5, 4–6 et en Am 5, 14–16 ; cet hymne anticipe également l'invitation à faire jaillir « le droit comme de l'eau et la justice comme un torrent intarissable » que le prophète lance en Am 5, 24. En outre, en dévoilant que les injustices qui s'opposent au projet créateur et sont de ce fait des facteurs de dé-création et de ruine, Am 5, 8–9 permet de comprendre l'énoncé d'Am 6, 12 où le prophète compare leurs acteurs à des insensés, osant faire galoper leurs chevaux sur des rochers et labourer la mer avec les bœufs.

Aussi sommes-nous en mesure de souligner que, tout en dévoilant le profond contraste entre l'agir des rebelles et celui de Dieu, la seconde doxologie présente également un portrait de ce dernier, qui renforce celui que véhicule le premier hymne (Am 4, 13) ; elle décrit le Dieu d'Israël[139] comme le créateur de l'univers, l'omnipotent qui commande les astres et régit le cours des temps et des saisons. Elle nous donne à voir l'image d'un Dieu qui, tout en étant si profondément impliqué dans l'histoire de son peuple comme l'unique garant de sa sécurité[140], demeure, contrairement à une divinité nationale ou tribale, le gouverneur suprême présidant au destin de tout l'univers. Grâce à ce portrait, Am 5, 8–9 manifeste le pouvoir sans restriction et l'autorité de Dieu en contraste avec la force de ceux qui

---

139 L'appellation יְהוָה שְׁמוֹ, placée juste à la fin de l'énumération des actions de Dieu dans le règne de la création et avant celles en faveur d'Israël est très significative : elle nous semble être voulue pour insister sur la dimension universelle du pouvoir et de l'autorité du Dieu d'Israël.
140 Nous nous référons à l'interprétation que nous avons donnée d'Am 5, 9.

se croient plus puissants pour pervertir la justice (Am 5, 7) et contraindre les prophètes à se taire, afin d'opprimer les indigents et les déposséder en toute quiétude (Am 5, 11–12). Par conséquent, le lecteur avisé, ayant connaissance de l'image de Dieu qu'Am 5, 8–9 laisse apparaître, comprend mieux pourquoi Amos s'attaque à l'orgueil des autorités politiques et militaires qui, en Am 6, 13–14, affirment avoir conquis Lodevar et Quarnaïm par leur propre force et fondent leur sécurité sur Sion ou sur la montagne de Samarie (Am 6, 1). Il saisit plus précisément que, lorsque le Seigneur, qui seul peut anéantir le fort, déchaînera sa colère contre eux, ni la montagne de Samarie, ni leurs palais fortifiés ou leurs maisons en pierre de taille (Am 5, 11) ne pourront leur servir d'endroits sécurisés où ils pourront se réfugier pour échapper à la mort.

De plus, l'image de Dieu qui se dégage de cet hymne confirme une fois encore que Dieu, l'unique régulateur des saisons et du temps, est en mesure de provoquer la sécheresse et les autres catastrophes cosmiques énoncées en Am 4, 6–11 ou de faire coucher le soleil en plein midi (Am 8, 9). Elle permet également d'appréhender pourquoi son silence, synonyme de son retrait, engendre la faim et la soif, qui provoquent l'anéantissement des jeunes gens (Am 8, 11–14). En fin de compte, comme le premier, le second hymne est incontournable dans son contexte et pour l'équilibre du message d'Amos ; il remplit une fonction théologique d'une très haute importance, analogue à celle d'Am 2, 9–11, passage qui oppose à l'attitude des responsables des exactions dénoncées en Am 2, 6–8. 12 celle du Seigneur Dieu présenté comme le créateur et fondateur d'Israël et exalte son pouvoir d'anéantissement[141] qu'il déchainera contre ceux qui se rebellent contre lui (Am 2, 13–16).

L'apport du troisième hymne au contenu du livre d'Amos (Am 9, 5–6)

L'exégèse de cet hymne, tout comme celle des deux premiers, oppose constamment les commentateurs, tels Wolff, Amsler et Jeremias, qui le perçoivent comme un texte mal raccordé à son contexte, faisant figure d'élément superfétatoire[142], à

---

[141] La description métaphorique de l'extermination de l'Amorite, peuple dépeint comme le plus grand et le plus puissant de la terre (Nb 13, 32–33 ; Dt 1, 28), vise par mérisme à démontrer la puissance du Seigneur ; il en va de même pour l'intervention de Dieu contre les Égyptiens et les forces nuisibles du désert, lieu de terribles épreuves et de souffrances à travers lequel le Seigneur, en usant de sa force et de son pouvoir sur le cosmos, a pu maintenir le peuple en vie pendant quarante ans.

[142] Wolff, H. W., *Joel and Amos*, p. 341–342 ; Amsler, S., « Amos », p. 240 ; Jeremias, J., *The Book of Amos*, p 90–91.

ceux qui, comme Hoonacker, Farr, Hammershaimb et autres, estiment qu'il n'y a pas de raisons sérieuses qu'il soit sous-estimé[143]. Outre la similarité du contenu de certains de ses énoncés avec Am 4, 13 ; 5, 8–9 et Am 8, 8, les auteurs qui le tiennent pour un texte inopportun allèguent souvent que le sujet qu'il développe n'est pas le même que ceux qui sont traités en Am 9, 1–4 et en Am 9, 7–10, les deux passages se situant respectivement en son amont et en son aval[144]. Il importe alors de vérifier si une telle affirmation est corroborée par la teneur d'Am 9, 5–6 et celles des deux passages qui l'encadrent ; autrement dit, nous analyserons le contenu d'Am 9, 5–6 pour savoir s'il n'y a pas une connexion très étroite entre cet hymne et Am 9, 1–4, qui le précède, et Am 9, 7–10 qui le suit.

Immédiatement, nous relevons qu'un bon nombre de commentateurs récents jugent qu'il y a un lien étroit entre Am 9, 5–6 et Am 9, 1–4. Dans son article portant sur les rapports entre les hymnes et les visions amosiennes, Paas soutient qu'en dépit de leurs particularités littéraires, les deux passages sont très fermement attachés l'un à l'autre par un certain nombre de thématiques[145]. En effet, contrai-

---

143 Hoonacker, A. van, *Les douze petits prophètes*, p. 279 ; Farr, G., « Language of Amos, Popular or Cultic ? », *VT* 16 (1966), p. 312–324 ; Hammershaimb, E., *The Book of Amos*, p. 133 ; Story, C. I. K., « Amos-Prophet of Praise », p. 72 et p. 133–134 ; McComiskey, Th. E., « The Hymnic Elements of the Prophecy of Amos », p.147 ; Paas, S., « Seeing and Singing », p. 259–261 ; Byargeon, R. W., « The Doxologies of Amos » p. 54–55.

144 Amsler, qui pose la question de savoir dans quel but la tradition a inséré cet hymne à sa place actuelle, avance par exemple que « l'absence de jonction verbale avec ce qui précède et ce qui suit ne permet de postuler ici qu'une relation de fond : la description du pouvoir universel du Juge dans le récit de la cinquième vision a attiré l'évocation d'une théophanie redoutable (v. 5) qu'une strophe hymnique bien connue joignait à la louange du pouvoir universel du créateur (v. 6) ». Amsler, S., « Amos », p. 240. Mays et Berg abondent dans le même sens. Mays, J. L., *Amos*, p. 83 ; Berg, W., *Die sogennanten Hymnenfragmente im Amosbuch*, p. 241.

145 Paas, S., « Seeing and Singing », p. 259–260 : « In my opinion this suggests that there is a strong relationship between them and that this relationship has been observed by the first redactions of the book of Amos. [...] However, this lack of literal similarity is more than compensated by the strong structural and thematic parallels between ix 1–4 and 5–6 ». Linville, qui procède à une analyse synchronique visant à démontrer qu'Am 7 – 9 est un tout cohérent dans lequel les différents éléments sont parfaitement unis les uns aux autres, soutient qu'Am 9, 5–6 est très bien relié à la cinquième vision par un certain nombre de motifs, tels le tremblement des seuils et la destruction du temple terrestre (Am 9, 1), lesquels correspondent respectivement au tremblement de terre (Am 9, 5) et à la reconstruction du sanctuaire de Dieu (Am 9, 6). Linville, J. R., « Visions and the Voice : Am 7 – 9 », *Bib* 80 (1999), p. 22–42 (p. 37–42). Simian-Yofre, après avoir relevé qu'Am 9, 5–6, marqué par l'usage de la troisième personne du singulier, interrompt le discours que Yahvé prononce à la première personne en Am 9, 1–4, allègue également que cette doxologie est, de par son vocabulaire, très étroitement liée à cette cinquième vision, citant en exemple l'occurrence des termes mer-terre-terre-mer en Am 9, 3–5 et terre en Am 9, 6. Simian-Yofre, H., *Amos*, p. 176. Bovati et Meynet, affirment aussi que « le « fragment hymnique » qui suit immédiatement

rement aux quatre autres visions, Am 9, 1–4 se présente comme une véritable théophanie, au cours de laquelle le prophète Amos voit Dieu en personne[146] se tenant debout sur ou à côté de l'autel[147] et lui ordonnant[148] de frapper le chapiteau (כַּפְתּוֹר) du temple pour que les seuils (סִפִּים) soient ébranlés puis s'écroulent sur les têtes de tous les auteurs d'injustices[149] qui y sont rassemblés. Dieu lui-même

---

le passage (5–6) va dans le même sens, accentuant encore la seigneurie divine sur les éléments célestes et terrestres. ». Bovati, P., Meynet, R., *Le livre du prophète Amos*, p. 342 ; Sweeney, M. A., *The Twelve Prophets vol. 1 : Hosea, Joel, Amos, Obadiah, Jona*, Collegeville, Minnesota, Michael Glazier Book Liturgical Press, 2000, p. 268–270.

146 Amos ne voit plus des éléments cosmiques [des sauterelles (Am 7, 1), le feu (Am 7, 4), l'étain (Am 7, 7), une corbeille de fruits d'été (Am 8, 1)] mais Dieu lui-même. Amsler, S. « Amos », p. 240.

147 L'expression עַל־הַמִּזְבֵּחַ , à cause de la préposition עַל, peut être rendue par « sur l'autel » ou par « à côté de l'autel » ou encore par « près de l'autel ». Cette même préposition se retrouve en Am 7, 7 où עַל־חוֹמַת signifie « sur un mur » ou « près du mur ». Quant à l'autel, maints exégètes, s'appuyant sur l'absence de précision quant à sa localisation, posent qu'il s'agit de l'autel du temple de Jérusalem. Ce qui signifierait que c'est l'effondrement du temple de Jérusalem. Neher, A., *Amos*, p. 126 ; Vuilleumier-Bassard, R., *La tradition cultuelle d'Israël dans la prophétie d'Amos et d'Osée*, p. 72. Une telle hypothèse ne correspond pas aux données du livre, et principalement aux incessantes annonces de la destruction du sanctuaire de Béthel (Am 3, 14 ; 7, 9), aux fréquentes invitations à ne plus fréquenter ce lieu (Am 4, 4–5 ; 5, 4–5) et au rejet du culte rendu qui y est célébré (Am 7, 21–27).

148 Le justicier, à qui le Seigneur donne l'ordre de frapper le temple, n'est pas clairement identifié. Certains biblistes soutiennent qu'Amos ne serait pas le destinataire de cet ordre donné par le Seigneur, arguant que l'ampleur de la destruction décrite dépasse la capacité d'une action humaine. Amsler, S. « Amos », p. 239. Wolff et Soggin corrigent même le texte pour que Dieu soit le sujet de הַךְ, verbe נכה (frapper), impératif du *hifil*, masculin singulier. Wolff, H. W., *Joel and Amos*, p. 334 ; Soggin, J. A., *Il profeta Amos*, p. 158. Martin-Achard semble approuver les amendements sur le texte d'Am 9, 1 en alléguant que l'ordre n'est pas donné à Amos mais à un membre de la cour céleste comme en Ez 9. Martin-Achard, R., *L'homme de Teqoa*, p. 88–89. Bovati et Meynet croient également qu'Amos n'est pas le destinataire de cet ordre. Bovati, P., Meynet, R., *Le livre du prophète Amos*, p. 341. D'autres, tels que Hoonacker, Neher, Reventlow, Schart et plus récemment Linville, maintiennent que supposer un destinataire autre que le prophète n'est pas conforme au texte parce qu'il ne mentionne aucune tierce personne. Hoonacker, A. van, *Les douze petits prophètes*, p. 277–278 ; Neher, A. *Amos*, p. 138 ; Reventlow, H. Graf, *Das Amt des Propheten bei Amos*, p. 48–49 ; Schart, A., *Die Entstehung des Zwölfprophetenbuchs. Neubearbeitungen von Amos im Rahmen schriftübergreifender Redaktionsprozesse*, BZAW 260, Berlin/New York, de Gruyter, 1998, p. 121 ; Linville, J. R., « Visions and Voices : Amos 7 – 9 », p. 22–42 (p. 39–40).

149 Ceux qui seront exterminés ne sont pas explicitement désignés. Cette imprécision et le langage métaphorique de cette vision incitent certains commentateurs à défendre qu'il s'agit de la destruction de tout le peuple d'Israël, c'est-à-dire les auteurs des injustices mais aussi ceux qui en sont les victimes. Amsler, S., « Amos », p. 238–239 ; Martin-Achard, R., *L'homme de Teqoa*, p. 88–89 ; Bovati, P., Meynet, R., *Le livre du prophète Amos*, p. 342. D'autres, comme Rudolph, récusent une telle interprétation ; ce dernier souligne qu'Am 9, 1 reprend Am 7, 9 et annonce

prendra soin d'exterminer ceux parmi eux qui, échappant à cette destruction, tenteraient de fuir (Am 9, 1). De cet énoncé, notre attention se porte aussitôt sur un premier élément : le nom אֲדֹנָי (mon Seigneur) donné à Dieu, objet de la vision. Ce titre, préfixé d'un *wav* consécutif indiquant que l'énoncé d'Am 9, 5–6 doit être lu

---

par conséquent l'effondrement du sanctuaire et l'anéantissement de la maison de Jéroboam. Rudolph, W., *Joel-Amos-Obadja-Jona*, p. 244. En fait, l'interprétation de la destruction annoncée en Am 9, 1 repose avec acuité la question du sort des victimes des injustices, question complexe qui suscite un débat très controversé opposant les biblistes qui soutiennent que le livre annonce une catastrophe qui anéantira tout le peuple à ceux qui pensent le contraire. Les premiers fondent généralement les arguments sur la teneur d'Am 2, 16 ; 5, 12. 27 ; 7, 11 ; 8, 2 et surtout sur l'ambiguïté du terme « Israël » pour alléguer que dans ce corpus, les victimes de l'oppression n'échappent pas au jugement. Koenen, K., *Heil den Gerechten – Unheil den Sündern. Ein Beitrag zur Theologie der Prophetenbücher*, BZAW 229, Berlin/New York, de Gruyter, 1994, p. 17. Mol souligne dans ce sens que, comme les plaies que Dieu a envoyées dans le passé n'ont épargné personne (Am 4, 6–12), les catastrophes à venir emporteront tout le monde, puis argue qu'Israël étant conçu comme un *corporate personnality*, la sanction touchera tous ses membres. Mol, J., *Collective and Individual Responsability. A Description of Corporate Personality in Ezechiel 18 and 20*, SSN 53, Leiden, Brill, 2009, p. 146–162 et 246–263. Quant aux seconds, ils s'appuient sur Am 3, 9–15 ; 4, 2–3 ; 6, 7 pour maintenir que, même si la sanction y est présentée sous le trait d'une déportation totale du peuple ou d'une catastrophe de dimensions cosmiques, elle ne vise que les destinataires de la critique sociale d'Amos, c'est-à-dire les grands propriétaires du royaume du Nord, les grands praticiens urbains, les hauts fonctionnaires qui cautionnent les injustices et les membres de la famille royale. Koch, K., *The Prophet vol. 1 : The Assyrian Period*, Philadelphia, Fortress Press, 1983 ; Reimer, H., *Richtet auf das Recht. Studien zur Botschaft des Amos*, SBS 149, Stuttgart, Katholisches Bibelwerk, 1992, p. 229. Même si nous reconnaissons que cette question du sort des victimes des injustices reste ouverte à diverses interprétations, il nous paraît difficile de nous inscrire dans la perspective de ceux qui pensent qu'Amos annonce la fin radicale de tous les Israélites pour plusieurs raisons : tout d'abord, une telle vision repose en réalité sur l'idée que le livre d'Amos ne suppose aucun rapport spécifique entre Dieu et les faibles ou qu'il n'a aucune sollicitude pour les opprimés auxquels il infligerait une sanction injuste. Or, Bons, démontre qu'une telle vue doit être nuancée ; il pose que, même si dans le corpus amosien « rien ne permet d'y trouver l'idée de la sollicitude divine envers les *personae miserae* [...] cela ne signifie pas que Dieu se montre indifférent au sort des pauvres ». Bons, E., « Amos et la contestation des pouvoirs », dans Luciani, D., Wenin, A., (dir.), *Le pouvoir, enquêtes dans l'un et l'autre Testament*, LD 248, Paris, Cerf, 2012, p. 95–110. En effet, c'est à cause de l'oppression des pauvres que Dieu a arraché Amos de derrière son troupeau et l'a envoyé prophétiser contre Israël. De plus, même si nulle part le livre d'Amos ne qualifie Dieu comme le père des orphelins (Ps 68, 6), le protecteur des immigrés ou le soutien des veuves et des orphelins (Ps 146, 9), Dieu y déclare que le traitement avilissant subi par la fille en Am 2, 7 profane son être et sa qualité la plus essentielle. De même, Dieu révèle qu'il y a un lien intime entre son être et celui des opprimés puisqu'il qualifie les exactions contre les pauvres d'actes de rebellions contre lui. Ensuite, admettre que les justes et les victimes des injustices seront anéantis, c'est réduire Dieu à un mauvais juge qui confond les innocents des coupables. Or une telle idée contraste avec l'affirmation d'Am 9, 8 où Dieu déclare

ensemble avec celui d'Am 9, 1–4, est significatif parce qu'il souligne à la fois l'autorité et surtout la souveraineté de Dieu sur celui à qui il donne l'ordre de détruire le temple[150]. Amos l'associe généralement avec יְהוָה[151], pour désigner Dieu comme l'unique Seigneur, le seul souverain. En Am 9, 5, tout comme en Am 7, 1. 8 ; 9, 1 où le prophète voit également Dieu, אֲדֹנָי est employé sans le titre יְהוָה, sans doute dans le but de souligner la relation particulière entre le Seigneur et Amos qui obéit inconditionnellement à sa parole et exécute ses ordres (Am 3, 8), contrairement aux acteurs d'injustices qui exécutent les injonctions de leurs femmes, celles qui, paradoxalement les appellent leurs אֲדֹנֵיהֶם [leurs seigneurs (Am 4, 1)].

Cette souveraineté de Dieu qu'implique l'usage du titre אֲדֹנָי et sa toute-puissance se révèlent davantage dans un deuxième élément, l'action surhumaine que Dieu ordonne à son prophète d'accomplir. Ceux qui refusent de voir Amos comme le destinataire de cet ordre oublient qu'il ne détruira pas ce lieu de culte par sa propre force ; c'est en tant qu'exécutant de l'ordre de son Seigneur que la frappe du prophète sur le chapiteau ébranlera[152] les seuils et que l'édifice, aussi solide soit-il s'écroulera. Même si l'on considère que la destruction du temple n'est qu'une image métaphorique indiquant l'effondrement du royaume du Nord sous les coups d'un peuple ennemi[153], elle révèle néanmoins que cette nation agira

---

qu'il n'exterminera que les coupables. De plus, cette idée contredit également l'annonce du petit reste en Am 9, 7, laquelle est une donnée très importante du livre. A la lumière de ces observations, nous privilégions donc l'explication de Rudolph ; nous réitérons que ce sont les coupables de toutes les formes d'exactions dénoncées en Am 2, 6 – 6, 14 et récapitulées en Am 8, 4–6 où Dieu jure de ne jamais en oublier aucune d'elles, qui sont visés par cette destruction. D'ailleurs, cette position est plus conforme au contexte du livre pour plusieurs raisons. D'une part, Dieu a invité plusieurs fois ces acteurs d'injustices à cesser d'aller dans le temple (Am 4, 4–5 ; 5, 5–6) ; il leur a signifié qu'un culte sans justice est à ses yeux une abomination (Am 7, 21–27). C'est ce même péché qui est rejeté depuis Am 2, 6 – 6, 14, soit avant le début des visions. D'autre part, en Am 8, 4–14, l'oracle qui précède immédiatement cette cinquième vision, le prophète proteste contre l'attitude de ceux qui sont dans le temple mais peaufinent des projets malsains pour extorquer et spolier les pauvres, ceux qui sont au temple alors que leur cœur est aux affaires ; ceux pour qui les fêtes de sabbat et de la nouvelle lune sont même devenues un poids (Am 8, 4–14).

150 Bovati, P., Meynet, R., *Le livre du prophète Amos*, p. 341.

151 Am 1, 8 ; 3, 7. 8. 11. 13 ; 4, 2. 5 ; 6, 8 ; 7, 1. 2. 4. 5. 6 ; 8, 1. 3. 11 ; 9, 8.

152 Le verbe רעש, utilisé pour décrire l'ébranlement des seuils, a la même racine que le substantif רַעַשׁ, employé pour désigner le tremblement de terre en Am 1, 1 ; il est également le synonyme du verbe מוג qui, en Am 9, 5, indique le tremblement de terre et dans Na 1, 5, מוג est en parallèle avec רעש.

153 La plupart des exégètes voient dans cette destruction du temple une image désignant métaphoriquement le démantèlement du royaume d'Israël. Bovati, P., Meynet, R., *Le livre du prophète Amos*, p. 341.

comme un instrument de Dieu ; aussi le justicier anéantira-t-il le royaume par la seule puissance de Dieu[154].

La seigneurie de Dieu se renforce dans les affirmations métaphoriques des deux derniers versets de la vision (v. 2–4), lesquelles battent en brèche toutes les possibilités pour les coupables d'échapper à la mort. En déclarant que rien, ni le Shéol où demeurent les morts[155], ni les cieux sa résidence, ni la crête du Carmel[156], ni le fond de la mer, ni un territoire étranger ne pourra servir de refuge à ceux qui auraient survécu à l'effondrement du temple et tenteraient de fuir pour sauver leur vie, Dieu apparaît comme l'unique Seigneur, celui qui règne sur tout et partout. Ce langage hyperbolique d'Am 9, 2–4, tout en réaffirmant l'inéluctabilité du jugement imparable de Dieu, dévoile qu'aucun endroit dans l'univers n'est hors du contrôle absolu du Seigneur[157] ; il souligne également que même les objets inanimés et les êtres dépourvus de raison, respectivement symbolisés par l'épée et le serpent[158], sont soumis à Dieu et obéissent à sa voix.

De ce qui précède, il résulte que plus qu'un simple récit rapportant une vision dans laquelle Amos voit אֲדֹנָי (le Seigneur) ordonner la ruine inéluctable d'Israël, le royaume rebelle, Am 9, 1–4 dresse assurément le portrait d'un Dieu exerçant

---

154 La fin du royaume ne signifie pas l'extermination de tous ses habitants mais celle de la hiérarchie qui opprime les pauvres. L'exil n'a jamais consisté en une déportation totale du peuple ; la famille royale et les hauts fonctionnaires sont souvent déportés.

155 Dans la mentalité biblique, l'idée a circulé que Dieu ne s'intéresse pas au shéol où séjournent les morts (Is 38, 18 ; Ps 6, 6 ; Jb 14, 13) ; Mais le prophète affirme ici, comme dans le sens du Ps 139, 8, que Dieu poursuivra le fugitif jusqu'à son dernier retranchement. Il est d'ailleurs paradoxal pour quelqu'un qui fuit la mort de se rendre dans le shéol où il ne peut pas aller sans mourir ; pour celui qui veut échapper à Dieu, de se réfugier dans les cieux qui sont sa demeure ou de chercher asile dans la mer au risque de devenir une proie pour les monstres marins ou les forces chaotiques.

156 Certains pensent que le Carmel est évoqué en raison du grand sanctuaire du dieu Baal que cette montagne a abrité ; en s'y transportant, les fuyards espéraient trouver un refuge auprès de ce dieu pour échapper à Yahvé. D'autres estiment plutôt que cette montagne est mentionnée parce qu'elle symbolise la force et la prospérité, d'autres encore, du fait qu'elle a des grottes et des buissons très touffus pouvant servir de cachette. Bovati, P., Meynet, R., *Le livre du prophète Amos*, p. 342. Or, quelle que soit l'interprétation donnée, l'évocation de cette montagne, tout comme celle des autres endroits nommés en Am 9, 2–4, vise à montrer que rien ne pourrait empêcher Dieu d'atteindre le fugitif.

157 Jr 23, 24 ; Pr 5, 21 ; 15, 3. 11.

158 L'épée et le serpent, déjà cités en Am 5, 19, sont ici personnifiés pour marquer leur obéissance à l'ordre de Dieu. Certains commentateurs, tel Paul, identifient le serpent au dragon mythologique que Dieu soumet à son pouvoir pour punir le fugitif comme il ordonna au poisson d'avaler Jonas tentant de le fuir, pour le cracher sur le territoire de Ninive (Jon 2, 1–11) ; cette interprétation met aussi l'accent sur la domination de Dieu sur tout l'univers. Paul, Sh. M., *Amos*, p. 278–279.

une maîtrise absolue sur les quatre différents lieux de l'univers tel qu'il était conçu par ses contemporains[159]. De cette vision se dégage aisément l'image d'un Dieu omnipotent et omniprésent au regard de qui rien n'échappe, un Dieu qui a le pouvoir de faire appel à l'ensemble des composantes de l'univers, le ciel, la mer, les montagnes et même le shéol, pour exercer son jugement contre ceux qui commettent des injustices puis viennent chanter ses louanges dans le temple, en espérant qu'il ne s'approchera pas et ne fera pas venir sur eux le mal (Am 9, 10).

Ce portrait de Dieu en Am 9, 1–4 est en continuité avec celui qu'Am 9, 5–6 laisse apparaître. En effet, la souveraineté, la toute-puissance, l'omniprésence de Dieu qu'Amos appelle son אֲדֹנָי (Am 9, 1) est précisément le sujet principal de la troisième doxologie, laquelle est rattachée à la cinquième par un *wav* que certains, comme Harper, tiennent pour un *wav* de serment[160], mais que nous considérons, tel Joüon, comme un *wav* emphatique, induisant une nuance d'affirmation[161]. Ce *wav*, occulté par de nombreux commentateurs dans leur traduction, tout en servant de particule reliant Am 9, 5–6 à Am 9, 1–4, met en relief le titre divin אֲדֹנָי יְהוִה הַצְּבָאוֹת qu'il introduit, lequel combine אֲדֹנָי avec le nom traditionnel du Dieu d'Israël (יְהוִה), accompagné de l'épithète הַצְּבָאוֹת. Ce titre, mis en exergue sous forme d'un *casus pendens* unique en son genre dans la littérature biblique[162], vise sans doute un double objectif : d'une part, dévoiler que le Dieu qu'Amos a vu en Am 9, 1–4 et qui lui a délivré un message de destruction, n'est pas un autre que יְהוִה lui-même, d'autre part, insister, grâce à l'épithète הַצְּבָאוֹת, sur la toute-puissance de ce Dieu, laquelle se manifeste dans les quatre actions énumérées dans la suite de cet hymne.

La première action dépeint Dieu comme celui qui touche la terre et le fait ainsi trembler, monter et s'affaisser comme le Nil d'Égypte, puis, provoque le deuil chez ses habitants. Cette affirmation identique à celle d'Am 8, 8[163] souligne sa toute-puissance et sa maîtrise sur l'univers terrestre ; il a le pouvoir de faire frémir la terre par un simple toucher et de provoquer un désastre aux dimensions cosmiques, une catastrophe qui endeuillera tous les habitants. L'image d'un Dieu

---

159 Dans l'Antiquité, l'univers était subdivisé en quatre lieux : la terre où habitent les humains, la mer, le lieu où demeurent les monstres marins et les autres puissances nuisibles, le shéol où séjournent les morts et le ciel où réside Dieu.

160 Harper, W. R., *A critical and Exegetical Commentary on Amos and Hosea*, p. XIVC.

161 Joüon, P., *Grammaire de l'hébreu biblique*, Rome, Pontificio Istituto Biblico, 1996, 177n. Comme autres exemples, il cite : Is 51, 15 ; Os 12, 6 ; Jr 29, 23b ; Ps 89, 38b.

162 Dans la Bible, c'est l'unique fois qu'un tel titre divin est mis en début de phrase.

163 Des propos similaires se retrouvent dans Job 9, 5–6 et dans le Ps 104, 32 qui magnifient le Seigneur comme créateur et maître de tout, avant d'annoncer que son regard fait trembler la terre et fumer les montagnes.

redoutable qui a le monopole de la puissance destructrice y est mise en évidence. La deuxième et la troisième actions nous offrent le portrait d'un Dieu qui dresse ses escaliers dans le ciel et établit son palais au-dessus de la terre ; dans la traduction, nous avons souligné les divergences de vue des exégètes sur le sens à leur donner[164]. Or, quelle que soit la signification que l'on accorde à chacune d'elles, nous relevons, d'une part, que Dieu lui-même est l'auteur de ses escaliers et de sa voûte, d'autre part, qu'il les érige au-dessus de la terre. Ces deux actions exaltent donc la stabilité et la sublimité de la demeure de Dieu dont il est lui-même l'architecte et qu'il a élevée au-dessus de tout le cosmos[165] ; sa maîtrise ne se limite donc pas seulement à la terre : les sphères célestes sont ses escaliers et le ciel, le sanctuaire qu'il s'est lui-même construit. Dès lors, elles dénotent également, comme 1R 8, 27, que le Dieu d'Israël est celui que la terre ne peut pas contenir ; il règne en un lieu supérieur et inébranlable. Ce portrait renforce l'image de Dieu d'Am 9, 1–4 et dévoile que rien n'échappe à son contrôle ; s'il se décide, il peut juger n'importe qui et par n'importe quel moyen. Quant à la quatrième action, elle reprend celle de la deuxième doxologie (Am 5, 8), qui insiste sur la maîtrise de Dieu sur le cycle des eaux et des saisons. Ce tableau d'un Dieu tout-puissant, omnipotent, omniprésent, maître des cycles de l'eau et des saisons que nous décrit cette troisième doxologie, renforce celui esquissé dans la cinquième vision et révèle qu'en tant que juge souverain, il est vraiment en mesure, s'il le faut, de provoquer un cataclysme cosmique pour anéantir les coupables.

Ce portrait trouve davantage un nouveau prolongement dans le discours d'Am 9, 7–10, qui débute par des questions rhétoriques[166] dont l'interprétation suscite des prises de positions très divergentes[167]. En réalité, ces interrogations

---

164 Certains, comme Barthélemy, pensent, à la lumière de Gn 28, 12, que les escaliers célestes symbolisent, comme les escaliers des temples mésopotamiens, ce qui relie le ciel et la terre ; d'autres, tels que Bovati et Meynet croient qu'il s'agit d'une image pour souligner le caractère sublime du trône céleste et son éternelle stabilité. Barthelemy, D., *Critique textuelle de l'Ancien Testament*, p. 693–694 ; Bovati, P., Meynet, R., *Le livre du prophète Amos*, p. 343.

165 Bovati, P., Meynet, R., *Le livre du prophète Amos*, p. 347 : « C'est la stabilité divine qui est soulignée ici, en opposition à la terre qui chancelle ou est submergée par les eaux de la mer ».

166 Les exégètes considèrent que ce passage relève du genre littéraire de « la dispute »; cette dispute oppose le prophète à ses interlocuteurs qui évoquent les mérites de l'alliance, comme en Am 3, 1. Martin-Achard, R. *L'homme de Teqoa*, p. 90–91.

167 Beaucoup de commentateurs soutiennent qu'Am 9, 7 annule le statut particulier d'Israël, en le rabaissant au rang des autres nations. Desnoyers, L., « Le prophète Amos », *RB* 26 (1917), p. 218–246 (p. 230) ; Feuillet, A., « L'universalisme et l'alliance dans la religion d'Amos », *BVC* 17 (1957), p. 17–29 (p. 22) ; Steinmann, J., *Le prophétisme biblique des origines à* Osée, LD 23, Paris, 1959, p. 151 ; Lods, A. *Les prophètes d'Israël et les débuts du judaïsme*, Paris, Albin Michel, 1969, p. 96 ; Vogels, M., « Invitation à revenir à l'alliance et universalisme d'Amos 9, 7 »,

auxquelles l'on ne peut répondre que par la négative, révèlent que le Dieu d'Israël est aussi le créateur des Nubiens[168] et l'artisan de la libération des Philistins et des Araméens[169]. En effet, comme le souligne Martin-Achard, l'énoncé d'Am 9, 7 n'a pas pour but de fixer le point de départ des déplacements des peuples qui y sont mentionnés mais de montrer que l'histoire de leur libération « relève de la même providence que celle qui s'est intéressée aux ancêtres d'Israël »[170] ; Dieu les a sortis de leur lieu d'aliénation comme il a tiré Israël de l'esclavage en Égypte pour les installer sur une terre où ils jouissent de la liberté (Am 2, 9–11). La sortie d'Égypte étant l'acte créateur d'Israël, affirmer que Dieu a fait monter les Philistins de Kaftor[171] et les Araméens de Qir[172] revient à soutenir non seulement qu'il les a créés, mais aussi et surtout qu'il préside à la destinée de tous les peuples[173]. Ainsi, Am 9, 7 révèle que le même gouvernement divin agit dans le monde entier.

Il ressort de ce qui précède que le Dieu d'Israël n'est pas un Dieu national et ses interventions en faveur de l'homme ne se limitent pas à cette nation. Il est le Dieu unique et universel qui survient pour tirer tout homme de toute forme d'aliénation, qu'il soit Philistin, Araméen ou Israélite ; il apparaît surtout comme un arbitre souverainement juste qui veille à l'équilibre des relations entre tous

---

VT 22 (1972), p. 223–239 ; Blenkinsopp, J., *Une histoire de la prophétie en Israël*, p. 107. D'autres pensent, par contre, qu'Am 9, 7 ne remet pas en question l'alliance ; il récuse plutôt sa fausse interprétation par les Israélites qui l'ont érigée en un dogme de sécurité. Mays, J. L., *Amos*, p. 156 ; Amsler, S., «Amos », p. 241 ; Rudolph, W., *Joel-Amos-Obadja-Jona*, p. 271. Nous n'avons cité que quelques auteurs, les différents points de vue étant parfaitement présentés par Martin-Achard. Martin-Achard, R., *Amos*, p. 123–126.

168 Le peuple qui habitait la région du Haut-Nil de l'Ethiopie ou la Nubie et qui apparaissait, à l'époque d'Amos, comme l'un des plus éloignés d'Israël.

169 Les deux ennemis légendaires d'Israël qui l'ont fait souffrir par d'incessantes guerres, souvent imposées.

170 Martin-Achard, R., *L'homme de Teqoa*, p. 91.

171 Les spécialistes identifient ce nom à la Crète, parfois à la Cappadoce ou à quelques régions de l'Asie Mineure.

172 Nous pensons à une des régions de Mésopotamie, peut-être s'agirait-il de Ur ?

173 Rudolph souligne qu'en dévoilant que les mouvements des peuples, comme les Philistins et les Araméens, relèvent du Dieu d'Israël, Am 9, 7 le présente implicitement comme le créateur et le maître de l'histoire terrestre. Rudolph, W., *Joel-Amos-Obadja-Jona*, p. 271. Gottwald abonde dans le même sens ; il écrit : « Is the verse which appears to be the climax of the book, that astounding verse in which Amos seems for the moment to take back all that he has said about the unique position of Israel in the plan of Yahweh (IX 7). It is a verse which noticeably expands the horizons of the world of Amos [...] There can be no doubt of the importance of this verse. Yahweh not only regards all the nations as similar in his sight but extends his concern to the whole history of peoples ». Gottwald, N. K., *All the Kingdoms of the Earth. Israelite Prophecy and International Relations in the Ancient Near East*, New York, Harper & Row, 1964, p. 112.

les habitants de la terre. De tout temps, protéger les faibles contre ceux qui les aliènent fait partie de son identité même. Ainsi, il va se manifester avec autorité dans le royaume du Nord pour exterminer ceux qui prétendent l'honorer dans le culte mais aliènent leurs frères, en les réduisant en des instruments de gain. L'annonce de l'extermination implacable des coupables en Am 9, 8–10 vient opportunément confirmer cette image de Dieu : en tant que juge absolu, il passera les Israélites au crible pour séparer les coupables, qu'il anéantira, des victimes et des innocents, qui constitueront le petit reste des survivants (Am 9, 9). Cette séparation entre justes et coupables est la manifestation ultime de la souveraineté de Dieu dans l'exercice de sa justice. En un mot, la souveraineté de Dieu et sa toute-puissance se manifestent encore davantage dans cette décision d'Am 9, 9 qui scelle définitivement la perte des coupables, concluant un long procès engagé contre eux depuis Am 2, 6–16, un procès que le prophète a pris soin d'introduire par le jugement des nations (Am 1, 3 – 2, 5). L'omniscient à qui rien n'échappe saura démasquer les vrais auteurs de crimes pour les exterminer.

À la lumière de tout ce qui précède, nous pouvons récapituler l'analyse de cette troisième doxologie en formulant trois observations : tout d'abord, nous relevons que, loin d'être un élément superflu, celle-ci s'intègre très bien à son contexte. Il y a un lien très fort de continuité avec Am 9, 1–4 qui le précède et avec Am 9, 7–10 qui le suit. Grâce aux deux attributs divins (אֲדֹנָי יְהוִה הַצְּבָאוֹת et יְהוָה שְׁמוֹ) qui l'encadrent, sa présence enlève toute équivoque sur l'identité du Dieu qui, en Am 9, 1–4, est apparu au prophète afin de lui révéler son projet irrévocable de démolir le temple et de faire appel à toutes les forces cosmiques pour qu'aucun des coupables, où qu'il aille se terrer, ne puisse échapper à la mort. Le portrait de Dieu qu'elle esquisse, régnant au-dessus du cosmos, corrobore l'énoncé d'Am 9, 2–4 dans lequel Dieu affirme qu'il n'y aura aucune échappatoire dans tout l'univers pour ceux qui tenteront de fuir dans le but de se soustraire à son jugement ; du ciel où il réside, il a l'œil, toujours et partout.

Ensuite, l'insistance sur le fait que אֲדֹנָי יְהוִה הַצְּבָאוֹת construit lui-même son trône et son palais dans le ciel incite le lecteur à déduire que le Dieu d'Israël ne réside plus dans le sanctuaire de Béthel érigé jadis par Jéroboam I, sanctuaire qu'il a ordonné de démolir (Am 9, 1–4). Autrement dit, Dieu a déserté le temple, sa demeure terrestre ; celle-ci n'est plus que le lieu où les rebelles se rassemblent pour nourrir leurs projets morbides contre les pauvres (Am 8, 4–6). Dès lors, la présence de cet hymne est essentielle pour le message d'Amos parce que cette désertion dévoile clairement, comme en Jr 7, 11, que la maison de Dieu ne saurait servir d'asile à ceux qui commettent les iniquités, raison pour laquelle elle doit être rasée.

Enfin, l'idée d'un Dieu universel, exerçant une maîtrise totale sur tous les éléments du cosmos, qui se dégage clairement de cette doxologie, fait qu'elle est en étroite connexion avec le discours d'Am 9, 7–10, où Dieu est essentiellement présenté comme l'unique maître de l'histoire, le juge souverain qui protège tous les peuples et dirige toutes les histoires nationales. Sans cette doxologie qui met un accent particulier sur le fait que celui qui trône au-dessus de tout et règne sur tout l'univers s'appelle le Seigneur (יְהוָה שְׁמוֹ), Am 9, 7–10 devient lui-même un élément isolé et son interprétation controversée. La présentation du Dieu d'Israël comme le maître de l'univers, celui qui gouverne le ciel et la terre, permet également de comprendre aisément Am 9, 8–10 qui le dépeint comme le maître, le juge souverainement juste qui vient passer au crible Israël et anéantir les coupables des injustices. Dès lors, son absence impliquerait qu'Am 9, 7–10 soit un élément disparate dans son contexte et, par conséquent, son interprétation sera controversée. La présentation du Dieu d'Israël comme le maître de l'univers facilite indéniablement la compréhension d'Am 9, 7–10, qui dévoile qu'il est l'acteur de la libération des autres peuples et qu'il saura passer au crible Israël pour anéantir les auteurs qui fomentent des actes de rébellion contre lui en opprimant leurs frères.

Conclusion

Nous récapitulons à présent les résultats de notre analyse au travers des quelques observations. Une courte présentation de l'état de la recherche sur les trois doxologies nous a permis de scruter les différentes hypothèses sur la raison d'être de ces passages dans le livre. Nous avons notamment relevé que maints exégètes ont suivi Horst qui, le premier, a établi que ces hymnes ont été introduits dans l'intention de rendre la prédication d'Amos conforme à un usage antique de la tradition israélite, qui veut qu'un condamné, en reconnaissance de sa culpabilité, magnifie Dieu pour la punition qu'il lui inflige. Aussi les ont-ils considérés comme des *confessio* ou des exhomologèses, ou bien encore des *Bekenntniss*, insérés dans le corpus dans le but de lui conférer une connotation liturgique et de faciliter sa lecture dans les cérémonies religieuses. Or, nous avons observé que cette hypothèse, quoique séduisante, présuppose que ces doxologies ne sont pas indispensables pour que la prophétie d'Amos soit complète et repose sur un a priori majeur qui la fragilise. En effet, elle présume qu'après avoir été tirés du patrimoine cultuel d'Israël pour être introduits dans le corpus amosien, Am 4, 13 ; 5, 8–9 ; 9, 5–6 gardent toujours leur fonction liturgique d'origine. Pour cette raison fondamentale, beaucoup de commentateurs récents remettent cette hypothèse en cause.

Nous avons également souligné que, depuis Fohrer, certains biblistes, comme Koch, ont lu ces hymnes en fonction non plus de leur *Sitz im Leben* mais plutôt de leur contexte actuel, les percevant comme des marqueurs placés stratégiquement, dont la fonction principale est de signaler au lecteur les débuts et les fins des sections majeures du livre. Leurs travaux, par rapport à ceux du groupe précédant, ont le mérite de montrer que ces doxologies sont bien incorporées à l'architecture d'ensemble du corpus et ne perturbent pas sa cohérence. Pourtant, ils les réduisent à n'être que de simples signets ou marqueurs structurels dont la présence n'a aucune incidence sur le contenu du livre. En conséquence, d'autres auteurs, tels Marks, Möller, Finley, sans nier que chacun de ces hymnes occupe une place stratégique dans la composition du livre et peut servir de limite à l'une ou l'autre unité, posent qu'elles jouent davantage le rôle de marqueur d'emphase indiquant les endroits où le discours d'Amos revêt une extrême sévérité ou une grande solennité. Leurs travaux nous ont incité à procéder à l'analyse du contenu de chacune des trois doxologies afin de prouver que leur absence entraînerait un déséquilibre de toute la prédication d'Amos.

De l'étude de la **première doxologie** (Am 4, 13), nous avons pu établir que, loin d'être un élément inopportun dans son contexte, elle est essentielle et indispensable pour plusieurs raisons. D'abord, Am 4, 1–13, ensemble dans lequel elle se situe, est un bloc composite comportant des énonciations dont le contenu et

https://doi.org/10.1515/9783110562743-025

le style sont très variés. Précisément, il comprend un oracle contre les femmes de la Samarie (Am 4, 1–3) qui débouche inopinément sur une invitation ironique à venir à Béthel pour offrir le culte (Am 4, 4–5), subitement suivie de l'énumération d'un certain nombre d'actions catastrophiques que le Seigneur a accomplies dans le but d'obtenir la conversion des rebelles (Am 4, 6–12), puis de cette doxologie (Am 4, 13). Cette diversité implique que le prophète passe aisément d'une forme d'énonciation à une autre ; par conséquent, les remarques sur l'adéquation d'Am 4, 13 à son contexte peuvent semblablement s'appliquer à l'une ou à l'autre des trois autres formes d'énonciation que renferme Am 4, 1–13. Ensuite, l'idée selon laquelle le vocabulaire est très tardif est aujourd'hui difficilement soutenable, parce que plusieurs études récentes démontrent que les termes יצר, ברא עשׂה, souvent évoqués, ne datent pas de la période postexilique et que ce livre pourrait donc être la première attestation biblique desdits vocables. Puis, certains commentateurs ont soutenu que la théologie d'Am 4, 13 est identique à celle du Deutéro-Isaïe, plus précisément, à celle d'Is 43, 7 ; 45, 7. 18. Or, une différence fondamentale existe entre le Deutéro-Isaïe qui veut essentiellement convaincre les Israélites vivant en exil que Dieu, le créateur de l'univers, recréera Israël, et cette doxologie qui dresse le portrait d'un Dieu, lequel, tel un juge souverain, viendra anéantir les fils d'Israël qui se rebellent contre lui. En Am 4, 13, l'exaltation du pouvoir créateur de Dieu vise, par mérisme, à magnifier sa puissance destructrice et non son statut de sauveur, comme en Is 43, 7 ; 45, 7. 18. Enfin, l'absence de cette doxologie ouvrirait la voie à une interprétation très controversée de l'identité du Dieu dont il est question en Am 4, 12 ; sans elle, certains énoncés qui la précèdent (Am 4, 6–11 ; 3, 8 ; 1, 2), et qui la suivent (Am 5, 1–3) seraient dénués de fondements.

De l'analyse de la **deuxième doxologie** (Am 5, 8–9), nous retenons également qu'elle ne peut pas être qualifiée d'élément étranger dans son contexte si nous tenons compte de la nature hétérogène des différentes formes d'énonciations d'Am 5, 1–17, la portion de discours dans laquelle elle se situe. En effet, beaucoup de commentateurs érigent le contenu d'Am 5, 7 en une norme pour la juger inopportune alors que cette même chose peut justement être dite de ce verset puisqu'il est un acte d'accusation venant subitement à la suite d'une exhortation à chercher le Seigneur (Am 5, 4–6), une invitation qui, elle aussi, suit de façon inattendue une lamentation sur la chute d'Israël (Am 5, 1–3). Cependant, le motif essentiel est que sa présence implique une mise en contraste entre l'attitude de Dieu qu'elle décrit et celle des coupables exposée en Am 5, 7 et en Am 5, 10–13. Ce contraste facilite la perception des crimes contre la justice (Am 5, 7. 10–13) comme des actes foncièrement orientés contre le projet créateur, et, en conséquence, permet de les considérer comme des facteurs de ruine et de dé-création. Ainsi, grâce à sa signification le lecteur comprend pourquoi Amos se lamente sur la chute d'Israël qu'il présente comme une société déjà morte (Am 5, 1–3). Enfin, elle justifie les incessantes invitations lancées aux rebelles à rechercher le Seigneur, en rétablissant la justice (Am 5, 4–6.14–15. 24). Aussi Am 5, 8–9 corrobore-t-il le statut prophétique d'Amos dont la mission consiste avant tout à amener les rebelles à prendre conscience que le devenir paisible d'Israël réside dans le respect de la justice et du droit.

Quant à la **troisième doxologie** (Am 9, 5–6), un examen attentif de son contenu nous a permis de remarquer qu'elle dresse le portrait d'un Dieu tout-puissant, omniprésent, lequel exerce sa maîtrise sur tout et préside à la destinée de tous les peuples. Un tel portrait confirme que Dieu est en mesure de réaliser tout ce qui est énoncé dans le récit de la cinquième vision, situé en son amont et sert de fondement au discours d'Am 9, 7–10 où Amos décrit Dieu comme l'unique juge souverainement juste qui conduit l'histoire et qui saura passer Israël au crible pour éliminer les rebelles. Ainsi, elle s'accorde bien avec son contexte ; elle procure des informations essentielles permettant de lever toute ambigüité sur l'identité, l'autorité, la majesté et la puissance du Dieu qui, dans la cinquième vision, ordonne la démolition du temple, le haut lieu du culte (Am 9, 1–4). Sa présence est cruciale parce qu'elle aide davantage le lecteur à envisager le risque encouru par ceux qui commettent des actes de rébellions contre Dieu.

Loin d'être des éléments superfétatoires, les trois doxologies du corpus amosien sont donc essentielles pour l'équilibre de son message. Leur teneur permet d'appréhender incontestablement que le Dieu qui a envoyé Amos n'est pas un Dieu tribal ou une divinité d'un peuple particulier ; aussi contrebalancent-elles les affirmations d'Amos rappelant le lien particulier qui unit Israël à son Dieu (Am 2, 9–11 ; 3, 1–8) et replacent-elles toujours le lecteur dans une vision plus vaste d'un pouvoir divin s'exerçant hors des frontières d'Israël. En conséquence, elles donnent ainsi un sens au jugement prononcé contre les nations étrangères (Am 1, 3 – 2, 2). Et, en montrant l'universalité du Dieu d'Israël, elles créditent la mission du prophète Amos : en tant que Dieu, maître en tout lieu, il envoie souverainement celui qu'il veut où il veut. Aussi, Amos, même s'il est originaire de Juda, peut-il légitimement prêcher en Israël, ce que semble ignorer le grand prêtre Amacya, qui lui intime l'ordre de retourner dans sa patrie exercer son activité prophétique et manger son pain (Am 7, 1).

—

Chapitre V :
**l'analyse du recit biographique (Am 7, 10–17),
de l'oracle contre les marchands (Am 8, 4–14)
et de l'oracle du salut (Am 9, 11–15)**

Introduction

Après avoir démontré le rôle irremplaçable des oracles contre Tyr (Am 1, 9–10), Édom (Am 1, 11–12) et Juda (Am 2, 4–5), ainsi que celui des trois hymnes (Am 4, 13 ; 5, 8–9 ; 9, 5–6), nous analysons à présent trois autres passages : le récit biographique (Am 7, 10–17), l'oracle contre les marchands truqueurs (8, 4–14) et l'oracle du salut (9, 11–15), passages qui sont également souvent considérés comme des éléments inopportuns. Nous tacherons de faire valoir à la suite des exégètes de plus en plus convaincus que leur présence n'est pas fortuite, que nul ne peut isoler ou sacrifier l'un d'eux, sans occasionner un déséquilibre sérieux dans la prédication d'Amos. Nous examinerons chacun de ces trois passages pour dégager son apport au message global du corpus. Nous ne nous baserons pas uniquement sur de simples occurrences de mots, d'expressions, ou des ressemblances phraséologiques pour établir leurs liens syntaxiques avec leurs contextes antérieurs et postérieurs, parce que nous avons déjà observé que le prophète Amos peut, dans un même discours, donner plusieurs formes à ce qu'il énonce, et varier son style.

Ce chapitre comprendra donc trois parties. La première sera consacrée à l'étude du récit biographique (Am 7, 10–17), la seconde, à celle de l'oracle contre les marchands (Am 8, 4–14) , et la dernière, à celle de l'oracle du salut (Am 9, 11–15).

https://doi.org/10.1515/9783110562743-026

Le rôle incontournable du récit biographique (Am 7, 10–17)

Unique récit biographique dans son genre, Am 7, 10–17 est le passage le plus étudié de tout le livre d'Amos. Son exégèse donne toujours lieu à des controverses ; mise à part le débat très controversé sur son origine[1], son étendue[2], sa nature[3],

---

1 Une large majorité de commentateurs soutient que ce texte provient d'une main autre que celle d'Amos mais reste divisée quant à sa date de composition. A titre d'exemple, Wolff et Martin-Achard, entre autres biblistes, soutiennent que le compositeur d'Am 7, 10–17 est un des disciples d'Amos qui aurait été un témoin oculaire de sa confrontation avec Amacya, alors que d'autres, comme Jeremias, maintiennent qu'il est l'œuvre d'un rédacteur deutéronomiste de la période exilique. Wolff, H. W., *Joel and Amos*, p. 108 ; Martin-Achard, R., *Amos*, p. 30 ; Jeremias, J., *The Book of Amos*, p. 142. Mais, contrairement à ces deux positions, maints commentateurs pensent qu'Amos lui-même l'a rédigé, en utilisant la troisième personne ; leur liste est établie dans Hasel, G. F., *Understanding the book of Amos*, p. 42 ; il retient nomtamment : Gordis, R., « The Composition and Structure of Amos », p. 239–251 ; Watts, J. D. W., *Vision and Prophecy in Amos*, p. 31–35 ; Pfeifer, G., « Die Ausweisung eines lästigen Ausländers. Amos 7, 10–17 », *ZAW* 96 (1984), p. 112–118 ; Finley, T. J., *Joel, Amos, Obadiah*, p. 290 ; Smith, G. V., *Amos*, p. 228–229 ; Rosenbaum, *Amos of Israel : A New interpretation*, Macon, Mercer University Press, 1990, p. 80–83. A cette liste s'ajoute Noble ; celui-ci souligne que le fait qu'Am 7, 10–17 parle d'Amos à la troisième personne n'est pas un motif suffisant pour prouver que ce texte ne vient pas de lui ; il fait valoir que dans le livre d'Amos, divers genres sont souvent tissés ensemble dans une composition soigneusement élaborée et unifiée ; il cite la diversité des différentes énonciations que renferme Am 4 – 5, 10. Noble, P. R., « Amos and Amaziah in Context : Synchronic and Diachronic Approaches to Amos 7–8 », *CBQ* 60 (1998), p. 423–439 (p. 436).

2 Certains auteurs jugent que ce passage n'est qu'une portion d'un récit beaucoup plus long qui aurait été perdu. Wolff, H. W., *Joel and Amos*, p. 308 ; Andersen, F. I., Freedman, D. N., *Amos*, p. 763 ; Robinson, T. H., *Die zwölf Kleinen Propheten, Hosea bis Micha (Handbuch zum Alten Testament I)*, HAT 14, Tübingen, Mohr Siebeck, [1936], 1964, p. 100 ; Grosch, H, *Der Prophet Amos, Handbücherei für den Religionsunterricht* 6, Gütersloh, Gerd Mohn, 1969, p. 19. Dans ce groupe, il faut inclure ceux qui rattachent Am 7, 9 à ce récit. Williamson, H. G. M., « The Prophet and the Plumb-Line : A Redaction-Critical Study of Amos vii », dans Woude, A. S. van der, (ed.), *In Quest for the Past : Studies on Israelite Religion, Literature and Prophetism*, OTS 26, Leiden, Brill, 1990, p. 101–121 (p. 103–104) ; Dijkstra, M., « I am neither a prophet nor a prophet's pupil' : Amos 7:9–17 as the Presentation of a Prophet like Moses », dans Moor, J. C. de, (ed.), *The Elusive Prophet : The Prophet as a Historical Person, Literary Character and Anonymous Artist*, OTS 45, Leiden, Brill, 2001, p. 105–128 ; Lombaard, C., « What is Isaac Doing in Amos 7 ? », *OTE* 17 (2004), p. 435–442 ; Hadjiev, T. S., *The composition and Redaction of the Book of Amos*, p. 81.

3 Certains exégètes le considèrent comme une biographie (*Fremdbericht*) fournissant les informations sur le prophète et explicitant les raisons de la fin du ministère d'Amos dans le royaume du Nord. Gordis, R., « The Composition and Structure of Amos », p. 25 ; Robinson, T. H., *Die zwölf Kleinen Propheten*, p. 99 ; Watts, J. D. W., *Vision and Prophecy in Amos*, p. 2 et 31 ; Hammershaimb, E., *The Book of Amos*, p. 15. D'autres, comme Amsler, pensent qu'il est un texte kérygmatique.

https://doi.org/10.1515/9783110562743-027

sa place suscite des prises de positions très divergentes. Dès lors, nous confronterons les arguments des biblistes qui le tiennent pour un élément intrusif à ceux de récents auteurs tel Vincent qui estime qu'en le lisant en dehors du contexte dans lequel il nous est parvenu, ce récit se réduit « à une anecdote » ou s'entend « petitement »[4]. Cette confrontation nous permettra de prendre position sur le rapport d'Am 7, 10–17 avec son contexte et d'examiner son contenu pour cerner pourquoi il est incontournable pour l'équilibre et la dynamique de la prédication d'Amos. Mais procédons d'abord à sa traduction parce que les spécialistes ne s'accordent pas sur la signification de certains de ces éléments.

La Traduction d'Am 7, 10–17

La polémique est principalement due à Am 7, 14, verset qui, outre la formule du narrateur וַיַּעַן עָמוֹס וַיֹּאמֶר אֶל־אֲמַצְיָה, comporte trois propositions nominales dont les deux premières sont négatives (לֹא־נָבִיא אָנֹכִי et וְלֹא בֶן־נָבִיא אָנֹכִי) et la dernière, positive (כִּי־בוֹקֵר אָנֹכִי וּבוֹלֵס שִׁקְמִים). Littéralement, ces propositions doivent être rendues successivement par « pas prophète moi », « pas fils de prophète moi » et

---

Amsler, S. « Amos », p. 228 ; d'autres encore le prennent pour une légende prophétique (*Prophetenlegende*) de l'époque préexilique n'ayant aucune valeur historique. Rottzoll, D. U., *Studien zur Redaktion und Komposition des Amosbuchs*, p. 252–256 ; Lescow, T., « Das vorexilische Amosbuch », p. 23–55. D'autres, enfin, le perçoivent comme un apophtegme, consistant en une mise en situation d'un oracle de jugement contre un individu et visant à établir puis légitimer l'autorité du prophète. Wolff, H. W., *Joel and Amos*, p. 308 ; Ackroyd, P. R., « *A Judgment Narrative between Kings and Chronicles ? An Approach to Amos 7:9–17* », dans Coats, G. W., Long, B. O. (eds.), *Canon and Authority, Essays in Old Testament Religion and Theology*, Philadelphia, Fortress Press, 1977, p. 71–87 ; Tucker, G. M., « Prophetic authenticity : A Form-Critical Study of Amos 7:10–17 », *Interpretation* 27 (1973), p. 423–434 (p. 426) ; Noble, P. R., « Amos and Amaziah in Context », p. 423–439 ; Vincent, J. M. « « Visionnaire, va-t'en ! » Interprétation d'Am 7, 10–17 dans son contexte », *ETR* 75 (2000), p. 229–250 (p. 234). Nous pensons qu'Am 7, 10–17 n'est pas un récit inventé mais il occulte certaines informations, tel le sort d'Amos, qu'une biographie ou une légende prophétique n'aurait sans doute pas voilées ; dresser la biographie d'Amos n'est sans doute pas l'objectif de ce passage.

4 Il pose qu'Am 7, 10–17 revêt une dimension emblématique par son lien avec les visions situées en son amont et en son aval : il dévoile que « rejeter le prophète de YHWH et les visions qui l'habitent, c'est courir à sa perte, c'est déclencher l'exil et le tremblement du chapiteau, c'est provoquer l'éclipse d'étoile ». Vincent, J. M. « Visionnaire, va-t'en ! », (p. 250). De même, Bezzel soutient qu'Am 7, 10–17 est un texte écrit pour son présent contexte. Il souligne que sa présence permet d'expliquer l'énigmatique expression אֲנָךְ qui désigne métaphoriquement la parole divine dans les visions (Am 9, 7). Bezzel, H., « Der Prophet als Bleilot. Exegese und Theologie in Amos 7 », *Bib* 85 (2014), p. 524–545.

« car bouvier moi et inciseur de sycomores »[5] ; or, une telle traduction n'a aucun sens, d'où la nécessité d'y introduire le verbe « être » qui est sous-entendu. Mais la question fondamentale repose sur le temps de ce verbe puisqu'une phrase nominale est syntaxiquement atemporelle et peut donc, en fonction de son contexte, être traduite soit au passé, soit au présent. Les exégètes sont extrêmement divisés face à cette question aussi vieille que l'histoire de l'exégèse[6] d'autant plus que les versions anciennes elles-mêmes n'aident pas à sa résolution[7].

Deux tendances présentées d'un côté par Martin-Achard et de l'autre par Paul[8] s'opposent encore aujourd'hui :

La première est celle des biblistes qui, suivant la logique de la Vulgate, soutiennent qu'Am 7, 14 doit être traduit au présent. Plusieurs d'entre eux avancent que les phrases nominales sont généralement traduites par le présent lorsque le contexte n'indique pas sans équivoque un autre temps[9]. Ils arguent également que, comme réponse d'Amos aux propos d'Amacya sur son statut de prophète, les paroles d'Am 7, 14 doivent être comprises grammaticalement en fonction d'Am 7, 13 et non pas à partir d'Am 7, 15[10] ; aussi estiment-ils que, même si Amos se réfère à un évènement passé dans son énoncé d'Am 7, 15, celui-ci détermine sa situation présente. Enfin, ils relèvent qu'Amos emploie le verbe נבא mais jamais le substantif נָבִיא et qu'Amacya évite aussi d'utiliser ces deux termes pour parler de l'activité prophétique d'Amos : il le désigne par חֹזֶה (« voyant »). D'autres, comme Driver, pour pouvoir rendre Am 7, 14 au présent, suggèrent que les deux particules de négation, לֹא, soient considérées comme des particules interrogatives pour que les deux premières propositions nominales qui les renferment deviennent des questions rhétoriques et soient ainsi successivement rendues par : « Ne suis-je

---

5 Koch préconise cette traduction littérale : « I no nabi, I no prophet's disciple, but I, a herdsman, also a cultivator mulberry trees ». Koch, K., *The prophet*, p. 37.

6 Jeremias, J., *The Book of Amos*, p. 139 : « This question extends back to the very beginning of biblical exegesis and still has not been resolved ».

7 La Septante et la version Syriaque le rendent par un prétérit (οὐκ ἤμην), la Vulgate, par un présent (« non sum ») ; la Peshita n'est pas très claire mais reste plutôt favorable au choix de la Septante.

8 Martin-Achard, R., *Amos*, p. 24–30 ; Paul, Sh. M., *Amos*, p. 239–240. Quelques points de vue sont également bien exposés dans Hasel, G. F., *Understanding the Book of Amos*, p. 41–47 ; Bovati, P., Meynet, R., *Le livre du prophète Amos*, p. 299–300 ; Gilbert, P., « A New Look at Amos's Prophetic Status (Am 7:10–17) », *EeT* 28 (1997), p. 291–300.

9 Joüon, P., Muraoka, T., *A Grammar of Biblical Hebrew*, Rome, Pontifical Biblical Institute, 1991, p. 561–564 ; Gilbert, P., « A New-Look at Amos's Prophetic Status », p. 291–295.

10 Wolff, H. W., *Joel and Amos*, p. 312.

pas un prophète ? » et par « ne suis-je pas un fils de prophète ? »[11]. Cohen, dont la position est défendue par Richardson et Zevit mais récusée par Hoffmann[12], propose quant à lui que les particules לא soient tenues pour des *lamed* emphatiques vocalisés *lū'* et qu'en conséquence, les deux propositions nominales soient respectivement traduites par « non ! Je suis prophète », « non ! je ne suis pas un fils de prophète »[13] ; ainsi, il considère le premier לא comme un « non » s'appliquant à l'affirmation d'Amacya (Am 7, 13) et le second comme un « non » rejetant l'identification d'Amos à un fils de prophète. Vogt, dont la proposition est appréciée par Rudolph[14], voulant éviter de donner des sens différents aux deux particules לא, considère le *wav* qui lie la seconde proposition nominale à la première comme un *wav* explicatif et suggère que celles-ci soient traduites par : « je ne suis pas prophète dans le sens de je ne suis pas fils de prophète »[15]. En réalité, l'intention primordiale de tous ces commentateurs qui défendent la traduction d'Am 7, 14 au présent est de maintenir qu'Amos refuse d'être pris pour un נָבִיא ou pour un בֶּן־נָבִיא. Cette raison est mise en valeur, entre autres, par Wolff[16], Rudolph[17], Walter[18], qui recourent à l'histoire de l'utilisation du terme נָבִיא. Elle s'observe

---

11 L'intention de Driver, qui cite en exemple l'usage de לא comme particule interrogative en 1S 14, 30 et en Ez 11, 3, est de poser qu'Amos rejette les propos d'Amacya qui le considère comme un simple paysan et non pas comme un prophète, en affirmant qu'il a été envoyé par Dieu lui-même pour parler en son nom. Driver, G. R., « Affirmation by Exclamatory Negation », *JANES* 5 (1973), p. 107–114.

12 Il doute de la légitimité grammaticale et de la probabilité exégétique de la traduction défendue par Cohen. Hoffmann, Y., « Did Amos Regard himself as *Nabi* », *VT* 27 (1970), p. 209–212.

13 Cohen, S., « Amos was a Navi », *HUCA* 32 (1961), p. 153–160 ; Richardson, H. N., « A critical Note on Amos 7:14 », *JBL* 85 (1966), p. 89 ; Zevit, Z., « A Misunderstanding at Bethel: Amos VII 12–17 », *VT* 25 (1975), p. 783–790. Ce dernier, dans un autre article paru en 1979 où il défend la position de Cohen contre Hoffmann, cite en exemple Gn 23, 11a ; 42, 12 ; Nb 22, 30b pour démontrer que la particule לא peut constituer parfois une clause indépendante. Zevit, Z., « Expressing Denial in Biblical Hebrew and Mishnaic Hebrew, and in Amos », *VT* 29 (1979), p. 505–509.

14 Rudolph, W., *Joel-Amos-Obadja-Jona*, p. 250.

15 Vogt, E., « *Waw* explicative in Amos VII 14 », *ExpTim* 68 (1956–1957), p. 301–302. Nous signalons que dans Gesenius, il est considéré comme un *wav copulatif*. Kautzsch, E. (ed.), *Gesenius' Hebrew Grammar*, (trad. A. E. Cowley), New York, Dover Publications, 2006, 154a note 1b ; c'est également le cas dans Köhler, L., Baumgartner, W., *Hebräisches und Aramäisches Lexikon zum Alten Testament*, Leiden, Brill, 1967, p. 248, note 5.

16 Wolff, H. W., *Joel and Amos*, p. 312–313.

17 Rudolph, W., *Joel-Amos-Obadja-Jona*, p. 256–257.

18 Il argue que, même s'il est très ancien et est utilisé dans les plus anciennes formes de prophétisme biblique, le titre נָבִיא a été évité par presque tous les prophètes du 8ème siècle ; il n'a été employé comme terme courant pour désigner les messagers de Dieu que tardivement. Vawter, B., « Were the Prophets *nābî'* », *Bib* 66 (1985), p. 206–220.

davantage chez Bovati et Meynet qui affirment : « " Je ne suis pas prophète, ni fils de prophète " est donc interprétée comme une déclaration d'indépendance : Amos ne fait pas du prophétisme son métier, il n'en tire pas sa subsistance (voir 1S 9, 7 ; 1R 14, 3 ; Mi 3, 5. 11) ; il n'appartient pas non plus à une corporation (appelée « fils de prophète »), liée d'une façon ou d'une autre à un sanctuaire ou à la couronne »[19]. En définitive, pour ces auteurs, le terme חֹזֶה a donc essentiellement un sens péjoratif.

La seconde comprend maints biblistes qui pensent qu'Am 7, 14 doit être rendu au passé[20]. Rowley, l'un des partisans les plus réputés de cette tendance, apporte trois arguments principaux. D'abord, il relève que les versions anciennes, excepté la Vulgate, penchent pour un prétérit. Ensuite, s'appuyant sur Meyer[21] qui rappelle que la règle de la grammaire hébraïque exige que la proposition nominale d'état ou de mode soit soumise au temps de la proposition principale à laquelle elle est liée, il souligne qu'Am 7, 14 doit être traduit par un passé parce qu'Am 7, 15 commence par וַיִּקָּחֵנִי, un parfait consécutif, décrivant une action qui modifie le statut antérieur d'Amos. Enfin, étant donné qu'Amos lui-même emploie le verbe נבא (Am 7, 15) pour décrire sa mission, il juge que traduire Am 7, 14 au présent contredirait cette donnée, mais aussi celle d'Am 7, 17 où il agit en tant que personne exerçant un ministère prophétique à Béthel[22]. Nombre de ses successeurs développent davantage cet argument[23]. Même si ces exégètes tiennent davantage compte du temps du verbe d'Am 7, 15, proposition verbale à laquelle les nominales d'Am 7, 14 se rattachent, ils s'efforcent avant tout de montrer qu'Amos ne récuse pas le titre נָבִיא ; il rejette le jugement d'Amacya selon lequel il prophétise de sa propre autorité, en précisant être devenu prophète par la volonté de Dieu.

Dès lors, Martin-Achard n'a pas tort de relever que le désaccord des exégètes sur la traduction d'Am 7, 14 n'est pas une question de choix entre le prétérit et le présent qui fait que les exégètes tournent en rond. Il résulte plutôt de l'idée que les uns et les autres se font du prophétisme et surtout de l'interprétation qu'ils

---

19 Bovati, P., Meynet, R., *le livre du prophète Amos*, p. 300.

20 Kapelrud, A., *Central Ideas in Amos*, p. 13 ; Amsler, S., « Amos », p. 230 ; Paul, Sh. M., *Amos*, p. 244–247 ; Soggin, J. A., *Il profeta Amos*, p. 165 ; Martin-Achard, R., *Amos*, p. 29–30 ; Andersen, F. I., Freedman, D. N., *Amos*, p. 762–778 ; Vincent, J. M., « Visionnaire, va-t'en ! », p. 147.

21 Meyer, D. R., *Hebräische Grammatik*, Berlin/New York, de Gruyter, 1992, § 90, 5 et § 112, 3.

22 Rowley, H. H., « Was Amos a Nabi ? », dans Fück, J. (ed.), *Festschrift Otto Eissfeldt zum 60. Geburtstage 1. September 1947. Dargebracht von Freunden und Verehrern*, Halle an der Saale, Max Niemeyer Verlag, 1947, p. 191–198.

23 Sogin, J. A., *The prophet Amos: A translation and Commentary*, p. 128 ; Andersen, F. I., Freedman, D. N., *Amos*, p. 777–778 ; PAUL, Sh. M., *Amos*, p. 244–247.

donnent du terme [24]נָבִיא ; autrement dit, l'option du temps est souvent déterminée « non pas par le texte lui-même, qui laisse la question ouverte, [...], mais par
l'idée qu'on se fait du prophétisme et le contenu que l'on met dans le mot nabi en
particulier »[25]. En attendant d'examiner plus en profondeur les propos d'Amacya
et ceux d'Amos, nous nous inscrivons dans la logique de ceux qui rendent Am 7, 14
au passé ; une telle traduction présente l'avantage de préserver Am 7, 14–15 comme
une seule et même énonciation prononcée par Amos en réponse à l'injonction
d'Amacya (Am 7, 13). En effet, s'il est incontestable qu'Am 7, 14 est une réponse
au propos d'Amacya rapportés en Am 7, 13, ce verset est tout de même syntaxiquement lié à Am 7, 15, qui est une partie de l'objection d'Amos à ce prêtre. D'ailleurs,
en hébreu, les deux versets (v. 14 et 15) forment une seule et unique énonciation, tant syntaxiquement que stylistiquement. Ainsi, tenir compte du temps des
verbes d'Am 7, 13 pour traduire Am 7, 14, c'est le dissocier d'Am 7, 15 qui est pourtant fermement relié à lui par un *waw* consécutif préfixé à וַיִּקָּחֵנִי. De plus, rendre
Am 7, 14 au passé permet de conserver une cohérence entre ce verset et Am 7, 15
et de distinguer ainsi deux phases dans la vie d'Amos : celle d'avant sa rencontre
avec Dieu où il était bouvier et inciseur de sycomores et celle d'après où il doit
prophétiser contre Israël. Cette traduction révèle que le statut du prophète Amos
ne relève pas de sa volonté mais de celle de Dieu qui, dans sa souveraineté, l'a
arraché de derrière son troupeau (Am 7, 15).

Les termes בּוֹקֵר, בּוֹלֵס et תָּטִיף sont également l'objet d'interprétations divergentes mais de moindre ampleur. Le premier, בּוֹקֵר, est un hapax, considéré
généralement comme une forme dénominative du substantif בָּקָר (gros bétail),
désignant le bouvier ou le vacher. Or, étant donné qu'en Am 1, 1, le prophète se
désigne comme un נֹקֵד et qu'en Am 7, 15, il affirme que Dieu l'a pris derrière son
troupeau de petit bétail (צֹאן), maints commentateurs procèdent à la correction de
ce mot[26]. Nous retenons le sens littéral בּוֹקֵר, sa correction ne s'avère pas nécessaire. Le deuxième, בּוֹלֵס, est aussi un hapax souvent perçu comme un dénomi-
natif dérivé du substantif בלס et identifiant une personne qui travaille sur les

---

24 Martin-Achard, R., *Amos*, p. 29.

25 Martin-Achard, R., *Amos*, p. 29.

26 A titre d'exemple, Maag, Mays, Hammershaimb préconisent que בּוֹקֵר soit remplacé par נֹקֵד
(berger), employé en Am 1, 1. Maag, V., *Text, Wortschatz und Begriffswelt des Buches Amos*, p. 50 ;
Mays, J. L., *Amos*, p. 138 ; Hammershaimb, E., *The Book of Amos*, p. 117. Leur proposition est réfutée par Wolff, Diebner et Paul, entre autres, qui estiment qu'il est issu d'un terme akkadien
nāqidu, désignant l'éleveur de bétail ou le berger. Wolff, H. W., *Joel and Amos*, p. 306–307 ; Diebner, B. J., « Berufe und Berufung des Amos (Am 1, 1 und 7, 14 f.) », *DBAT* 23 (1992), p. 97–120 ; Paul,
Sh. M., *Amos*, p. 247–248.

sycomores (שְׁקָמִים), des arbres dont les fruits amers servent à nourrir le bétail[27] ; une incision hâte leur maturité et favorise leur grossissement. Par conséquent, des exégètes, suivant la logique de la Septante et de la Vulgate, rendent בּוֹלֵס par « inciseur » ; d'autres, beaucoup plus attentifs aux soins apportés aux fruits, par « soigneur » ; d'autres encore, dans l'intention de signifier l'action de produire les sycomores le traduisent par « cultivateur ». Nous avons privilégié la première traduction qui nous semble la plus littérale. Quant au dernier, תַּטִּיף, l'inaccompli du *hifil* du verbe נטף, son sens basique est « dégoutter », « dégouliner » ou « couler » (Am 9, 13 ; Jg 5, 4 ; Jl 4, 18 ; Ps 68, 9 ; Jb 29, 22 ; Pr 5, 3) ; mais il peut être employé dans un sens dépréciatif, comme en Mi 2, 6. 11 où il signifie « délirer » ou dans un sens positif, comme en Ez 21, 2. 7 où son sens est « invectiver ». Bon nombre de biblistes, par allusion à la salive qui coule avec la parole, lui confèrent un sens dépréciatif en le rendant par « baveras »[28], d'autres, par « vaticineras », un synonyme de « prophétiseras » employé dans la proposition précédente. Ce dernier sens nous semble plus convenable parce qu'il n'y a pas de raisons de croire qu'il a un sens dépréciatif ; étant en parallèle avec le terme תִּנָּבֵא d'Am 7, 16 ba, il désigne, comme en Ez 21, 1, un discours véhément ou hostile.

A la suite de ces observations, nous sommes à même de proposer la traduction suivante d'Am 7, 10–17 :

10aα וַיִּשְׁלַח אֲמַצְיָה כֹּהֵן בֵּית־אֵל	Et Amacya, le prêtre de Béthel, envoya
10aβ אֶל־יָרָבְעָם מֶלֶךְ־יִשְׂרָאֵל לֵאמֹר	vers Jéroboam, le roi d'Israël, pour dire
10bα קָשַׁר עָלֶיךָ עָמוֹס בְּקֶרֶב בֵּית יִשְׂרָאֵל	Amos a conspiré contre toi au sein de la maison d'Israël
10bβ לֹא־תוּכַל הָאָרֶץ לְהָכִיל אֶת־כָּל־דְּבָרָיו׃	le pays ne peut plus supporter toutes ses paroles.
11aα כִּי־כֹה אָמַר עָמוֹס	Car ainsi parle Amos
11aβ בַּחֶרֶב יָמוּת יָרָבְעָם	« par l'épée, Jéroboam mourra
11b וְיִשְׂרָאֵל גָּלֹה יִגְלֶה מֵעַל אַדְמָתוֹ׃ ס	et Israël sera assurément déporté loin de sa terre ».
12aα וַיֹּאמֶר אֲמַצְיָה אֶל־עָמוֹס	Et Amacya dit à Amos :
12aβ חֹזֶה לֵךְ בְּרַח־לְךָ אֶל־אֶרֶץ יְהוּדָה	« voyant, va-t-en, fuis là-bas, vers le pays de Juda
12bα וֶאֱכָל־שָׁם לֶחֶם	et mange là-bas, ton pain
12bβ וְשָׁם תִּנָּבֵא׃	et là-bas, prophétise
13a וּבֵית־אֵל לֹא־תוֹסִיף עוֹד לְהִנָּבֵא	mais à Béthel, ne continue plus à prophétiser

---

27 Pour plus de details sur l'histoire de l'utilisation de ce mot, on lira avec intérêt : Steiner, A. C., *Stockmen from Tekoa, Sycomores from Sheba: A Study of Amos's Occupation*, CBQ 36, Washington, 2003.
28 Bovati, P., Meynet, R., *Le livre du prophète Amos*, p. 303.

כִּי מִקְדַּשׁ־מֶלֶךְ הוּא וּבֵית מַמְלָכָה הוּא: ס 13b	car c'est un sanctuaire du roi et c'est un temple du Royaume ».
14aα וַיַּעַן עָמוֹס וַיֹּאמֶר אֶל־אֲמַצְיָה	Et Amos répondit et dit à Amacya :
14aβ לֹא־נָבִיא אָנֹכִי וְלֹא בֶן־נָבִיא אָנֹכִי	je n'étais ni prophète, ni fils de prophète
14b כִּי־בוֹקֵר אָנֹכִי וּבוֹלֵס שִׁקְמִים:	j'étais bouvier et inciseur de sycomores.
15a יְהוָה מֵאַחֲרֵי הַצֹּאן	Mais le Seigneur me prit derrière le bétail
15bα וַיֹּאמֶר אֵלַי יְהוָה	et le Seigneur me dit
15bβ לֵךְ הִנָּבֵא אֶל־עַמִּי יִשְׂרָאֵל	va prophétise contre mon peuple Israël
16a וְעַתָּה שְׁמַע דְּבַר־יְהוָה אַתָּה	Et maintenant, écoute la parole du Seigneur :
16bα לֹא תִנָּבֵא עַל־יִשְׂרָאֵל	tu dis : « tu ne prophétiseras pas contre Israël
16bβ וְלֹא תַטִּיף עַל־בֵּית יִשְׂחָק:	tu ne vaticineras pas contre la maison d'Isaac ».
17aα כֹּה־אָמַר יְהוָה	C'est pourquoi, ainsi parle le Seigneur :
17aβ אִשְׁתְּךָ בָּעִיר תִּזְנֶה	« ta femme se prostituera dans la ville,
17aγ וּבָנֶיךָ וּבְנֹתֶיךָ בַּחֶרֶב יִפֹּלוּ	ton fils et ta fille, par l'épée, tomberont,
17aδ וְאַדְמָתְךָ בַּחֶבֶל תְּחֻלָּק	ta terre, au cordeau, sera divisée,
17bα וְאַתָּה עַל־אֲדָמָה טְמֵאָה תָּמוּת	et toi, sur une terre impure tu mourras
17bβ וְיִשְׂרָאֵל גָּלֹה יִגְלֶה מֵעַל אַדְמָתוֹ: ס	et Israël sera sûrement déporté de sa terre ».

Nous abordons à présent l'analyse contextuelle afin de justifier qu'il demeure incontournable.

Am 7, 10–17, un récit biographique unique, ajusté à son contexte

Le débat sur la place d'Am 7, 10–17 perdure. Maints exégètes considèrent toujours qu'il est un élément intrusif et inopportun dans son contexte ; ils se fondent habituellement sur quatre arguments de taille : ils soulignent d'abord que le récit Am 7, 10–17 parle d'Amos à la troisième personne et se présente donc comme un texte *sui generis* s'interposant maladroitement entre Am 7, 7–9 et Am 8, 1–3, deux récits de visions dans lesquels le prophète s'exprime à la première personne[29]. Ils relèvent ensuite qu'Am 7, 10–17 n'est relié à la troisième vision qui le précède que par un simple *wav*, préfixé au verbe שׁלח, lequel a pour sujet Amacya, un personnage n'apparaissant nulle part ailleurs dans le livre[30]. Ils jugent aussi que l'incident

---

29 Osty écrit : « À l'intérieur de ce cadre solide, se trouvent des morceaux manifestement déplacés. 7, 10–17, récit de l'incident de Béthel, s'insère malencontreusement entre la 3e et la 4e vision. Sa place normale serait après 9, 7 ou 9, 10. – 8, 4–8 serait mieux en situation dans la deuxième partie ; de même 8, 9–14 et 9, 7 ». Osty, E., *La Sainte Bible, Amos, Osée, Habaquq, Abdias, Joel, Jonas, Michée, Sophonie, Nahum, Agée, Zacharie, Malachie*, Paris, Cerf, 1960², p. 16 ; Amsler, S., « Amos », p. 228.
30 Tucker, G. M., « Prophetic Authenticity », p. 425.

de Béthel marque la fin du ministère prophétique d'Amos dans le royaume du Nord et son récit devrait donc être placé à la fin du livre, c'est-à-dire, à la suite de la cinquième vision[31]. Ils estiment enfin qu'Am 7, 10–17 doit son présent emplacement à Am 7, 9, verset « dont les termes, semblables à ceux de la dénonciation d'Am 7, 11, ont servi d'accrochage »[32]. Mais, quelle valeur pouvons-nous accorder à ces quatre arguments ? Sont-ils irréfutables ?

Des commentateurs, de plus en plus nombreux, soutiennent qu'Am 7, 10–17 est ajusté à son contexte. Gordis, l'un des premiers, trouve qu'il occupe une place appropriée, signalant la limite entre les paroles qu'Amos a prononcées en Israël et celles qu'il a prêchées en Juda[33] ; sa thèse, reprise par Watts[34], demeure pourtant fragile parce qu'elle suppose qu'Amos a obéi aux injonctions d'Amacya en fuyant Béthel pour retourner en Juda. Maints biblistes s'appuient sur différents éléments syntaxiques qu'Am 7, 10–17 a en commun avec les visions qui l'encadrent pour justifier qu'il est bien raccordé à son contexte. Behrens, entre autres[35], souligne qu'outre « Jéroboam » qui peut être considéré comme un mot-clef reliant Am 7, 10–17 à Am 7, 7–9, l'expression בְּקֶרֶב עַמִּי יִשְׂרָאֵל en Am 7, 8 est quasi similaire à בְּקֶרֶב בֵּית יִשְׂרָאֵל d'Am 7, 10 ; il relève également que עַמִּי יִשְׂרָאֵל est présente en Am 7, 8 et en Am 7, 15 et nulle part ailleurs, sauf en Am 9, 14. Il pense d'ailleurs que l'occurrence de l'expression לֹא־אוֹסִיף עוֹד en Am 7, 8 et en Am 7, 13 permet de percevoir un saisissant contraste ironique entre l'attitude de Dieu, lequel affirme qu'il ne passera plus outre pour Israël et celle d'Amacya qui enjoint à Amos de ne plus prophétiser dans cette nation. Il établit également qu'un lien syntaxique existe

---

31 Amsler, S. « Amos », p. 228.

32 La majorité de ces commentateurs refusent d'inclure Am 7, 9 dans la troisième vision, présumant qu'il a été composé par celui qui a transféré Am 7, 10–17 de sa place primitive pour l'insérer dans son contexte actuel. Amsler, S. « Amos », p. 228 ; Wolff, H. W., *Joel and Amos*, p. 295–296 ; Hadjiev, T. S., *The Composition and Redaction of the Book of Amos*, p. 80–82.

33 Gordis, R., « The Composition and Structure of Amos », p. 239–251.

34 Watts, J. D. W., *Vision and Prophecy in Amos*, p. 32–35. Nous avons cité la proposition de Gordis, suivie par Watts, en tant qu'une des tentatives de justification de la place d'Am 7, 10–17 ; mais nous ne partageons pas cette hypothèse parce qu'elle repose sur l'idée qu'Amos aurait fui Béthel à la suite des injonctions d'Amacya. Cette idée, comme nous le verrons, ne s'appuie sur aucune donnée textuelle et biaise l'interprétation d'Am 7, 7–17.

35 Ces exégètes utilisent le principe des mots-clefs et des liens verbaux pour démontrer qu'Am 7, 10–17 a été rédigé de sorte qu'il puisse suivre la troisième vision. « The story has been composed to fit the pair of visions into which it is now inserted ». Andersen, F. I., Freedman, D. N., *Amos*, p. 763 ; Utzschneider, H., « Die Amazjaerzählung (Am 7,10–17) zwischen Literatur und Historie », *BN* 41 (1988), p. 76–101 ; Jeremias, J., *The Book of Amos*, p. 137 ; Werlitz, J., « Amos und sein Biograph. Zur Entstehung und Intention der Prophetenerzählung », *BZ* 44 (2000), p. 233–251 (p. 244–245) ; Lombard, C. « What is Isaac Doing in Amos 7? », p. 439–440.

entre Am 7, 10–17 et les deux premières visions du livre[36] grâce aux expressions
הוּא קָטֹן כִּי et וּבֵית הוּא מִקְדַּשׁ־מֶלֶךְ כִּי qui se trouvent respectivement en Am 7, 2. 5 et
en Am 7, 13b. Cependant, comme nous l'avons déjà notifié, une similitude syntaxique, même très utile, n'induit pas forcément une similitude théologique et,
par conséquent, une connexion entre Am 7, 10–17 et Am 7, 7–9, la troisième vision
qui la précède. De plus, l'on peut tout déduire de la présence de mêmes mots et de
mêmes expressions dans ces deux passages puisque les auteurs qui jugent qu'Am
7, 7–9 et le récit biographique (Am 7, 10–17) sont des éléments intrusifs se fondent
eux aussi sur les mêmes éléments[37].

D'autres biblistes, tels Bovati et Meynet, déplorent le fait que nombre d'auteurs commentent Am 7, 10–17 sans se soucier des rapports qu'il entretient avec
les deux visions qui l'encadrent ; ils relèvent que ce récit et ces visions ont en
commun « le fait de rapporter un évènement de parole en l'insérant dans un
contexte narratif »[38] et ainsi, ils peuvent tous être considérés comme « des évène-
ment-paroles »[39]. Noble, lui, conclut son analyse diachronique et synchronique
d'Am 7 – 8, en posant également que le récit biographique n'est pas un élément ;
il estime même que son absence, loin d'apporter la clarté à Am 7, 7–9, diminue en
réalité ce texte aussi bien structurellement que thématiquement[40].

De même, Vincent pose fermement qu'il est opportun et essentiel de connaître
le contenu du récit biographique pour mieux appréhender le sens des visions et

---

36 Behrens, A., *Prophetische Visionsschilderungen im Alten Testament: sprachliche Eigenarten,
Funktion und Geschichte einer Gattung*, AOAT 292, Münster, Ugarit Verlag, 2002, p. 91. Bulkeley
souligne que le nom עָמוֹס est également beaucoup plus employé dans les visions et dans le récit
biographique ; en dehors du titre (Am 1, 1) le prophète n'est appelé par son nom que dans ces
passages. Bulkeley, T., « Amos 7:1–8, 3 : cohesion and generic dissonance », *ZAW* 121 (2009),
p. 515–528 (p. 518).
37 Hadjiev, T. S., *The Composition and Redaction of the Book of Amos*, p. 78–79.
38 Ils estiment qu'Am 7, 10–17 traite principalement de la parole prophétique et, pour cette raison, est en étroite connexion avec les visions qui se présentent comme « des récits qui, au lieu
de transmettre simplement un oracle, précisent le moment et les circonstances dans lesquelles
cette parole de Dieu a été suscitée et prononcée. Bovati, P., Meynet, R., *Le livre du prophète Amos*,
p. 307.
39 Bovati, P., Meynet, R., *Le livre du prophète Amos*, p. 307.
40 Noble, P. R., « Amos and Amaziah in Context », p. 435 : « More specifically : on the one hand,
7:10–17 is structurally parallel to 8:4–6, with each passage performing the same function within
its respective vision complex, and on the other hand, 7:10–17 is closely integrated, thematically,
with its immediate context, where it imparts further insight into the issues raised by 7:9. So then,
the excision of 7:10–17, far from bringing clarity to a confused text, actually diminishes the text
both structurally and thematically ».

vice-versa[41]. Il fait précisément ressortir que la légitimation prophétique est le thème qui prévaut tant dans les visions qu'en Am 7, 10–17 et pose, lui-aussi, que « l'emplacement actuel de ce récit n'est point accidentel, erroné ou maladroit »[42]. Prolongeant sa pensée, il allègue même que, lu dans son contexte actuel, Am 7, 10–17, de par son lien avec les visons, revêt une dimension emblématique, dénotant que « rejeter le prophète de YHWH que les visions habilitent, c'est courir à sa perte, c'est déclencher l'exil et le tremblement des chapiteaux (Am 9, 1s), c'est provoquer l'éclipse des étoiles »[43]. Très récemment, Möller, s'appuyant sur Eslinger[44], maintient fermement que ce récit joue un rôle crucial, celui de présenter le prophète en débat[45]. La démarche de ces auteurs a le mérite de rompre avec la tendance de vouloir s'appuyer sur des éléments d'ordre purement formels (occurrences des mots et expressions) pour juger du rapport entre Am 7, 10–17 avec son contexte ; elle nous incite à ne pas nous contenter d'un inventaire de mots ou d'expressions mais à focaliser davantage notre attention sur l'objet de ce récit.

La justification de la place inédite d'Am 7, 10–17 dans son contexte nous engage à revenir sur l'historicité de l'indicent qui est au cœur de ce récit. En effet, bien qu'il soit un récit biographique parlant donc d'Amos à la troisième personne, il relate une altercation dont l'historicité n'est point douteuse[46]. Dès lors, si la

---

41 Vincent, J. M., « « Visionnaire, va-t'en ! », p. 232. Bukeley, qui se base sur un certain nombre d'éléments syntaxiques, souligne également qu'en dépit de la différence formelle entre Am 7, 10–17 et les récits de visions, Am 7, 1 – 8, 3 est un ensemble cohérent dont les sections fonctionnent ensemble et suggèrent qu'Amos était un vrai prophète, et que son message de malheur pour le royaume d'Israël était en fait une parole du Seigneur. Bulkeley, T., « Amos 7 : 1–8, 3 : cohesion and generic dissonance », p. 527–528.

42 Il corrige le terme אֲנָךְ (généralement rendu par « l'étain » ou par « le fil de plomb ») par אָנֹכִי (je, moi) et propose de lire le syntagme, הִנְנִי שָׂם אָנֹכִי בְּקֶרֶב עַמִּי יִשְׂרָאֵל, d'Am 7, 8b comme « voici je suis là, moi, au milieu de mon peuple » au lieu de « voici que je viens mettre de l'étain au milieu de mon peuple ». Il estime que cette assertion est à rapprocher de l'énonciation « ... car je vais passer au milieu de toi » d'Am 5, 17. Vincent, J. M., « « Visionnaire, va-t'en ! », p. 243.

43 Vincent, J. M., « « Visionnaire, va-t'en ! », p. 250.

44 Il est persuadé qu'Am 7, 10–17 occupe une place convenable en ce qu'il justifie le verdict d'Am 7, 9 et instruit le lecteur sur l'obstination des Israélites. Eslinger, H., « The Education of Amos », *HAR* 11 (1987), p. 35–57.

45 Möller, K., *Prophet in Debate*, p. 133–134 : « Far from being out of place in its present context, the Amaziah narrative in Am 7:10–17 too has a crucial role to play in the presentation of the debating prophet. ».

46 Même si les exégètes ne s'accordent pas sur le compositeur d'Am 7, 10–17, la plupart d'entre eux ne renient pas qu'il y ait eu une confrontation entre Amos et Amacya, le prêtre de Béthel ; seul un petit nombre d'entre eux, tels Rottzoll, Lescow qui considèrent Am 7, 10–17 comme une légende prophétique de l'époque préexilique, semble nier la valeur historique du fait qu'il rapporte. Rottzoll, D. U., « Studien zur Redaktion und Komposition des Amosbuchs », p. 252–256 ;

confrontation entre Amacya et Amos a effectivement eu lieu, soutenir que la place du récit qui la rapporte n'est pas celle qu'il occupe à présent, s'avère très discutable, voire récusable, pour plusieurs raisons. Tout d'abord, le placer à la fin du livre, comme suggéré par certains commentateurs[47], revient à admettre qu'Amacya a laissé Amos prononcer toutes les paroles de malheur contenues dans les trois dernières visions (Am 7, 7–9 ; 8, 1–3 ; 9, 1–4) avant de le dénoncer au roi Jéroboam pour qu'il ordonne son expulsion du territoire d'Israël. Une telle hypothèse est peu vraisemblable parce qu'il n'y aurait aucun intérêt pour Amacya d'attendre qu'Amos finisse de prophétiser toutes les paroles de malheur visant le peuple et ses institutions politico-religieuses avant d'engager une démarche afin qu'il soit renvoyé de Béthel. Ce genre de déplacement insinuerait également qu'après sa confrontation avec Amacya, Amos n'a plus rien dit sur Israël, c'est-à-dire qu'il a obtempéré aux injonctions de ce prêtre, en retournant en Juda où il s'est enfermé pour toujours dans le silence. Un tel postulat, même s'il est admis par maints exégètes, est pourtant peu probable parce que non corroboré par des données textuelles ; en effet, ni Am 7, 10–17, ni aucun autre passage du livre, ne comporte le moindre indice pouvant laisser croire à un retour d'Amos en Juda[48]. Aussi est-il difficile de concevoir qu'Amos, après avoir fermement signifié à Amacya que c'est Dieu qui l'a arraché de derrière son troupeau pour l'envoyer prêcher en Israël et a même prononcé une lourde sanction contre lui et sa famille (Am 7, 15–17), se soit ensuite plié aux injonctions de ce dernier, en désertant le territoire d'Israël.

Lescow, T., « Das vorexilische Amosbuch », p. 23–55. Leur point de vue ne s'impose pas, car comme le souligne Vincent, « ce n'est pas le propre des rédacteurs d'inventer des récits de toutes pièces ». Vincent, J. M., « « Visionnaire, va-t'en ! », p. 243.

47 De nombreuses suggestions ont été émises sur les endroits où le récit pourrait être le mieux situé. Gordis et, plus récemment Williamson, les récapitulent parfaitement. Gordis, R., « The composition and Structure of Amos », p 239–241 ; Williamson, H. G. M., « The Prophet and the Plumb-Line », p. 102–103.

48 Les exégètes qui soutiennent que cet incident marque la fin de l'activité prophétique, reconnaissent eux-mêmes que leur hypothèse ne s'appuie sur aucun élément textuel probant. C'est ce qu'indique clairement cette assertion d'Amsler : « Il est en effet difficile d'admettre qu'Amos ait pu poursuivre son ministère en Israël au-delà de cette interdiction formelle, et rien n'indique que les visions et les oracles qui suivent aient pour cadre un ministère ultérieur d'Amos en Juda ». Le même auteur relève même que la mission d'Amos consiste à se rendre en Israël pour y prophétiser (Am 7, 15) et non pas à tenir ce rôle en Juda, puis, qu'une activité judéenne serait non seulement une manière de donner raison à Amacya, mais aussi une contradiction des propos d'Am 7, 17. Amsler, S., « Amos », p. 228. Bovati et Meynet, qui avancent que l'on ne voit pas « ce qui aurait empêché les fonctionnaires de Jéroboam de faire exécuter le décret royal », reconnaissent également que le récit d'Am 7, 10–17 « ne dit pas si la mesure prononcée par Amasias a eu un effet immédiat ». Bovati, P., Meynet, R., *Le livre du prophète Amos*, p. 310.

Il est tout aussi contradictoire d'admettre qu'Amos, qui déclare vivement vouer une obéissance inconditionnelle à Dieu (Am 3, 8), son unique אֲדֹנָי (Am 7, 7), ait pu changer subitement d'attitude en se soumettant aux ordres d'Amacya et de son Seigneur, le roi Jéroboam.

Ensuite, il n'est guère plus judicieux de penser, comme d'autres biblistes[49], que la place convenable d'Am 7, 10–17 serait au début du corpus. Une telle supposition impliquerait que la dispute a eu lieu avant même qu'Amos ne prononce ces paroles de jugement contre Israël (Am 1 – 6) et ne rapporte les visions annonçant l'anéantissement des institutions politiques et religieuses de cette nation. Cette idée n'est pas envisageable parce que les autres tentatives de mettre le prophète sous silence qui sont déjà soulignées en Am 2, 12 ; 5, 10, perdraient leur raison d'être. Enfin, si, tel que le préconise Baumann[50], Am 7, 10–17 devait se situer à la suite d'Am 6, 1–14, les deux premières visions dans lesquelles Dieu, sous l'intercession d'Amos, renonce à châtier le peuple, n'auraient plus de sens.

Il résulte des observations qui précèdent, qu'en considérant que l'altercation entre Amos et Amacya a effectivement eu lieu, la place naturelle d'Am 7, 10–17 est celle qu'il occupe ; cet emplacement dévoile que les paroles d'Am 7, 9, sont celles ayant incité Amacya à agir avant qu'il ne soit trop tard. Contrairement à ce que pensent certains biblistes, ce verset n'est ni une interpolation explicative de la troisième vision, ni une glose insérée pour servir d'accrochage à ce récit biographique parce que sans lui, le récit de la troisième vision serait incomplet. En effet, chacune des cinq visions comporte une sanction bien déterminée : dans les deux premières (Am 7, 1–3 ; 7, 4–6), Dieu renonce à envoyer les sauterelles et le feu pour dévorer respectivement l'herbe et le territoire de Jacob ; dans les deux dernières (Am 8, 1–3 ; 9, 1–4), Dieu notifie à Amos l'anéantissement du temple et l'extermination des coupables qui tenteraient de fuir. Or, si Am 7, 9 n'existait pas, on ne saurait pas en quoi consiste véritablement la sanction de la troisième vision, puisqu'Am 7, 8 se clôture par l'affirmation « pour lui, je ne passerai pas une fois de plus » qui est également présente en Am 8, 2 ; celle-ci ne révèle donc pas concrètement la punition de Dieu. Aussi, sans Am 7, 9, l'énonciation « me voici : mettant l'étain au sein de mon peuple, je ne continuerai plus à passer outre pour lui » d'Am 7, 8 resterait-elle ambiguë comme le serait aussi celle d'Am 8, 2 sans la

---

49 Soggin, J. A., *Introduction to the Old Testament : From Its Origins to the Closing of the Alexandrian Canon*, Louisville-Kentucky, Westminster /John Knox Press, 1989, p. 284.

50 Baumann, E., *Der Aufbau der Amosreden*, BZAW 7, Giessen, Rickert, 1903, p. 14.

présence d'Am 8, 3[51] ; la présence d'Am 7, 9 permet donc d'éviter toute équivoque sur l'interprétation d'Am 8, 2.

Pour finir, il nous semble plus cohérent et convenable de considérer le contenu d'Am 7, 9, comme des paroles ayant provoqué l'intervention d'Amacya, intervention qui, à son tour, motive la quatrième vision, le discours de jugement d'Am 8, 4–14 où le temple apparaît clairement comme un endroit où se peaufinent des projets d'acheter les pauvres, ainsi que la cinquième vision, une véritable mise en scène de la démolition de ce lieu de culte (Am 9, 1–4). Placer Am 7, 10–17 ailleurs qu'à son emplacement actuel, amoindrirait l'effet perlocutoire de la troisième vision dans laquelle Amos n'intercède plus ; les tentatives de musellement du prophète évoquées en Am 2, 12 ; 5, 10 ne trouveraient pas d'élucidation concrète.

En outre, si l'on occulte Am 7, 10–17, la quatrième vision, voire même la cinquième vision n'aurait pas de fondements solides puisque dans l'attitude d'Amacya, qui refuse que la parole de Dieu soit proclamée, le péché atteint son comble (Am 8, 1) ; c'est cette situation qui est symbolisée par la métaphore de la corbeille de fruits d'été en Am 8, 1–3. Bien que du point de vue de la forme, Am 7, 10–17 tranche avec ce qui précède et ce qui suit, l'altercation qu'il rapporte est assurément la conséquence directe de l'énoncé de la troisième vision, la clef pour comprendre la quatrième. Un examen minutieux du contenu d'Am 7, 10–17 nous permettra de mieux appréhender l'enjeu de cette altercation.

L'analyse du contenu d'Am 7, 10–17

Le récit d'Am 7, 10–17 apparaît comme une scène présentant un affrontement verbal entre deux protagonistes, Amacya et Amos, lesquels parlent l'un après l'autre, en se référant à des autorités différentes, le roi Jéroboam et Dieu. Ainsi, deux grandes

---

51 Ceux qui soutiennent qu'Am 7, 9 est intrusif sont obligés de dire la même chose d'Am 8, 3. Wolff, H. W., *Joel and Amos*, p. 318 ; Hadjiev, T. S., *The composition and Redaction of the Book of Amos*, p. 97–98. Mais beaucoup de biblistes considèrent Am 7, 9 et Am 8, 3 comme des éléments essentiels de la troisième et de la quatrième vision. Rudolph, W., *Joel-Amos-Obadja-Jona*, p. 237–239 ; Gese, H., « Komposition bei Amos », p. 78. Andersen et Freedman soulignent que sans Am 7, 9 et Am 8, 3, la connexion entre les visions et l'altercation n'est pas établie, or les deux annonces sur ce que Dieu va faire maintenant (Am 7, 9 ; 8, 3) sont essentielles pour les visions, sinon les deux formules « je ne passerai plus au milieu d'eux » (Am 7, 8 ; 8, 2) resteraient ambiguës et pourraient même être sous-entendues comme « je ne les épargnerai pas de nouveau » des catastrophes écartées dans les deux premières visions. La présence d'Am 7, 9 enlève toute ambiguïté en précisant ce que le Seigneur entend faire. Andersen, F. I., Freedman, D. N., *Amos*, p. 752–753.

parties[52] correspondant à la prise de parole de chaque antagoniste peuvent être dégagées[53]. La première (Am 7, 10–13) comporte les propos d'Amacya adressés successivement à Jéroboam (Am 7, 10–11) et à Amos (Am 7, 12–13) ; la seconde (Am 7, 14–17) rapporte la réplique d'Amos à Amacya, riposte vive dans laquelle il justifie son statut prophétique (Am 7, 14–15) et prononce, dans un style direct, la sentence du Seigneur contre ce prêtre, lui enjoignant de cesser de prophétiser à Béthel (Am 7, 16–17). Dans l'intention de mieux appréhender le nœud ou l'enjeu de la confrontation, nous analyserons successivement le message qu'Amacya fait porter à Jéroboam (Am 7, 10–11), les paroles qu'il adresse à Amos (Am 7, 12–13) et la réplique d'Amos à ce prêtre (Am 7, 14–15).

Les implications du message d'Amacya à Jéroboam (Am 7, 10–11)

Am 7, 10–17 s'ouvre subitement par l'entrée en scène d'Amacya, le grand prêtre de Béthel[54], qui envoie des émissaires porter au roi Jéroboam un message d'accusation contre Amos (Am 7, 10–11). Le narrateur, dans le but de focaliser l'attention du lecteur sur sa teneur, occulte l'identité de ceux qui sont chargés de le faire parvenir aux oreilles du roi. Le message comprend trois éléments essentiels :

Le premier élément est une accusation grave concernant la nature de l'activité prophétique d'Amos : « Amos a conspiré contre toi au sein de la maison d'Israël » (Am 7, 10bα). Son interprétation ne pose guère de difficultés majeures. Le terme clé qui retient l'attention de tous les exégètes est le verbe קשר que le grand prêtre utilise pour qualifier la prédication d'Amos. La plupart des commen-

---

52 Certains commentateurs qui tiennent plutôt compte des destinataires des paroles le divisent en trois parties : les paroles d'Amacya destinées au roi Jéroboam (Am 7, 10–11), l'injonction d'Amacya à Amos (Am 7, 12–13) et la réplique d'Amos à Amacya. Mays, J. L., *Amos*, p. 134 ; Stuart, D., *Hosea-Jonah*, p. 374–375 ; Paul, Sh. M., *Amos*, p. 238–239 ; Gilbert, P., « A New Look at Amos's Prophetic Status », p. 296. D'autres, comme Bovati et Meynet, afin de mieux distinguer les auteurs des paroles de leurs destinataires, discernent quatre sections disposées de façon concentrique : les paroles d'Amacya destinées au roi Jéroboam (Am 7, 10–11), les paroles d'Amacya adressées à Amos (Am 7, 12–13), la réplique d'Amos à Amacya (Am 14–15) et l'oracle du Seigneur qu'Amos profère contre Amacya (Am 7, 16–17). Bovati, P., Meynet, R., *Le livre du prophète Amos*, p. 304.
53 Tucker, G. M., « Prophetic Authenticity », p. 425.
54 Les exégètes reconnaissent unanimement qu'il s'agit du grand prêtre, c'est-à-dire le chef du clergé local régulant le culte dans le sanctuaire de Béthel. Le fait qu'il prenne l'initiative de dénoncer Amos et d'envoyer une délégation porter son message au roi, prouve qu'il est certainement le responsable du groupe de prêtres que le roi avait désigné pour être au service du culte (1 R 12, 32) ; s'il n'était question que d'un simple prêtre, la formulation hébraïque pour le désigner serait כֹּהֵן בֵּית־אֵל et non כֹּהֵן לְבֵית־אֵל.

tateurs relèvent que, même si son sens premier est « lier » ou « attacher »[55] ou bien encore « s'attacher à quelqu'un »[56], dans ce contexte, il connote le fait d'ourdir un complot contre Jéroboam[57]. En effet, c'est un terme technique abondamment utilisé dans le livre des Rois pour décrire les coups d'États meurtriers qui ont périodiquement agité le royaume du Nord, notammant ceux qui ont amené au trône Baésha (1R 15, 27), Zimri et Omri (1R 16, 9) et surtout Jéhu (1R 19, 16 ; 2R 9, 3–14), l'arrière-grand-père du roi Jéroboam en question. Aussi Amacya l'emploie-t-il pour qualifier l'activité prophétique d'Amos, sachant bien que le verbe קשר aura un écho tout particulier dans les oreilles de Jéroboam[58]. En choisissant ce mot très chargé de sens et d'histoire, il envoie indubitablement un message significatif à Jéroboam, descendant d'une dynastie issue elle-même d'une conspiration tramée par le prophète Élie : Amos prépare un coup d'État contre toi, la nation ne peut pas le tolérer. Amacya fait passer le prophète pour un émissaire du royaume du Sud, venu dans le Nord pour comploter et renverser le roi[59] ; ainsi, il escompte attiser la fureur de Jéroboam contre Amos parce que les prophètes ont toujours été directement mêlés aux conspirations ayant conduit au renversement de ces rois[60].

Le second élément est l'affirmation « le pays ne peut plus supporter toutes ses paroles » (Am 7, 10bb) qui expose le ressentiment de la population vis-à-vis de la prédication d'Amos. Son explication ne soulève pas non plus de difficultés majeures ; elle dépend principalement du sens accordé au terme לְהָכִיל, infinitif construit, troisième personne du singulier du verbe כול au *hifil*, que nous rendons par « supporter ». Pris dans un sens quantitatif, ce verbe exprime une mesure qui ne peut pas contenir tout ce qui y est mis. Dans cette perspective,

---

55 Gn 38, 28 ; 44, 30 ; Pr 3, 31 ; Is 49, 18 ; Jb 38, 31 ; Ne 3, 38. Employé au participe présent, il signifie également « robuste » (Gn 30, 42).

56 1S 18, 1.

57 Amsler, S., « Amos », p. 229 ; Stuart, G., *Hosea-Jonah*, p. 374 ; Paul, Sh. M., *Amos*, p. 239.

58 Stuart, G., *Hosea-Jonah*, p. 375 : « Amaziah chose a loaded to describe Amos' activity – ‹ conspiracy › – one that Jeroboam could hardly ignore. ». Voir : Paul, Sh. M., *Amos*, p. 239–240.

59 Dans sa récente étude sur la traduction d'Am 7, 10–17 par la Septante, Bons conclut que le terme συστροφὰς ποιεῖται, qu'Amacya utilise pour qualifier les activités d'Amos implique que ce prêtre semble considérer le prophète comme adversaire politique, qui cherche à réunir des adhérents autour de lui et à les utiliser pour promouvoir ses propres aspirations. Bons, E., *Textkritik und Textgeschichte. Studien zur Septuaginta und zum hebräischen Alten Testament*, FAT 93, Tübingen, Mohr Siebeck, 2014, p. 201–206.

60 Par exemple, le prophète Ahiyya est intervenu lors du schisme pour inciter Jéroboam I à se révolter et à créer son propre Etat (1R 11, 29–35). De même, Elie et son disciple Elisée sont impliqués dans la révolte de Jéhu qui a éliminé Akhab, roi d'Israël (1R 19, 16 et 2R 9, 3s) et dans celle de Hazaël qui a renversé Aram, roi de Juda (2R 9, 7–14).

certains biblistes, comme Stuart, relèvent que les paroles d'Am 7, 10bb indiquent que la conspiration d'Amos n'est pas périphérique ou cachée mais centrale et connue par tout le peuple ou bien que ce prophète a dit tellement de choses que la nation entière ne peut plus les contenir[61]. Mais la plupart des exégètes attribuent à לְהָכִיל un sens éthique et avancent que cette assertion hyperbolique d'Amacya vise à faire croire au roi que le complot d'Amos a atteint la limite de ce qui est tolérable[62] et que la nation est en danger[63]. En intégrant à sa dénonciation de telles paroles de la nation, le grand prêtre veut que Jéroboam comprenne que le peuple est à bout et qu'il prenne d'urgence la responsabilité de faire taire cette voix dérangeante, d'une manière ou d'une autre. Nous tenons à souligner que, par son allégation, « la nation ne peut plus supporter » la conspiration d'Amos, Amacya se pose en porte-parole de tous les habitants d'Israël ou tout au moins, il notifie au roi que tout le peuple attend sa réaction. Or, il est invraisemblable de penser que les victimes des injustices aient été mécontentes de la prédication d'Amos ou aient perçu celui-ci comme un ennemi, venu de Juda pour fomenter un coup d'État contre Jéroboam. Dès lors, le terme הָאָרֶץ, le pays, c'est-à-dire Israël, ne se réfère pas à l'ensemble de la population[64] ; il désigne certainement ceux qui légitiment les injustices et profitent d'elles pour s'enrichir, puis craignent un renversement de la situation[65]. Par conséquent, ces propos d'Amacya révèlent que les victimes n'ont pas le statut de citoyen et sont perçues comme des objets (Am 2, 6 ; 8, 4–6). Cette observation est primordiale pour comprendre le référent du terme Israël en Am 7, 11 ou, en tout cas, la résonnance qu'il pourrait avoir chez le grand prêtre : tout comme הָאָרֶץ, ce mot n'inclut pas les victimes.

Le troisième élément se dégage des deux énonciations d'Amos qu'Amacya cite pour corroborer son accusation : « Par l'épée, Jéroboam mourra » et « et Israël sera assurément déporté loin de sa terre » (Am 7, 11). La première n'est qu'une

---

61 Stuart, G., *Hosea-Jonah*, p. 375 : « He also stressed that this conspiracy was not peripheral one, but open and central. And he further portrayed it as based virtually on the constant preaching of Amos. Amaziah's hyperbolic accusation that is saying so much that the land cannot contain (כול, *hifil* ; cf., Jr 10:10) it portrays Amos's verbal attacks as coming like a flood ».

62 Wolff, H. W., *Joel and Amos*, p. 310.

63 Paul, Sh. M., *Amos*, p. 239–240.

64 Wolff abonde dans ce sens : « Amaziah looks upon the country, namely its attentive populace, as a huge container able to hold only a limited measure ». Wolff, H. W., *Joel and Amos*, p. 310.

65 Si Amacya agissait au nom de toute la nation, il aurait plutôt envoyé sa délégation dire au roi d'agir pour que les injustices sociales dénoncées par Amos cessent afin que tous les habitants d'Israël aient leur vie sauve.

reprise intentionnellement déformée[66] du contenu d'une partie de l'assertion d'Am 7, 9, plus précisément de l'allégation, « Je me lèverai sur la maison de Jéroboam avec l'épée », dans laquelle Amos annonce que « la maison de Jéroboam » sera atteinte par l'épée et non le roi lui-même, qui, d'après 2 R 14, 29, a connu une mort naturelle[67]. C'est à cause de cette déformation des propos d'Amos que Andersen et Freedman n'hésitent pas à comparer l'attitude d'Amacya à celle de Jézabel, qui, pour supprimer Naboth et ainsi permettre à son mari, le roi Akhab, de prendre possession de sa vigne, incita le peuple à mentir en déclarant qu'il a maudit Dieu et le roi[68] (1R 21, 1–15). Le but de cette manœuvre est évidement de présenter Amos comme un ennemi redoutable, voulant attenter à la vie de Jéroboam lui-même, afin qu'il le réduise sans délai au silence ; le chef du clergé est sûr d'attiser la colère du monarque, en parlant d'une menace qu'Amos fait planer sur sa propre tête plutôt que sur ses descendants. Quant à la seconde, elle peut être considérée comme un condensé des annonces de malheurs qu'Amos a prononcés sur les rebelles, avant ses ultimes paroles d'Am 7, 9 qui ont suscité l'initiative d'Amacya (Am 4, 2–3 ; 5, 5. 26–27 ; 6, 7). L'intention d'Amacya est identique, présenter Amos comme un agitateur politique venu de Juda, la nation rivale, pour renverser le roi par un coup d'État sanglant et contraindre le peuple à l'exil.

Cet objectif d'Amacya se dévoile davantage dans le fait qu'il choisit délibérément d'omettre trois données essentielles de la prédication d'Amos[69]. Tout d'abord, il dissimule adroitement l'annonce de la dévastation du temple de Béthel et des autres lieux de cultes, une annonce pourtant centrale dans l'énoncé d'Am 7, 9 et dans d'autres oracles (Am 3, 14 ; 8, 3 ; 9, 1–4). Cette occultation nous étonne, d'autant plus que ce grand prêtre n'hésite pourtant pas à affirmer, dans la suite de l'altercation (en Am 7, 13), que le sanctuaire de Béthel « est un sanctuaire du roi, un temple royal ». En attirant l'attention sur la vie du roi et sur celle du peuple, il évite que le souverain présume qu'il dénonce Amos parce qu'il voit en lui un concurrent déloyal. Il est sans aucun doute conscient que sa vie et ses intérêts sont itimement liés à ceux du roi de sorte que la ruine de la maison de Jéroboam

---

66 Des commentateurs, tels qu'Andersen et Freedman, pensent qu'Amos a peut-être annoncé la mort du roi sans que cette annonce en soit recensée dans son présent corpus. Andersen, F. I., Freedman, D. A., *Amos*, p. 753. Aucune donnée n'incite à donner crédit à une telle hypothèse.
67 Par contre, selon 2 R 15, 10, c'est son fils Zacharie qui a péri par l'épée, instrument évoqué avec emphase et mis en exergue sous la forme d'un *casus pendens*.
68 Andersen, F. I., Freedman, D. A., *Amos*, p. 783.
69 Paul relève, avec raison, que le plus important, ce n'est pas ce qu'Amacya demande à ses émissaires de rapporter au roi comme paroles d'Amos, mais ce qu'il omet délibérément. Paul, Sh. M., *Amos*, p. 240.

implique également sa fin[70]. Ensuite, il n'explique pas à Jéroboam pourquoi le prophète prononce des paroles de malheur contre sa maison et contre la nation ; autrement dit, il passe sous silence les injustices sociales dénoncées par Amos dans l'intention de faire croire au monarque que l'unique motif de la prédication du Teqoïte est le renversement de son trône. Enfin, Amacya s'abstient expressément de préciser qu'Amos ne parle pas de sa propre autorité mais de la part du Dieu d'Israël ; au lieu d'indiquer à Jéroboam que Dieu est la source des menaces proférées par Amos[71], il les attribue au prophète, en utilisant la formule כִּי־כֹה אָמַר עָמוֹס (« Ainsi parle Amos »).

Ces trois omissions volontaires appellent certaines observations opportunes qui nous permettront de saisir davantage l'enjeu de l'initiative d'Amacya, et surtout celui de l'ordonnance qu'il adresse subitement à Amos, sans attendre le retour des émissaires qu'il a dépêchés chez le roi (Am 7, 12–13). La première nous incite à poser qu'en occultant expressément les annonces de destruction des lieux de culte, Amacya dissimule ses vrais mobiles. En effet, étant donné qu'Amos n'agit pas clandestinement mais tient ses discours publiquement, il est inconcevable qu'il ne soit pas dénoncé par un membre de la cour royale ou par un haut fonctionnaire d'État. Par conséquent, Amacya prend l'initiative de la dénonciation parce qu'il y a intérêt. En outre, même si le clergé de Béthel est dépendant de l'administration royale[72] et qu'Amacya, en tant que premier responsable de ce haut lieu de culte, se doit de prévenir le roi des menaces d'Amos[73], le fait qu'il ne mentionne pas celles concernant la destruction du temple conforte l'idée selon laquelle il cache les véritables raisons de sa démarche puisqu'il est bien conscient que la fin de la royauté signifie celle de son existence comme prêtre. Quant aux deux autres omissions, elles révèlent que le grand prêtre sait pertinemment pourquoi et en vertu de quelle autorité Amos prononce des menaces ; il devrait dès lors les notifier au roi pour qu'il change la situation afin que le royaume ne s'effondre pas. En refusant de mentionner que le Dieu d'Israël parle par la bouche d'Amos, il s'abstient de signifier au roi la nature ou la portée divine du discours d'Amos, le présentant expressément comme un message purement humain. Aussi, par pur souci de préserver ses intérêts, Amacya, tout en reconnaissant qu'Amos agit sous

---

70 L'inquiétude d'Amacya se comprend parce que le changement de régime peut entraîner son élimination, comme Salomon qui élimina Adonias, l'usurpateur du trône de David (1R 2, 23–25) et qui démit le grand prêtre Abiatar de ses fonctions, en le remplaçant par Sadoq (1R 2, 26–27).

71 Amos prend soin d'introduire ses annonces de malheurs par « ainsi parle le Seigneur » (Am 7, 9) et de les conclure par « dit le Seigneur » (Am 3, 14–15 ; 5, 27).

72 Le roi qui établit les prêtres pour le service du temple et ceux-ci sont rattachés à sa couronne (1R 12, 32).

73 Wolff, H. W., Joel and Amos, p. 310.

l'autorité de Dieu, le présente-t-il comme *persona non grata*. Son attitude perfide devient encore plus manifeste lorsqu'il ordonne à Amos d'aller mener son activité prophétique ailleurs, dans son pays d'origine. L'analyse de cette ordonnance nous permettra de prouver qu'Amacya reconnaît effectivement le statut du prophète Amos mais tente d'empêcher celui-ci d'exercer son ministère parce que son message le dérange, lui qui se complaît avec ceux qui dépouillent et oppriment les pauvres, puis viennent faire des sacrifices et apporter des offrandes au temple (Am 2, 8 ; 4, 4–5 ; 5, 21–27), offrandes qui lui permettent de vivre.

L'enjeu de l'ordonnance d'Amacya à Amos

Suite à sa dénonciation à Jéroboam, Amacya rencontre Amos et lui enjoint : « Voyant, va-t'en, fuis au pays de Juda, mange là-bas ton pain et là-bas, prophétise, mais à Béthel, ne continue plus à prophétiser car c'est un sanctuaire du roi, c'est un temple du royaume ». Cette injonction est toujours discutée pour trois raisons. Tout d'abord, la réponse de Jéroboam aux émissaires qu'Amacya a dépêchés auprès de lui n'est pas rapportée ; son absence suscite une controverse sur le fondement de l'ordonnance et sur l'attitude du grand prêtre à l'égard d'Amos. En effet, étant donné que le narrateur n'expose pas la réaction de Jéroboam après son entretien avec les messagers d'Amacya, il est légitime de se demander si ce prêtre décide de sa propre autorité d'expulser Amos[74] ou s'il s'appuie sur une autorisation tacite du roi non rapportée[75]. Ou encore s'il veut éviter le pire à Amos en lui suggérant de se retirer de son propre gré du pays, avant que la police royale n'arrive pour l'arrêter, et le conduire devant le roi qui l'éliminera comme Yoyaqim exécuta Ouryahou (Jr 26, 20–23)[76]. Il est tout aussi fondé de se demander

---

74 Certains commentateurs jugent que l'ordre d'Amacya relève de son initiative personnelle et qu'il a inopinément décidé de passer à l'acte, sans attendre un quelconque verdict ou décret du roi qui pourrait lui être défavorable. Mays, J. L., *Amos*, p. 136 ; Achtemeier, E., *Minor Prophets I*, NIBC 17, Peabody, Hendrickson, 1996, p. 222.

75 D'autres soutiennent que cet ultimatum se fonde sur une ordonnance royale, prévoyant le renvoi d'Amos en Juda, sa patrie d'origine, ordonnance qui, pour des raisons d'économie narrative, n'est pas mentionnée dans le récit d'Am 7, 10–17. Hammershaimb, E., *The Book of Amos*, p. 115 ; Pfeifer, G., « Die Ausweisung eines lästigen Ausländers », p. 112–118 ; Soggin, J. A., *Il profeta Amos*, p. 172. Bovati et Meynet arguent que la mention « c'est le sanctuaire du roi » implique que cette injonction s'appuie sur une mesure prévoyant qu'Amos retourne en Juda ; ils ajoutent qu'il est inconcevable qu'Amacya, après avoir informé le souverain, « prenne l'initiative d'une décision non autorisée par Jéroboam ». Bovati, P., Meynet, R., *Le livre du prophète Amos*, p. 309.

76 D'autres encore estiment que le chef du clergé conseille amicalement au prophète de traverser la frontière avant qu'il ne soit trop tard. Pour eux, l'attitude d'Amacya serait inspirée par de

si Amacya a pris conscience qu'Amos est un vrai prophète et tente ainsi d'éviter d'être impliqué dans le meurtre d'une personne sacrée[77] ou s'il agit comme un fonctionnaire loyal de l'État, n'ayant pas perçu la nature divine des paroles d'Amos[78]. Cependant, nous pensons qu'aucune réponse irrécusable ne peut être donnée puisque nul ne peut rien alléguer sur la nature de la réponse de Jéroboam ni sur le fondement de l'ultimatum d'Amacya, sans sortir du contexte d'Am 7, 10–17, muet sur ces sujets[79]. Dès lors il est judicieux de poser qu'en passant sous silence la réponse de Jéroboam à Amacya, le narrateur juge sans doute qu'il n'est pas impératif ni même opportun d'informer ses lecteurs sur la tournure exacte des événements[80] et encore moins sur d'éventuelles instructions que le monarque aurait données aux émissaires du grand prêtre. Cette information n'est donc pas une donnée indispensable pour comprendre l'enjeu dans ce récit dont le but est de relater la confrontation verbale entre Amos et Amacya et non pas celle entre le prophète et le roi. Le narrateur focalise ainsi intentionnellement l'attention du lecteur sur les seuls propos d'Amacya, le faisant apparaître comme le princi-

---

meilleurs sentiments ou empreinte de prévenance. Telle Rebbeca qui conseilla à Jacob de fuir pour échapper à son frère Esaü qui voulait le mettre à mort (Gn 27, 43), il tente de protéger Amos contre le courroux du roi et du peuple, en lui recommandant de retourner en Juda, sa patrie d'origine, pour exercer son ministère prophétique. Wolff écrit dans ce sens : « He did not dare prohibit Amos › prophesying, nor did he want to wait until he had received the king's decree ; therefore he advised Amos to cross the border. Perhaps he thus intended to save the life of a messenger of Yahweh to whom the king would presumably not show any mercy ». Wolff, H. W., *Joel and Amos*, p. 311. Amsler abonde dans le même sens : « Plutôt qu'une confrontation publique, le dialogue semble avoir pour cadre un entretien privé par lequel Amacya compte se débarrasser du prophète avant qu'il ne soit inquiété par la police royale ou par le peuple exaspéré : *enfuis-toi !* ». Amsler, S., « Amos », p. 229.

77 Wolff, en avançant qu'Amacya essaie de se dégager du conflit en reconnaissant aussi bien le droit de Jéroboam sur Béthel que celui d'Amos à s'engager dans la prédication, laisse entendre que ce prêtre veut éviter le meurtre du prophète. Wolff, H. W., *Joel and Amos*, p. 311.

78 Rudolph, l'un de ceux qui note une certaine ironie dans les propos d'Amacya, relève que la particule לְךָ que porte le verbe ברח, implique que l'expression בְּרַח־לְךָ devient une concession ironique par laquelle le prêtre invite Amos à se sauver rapidement avant qu'il ne soit trop tard ; il estime que l'erreur principale de ce clerc est de ne pas reconnaître l'aspect religieux de la prédication du prophète. Rudolph, W., *Joel-Amos-Obadja-Jona*, p. 255.

79 Tucker relève : « If we ask what happened between the two scenes—how did Jeroboam react ? Was Amaziah given orders to expel Amos but not try him for conspiracy ?—it is clear that we have gone beyond the interest of the text. It simply is silent at this point ». Tucker, G. M., « Prophetic Authenticity », p. 427.

80 Paul, Sh. M., *Amos*, p. 240 : « For the narrator reporting the incident, it obviously was not imperative to inform his audience as to the exact turn of events ». Hadjiev, lui aussi, écrit : « The truth is that this question remains without clear answer most likely because it was of no consequence to narrator». Hadjiev, T. S., *The Composition and Redaction of the Book of Amos*, p. 84.

pal adversaire d'Amos, qui, par son attitude, représente ceux qui abominent et imposent le silence au prophète (Am 2, 12 ; 5, 10)[81]. En tant que plus haute autorité religieuse de la nation, il incarne *de facto* l'identité d'un faux guide spirituel égarant le peuple, l'empêchant d'entendre la véritable parole du Seigneur qu'il interdit à Amos de proclamer (Am 2, 4)[82]. En définitive, le silence sur la réponse de Jéroboam obéit à une logique narrative qui vise à maintenir l'opposition entre les deux protagonistes, Amacya et Amos, et à présenter Jéroboam comme l'autorité à laquelle le chef du clergé de Béthel se réfère, en lui attribuant paradoxalement la propriété du sanctuaire[83], la maison de Dieu (בֵּית־אֵל), devenant, dans sa bouche, la maison royale (בֵּית מַמְלָכָה).

Ensuite, le titre חֹזֶה (voyant) qu'Amacya lui attribue fait l'objet d'interprétations divergentes. Dans la continuité de Saint Jérôme, le premier à qualifier Amacya de calomniateur[84], maints biblistes le considèrent comme un terme péjoratif[85], dénotant un mépris du statut du prophète Amos[86], tandis qu'un nombre sans cesse croissant d'exégètes juge qu'il n'y a aucun motif valide pour croire qu'en Am 7, 12–13, le mot חֹזֶה connote une mésestime[87]. En effet, ce titre est l'un des noms par lesquels les prophètes sont désignés en Israël (2S 24, 11 ; 2R 17, 13 ; 1Ch 21, 9 ; 2Ch 29, 25 ; Is 29, 10 ; 30, 10) ; il est parfois même parallèle au qualificatif נָבִיא (2S 24, 11 ; 2R, 17. 13 ; Es 29, 10) et רֹאֶה (Es 30, 10) ou employé de façon interchan-

---

81 Hadjiev, T. S., *The Composition and Redaction of the Book of Amos*, p. 84–85 : « The main function of vv 10–11 is to further characterise Amaziah, the main opponent of Amos, whose actions and fate represent and embody the sins and fate of Israel ».

82 Andersen, F. I., Freedman, D. N., *Amos*, p. 764 : « By parsimony, the narrator has avoided all distractions and restricted the interest entirely to the spoken words. And those words present the central issue of the book : the rejection of the word of the true prophecy by the highest representative of the nation's religious life, and the prophet's refusal to desist ».

83 Néher, qui accorde une attention particulière au vocabulaire des propos d'Amacya, relève que la faute d'Amacya résulte du fait qu'il substitue à la souveraineté de Dieu le pouvoir royal, Béthel (« maison de Dieu »), devient « maison royale ». Neher, A., *Amos*, p. 20.

84 « Erras calomniator », les propos de Saint Jérôme. Voir : Jérôme, *Commentariorum in Amos prophetam*, p. 211–348.

85 En Mi 3, 7a, il a effectivement un sens dépréciatif.

86 Marti, K., *Das Dodekapropheten*, p. 212 ; Cohen, S., « Amos Was a Navi », p. 177 ; Crenshaw, J. L., *Prophetic Conflict : Its Effect upon Israelite Religion*, BZAW 124, Berlin/New York, de Gruyter, 1971, p. 67 ; Zevit, Z., « A Misunderstanding at Bethel », p. 789–790.

87 Gilbert, P., « A New Look at Amos's Prophetic Status », p. 297 : « We should not attach too much importance to the negative connotations of this word ; there is no reason to believe it was meant to be an insult to Amos ». Voir aussi : Ramlot, L., « Prophétisme », *DBS* VII, 1970, col. 811–1222 (Col. 924–926) ; Petersen, D. L., *The Roles of Israel's Prophets*, JSOTSup.17, Shieffield, JSOT Press, 1981, p. 51–69.

geable avec le premier[88]. Des biblistes, tels que Bovati et Meynet, soulignent tout de même qu'il n'est pas exclu que dans le qualificatif חֹזֶה, « il puisse y avoir une pointe de polémique, une critique indirecte d'Amacya à Amos dans la mesure où le mot dénote le plus souvent un service lié à la personne du roi »[89] ; ils postulent qu'en désignant Amos comme voyant, Amacya l'identifie à un prophète lié à la couronne, prophétisant pour gagner sa pitance. Un tel postulat s'avère difficilement soutenable parce que les faux prophètes qui, en Ez 13, 19, troquent leurs prophéties contre du pain, sont appelés נָבִיא en Ez 13, 1–3 et en Mi 7, 5 ; de plus, en Is 30,10, les vrais prophètes que l'on essaie de réduire au silence ou à qui l'on demande de modifier leurs prophéties sont désignés par le terme חֹזֶה. Aussi serait-il incohérent de la part d'Amos de tenir qu'il n'est pas prophète alors qu'il prophétise en Israël[90] ; une telle idée impliquerait d'ailleurs qu'il accomplit une mission qui n'est pas la sienne, et disculperait ainsi Amacya qui s'en prend à lui. En outre, si Amos récusait le titre חֹזֶה, il l'aurait indubitablement utilisé dans sa réplique, sans alléguer qu'il n'est ni נָבִיא, ni בֶּן־נָבִיא. En définitive, le fait qu'Amacya l'appelle חֹזֶה et lui demande d'aller prophétiser en Juda [וְשָׁם תִּנָּבֵא (Am 7, 13)] implique non seulement que les deux mots (חֹזֶה) sont des synonymes dans ce contexte[91], mais surtout que la polémique ne porte pas sur son statut de prophète.

Enfin, la compréhension de l'expression וֶאֱכָל־שָׁם לֶחֶם, qui signifie littéralement « mange là-bas ton pain », varie d'un exégète à l'autre. Pour les uns, cette expression, qui ne se trouve nulle part ailleurs dans la Bible, dénote qu'Amacya reproche à Amos d'exercer le prophétisme pour gagner son pain[92] ; pour d'autres,

---

88 Gad, désigné par נָבִיא dans 1S 22, 5, est à la fois appelé prophète (נָבִיא) et voyant de David (חֹזֶה) dans 2S 24, 11 ; Jéhu, le fil de Hanani, est nommé נָבִיא en 1R 16, 7. 12 alors qu'il est qualifié comme חֹזֶה en 2Ch 19, 2 ; Iddo est dénommé חֹזֶה et נָבִיא, respectivement, dans 2Ch 12, 15 et dans 2Ch 13, 22.
89 Ils citent son usage dans 2S 24, 11 ; 1Ch 21, 9 ; 25, 5 ; 29, 29 ; 2Ch 9, 29 ; 19, 2 ; 29, 25 ; 35, 15.
90 Des commentateurs allèguent que, dans les lettres des prophètes de Mari, à côté des prophètes professionnels, des hommes et des femmes reçoivent des paroles divines et les transmettent et que le cas d'Amos serait analogue à la situation de ces personnes. Amsler, S., « Amos », p. 25. Or, aucune donnée textuelle de ce livre ne corrobore une telle hypothèse. Au contraire, Amos se présente comme celui qui a eu la vision des paroles (donc un voyant), se désigne comme appartenant aux prophètes à qui Dieu révèle ce qu'il réalise, celui qui ne peut renoncer à prophétiser lorsque Dieu parle (Am 3, 8) ; ces données prouvent qu'Amos s'auto-présente comme prophète. Andersen et Freedman, eux, estiment que la question de savoir si Amos fonctionne comme un prophète ne se pose même pas. Andersen, F. A., Freedman, D. N., *Amos*, p. 771.
91 Paul, Sh. M., *Amos*, p. 242 ; Gilbert, P., « A New Look at Amos's Prophetic Status », p. 297.
92 Hoonacker juge que וֶאֱכָל־שָׁם לֶחֶם est « une insinuation injurieuse par laquelle le prêtre irrité impute à Amos des mobiles intéressés ». Hoonacker, A. van, *Les douze petits prophètes*, p. 268. Bovati et Meynet, en s'appuyant sur Soggin qui pense qu'Amos mangeait à la table du temple,

elle n'implique point que le grand prêtre reproche à Amos de gagner sa vie en prophétisant. Nous nous inscrivons dans cette seconde ligne d'interprétation pour trois motifs : d'abord, prophétiser pour gagner sa vie était une pratique légitime en Israël, avant l'appel d'Amos ; par exemple, Saül et sa domestique projettent d'offrir un quart de cicle d'argent à Samuel (1S 9, 8), Elisée reçoit du pain et des sacs de blé (2R 4, 42), Hazaël offre de nombreux présents à Elisée (2R 8, 9). Ensuite, comme le souligne Paul, les prophètes classiques, à la différence des faux prophètes qu'ils critiquent, n'échangent pas leurs oracles contre de l'argent (Es 30, 10 ; Jr 23, 9–40 Ez 13, 9 ; Mi 3, 5). Enfin, Amacya n'interdit pas à Amos de gagner sa pitance en prophétisant, il lui demande de l'accomplir ailleurs, en Juda, sa patrie.

Pour clore l'analyse d'Am 7, 12–13, nous posons que, dans son injonction, Amacya ne nie pas la légitimité du statut du prophète Amos, ni l'authenticité de ses oracles ; il ne lui interdit pas non plus de prophétiser, même pour gagner sa vie ; il lui enjoint plutôt d'aller exercer son ministère dans son pays d'origine, désigné avec emphase par la double préposition circonstancielle de lieu שָׁם. Cette interdiction formelle, clairement énoncée dans le syntagme וּבֵית־אֵל לֹא־תוֹסִיף עוֹד לְהִנָּבֵא (Am 7, 13a), constitue l'élément crucial de l'ordre d'Amacya, la principale cause de son altercation avec Amos[93]. En lui défendant de prêcher à Béthel, le grand prêtre l'empêche d'exécuter l'ordre de son Seigneur qui lui a dit : « Va, prophétise contre Israël mon peuple » [לֵךְ הִנָּבֵא אֶל־עַמִּי יִשְׂרָאֵל וַיֹּאמֶר אֵלַי יְהוָה) (Am 7, 15b)]. Aussi partageons-nous l'avis de Paul[94] qui relève, avec pertinence, que l'ordre d'Amacya à Amos rappelle celui que Balak donna à Balaam qui, refusant de désobéir à la parole du Seigneur, prophétisa contre Moab et fut prié de retourner dans son pays ; cet ordre d'expulsion renferme également l'expression בְּרַח־לְךָ [fuis là-bas (Nb 23, 10–11)] présente dans l'ordonnance d'Amacya[95]. La teneur de la prédiction d'Amos qu'Amacya présente d'ailleurs comme une conspiration contre le

---

écrivent : « Indirectement mais très clairement, Amos est accusé d'avoir profité de l'hospitalité accordée au « voyant » dans le sanctuaire de Béthel, et de s'être ignoblement révolté contre celui qui lui donnait à manger ». Ils ajoutent que « personne ne sait avec précision comment et de quoi vivait le prophète à Béthel ; mais il est certain qu'Amacya insinue que le voyant profitait du bien-être du royaume ». Soggin, J. A., *Il profeta Amos*, p. 166 ; Bovati, P., Meynet, R., *Le livre du prophète Amos*, p. 309–310.

93 Andersen, F. I., Freedman, D. N., *Amos*, p. 779 : « What part of Amaziah's speech goaded Amos the most ? The title hōzeh ? The command to leave ? The insinuation that he was a hireling ? The argument that it was the king's shrine ? None of the above. It was the command not to prophesy ».

94 Paul, Sh. M., *Amoss*, p. 242.

95 Le statut prophétique de Balaam n'est pas remis en question ; Balak le reconnaît comme un prophète puisqu'il donne l'ordre de le chercher pour qu'il vienne maudire ses ennemis.

roi (Am 7, 10–11) provoque assurément ce refus de le laisser poursuivre son ministère à Béthel ; en raison de ses propos non complaisants ou dérangeants, Amos est devenu *persona non grata*, comme Balaam l'a été aux yeux de Balak[96]. Cette situation est aussi comparable à celle de Michée, fils de Yimla qui, par fidélité à la parole du Seigneur, refusa de prophétiser des paroles de complaisance envers le roi Akhab, lequel le fit mettre en prison (1R 22, 8–27). Cette tentative d'Amacya d'interdire la prédication d'Amos à Béthel apparaît comme l'ultime motivation de la sanction qu'il prononce, au nom du Seigneur, contre ce chef du clergé, dans sa réplique que nous examinons à présent.

La réplique d'Amos à Amacya (Am 7, 14–17)

La riposte d'Amos, introduite par וַיַּעַן עָמוֹס וַיֹּאמֶר אֶל־אֲמַצְיָה, comprend deux parties se déployant chacune sur deux versets (v. 14–15 ; v. 16–17). **La première** s'énonce comme suit : « Je n'étais ni prophète, ni fils de prophète, j'étais bouvier et inciseur de sycomores et le Seigneur me prit derrière le bétail (v. 14) ; mais le Seigneur me dit : « Va, prophétise à mon peuple Israël. » (v. 15) ». Dans la traduction de son texte massorétique, nous avons déjà souligné (p. 255–260) que son exégèse suscite un débat sans fin en raison des trois propositions nominales que renferme le v. 14. Ce débat oppose les commentateurs de deux tendances. La première comprend ceux qui les traduisent au présent et soutiennent qu'Amos se défend d'être un prophète professionnel (נָבִיא)[97] et d'appartenir à une confrérie de fils de prophètes (בֶּן־נָבִיא)[98]. Dans la seconde se trouvent ceux qui, à la suite de Rowley[99], le rendent au passé et estiment que, loin de renier son statut de prophète, il spécifie plutôt l'être devenu à partir du moment où le Seigneur l'a arraché inopinément de

---

96 Paul, Sh. M., *Amos*, p. 242 : « Both are recognized as men who deliver oracles but whose oracles are not desired, desirable, or acceptable. Their legitimacy is not questioned ; they are simply persona non grata ».

97 Wolff, l'un de ses plus fervents partisans, écrit : « As a vocationally independent man, one who neither was nor is a prophet, he must temporally be Yahweh's messenger in Israel ». Wolff, H. W., *Joel and Amos*, p. 313.

98 Les membres des guildes prophétiques étaient liés à un sanctuaire et à un roi, l'intégration à ce groupe se réalisait par voie de filiation ou d'initiation.

99 Il interprète l'objection d'Amos à Amacya comme suit : « It is not money I prophesy for. I am a prophet by divine constraint. I had not chosen the calling of a prophet, or trained to be a prophet. God laid his hand upon me, and charged me with his word and I have delivered it where he constrained me to deliver it ». Rowley, H. H., « Was Amos a Nabi ? », p. 198.

derrière son troupeau et l'a envoyé parler à Israël[100]. Les partisans de la première ligne d'interprétation considèrent que les propositions nominales d'Am 7, 14, אֹ‎־‎לֹא אָנֹכִי נָבִיא אָנֹכִי et וְלֹא בֶן־נָבִיא, sont une réfutation du titre חֹזֶה, qualificatif péjoratif par lequel Amacya désigne Amos dans son injonction d'Am 7, 11–12[101]. Par ailleurs, ils jugent également que la proposition nominale כִּי־בוֹקֵר אָנֹכִי וּבוֹלֵס שִׁקְמִים (J'étais bouvier et inciseur de sycomores) est une réponse à l'ordre d'Amacya, וֶאֱכָל־שָׁם לֶחֶם (et là-bas mange ton pain), ordre qui dénoterait que ce prêtre conçoit la prophétie comme un moyen pour sa pitance[102].

Pourtant, de telles considérations s'avèrent ténues au regard des observations faites dans le point précédent sur la teneur de la prescription d'Amacya à Amos (Am 7, 12–13). D'une part, nous avons clairement établi que le qualificatif חֹזֶה n'a aucune connotation péjorative, parce qu'il est l'un des termes appropriés utilisés en Israël pour désigner les prophètes, et que le nœud du conflit n'est pas la mésestime du statut du prophète Amos. D'autre part, nous avons relevé que l'affirmation וֶאֱכָל־שָׁם לֶחֶם n'implique nullement qu'Amacya refuse à Amos le droit de prononcer des prophéties, ni celui de gagner son pain, en accomplissant ce métier. En plus de ces remarques, d'autres raisons nous inclinent à soutenir qu'Amos pose clairement qu'il a été fait prophète et envoyé pour prêcher contre Israël. En effet, la controverse interminable que suscite l'interprétation d'Am 7, 14–15 émane essentiellement de trois problèmes majeurs :

Le premier, bien perçu par Paul[103], est la difficulté à concilier la teneur des deux énonciations négatives d'Am 7, 14, לֹא־נָבִיא אָנֹכִי et וְלֹא בֶן־נָבִיא, c'est-à-dire celles dans lesquelles Amos affirme successivement ne pas être un prophète et un fils de prophète, avec le contenu d'Am 7, 15, où il allègue que Dieu l'a envoyé prophétiser contre Israël. Or, cette complexité nous semble résulter principalement du fait que maints exégètes occultent le *wav* consécutif d'opposition (« mais ») qui, du point de vue syntaxique, relie Am 7, 15 à son précédent (Am 7, 14). Ce *wav* implique qu'Am 7, 14 expose ce qu'Amos n'était pas (נָבִיא et בֶן־נָבִיא) et ce qu'il faisait (בוֹקֵר et בוֹלֵס שִׁקְמִים) jusqu'au moment où il a subi la transformation décrite en Am 7, 15. Dès lors, en alléguant qu'il n'était ni prophète, ni fils de prophète, Amos n'indique guère qu'il ne l'est pas au moment où il répond à Amacya ; de

---

100 Soggin, J. A., *Il profeta Amos*, p. 166–168 ; Paul, Sh. M., *Amos*, p. 243–247 ; Hasel, G. F., *Understanding the Book of Amos*, p. 42–47.

101 Hammershaimb, E., *The Book of Amos*, p. 117 : « Amos answer by rejecting the accusation that he is a professional prophet ».

102 Voir note 824, p. 277.

103 Paul, Sh. M., *Amos*, p. 244 : « The basic problem lies in the apparent contradiction between his denial being a prophet (לֹא־נָבִיא אָנֹכִי) and the ensuing verse in which Amos acknowledges that God selected him to prophesy to Israel ».

même, en disant qu'il était bouvier et inciseur de sycomores, il ne lui notifie pas qu'il est en train d'accomplir cette activité en Israël. Aussi, le rappel d'Am 7, 14 a-t-il essentiellement pour fonction de signifier au grand prêtre qui lui interdit de prophétiser contre Israël que non seulement Dieu l'a établi comme prophète à l'improviste, mais surtout qu'il a déterminé le contenu et les destinataires de son message. Autrement dit, Amos réplique à Amacya que sa présence sur le territoire ne dépend pas de sa propre volonté mais de celle de Dieu dont la parole ne saurait être tue par son prophète (Am 3, 8).

Le deuxième émane de la difficulté à surmonter le dilemme entre la deuxième proposition négative, וְלֹא בֶן־נָבִיא אָנֹכִי, et לֹא־נָבִיא אָנֹכִי qui la précède. En effet, comme le relève Paul[104], les biblistes admettraient volontiers qu'Amos signifie à Amacya qu'il n'était pas prophète, mais qu'il l'est devenu par l'appel de Dieu, si cette proposition renfermant בֶן־נָבִיא, le qualificatif très utilisé dans la Bible[105] pour désigner la confrérie prophétique[106] dont les membres exercent leur minis-

---

104 Paul, Sh. M., *Amos*, p. 246 : « If Amos declares that he formerly was not a prophet but now is one, does it not follow that he also admitting that as he was formerly not a ‹ son of a prophet, › he now is one ? Does this also imply that he no longer makes his living, as he used to, by practicing his secular profession ? ». Cette idée est manifeste dans le propos de Hammershaimb « I do not want therefore to deny that Amos has felt himself to be a prophet, and asserted that he was speaking the word of Yahweh but, claim that in his speech to Amacya he dissociates himself from being a prophet (nabi) in a depreciatory sens ». Hammershaimb, E., *The Book of Amos*, p. 117. Rudolph souligne la même chose. Rudolph, W., *Joel-Amos-Obadja-Jona*, p. 259. En fait, c'est pour résoudre la difficulté que pose la présence du titre בֶן־נָבִיא que certains proposent de considérer la première particule לֹא, non pas comme une négation, mais plutôt comme une particule assertive (voir les notes 743–747, p. 256–257) ; c'est pour cette même raison que Watts préconise que les deux propositions soient rendues par « No prophet dit I choose to be ! Nor did I seek to become one of the prophetic guild », littéralement « Prophète je n'ai choisi d'être ! Ni ne cherche à devenir membre de la confrérie des prophètes ». Watts, J. D. W., *Vision and Prophecy in Amos*, p. 12. C'est pourquoi Abramski suggère, comme Schmid, de lire « I am neither the head (נָבִיא) nor a member (בֶן־נָבִיא) of such a guild », c'est-à-dire, « Je ne suis ni le responsable (נָבִיא), ni un membre (בֶן־נָבִיא) d'une telle confrérie ». Abramski, S., « I Am Not a Prophet or a Son of a prophet », dans Salzman, C. M., Loewenstamm, S. E., *Studies in the Bible Dedicated to Memory of U. Cassuto on the 100th Anniversary of his Birth*, Jerusalem, Magnes Press, 1987, p. 64–68 ; Schmid, H., « Nicht Prophet bin ich, noch bin ich Prophetensohn. Zur Erklärung von Amos 7, 14a », *Jud* 23 (1967), p. 68–74 ; cités dans Paul, Sh. M., *Amos*, p. 246.
105 1R 20, 35 ; 2R 2. 3. 5. 7. 15 ; 4, 1. 38 ; 5, 22 ; 6, 1 ; 9, 1.
106 La majorité des exégètes pense que בֶן־נָבִיא désigne un membre d'une confrérie prophétique. Andersen, F. I., Freedman, D. N., *Amos*, p. 778. Wolff et d'autres, comme Rudolph, estiment qu'il doit prendre plutôt la signification de « fils de prophète » ou de « disciple d'un prophète ». « בֶן (‹ son, disciple ›) indicates a status subordinate to the prophetic ‹ father › : 2Kgs 2:12 ; 6:21 ; 13:14 ». Wolff, H. W., *Joel and Amos*, p. 314 ; Rudolph, W., *Joel-Amos-Obadja-Jona*, p. 249. Contrairement à ces interprétations traditionnelles, Porter, s'appuyant sur 2R 9, 14 ; 10, 9, propose que le mot ‹ בֶן ›

tère comme un moyen de subsistance, ne figurait pas dans sa réplique à ce prêtre. Mais étant donné que לֹא־נָבִיא אָנֹכִי est suivi de לֹא בֶן־נָבִיא אָנֹכִי, les exégètes présument que soutenir qu'Amos ne récuse guère le titre נָבִיא, utilisé dans la première proposition, c'est admettre qu'il ne réfute pas davantage le qualificatif בֶן־נָבִיא, employé dans la seconde et supposer ainsi qu'il se désigne comme l'un des בְּנֵי הַנְּבִיאִים et ne se démarque pas de ces gens qui font du prophétisme une profession. Selon eux, une telle explication contrasterait avec l'énoncé de la troisième proposition où il rappelle son métier. Pour sortir de ce dilemme, il convient de relever que la fonction syntaxique des propositions לֹא־נָבִיא אָנֹכִי et לֹא בֶן־נָבִיא אָנֹכִי, qui précèdent celle dans laquelle il rappelle qu'il était bouvier et inciseur de sycomores, n'est pas de révéler quel type de prophète Amos est, mais plutôt de souligner qu'il n'exerçait aucun ministère prophétique avant son appel. Aussi, l'énoncé d'Am 7, 15 est-il la donnée qui révèle le statut de prophète d'Amos, statut qui le démarque des בְּנֵי הַנְּבִיאִים ; autrement dit, en affirmant que Dieu l'a pris de derrière son troupeau et l'a envoyé prophétiser, il pose clairement qu'il n'est prophète et n'exerce son ministère ni par goût, ni par nécessité matérielle mais par obéissance à la volonté divine. C'est d'ailleurs pour insister sur cette origine divine de sa vocation qu'il utilise le verbe לקח pour décrire sa séparation forcée avec son troupeau et non pas le verbe קום employé en Am 2, 11 ; ce terme qui décrit son élection, dénote la rupture avec son passé[107] et le changement radical de sa vie qui s'en suivit. Cette nouvelle vocation est doublée d'un mandat prophétique exprimé par le terme לֵךְ (va[108]), verbe significatif rappelant l'envoi des prophètes Isaïe, Jérémie et Ezéchiel (Is 6, 9 ; Jr 1, 7 ; Ez 2, 3). Cette vocation s'inscrit dans la droite ligne de celle de

---

soit considéré comme un terme technique ne désignant que le groupe de prophètes qui conspira contre la dynastie des Omri. Selon lui, une telle signification expliquerait à la fois la dénonciation d'Amacya et pourquoi Amos réfute ce titre. Porter, J. R., בֶן־נָבִיא, *JTS* 32 (1981), p. 423–429. Or, aucune donnée textuelle ne corrobore une telle explication. Hasel suggère de rendre בֶן par « descendant » et de le comprendre ainsi comme « Je ne fais pas parti d'une lignée de prophètes ». Hasel, G. F., *Understanding the Book of Amos*, p. 46. Mais il n'est pas nécessaire de rendre וְלֹא בֶן־נָבִיא אָנֹכִי par « je ne fais pas partie de la lignée de prophètes » avant de pouvoir montrer qu'Amos inscrit sa vocation dans la lignée de ceux qui ont été pris par Dieu pour assumer une mission particulière.

107 Paul, Sh. M., *Amos*, p. 249 : « Amos continues by explaining that the radical metamorphosis in his life occurred while he was engaged in his secular vocation and was due entirely to the divine call ».

108 Certains jugent que la préposition אֶל que nous rendons par « contre » ne traduit pas le mandat prophétique d'Amos. Amsler, S., « Amos », p. 231. Comme Paul, nous pensons que celle-ci est interchangeable avec עַל, employé dans Am 1, 1 ; 7, 16 et dans d'autres textes prophétiques (Is 2, 4 ; Ez 37. 4. 9). Paul, Sh. M., *Amos*, p. 249.

nombreux personnages, tels David (2S 7, 8)[109] et Elisée (1R 19, 19–21), qui ont été inopinément séparés de leurs troupeaux pour assumer une mission, et plus particulièrement dans celle de Moïse (Ex 3, 1–22)[110], le plus grand des prophètes (Dt 34, 10), arraché de derrière le troupeau de son beau-père Jethro pour aller libérer le peuple exploité et opprimé en Égypte.

Le troisième résulte du fait que beaucoup d'exégètes, à cause du qualificatif חֹזֶה, employé par Amacya, ont longtemps tergiversé sur l'explication des propositions nominales d'Am 7, 14 et ont fini par faire de ce titre l'élément essentiel de l'ordonnance du grand prêtre à Amos, en perdant de vue l'aspect rhétorique de la réplique d'Amos[111], laquelle ne se limite pas à Am 7, 14 mais englobe Am 7, 14–15. Or, ce qui est primordial et inacceptable dans les propos d'Amacya ce n'est nullement le titre qu'il confère à Amos, mais plutôt l'injonction de quitter Béthel pour regagner son pays d'origine. Aussi la fonction rhétorique d'Am 7, 14–15 est d'être avant tout une réponse à l'ordre « Voyant, va-t-en, fuis en Juda là-bas, vers le pays de Juda », ordre inadmissible parce que contraire à celui du Seigneur, « Va, prophétise contre mon peuple Israël », à qui Amos ne peut désobéir (Am 3, 8). De même, Amos indique explicitement à Amacya que Dieu ne l'a établi comme prophète que pour parler à Israël.

En somme, l'objet de la première partie de la réplique d'Amos n'est ni de réfuter le titre חֹזֶה qu'Amacya lui attribue, ni de se démarquer des prophètes professionnels ou des fils de prophètes ; il vise sans ambages à contester l'ordre d'Amacya

---

109 Reventlow, qui a examiné le rapport entre l'appel d'Amos et celui de David, souligne qu'Amos défend sa fonction de prophète contre Amacya, le porte-parole d'une autre institution religieuse (sacerdotale) ; il ne cherche nullement à innover, se contentant de lui faire comprendre que le prophétisme est une institution au même titre que la royauté ou le sacerdoce. Même si nous ne partageons pas pleinement ses propos, il démontre qu'Amos se considère comme celui qui s'inscrit dans la lignée des prophètes. Reventlow, H. Graf, *Das Amt des Propheten bei Amos*, p. 21.

110 Andersen et Freedman établissent également un parallèle entre les maux qu'Amos annonce dans les visions et les différentes plaies que Dieu, par l'entremise de Moïse, avait infligées aux Égyptiens. Andersen, F. I., Freedman, D. N., *Amos*, p. 779.

111 Gilbert, persuadé que la question principale d'Am 7, 14 est politique et géographique et est déjà relevée en Am 1, 1, où le statut prophétique d'Amos en Israël et en Juda est clairement établi, juge que ceux qui soutiennent qu'Amos réfute le fait qu'Amacya l'associe à tout mouvement prophétique d'Israël, négligent la nature rhétorique d'Am 7, 14 et que leurs propositions, bien qu'ingénieuses, ne sont pas satisfaisantes. Il écrit : « The majority resolve the difficulty by stating that Amos is denying any association with Israel's prophetic movement. Although the different attempts at resolving the problem are interesting and sometimes even ingenious, they are not satisfactory. For example, the solutions proposed do not take into account the rhetoric nature of Amos's statement [...] Amaziah unequivocally commands Amos to leave Israel and to prophesy in Juda ». Gilbert, P., « A New Look at Amos's Status », p. 299.

qui lui enjoint de cesser de prophétiser à Béthel. Cette riposte démontre que son mandat prophétique n'est valable que pour Israël ; il n'est pas envoyé pour parler à Juda et ne peut pas y retourner pour exercer une telle mission. En présentant sans équivoque Amos comme le messager de Dieu et Israël comme l'unique destinataire de son message, elle révèle l'extrême gravité de l'attitude d'Amacya qui ose lui interdire de prêcher à Béthel, c'est-à-dire d'exécuter l'ordre du Seigneur auquel il ne peut désobéir. Elle démontre qu'en refusant à Amos le droit d'exercer son ministère à Béthel, le grand prêtre prend le risque de contester le droit du Seigneur d'être Dieu et maître d'Israël et fonde ainsi la sanction irrévocable que le prophète prononce contre lui et tous ceux qu'il représente.

La seconde partie de la riposte d'Amos à Amacya s'ouvre par la formule וְעַתָּה שְׁמַע דְּבַר־יְהוָה, une formule emphatique[112], analogue à celles de certains oracles qu'Amos a adressés aux acteurs de la rébellion (Am 3, 1 ; 4, 1 ; 5, 1 ; 8, 4), qui met subitement fin au propos personnel d'Amos (Am 7, 11–15), en invitant Amacya à écouter la parole du Seigneur. Elle comporte deux énonciations majeures. Tout d'abord, nous en avons une, constituée par deux propositions parallèles et synonymiques introduites par אַתָּה אֹמֵר (« tu dis ») et renfermant des paroles d'Amacya rapportées par Amos : לֹא תִנָּבֵא עַל־יִשְׂרָאֵל (« tu ne prophétiseras pas contre Israël ») et לֹא תַטִּיף עַל־בֵּית יִשְׂחָק (« tu ne vaticineras pas contre la maison d'Isaac ». Leur explication ne pose aucune difficulté majeure ; elles sont une synthèse du contenu de l'ultimatum d'Amacya (Am 7, 12–13), plus précisément, de sa mise en demeure à Amos de cesser son ministère prophétique à Béthel (Am 7, 13a). Leurs fonctions rhétorique et syntaxique est de révéler au lecteur que l'ultime raison de la condamnation radicale que Dieu prononce, par la bouche d'Amos, contre le grand prêtre et contre Israël, est le refus de la parole prophétique[113]. Elles confirment, sans ambiguïté, que l'attitude impardonnable d'Amacya est sa volonté délibérée de ne pas laisser Amos mener son activité, en prêchant contre Israël (עַל־יִשְׂרָאֵל) ou contre la maison d'Isaac (עַל־בֵּית יִשְׂחָק)[114], tel que le lui recommande

---

112 Le pronom personnel עַתָּה (« tu ») est placé en début de phrase, avant le verbe, pour accentuer le fait qu'Amacya est le destinataire de l'oracle.

113 Bovati, P., Meynet, R. *Le livre du prophète Amos*, p. 311.

114 Maints commentateurs, comme Stuart, estiment que le titre « maison d'Isaac » désigne l'ensemble du royaume d'Israël et de Juda ; Amos signifierait ainsi à Amacya que le pouvoir de Dieu s'étend sur les deux nations : « Isaac cleverly reinforces Amos' assertion that all Israel, North and South, was Yahweh's domain and proper territory of his prophets ». Stuart, D., *Hosea-Amos*, p. 377. Une telle extension du sens de ce terme ne s'impose pas puisqu'Amos insiste sur le fait que Dieu l'envoie uniquement pour parler contre Israël.

le Seigneur [לֵךְ הִנָּבֵא אֶל־עַמִּי יִשְׂרָאֵל : « Va, prophétise contre[115] mon peuple Israël »
(Am 7, 15)]. Les deux prépositions עַל (contre) apposées respectivement à Israël et
à Isaac, ainsi que le verbe נטף, qui dans ce contexte décrit un discours véhément
ou impétueux, impliquent qu'Amacya interdit à Amos d'exercer son ministère,
en raison de la nature de son discours, qui est essentiellement une parole contre
Israël. En agissant ainsi, cette haute autorité religieuse qui, en principe, devrait
favoriser l'écoute de la parole de Dieu, quelle que soit sa nature, prend le risque
de se rebeller contre Dieu lui-même, qui a mandaté Amos pour parler en son nom.
Ce rejet du messager de Dieu équivaut au rejet du Seigneur lui-même, justifiant
la peine que subiront Amacya et les acteurs des exactions qu'il dénonce comme
actes de rébellion contre Dieu.

Puis nous avons la sanction qui scelle définitivement le sort du grand prêtre
et de sa nation et marque ainsi le dénouement de cette altercation (Am 7, 17). Elle
débute par la préposition לָכֵן, littéralement, « à cause de » ou « c'est pourquoi »
ou bien encore « pour cela », qui rappelle une nouvelle fois que l'interdiction
du ministère d'Amos (Am 7, 16) motive le contenu du châtiment. Cinq malheurs
y sont annoncés, les quatre premiers concernant Jéroboam, sa famille et son
domaine. D'abord, sa femme « se prostituera dans la ville ». Cette déclaration est
très discutée. Pour les uns, Amos annonce, comme Is 13, 16 ; Za 14, 2, les outrages
sexuels que l'épouse d'Amacya subira de la part des soldats de la nation ennemie
qui envahira le pays[116]. Pour d'autres, le prophète insinue que l'exil la séparera
d'Amacya et, se retrouvant sans aucun support, elle sera obligée de se prostituer
pour survivre[117]. Pour d'autres encore, elle dénote une incroyable humiliation :
l'épouse sera déshonorée, réduite à l'existence d'une prostituée dans la ville
même où elle est l'une des femmes les plus distinguées[118] et, souillée, elle sera
impure et contaminera son mari, la plus haute autorité religieuse de la nation.

---

115 Certains exégètes, considérant que la préposition אֶל d'Am 7, 15 indique la destination et
non l'opposition, allèguent que, dans la bouche d'Amacya (Am 7, 16), la parole d'Amos devient
une parole contre Israël. Jeremias, l'un des partisans de cette position écrit : «Although Amos
was sent ‹ to › Israel, to ‹ speak to it ›, Amaziah turns this activity ‹ against › Israel (v. 16) ; more
importantly, yet, although God sent Amos ‹ to my people Israel › (cf., 7:8 and 8:2 in the visions),
Amaziah knowns only state terminology : ‹ do not vilify the house of Isaac ». Jeremias, J., *The
Book of Amos*, p. 141. Cette hypothèse ne s'impose pas ; nous avons déjà relevé que אֶל peut signifier « contre » (Is 2, 4 ; Ez 37. 4. 9) et, d'après Am 1, 1, Amos est envoyé pour parler contre Israël.
116 Hoonacker, A. van, *Les douze petits prophètes*, p. 271 ; Amsler, S., « Amos », p. 231 ; Wolff,
H. W., *Joel and Amos*, p. 315 ; Jeremias, J., *The Book of Amos*, p. 141.
117 Stuart, D., *Hosea – Amos*, p. 378.
118 Hammershaimb, E., *The Book of Amos*, p. 119 ; Martin-Achard, R., *L'homme de Teqoa*, p. 83 ;
Bovati, P., meynet, R., *Le livre du prophète Amos*, p. 311.

Nous privilégions cette dernière interprétation parce qu'elle met davantage l'accent sur la désacralisation de la fonction sacerdotale d'Amacya et justifie la mort impure sur une terre impure promise à ce dernier. Ensuite, Amacya perdra toute sa progéniture ; son fils et sa fille mourront par l'épée. Cette annonce qui rappelle le sort promis à la maison royale en Am 7, 9. 11 connote la suppression totale de la famille. Après, son domaine[119] sera subdivisé et lui-même, homme sacré, mourra impur sur une terre impure où il sera enterré. En clair, c'est un anéantissement total qui est promis à Amacya, sans descendance et enterré sur une terre étrangère, il ne saurait faire l'objet d'aucune mémoire. Enfin, le dernier malheur est la déportation d'Israël, qui est à percevoir, dans ce contexte, comme « l'acte ultime qui prive le roi et ses fonctionnaires de « la matière même de leur pouvoir », terre, institutions, peuple »[120] ; elle est exprimée par le verbe גלה, très usité dans ce livre (Am 1, 5. 6 ; 3, 7). Le refus de la parole prophétique scelle donc la fin d'Amacya et celle des fils d'Israël, ceux qui commettent des actes de rébellion contre Dieu. Excepté la prostitution et le partage de la terre, la teneur de cette sanction est identique à celle d'Am 7. 9. 11 ; le sort de la maison de Jéroboam devient celui de la maison d'Amacya. Cette identité confirme qu'Amos est le véritable messager de Dieu et que les paroles qu'il prononce ne sont pas les siennes. Dès lors, la fonction rhétorique d'Am 7, 16–17 est de corroborer que le berger de Teqoa agit effectivement sous l'autorité de Dieu, qui dans les visions l'appelle par son nom « Amos », chose rare dans la littérature biblique.

En conclusion de l'étude d'Am 7, 10–17, nous retenons les observations suivantes :

- Étant un récit biographique situé entre deux récits de vision (Am 7, 7–9 ; 8, 1–3), il semble se présenter, d'un point de vue formel, comme un corps étranger ; mais l'analyse de son contenu révèle qu'il est accordé à son contexte et s'avère indispensable. En effet, l'altercation qu'il relate est la conséquence directe de la teneur de la troisième vision qui le précède ; si celle-ci se terminait, elle aussi, par une intercession d'Amos éloignant les menaces d'Am 7, 9, le grand prêtre n'aurait sans doute pas mis Amos en demeure de ne pas continuer son ministère à Béthel. De ce fait, son absence occulterait ou réduirait l'effet percutant de cette vision dans laquelle le prophète n'intercède plus pour éloigner

---

119 Le terme hébraïque אַדְמָתְךָ, que nous avons rendu par « son domaine », désigne dans d'autres passages du livre la terre entière (Am 3, 2) ou toute la terre d'Israël (Am 5, 2 ; 7, 11 ; 9, 8) ; en effet, il peut, en fonction du contexte, signifier soit tout un pays (Dt 4, 28 ; 1S 26, 19 ; Gn 47, 20), soit un terrain ou un jardin (Dt 7, 13). Mais nous pensons, avec Wolff qu'il indique, comme en Mi 2, 4–5, la parcelle d'Amacya parce que cette partie de la sanction ne concerne que lui. Wolff, H. W., *Joel and Amos*, p. 315.

120 Bovati, P., Meynet, R., *Le livre du prophète Amos*, p. 311.

le malheur sur Israël, comme dans les deux précédentes (Am 7, 1–3 ; 7, 4–6) ; au contraire, sa présence implique que le discours de la troisième vision où Amos mentionne pour la première fois Jéroboam, n'est pas passé inaperçu et qu'Amacya en profite pour tenter de convaincre le monarque de réduire au silence ce prophète aux propos dérangeants.

- Aussi, sans ce récit qui est une illustration concrète du rejet du prophète et donc de Dieu, la quatrième vision qui, par la métaphore de la corbeille de fruits d'été (כְּלוּב קָיִץ) et du jeu de mots קָיִץ et קֵץ, révèle que le péché a atteint son comble et annonce la fin d'Israël (Am 8, 1–3), serait-elle dépourvue de fondements et demeurerait incompréhensible. Autrement dit, seul un lecteur avisé de la cause de l'altercation saisit le sens de la quatrième vision et comprend que dans le refus d'Amacya, le péché du peuple atteint son paroxysme, puisque le rejet du prophète manifeste celui de Dieu, qu'Israël doit écouter, s'il veut exister (Dt 18, 19).

- De même, outre son rôle incontournable dans son contexte, Am 7, 10–17 est indispensable pour la cohérence et l'équilibre du corpus amosien, pour différentes raisons. Tout d'abord, grâce à ce récit, les énoncés d'Am 2, 8, où le prophète appelle le temple la maison de leurs dieux – et d'Am 2, 12 ; 5, 10 – où il dénonce les tentatives de réduction au silence des prophètes – trouvent une actualisation et ne demeurent donc pas de simples déclarations sans fondement. Le motif du prophétisme et celui du refus d'écouter la parole des vrais prophètes évoqués en Am 2, 4 ; 2, 12 ; 5, 10, y trouvent un large développement. En effet, le motif du rejet de la parole prophétique permet au lecteur de mieux comprendre pourquoi les Israélites auront soif et faim de la parole de Dieu et la chercheront sans la trouver (Am 8, 11–14).

- De plus, le courage et la ténacité d'Amos que dénote sa réplique et la poursuite de sa prédication (Am 8 – 9, 15) corroborent les données d'Am 3, 7–8, prouvant ainsi qu'il est le véritable prophète, celui à qui Dieu révèle ses plans et qui ne peut renoncer à prophétiser quand le Seigneur a parlé. Cette riposte, grâce à la sanction qu'elle comporte, confirme le statut du prophète Amos et sa relation particulière avec Dieu qui, dans les visions, l'appelle par son nom עָמוֹס, chose rare dans la littérature prophétique biblique. Elle consolide et amplifie les renseignements sur sa personne, donnés en Am 1, 1, sur l'origine divine de sa vocation et des paroles qu'il proclame (Am 1, 1 ; 2, 11 ; 3, 8).

- Enfin, grâce au récit d'Am 7, 10–17, Amos ne fait pas exception quant aux persécutions et oppositions que les vrais prophètes ont subies pour transmettre la parole de Dieu ; son altercation avec Amacya devient, dès lors, un exemple illustrant le type de conflit qui opposera ses successeurs aux autorités religieuses et politiques de leur temps (Jr 26, 1–24 ; Os 4).

La place et la fonction de l'oracle contre les marchands (Am 8, 4–14)

L'exégèse d'Am 8, 4–14, comme celle d'autres passages, donne lieu à des controverses portant sur son étendue, sur son unité et surtout sur son origine, qui pose la question de sa place dans son présent contexte. Le débat sur son étendue oppose les exégètes qui lui rattachent Am 8, 3[121] à ceux qui maintiennent son commencement en Am 8, 4[122]. La question de son unité divise également. D'aucuns trouvent qu'il est une collection de trois[123] ou de quatre[124] ou encore de cinq[125] oracles indépendants, tandis que d'autres le considèrent comme un discours unifié[126]. Quant à la polémique sur l'origine de cet oracle, trois prises de positions divergentes succinctement résumées par Gese[127] et, plus récemment, par Hadjiev[128] sont recensées. La première est celle des commentateurs qui pensent qu'il provient d'Amos lui-même[129] ; la seconde comprend ceux qui jugent que certains de ses éléments viendraient d'Amos tandis que d'autres, tels Am 8, 6[130]. 8[131]. 11–12[132]. 11–14[133], seraient des gloses tardives ; la troisième est celle des biblistes qui le

---

121 Wolff, H. W., *Joel and Amos*, p. 318–325 ; Jeremias, J., *The Book of Amos*, p. 145–146.

122 Stuart, D., *Hosea-Amos*, p. 378–383 ; Paul, Sh. M., *Amos*, p. 253–255 ; Bovati, P., Meynet, R., *Le livre du prophète Amos*, p. 291–292.

123 Bovati, P., Meynet, R., *Le livre du prophète Amos*, p. 291–292.

124 Paul, Sh. M., *Amos*, p. 256–272 ; Jeremias, J., *The Book of Amos*, p. 144–153 ; Hadjiev, T. S., *The Composition and Redaction of the Book of Amos*, p. 96–97. Nous relevons que les délimitations des oracles que décèlent ces auteurs ne sont pas les mêmes ; les deux derniers et d'autres estiment, contrairement à Paul, que le v. 8 constitue à lui seul un oracle indépendant.

125 Park tient les v. 7 et 8 pour des oracles indépendants et en décèle donc cinq. Park, A. W., *The Book of Amos as Composed and Read in Antiquity*, p. 99.

126 Stuart, D., *Hosea-Amos*, p. 378–383.

127 Gese, H., « Amos 8, 4–8 : Der kosmische Frevel händlerischer Habgier », dans Fritz, V., Pohlmann, K. F., Schmitt, H. C. (éds.), *Prophet und Prophetenbuch. Festschrift für Otto Kaiser zum 65. Geburtstag*, BZAW 185, Berlin/New York, 1989, p. 59–72.

128 Hadjiev, T. S., *The Composition and Redaction of the Book of Amos*, p. 96–97.

129 Andersen, F. I., Freedman, D. N., *Amos*, p. 800–832 ; Paul, Sh. M., *Amos*, p. 256–272 ; Rudolph, W., *Joel-Amos-Obadja-Jona*, p. 260–261 ; Sweeney, M. A., *The twelve Prophets*, p. 263 ; Smith, G. V., *Amos*, p. 331–332.

130 Gese, H., « Amos 8, 4–8 : Der kosmische Frevel händlersischer Habgier », p. 62 ; Cripps, R. S., *A Critical and Exegetical Commentary of the Book of Amos*, p. 244–245.

131 Wöhrle le traite comme une glose isolée. Wöhrle, J., *Die frühen Sammlungen des Zwölfprophetenbuches*, p. 109.

132 Wolff, H. W., *Joel and Amos*, p. 330 ; Hammershaimb, E., *The Book of Amos*, p. 127.

133 Coote, R. B., *Amos among the Prophets*, p. 93–104 ; Wood, J. R., *Amos in Song and Book Culture*, p. 77–82.

https://doi.org/10.1515/9783110562743-028

tiennent pour une interpolation tardivement insérée, soit par l'ancienne école amosienne[134], soit par un rédacteur deutéronomiste[135] de la période exilique[136] ou postexilique[137], qui l'a rédigé en s'inspirant des oracles authentiques de la première partie du livre (Am 1 – 6)[138]. Face à ces divergences de vue qui révèlent que l'exégèse d'Am 8, 4-14 tend vers une impasse, il importe non seulement de tenter de le lire comme un tout unifié, mais surtout de saisir sa fonction ou sa raison d'être à la place qu'il occupe dans ce corpus. Aussi tenterons-nous de discerner en quoi cet oracle éclaire davantage la quatrième vision qui la précède, et surtout en quoi sa teneur est indispensable pour mieux appréhender le contenu de la cinquième vision qui le suit. Son étude, à l'instar de celle d'Am 7, 10-17, s'articulera en trois points : la traduction de son texte massorétique, l'analyse de son contexte et l'examen de son contenu.

La traduction d'Am 8, 4–14

Plusieurs mots et expressions d'Am 8, 4-14 sont l'objet de traductions divergentes ; trois d'entre eux, וְלַשְׁבִּית, הַשֹּׁאֲפִים et עֲנִיֵּי־אָרֶץ, se trouvent en Am 8, 4. Le premier, הַשֹּׁאֲפִים, participe présent masculin pluriel du verbe שׁאף[139], est également employé en Am 2, 7, où il a pour complément d'objet la poussière, qui symbolise les biens futiles des pauvres. Maints biblistes estiment qu'il n'y a pas lieu de supposer une erreur de copie et le tenir pour le participe présent du verbe שׁוּף, et le rendent par « ils aspirent »[140] ou par « ils convoitent avec avidité »[141]. Nous lui attribuons la même signification en le traduisant par « vous qui convoitez ». Un tel sens se justifie puisqu'en Am 8, 5-6, les coupables, désignés par la deuxième personne du pluriel, attendent avec impatience le passage de la nouvelle lune pour pouvoir acheter les pauvres. Le second, וְלַשְׁבִּית, est plus complexe du fait de sa construction ; il ne comporte pas un ה paragogique comme dans le Ps 8,

134 Wolff, H. W., *Joel and Amos*, p. 324–326.

135 Melugin, R. F., « The Formation of Amos », p. 387 ; Williamson, H. G. M., « The Prophet and the Plumb-line », p. 118.

136 Rottzoll, D. U., *Studien zur Redaktion und Komposition des Amosbuchs*, p. 258–269.

137 Jeremias, J., *The Book of Amos*, p. 145.

138 Hadjiev, T. S., *The Composition and Redaction of the Book of Amos*, p. 108.

139 Garrett, D. A., *Amos*, p. 58–59.

140 Voir le débat sur ce terme dans la note 148, p. 168–169.

141 Barthelemy, D., *Critique textuelle de l'Ancien Testament*, p. 681–684.

3 (לְהַשְׁבִּית)¹⁴². Il est l'infinitif construit du *hifil* du verbe שבת ; au *qal*, son sens littéral est « cesser », « arrêter » (Gn 8, 22), se « reposer » (Ex 16, 30), mais étant au *hifil*, il signifie « mettre fin à une action » et puisqu'il s'agit de la vie des personnes, « anéantir », ou « exterminer ». Son utilisation crée une paronomase, c'est-à-dire un jeu de mots avec le substantif שַׁבָּת qui procède de la même racine et qui est employé dans le verset suivant (Am 8, 5). Quant à l'expression עֲנִיֵּי-אָרֶץ, elle est la chaîne construite formée du substantif pluriel de עָנִי (humble) et de l'attribut אֶרֶץ qui désigne soit la terre, soit le pays ; étant donné qu'Amos s'adresse à des auditeurs situés sur un territoire déterminé, il nous paraît plus logique de considérer qu'il se réfère au pays (Israël) et de traduire עֲנִיֵּי-אָרֶץ par « les humbles du pays ».

Le second verset (Am 8, 5) renferme deux autres termes, הַחֹדֶשׁ et וְנִשְׁבִּירָה, ainsi qu'une expression וְנִפְתְּחָה-בָּר. Le premier mot הַחֹדֶשׁ, que certains biblistes traduisent par « Néoménie », désigne la fête de la nouvelle lune¹⁴³. Le second, וְנִשְׁבִּירָה, est l'inaccompli du *hifil* du verbe שבר, qui au *qal* veut dire « acheter » (Gn 42, 7) ; la forme causative qu'implique le *hifil*, impose de le rendre par « vendre ». Quant à l'expression וְנִפְתְּחָה-בָּר, elle est composée du mot וְנִפְתְּחָה, l'inaccompli, première personne du pluriel du verbe פתח (ouvrir), qui comporte un ה paragogique rappelant l'intention de ceux qui s'impatientent que le sabbat passe, et du substantif בָּר qui désigne, comme en Gn 41, 35, « le grain » ou « les vivres» ; nous préférons le traduire par « blé » puisque, dans la proposition suivante, il est question de « la criblure du blé ».

Am 8, 8 contient également trois mots, וְעָלְתָה, כָאֹר et וְנִשְׁקָה. Le premier וְעָלְתָה et le dernier וְנִשְׁקָה, un *ketib* ayant pour *qeré* וְנִשְׁקְעָה, ont déjà été examinés dans la traduction d'Am 9, 5¹⁴⁴, où nous avons opté pour les traduire respectivement par « elle monte » et « elle s'affaisse ». Le second כָאֹר (« comme la lumière ») est considéré par la majorité des versions anciennes et des exégètes comme un terme issu d'une erreur de copiste qui a omis le yod (י) de יְאֹר (fleuve, Nil)¹⁴⁵ ; nous trouvons judicieux de le rendre par « le Nil » au lieu de « la lumière » puisque la proposition suivante parle de fleuve d'Égypte.

La traduction de l'expression בְּיוֹם אוֹר d'Am 8, 9 diffère aussi d'un bibliste à l'autre. La Septante qui la rend par « ἐν ἡμέρᾳ τὸ φῶς » (en un jour la lumière),

---

142 Les spécialistes s'accordent pour dire que la lettre ה est probablement syncopée en raison de la particule prépositionnelle לְ. Kautzsch, E. (ed.), *Gesenius' Hebrew Grammar*, 53a ; Joüon, P., *Grammaire de l'hébreu biblique*, 54b ; Garrett, D. A., *Amos*, p. 239.
143 1S 20, 5. 18. 24. 27 ; 2R 4, 23 ; Is 1, 13. 14 ; Os 2, 13 ; Ez 46, 1 ; Ps 2, 13 ; Ne 10, 34 ; 1Ch 23, 31.
144 Voir p. 217.
145 Barthelemy, D., *Critique textuelle de l'Ancien Testament*, p. 684–683.

choisit de traduire séparément ses deux substantifs ἡμέρᾳ et φῶς sans établir un rapport entre eux. Certains commentateurs la traduisent par « dans un jour de lumière », dans le but de signifier qu'il s'agit d'un jour ensoleillé, sans nuage[146] ; d'autres, pour préserver le parallélisme avec בַּצָּהֳרָיִם (« en plein midi ») du syntagme qui précède, la traduisent par « en plein jour ». Nous privilégions cette dernière signification parce qu'elle met l'accent à la fois sur la lumière et sur la plénitude du jour, quand le soleil est au zénith.

Le mot וְהַעֲלֵיתִי d'Am 8, 10 fait également l'objet de traductions divergentes ; il est parfois rendu par « je ferai monter »[147] ou par « je mettrai »[148]. Étant le *hifil* du verbe עלה, il devrait être rendu littéralement par « je ferai monter » ; cependant, en raison de son complément d'objet, le sac porté sur les reins en signe de deuil et de consternation (Is 15, 3 ; Jr 48, 37 ; 49, 3 ; Ez 7, 18), nous le traduisons par « je mettrai » pour signifier le fait d'imposer un habit.

Enfin, le terme בְּאַשְׁמַת et l'expression דֶּרֶךְ בְּאֵר־שָׁבַע d'Am 8, 14 sont discutés. En ce qui concerne le mot בְּאַשְׁמַת, certains commentateurs pensent qu'il serait une altération de אֲשִׁימָה (Ashima), le nom d'une des divinités étrangères dont parle 2R 17, 30[149], tandis que d'autres y voient un jeu de mots avec אֲשֵׁרָה (Ashera, appelé aussi Astarté) qui, d'après 1R 16, 33 et 2R 17, 16, était vénérée à Samarie[150]. D'autres encore y voient une allusion au statut du veau d'or vénéré dans le temple de Béthel[151]. Quant au syntagme דֶּרֶךְ בְּאֵר־שָׁבַע que les anciennes versions (la Septante et la Vulgate) rendent par « ὁ θεός σου Βηρσαβεε »[152] (ton Dieu Beer-Shéva) et par « via Bersabee »[153] (la voie de Beer-Shéva), sa traduction est plus controversée. Certains traducteurs, dans la logique de la Septante, pensent que le terme

---

146 Andersen, F. I., Freedman, D. N., *Amos*, p. 821.

147 Bovati, P., Meynet, R., *Le livre du prophète Amos*, p. 328.

148 Andersen, F. I., Freedman, D. N., *Amos*, p. 819.

149 Barstad, H. M., *The Religious Polemics of Amos : Studies in the Preaching of Am 2, 7b-8 ; 4, 1–13 ; 5, 1–27 ; 6, 4–7 ; 8, 14*, VTSup. 34, Leiden, Brill, 1984, p. 163.

150 Maag, V., *Text, Wortschatz und Begriffswelt des Buches Amos*, p. 55–56 ; Jeremias, J., *The Book of Amos*, p. 151–153. La majorité des commentateurs qui lisent Ashera ou Astarté à la place de אַשְׁמַת s'appuient sur l'inscription : « Je vous ai bénis par Yahvé de Samarie et par son Ashera », découverte à Kuntillet Ajrud, un site archéologique situé au Nord-Est de la péninsule du Sinaï.

151 Ils se fondent généralement sur Os 8, 6 ; 10, 8 où il est question du veau d'or et surtout sur Dt 9, 21 où ce statut est désigné par « ton péché ». Hoonacker, A. van, *Les douze petits prophètes*, p. 277 ; Rudolph, W., *Joel-Amos-Obadja-Jona*, p. 270 ; Hammershaimb, E., *The Book of Amos*, p. 128.

152 La Septante suppose une erreur de copiste et traduit דֶּרֶךְ par « Dieu », dans l'intention sans doute d'établir un parallélisme avec la mention « ton dieu, Dan», de la préposition qui la précède.

153 Dans la droite ligne de la Vulgate qui ne corrige pas le texte massorétique, Hoonacker souligne qu'étant un lieu de pèlerinage, l'on pouvait jurer par le chemin qui conduit à Béer-Shéva

דֶּרֶךְ utilisé est le résultat d'une corruption et proposent des corrections bien présentées et critiquées par Paul[154] qui garde son sens littéral, en le traduisant par « chemin ». D'autres, sans procéder à la correction du mot דֶּרֶךְ, le rendent par panthéon, et traduisent ainsi דֶּרֶךְ בְּאֵר־שָׁבַע par « le panthéon de Beer-Shéva »[155] ou par « la puissance de Béer-Shéva »[156]. Nous jugeons pertinente la position de Paul suivie par Bovati et Meynet qui ont gardé le sens littéral de דֶּרֶךְ ; rien dans le texte ne permet de penser que דֶּרֶךְ, tout comme אַשְׁמַת désigne une divinité, voire un panthéon.

Eu égard aux précisions qui précèdent, nous traduisons Am 8, 4–14 comme suit :

Texte hébraïque	Traduction
4 שִׁמְעוּ־זֹאת הַשֹּׁאֲפִים אֶבְיוֹן	Écoutez ceci vous qui convoitez le pauvre
וְלַשְׁבִּית (עֲנָיֵי־)[עֲנָוֵי־]אָרֶץ	et anéantissez les misérables de la terre
5 לֵאמֹר	en disant :
מָתַי יַעֲבֹר הַחֹדֶשׁ וְנַשְׁבִּירָה שֶּׁבֶר	« Quand passera la nouvelle lune pour que nous vendions le grain,
וְהַשַּׁבָּת וְנִפְתְּחָה־בָּר	et le sabbat nous ouvrions le blé,
לְהַקְטִין אֵיפָה	en diminuant l'épha,
וּלְהַגְדִּיל שֶׁקֶל	en augmentant le sicle,
וּלְעַוֵּת מֹאזְנֵי מִרְמָה:	et en faussant les balances trompeuses,
6 לִקְנוֹת בַּכֶּסֶף דַּלִּים	pour acheter les indigents pour l'argent
וְאֶבְיוֹן בַּעֲבוּר נַעֲלָיִם	et le pauvre pour une paire de sandales
וּמַפַּל בַּר נַשְׁבִּיר:	et nous vendrons la criblure du blé ? »
7 נִשְׁבַּע יְהוָה בִּגְאוֹן יַעֲקֹב	Le Seigneur le jure par l'orgueil de Jacob :
אִם־אֶשְׁכַּח לָנֶצַח כָּל־מַעֲשֵׂיהֶם:	« Je n'oublierai jamais toutes leurs actions ».
8 הַעַל זֹאת לֹא־תִרְגַּז הָאָרֶץ	À cause de cela, la terre ne tremblera-t-elle pas
וְאָבַל כָּל־יוֹשֵׁב בָּהּ	et tous ses habitants ne prendront-ils pas le deuil ?
וְעָלְתָה כָאֹר כֻּלָּהּ	Ne montera-t-elle pas comme le Nil ?
וְנִגְרְשָׁה	Ne s'agitera-t-elle pas

---

comme les musulmans jurent aujourd'hui en direction de la Mecque. Hoonacker, A. van, *Les douze petits prophètes*, p. 277.

154 Il relève que des commentateurs comme Hammershaimb supposent que le traducteur grec aurait voulu dire θεῖός σου, et corrigent דֶּרֶךְ par דֹּדְךָ qui littéralement signifie « ton oncle » ou « ta chérie », et par extension « ton patron » ou « ton dieu titulaire » tandis que d'autres, tels que Neuberg et Ackroyd, proposent de lire דֹּרְךָ (« ton assemblée ») au lieu de דֶּרֶךְ. Paul, Sh. M., *Amos*, p. 269–272.

155 Andersen, F. I., Freedman, D. N., *Amos*, p. 819 ; Jeremias, J., *The Book of Amos*, p. 151–153.

156 Dahood, M., « Ugaritic-Hebrew Lexicography IX », *Bib* 52 (1971), p. 337–356 ; Bartina, S., « ‹ Vivit Potentia Beer-šeba › Amos 8, 14 », *VD* 34 (1956), p. 202–210 ; cité dans Stuart, D., *Hosea-Jonah*, p. 382 ; Jeremias, J., *The Book of Amos*, p. 152.

וְנִשְׁקָה) [וְנִשְׁקְעָה] כִּיאוֹר מִצְרָיִם:	et ne s'affaissera-t-elle pas comme le fleuve d'Égypte ?
9 וְהָיָה‏ בַּיּוֹם הַהוּא נְאֻם אֲדֹנָי יְהוִֹה	Il arrivera ce jour-là, Oracle du Seigneur Dieu,
וְהֵבֵאתִי הַשֶּׁמֶשׁ בַּצָּהֳרָיִם	je ferai coucher le soleil à midi,
וְהַחֲשַׁכְתִּי לָאָרֶץ בְּיוֹם אוֹר:	j'enténèbrerai la terre en plein jour
10 וְהָפַכְתִּי חַגֵּיכֶם לְאֵבֶל	je changerai vos fêtes en deuil,
וְכָל־שִׁירֵיכֶם לְקִינָה	et tous vos chants en lamentation,
וְהַעֲלֵיתִי עַל־כָּל־מָתְנַיִם שָׂק	je mettrai un sac sur tous les reins
וְעַל־כָּל־רֹאשׁ קָרְחָה	et une tonsure sur chaque tête ;
וְשַׂמְתִּיהָ כְּאֵבֶל יָחִיד	je l'imposerai comme un deuil d'un fils unique
וְאַחֲרִיתָהּ כְּיוֹם מָר:	et sa fin comme un jour d'amertume.
11 הִנֵּה‏ יָמִים בָּאִים נְאֻם אֲדֹנָי יְהוִֹה	Voici venir des jours, Oracle du Seigneur Dieu,
וְהִשְׁלַחְתִּי רָעָב בָּאָרֶץ	Où j'enverrai la famine dans le pays,
לֹא־רָעָב לַלֶּחֶם וְלֹא־צָמָא לַמַּיִם	non pas une famine de pain et non pas une soif d'eau
כִּי אִם־לִשְׁמֹעַ אֵת דִּבְרֵי יְהוָה:	mais plutôt, celle d'entendre la parole du Seigneur.
12 וְנָעוּ מִיָּם עַד־יָם	Ils tituberont d'une mer à l'autre
וּמִצָּפוֹן וְעַד־מִזְרָח יְשׁוֹטְטוּ	et ils erreront du nord au levant
לְבַקֵּשׁ אֶת־דְּבַר־יְהוָה	pour chercher la parole du Seigneur
וְלֹא יִמְצָאוּ:	mais ils ne la trouveront pas.
13 בַּיּוֹם הַהוּא	En ce jour-là,
תִּתְעַלַּפְנָה הַבְּתוּלֹת הַיָּפוֹת	les belles vierges et les jeunes gens
וְהַבַּחוּרִים בַּצָּמָא:	s'évanouiront de soif.
14 הַנִּשְׁבָּעִים בְּאַשְׁמַת שֹׁמְרוֹן	Ceux qui jurent par le péché de Samarie
וְאָמְרוּ חֵי אֱלֹהֶיךָ דָּן	disant : « vive ton dieu Dan ! »,
וְחֵי דֶּרֶךְ בְּאֵר־שָׁבַע	et « vive le chemin de Béer-Shéva ! »,
וְנָפְלוּ וְלֹא־יָקוּמוּ עוֹד:	tomberont et ne se relèveront plus.

Une large majorité des vocables se retrouve dans d'autres passages du livre : les verbes שָׁאַף (convoiter), נוע (tituber), שבע (jurer), קום, אבל (périr), נָפַל se trouvent respectivement en Am 2, 7 ; 8, 12 ; 4, 2 ; 6, 8 ; 2, 11 ; 9, 5 ; 5, 2 ; l'expression בְּגְאוֹן יַעֲקֹב (l'orgueil de Jacob) est employée en Am 6, 8.

Pour en savoir davantage sur le lien de ce discours avec les autres passages, lien dont ces répétitions sont révélatrices, procédons à son analyse contextuelle.

Le rapport d'Am 8, 4–14 avec son contexte

La position qu'occupe Am 8, 4–14, est diversement appréciée par les exégètes. La plupart des partisans de la critique des formes le perçoivent comme un corps étranger dont la présence brise l'enchaînement naturel de la quatrième (Am 8,

1–3) et de la cinquième visions (Am 9, 1–4) et préconisent qu'il soit transféré à un autre endroit afin de rétablir l'harmonie du livre[157]. D'autres le considèrent comme un discours authentique d'Amos qui a circulé de manière autonome, avant d'être maladroitement placé dans son contexte actuel[158]. La majorité des adeptes de la critique rédactionnelle, tout en tenant Am 8, 4–14 pour une interpolation tardive ayant une orientation théologique un peu différente des discours authentiques d'Amos, lui assigne malgré tout, certaines fonctions. Wolff soutient qu'Am 8, 4–14, tout comme Am 7, 10–17 qui expose les conséquences de l'énoncé d'Am 7, 9, un discours ajouté ultérieurement à la troisième vision (Am 7, 7–8), a été introduit à la place qu'il occupe dans l'intention d'offrir un développement au contenu d'Am 8, 3, un oracle joint postérieurement à la quatrième vision (Am 8, 1–2)[159]. Jeremias qui rattache également Am 8, 3 à Am 8, 3–14, maintient que ce passage a été inséré à l'époque exilique ou postexilique, pour rendre compréhensible l'annonce énigmatique par laquelle se referme la quatrième vision : « La fin est arrivée pour mon peuple, Israël »[160]. Pour lui, l'intention des rédacteurs d'Am 8, 4–14 est surtout d'offrir une nouvelle démonstration de la culpabilité des fils d'Israël et une description de la fin annoncée dans la conclusion de la quatrième vision, description dont les images sont un prélude au châtiment final décrit en Am 9, 1–4. Hadjiev qui s'est récemment basé sur les liens d'Am 8, 4–14 avec les oracles d'Am 1 – 6 pour poser que ce texte a été encastré dans les visions pendant la période exilique[161] et inviter les biblistes à le lire plutôt à la lumière de l'altercation que relate Am 7, 10–17, admet pourtant qu'il joue simultanément trois différents rôles majeurs. Tout d'abord, il explicite la quatrième vision et prépare la voie pour la cinquième. Ensuite, il sert de texte parallèle à Am 7, 10–17, les deux se complétant et s'interprétant mutuellement ; enfin et surtout, il résume l'argumentation du livre et tient lieu de conclusion préliminaire relatant le péché d'Israël et la punition à travers les motifs des ténèbres, de la mort, du deuil, du tremblement de terre, du bouleversement de la vie[162].

---

157 Eissfeldt, O., *The Old Testament*, p. 399–400 ; Soggin, J. S., *Il profeta Amos*, p. 10 et p. 175–184.

158 Rudolph, W., *Joel-Amos-Obadja-Jona*, p. 260.

159 Wolff, H. W., *Joel and Amos*, p. 324.

160 Jeremias, J., *The Book of Amos*, p. 144–145.

161 Hadjiev, T. S., *The Composition and Redaction of the Book of Amos*, p. 102–108.

162 Hadjiev, T. S., *The Composition and Redaction of the Book of Amos*, p. 110 : « It sums up the argument of the book so far and serves as a sort of preliminary conclusion. It narrates again briefly the sin of Israel and emphasises the punishment utilizing the motifs of darkness, mourning, earthquake, death, reversal of the good life. The two accusations (4–6, 14) in fact sum up the two

Ces fonctions que Hadjiev et ses prédécesseurs attribuent à Am 8, 4–14 nous incitent à croire que la place qu'occupe cet oracle dans son présent contexte n'est pas fortuite, qu'il peut même s'avérer indispensable si l'on tient compte de la subjectivité et de la fragilité des motifs sur lesquels ils s'appuient pour soutenir que ce texte est secondaire et présente une vision théologique différente de celle des discours d'Am 1– 6. En effet, outre le fait que la position de Hadjiev et celles de ses devanciers demeurent subjectives en raison de leurs divergences de vue sur la date et l'auteur de la composition d'Am 8, 4–14[163], leur argumentation repose sur deux postulats discutables et comporte un quiproquo notoire qui la fragilise.

Tout d'abord, elle pose Am 8, 3 comme un oracle indépendant de la quatrième vision (Am 8, 1–2). Or, nous avons démontré précédemment, en nous appuyant sur d'autres commentateurs qu'Am 9, 3, tout comme Am 7, 9, fait partie intégrante de la quatrième vision puisque celle-ci demeurait incomplète en se terminant confusément par la déclaration « La fin est arrivée pour mon peuple » sans que l'on ne sache en quoi elle consiste[164]. Ensuite, ces exégètes postulent qu'Am 8, 4–14 renferme des motifs typiquement deutéronomistes[165] : le sabbat[166] (Am 8, 5), le truquage des mesures et des balances (Am 8, 5), la vaine quête de la parole de

---

major aspects of Amos' criticism – social evils and the cult, although the focus of those accusations is different from what we see earlier in the book (i. e. idolatry and cheating of merchants) ».

163 Wolff pense qu'il a été composé par l'ancienne école d'Amos, auteur d'Am 7, 9 ; 7, 10–17 et d'Am 8, 3 ; il écrit : « The parallelism between the insertions in 7, 9, 10–17 and 8:3, 4–14 leads one to think of Amos school as most responsible for both supplements ». Wolff, H. W., *Joel and Amos*, p. 325. Jeremias juge qu'il a été produit par le rédacteur deutéronomiste à l'époque exilique ou postexilique. Jeremias, J., *The Book of Amos*, p. 145. D'autres avancent qu'il a connu plusieurs stades de rédaction, d'Amos à la période postexilique : Lescow en propose trois, Wöhrle et Rottzoll, deux. Lescow, T., « Das nachexilische Amosbuch », p. 92–96 ; Wöhrle, J., *Die frühen Sammlungen des Zwölfprophetenbuches*, p. 105–109 ; Rottzoll, D. U., *Studien zur Redaktion und Komposition des Amosbuchs*, p. 259–269.

164 Andersen, F. I., Freedman, D. N., *Amos*, p. 752–753.

165 Williamson, H. G. M., « The Prophet and the Plumb-line », p. 119.

166 Veijola, Rottzoll et Lescow estiment que la mention du sabbat implique l'origine deutéronomiste d'Am 8, 5 parce que l'insistance sur le repos sabbatique ne se retrouve que dans les sources tardives (Ne 13, 15–22). Veijola, T., « Die Propheten und das Alter des Sabbatgebots », dans Fritz, V., et als. (eds.), *Prophet und Prophetenbuch*, p. 246–264 ; RottzolL, D. U., *Studien zur Redaktion und Komposition des Amosbuchs*, p. 260–261 ; Lescow, T., « Das nachexilische Amosbuch », p. 93. Pour insister sur leurs arguments, Hadjiev soutient que, dans les textes préexiliques, la mention de la nouvelle lune précède toujours celle du sabbat (2R 4, 23 ; Is 1, 13 ; Os 2, 13) tandis que, dans les écrits postexiliques, leur ordre est inversé (1Ch 23, 31 ; 2 Ch 2, 3 ; 8, 13 ; 31, 3 ; Ne 10, 34 ; Jdt 8, 6). Hadjiev, T. S., *The Composition and Redaction of the Book of Amos*, p. 106. Mais ses arguments sont récusables puisqu'il reconnaît qu'en Is 66, 23, un texte postexilique, le terme sabbat précède la mention de la nouvelle lune. De plus, même s'il considère Ezéchiel comme un prophète transi-

Dieu (Am 8, 12–13) et l'idolâtrie (Am 8, 13–14). Pourtant, aucun de ces motifs n'est typiquement et exclusivement deutéronomiste.

Le premier, le motif du sabbat, n'est pas tardif parce que son observance est bien antérieure à la monarchie : de nombreux passages dans l'Ancien Testament traitent de l'observance du repos sabbatique et de la fête de la nouvelle lune (1S 20, 5. 24 ; Gn 2, 3 ; Lv 23, 23–25 ; Nb 10, 10 ; 28, 1 ; Dt 20, 8 ; 5, 14)[167]. En outre, le respect du repos sabbatique ou de la nouvelle lune n'est pas remis en cause dans ce verset.

Quant **au deuxième**, le trucage des mesures et balances, Hadjiev estime qu'il est tiré du Dt 25, 13–15, qui interdit d'avoir deux poids différents dans son sac ou du Lv 19, 35–36 qui prescrit de ne pas fausser les mesures de poids et de capacités et d'avoir des balances et un épha justes[168]. Mais, même si nous pouvons légitimement constater que l'énoncé d'Am 8, 5 enfreint l'ordonnance de ces deux passages, rien ne nous permet de déduire que ce discours date de la même époque que ces textes législatifs ; autrement dit, si le Deutéronome interdit cette pratique, c'est qu'elle existait auparavant, une loi ne précédant jamais ce qu'elle proscrit. De plus, Amos n'est pas le seul prophète préexilique à avoir dénoncé le truquage des balances ; Osée et Michée en parlent également (Os 12, 8 ; Mi 6, 10–11). D'ailleurs, Paul souligne que la mauvaise utilisation des poids et des mesures était une pratique courante en Mésopotamie et au Proche Orient Ancien ; il cite en exemple l'instruction d'Amenemopet interdisant le truquage des balances et des poids[169].

Le troisième, la quête vaine de la parole de Dieu, ne sert pas davantage de preuve ; même s'il est présent dans certains textes, comme dans Ps 74 et Lm 2 où l'on pleure la ruine du temple et se désole de l'absence de visions prophètiques, il est approprié au contexte général du livre d'Amos dans lequel le Seigneur invite inlassablement les acteurs des injustices à le rechercher pour vivre. Il cadre bien avec le récit d'Am 7, 10–17 qui met l'accent sur le refus d'écouter le prophète. En outre, la quête vaine de Dieu apparaît aussi chez les prophètes préexiliques (Os 5, 6).

Le quatrième, l'idolâtrie[170], l'argument phare de Hadjiev et de ceux qui pensent que l'orientation théologique d'Am 8, 4–14 diverge de celle de la critique

---

toire, dans son livre, les deux formes sont utilisées : en Ez 45, 17, la nouvelle lune est mentionnée avant le sabbat, en Ez 46, 1–3, elle est citée après.

167 Hammershaimb, E., *The Book of Amos*, p. 122.
168 Hadjiev, T. S., *The Composition and Redaction of the Book of Amos*, p. 107.
169 Paul, Sh. M., *Amos*, p. 259.
170 Des commentateurs, comme Barstard, supposent que Dan et Béer-Shéva sont des lieux où se pratiquait le culte des dieux étrangers et soutiennent qu'Amos dénonce l'idolâtrie. Barstad, H. M., *The Religious Polemics of Amos*, p. 190–202. Or, aucune donnée de ce passage ne permet

sociale d'Amos, nous l'examinerons avec plus d'attention dans l'analyse de son contenu ; d'ores et déjà, nous soulignons que tous les exégètes ne pensent pas que les deux versets par lesquels cet oracle se clôture visent le culte rendu à des dieux étrangers[171].

Quant au quiproquo que renferme l'argumentaire de Hadjiev et ses prédécesseurs, il réside dans le fait qu'ils reconnaissent que de nombreux liens syntaxiques, stylistiques et thématiques lient étroitement Am 8, 4–14 aux oracles d'Am 1 – 6, spécialement avec la quatrième et la cinquième vision qui l'encadrent, mais pourtant soutiennent que cet oracle présente une vision théologique nettement différente de celle de la prédication d'Amos[172] et qu'il est destiné à un public autre que les auditeurs de ce prophète[173]. Or, il n'est pas judicieux de s'appuyer sur le petit nombre de motifs qui, en réalité, fonde la particularité et l'originalité d'Am 8, 4–14, pour le taxer de texte inopportun[174]. En effet, il convient de rappeler qu'Amos n'était pas astreint d'employer les mêmes vocables et les mêmes motifs dans tous ses discours ; les oracles d'Am 1 – 6 présentent d'ailleurs entre eux des différences majeures de forme et de style. Par exemple, en Am 3, 1–15, le rappel de l'élection (Am 3, 1–2) est suivi des questions rhétoriques (Am 3, 3–8) qui débouchent subitement sur une dénonciation de l'oppression des pauvres par les autorités politiques (Am 3, 9–15). De même, en Am 4, 1–13, la critique acerbe

---

d'avancer qu'il est question de divinités étrangères. Quant à Hadjiev, il argue que la mention de Dan est en lien avec l'expression de Dan à Ber-Shéva, utilisée dans l'histoire deutéronomiste pour décrire les limites de la terre promise. Mais une telle interprétation semble exagérée. Hadjiev, T. S., *The Composition and Redaction of the Book of Amos*, p. 108.

171 Dans la traduction, nous relevions que, contrairement aux biblistes qui considèrent simplement les termes אַשְׁמָה et דֶּרֶךְ comme les noms de divinités étrangères, d'autres, tels Paul, Bovati et Meynet, donnent des explications pertinentes, nous incitant à postuler que le rejet de l'idolâtrie n'est pas en jeu dans ce texte, mais plutôt la critique de la perversion du culte rendu au Dieu d'Israël. Paul, Sh. M., *Amos*, p. 268 ; Bovati, P., Meynet, R., *Le livre du prophète Amos*, p. 328–329.

172 Hadjiev écrit dans ce sens : « The cumulative evidence presented above would suggest that in 8, 3–14 we have a unified redactional composition secondarily inserted into the visions report utilizing some-existing traditions, found mainly in the first part of the book of Amos (chs 1 – 6). The overall direction and concern of the passage is somewhat different from the preaching of Amos and indications for dating, inconclusive as they are, point to exilic period. Like some other passage in the book of Amos, identified so far, there is a fusion of Dtr and priestly terminology and concerns ». Hadjiev, T. S., *The Composition and Redaction of the Book of Amos*, p. 108.

173 Williamson estime qu'Am 8, 4–14 sert à expliquer et à justifier aux auditeurs judéens postérieurs, l'annonce de la fin en Am 8, 1–2 et la description de la destruction du sanctuaire en Am 9, 1–4. Williamson, H. G. M., « The Prophet and the Plumb-line », p. 119.

174 Maag perçoit un lien syntaxique entre Am 8, 6 et Am 2, 6, signe évident de la convergence du contenu de ce passage avec le discours d'Am 2, 6–16. Maag, V. , *Text, Wortschatz und Begriffswelt des Buches Amos*, p. 52.

contre les femmes de Samarie (Am 4, 1–3) est suivie d'une invitation inopinée à ne plus venir dans les sanctuaires de Béthel et Guilgal (Am 4, 4–5), d'un récit énumérant les catastrophes cosmiques accomplies par Dieu (Am 4, 6–12) et d'une doxologie (Am 4, 13). En définitive, les quelques particularités que présentent Am 8, 4–14 ne justifient pas que sa théologie soit tardive et diverge de celle de la critique sociale d'Am 1 – 6.

Dès lors, nous posons, dans la lignée de commentateurs, tels Noble[175], Möller[176], que dans la forme actuelle du livre d'Amos, Am 8, 4–14 occupe une place convenable et demeure incontournable pour une bonne compréhension de la quatrième et la cinquième visions (Am 8, 1–3 ; 9, 1–4) qui l'encadrent. En effet, les exactions qu'il présente dans ses toutes premières lignes (Am 8, 4–6) sont peaufinées et projetées durant l'observance du sabbat et de la nouvelle lune, servant de raisons supplémentaires aux jugements annoncés non seulement en Am 8, 3, mais également en Am 7, 9. De même, elles motivent le récit de la cinquième vision qui expose la destruction du temple sur ses occupants (Am 9, 1–4). L'insistance sur l'impatience des auteurs des exactions d'Am 8, 4–6 quant au

---

175 Noble estime que la connexion entre Am 8, 1–3 et Am 8, 4–6 s'établit aisément. Son raisonnement est le suivant : au lieu de corriger l'expression שִׁירוֹת הֵיכָל, comme le suggèrent des auteurs, tel Ottosson, qui soutiennent que le pluriel de שִׁיר (« chant ») n'est pas שִׁירוֹת mais plutôt שָׁרִים et que ce substantif est le sujet de הֵילִילוּ (« ils gémiront »), il faut considérer avec Paul que le hapax שִׁירוֹת est un « dialectal, féminin pluriel » de שִׁיר, désignant des « femmes chanteuses », et élargir la portée sémantique du terme הֵיכָל pour qu'il désigne et le palais royal et les maisons luxueuses. Il écrit : « [...] there is a natural progression of thought within 8:1–6 which parallels that of 7:7–17. Yahweh's general pronouncement of judgment in 8:2 becomes a more specific judgment bringing grief upon the wealthy in 8:3 ; then in the following oracle (8:4–6) the wealthy are shown to have made their money dishonestly and callously, by using deceptive measures and dealing harshly even with the poor and needy. God's punishment of them, therefore, is fully justified ». Noble, P. R., « Amos and Amaziah in Context », p. 433 ; Ottosson, M., הֵיכָל, hêkāl, *TDOT* 3 (1978), p. 282–288 ; Paul, Sh. M., *Amos*, p. 254–255.

176 Möller relève qu'Am 1 – 2 introduit la dénonciation des exactions des fils d'Israël ; cette accusation trouve son développement en Am 3 – 6 où le prophète profère des menaces et annonce la punition que le Seigneur leur infligera en son jour (Am 1 – 6). Dans cette phase, Amos est présenté comme plaidant sa cause ; pour montrer qu'il n'est ni un maniaque, ni un nationaliste judéen qui voudrait voir périr Israël, il tente d'intercéder pour écarter les malheurs (Am 7 – 8, 3) ; son intercession infructueuse (Am 7, 7–9) a occasionné l'incident de Béthel qui dévoile le refus du peuple d'écouter Dieu à travers son prophète. Celui-ci recentre alors la discussion en soulevant une nouvelle fois le problème prédominant de l'injustice sociale (Am 8, 4–6), insistant sur la mauvaise conduite des riches, avant d'entamer la longue liturgie de jugement qui est le sujet principal d'Am 8, 7 – 9, 10. Möller, K., *Prophet in Debate*, p. 137–138. Ce résumé révèle sans équivoque qu'Am 8, 4–14 n'est pas un élément inopportun ; dommage, toutefois que Möller scinde cet oracle en deux, en le limitant à Am 8, 4–6.

passage du sabbat et de la nouvelle lune pour acheter les pauvres, permet de lever le voile sur la raison ultime de la destruction du temple ainsi que sur l'identité de ses occupants, c'est-à-dire les victimes d'Am 9, 1–4. D'ailleurs, les questions rhétoriques sur le type de châtiment que mériteraient les coupables et la description explicite de ce que le jour du Seigneur sera pour eux (Am 8, 8–12) corroborent la sanction d'Am 8, 3, la rendent plus compréhensible et préludent à la scène d'Am 9, 1–4. Nous concluons donc en avançant qu'Am 8, 4–14 est assurément accordé à son contexte puisque, d'une part, il fait office de résumé, exposant les éléments essentiels de la critique sociale d'Amos (Am 1 – 6)[177] et les différentes annonces de la punition que le Seigneur infligera aux coupables et, d'autre part, il remplit une fonction délibérative, en servant de dernier procès révélant les quatre aspects différents de leurs crimes. L'analyse du contenu de cet oracle sera l'occasion de cerner davantage la nécessité de sa présence dans son contexte.

L'analyse du contenu d'Am 8, 4–14

Dans une très large mesure, l'analyse du contenu d'Am 8, 4–14 que la grande majorité des exégètes décompose en de petits oracles indépendants, étudiés isolément[178], dépend de sa prise en considération ou non comme un discours unifié. Sur la base du raisonnement pertinent élaboré par Stuart[179], nous posons qu'il est un discours harmonieux, introduit par la formule [180]שִׁמְעוּ־זֹאת, une invitation à l'écoute similaire de celles d'Am 3, 1 ; 4, 1 ; 5, 1, lesquelles ouvrent des oracles,

---

177 Smith souligne qu'Amos présente ici un résumé de ses sermons qu'il a proclamés à l'origine en Samarie, devant différents publics ; son assertion laisse néanmoins croire que ce message a été délivré en Juda, après l'expulsion d'Amos de Béthel, position défendue, entre autres, par Watts. Smith, G. V., *Amos*, p. 331 ; Watts, J. D. W., « Visions and Prophecy in Amos », p. 40–41.

178 Voir note 21–24.

179 Stuart souligne que ceux qui considèrent certains versets d'Am 8, 4–14 (v. 9–10 ; 11–12 ; 13–14) comme des oracles indépendants, oublient que Dieu annonce rarement une punition pour la rupture d'Alliance, sans fournir de preuves ou sans rappeler comment celle-ci a été rompue, ni ne prononce une promesse de restauration en raison du bon comportement de son peuple, sans d'abord l'avoir réprimandé ou puni. Il relève également que les oracles prophétiques de jugement sont toujours basés sur le mauvais comportement d'Israël. Or, les v. 9–10 ; 11–12 ; 13–14 ne comportent pas d'accusations, c'est-à-dire, d'énonciations de crimes et, en conséquence, ne sauraient être considérés comme des oracles. Stuart, G., *Hosea-Jonah*, 382–383.

180 Jeremias, pour lier coûte que coûte Am 8, 3 à Am 8, 4, soutient que la formule שִׁמְעוּ־זֹאת invite à écouter la condamnation d'Am 8, 3, plutôt que l'énoncé d'Am 8, 4–6, lequel ne présente que le portrait des auditeurs. Jeremias, J., *The Book of Amos*, p. 146. Une telle assertion est difficilement soutenable : d'une part, il est peu probable qu'une invitation à l'écoute soit mise à la fin de ce

renfermant plusieurs formes d'énonciations au contenu et au style très variés. Il est construit suivant le schème « accusation-sanction » et donc s'articule en deux parties intrinsèquement liées : d'abord, un acte d'accusation, Am 8, 4–8, dans lequel Amos dénonce des exactions que Dieu déclare solennellement ne jamais pouvoir oublier, puis interroge leurs auteurs sur les conséquences éventuelles de leurs crimes ; ensuite une annonce de sanction, Am 8, 9–14, énonçant une série de punitions que le Seigneur envisage d'infliger, en son jour, aux coupables. Dès lors, examinons successivement l'énoncé de chacune de ces deux parties qui s'imbriquent pour former un tout cohérent et très élaboré.

Le contenu d'Am 8, 4–8 comprend trois éléments essentiels. **Le premier** est l'acte d'accusation (Am 8, 4–6) qui contient deux énonciations : les paroles d'Amos (Am 8, 4) et celles des accusés qu'il cite pour appuyer les siennes (Am 8, 5–6). Les paroles d'Amos, l'acte d'accusation proprement dit, se réduisent à deux syntagmes, הַשֹּׁאֲפִים אֶבְיוֹן et לַשְׁבִּית עֲנִיֵּי־אָרֶץ. L'interprétation de הַשֹּׁאֲפִים אֶבְיוֹן est controversée parce que le sens du mot הַשֹּׁאֲפִים pose un problème. Dans la traduction du texte hébreu d'Am 8, 4, nous nous sommes inscrits dans la logique des biblistes qui considèrent que ce terme est le participe du verbe שׁאף (désirer ou convoiter) ; ainsi, nous maintenons qu'Amos accuse ses auditeurs de convoiter la personne du pauvre. Cette explication, bien que contraire à celle de nombreux exégètes qui comprennent הַשֹּׁאֲפִים comme le participe de שׁוּף et soutiennent que le prophète dénonce le fait de piétiner les pauvres, se trouve corroborée par les propos d'Am 8, 6 où les accusés affirment vouloir acheter le pauvre pour de l'argent et l'indigent pour une paire de sandales. Par contre, la compréhension de l'expression לַשְׁבִּית עֲנִיֵּי־אָרֶץ ne soulève aucune difficulté ; la majorité des commentateurs juge qu'Amos reproche à ses auditeurs de vouloir mettre fin à l'existence des misérables du pays.

Cette accusation qui rappelle celle d'Am 2, 7a[181], trouve son explicitation dans les paroles des coupables qu'Amos, selon son habitude[182], cite en Am 8, 5–6, verset fermement relié à Am 8, 4 par לֵאמֹר, un complétif impliquant que ce qui le suit éclaire et précise ce qui le précède. Leurs propos, rapportés sous la forme d'une interrogation directe grâce à l'emploi de la particule מָתַי, énumèrent une série de huit actions qu'ils envisagent d'accomplir, dès la fin de l'observance

---

qu'elle invite à écouter et, d'autre part, Am 8, 4–6 ne délivre pas que le portrait des auditeurs, il comporte aussi des actes d'accusation.

181 En Am 2, 7a, les moindres biens des pauvres, symbolisés par la poussière, sont convoités et tout recours à la justice leur est impossible ; cernés de toutes parts, leur vie apparaît sans issue et donc, ils sont condamnés à s'éteindre. Voir page 169.

182 Amos cite fréquemment les propos de ses auditeurs dans le but de mieux montrer leurs fautes et les accuser (Am 2, 13 ; 4, 1 ; 6, 13 ; 8, 14 ; 9, 10).

de la nouvelle lune et du sabbat. Les deux premières sont énoncées dans les deux propositions cohortatives d'Am 5a[183], שֶׁבֶר, וְנִשְׁבִּירָה (pour que nous vendions le grain) et וְנִפְתְּחָה־בָּר (pour que nous ouvrions le blé). Leur interprétation suscite des discussions sur l'identité réelle des interlocuteurs d'Amos : s'adresse-t-il à des possédants de denrées alimentaires faisant des prêts[184] ou à des commerçants pratiquant le trafic céréalier à grande échelle, ou bien encore à des petits commerçants des villages d'Israël[185] ? Ce débat sur la nature de l'activité commerciale pratiquée par les interlocuteurs d'Amos et sur les causes de la pauvreté des victimes nous éloigne de ce texte ; celui-ci décrit tout simplement des personnes qui s'impatientent de voir la fin de la nouvelle lune et du sabbat pour vendre du grain,

---

183 Joüon, P., *Grammaire de l'hébreu biblique*, 166c.

184 Dans un article publié en 1989, Kessler soutient que les accusés ne sont pas des commerçants ou des vendeurs de blé, mais plutôt des possédants de denrées alimentaires, lesquels, pour accorder des prêts aux nécessiteux, faussent les poids et les mesures dans l'intention de les mettre dans une situation d'insolvabilité, afin de pouvoir les réduire en esclavage ; la raison principale qu'il avance est qu'Amos ne parle pas d'argent. Kessler, R., « Die angeblichen Kornhändler von Amos VIII 4–7 », *VT* 39 (1989), p. 13–22.

185 Maints exégètes, tels Wolff, Jeremias, traduisent les deux propositions cohortatives par « que nous vendions des céréales » et par « que nous pussions offrir le blé à vendre », insinuant qu'Amos s'adresse à des personnes faisant le commerce de céréales. Sicre Diaz, lui, pense qu'il ne s'agit pas de responsables du commerce international ou d'autres grandes activités, mais plutôt de citoyens moyens qui mesurent et pèsent le produit qu'ils vendent ; il écrit : « Las acusaciones posteriores dejarán claro que este grupo anónimo está constituido por los comerciantes. Pero no se trata de los responsables del comercio internacional o de otras grandes actividades, sino del ciudadano medio que mide y pesa el producto que vende, maneja la balanza y hunde sus manos en el trigo y el salvado. No creo que podemos identificarlos planamente con los que atesoran violencias y crímenes en su palacio (3, 10) ». Sicre Diaz, J. L., « *Con los pobres de la tierra* » : *la justicia social en los profetas de Israel*, Madrid, Ediciones Cristiandad, 1984, p. 138. Bovati et Meynet qui jugent intéressante l'idée de Kessler, posent qu'il n'est pas nécessaire de parler de prêts et maintiennent que « ces possédants qui deviennent des vendeurs sont, très probablement, le roi d'Israël et la cours de Samarie, ces mêmes riches qu'Amos avait critiqués dans les oracles précédents ». Bovati, P., Meynet, R., *Le livre du prophète Amos*, p. 324. Leur proposition rejoint celle de Findler qui soutient que sont visés les aristocrates dénoncés dans les discours antérieurs d'Amos. Toutefois, certains de leurs postulats (en particulier celui qui soutient que le dénuement des pauvres serait dû à une famine causée par des calamités naturelles telles que la sécheresse, les maladies des plantes, l'invasion des sauterelles (Am 1, 2 ; 4, 6–7 ; 7, 4–6 ; 8, 13) ou à une guerre), contrastent avec les données sociopolitiques du contexte d'intervention d'Amos. En effet, ce dernier est intervenu pendant une période de stabilité politique (Am 6, 1–3), une période de prospérité et de paix où certains Israélites plantent des vignes de délices (Am 5, 11–12), se régalent de la chair de jeunes béliers et de veaux et se parfument avec de l'huile des prémices (Am 6, 4–6). Fendler, M., « Zur Sozialkritik des Amos : Versuch einer wirtschafts-und sozialgeschichtlichen Interpretation alttestamentlicher Texte », *EvTh* 33 (1973), p. 32–53.

en falsifiant les mesures, les poids et les balances, afin d'acheter les pauvres gens et les indigents. Trois remarques en découlent quant à leur identité : ils sont des possédants de grains, c'est-à-dire une catégorie de personnes opposée à celle des pauvres et des misérables, objets de leur convoitise ; ensuite, ils sont ceux qui, lors des célébrations des fêtes de la nouvelle lune[186] et du sabbat[187], ont leur esprit préoccupé par la vente de leurs stocks de blé et par la manière dont ils vont s'y prendre pour s'acquérir les pauvres[188]. Enfin, s'ils pratiquent des fraudes commerciales, les autorités politiques et judiciaires, chargées de faire appliquer la justice dans la fixation des prix, sont complices ; cette complicité est déjà manifeste dans l'acte d'accusations d'Am 5, 10–12 ; la même chose peut être dite des autorités religieuses puisque c'est pendant la célébration de la nouvelle lune et du sabbat que les accusés planifient leurs actions contre les pauvres. Nous retenons donc que le prophète vise à la fois les commerçants qui pratiquent le truquage et tous ceux qui le légitiment par leur silence approbateur parce qu'ils en bénéficient ; l'aspect criminel et la gravité des exactions qui leur sont reprochées résultent du fait que leurs auteurs leur donnent priorité sur l'observance de la nouvelle lune et du sabbat et, par conséquent, sur Dieu lui-même qui est honoré dans ces deux fêtes religieuses.

Les trois actions suivantes sont énumérées dans les trois propositions cohortatives indirectes d'Am 8, 5b לְהַקְטִין אֵיפָה (en diminuant l'épha), וּלְהַגְדִּיל שֶׁקֶל (en augmentant le shéqel) et וּלְעַוֵּת מֹאזְנֵי מִרְמָה (en faussant les balances trompeuses). Elles précisent que les possédants de céréales projettent de diminuer l'épha, l'unité utilisée pour mesurer le céréal[189], d'augmenter le shéqel ou le sicle[190] et de falsifier les balances pour les rendre trompeuses. En d'autres termes, ils comptent tromper leurs acheteurs par une apparence de légalité et d'équité entre le poids de

---

186 La nouvelle lune était un jour de fête marqué par des assemblées et célébrations solennelles (1S 20, 18. 24–25 ; 2R 4, 23 ; Os 2, 13).

187 Le sabbat, célébration de la pleine lune, était un jour de fête pendant lequel les transactions commerciales étaient interdites (2 R 4, 23 ; 11, 5–7. 9 ; Is 1, 13 ; Os 2, 13). Il n'est devenu une fête hebdomadaire qu'après l'exil qui a occasionné un bouleversement culturel. Tzevat, M., « The Basic Meaning of the Biblical Sabbath », *ZAW* 84 (1972), p. 447–459 ; Lemaire, A., « Le sabbat à l'époque royale israélite », *RB* 80 (1973), p. 161–185 ; Hallo, W. W., « New Moons and Sabbaths : A Case Study in the Contrastive Approach », *HUCA* 48 (1977), p. 1–18 ; Briend, J., « Sabbat », dans *DBS* 10 (1984), p. 1132–1170 ; Hasel, G. F., « Sabbath », dans *AncBD* 5 (1992), p. 849–856 (p. 849–850) ; Wénin, A., *Le Sabbat dans la Bible* (Connaître la Bible, 38), Bruxelles, Lumen Vitae, 2005.

188 Cette donnée pervertit la vente du blé qui, en soi, n'est pas un crime ; elle le devient et est dénoncée comme tel par Amos.

189 Sa capacité est égale à 39 ou 45 litres. Paul, Sh. M., *Amos*, p. 258.

190 Unité de poids équivalent à plus de 11 grammes et constituant le prix que l'acheteur doit payer pour s'acquérir une marchandise (Jr 32, 10). PAUL, Sh. M., *Amos*, p. 258.

la marchandise et celui de la somme que ceux-ci débourseront[191]. Ces pratiques, proscrites par les textes législatifs (Lv 19, 35–36 ; Dt 25, 13–15), déconseillées par les sages (Pr 11, 1 ; 20, 23), fustigées par les successeurs d'Amos comme étant abominables aux yeux de Dieu, et comme une cause de la dévastation sociale (Os 12, 8 ; Mi 6, 11 ; Ez 45, 10–11), sont une atteinte grave à la justice dont la perversion est vivement condamnée en Am 5, 7–10. Mais elles dénotent également un vice ou un péché capital, la cupidité[192], dénoncée en Am 4, 1–3 et en Am 6, 1–6, sous les formes de plaisir égoïste qui pousse à opprimer les pauvres et de satisfaction égoïste qui ignore le sort des indigents (Am 6, 6). Elles sont d'autant plus graves et impardonnables puisqu'elles sont peaufinées durant les fêtes de la nouvelle lune et du sabbat, les jours consacrés à l'écoute et à la méditation de la parole de Dieu.

Les trois dernières actions sont exposées en Am 8, 6, לִקְנוֹת בַּכֶּסֶף דַּלִּים (pour acheter les indigents pour de l'argent), וְאֶבְיוֹן בַּעֲבוּר נַעֲלָיִם (et le pauvre pour une paire de sandales) et וּמַפַּל בַּר נַשְׁבִּיר (et nous vendrons la criblure du blé). L'explication des deux premières ne suscite aucune discussion ; elles révèlent que l'ultime intention des interlocuteurs d'Amos est assurément de pouvoir acheter les pauvres gens à vil prix. Maints commentateurs soulignent qu'en faussant habilement les balances et en augmentant les prix (Am 8, 5b), les vendeurs de grains condamnent les nécessiteux à s'endetter auprès d'eux, dans l'intention de les réduire en esclavage pour leurs dettes non remboursées[193] ; aussi parviennent-ils à condamner leurs débiteurs à se vendre à eux pour une dette dérisoire dont le montant équivaut à celui d'une paire de sandales. En partageant le même verbe, קנה, les deux propositions parallèles indiquent sans ambages une dévalorisation croissante du pauvre : d'abord acheté pour une somme d'argent, il l'est ensuite pour une paire de sandales. Ces deux actions corroborent ainsi le premier reproche d'Am 8, 4 où le prophète fustige l'avidité de ses interlocuteurs envers les pauvres ; elles rappellent également les exactions d'Am 2, 6, où il dénonce la vente du juste pour une somme d'argent et l'échange du pauvre contre une paire de sandales. Même si certains biblistes jugent que ces deux crimes sont à l'opposé de celui dénoncé en Am 2, 6[194], l'énoncé d'Am 8, 6a dévoile immanquablement qu'Israël est devenu un vaste marché, où l'on vend et achète les pauvres qui sont dans l'incapacité d'échapper aux manœuvres de leurs impitoyables usuriers. Quant à la troisième action, quelques commentateurs proposent de la transférer à la suite

---

191 Bovati, P. Meynet, R., *Le livre du prophète Amos*, p. 325.
192 Motyer, A., *Amos, le rugissement de Dieu*, p. 153.
193 Kessler, R., « Die angeblichen Kornhändler von Amos VIII 4–7 », p. 20–21 ; Lang, B., « Sklaven und Unfreie im Buch Amos (II 6, VIII 6) », p. 484.
194 Jeremias, J., *The Book of Amos*, p. 148.

des exactions d'Am 8, 5b[195]. Sa mention à cet endroit n'est pourtant pas anodine ; en effet, même si vendre la criblure de blé peut être perçu comme une fraude commerciale[196], la dénonciation de ce crime à la fin des exactions touchant directement les pauvres, connote surtout que ceux-ci sont condamnés à s'éteindre parce qu'ils ne peuvent même plus se procurer la criblure du blé d'une moindre valeur nutritive, qui est, elle aussi, vendue dans les mêmes conditions de truquage que le grain pur. Cet acte répréhensible confirme le deuxième reproche d'Amos à ses auditeurs, les accusant de vouloir mettre fin à la vie des misérables. En définitive, les paroles des coupables citées par Amos prouvent qu'ils convoitent d'anéantir les pauvres gens (Am 8, 4) mais méprisent également Dieu qui est honoré le jour des fêtes religieuses où ils planifient leurs crimes.

Le deuxième élément d'Am 8, 4–8 est le serment irrévocable d'Am 8, 7 : נִשְׁבַּע יְהוָה בִּגְאוֹן יַעֲקֹב אִם־אֶשְׁכַּח לָנֶצַח כָּל־מַעֲשֵׂיהֶם (Le Seigneur le jure par l'orgueil de Jacob : « Je n'oublierai jamais toutes leurs actions »). L'interprétation de cette promesse solennelle énoncée sous forme d'une sentence irréversible est très discutée, principalement à cause de l'expression בִּגְאוֹן יַעֲקֹב (par l'orgueil de Jacob), qui n'est employée nulle part ailleurs dans ce livre ni dans la Bible[197]. Plusieurs hypothèses divergentes sont émises pour élucider cette expression unique. Certains exégètes, la prenant pour un attribut de Dieu similaire à בְּקָדְשׁוֹ (« par sa sainteté ») ou à בְּנַפְשׁוֹ (« par lui-même »), utilisés respectivement en Am 4, 2 ; 6, 8, soutiennent qu'elle implique que Dieu jure par son nom dans lequel Jacob met sa fierté[198] ; des biblistes comme Mays la rapprochent même de l'attribut divin נֵצַח יִשְׂרָאֵל (« la gloire d'Israël ») employé en 1S 15, 19[199].

D'autres, se fondant sur le Ps 47, 5 où גְּאוֹן יַעֲקֹב est mise en parallèle avec נַחֲלָתֵנוּ (« notre héritage »), maintiennent qu'elle désigne la nation d'Israël, expression de la fierté de Dieu[200]. D'autres encore, s'appuyant sur Jr 13, 9 où גָּאוֹן prend le sens de « péché », avancent qu'elle indique ironiquement le péché d'Israël, véritable

---

195 Wolff, H. W., *Joel and Amos*, p. 322, note h.

196 C'est le motif principal pour lequel certains commentateurs préconisent son transfert. Wolff, H. W., *Joel and Amos*, p. 322.

197 Une telle sentence se trouve en Is 22, 14 mais elle ne comporte pas la mention בִּגְאוֹן יַעֲקֹב. Habituellement, Dieu jure « par lui-même » (Am 6, 8 ; Is 45, 23) ou « par sa sainteté » (Am 4, 2) ; il jure également par « l'orgueil de son nom » (Mi 5, 3) ou par « sa main droite et par la force de son bras » (Is 62, 8), mais jamais par « l'orgueil de Jacob ».

198 Marti propose de rendre בִּגְאוֹן יַעֲקֹב par « aussi sûr que je suis l'orgueil de Jacob ». Marti, K., *Das Dodekapropheton erklärt*, p. 217 ; Andersen, F. I., Freedman, D. N., *Amos*, p. 808.

199 Mays, J, L., *Amos*, p. 145.

200 Jeremias, J., *The Book of Amos*, p. 148–149.

attitude que Dieu abhorre en 6, 8[201]. Wolff pense qu'elle peut aussi désigner le pouvoir de Dieu dont le symbole est le temple[202]. Bovati et Meynet, eux, décèlent une symétrie entre ladite expression et l'affirmation « ceux qui jurent par le péché de Samarie » d'Am 8, 14 et maintiennent qu'elle indique le temple, en l'occurrence, les sanctuaires du Nord et du Sud[203].

Nous nous situons dans la ligne de ceux qui jugent que נִשְׁבַּע יְהֹוָה בִּגְאוֹן יַעֲקֹב expose que Dieu jure par l'arrogance de Jacob, et ce pour plusieurs raisons. Tout d'abord, elle est un hapax propre à Amos. Ensuite, étant donné que גְּאוֹן יַעֲקֹב est également employé en Am 6, 8, son explication doit tenir compte de la signification qu'elle prend dans ce contexte. Or, en Am 6, 8 גְּאוֹן יַעֲקֹב se réfère à l'attitude de l'élite de la nation qui, au lieu de se fier au Seigneur, mise sur la montagne de Sion (Am 6, 1), se réjouit avec arrogance de la grandeur de leur nation en la classant comme premier des royaumes, se livre à l'orgie sans se préoccuper du sort de Joseph et s'attribue les victoires sur les autres territoires (Am 6, 2. 13).

Dans le contexte d'Am 6, 1–14 גָּאוֹן est synonyme du péché (orgueil) et יַעֲקֹב (Israël) désigne par synecdoque les coupables[204], comme Joseph le fait pour les victimes (indigents) en Am 6, 6. Dès lors, nous pensons que Jacob ne renvoie pas en soi à la nation toute entière mais à ceux qui se croient forts, qui osent ne plus compter sur Dieu et que l'orgueil est l'attitude hautaine de ceux-ci et de ceux qui manquent de compassion envers les pauvres. Nous pouvons déduire de cette observation qu'en reprenant cette expression dans cet oracle, Amos entend signifier à ses interlocuteurs que les crimes sont extrêmement graves au point de servir de base pour un serment divin. Autrement dit, en faisant reposer le serment de Dieu sur l'orgueil de ses auditeurs, Amos insiste davantage sur la gravité des exactions que ceux-ci planifient même les jours dédiés à la célébration de Dieu ; il donne ainsi la raison fondamentale pour laquelle Dieu n'oubliera jamais de telles actions.

Le troisième élément d'Am 8, 4–8 est l'interrogation du v. 8 dont la teneur est quasi identique à celle d'Am 9, 5b, raison pour laquelle elle est taxée soit d'oracle indépendant[205], soit d'interpolation inopportune[206]. En réalité, loin d'être intrusif, ce verset joue une fonction rhétorique primordiale. En effet, comme il

---

201 Fey, R., *Amos und Jesaja*, p. 37 ; Wolff, H. W., *Joel and Amos*, p. 328 ; Rudolph, W., *Joel-Amos-Obadja-Jona*, p. 264 ; Paul, Sh. M., *Amos*, p. 260.
202 Wolff, H. W., *Joel and Amos*, p. 328.
203 Bovati, P., Meynet, R., *Le livre du prophète Amos*. p. 321.
204 Jacob et Joseph sont des synecdoques qui prennent les parties pour le tout.
205 Wolff, W. H., *Joel and Amos*, p. 324 ; Jeremias, J., *The Book of Amos*, p. 149 ; Wood, J. R., *Amos in Song and Book Culture*, p. 78.
206 Wöhrle, J., *Die frühen Sammlungen des Zwölfprophetenbuches*, p. 109.

le fait habituellement[207], Amos questionne ses auditeurs sur les conséquences des exactions qu'il dénonce. Cette interrogation dévoile que leurs crimes ont des effets dévastateurs terribles pour eux-mêmes puisqu'ils provoqueront un chaos semblable à celui d'un tremblement de terre ; cette image, décrite par le verbe רגז au lieu du verbe מוג ou du substantif רַעַשׁ utilisés en Am 9, 5 et en Am 1, 1, certifie que les actions des coupables bouleversent l'harmonie sociale et, au-delà, celle de l'univers. Une nouvelle fois, le prophète notifie à ses auditeurs que les injustices sont des facteurs de dé-création et de ruine sociale, des actes absurdes qui emporteront leurs acteurs.

Le contenu d'Am 8, 9–14 s'articule en deux grandes énonciations débutant par וְהָיָה בַּיּוֹם הַהוּא נְאֻם אֲדֹנָי יְהוִה (Il arrivera en ce jour-là, oracle du Seigneur) et par הִנֵּה יָמִים בָּאִים נְאֻם אֲדֹנָי יְהוִה (Voici venir des jours, oracle du Seigneur), deux formules largement utilisées dans d'autres textes prophétiques – parfois, sous une forme abrégée בַּיּוֹם הַהוּא – pour annoncer des évènements qui se produiront à la fin des temps (Es 13, 9 ; 27, 1 ; Jr 7, 32[208] ; Za 14, 1. 6. 8).

La première énonciation énumère un certain nombre de changements que le Seigneur effectuera le jour où il interviendra contre les coupables pour rendre justice de leurs iniquités dénoncées en Am 8, 4–8. Deux d'entre eux, ceux rapportés dans le v. 9, concernent le bouleversement du cycle solaire et celui du temps : il fera coucher le soleil en plein midi et il enténèbrera la terre en plein jour ; maints commentateurs relèvent que ces deux évènements, déjà évoqués en filigrane dans les énoncés d'Am 5, 8. 18. 20, indiquent probablement l'éclipse du soleil, considérée dans l'Antiquité comme un phénomène redoutable[209] et un des principaux signes annonciateurs de la venue du jour du Seigneur, le juge souverain du ciel et de la terre (Es 13, 10 ; Jl 2, 10 ; 3, 4 ; 4, 15). Aussi, l'éclipse, signe du bouleversement céleste et signe prémonitoire de la disparition subite de la vie[210], renforce-t-elle

---

207 Am 2, 11 ; 3, 3–8 ; 5, 18. 25 ; 6, 2 ; 9, 7.

208 Dans le livre de Jérémie où l'expression הִנֵּה יָמִים בָּאִים est reprise plus d'une quinzaine de fois, elle n'introduit pas uniquement des annonces de malheurs, mais aussi des annonces de restauration (Jr 16, 14 ; 23, 5.7).

209 L'éclipse du soleil ou de la lune était perçue comme la manifestation de la colère des dieux ; pendant ces phénomènes, des cantiques de lamentation étaient chantés. Rudolph pense même qu'Amos fait référence à l'éclipse du soleil que les documents assyriens datent de 763. Rudolph, W., *Joel-Amos-Obadja-Jona*, p. 265. Paul estime qu'il ne s'y réfère pas mais annonce plutôt un évènement réel de type eschatologique. Paul, Sh. M., *Amos*, p. 262–263.

210 Bovati et Meynet soulignent qu'Amos ne présente pas l'éclipse comme un fait ayant en soi des effets mortels ; il l'annonce comme un signe prémonitoire, un symbole de la disparition subite de la vie, puisque le soleil, avec son apparition régulière, scande le rythme de la vie. Bovati, P., Meynet, R., *Le livre du prophète Amos*, p. 332.

celui de l'ébranlement de la terre[211], décrit dans la question rhétorique d'Am 8, 8, et met-elle davantage en exergue l'aspect sombre et redoutable du « jour du Seigneur », présenté plusieurs fois comme un jour de ténèbres et de fin de tous ceux qui pratiquent les injustices. Il en résulte que même le cosmos devient participant à l'épanchement de la colère du Seigneur[212]. Quatre autres changements, celui des fêtes[213] en deuil (אֵבֶל) et des chants en lamentation (קִינָה), l'imposition d'un sac sur tous les reins et celle d'une tonsure sur chaque tête sont cités en Am 9, 10 ; ils révèlent encore davantage que le « jour du Seigneur » sera effectivement un jour de deuil terrible.

En effet, ces données rappellent les rites funéraires pratiqués à l'occasion de la mort d'un Israélite (Am 5, 16 ; Es 15, 2 ; Jr 6, 26 ; Mi 1, 16). L'accent est mis sur l'ampleur de ces rites à travers le triple emploi de l'adjectif כל, dans les deux affirmations : וְשַׂמְתִּיהָ כְּאֵבֶל יָחִיד (et je l'imposerai comme le deuil d'un fils unique) et וְאַחֲרִיתָהּ כְּיוֹם מָר (et sa fin sera comme un jour d'amertume[214]). Le deuil d'un fils unique, également évoqué dans d'autres prophéties (Jr 6, 26 ; Za 12, 10), est vécu avec une extrême amertume parce que sa mort sape toute espérance de vie, toute possibilité d'avoir une descendance ; c'est un symbole du plus grand et du plus pénible de tous les malheurs qui puisse arriver à une famille de cette époque où l'enfant représentait non seulement l'espoir de la famille pour la postérité, mais aussi le soutien dans la vieillesse. Ainsi, l'énoncé de la première partie de la sanction certifie l'interrogation d'Am 8, 8, en brossant le tableau de la fin cruelle et tragique qui attend les interlocuteurs d'Amos (8, 4–8).

La seconde énonciation, Am 8, 11–14, s'inscrit dans la suite logique de la précédente. Tout d'abord, Amos annonce deux ultimes fléaux, la faim (רָעָב) et la soif (צָמָא) d'entendre les paroles de Dieu (שְׁמֹעַ אֵת דִּבְרֵי יְהוָה) que Dieu envisage d'envoyer pour anéantir les coupables (Am 8, 11–12). Ces calamités sont diversement interprétées : certains biblistes les mettent en rapport avec les catastrophes évoquées en Am 4, 6–8 et y voient une allusion aux plaies d'Égypte[215], d'autres les traitent comme des métaphores, désignant le désir sexuel et sa non-satisfac-

---

211 Les bouleversements de la terre et du soleil sont fréquemment présentés ensemble dans les oracles prophétiques annonçant la fin ou la venue du jour du Seigneur (Is 13, 10. 13 ; 24, 18–20. 21–23 ; Jr 4, 23–24 ; Jl 2, 10 ; 3, 3–4 ; 4, 15–16 ; Ab 3, 10–15).

212 Paul, Sh. M., *Amos*, p. 262.

213 Il peut s'agir des fêtes religieuses, des pèlerinages ou des réjouissances évoquées en Am 4, 1 ; 6, 4–6.

214 L'adjectif כל est employé pour exprimer l'amertume de la mort en 1S 15, 32 ; Is 38, 17 ; Rt 1, 20 ; dans Qo 7, 26, il s'applique à la femme mais toujours en comparaison avec l'amertume de la mort.

215 Jeremias, J., *The Book of Amos*, p. 150–151.

tion[216]. D'autres encore, en les lisant dans un cadre cultuel, à la lumière du refrain « mon âme a soif de Dieu, du Dieu vivant : quand pourrai-je entrer et paraître face à Dieu » du Ps 42, 3 ou du désir de Dieu exprimé dans le Ps 63, 2, considèrent que la faim et la soif renvoient au désir de la vie, laquelle vient de la bénédiction de Dieu. Ils soulignent ainsi que le peuple qui, lors de la fête des tentes, supplie Dieu de provoquer la pluie pour l'année suivante, exprimant ainsi son désir de vie, mourra-t-il de soif puisque Dieu n'exaucera plus sa demande. Ainsi la soif et la faim dont il est question proviendraient du refus de Dieu d'envoyer la pluie[217].

Ces explications sont ingénieuses ; cependant, le contexte offre des raisons solides permettant de poser que la soif et la faim de la parole de Dieu désignent métaphoriquement son retrait ou son silence et, plus particulièrement l'absence de la parole prophétique. La justification d'un tel postulat repose essentiellement sur l'énoncé d'Am 8, 12 dans lequel le prophète insiste sur la quête infructueuse de la parole de Dieu : les gens « tituberont d'une mer à l'autre » (וְנָעוּ מִיָּם עַד־יָם) et « erreront du nord au levant » (וּמִצָּפוֹן וְעַד־מִזְרָח יְשׁוֹטְטוּ)[218] à la recherche de cette parole, sans la trouver. Ce postulat s'explique aussi par l'attitude des coupables exposée en Am 8, 4–6, lesquels sont totalement absorbés par leurs stratégies frauduleuses et ne portent plus aucun intérêt à la parole de Dieu qui est lue et méditée durant les fêtes de la nouvelle lune et du sabbat. Il est également corroboré par les données du livre insistant sur des tentatives de réduction du prophète au silence (Am 2, 12 ; 5, 10), qui atteignent leur apogée en Am 7, 10–17. Enfin, il prouve que les incessantes invitations d'Amos aux coupables d'écouter la parole de Dieu sont restées vaines et infructueuses (Am 3, 1 ; 4, 1 ; 5, 1 ; 8, 1), si bien que Dieu a fini par se taire.

Ensuite, Amos présente la liste de ceux que le silence de Dieu fera succomber (Am 8, 13–14) ; les premières victimes sont les belles vierges et les jeunes gens (Am

---

216 Bovati et Meynet estiment qu'ils peuvent, soit signifier par mérisme, la totalité de la population, soit désigner, en raison du jeune âge des victimes (filles vierges et jeunes gens), le désir sexuel comme en Pr 5, 15–19 et en Ct 8, 2 et le non assouvissement de celui-ci comme en Os 2, 5 ; Jr 2, 25. Bovati, P., Meynet, R., *Le livre du prophète Amos*, p. 333.

217 Olyan, l'un des principaux défenseurs de cette hypothèse, souligne que les jeunes gens et les jeunes filles reprenaient en chœur les refrains des Ps 42, 3 ; 63, 2 pour rythmer leur danse, lors des solennités en Israël (Jr 31, 4. 13 ; Ps 148, 12). Olyan, S. M., « The Oaths of Am 8, 14 », dans Anderson, G. A., Olyan, S. M. (eds.), *Priesthood and Cult in Ancient Israel*, JSOTSup. 125, Sheffield, Sheffield Academic Press, 1991, p. 121–149. L'hypothèse n'est pas déterminante parce que le jeune âge des victimes n'implique pas qu'il s'agit du désir sexuel, il connote plutôt le deuil amer que suscite leur fin tragique (Am 8, 10).

218 L'expression מִיָּם עַד־יָם désigne habituellement « d'un bout de la terre à l'autre » (Ps 72, 8 ; Za 9, 10) ; utilisé en parallèle avec מִצָּפוֹן וְעַד־מִזְרָח, il signifie certainement « de la mer Morte à la Méditerranée ».

8, 13), une catégorie de personnes dont la disparition subite et tragique est aussi douloureuse que celle du fils unique susmentionnée, puisqu'elle connote aussi l'idée d'une fin totale. Leur mort subite rappelle le sort promis à Amacya (Am 7, 17) et aux hommes récrutés en Am 5, 1–3. Les secondes sont celles « qui jurent par le péché de Samarie en disant : vive ton Dieu, Dan ! » et « vive le chemin de Béer-Shéva ! » (Am 8, 14) ; ces personnes font-elles des serments à des divinités étrangères et doivent-elles être considérées comme des idolâtres ou bien, au contraire, adorent-elles de manière inacceptable le Dieu d'Israël dans les lieux de cultes qui lui sont dédiés ? Des exégètes, considérant que les appellations בְּאַשְׁמַת שֹׁמְרוֹן (« le péché de Samarie ») et דֶּרֶךְ בְּאֵר־שָׁבַע (« le chemin de Béer-Shéva ») sont des allusions à des noms de divinités étrangères, soutiennent que ces personnes sont des idolâtres, qui comptent sur d'autres dieux au lieu de se fier au Seigneur[219]. Les autres, ceux qui rendent דֶּרֶךְ par « le chemin », pensent qu'il s'agit des apostats qui jurent sur le chemin menant au sanctuaire où le culte de Dieu est célébré, comme le font aujourd'hui les musulmans en direction de la Mecque[220].

Cependant, ces interprétations isolent complètement Am 8, 14 de son contexte et le posent comme un corps étranger, sans aucun lien avec l'ensemble formé par Am 8, 4–13 et, *a fortiori*, avec tout le reste du livre centré sur les injustices et le formalisme cultuel. En effet, aucune donnée d'Am 8, 4–13 ne permet de penser, soit à des divinités étrangères, soit à des apostasies. Dès lors, pour statuer sur l'identité des victimes d'Am 8, 14, nous nous référons à Am 5, 5 où Dieu enjoint formellement aux coupables de ne plus le chercher à Béer-Shéva et dans les autres sanctuaires du pays. Même si Dan n'est pas cité dans cette injonction qui renforce l'invitation d'Am 4, 4–5 et qui prépare le rejet du culte sans justice d'Am 5, 21–27, elle révèle néanmoins que ceux qui commettent les injustices et vont dans les sanctuaires se rebellent contre Dieu et ne vivront pas. Or, dans cet oracle, précisément, les interlocuteurs d'Amos observent la nouvelle lune et le sabbat en peaufinant en même temps leur stratégie pour truquer et acheter les pauvres. Par conséquent, loin d'être des idolâtres, les victimes sont des individus qui se rendent coupables des exactions dénoncées en Am 8, 4–6 et qui, malgré tout, comptent sur la présence du Seigneur dans les sanctuaires, attitude déjà fermement condamnée en Am 2, 6 ; 4, 4–5 ; 5, 5. Quant aux deux lieux de cultes, Dan et Béer-Shéva, ils se situent respectivement à l'extrême Nord d'Israël et à l'extrême Sud de Juda, et représentent symboliquement, par là même, l'ensemble de

---

219 Barstad, H. M., *The Religious Polemics of Amos*, p. 163 ; Wolff, W. H., *Joel and Amos*, p. 332 ; Jeremias, J., *The Hook of Amos*, p. 15 ; Martin-Achard, R., *L'homme de Teqoa*, p. 87.
220 Les positions de Knabenbauer et de Driver résumées par Hoonacker vont également dans ce sens. Hoonacker, A. van, *Les douze petits prophètes*, p. 277.

ces lieux connus par les auditeurs d'Amos. L'indication שֹׁמְרֹון אַשְׁמַת (« le péché de Samarie »), renvoie à la convoitise envers les pauvres, doublée d'une hypocrisie religieuse. Ces éclaircissements évitent de disjoindre Am 8, 14 de son contexte et de le considérer comme un élément disparate ; ils permettent justement de déduire que les victimes sont les personnes à qui l'accusation d'Am 8, 4–6 est adressée, celles qui également sont visées par les oracles d'Am 1 – 6 où le culte sans justice est constamment décrit comme un fait que Dieu abhorre (5, 21–27).

Nous retenons donc qu'Am 8, 4–14 n'est ni une collection d'oracles indépendants datant de différentes époques, ni un passage véhiculant une vision théologique plus proche de la pensée deutéronomiste que celle des discours d'Am 1 – 6 ; au contraire, il se présente comme un texte unifié et bien articulé, récapitulant les quatre principales fautes reprochées aux coupables dans les différents oracles d'Am 2 – 6 et les diverses annonces concernant le renversement de la conception antique du jour du Seigneur. En effet, en Am 8, 4–14, le prophète dénonce la cupidité des possédants envers les pauvres ; il fustige leurs pratiques injustes et impitoyables qui condamnent les indigents et les nécessiteux à se vendre ou à se laisser acheter pour un prix dérisoire. Cette dénonciation rappelle incontestablement son tout premier discours adressé au fils d'Israël (Am 2, 6–16), mais aussi ceux d'Am 3, 9 – 6 dans lesquels il condamne l'oppression des indigents et l'extorsion de leurs biens (Am 3, 9–11 ; 4 ; 1 ; 5, 11–12), la perversion de la justice qui laisse le pauvre sans recours et sa vie sans issue (Am 5, 7. 12). En insistant sur le projet de ses auditeurs de vendre la criblure du blé dans les mêmes conditions de trucage que le grain pur, Amos démasque non seulement leur désir cupide de gain mais surtout leur manque de pitié, lequel est fermement condamné en Am 6, 6 et même dans les discours adressés aux Édomites, un peuple étranger (Am 1, 11).

De plus, en mettant l'accent sur l'impatience de ses interlocuteurs de voir passer la nouvelle lune et le sabbat, il fait subtilement apparaître l'autre grande dimension de la critique d'Am 2 – 6, le formalisme cultuel ou l'hypocrisie religieuse, vivement critiqué en Am 2, 8 ; 4, 4–5 ; 5, 5. 21–27 ; il révèle précisément que Dieu n'a plus sa place dans les cœurs et les esprits de ses interlocuteurs, portés davantage sur leurs affaires et que le temps qui lui est consacré devient un poids. Ce refus de Dieu (Am 2, 12. 5, 10) implique que ses auditeurs ont pris leur indépendance ontologique ; cette attitude orgueilleuse rappelle donc le discours d'Am 6, 1–14 où le prophète s'attaque à l'élite de la nation qui refuse de compter sur Dieu, se réjouissant avec arrogance de la grandeur de leur nation (Am 6, 2) et des importantes victoires acquises (Am 6, 13).

Ensuite, Am 8, 4–14 offre un développement complet des différentes proclamations concernant le jour du Seigneur et le sort des rebelles. Il décrit un jour de deuil national où les chants de lamentation s'élèveront de partout, où toutes les têtes seront rasées et où les vêtements funèbres seront portés par tous les habitants, certifiant et renforçant ainsi les différentes annonces faites dans les oracles précédents (Am 2, 13–16 ; 5 ; 6 ; 8, 3) et préludant celles qui suivent (Am 9, 5–6) ; il présente notamment une réponse graduelle et décisive aux interrogations d'Am 5, 18. 20, en dévoilant que le jour du Seigneur sera effectivement un jour de ténèbres, de deuil, d'amertume et de fin où les coupables n'attendront rien d'autre que la mort (Am 8, 9–14).

En outre, à travers les métaphores de la faim et de la soif d'entendre la parole de Dieu, qui dénotent que le retrait et le silence de Dieu seront la cause ultime de l'anéantissement des rebelles, Am 8, 4–14 permet de mieux comprendre la cinquième vision et la troisième doxologie qui exposent respectivement que Dieu ordonne la destruction du temple, sa résidence terrestre (Am 9, 1–4) et construit son palais dans le ciel (Am 9, 5–6).

Pour finir, ce message sert de discours de délibération précédent logiquement l'annonce de la démolition du sanctuaire. Am 8, 4–14 joue un rôle clé : il sert de discours délibératif du procès ouvert depuis Am 2, 6 contre ceux qui, parmi les fils, commettent des injustices taxées d'actes de rébellion contre Dieu, une délibération situant pour de bon la culpabilité des accusés et confirmant la sanction qu'ils encourent. Sa présence dans son contexte actuel n'est donc ni fortuite ni inopportune.

La place incontournable d'Am 9, 11–15

Communément appelé oracle de salut, Am 9, 11–15, qui, de par sa position, conclut le corpus, suscite toujours des débats entre les biblistes. Certains commentateurs, ceux qui s'inscrivent dans la perspective de Wellhausen, le premier à le qualifier « des roses et de la lavande », substituant inopportunément « le feu et le sang »[221], soutiennent que cet oracle est un complément dont la teneur contraste avec la prédication d'Amos. Une minorité d'entre eux avance qu'il a été incorporé au corpus durant le règne de Josias (640–609)[222] tandis que la majorité le considère comme un texte plus tardif, composé durant la période exilique ou postexilique par un rédacteur deutéronomiste d'origine judéenne[223], qui l'aurait inséré pour deux raisons : encourager ses contemporains en leur offrant un message d'espérance et rendre le message d'Amos applicable à la situation de Juda, pendant ou juste après l'exil[224]. Ils justifient leur position en se fondant sur trois types d'arguments bien présentés par Martin-Achard[225].

Le premier, d'ordre littéraire, pose que des expressions telles וַהֲרִסֹתָיו אָקִים, הִנֵּה יָמִים בָּאִים , כִּימֵי עוֹלָם, שַׁבְתִּי אֶת־שְׁבוּת, des motifs tels la construction et le colmatage des brèches (Am 9, 11), le changement de destin (Am 9, 14), et des métaphores telles que l'écoulement de moût des montagnes et la fonte des collines (Am 9, 13), appartiennent à la littérature prophétique tardive[226].

---

221 Wellhausen, J., *Die Kleinen Propheten*, p. 96.

222 Park, A. W, *The Book of Amos as Composed and Read in Antiquity*, p. 109–112.

223 Amsler, S., « Amos », p. 245 ; Wolff, H. W., *Joel and Amos*, p. 406 ; Martin-Achard, R., *Amos*, p. 66 ; Jeremias, J., *The Book of Amos*, p. 162 ; Rottzoll, D. U., *Studien zur Redaktion und Komposition des Amosbuchs*, p. 282–283 ; Hadjiev, T. S., *The Composition and Redaction of the Book of Amos*, p. 120. Wolff et Soggin soutiennent que cet oracle est tardif mais n'y décèlent pourtant aucune influence deutéronomiste. Wolff, H. W., *Joel and Amos*, p. 353 ; Soggin, J. A., *Il profeta Amos*, p. 32.

224 Coote, R. B., *Amos among the Prophets*, p. 110–134 ; Jeremias, J., *The Book of Amos*, p. 162 ; Wood, J. R., *Amos in Song and Book Culture*, p. 87.

225 Martin-Achard, R., *Amos*, p. 63–70.

226 Des commentateurs relèvent que les termes, les motifs et métaphores utilisés pour décrire la restauration d'Israël, sont tirés de divers passages du livre de Jérémie (Jr 1, 10 ; 30, 3 ; 31, 28 ; 32, 41 ; 45, 4), de celui d'Ezéchiel (Ez 28, 25–26 ; 34, 25–27 ; 36, 8–12) et qu'Am 9, 13 développe la même promesse que Jl 3, 18, un passage tardif. Kellermann, U., « Der Amos-Schluß als Stimme deuteronomistischer Heilshoffnung », *EvTh* 29 (1969), p. 169–183 ; Rottzoll, D. U., *Studien zur Redaktion und Komposition des Amosbuchs*, p. 276–279 ; Jeremias, J., *The Book of Amos*, p. 167–170 ; Hadjiev, T. S., *The Composition and Redaction of the Book of Amos*, p. 120–122.

https://doi.org/10.1515/9783110562743-029

Le deuxième est d'ordre historique ; il indique, d'une part, que « la hutte de David », avec ses brèches et ses ruines, ne correspond nullement à la situation d'Israël de l'époque d'Amos, mais plutôt à celle de Juda de la période exilique, après la chute de Jérusalem (587 av. J. C) et, d'autre part, que la mention « le reste d'Édom » n'est compréhensible que si elle est lue à la lumière de la campagne militaire menée par Nébucadnetsar, roi des Édomites au 8ème siècle, campagne à laquelle font allusion Jr 49, 7–22 ; Ez 25, 12 ; 35, 5[227].

Le troisième est théologique ou doctrinal ; il insiste sur le fait que le contenu d'Am 9, 11–15 s'oppose fortement aux différentes annonces de la fin irréversible promise aux coupables (Am 5, 18–20 ; 6, 8) ; Amos n'a pas subitement modifié diamétralement son message à la fin de son ministère, en promettant une grande prospérité et un bonheur paradisiaque à ceux qu'il a fermement condamnés à une mort inéluctable[228]. En fait, cette dernière raison cache une théorie antédiluvienne selon laquelle un prophète ne peut présenter à la fois des oracles de malheur et de bonheur[229].

D'autres biblistes, à la suite de Baumgartner[230], défendent l'authenticité d'Am 9, 11–15 et maintiennent qu'il est partie intégrante du message d'Amos[231]. Récusant les trois principaux arguments des partisans du groupe précédent, ils soulignent que le vocabulaire de cet oracle conclusif, notamment l'expression שְׁבְתִּי אֶת־שְׁבוּת, n'est pas exclusivement postexilique puisqu'elle n'exprime pas, dans ce contexte,

---

227 Martin-Achard, R., *Amos*, p. 63.

228 Certains auteurs, comme Lods, estiment même que la présence de cet oracle annihile tout ce qu'Amos a prêché avec conviction et vigueur : « Il me paraît impossible d'attribuer à Amos ce morceau (9, 8–15) qui a, par sa forme littéraire même, le caractère d'une correction et d'une restriction. Le prophète aurait détruit lui-même l'effet de ses menaces si, après avoir annoncé à chaque page de son livre un arrêt de mort irrévocable et définitif, il avait à la fin parlé d'un jugement qui n'atteindrait qu'une partie de la nation et serait suivi d'une ère de prospérité et d'agrandissement ». Lods, A., *Histoire de la littérature hébraïque et juive : depuis les origines jusqu'à la ruine de l'état juif (135 après J.-C.)*, Paris, Payot, 1950, p. 237.

229 Monloubou, L., « Amos », Col. 707.

230 Martin-Achard le qualifie d'un des plus grands et premiers défenseurs de l'authenticité d'Am 9, 11–15. Martin-Achard, R., *Amos*, p. 64.

231 Maag, V., *Text, Wortschatz und Begriffswelt des Buches Amos*, p. 241–247 ; Watts, J. D. W., *Vision and Prophecy in Amos*, p. 25–26 ; Reventlow, H. Graf, *Das Amt des Propheten bei Amos*, p. 90–94 ; Stuart, D., *Hosea-Jonah*, p. 397 ; Smith, G. V., *Amos*, p. 277–280 ; Finley, T. J., *Joel, Amos, Obadiah*, p. 319–328 ; Rudolph, W., *Joel-Amos-Obadja-Jona*, p. 285–286 ; Andersen, F. I., Freedman, D. N., *Amos*, p. 863–866 ; Paul, Sh. M., *Amos*, p. 288–289 ; Asen, B. A., « No Yes, and Perhaps in Amos and the Yahwist », *VT* 43 (1993), p. 433–441 ; Thompson, M. E. W., « Amos – A Prophet of Hope ? », *ExpTim* 104 (1992–1993), p. 771–776.

le retour de l'exil mais plutôt le changement de la destinée du peuple[232]. De plus, ils relèvent qu'omettre Am 9, 11–15 rend le message d'Amos singulier parmi les prophéties bibliques ou le place en dehors du courant des prophètes de son temps qui ont, systématiquement et de façon cohérente, équilibré le jugement de Dieu en annonçant la destruction et la restauration (Os 2, 1–3 ; 3, 5 ; Isa 3, 1–4, 6 ; 8, 16–22 ; 9, 1–7 ; 25, 6–12 ; 30, 19–26 ; Jr 3, 14–18 ; Mi 2, 1–11 ; 5, 1–4 ; 6–20)[233]. Ils soulignent également que le châtiment que les prophètes annoncent constitue une étape précédant la période de restauration, au moins pour le petit reste[234]. Enfin, ils estiment que soutenir que la teneur de cet oracle annihile le jugement de Dieu prononcé par Amos, et qu'il est l'œuvre d'un éditeur ultérieur, revient à admettre que ce rédacteur a pris la responsabilité de contredire ou de rectifier le message du prophète et qu'Amos est un faux prophète[235].

Ces raisons donnent à penser que la présence d'Am 9, 11–15 n'est pas fortuite ; aussi nous incitent-elles à réexaminer minutieusement son contenu dans le but de justifier qu'il est indispensable pour l'équilibre même de la prédication d'Amos. Comme pour les passages étudiés précédemment, l'analyse d'Am 9, 11–15 s'articulera en trois étapes. Tout d'abord, nous traduirons son texte hébraïque pour préciser la signification contextuelle des mots et expressions polémiques ; nous examinerons ensuite son rapport avec Am 9, 7–10 qui constitue son contexte antérieur, un passage que certains biblistes lui adjoignent volontiers et qui s'articule harmonieusement avec la cinquième vision ; nous scruterons enfin son contenu.

La traduction d'Am 9, 11–15

Divers éléments d'Am 9, 11–15 sont l'objet de traductions divergentes. Deux se trouvent en Am 9, 11, הַנֹּפֶלֶת et וַהֲרִסֹתָיו אֶת־פִּרְצֵיהֶן. Le terme הַנֹּפֶלֶת, le participe absolu féminin singulier du verbe נפל (tomber) au *qal*, est rendu par certains commentateurs, sans doute en raison de la mention du relèvement, au passé,

---

232 Monloubou, L., « Amos », Col. 707 ; les traducteurs de la *TOB* et les exégètes qui rendent שַׁבְתִּי אֶת־שְׁבוּת par « je change la destinée », se conforment à cette position.

233 Rendtorff, R., *Das Alte Testament. Eine Einführung*, Neukirchen-Vluyn, Neukirchener Verlag, 1983, p. 234 ; Hasel, G. F., *Understanding the Book of Amos*, p. 113 ; Dunne, J. A., « David's Tent as Temple in Amos 9:11–15 : Understanding the Epilogue of Amos and Considering Implications for the Unity of the Book », *WTJ* 73 (2011), p. 363–374 ; Cooper, K. R., « The Tabernacle of David in Biblical Prophecy », *BS* 168 (2011), p. 402–412.

234 Paul, Sh. M., *Amos*, p. 289.

235 Motyer, A., *Amos, le rugissement de Dieu*, p. 170–171 ; Andersen, F. I., Freedman, D. N., *Amos*, p. 863–864.

c'est-à-dire par « qui est tombé »[236]. Cette traduction préconisée par la Septante[237] et la Vulgate[238] implique que le prophète parle de la hutte de David comme un fait accompli avant le moment où il parle. Joüon, pour sa part, souligne que « le participe attributif, au contre du participe prédicatif, n'exprime par lui-même ni le temps ni l'aspect »[239], et opte pour le futur, « qui sera tombé ». D'autres biblistes le traduisent aussi au présent[240], « croulante » ou « qui tombe » ; nous préférons cette traduction qui respecte le temps du verbe et dénote qu'Amos parle de la hutte de David qui se désagrège ou tombe en désuétude. Une telle explication est appropriée à la notion de petit reste, évoqué en Am 9, 8 ; elle se justifie également par la mention du colmatage des brèches qui révèle que la destruction n'est pas encore totale. Enfin, elle permet de considérer ledit écroulement non pas comme un fait historique mais plutôt comme une métaphore symbolisant une société décadente. Quant au syntagme אֶת־פִּרְצֵיהֶן וַהֲרִסֹתָיו, la difficulté de sa traduction résulte essentiellement du fait que פִּרְצֵיהֶן (leurs brèches), le premier des deux substantifs, porte un pronom suffixe féminin pluriel tandis que הֲרִסֹתָיו (ses ruines), le second, est suivi d'un pronom suffixe masculin singulier se rapportant sans aucun doute au nominal סֻכַּת דָּוִיד, « la hutte de David ». Or, à quoi se réfère ce suffixe féminin pluriel ? Maints commentateurs, à la suite de Rosenmüller, se fondant sur le genre féminin du mot royaume en hébreu, soutiennent que ce suffixe se rapporte au royaume davidique dans son unité Israël-Juda[241] ; Nogalski, lui, pense qu'il désigne plutôt les multiples villes de l'Empire davidique, collectivement comprises comme « la hutte », en référence aux cités ruinées dont il est question en Am 9, 14[242]. Quant à Bovati et Meynet, ils s'inscrivent dans la perspective de Hakham, qui juge que ce suffixe

---

236 Hammershaimb souligne : « The participle could be translated ‹ falling ›, i.e. ready to fall down, but since there is a reference to raising it, it must here mean ‹ fallen › ». Hammershaimb, E., *The Book of Amos*, p. 140. Voir aussi : Andersen, F. I., Freedman, D. N., *Amos*, p. 885 ; Bovati, P., Meynet, R., *Le livre du prophète Amos*, p. 356.
237 Elle rend הַנֹּפֶלֶת par «πεπτωκυῖαν», un participe actif, accusatif, féminin singulier de πίπτω (tomber).
238 La Vulgate le traduit par « quod cecidit », littéralement, « qui est tombée ».
239 Joüon, P., *Grammaire de l'hébreu biblique*, 121i.
240 Hasel, G. F., *The Remnant : The History and the Theology of the Remnant Idea from Genesis to Isaiah*, AUMSR 5, Berrien Springs, Andrew University Press, 1980, p. 208 ; Hayes, J. H., *Amos – The Eighth-Century Prophet*, p. 224 ; Niehaus, J. J., « Amos », dans McComiskey, Th. E. (ed.), *The Minor Prophets An Exegetical and Expository Commentary*, Grand Rapids, Baker, 2008, p. 490.
241 Rosenmüller, E. F. C., *Scholia in Vetus Testamentum*, p. 267 ; Polley, M. E., *Amos and the Davidic Empire*, p. 198 ; Richardson, H. N., « *SKT* (Amos 9:11) : ‹ Booth › or ‹ Succoth › ? », *JBL* 92 (1973), p. 375–381 (p. 381) ; Stuart, D., *Hosea-Jonah*, p. 398–399.
242 Nogalski, J. D., « The Problematic Suffixes of Amos IX 11», *VT* 93 (1993), p. 411–417.

se rattache aux remparts du royaume, lesquels sont également au féminin en hébreu[243]. Dans un article paru en 2011, Dunne récuse ces différentes propositions et pose que le mot סֻכַּת désigne une entité collective ; il défend que ce suffixe se réfère aux habitants de Jérusalem[244] ; en réalité, son intention est de montrer que la mention « la hutte de David » est une synecdoque indiquant le temple de Jérusalem. Mais la majorité des commentateurs[245] s'inscrivent dans la logique de la Septante qui rend פִּרְצֵיהֶן et הֲרִסֹתָיו respectivement par « τὰ πεπτωκότα αὐτῆς » (ses brèches) et par « τὰ κατεσκαμμένα αὐτῆς » (ses ruines), accordant ainsi les pronoms suffixes avec le substantif « la hutte de David ». Nous privilégions cette traduction puisqu'en Am 4, 2 ce terme indique les fentes des murs du royaume par lesquelles les femmes (coupables) seront contraintes de sortir.

Deux autres éléments se trouvent en Am 9, 12 : le complément d'objet direct, אֶת־שְׁאֵרִית אֱדוֹם (le reste d'Édom) et la relative אֲשֶׁר־נִקְרָא שְׁמִי עֲלֵיהֶם (littéralement, « sur lesquels est prononcé mon nom »). En ce qui concerne le premier, la Septante suppose une erreur de copiste et substitue אֱדוֹם par אָדָם, le rendant par « οἱ κατάλοιποι τῶν ἀνθρώπων » (le reste des hommes), certainement dans l'intention d'en faire une proposition parallèle à כָּל־הַגּוֹיִם qu'elle traduit par «πάντα τὰ ἔθνη » (tous les peuples). Cependant, la majorité des exégètes respecte le texte massorétique et n'opère pas de substitution ; nous nous inscrivons dans cette ligne en le traduisant par « le reste d'Édom ». Quant au second, des biblistes, tels Andersen et Freedman, jugeant que ses antécédents ne sont ni כָּל־הַגּוֹיִם, ni שְׁאֵרִית אֱדוֹם, suggèrent qu'il soit considéré comme le sujet du verbe יִירְשׁוּ de la proposition לְמַעַן יִירְשׁוּ. Ils préconisent qu'Am 9, 12 soit traduit par « afin que ceux sur qui mon nom a été prononcé possèdent le reste d'Édom et toutes les nations » au lieu de celle habituellement reconnue, « afin qu'ils possèdent le reste d'Édom et toutes les nations sur lesquels mon nom a été prononcé »[246]. Nous considérons qu'il n'y a pas lieu d'opérer un tel renversement de l'ordre syntaxique d'Am 9, 12, la particule אֶת n'étant pas répétée, si bien que le reste d'Édom est régi syntaxiquement וְכָל־הַגּוֹיִם אֲשֶׁר־נִקְרָא שְׁמִי עֲלֵיהֶם comme une unique proposition.

---

243 Bovati, P., Meynet, R., *Le livre du prophète Amos*, p. 354.

244 Il se justifie en arguant qu'en Is 1, 8 ; 16, 5 ; 33, 20, Jérusalem est respectivement désignée comme כְּסֻכָּה בְכָרֶם (hutte dans une vigne), אֹהֶל דָּוִד (tente de David) et אֹהֶל בַּל־יִצְעָן (tente indémontable) et que le sujet du verbe יִירְשׁוּ, employé en Am 9, 12 désigne les habitants de cette ville. Dunne, J. A., « David's Tent as Temple in Amos 9:11–15 », p. 367.

245 Wolff, H. W., *Joel and Amos*, p. 350 ; Paul, Sh. M., *Amos*, p. 290 ; Garrett, D. A., *Amos*, p. 283.

246 Andersen, F. I., Freedman, D. N., *Amos*, p. 888 : « So that they may dispossess the remant of Edom and all the nation ».

Le dernier terme est présent en Am 9, 13 : תִּתְמוֹגַגְנָה. Il est à la forme *hithpolel*, de l'inaccompli, troisième personne du féminin pluriel du verbe מוג, employé au *qal* en Am 9, 5 où il signifie « trembler ». Étant à la forme réfléchie, nous le rendons par « fondront ».

Eu égard à ces précisions de sens, nous proposons la traduction suivante d'Am 9, 11–15 :

Texte hébraïque	Traduction
11 בַּיּוֹם הַהוּא	En ce jour-là,
אָקִים אֶת־סֻכַּת דָּוִיד הַנֹּפֶלֶת	Je relèverai la hutte croulante de David,
וְגָדַרְתִּי אֶת־פִּרְצֵיהֶן	Je réparerai ses brèches,
וַהֲרִסֹתָיו אָקִים	Je relèverai ses ruines,
וּבְנִיתִיהָ כִּימֵי עוֹלָם׃	Je la rebâtirai comme aux jours d'autrefois,
12 לְמַעַן יִירְשׁוּ אֶת־שְׁאֵרִית אֱדוֹם וְכָל־הַגּוֹיִם	Afin qu'ils possèdent le reste d'Édom et toutes les nations
אֲשֶׁר־נִקְרָא שְׁמִי עֲלֵיהֶם	sur lesquelles mon nom est proclamé,
נְאֻם־יְהוָה עֹשֶׂה זֹּאת׃	oracle du Seigneur, qui a fait cela !
13 הִנֵּה יָמִים בָּאִים נְאֻם־יְהוָה	Voici venir des jours, oracle du Seigneur,
וְנִגַּשׁ חוֹרֵשׁ בַּקֹּצֵר	où le laboureur suivra de près celui qui moissonne,
וְדֹרֵךְ עֲנָבִים בְּמֹשֵׁךְ הַזָּרַע	celui qui foule les raisins celui qui répand la semence,
וְהִטִּיפוּ הֶהָרִים עָסִיס	les montagnes ruisselleront de moût
וְכָל־הַגְּבָעוֹת תִּתְמוֹגַגְנָה׃	et toutes les collines fondront.
14 וְשַׁבְתִּי אֶת־שְׁבוּת עַמִּי יִשְׂרָאֵל	Je changerai le sort de mon peuple Israël,
וּבָנוּ עָרִים נְשַׁמּוֹת וְיָשָׁבוּ	ils rebâtiront les villes dévastées et les habiteront
וְנָטְעוּ כְרָמִים וְשָׁתוּ אֶת־יֵינָם	ils planteront des vignes et boiront le vin,
וְעָשׂוּ גַנּוֹת וְאָכְלוּ אֶת־פְּרִיהֶם׃	ils cultiveront des jardins et en mangeront les fruits.
15 וּנְטַעְתִּים עַל־אַדְמָתָם	Je les planterai sur leur terre,
וְלֹא יִנָּתְשׁוּ עוֹד מֵעַל אַדְמָתָם	ils ne seront plus arrachés de leur terre
אֲשֶׁר נָתַתִּי לָהֶם	que je leur ai donnée,
אָמַר יְהוָה אֱלֹהֶיךָ׃	dit le Seigneur ton Dieu !

Après la traduction d'Am 9, 11–15, essayons d'établir son lien avec Am 9, 7–10, son contexte antérieur immédiat.

Le lien de continuité entre Am 9, 11–15 et Am 9, 7–10

Bien qu'Am 9, 11–15 soit un oracle entier, il s'inscrit néanmoins dans un ensemble incluant Am 9, 7–10, un discours situé en son amont et fermement relié à la troisième doxologie[247], elle aussi bien accordée à la cinquième vision. Ce lien ou cette unité entre Am 9, 7–10 et Am 9, 11–15, toujours nié par certains commentateurs[248], est de plus en plus défendu[249] même par ceux qui considèrent ce dernier passage comme une glose tardive. Outre les liens syntaxiques, Hadjiev relève[250] qu'en annonçant à la fois l'anéantissement total du royaume pécheur et la destruction partielle de la maison de Jacob, Am 9, 7–8 crée une tension ou une contradiction qui trouve son dénouement en Am 9, 11–15 ; il soutient également qu'Am 9, 9–10 développe l'énoncé d'Am 9, 7–8 tandis qu'Am 9, 11–15 explicite celui d'Am 9, 8b. Aussi conclut-il que ces liens révèlent que le rédacteur d'Am 9, 8b. 11–15a s'est servi des matériaux d'Am 9, 7–8a et d'Am 9, 9–10 pour former une unique section conclusive[251]. Cette déduction rappelle celle de

---

247 Dans l'étude de la troisième doxologie, nous avons souligné que l'universalité et la souveraineté de Dieu qu'elle exalte trouvent un prolongement dans le discours d'Am 9, 7–10, où le prophète présente Dieu comme celui qui préside à l'histoire de toute l'humanité (Am 9, 7), qui ne confond pas les coupables avec les justes (Am 9, 8–9). Voir : p. 244–245.

248 Ils jugent qu'Am 9, 7–10 et Am 9, 11–15 sont deux textes indépendants, issus de mains différentes. Cripps, R. S., *A Critical and Exegetical Commentary of the Book of Amos*, p. 67 ; Kapelrud, A. S., *Central Ideas in Amos*, p. 56 ; Nogalski, J. D., *Literary Precursors to the Book of the Twelve*, p. 112. Leur point de vue est remis en cause par les chercheurs récents, tel Möller qui pose que sans Am 9, 7–10, spécialement Am 9, 8, le discours de jugement d'Amos devient impertinent et non indispensable. Möller, K., *A Prophet in Debate*, p. 145.

249 Andersen, F. I., Freedman, D. N., *Amos*, p. 895–896 ; Sweeney, M. A., *The Twelve prophets*, p. 270–273.

250 Il souligne qu'en Am 9, 7–10 tout comme en Am 9, 11–15, Dieu parle à la première personne et s'adresse à Israël, désigné par la troisième. Comme Andersen et Freedman, il note que les occurrences de certaines expressions telles מֵעַל פְּנֵי הָאֲדָמָה et מֵעַל אַדְמָתָם présentes en Am 9, 8 et en Am 9, 15, כָּל־הַגּוֹיִם, employées en Am 9 et en Am 9. 12, עַמִּי en Am 9, 10 et עַמִּי יִשְׂרָאֵל en Am 9, 14. Il pense aussi que certains motifs tels que la relation entre Israël et les nations (Am 9, 7. 12) et l'opposition entre Jacob et Edom, constituent des éléments syntaxiques impliquant que les deux passages sont liés. Hadjiev, T. S., *The Composition and Redaction of the Book of Amos*, p. 122–123 ; Andersen, F. I., Freedman, D. N., *Amos*, p. 897.

251 Hadjiev, T. S., *The Composition and Redaction of the Book of Amos*, p. 123 : « Vv 7–8 present the reader with a contradiction : Yahweh destroyed the sinful kingdom (7–8a) but he will not destroy the sinful Jacob (8b). The tension created by this contradiction is resolved in vv. 9–15. The house of Jacob is shaken among the nations and the sinners are killed by sword (9–10) but then it is reconstituted (11–15). So paradoxically it is both destroyed and continues to exist. Both 9–10 and 11–15 are important in the answer to the contradiction, introduced by vv 7–8. Vv 9–10 develop 7–8a while vv 11–5 develop 8b. ». Cette déduction nous semble peu pertinente parce qu'aucune

Wolff[252], Wood[253] et surtout de Dunne[254], Rudolph et Paul qui soulignent ce lien de continuité en arguant qu'Am 9, 11–15 dépeint l'avenir heureux promis à ceux qu'épargnera le châtiment divin (Am 9, 7–10)[255].

Dans cette perspective, nous considérerons qu'Am 9, 1–15 est étroitement lié à Am 9, 7–10 et, au-delà, au reste du livre. En effet, cet oracle est introduit par la formule בַּיּוֹם הַהוּא qui est la même employée en Am 2, 16 ; 8, 3. 9. 13 pour désigner précisément le jour où Dieu interviendra pour punir les coupables. Son usage implique inéluctablement que les promesses divines dont elle ouvre l'énumération, c'est-à-dire le relèvement de la « hutte de David » (Am 9, 11–12), la prospérité du peuple et son implantation perpétuelle sur sa terre (Am 9, 13–15), se réaliseront également au « jour du Seigneur », moment où Dieu passera son peuple au crible pour séparer les coupables, dont les paroles révèlent l'illusoire assurance d'échapper au malheur (Am 6, 1. 13 ; 9, 10), des innocents. Du point de vue synchronique, בַּיּוֹם הַהוּא se rapporte donc au jour du jugement décrit en Am 9, 8–10[256], jugement qui ne frappera que les coupables, ceux qui sont persuadés d'être hors

---

donnée probante ou consensuelle ne justifie qu'Am 9, 8b. 11–15 aient été rédigés par un rédacteur différent de celui d'Am 9, 7–8a.

252 Wolff, qui considère Am 9, 11–15 comme une interpolation tardive, ne conteste pas qu'il soit étroitement relié à Am 9, 7–10, son contexte antérieur. Wolff, H. W., *Joel and Amos*, p. 34–9-352.

253 Il souligne qu'Am 9, 7–15 est une unité développant le thème central d'Am 9, 1–6. Il relève également que la souveraineté de Dieu sur le cosmos (Am 9, 1–6), sa détermination à exterminer tous ceux qui officient à Béthel (Am 9, 1–4) et ses propos sur le Nil d'Egypte (Am 9, 5b) anticipent l'annonce de la domination du Seigneur sur les nations (Am 9, 7), le rappel de la sortie d'Israël d'Egypte (Am 9, 7b), l'annonce du tri des pécheurs et de leur mise à mort par l'épée (Am 9, 8–10). Il note enfin que l'assertion sur le passage d'Israël au crible (Am 9, 9) et l'extermination des pécheurs préludent à la restauration d'Israël et de Juda. Wood, R. R., *Amos in Song and Culture*, p. 86–96.

254 Il insiste et montre qu'il est important de reconnaître que les destinataires des bénédictions d'Am 9, 11–15 sont un reste repentant et non pas la nation entière. « In fact, Amos 9:8 contains the promise that the house of Jacob will not be utterly destroyed, which anticipates the oracle of restoration in 9:11–15. It is important to recognize that the recipients of blessing are a repentant remnant and not the whole nation, so the allegation of inconsistency is unwarranted ». Dunne, J. A., « David's Tent as Temple in Amos 9:11–15 », p. 368.

255 Rudolph, W., *Joel-Amos-Obadja-Jona*, p. 286 ; Paul, Sh., M., *Amos*, p. 289.

256 Sweeney, M. A., *The Twelve Prophets*, p. 273 : « The passage is introduced by the bayyôm hahû, which relates to the time of the punishment outlined in Am 9, 9–10 ». Tanner abonde dans le même sens : « The opening phrase ‹ in that day › places the following scene in the indefinite future. This is often used of a time of judgment, sometimes in regard to the day of the LORD, occasionally in reference to God's restoration work, but at other times as merely transitional with no specific time in view. In the present context, it moves the scene beyond feat described in the preceding verses ». Tanner, J. P., « James's Quotation of Amos 9 to Settle the Jerusalem Council Debate in Acts 15 », *JETS* 55/1 (2012), p. 65–85 (p. 67).

d'atteinte ; dès lors cette formule introductive révèle que les évènements d'Am 9, 11–15 et ceux d'Am 9, 9–10 se dérouleront concomitamment. En conséquence, il est logique de poser que la restauration concerne uniquement le petit reste (Am 9, 8), ceux qui seront épargnés après le tri opéré par Dieu[257] ; le sort des coupables est clairement dévoilé, « ils mourront par l'épée », alors que celui des victimes reste inconnu. Autrement dit, la promesse du rétablissement de la tente de David et le changement de la destinée du peuple présupposent l'idée du petit reste (Am 9, 8) et assurément celle du tri (Am 9, 9) ; aussi, l'énoncé d'Am 9, 7–10 et celui d'Am 9, 10–15 dépendent-ils l'un de l'autre.

Une ultime raison inédite justifie le lien entre Am 9, 11–15 et Am 9, 7–10. En Am 9, 7, Dieu, au travers de questions adressées aux coupables, se présente comme celui qui a fait monter les Philistins de Kaftor et les Aram de Qir et établit un parallèle entre ses deux migrations et la sortie des fils d'Israël d'Égypte. Cette auto-présentation a trois fonctions rhétoriques : **la première** est de notifier aux rebelles qu'ils se bercent d'illusions en se fondant sur l'alliance et en pensant que l'intervention de Dieu, lorsqu'elle surviendra en son jour, sera toujours en leur faveur (Am 5, 18 ; 6, 3 ; 9, 10). **La seconde** est de révéler l'universalité de Dieu, c'est-à-dire de montrer qu'il exerce son autorité sur toutes les nations et préside à la destinée de tous les peuples. Quant à **la troisième**, elle dévoile que Dieu intervient pour changer le sort de tous ceux qui sont en situation d'aliénation ou d'oppression, comme il a agi contre les Égyptiens en tirant les fils d'Israël de leur situation d'esclavage. Informé de la teneur d'Am 9, 7, le lecteur présume une intervention inéluctable de Dieu contre les coupables qui entretiennent sur la terre qu'il leur a donnée une situation analogue à celle d'Égypte. Il présume également un avenir meilleur pour les victimes que Dieu aura libérées des mains de leurs bourreaux.

En définitive, Am 9, 11–15 est la suite logique d'Am 9, 7–10, un discours qui manifeste l'ultime jugement équitable de Dieu, scelle la fin irrévocable des mauvais et annonce la survie des bons. Dès lors, nous maintenons, avec Hoonacker, que la promesse de restauration d'Am 9, 11–15 « se rattache naturellement à l'assurance donnée aux v. 8b-10 que les bons seront préservés »[258]. Ainsi, soutenir qu'Am 9, 11–15 contraste avec le reste de la prédication d'Amos, revient à admettre que le motif du petit reste n'a pas sa place dans ce livre. Une telle idée isole complètement Amos du courant prophétique d'Israël et remet en cause l'authenticité de sa vocation puisque la mission du prophète n'est pas avant tout de proclamer

---

257 Même Jeremias, qui est persuadé qu'Am 9, 7–15 comprend trois sections issues d'origines diverses, reconnaît que les promesses exposées en Am 9, 11–15 présupposent la séparation entre les coupables et les innocents (Am 9, 8–10). Jeremias, J., *The Book of Amos*, p. 162.
258 Hoonacker, A. van, *Les douze petits prophètes*, p. 282.

la condamnation inconditionnelle de ses auditeurs mais de les inviter à la conversion. L'analyse du contenu de cet oracle permettra de lever l'équivoque sur ses destinataires et de mieux comprendre que ses annonces concernent assurément le petit reste.

L'analyse du contenu d'Am 9, 11–15

Ce passage se subdivise en deux parties[259], débutant par בַּיּוֹם הַהוּא et הִנֵּה יָמִים בָּאִים נְאֻם־יְהוָה, deux formules traditionnelles de l'annonce de temps nouveaux successivement utilisées en Am 2, 16 ; 8, 3. 9.13 et en Am 4, 2 ; 8, 11.

La première, la moins longue, s'étend sur deux versets (v. 11–12) exposant chacun une promesse inconditionnelle solennellement prononcée par le Seigneur. Il est important de s'arrêter sur chacune de ces deux promesses dont l'interprétation est controversée.

La promesse d'Am 9, 11 concerne la restauration de la סֻכַּת דָּוִיד הַנֹּפֶלֶת (« la hutte croulante de David »). Les exégètes ne s'accordent guère sur la réalité que désigne le syntagme סֻכַּת דָּוִיד, qui n'apparaît nulle part ailleurs dans l'Ancien Testament[260]. Certains, ceux qui tiennent Am 9, 11–15 pour un complément additionnel, considèrent que l'image de la hutte croulante de David avec ses brèches et ses ruines ne correspond pas à la situation d'Israël mais plutôt à celle de Juda[261] ou à celle de sa capitale, Jérusalem, dévastée par l'armée babylonienne[262]. Cependant, une telle explication contredit les données textuelles présentant Amos comme un prophète, envoyé pour parler uniquement à Israël (Am 1, 1 ;

---

259 Amsler, considère que chacune de ces deux parties constitue en soi un oracle indépendant. Amsler, S., « Amos », p. 245 ; Bovati et Meynet le divisent en trois parties (Am 9, 11–12, Am 13–14 et Am 9, 15). Bovati, P., Meynet, R., *Le livre du prophète Amos*, p. 358–359.

260 Des expressions telles אֹהֶל דָּוִד employée en Is 16, 5 et בֵּית דָּוִד, fréquemment utilisée dans le livre de Samuel, désignent le royaume de David (2S 3, 1. 6) ou la dynastie de David (2S 2, 7. 11).

261 Ils arguent, d'une part, qu'Amos est intervenu au moment où Israël jouissait d'une stabilité politique et d'une grande prospérité économique marquée par la construction des palais luxueux, et qu'en conséquence l'image d'une nation ne saurait être appliquée à ce royaume, et d'autre part, qu'Édom, visée par d'autres oracles prophétiques (Is 63, 1–6 ; Ez 32, 29 ; Ma 1, 3–4), est mentionnée en Am 9, 12 parce qu'elle avait pillé Jérusalem après l'intervention babylonienne. Hoonacker, A., van, *Les douze petits prophètes*, p. 282–283 ; Mays, J. L., *Amos*, p. 164 ; Martin-Achard, R., *L'homme de Teqoa*, p. 96–97.

262 Wolff, H. W., *Joel and Amos*, p. 353 ; Jeremias, J., *The Book of Amos*, p. 150–151 ; Ádna, J., « James › Position at the Summit Meeting of the Apostles and the Elders in Jerusalem (Acts 15) », dans Ádna, J., Kvalbein, H. (eds.), *The Mission of the Early Church to Jews and Gentiles*, WUNT 127, Tübingen, Mohr Siebeck, 2000, p. 125–161 (p. 152).

7, 14–15) ; en outre, admettre cette interprétation reviendrait à accepter qu'Am 9, 11–15 soit l'œuvre d'un rédacteur qui a pris sur lui la responsabilité de rectifier, voire de contredire, le sombre message d'Amos en lui ajoutant une note d'espérance, ce qui paraît très peu probable. D'autres, ceux qui lisent Am 9, 11–12 à la lumière d'Ac 15, 16–18[263], jugent que la סֻכַּת דָּוִיד rappelle la tente que David avait construite pour abriter l'arche de l'alliance et soutiennent ainsi que la hutte tombante de David doit être identifiée au temple de Jérusalem[264]. Mais, si cette interprétation était admise, il serait difficile d'expliquer pourquoi Amos parlerait du temple de Jérusalem alors qu'il n'a exercé son ministère qu'en Israël ; Dunne lui-même reconnaît que la signification de la סֻכַּת דָּוִיד dans Ac 15, 16–18 n'est pas celle du contexte du livre[265]. D'autres encore, tel Richardson, sont persuadés que cette expression se rapporte à la סֻכּוֹת, la cité transjordanienne où Jacob s'était établi après sa rencontre avec son frère Esaü (Gn 33, 17), cité présentée comme une base d'opérations indispensables pour David (2S 11, 11 ; 1R 20, 12. 16) ; pour eux, la reconstruction de cette ville préluderait au réta-

---

263 Dans le livre des Actes qui cite la version de la Septante, laquelle interprète Am 9, 11–12 dans une perspective universaliste, la hutte de David est assimilée à la communauté de croyants de Jérusalem, qui doit s'ouvrir aux gentils.

264 Linski, l'un des plus fervents partisans de cette hypothèse, écrit : « The tabernacle of David cannot be ‹ the house of David, › David's descendants either in general are as a royal line. Σχηνή is never employed in that sense ». Lenski, R. C. H., *The Interpretation of the Acts of the Apostles 15 – 28*, Minneapolis, Augsburg Fortress Press, 1934, p. 609 ; Kaiser, W. C. J., *The Uses of the Old Testament in the New*, Chicago, Moody, 1985, p. 188 ; Nägele, S., *Laubhütte Davids und Wolkensohn : Eine auslegungsgeschichtliche Studie zu Amos 9,11 in der jüdischen und christlichen Exegese*, AGJU 24, Leiden, Brill, 1995, p. 193–197 ; Rubenstein, J. L., « The Symbolism of the Sukkah : Part 1 », *Jdm* 43 (1994), p. 371–387 ; Witherington III, Ben, *The Acts of the Apostles : A Socio-Rhetorical Commentary*, Grand Rapids, Eerdmans, 1998, p. 19 ; Barnett, P., *Jesus and the Rise of Early Christianity*, Downer's Grove, InterVarsity, 1999, p. 288–292 ; Beale, G. K., *The Temple and the Chunks Mission : A Biblical Theology of the Dwelling Place of God*, Downer's Grove, InterVarsity, 2004, p. 232–244 ; Cooper, K. R., « The Tabernacle of David in Biblical Prophecy », p. 404. Nombre de ces auteurs notent que סֻכַּת provient de *sukku*, terme akkadien pour désigner le sanctuaire et voient dans le redressement de la « hutte de David » l'annonce de la venue du médiateur royal parfait qui rassemblera de nouveau le peuple de Dieu, peuple issu de différentes nations. Quelques partisans de cette explication, se fondant sur le rôle sacrificateur du roi (1R 12, 32 ; Lv 23, 33–34 ; 32, 1–2) et sur des passages qui annoncent le roi messianique assis sur le trône placé à l'intérieur de la hutte de David (Is 4, 5–6 ; 32, 1–2 et Is 16, 5), situent Am 9, 11–15 dans le contexte de la fête des tentes. Ils exposent même que la restauration de la hutte de David impliquerait l'envoi d'un médiateur royal parfait. Motyer, A., *Amos, le rugissement de Dieu*, p. 171 ; Cooper, K. R., « The Tabernacle of David in Biblical Prophecy », p. 411.

265 Dunne, J. A., « David's Tent as Temple in Amos 9:11–15 », p. 365.

blissement de l'empire davidique[266]. Cette proposition est récusée par maints exégètes[267].

Mais l'explication la plus couramment admise, voit dans l'expression סֻכַּת דָּוִיד une référence à la dynastie de David et, au-delà, à son royaume dans son unité primitive Juda-Israël[268]. Ses partisans, la plupart des biblistes qui défendent l'authenticité d'Am 9, 11–15, soutiennent que Dieu annonce le rétablissement du royaume de David, réduit à une simple hutte, dans l'ampleur de sa domination sur les peuples voisins[269] ; ils considèrent que le terme הַנֹּפֶלֶת fait allusion au schisme ayant donné naissance aux royaumes d'Israël et de Juda[270]. Cette interprétation nous paraît pertinente parce qu'elle permet d'éviter de considérer Am 9, 11–15 comme un élément anachronique et de prendre l'idéal davidique qu'implique incontestablement cette promesse de restauration, pour un concept tardif datant de l'époque de l'exil[271]. Cependant, ses adeptes, en référant le participe

---

266 Richardson, H. N., « SKT (Amos 9:11) : ‹ Booth › or ‹ Succoth › ? », p. 381.

267 Hasel, F. G., *The Remnant*, p. 208 ; Dunne, J. A., « David's Tent as Temple in Amos 9:11–15 », p. 367.

268 Cette interprétation à connotation messianique est également celle de textes de Qumran dans lesquels Am 9, 11 est cité en lien avec 2S 7, 10–14 et avec d'autres textes bibliques (Ex 15, 17–17 ; Is 8, 11 ; Ez 37, 23 ; Ps 1, 1 ; Ps 2, 1) pour commenter les Ps 1 - 2. Voir principalement : *4QFlorilegum* (174), 1, 12–13), dans Allegro, J. M., « Fragments of a Qumran Scroll of Eschatological Midrasim », *JBL* 77 (1958), p. 350–354 (p. 353) ; García Martinéz, F., Tigchelaar, E. J. C., The Dead Sea Scrolls Study Edition, 1Q1–4Q273, vol. 1, Leiden/New York/Köln, Brill, 1997, p. 352–353. Le Targum maintient la même interprétation en rendant סֻכַּת דָּוִיד par « maison de David ». Cathcart, K. J., Gordon, R. P., *The Targum of the Minor prophets : Translation, with a critical Introduction, Apparatus, and Notes*, ABTG 14, Edinburgh, Clark LTD, 1989, p. 96.

269 Paul, Sh. M., *Amos*, p. 290 ; Bovati, P., Meynet, R., *Le livre du prophète Amos*, p. 358–359 ; Bruce, F. F., *The Book of the Acts : New International Commentary on the New Testament*, Grand Rapids, Eerdmans, 1988², p. 310 ; Möller, K., *A Prophet in Debate*, p. 139 ; Marshall, I. H., « Acts », dans Beale, G. K., Carson, D. A. (eds.), *Commentary on the New Testament Use of the Old Testament*, Grand Rapids, Baker Academic, 2007, p. 513–606 (p. 559) ; Tanner, J. P., « James's Quotation of Amos 9 », p. 67.

270 Mays, J. L., *Amos*, p. 164 ; Paul, Sh. M., *Amos*, p. 290.

271 En effet, l'idéal dans lequel le messianisme juif tire son origine précède la chute de Juda et de sa capitale, Jérusalem ; de plus, il apparaît aussi bien dans la prédication des prophètes ayant exercé leur ministère en Israël que dans celle de ceux qui sont intervenus en Juda, avant et durant l'exil. Ce concept est né du principe selon lequel David et ses descendants ont été choisis par Dieu pour gouverner Israël jusqu'à la fin des temps (2S 7 ; 23, 1–3. 5) et qu'il leur a accordé la domination sur toutes les nations étrangères (2S 22, 44–51 ; Ps 18, 44–51 ; Ps 18, 50–51) ; aussi, après le schisme qui a suivi la mort de Salomon, le peuple a toujours entretenu l'espoir qu'un jour Dieu restaurera le royaume de David dans sa gloire primitive. Schiffman, L. H., *Les manuscrits de la mer morte et le judaïsme, l'apport de l'ancienne bibliothèque de Qumrân à l'histoire du judaïsme*, Québec, Fides, 2003, p. 350.

הַנֹּפֶלֶת au schisme survenu après la mort de Salomon pour soutenir que le syntagme סֻכַּת דָּוִיד désigne le royaume de David affaibli par la scission qu'il a subie, incitent tacitement à croire que l'intervention d'Amos en Israël est motivée par son désir de réunifier Israël et Juda[272]. Leur position suppose que ce prophète est un dignitaire pro-jérusalémite, venu accuser les Israélites d'avoir rompu les liens avec leurs frères du Nord[273].

Eu égard aux différentes remarques qui précèdent, et tenant davantage compte du contexte global du livre, nous référons la mention סֻכַּת דָּוִיד au royaume du Nord, terre de mission d'Amos, pour plusieurs raisons.

Tout d'abord, la formule בַּיּוֹם הַהוּא qui ouvre cette annonce, implique qu'elle se réalisera le jour du Seigneur, c'est-à-dire le moment même où Dieu interviendra pour exterminer les חַטָּאִים (coupables) dont le sort est irrévocablement scellé dans l'énoncé d'Am 9, 8–10 ; ainsi, seuls les non coupables[274] de la maison d'Israël (Am 9, 9) verront cette hutte de David restaurée. Dès lors, les bénéficiaires de la promesse d'Am 9, 11 ne sont ni les membres de la dynastie royale condamnés à une fin irréversible (Am 6, 7 ; 7, 9 ; 9, 8–10), ni les Judéens vivant en exil, puisqu'Amos ne prêche pas dans le royaume du Sud ; ce sont les fils d'Israël qui seront jugés bons, à l'issue du tri annoncé en Am 9, 9–10. En conséquence, il est bien fondé de poser que le syntagme סֻכַּת דָּוִיד הַנֹּפֶלֶת est une métaphore désignant par synecdoque Israël, le royaume du Nord, la terre de mission d'Amos.

Ensuite, étant donné que le participe הַנֹּפֶלֶת indique ce qui s'effondre, se désagrège et que le substantif סֻכַּת peut dénoter l'idée de ce qui est éphémère et fragile, nous estimons, comme Hoonacker, que « la hutte croulante de David » désigne plutôt « la faiblesse à laquelle cette maison apparaît réduite aux yeux du prophète »[275]. L'image d'une maison délabrée qui nécessite d'être restaurée

---

272 Des biblistes se sont appuyés sur cette mention pour alléguer que le but principal de la mission d'Amos dans le Nord était de les convaincre de se repentir et de se réunir avec le Sud. Polley, M. E., *Amos and the Davidic Empire*, p. 174 ; Richardson, H. N., « SKT (Amos 9:11) : ‹ Booth › or ‹ Succoth › ? », p. 381 ; Davies, G. H., « Amos – the Prophet of Re-union », *ExpTim* 92 (1980–1981), p. 196–200.

273 De nombreux commentateurs qui défendent que la hutte de David indique Jérusalem ou son temple, ont souvent formulé cette critique contre les partisans de ce groupe. Dunne, J. A., « David's Tent as Temple in Amos 9:11–15 », p. 367, note 418.

274 Il s'agit certainement des victimes des injustices puisque les rebelles, mis en procès mais refusant de changer d'attitudes, persistent à croire qu'aucun malheur ne leur arrivera (Am 9, 10).

275 Hoonacker, A. van, *Les douze petits prophètes*, p. 282. « In foe context of Amos 9, foe ‹ booth of David › looks at foe dilapidated state of the kingship from David's line (hence, it is ironically described as a ‹ booth › or ‹ hut › rather than having the dignity of a ‹ house › ». Tanner, J. P., « James's Quotation of Amos 9 », p. 67–68. De même, Coniglio pense qu'Am 9, 11 est un oracle de consolation qui devrait être lu dans le contexte des riches images de constructions employées

correspond très bien à la situation d'Israël telle qu'elle est décrite dans les oracles d'Amos. En effet, même si son intervention se situe à une période où Israël connaît une expansion territoriale, une stabilité politique et une grande prospérité économique, il prêche contre toute attente que la nation est en péril ; il annonce aux autorités politiques, militaires et religieuses, aux riches vautrés sur leurs divans (Am 3, 12 ; 6, 4) et se livrant à des orgies sans se soucier du sort des pauvres, que la nation est en ruine. Dans le chant funèbre d'Am 5, 1–3, il se lamente même sur elle, la comparant à une vierge effondrée, gisant au sol sans que personne puisse la relever (Am 5, 2). La cause de cet écroulement n'est autre que le bouleversement du droit et de la justice[276], deux valeurs essentielles dont l'absence entraîne inéluctablement un chaos social (Am 5, 7. 10–12). Nous notons d'ailleurs que le verbe נפל, employé au *qal* dans cette lamentation funèbre, est réutilisé ici pour décrire l'état de la סֻכַּת דָּוִיד. Cette reprise n'est pas fortuite ; elle invite le lecteur à établir un lien entre la chute pour laquelle Amos se lamente et celle de laquelle Dieu relèvera la hutte de David. De même, l'usage du substantif פְּרָצִים (brèches), employé en Am 4, 3 où il désigne les fentes par lesquelles les femmes de Samarie (qui incitent leurs maîtres à opprimer et à écraser les pauvres) sortiront pour être jetées vers l'Hermôn, incline le lecteur à établir un lien entre Am 4, 3 et Am 9, 11 et à déduire que les brèches à colmater sont celles du royaume du Nord. En outre, les trois verbes d'action, קום (relever), גדר (colmater), בנה (bâtir), qui décrivent la restauration de la סֻכַּת דָּוִיד sont des antonymes de ceux utilisés dans le reste du corpus pour décrire le jour du Seigneur[277]. Ces observations confirment que la סֻכַּת דָּוִיד est une métaphore désignant, par synecdoque, Israël, le royaume du Nord. Dans cette nation minée par les injustices, livrée à l'arbitraire et donc à une ruine imminente et imparable (Am 2, 13–16 ; 3. 10–15 ; 4, 3 ; 5, 1–3.16–20 ; 6, 8–11.14 ; 8, 3 ; 14), Dieu interviendra pour châtier les impies puis rétablir le droit et la justice

---

dans le livre d'Amos. Il soutient que plutôt que de rechercher à identifier la réalité à laquelle le prophète se réfère, il est plus important de comprendre la métaphore d'Amos 9,11 comme se rapportant à la structure frêle provisoire qu'est la hutte de David par contraste aux bâtiments fermes et stables des pays entourant Juda (Am 1) et des forteresses, temples, maisons de pierres évoqués dans le livre. Coniglio, A., « ‹ The tabernacle of David is fallen › (Am 9:11) : an Exegetical Study of a Moot Expression », *LibA* 63 (2013), p. 137–156. Certains exégètes, comme Dunne, pensent que le terme « hutte » n'a pas, dans ce passage, une connotation dépréciative ; leurs arguments ne s'imposent pas parce que, sans la restauration, elle est vouée à la ruine. Dunne, J. A., « David's Tent as Temple in Amos 9:11–15 », p. 366.

276 Maints commentateurs reconnaissent que les exactions dénoncées en Am 5, 7. 10–12 constituent la cause principale de la chute d'Israël, objet de la quinah d'Am 5, 1–3. Bovati, P., Meynet, R., *Le livre du prophète Amos*, p. 185 ; Story, C. I. K., « Amos – Prophet of Praise », p. 71.

277 Il s'agit notamment des verbes עוק et גדע (écraser), employés en Am 2, 13 et 3, 14 ainsi que נפל (tomber), en Am 5, 1 ; 8, 14.

(Am 9, 8–10) ; les deux valeurs étant rétablies, sa destinée changera. Cette transformation est exaltée sous forme d'un avenir merveilleux et paradisiaque dans les versets suivants.

Enfin, mentionnons un quiproquo sur l'idéal davidique tel qu'il apparaît dans la prédication des prophètes, en relevant que ce concept ne date pas de la chute de Jérusalem et n'implique pas un simple rétablissement de l'empire dans les limites de ses anciennes frontières ; lié aux concepts du jour du Seigneur et du jugement, il est présent aussi bien chez les prophètes qui sont intervenus en Israël que chez ceux qui ont exercé leur ministère en Juda, avant et durant l'exil[278]. Son aspect le plus marquant est le rétablissement d'une société fondée sur le droit et la justice, deux valeurs primordiales dont le bouleversement est perçu comme un acte de rébellion impardonnable contre Dieu (Am 2, 6–8 ; 3, 14 ; 5, 12 ; 8, 7 ; Jr 5, 6). À titre d'exemples, en Jr 23, 5 ; 33, 15, le prophète Jérémie annonce que le rejeton de David que Dieu suscitera pour diriger Juda restaurée, défendra le droit et la justice avec compétence ; de même, après avoir fermement condamné les faux bergers qui déciment le peuple et prononcé le jugement de Dieu contre eux, Ezéchiel promet la venue d'un nouveau roi davidique qui veillera sur l'application des lois du Seigneur (Ez 34, 23–24 ; 37, 24). Quant à Isaïe, il proclame que Jérusalem, minée par les injustices et le formalisme cultuel, sera purifiée par l'épée et s'appellera la Ville-de-Justice, Cité fidèle (Is 1, 26). Le roi Ezéchias dont il annonce la naissance (Is 7, 14), est présenté en 2R 18, 3 comme l'idéal du roi davidique en ces termes : « Il fit ce qui est bon aux yeux de Dieu comme David son père ».

Il résulte de ces remarques que les prophètes envisageaient donc la restauration de l'empire davidique plutôt comme la reconstitution d'une société juste où la מִשְׁפָּט et la צְדָקָה sont garanties (Is 30, 26 ; 54, 11 ; Ez 47, 12). À la lumière de cette tradition prophétique, la promesse de restauration de סֻכַּת דָּוִיד en Am 9, 11 ne doit pas être comprise comme un simple retour à une condition déjà expérimentée dans le passé, à un simple rétablissement de l'empire davidique dans les limites de ses anciennes frontières. Dans ce contexte, elle indique plutôt que lorsque Dieu aura passé Israël au crible pour exterminer tous les acteurs d'injustices qui persistent à croire que le jour du Seigneur sera un moment de salut pour eux (Am 9,

---

278 Dans la littérature prophétique, cet idéal se trouve étroitement lié à la notion du jour du Seigneur que les prophètes proclament comme imminent et signifie « qu'à un moment déjà déterminé, Dieu punira l'impie pour faire triompher la justice et le droit » et il est « clairement établi chez les prophètes du 8ème siècle, en particulier chez Amos (Am 5, 18–20) ». Face aux péchés, les prophètes sont toujours intervenus pour avertir le peuple que Dieu, en son jour, interviendra pour éliminer les impies et faire triompher le droit et la justice dans la nouvelle cité de David. Schiffman, L. H., *Les manuscrits de la mer morte et le judaïsme*, p. 350.

8-10), il fera surgir une nation fondée sur le droit et la justice, une nation qui correspondra à la société idéale voulue par lui et promise à David (2S 7, 11–13). Ainsi, relever la hutte de David, colmater ses brèches et bâtir ses ruines impliquent le rétablissement du droit et de la justice, des fondements continuellement bouleversés par les rebelles (Am 5, 7), afin que la nation recouvre son image d'autrefois (Is 29, 17–21 ; 32, 16–17). Cette image idyllique, dont l'empire davidique est l'exemple type, est exprimée par le syntagme כִּימֵי עוֹלָם (« comme aux jours d'autrefois »). Ce syntagme se retrouve dans les textes bibliques qui mettent en perspective l'idéal davidique (Is 63, 9. 11 ; Jr 32, 7 ; 33, 15–16 ; Mi 5, 1 ; 7, 14. 30 ; Ps 14, 7)[279].

En définitive, la promesse d'Am 9, 11 concerne assurément Israël qu'Amos dépeint comme une société minée par des injustices graves, une nation dont les fondements sont sapés et qui, en conséquence, est condamnée à une chute fatale et imparable ; elle cadre bien avec la prédication d'Amos. Après avoir dénoncé les injustices comme des actes de rébellion impardonnables que Dieu ne pourra jamais oublier (Am 3, 14 ; 8, 7), prononcé une punition irréversible pour leurs auteurs en leur signifiant que le jour du Seigneur sur lequel ils misent sera celui de leur fin (Am 2, 6 ; 5, 18–20 ; 6, 7 ; 7, 9 ; 8, 14 ; 9, 10) et annoncé le salut pour les non-coupables (Am 9, 8), il promet à ceux-ci un nouveau commencement[280], puisque Dieu est fidèle à ses promesses (2S 14–15).

La promesse d'Am 9, 12, verset fermement relié au précédent par la préposition adverbiale לְמַעַן (afin que)[281], suscite également des discussions portant principalement sur le syntagme שְׁאֵרִית אֱדוֹם (le reste d'Édom). Certains exégètes, suivant la logique de la Septante qui lit אָדָם au lieu de אֱדוֹם et fait ainsi de ce substantif le sujet plutôt que l'objet du verbe יִירְשׁוּ qu'il substitue par יִדְרְשׁוּ [ἐκζητήσωσιν (ils chercheront)], le comprennent comme une référence aux habitants de toutes les nations qui chercheront le Seigneur[282]. Cette interprétation est pertinente parce

---

279 Paul, Sh. M., *Amos*, p. 290–291 : « The phrase כִּימֵי עוֹלָם, already attested in Mic 7: 14, is a nostalgic reflection upon the ideal of Davidic empire ».

280 House, P. R., « Endings as New Beginnings », dans Redditt, P. L., Schart, A. (eds.), *Thematic Threads in the Book of the Twelve*, BZAW 325, Berlin/New York, de Gruyter, 2003, p. 313–338 (p. 325) ; Hasel, G., *The Remnant*, p. 198 ; Paul, Sh. M., *Amos*, p. 289.

281 Certains commentateurs, tel Wolff, estiment que ce verset est mal raccordé à Am 9, 11 et, en conséquence, demeure disparate. Wolff, H. W., *Joel and Amos*, p. 351. Leur argument, fondé sur le pluriel du verbe ירשׁ ne s'impose pas ; l'adverbe sert de mot de liaison et implique que la promesse est une phase ou une dimension conséquente de la restauration de la hutte de David. Les non-coupables pour qui la hutte sera restaurée, hériteront du reste d'Édom.

282 Braun, M., « James › Use of Amos at the Jerusalem Council : Steps Towards a Possible Solution of the Textual and Theological Problems », *JETS* 20 (1977), p. 113–121 (p. 116–117) ; Jones, B. A., *The Formation of the Book of the Twelve : A Study in Text and Canon*, SBLDS 149, Atlanta, Scholars Press, 1995, p. 170–191. Bien qu'il ne soutienne pas la modification du texte massoré-

qu'elle véhicule une sotériologie et dénote un universalisme impliquant que les nations païennes viendront à Jérusalem pour adorer Dieu (Isa 2, 2–3 ; 56, 6–8 ; 66, 23 ; Mi 4,1–2 ; Ps 96, 7–8) mais elle ne respecte nullement la version massorétique d'Am 9, 12. D'autres, ceux qui sont persuadés qu'Am 9, 11–15 est un texte tardif, soutiennent que cette mention évoque Édom qui, poussée par la haine qu'elle a longtemps nourrie contre Israël, a profité de l'attaque babylonienne pour piller Jérusalem (Is 63, 1–6 ; Ez 32, 29 ; Mal 1, 3–4)[283] ; pour eux, le reste d'Édom correspondrait à la chute de cette nation, exposée en Ml 1, 3–4. Une telle explication contraste avec la relative אֲשֶׁר־נִקְרָא שְׁמִי עֲלֵיהֶם וְכָל־הַגּוֹיִם (« et toutes les nations sur lesquelles mon nom est proclamé ») qui indique sans équivoque, d'une part, qu'Édom n'est pas la seule nation visée et, d'autre part, qu'Amos met plutôt l'accent sur le statut des nations (la proclamation du nom de Dieu sur elles) que sur ce qu'elles auraient fait à Israël. D'autres encore, tels Rudolph et Paul qui défendent l'authenticité de ce passage, maintiennent que « le reste d'Édom » désigne une partie d'Édom, plus précisément le port d'Elath, incorporé à Juda durant le règne d'Ozias (2R 14, 22 ; 2Ch 26, 2) mais repassé sous le contrôle des Édomites pendant la gouvernance du roi Akhaz (2R 16, 6)[284]. Cette interprétation est également pertinente parce qu'elle s'appuie sur des données historiques ; mais elle est aussi en contradiction avec l'énoncé de la proposition relative indiquant qu'Édom n'est pas le seul territoire concerné. D'autres, enfin, pensent qu'il indique plutôt les nations qui ont soutenu les Israélites dans leur campagne militaire contre Édom[285] ; or, une telle justification ne s'impose pas davantage parce que l'accent est mis sur la proclamation du nom de Dieu sur les nations.

Pour dénouer ce débat récurrent, nous soulignons d'abord que ce syntagme ne doit pas être dissocié de la relative puisque la non reprise de la particule אֶת implique que celle-ci est régie, comme Édom, par « le reste » et que cette nation est, elle-aussi, l'un des territoires sur lesquels le nom de Dieu est proclamé. Ensuite, nous relevons que, dans l'Ancien Testament, la proclamation du nom de Dieu sur un peuple ou sur un lieu implique que ce peuple ou ce lieu lui appartient en propre (Dt 28, 10 ; Jr 7, 10 ; 14, 9 ; Is 4, 1). Dès lors, nous pouvons légitimement poser que le reste d'Édom et de toutes les nations peut désigner les territoires qui ont jadis appartenu à l'empire davidique (2S 7, 9–10). Mais étant donné que

---

tique, Dunne considère que « le reste d'Édom » est une synecdoque indiquant toutes les nations qui viendront vénérer Dieu dans le temple de Jérusalem. Dunne, J. A., « David's Tent as Temple in Amos 9:11–15 », p. 365.

283 Nogalski, J. D., *Literary Precursors to the Book of the Twelve*, p. 108 ; Achtemeier, E., *Minor Prophets*, p. 234 ; Wolff, H. W., *Joel and Amos*, p. 353 ; Stuart, G., *Hosea-Jonah*, p. 397.

284 Rudolph, W., *Joel-Amos-Obadja-Jona*, p. 282 ; Paul, Sh. M., *Amos*, p. 291.

285 Andersen, F. I., Freedman, D. N., *Amos*, p. 917–1918.

dans le corpus amosien, Dieu exerce son autorité sur toutes les nations, comme le révèlent les questions rhétoriques d'Am 9, 7 et le procès d'Am 1, 3 – 2, 3 dans lequel le terme שְׁאֵרִית est appliqué aux Philistins (Am 1, 8), nous préférons avancer que « le reste d'Édom et de toutes les nations » a une connotation eschatologique et signifie le monde connu à l'époque. Ainsi, contrairement au sens qu'il prend dans le Ps 105, 44, le verbe ירש n'entraîne pas inévitablement une reconquête militaire. La possession dont il est question est à l'initiative de Dieu lui-même et résulte de la restauration de la hutte de David. Elle répond à l'attente traditionnelle du peuple qui espérait qu'un jour Dieu rendrait justice à Israël, en assurant sa victoire sur les nations (2S 22, 44–51 ; Ps 18, 44–51 ; Ps 18, 50–51). La possession de la terre, œuvre de Dieu lui-même, est un motif qui est généralement présent dans les promesses de restauration (Os 14, 5–7 ; Jr 33, 9 ; Mi 4, 1) ; il est souvent associé à celui de la fertilité développé dans la seconde partie de cet oracle.

La deuxième partie, la plus longue, s'étend sur trois versets (v. 13–15), exposant chacun une promesse révélant l'avenir paradisiaque dont bénéficieront les habitants de la hutte de David rétablie. La promesse, exposée en Am 9, 13 dans un langage hyperbolique, concerne la fertilité de la terre et la régularité des saisons[286]. Maints commentateurs reconnaissent que cette annonce selon laquelle le חוֹרֵשׁ (le laboureur) et le דֹרֵךְ עֲנָבִים (le vendangeur de grappes) suivront respectivement de près le בַּקֹּצֵר (le moissonneur) et le בְּמֹשֵׁךְ (le semeur), connote que les terres produiront au point qu'il sera impossible de terminer les récoltes avant l'arrivée de la nouvelle saison. Elle implique également que les différentes saisons se « succèderont sans intervalle, avec une régularité parfaite et perpétuelle »[287]. Ainsi, pour le lecteur avisé ayant en mémoire la participation de la nature et des éléments cosmiques à l'épanchement de la colère de Dieu contre les acteurs des injustices (Am 2, 14–16 ; 7, 1–6 ; 8, 8 ; 9, 1–4), cette promesse laisse entendre que l'hostilité de la nature sera abolie dans la hutte de David rénovée. Autrement dit, l'extermination de ceux qui pervertissent la מִשְׁפָּט et la צְדָקָה (Am 9, 10), en sonnant la fin du règne de l'arbitraire, réinstaure l'harmonie au sein de la création, rétablissant ainsi la succession régulière du temps et des saisons.

La promesse d'Am 9, 14 suscite des débats portant essentiellement sur le syntagme וְשַׁבְתִּי אֶת־שְׁבוּת. Les commentateurs qui considèrent Am 9, 11–15 comme un

---

286 Ce motif apparaît dans de nombreuses prophéties (Is 29, 17 ; 32, 15 ; 41, 18–19 ; 51, 13 ; Jr 31, 12–14 ; Ez 34, 26–27 ; 36, 8–11 ; 47, 1–12 ; Os 2, 23–24 ; Jl 2, 19 ; 4, 18–19). Paul souligne avec raison qu'il n'y a pas lieu de croire que les métaphores d'Am 9, 14 sont tirées de Jl 4, 18, puisque ce motif est ancien, déjà présent dans les textes mésopotamiens. Paul, Sh. M., *Amos*, p. 293. Il convient de relever que, dans le livre de Joël, la fertilité découle de la source du temple tandis que, dans cet oracle, elle résulte de la restauration de la hutte de David évoquée en Am 9, 11.

287 Hoonacker, A. van, *Les douze petits prophètes*, p. 283 ; PAUL, Sh. M., *Amos*, p. 294.

texte exilique ou postexilique, estiment qu'il exprime le retour des Judéens exilés à Babylone dans leur pays où ils s'établiront pour toujours, tandis que d'autres, de plus en plus nombreux, pensent que, dans ce contexte, le verbe שׁוב décrit plutôt le changement de la situation du peuple[288], et plus précisément le sort des non-coupables. Nous privilégions cette dernière explication qui est plus logique et pertinente parce que les conditions de vie paradisiaque dont ce syntagme ouvre la description sont à l'opposé de celles exposées en Am 5, 11 où Amos notifie aux rebelles qu'ils n'habiteront pas les maisons en pierre de taille qu'ils ont construites et ne boiront pas le vin des vignes de luxe qu'ils ont plantées. Lu à la lumière de la teneur d'Am 5, 11 où les coupables sont privés de la jouissance de leurs biens acquis à coup de graves injustices, Am 9, 14 révèle que les habitants de la hutte de David reconstituée où résident le droit et la justice, peuvent entrer en possession de tous leurs biens et en jouir ; ils pourront habiter leur maisons, planter, moissonner, boire du vin[289].

Quant à la promesse d'Am 9, 15, elle résulte aussi de la restauration de la hutte de David. Elle est annoncée avec la métaphore de la plantation, employée également dans d'autres prophéties (Is 60, 21 ; Jr 2, 21 ; 24, 6 ; 32, 41 ; Os 2, 25) et dans 2S 7, 10 ; elle nous remémore une fois encore le sort promis aux rebelles, contraints de s'enfuir tout nus (Am 2, 13), arrachés du creux de leur divans (Am 3, 12–15 ; 6, 4–7) ou tombant sans pouvoir se relever (Am 5, 2 ; 8, 14 ; 9, 10). Cette promesse renforce donc celles d'Am 9, 12–13 et révèle qu'Am 9, 11–15 ne peut réellement se comprendre qu'en se référant au jugement qu'Amos a prononcé contre les rebelles dans le chapitre médian du livre (Am 5), où il pleure la chute d'Israël (Am 5, 1–3), présente les injustices comme des facteurs de ruine (Am 5, 8–9), indique à leurs auteurs qu'ils ne peuvent vivre que s'ils cherchent Dieu, en pratiquant le droit et la justice (Am 5, 4. 6. 15), qui doivent jaillir comme les eaux et les torrents intarissables (Am 5, 24). Une telle lecture dévoile que la hutte croulante de David correspond à la situation d'Israël et que son relèvement coïncide avec l'élimination des rebelles à qui le prophète a clairement signifié que le jour du Seigneur sera celui de leur fin et de la perte de leur terre (Am 5, 18–20. 27 ; 7, 17). Elle permet de découvrir également que les conditions de vie dans la hutte de David que Dieu rétablira ce même jour sont à l'inverse du sort reversé aux coupables (Am 5, 18 ; 8, 14 ; 9, 10). Ce renversement de situation rappelle sans doute le tout premier discours d'Amos contre Israël, discours dans lequel ceux qui dévalorisent les pauvres

---

288 Ce verbe prend la même signification en Os 6, 11, en Jb 42, 10 et en Za 2, 7 ; 3, 20. Andersen, F. I., Freedman, D. N., *Amos*, p. 892 ; Paul, Sh. M., *Amos*, p. 294.
289 En Is 65, 21, une situation semblable est promise aux serviteurs fidèles de Dieu qui refusent de suivre les chemins des rebelles.

sont à leur tour dévalorisés et contraints de s'enfuir tout nus (Am 2, 14–16). Enfin, elle indique que le Dieu furieux et rugissant (Am 1, 1 ; 3, 4. 8), dont la colère dessèche les verdures (Am 1, 2) et qui provoque des cataclysmes (Am 4, 6–10 ; 7, 1–6 ; 8, 1–3), redevient tendre vis-vis de son peuple, les habitants de la hutte de David, leur conduite étant désormais commandée par le droit et la justice (יְהוָה אֱלֹהֶיךָ)[290].

En définitive, les promesses d'Am 9, 11–15 renforcent la critique sociale d'Amos : elles révèlent que, lorsque les hommes ne se rebellent pas contre Dieu en pervertissant le droit et la justice afin d'accroître leurs richesses, leur société peut démeurer stable, les éléments cosmiques ne leur sont pas hostiles.

Nous en déduisons qu'Am 9, 11–15 est indispensable pour l'équilibre de la prédication d'Amos, et ce pour plusieurs motifs. Tout d'abord, même si son contenu contraste avec certains éléments du livre tels que les annonces concernant le jour du Seigneur, présenté comme jour de ténèbres et de fin (Am 5, 18–20), son absence rendrait superflues d'autres données cruciales, sans lesquelles le statut du prophète Amos et l'image du Dieu dont il est le lieutenant se trouveraient affectés négativement. En effet, sans la promesse de restauration développée en Am 9, 11–15, la triple invitation dans laquelle Amos exhorte les rebelles à rechercher Dieu pour vivre (Am 5, 4. 6. 15) ainsi que celle du rétablissement du droit et de la justesse d'Am 5, 24 perdraient tout leur sens et toute leur raison d'être. Or, sans ces exhortations qui ouvrent des perspectives de conversion, la prédication d'Amos se réduirait à un message de condamnation radicale et situerait Amos en marge de la tradition prophétique d'Israël. De plus, il deviendrait le messager d'un Dieu qui n'interviendrait que pour punir et anéantir son peuple. Cette idée contredit également l'énoncé d'Am 3, 3–8 dans lequel ce prophète se présente implicitement comme une sentinelle, venue interpeler les rebelles pour qu'ils changent d'attitudes afin d'éviter la fureur de leur allié.

Ensuite, l'absence d'Am 9, 11–15 dénoterait que Dieu, en son jour, exterminera tous les fils d'Israël, sans même épargner les victimes des injustices qu'il dénonce pourtant comme des actes de rébellion dirigés contre lui. Une telle pensée n'est pas envisageable parce que, d'une part, elle contredirait l'énoncé d'Am 9, 8–10 dans lequel Dieu révèle sans ambages son intention d'épargner les non-coupables et, d'autre part, elle présenterait Amos comme le messager d'un Dieu vindicatif et injuste qui, dans sa colère, anéantirait et les innocents et les coupables. Cette

---

290 La Septante rend l'expression יְהוָה אֱלֹהֶיךָ (le Seigneur, ton Dieu) par « κύριος ὁ θεὸς ὁ παντοκράτωρ » (le Seigneur, le Dieu, le Tout-puissant), l'harmonisant ainsi avec la formule יְהוָה אֱלֹהֵי הַצְּבָאוֹת d'Am 3, 13 ; 4, 13 ; 5, 8 ; mais l'usage de ce titre en Am 4, 12 où le prophète invite les rebelles à la rencontre décisive et fatale avec leur Dieu, implique que le même Dieu réalisera toutes les promesses d'Am 9, 11–15 pour ceux qui incarnent le droit et la justice.

image de Dieu est nettement à l'opposé de celle qui se dégage des trois doxologies, qui le dépeignent plutôt comme l'omnipotent, l'omniscient, l'omniprésent et l'unique souverain juge dont la justice est sans iniquité (Am 4, 13 ; 5, 8–9 ; 9, 5–6).

En outre, si Amos était le porte-parole de ce Dieu vindicatif et inique, sans miséricorde envers les victimes et même les bourreaux repentis, son jugement contre les rebelles qu'il accuse de manquer de compassion envers les pauvres (Am 6, 6), et plus particulièrement l'oracle contre Édom dans lequel il reproche aux habitants d'avoir étouffé leur pitié (Am 1, 11–12), deviendrait un discours de non-sens. En effet, il serait inconcevable que Dieu adresse ce reproche aux Édomites, des païens, et qu'il agisse comme eux. De même, admettre qu'Amos ait proclamé une condamnation radicale, sans alternative pour les victimes, c'est le considérer comme le messager d'une divinité autre que le Dieu d'Israël, qui, depuis Noé, a juré de ne plus jamais exterminer tous les humains en raison de leur mauvaise conduite (Gn 7, 21).

Enfin, la teneur d'Am 9, 11–15, plus précisément les motifs de la fertilité des sols et de la régularité des saisons développés en Am 9, 13, corrobore de façon inédite les données du livre qui exaltent la souveraineté de Dieu et sa maîtrise sur l'univers (Am 4, 13 ; 5, 8), ainsi que celles qui font des éléments cosmiques, les outils de l'expansion de sa colère (Am 2, 14–16 ; 4, 6–11 ; 9, 5–6). Elle révèle ainsi que, lorsque les hommes cessent de se rebeller contre Dieu, l'ordre des choses revient à la normale et la nature cesse d'être hostile. Dès lors, loin de contredire la prédication d'Amos, cet oracle confirme l'importance de la מִשְׁפָּט et de la צְדָקָה, et permet ainsi de mieux comprendre pourquoi leur bouleversement constitue un acte de rébellion contre Dieu et pourquoi il entraîne une ruine inévitable. Le bonheur paradisiaque, décrit avec les motifs de la possession de la terre et de la fertilité, révèle que lorsque le droit et la justice sont respectés, l'harmonie règne au sein de la création et toute chose demeure à sa place. Aussi, confirme-t-elle l'urgence de la prédication d'Amos.

Conclusion

De ce chapitre consacré aux analyses d'Am 7, 10–17 ; 8, 4–14 ; 9, 11–15, nous pouvons retenir que chacun de ces trois passages est un élément-clef dont l'absence entraverait sérieusement l'unité et la dynamique du message d'Amos. **Le premier,** Am 7, 10–17, est accordé à la troisième vision qui le précède (Am 7, 6–9) et sa présence s'avère même indispensable pour que celle-ci – en particulier les menaces contre la maison de Jéroboam – puisse garder son caractère incisif. L'altercation qu'il relate constitue une illustration concrète des différentes tentatives de rejet du prophète déjà évoquées dans les discours précédents (Am 2, 12 ; 5, 12). Cette confrontation révèle ainsi que le péché du peuple a atteint son paroxysme et rend nécessaire le récit de la quatrième vision (Am 8, 1–3). De même, la réplique d'Amos à Amacya confirme son statut de prophète, lève toute ambiguïté sur l'origine divine des paroles qu'il proclame et situe Israël comme l'unique destinataire de celles-ci. De plus, ce récit est essentiel parce qu'il dévoile la complicité entre les autorités politico-religieuses et les auteurs des injustices, et corrobore donc l'un des plus grands thèmes transversaux du livre, le formalisme cultuel. Il éclaire davantage ce pourquoi certaines annonces d'anéantissement des coupables vont souvent de pair avec celles des lieux de cultes (Am 3, 14 ; 7, 9 ; 8, 3 ; 9, 1–4) et ce pourquoi Dieu rejette le culte (Am 4, 4 ; 5, 21–25).

L'étude **du second,** Am 8, 4–14, nous a permis de montrer qu'il est un texte unifié récapitulant les quatre principales fautes reprochées aux coupables dans les différents oracles d'Am 2 – 6 (les exactions contre les pauvres, le formalisme cultuel, le rejet de Dieu et l'orgueil doublé d'une confiance illusoire dans le jour du Seigneur) et les diverses annonces concernant le renversement de la conception antique du jour du Seigneur. En tant que discours délibératif, situant les péchés pour lesquels Dieu anéantira les rebelles, il scelle également leur sort irrévocable. Pour cette raison, sa présence apparaît essentielle pour saisir la suite du livre (Am 9, 1–15), notamment la destruction du temple et la nécessité de passer Israël au crible pour faire triompher la justice et instaurer une société où règnent le droit et la justice.

Enfin, **le troisième,** Am 9, 11–15, est aussi un texte primordial pour qu'Amos ne soit pas isolé de la tradition prophétique. En effet, sans cet oracle de salut, les appels à la conversion présents dans son corpus seraient dénués de signification et sa prédication réduite à une condamnation inconditionnelle des fils d'Israël. Il serait alors difficile de l'inscrire dans la tradition prophétique d'Israël et de le considérer comme un authentique messager du Dieu d'Israël. De plus, le corpus que la tradition lui assigne serait incomplet puisque ni le sort des victimes, ni celui des innocents, ceux qui se laissent guider par le droit et la justice, ne seraient connus. L'absence de cet oracle serait également un grand manque à gagner quant au portrait de Dieu et de sa justice.

https://doi.org/10.1515/9783110562743-030

Conclusion générale

Nous sommes parvenus au terme de ce long parcours dont l'objectif principal a été de contribuer au débat sur l'unité du livre d'Amos, par la justification de la place de certains de ses passages que maints exégètes partisans de la critique des formes et de la critique rédactionnelle considèrent comme des éléments secondaires et inopportuns en raison de leurs particularités littéraires et syntaxiques, de leur contenu et de leur emplacement. Notre recherche a été menée en cinq chapitres :

Les deux premiers ont eu pour but de montrer l'actualité et la pertinence de notre sujet de thèse. Une plongée dans l'histoire de l'exégèse du livre d'Amos s'est avérée nécessaire, d'une part, pour appréhender pourquoi, de nos jours, les exégètes cherchent à le lire comme un ensemble très élaboré dans lequel chaque élément occupe la place qui convient et, d'autre part, pour saisir en quoi la justification de la place et de la fonction des neuf passages étudiés répond à ce défi.

Au terme du premier chapitre, nous avons été en mesure d'établir que dans la veine de la critique des sources du Pentateuque et à la suite de Wellhausen et de Gunkel, précurseurs de la *Traditionsgeschichte* et de la *Formgeschichte*, leurs successeurs ont cherché et cherchent encore à déterminer les unités les plus petites et les plus vieilles que ce corpus amosien contient. Plus précisément, ils tentent de justifier l'organisation et la composition de ce livre par la distinction des paroles authentiques du prophète Amos de celles qu'ils supposent être des interpolations tardives, maladroitement introduites lors des stades rédactionnels successifs qui ont donné naissance à la forme actuelle du recueil que la tradition lui attribue. En voulant isoler le noyau authentique renfermant uniquement les paroles d'Amos afin de mieux entendre sa voix, les partisans de ces deux approches diachroniques ont fini par traiter son corpus comme « *une part de mille-feuille* » dont il faut dépecer chaque fragment pour s'interroger sur son genre littéraire, sa date de composition et son origine ou son *Sitz im Leben*, sans trop tenir compte de son rapport avec les autres.

De même, ils sacrifient certains passages qu'ils considèrent comme des compléments additionnels de moindre valeur [les oracles contre Tyr (Am 1, 9–10), Édom (Am 1, 11–12) et Juda (Am 2, 4–5), l'oracle de salut (Am 9, 11–15)] ou s'autorisent à en transférer d'autres vers leurs prétendues places originales [les doxologies (Am 4, 13 ; 5, 8–9 ; 9, 5–6), le récit biographique (Am 7, 10–17), l'oracle contre les marchands (Am 8, 4–14)]. Pour ces deux raisons majeures, auxquelles il faut ajouter leur désaccord sur les « *ipsissima verba* » d'Amos et sur les différentes strates rédactionnelles du recueil de ses paroles, des exégètes, depuis les années 1970, remettent en cause les résultats des recherches des partisans de la critique des formes et de la critique rédactionnelle qu'ils jugent subjectifs, et préconisent une approche synchronique de ce livre. De plus en plus persuadés qu'il

https://doi.org/10.1515/9783110562743-031

est nécessaire d'appréhender le corpus amosien, dans sa forme finale, comme un tout cohérent, afin de mieux entrer dans son interprétation, les partisans de cette deuxième approche ont cherché à déterminer sa structuration d'ensemble.

A l'issue du second chapitre consacré à l'examen des différentes structures d'ensemble du livre d'Amos, nous avons remarqué, d'une part, que les partisans de l'approche synchronque ne s'accordent pas sur une structure susceptible de justifier que ce corpus est un ensemble cohérent, et d'autre part, que ce manque de consensus pose à nouveau avec acuité la question de l'unité de ce corpus. Il incite certains biblistes, dont l'esprit est accoutumé à la logique cartésienne, à alléguer que l'enchaînement de ses matériaux n'obéit à aucun ordre. Nous avons surtout constaté que maints commentateurs veulent une structuration d'ensemble dans laquelle les matériaux du livre seraient disposés suivant leurs genres littéraires, suivant les thèmes qu'ils développent ou suivant d'autres éléments considérés comme des marqueurs structurels, alors qu'il n'en est pas ainsi. Dans ce livre, des doxologies (Am 4, 13 ; 5, 8–9) se trouvent au sein des oracles, un récit biographique (Am 7, 10–17) et un oracle (Am 8, 4–14) sont enchâssés dans les visions, une doxologie (Am 9, 5–6) et des oracles (Am 9, 7–15) viennent après les visions, et les marqueurs structurels sont innombrables, de sorte que leur prise en compte conduit souvent à son morcellement. De même, il ne se présente pas comme un traité dans lequel les éléments sont disposés d'après les thèmes ou les motifs. Ceux-ci sont connexes et transversaux. Ces constats ont ouvert la voie à l'étude des neuf passages habituellement considérés comme disparates et qui, de par leurs particulartités littéraires, rendent complexe la structuration du livre, ce qui fait croire à certains qu'il manque de cohérence littéraire et d'unité théologique.

Les trois derniers chapitres ont donc été entièrement consacrés à l'analyse des neuf passages en question, dans l'intention de voir ce que leur absence entraînerait quant à l'équilibre du message d'Amos. Au terme de cette analyse, nous avons pu établir que chacun de ces textes est accordé à son contexte et est essentiel pour l'équilibre de la prédication d'Amos. Plus précisément, nous avons décelé que l'absence des oracles contre Tyr (Am 1, 9–10), Édom (Am 1, 11–12) et Juda (Am 2, 4–5), étudiés dans le troisième chapitre, rendrait moins pertinente la stratégie communicationnelle qu'Amos a adoptée pour mieux parler à Israël. Après avoir cherché à comprendre pourquoi, avant de s'adresser à Israël, il a prononcé des oracles contre les nations avoisinantes, nous avons déduit que ces discours (Am 1, 3 – 2, 5) sont un dispositif rhétorique qu'il a mis en œuvre pour capter l'attention de ses auditeurs. Nous avons décelé que les oracles adressés à Tyr, Édom et Juda sont nécessaires pour le fonctionnement de cette pédagogie communicationnelle (qui rappelle celle de Nathan) pour deux raisons. Tout d'abord, comme il s'agit des nations voisines d'Israël, l'occultation de l'une d'elles susciterait chez les auditeurs des suspicions sur l'intégrité d'Amos et les rendrait moins réceptifs à ses paroles. Ensuite, chacun de ces trois oracles contient des motifs spécifiques (la réduction du frère à une marchandise, l'alliance, la fraternité, la pitié et l'accueil de la parole prophétique) qui préludent aux crimes reprochés aux rebelles en Am 2, 6–16 et explicités dans la suite du livre. En effet, Amos accuse les rebelles d'opprimer et d'écraser impitoyablement leurs frères en les vendant pour de l'argent ou pour une paire de sandales (Am 2, 6–8 ; 3, 9–11 ; 4, 1 ; 5, 10–12 ; 6, 4–6 ; 8, 4–6), puis de rejeter la parole prophétique (Am 2, 12 ; 5. 10 ; 7, 10–17).

S'agissant de l'oracle contre Tyr, nous avons observé qu'un lien herméneutique très fort lie son פֶּשַׁע à ceux des oracles contre Damas et Gaza qui le précèdent, et à celui de l'oracle contre Édom qui le suit, lien qui le fait apparaître comme un texte pivot articulant Am 1, 3–8 avec Am 1, 11 – 2, 16. Nous avons également relevé que l'accent particulier qu'il met sur le respect de la בְּרִית אַחִים, dont la violation est un acte de rébellion contre Dieu, implique qu'il demeure l'oracle anticipant le plus l'attitude des fils d'Israël. En effet, ces derniers, après avoir entendu Amos condamner les Judéens pour leur non-respect des liens fraternels dont Dieu est le garant, le comprendront mieux lorsqu'il les accusera de maltraiter leurs frères.

De l'analyse de l'oracle contre Édom, nous avons retenu qu'il est également essentiel à la pédagogie d'Amos pour deux raisons. D'une part, grâce au motif de la fraternité, son פֶּשַׁע est en connexion avec celui de Tyr ; il demeure, en conséquence, le chaînon reliant Am 1, 3–10 aux oracles contre Ammon et Moab. D'autre part, le motif du manque de pitié qui lie son acte d'accusation à ceux portés contre les Ammonites qui s'attaquent à des êtres fragiles, incapables de se défendre (femmes enceintes et fœtus), et les Moabites qui poursuivent une personne même au-delà de sa mort, prélude justement aux exactions impitoyables dénoncées en Am 2, 6–8, et dans la suite du livre (Am 3, 9–10 ; 4, 1–3 ; 5, 10–12 ; 6, 6 ; 8, 4–8). Ainsi, après avoir entendu Amos condamner les Édomites pour avoir étouffé leur pitié envers leurs frères, les fils d'Israël le saisiront davantage lorsqu'il les accusera de manquer de compassion envers les leurs qu'ils oppressent et écrasent en convoitant avec avidité leurs moindres biens.

Quant à l'oracle contre Juda, son étude nous a révélé qu'il demeure aussi un élément-clef de la stratégie d'Amos. D'abord, il se présente comme un texte charnière articulant les discours de jugements prononcés contre les nations étrangères avec celui adressé à Israël. Ensuite, son acte d'accusation comporte le motif du prophétisme et de l'accueil de la parole prophétique, anticipant ainsi les exactions contre les prophètes (Am 2, 12). Il constitue inconstestablement une mise en garde des auditeurs d'Amos contre toute tentative de refuser d'écouter sa parole. Enfin, Juda étant la patrie d'Amos, l'absence d'un procès contre celle-ci inciterait inéluctablement les Israélites à croire que ce prophète est plutôt un émissaire du royaume du Sud venu inciter la population à la révolte dans le but de renverser les institutions politico-religieuses d'Israël.

Pour toutes ces raisons et pour d'autres relevées dans l'analyse de chacun de ces trois oracles, ainsi que dans la conclusion du troisième chapitre, nous considérons Am 1, 3–2, 5 comme un ensemble unifié dans lequel chaque élément joue un rôle déterminant pour la préparation des auditeurs d'Amos. Leur présence est nécessaire pour l'anticipation des crimes reprochés au fils d'Israël en Am 2, 6–16, et explicités dans la suite du livre. Si l'un de ces trois oracles manquait à cet ensemble, la stratégie adoptée par Amos deviendrait défectueuse et, en conséquence, la force du message s'en trouverait amoindrie.

Ensuite, nous avons réuni plusieurs arguments qui montrent que la présence des trois doxologies analysées dans le quatrième chapitre est nécessaire à l'équilibre du message d'Amos. Tout d'abord, chacune joue un rôle décisif dans son contexte : Am 4, 13 permet de lever toute équivoque sur l'identité de Dieu, qui invite les rebelles à se préparer à le rencontrer et facilite ainsi l'interprétation d'Am 4, 12. Quant à Am 5, 8–9, il favorise la mise en opposition de l'attitude des rebelles avec celle de Dieu et révèle ainsi que ceux-ci bouleversent continuellement l'harmonie et la stabilité sociale maintenues par le Seigneur. Sa présence est donc essentielle pour comprendre pourquoi Amos pleure la chute d'Israël et invite les coupables à chercher Dieu pour survivre (Am 5, 1–6). Elle éclaire également les annonces d'Am 5, 18–20. Enfin, en ce qui concerne Am 9, 5–6, sa teneur enlève toute ambigüité sur l'identité, l'autorité et la puissance de Dieu, qui, en Am 9, 1–4, ordonne la démolition du temple. Elle permet également de comprendre Am 9, 7, qui présente Dieu comme celui qui préside à la destinée de tous les peuples.

Au regard des arguments qui précèdent et de ceux exposés dans le quatrième chapitre, nous retenons que les doxologies du livre d'Amos jouent un rôle primordial. Le portrait de Dieu qu'elles véhiculent dissipe les interrogations que la présence des oracles destinés à des nations étrangères et la prédication d'Amos dans le royaume du Nord suscitent. Autrement dit, sans ce portrait, le lecteur n'aurait qu'une image tronquée du Dieu dont Amos est le porte-parole. Il ne saurait rien ni sur son autorité pour juger d'autres nations, ni sur son pouvoir de choisir comme prophète qui il veut et de l'envoyer prêcher où il veut. Ainsi, grâce aux trois doxologies, Amos n'apparaît pas comme le porte-parole d'une divinité nationale, mais plutôt comme celui du Dieu universel, créateur de l'univers et juge souverain qui, du ciel où il réside, a l'œil sur tout et exerce son pouvoir sur tous les peuples. L'image du Dieu omniscient (Am 4, 13), omnipotent (Am 5, 8–9), omniprésent (Am 9, 5–6), que les trois doxologies dépeignent, implique également que son jugement sera sans iniquité et qu'aucun de ceux qui commettent des exactions considérées comme des actes de rébellion contre sa personne, ne pourra y échapper. En outre, elles permettent au lecteur d'appréhender l'importance du droit et de la justice aux yeux d'Amos, et surtout pourquoi il qualifie leur perversion d'acte de rébellion devant entraîner l'effondrement inévitable d'Israël (Am 5, 1–3 ; 18–20).

De plus, en exaltant la puissance et la souveraineté de Dieu sur le cosmos, elles aident le lecteur à saisir pourquoi le prophète annonce que le jour du Seigneur sera la fin des rebelles. En somme, nous en déduisons que, sans les trois doxologies, l'image de Dieu serait erronée, son pouvoir et son autorité sur les peuples et sur le cosmos resteraient peu connus, la vocation prophétique d'Amos et son autorité pour prêcher dans le royaume du Nord seraient remises en cause.

Enfin, nous avons également constaté que le récit biographique (Am 7, 10–17), l'oracle contre les marchands (Am 8, 4–14) et l'oracle du salut (Am 9, 11–15), scrutés dans le cinquième chapitre, sont indispensables pour l'équilibre de la prédication d'Amos. Nous avons précisément relevé que la présence d'Am 7, 10–17 donne une illustration concrète aux accusations d'Am 2, 12 ; 5, 10, confirme le statut de prophète d'Amos, révèle l'origine divine de ses paroles, indique définitivement qu'Israël est l'unique destinataire de celles-ci et dévoile la complicité entre l'autorité religieuse et les auteurs des injustices. Sans ce passage, le troisième perdrait son caractère incisif et le quatrième deviendrait inopportun. En outre, il demeure un élément essentiel parce que l'atercation qu'il relate dévoile la complicité et la complaisance des autorités religieuses avec les auteurs des injustices et met en lumière le formalisme cultuel, l'un des thèmes transversaux du livre (Am 2, 8 ; 4, 4–5 ; 5, 21–26 ; 8, 4). Par ailleurs, les invectives d'Amos contre Amacya corroborent son statut de prophète et confirment qu'Israël est l'unique destinataire de son message. Enfin, ce texte dévoile que c'est le refus de Dieu qui est la cause ultime de la fin des coupables.

Nous avons aussi retenu qu'Am 8, 4–14 est un passage charnière bien accordé à la quatrième vision (Am 8, 1–3), qui est la conséquence directe de l'altercation entre Amos et Amacya. Il confirme la teneur d'Am 8, 1–3 en révélant qu'aucune conversion n'est plus à espérer chez les rebelles, puisque les jours consacrés à Dieu deviennent un poids dont ils souhaitent fortement se libérer pour mieux se livrer à leurs affaires frauduleuses. Il fait également office de discours délibératif récapitulant les crimes des coupables ainsi que les différentes annonces de châtiment que Dieu leur infligera en son jour (Am 2, 6, 16 ; 5, 18–20 ; 6, 3 ; 8, 3), et sert de fondement à la cinquième vision, qui se présente comme une scène mettant en œuvre l'intervention de Dieu contre les rebelles regroupés dans le temple (Am 9, 1–4).

En outre, en révélant que c'est durant la fête de la nouvelle lune et du sabbat que les rebelles peaufinent leur stratégie pour acheter les nécessiteux à vil prix, cet oracle permet de mieux comprendre le cinquième récit de vision décrivant l'effondrement du temple sur ses occupants. Sa délibération qui annonce clairement la fin des coupables prélude à l'énoncé d'Am 9, 8–10 ainsi qu'à l'oracle conclusif et permet d'appréhender pourquoi Amos considère les injustices comme des actes de rébellion contre Dieu.

Quant à l'oracle du salut (Am 9, 11–15), nous avons remarqué que son absence entraînerait quatre conséquences majeures. D'une part, elle rendrait incomplète la prédication d'Amos, puisque l'énoncé d'Am 9, 7–10 manquerait de suite et le sort des non-coupables resterait inconnu. D'autre part, elle rendrait caduques les invitations à la conversion adressées aux coupables (Am 5, 4. 6. 14) et impliquerait que, malgré son antériorité, Amos se situerait en marge de la tradition prophétique d'Israël, puisqu'il serait l'unique prophète biblique ayant prêché une condamnation radicale sans préavis et sans perspective de salut. Enfin, elle ferait d'Amos le représentant d'une divinité vindicative et inique, une divinité qui n'aurait rien à voir avec le portrait du Dieu d'Israël qu'il décline dans le reste de son livre. L'image de Dieu apaisé, dont la parole provoque le rétablissement de la succession régulière des saisons ainsi que l'abondance des récoltes, présentée en Am 9, 11–15, et celle de Dieu furieux, dont la parole entraîne le dépérissement du comos que véhicule Am 1, 1–2, impliquent que ces deux passages forment une inclusion, délimitant le livre comme un ensemble unifié.

Eu égard à toutes ces observations, nous concluons que, loin d'être des éléments disparates et inopportuns, ces neuf passages analysés dans les trois derniers chapitres sont des textes-clefs pour l'équilibre de la prédication d'Amos ; sans eux, son statut de prophète, sa pédagogie communicationnelle, l'image de Dieu et l'équité de son jugement seraient sérieusement atteints. En outre, sans la présence de ces passages, il serait difficile de comprendre pourquoi Amos qualifie les injustices d'actes de rébellion contre Dieu et d'appréhender pourquoi il renverse la conception traditionnelle du jour du Seigneur en le présentant comme jour de ténèbres et de deuil pour Israël et pour le cosmos. En somme, l'absence de ces textes désarticulerait sérieusement et inévitablement la prédication d'Amos.

Ces observations peuvent être une réponse à la question de l'unité du livre d'Amos puisqu'elles révèlent que ces passages, souvent considérés comme des éléments disparates et inopportuns, sont bien accordés à leur contexte et ont un intérêt considérable pour l'équilibre de la prédication d'Amos. Cette étude, malgré ses limites, semble résoudre le problème de la place des éléments supposés tardifs et inopportuns du livre d'Amos. Elle révèle, dès lors, l'intérêt et l'importance de le lire comme un ensemble unifié dont les éléments occupent la place qui convient et concourent, par leur enchaînement, à produire un message cohérent. Plus précisément, elle montre qu'aucun de ces matériaux n'est placé au hasard ou de façon malencontreuse et que sacrifier l'un d'eux désarticulerait l'unité et la logique d'ensemble.

En définitive, nous pouvons affirmer que le livre d'Amos est effectivement une œuvre cohérente dotée d'une stratégie littéraire unifiante. Il ne doit pas être abordé comme un traité dans lequel les matériaux seraient placés suivant leur genre littéraire et les différentes thématiques, mais plutôt comme une œuvre relatant toute la réalité constitutive de la mission, aussi délicate que difficile, assumée par Amos. Une telle lecture exige qu'Am 2, 6–16 soit considéré comme le message fondamental qui est préparé par les oracles d'Am 1, 3 – 2, 5 et explicité dans la suite du livre (Am 3 – 9, 15). Ce corpus s'ouvre en effet par la présentation des paroles d'Amos, paroles qu'il a reçues de Dieu, rugissant tel un lion, et qu'il doit proclamer contre Israël, gouverné par Jéroboam II (Am 1, 1–2). Pour préparer son auditoire à écouter ses paroles décisives, à saisir la gravité des faits qui leur sont reprochés et à changer d'attitude pour avoir la vie sauve, ce prophète a utilisé une stratégie communicationnelle (Am 2, 3 – 2, 16). Il a commencé par prononcer des oracles contre les nations environnantes, les accusant de crimes qui préludent aux exactions qu'il reproche en dernier lieu à ses auditeurs, dans un discours plus long et plus développé (Am 2, 6–16). Malgré la stratégie déployée par Amos, ses auditeurs n'ont rien voulu entendre. Leurs propos, cités en Am 6, 12 comme l'ultime accusation qui déclenche la sanction énoncée dans cet oracle (Am 2, 13–16), révèlent qu'au lieu de reconnaître leurs fautes et adopter une attitude de repentance, comme David le fit après le discours de Nathan, ils ont plutôt tenté de réduire le prophète au silence (Am 2, 12).

Cette attitude arrogante des auditeurs qui osent rejeter le messager du Seigneur, leur allié historique de qui dépend leur existence (Am 2, 9–11), a incité le prophète à revenir à la charge. Il indique aux différentes catégories de personnes visées implicitement en Am 2, 6–16 qu'il est le porte-parole du Dieu de l'Alliance, dont les paroles ne peuvent être tues (Am 3, 1–8) ; il explicite leurs crimes et la sanction qu'elles encourent si elles persistent dans leur rébellion, puis déclare illusoires les fausses sécurités sur lesquelles elles misent.

La première catégorie de personnes à laquelle Amos s'attaque comprend les autorités politiques. Il les accuse d'être responsables du désordre qui règne à Samarie (oppression, violence et rapines dont sont victimes les pauvres) ; il leur annonce qu'à cause de ce désordre qui n'a même pas d'équivalent dans les nations païennes, prises à témoins, Dieu, en son jour, les anéantira avec leurs maisons d'hiver et d'été ainsi que leurs lieux de culte (Am 3, 9–15). **La deuxième catégorie de personnes** est constituée de femmes de Samarie, sûrement celles des autorités politiques mises en procès auparavant (Am 4, 1–13) ; il les accuse d'inciter leurs maris à déposséder et écraser les indigents afin de leur offrir à boire. Elles et leurs maîtres, qui paradoxalement leur obéissent et persistent dans leur attitude tout en allant présenter des offrandes dans les sanctuaires, doivent se préparer à une rencontre fatale avec Dieu dont la puissance est exaltée dans la première doxologie (Am 4, 1–13). **La troisième catégorie de personnes** comporte les juges (Am 5, 1–27) ; ils changent le droit en poison, jettent la justice par terre, haïssent et abominent le prophète qui défend ces deux valeurs, pressurent les indigents et les déboutent au tribunal (Am 5, 7. 10–12). Leurs crimes, décrits au milieu du livre, sont d'autant plus exécrables qu'ils laissent les pauvres sans recours (Am 2, 7). Ils sapent l'harmonie et l'ordre que Dieu assure au sein de la création (Am 5, 8–9) et entraînent l'effondrement de leur nation (Am 5, 1–3). Par conséquent, s'ils ne cherchent pas Dieu en faisant couler le droit et la justice (Am 5, 4–6. 15. 24), leur culte devient une abomination contre Dieu et son jour, sur lequel ils misent, sera celui de leur fin, de leur déportation (Am 5, 27). **La quatrième catégorie de personnes** est l'élite de la nation : ceux qui misent sur la montagne de Sion, se réjouissent avec arrogance de la grandeur de leur territoire, se livrent à l'orgie sans manifester la moindre compassion envers les indigents et s'attribuent orgueilleusement les victoires que Dieu leur a acquises (Am 6, 1–21). A cause de leur attitude vaniteuse, déraisonnable, et de leur insouciance quant au sort des misérables, leur pays sera dévasté, ils seront déportés et on n'entendra plus parler d'eux (Am 6, 7) ; une nation plus forte les opprimera (Am 6, 14). **La cinquième catégorie de personnes** est composée des membres de la maison royale. En raison du désordre qui règne dans le royaume, Dieu, au lieu d'envoyer les sauterelles (Am 7, 1–3) ou le feu (Am 7, 4–6), mettra lui-même l'étain en son sein et lèvera l'épée sur la famille du monarque, puis rasera les hauts lieux sur lesquels misent les rebelles (Am 7, 7–9). Ayant entendu de tels propos sur la maison royale, Amacya, la plus haute autorité religieuse dont le sort dépend de celui du roi, tente d'expulser Amos ou de le réduire au silence. Cette attitude conduit alors le prophète à considérer, dans le récit de la quatrième vision (Am 8, 1–3), qu'il n'y a plus rien à espérer (le péché a atteint son paroxysme). Il prononce alors le dernier oracle délibératif adressé cette fois à une **sixième catégorie de personnes,** les possédants de céréales (Am 8, 4–14). A la suite de ce discours, dont la teneur rappelle celui d'Am 2, 6–16, il confirme la destruction du temple (Am 9, 1–4) que Dieu, le tout puissant (Am 9, 5–6), le libérateur de tout homme (Am 9, 7), a déserté, promet le passage d'Israël au crible (Am 9, 8–10), annonce enfin la restauration du pays et le bonheur paradisiaque pour le petit reste (Am 9, 11–15).

Lire le corpus d'Amos en considérant la teneur d'Am 2, 6–16 comme le message fondamental permettrait au lecteur de déceler que ce discours comporte tous les thèmes connexes et transversaux traités dans la suite du livre. Il percevrait qu'il présente d'abord les injustices doublées de formalisme cultuel ; ces injustices sévissent dans toutes les structures sociales d'Israël, sur le marché (Am 2, 6), dans les familles (Am 2, 7b), dans les tribunaux (Am 2, 7a) et dans les lieux de culte (Am 2, 8). Il expose ensuite le refus de la parole prophétique (Am 2, 12) ; ce refus révèle l'orgueil des rebelles qui pensent pouvoir exister sans écouter Dieu, leur tout puissant allié historique (Am 2, 9–11). Il annonce également que les éléments cosmiques collaboreront à l'épanchement de la colère de Dieu contre les coupables en son jour (Am 2, 14–16). Ainsi, tous les thèmes sont connexes, les injustices vont de pair avec le formalisme cultuel, doublé du refus d'écouter le prophète ; ce réfus, attitude orgueilleuse des coupables, dénote le réjet de Dieu et explique les différentes annonces sur le jour du Seigneur dont la puissance et la souveraineté sont exaltées dans les hymnes. Le lecteur peut alors percevoir que tous les éléments du livre concourent à produire un message unifié et essentiel pour l'homme d'aujourd'hui : la pratique de la justice sociale, qui implique le respect du droit, est la condition *sine qua non* pour que Dieu, créateur et maître de l'univers, puisse être présent dans et aux côtés de toute communauté croyante ou tout groupe qui veut vivre et prospérer. Canoniser les injustices sociales, c'est entrer dans une attitude de rébellion contre Dieu qui, de tout temps, veille au maintien des bonnes relations entre les hommes (Am 1, 9 ; 2, 9–10 ; 9, 7), une rébellion qui entraînera la société vers son autodestruction inévitable. Le lecteur avisé qui aborde le livre d'Amos comme un tout décèlerait que ce prophète est un homme de brèche qui, grâce à son écoute et à sa fidélité à la parole de Dieu, a su, sans aucune compromission, annoncer aux différentes catégories de personnes citées ci-dessus que le Seigneur de l'univers est loin de leur société, riche en façade, mais infestée de l'intérieur par de graves injustices qui la désagrègent et la conduisent inéluctablement à sa ruine complète. Ce message vaut pour l'homme d'aujourd'hui parce qu'il révèle que l'essor ou le déclin d'une société dépend essentiellement du rattachement de ses citoyens à Dieu, rattachement qui repose sur deux choses indissociables, le culte et la pratique de la justice et du droit. Toute société où Dieu n'a plus de place va inexorablement vers sa ruine ; celle dont les citoyens pratiquent un culte déconnecté de la pratique de la justice entre en rébellion contre lui et est vouée à s'autodétruire.

Liste des abréviations et sigles : ouvrages, revues et collections

ABTG	*The Aramaic Bible, The Targums*
AGJU	*Arbeiten zur Geschichte des antiken Judentums und des Urchristentums*
AncB	*Anchor Bible*
AncBD	*Anchor Bible Dictionnary*
AOAT	*Alter Orient und Altes Testament*
ASB	*Austin Seminary Bulletin*
ATANT	*Abhandlungen zur Theologie des Alten und Neuen Testaments*
ATLABS	*American Theological Library Association Bibliography Series*
BBB	*Bonner Biblische Beträge*
BEATAJ	*Beiträge zur Erforschung des Altes Testaments und des Antiken Judentums*
Bib	*Biblica*
BibOr	*Biblica et Orientalia*
BK	*Biblischer Kommentar*
BLS	*Bible and Literature Series*
BN	*Biblische Notizen*
BS	*Bibliotheca Sacra*
BT	*The Bible translator*
BTS	*Biblisch-theologische Studien*
BVC	*Bible et Vie Chrétienne*
BZ	*Biblische Zeitschrift*
BZAW	*Beihefte zur Zeitschrift für die neutestamentliche Wissenschaft*
CahB	*Cahiers Bibliques*
CahTheo	*Cahiers Théologiques*
CAT	*Commentaire de l'Ancien Testament*
CBQ	*Catholic Biblical Quarterly*
CCSL	*Corpus Christianorum Series Latina*
CE	*Cahiers Evangile*
Col	*Colloquium*
CRBS	*Currents in Research : Biblical Studies*
CurTM	*Currents in Theology and Mission*
DBS	*Dictionnaire de la Bible Supplément*
ET	*Expository Times*
EeT	*Église et Théologie*
ETR	*Études théologiques et religieuses*
EvTh	*Evangelische Theologie*
ExpTim	*Expository Times*
FAT	*Forschung zum Alten Testament*
FRLANT	*Forschungen zur Religion und Literatur des Alten und Neuen Testaments*
FV	*Foi et vie*
HAR	*Hebrew Annual Review*
HAT	*Handbuch zum Alten Testament*
HBT	*Horizons in Biblical Theology*
HKAT	*Handkommentar zum Alten Testament*

https://doi.org/10.1515/9783110562743-032

HThR	*Harvard Theology Review*
DBAT	*Dielheimer Blätter zum Alten Testament*
HUCA	*Hebrew Union College Annual*
ICC	*International Critical Commentary*
IDB	*The Interpreter's Dictionary of the Bible*
IEJ	*Israel Exploration Journal*
IRT	*Issues in Religion and Theology*
JANES	*Journal of the Ancient Near Eastern Society*
JBL	*Journal of Biblical Literature*
Jdm	*Judaism*
JETS	*Journal of the Evangelical Theological Society*
JMEOS	*Journal of the Manchester Egyptian and Oriental Society*
JOSOT	*Journal for the Study of the Old Testament*
JSOTSup	*Journal for the Study of the Old Testament Supplement*
Jud	*Judaica*
KAT	*Kommentar zum Alten Testament*
KHKAT	*Kurzer Handkommentar zum Alten Testament*
KGUAS	*Kwansei Gakuin University Annual Studies*
LBI	*Library of Biblical Interpretation*
LibA	*Liber Annuus*
LD	*Lectio Divina*
MN	*Mémoires de Nabu*
NedthT	*Nederlands theologisch Tijdschrift*
NIBC	*New International Biblical Commentary*
NorTT	*Norsk Theologisk Tidsskrift*
OBO	*Orbis Biblicus et Orientalis*
OLZ	*Orientalistische Literaturzeitung*
OPTAT	*Occasional Papers in Translation and Textlinguistics*
OTE	*Old Testament Essays*
OTG	*Old Testament Guide*
OTS	*Old Testament Studies*
PG	*Patrologie Grecque*
RB	*Revue Biblique*
RevExp	*Review and Expositor*
RHR	*Revue de l'Histoire des Religions*
RivB	*Rivista Biblica*
RSTh	*Regensburger Studien zur Theologie*
SBLS	*Society of Biblical Literature*
SBS	*Stuttgarter Bibelstudien*
ScEs	*Science et Esprit*
SOTBT	*Studies in Old Testament Biblical Theology*
SOTSMS	*Society for Old Testament Studies Monograph Series*
SPCK	*Society for Promoting Christian Knowledge*
SSN	*Studia Semitica Neerlandica*
TB	*Theologische Bücherei*
TDOT	*Theological Dictionary of the Old Testament*
TE	*The Theological Educator*

TOTC	*Tyndale Old Testament Commentary*
UF	*Université de France*
VD	*Verbum Domini*
VT	*Vetus Testamentum*
VTSup	*Vetus Testamentum Supplement*
WBC	*World Biblical Commentary*
WCJS	*Word Congress of Jewish Studies*
WEC	*Wycliff Exegetical Commentary*
WMANT	*Wissenschaftliche Monographien zum Alten und Neuen Testament*
WTJ	*Westminster Theological Journal*
WUNT	*Wissenschaftliche Untersuchungen zum Neuen Testament*
ZAW	*Zeitschrift für die Alttestamentliche Wissenschaft*

Bibliographie

Textes

Éditions de la Bible

Elliger, K., Rudolph, W. (eds.), *Biblia Hebraica Stuttgartensia*, Stuttgart, Deutsche Bibelge-
sellschaft, 1990.
Gelston, A. D. (ed.), *Biblia Hebraica Quinta : The Twelve minors prophets*, Stuttgart, Deutsche
Bibelgesellschaft, 2010.
Weber, R., Gryson, R., (eds.), *Biblia Sacra, iuxta Vulgatam versionem*, Stuttgart, Deutsche
Bibelgesellschaft, 2007.

Traductions modernes de la Bible

Chouraqui, A., *La Bible*, Paris, Desclée de Brouwer, 2003.
Dhorme, E., *La Bible : l'Ancien Testament II*, Paris, Bibliothèque de la Pléiade, Gallimard, 1959.
La Bible de Jérusalem, nouvelle édition révisée, Paris, Cerf, 2012
Osty, É., *La Bible, traduction française sur les textes originaux par Emile Osty avec la
collaboration de Joseph Trinquet*, Paris, Seuil, 1973.
Segond, L., *La Nouvelle Bible Segond*, Paris, Alliance biblique universelles, 2002.
Traduction œcuménique de la Bible, Paris, Alliance biblique universelle, Cerf, 1994.

Littérature patristique

Biblia Patristica : index des citations et allusions bibliques dans la littérature patristique, Paris,
CNRS, 1 (1975), 2 (1977), 3 (1980).
Cyrille d'Alexandrie, *In Amosum prophetam commentarius*, PG 71/4, 407–582.
Jérôme, *Commentariorum in Amos prophetam Libri III* (éd. M. Adriaen), CCSL 76, Turnhout,
Brepols, 1969, p. 211–348.
Théodore de Mopsueste, *In Amosum Commentarius*, PG 66, p. 241–304.

Littérature juive ancienne

Les textes de Qumran
Allegro, J. M., « Fragments of a Qumran Scroll of Eschatological Midrasim », *JBL* 77 (1958),
p. 350–354.
García Martinéz, F., Tigchelaar, E. J. C., *The Dead Sea Scrolls Study Edition, 1Q1–4Q273*, vol. 1,
Leiden/New York/Köln, Brill, 1997.

https://doi.org/10.1515/9783110562743-033

Le Targum

Blechmann, M., *Das Buch Amos im Talmud und Midrash*, Leipzig, Oswald Schmidt, 1937.
Cathcart, K. J., Gordon, R. P., *The Targum of the Minor prophets : Translation, with a critical Introduction, Apparatus, and Notes*, ABTG 14, Edinburgh, Clark, 1989.

Concordances, dictionnaires et autres manuels

Aletti, J. N., Gilbert, M., Ska, J. L., Vulpillieres, S., *Vocabulaire raisonné de l'exégèse biblique – les mots, les approches, les auteurs*, Paris, Cerf, 2008.
Barthelémy, D., *Critique textuelle de l'Ancien Testament, tome 3 : Ezéchiel, Daniel et les 12 prophètes*, OBO 50/3, Freiburg, Éditions Universitaires – Göttingen, Vandenhoeck et Ruprecht, 1992.
Bogaert, P. M., Delcor, M., Jacob, E., (éds.), *Dictionnaire encyclopédique de la Bible*, Turnhout (Belgique), Brepols, 1987.
Botterweck, G. J., Ringgren, H., Fabry, H. J., *Theological Dictionary of the Old Testament*, (trad. D. W. Stott), Grand Rapids, Eerdmans, 1975–2004.
Clines, D. J. A. (ed.), *The Dictionary of Classical Hebrew*, vol. 7, Sheffield, Phoenix Press, 2010.
Dietrich, W., Arneth, A. (eds.), *Konzise und aktualisierte Ausgabe des Hebräischen und Aramäischen Lexikons zum Alten Testament*, Leiden/Boston, Brill, 2013.
Driver, S. R., *A Treatise on the Use of the Tenses in Hebrew : and some other syntactical Questions*, Oxford, Oxford University Press, 1892.
Ehrlich, A. B., *Randglossen zur hebräischen Bibel. Textkritisches, Sprachliches und Sachliches, Bd 5 : Ezechiel und die kleinen Propheten*, Leipzig, Hinrichs Buchhandlung, 1912.
Gesenius, W., *Hebräisches und aramäisches Handwörterbuch über das Alte Testament*, (ed. H. Donner), Heidelberg, Springer, 2013[18].
Hempel, J., *Die althebräische Literatur und ihr hellenistisch-jüdisches Nachleben*, Potsdam, Athenaion, 1930.
Holladay, W. L. (ed.), *A Concise Hebrew and Aramaic Lexicon to the Old Testament*, Leiden, Brill, 1971.
Joüon, P., *Grammaire de l'hébreu biblique*, Rome, Pontificio Istituto Biblico, 1996.
Joüon, P., Muraoka, T., *A Grammar of Biblical Hebrew*, Rome, Pontifical Biblical Institute, 1991.
Kautzsch, E. (ed.), *Gesenius' Hebrew Grammar*, (trad. A. E. Cowley), New York, Dover Publications, 2006.
Koehler, L., Baumgartner, W., *The Hebrew and Aramaic lexicon of the Old Testament*, 5 volumes, Leiden, Brill, 1994–2000.
Koehler, L., Baumgartner., *Hebräisches und aramäisches Lexikon zum Alten Testament*, 5 volumes, Leiden, Brill, 1967–1995.
Leon-Dufour, X., *Dictionnaire du Nouveau Testament*, Paris, Editions du Seuil, 1975.
Meyer, D. R., *Hebräische Grammatik*, Berlin/New York, de Gruyter, 1992.
Zorell, F. (éd.), *Lexicon Hebraicum et Aramaicum Veteris Testamenti*, Rome, Pontificium Institutum Biblicum, 1984.

Commentaires et autres études sur le livre d'Amos

Abramski, S., « I Am Not a Prophet or a Son of a prophet », dans Salzman, C. M., Loewenstamm, S. E., *Studies in the Bible Dedicated to Memory of U. Cassuto on the 100th Anniversary of his Birth*, Jerusalem, Magnes Press, 1987, p. 64–68.

Achtemeier, E., *Minor Prophets I*, NIBC 17, Peabody, Hendrickson, 1996.

Ackroyd, P. R., « A Judgment Narrative between Kings and Chronicles ? An Approach to Amos 7:9–17 », dans Coats, G. W., Long, B. O. (eds.), *Canon and Authority, Essays in Old Testament Religion and Theology*, Philadelphia, Fortress Press, 1977, p. 71–87.

Alonso Schökel, L., Sicre Diaz, J. L., *Profetas : Introducciones y commentario. II. Ezequiel, Doce Profetas Menores, Daniel, Baruc, Carta de Jeremía*, NBE, Madrid, Ediciones Cristiandad, 1980².

Amsler, S., « Amos », dans Jacob, E., Keller, C. A., Amsler, S., *Osée, Joël, Amos, Abdias, Jonas*, CAT 21a, Genève, Labor et Fides, 1982, p. 157–247.

Andersen, F. I., Freedman, D. N., *Amos : A New Translation with Introduction and Commentary*, AncB 24a, Yale, University Press, 2008.

Asen, B. A., « No Yes, and Perhaps in Amos and the Yahwist », *VT* 43 (1993), p. 433–441.

Asurmendi, J., *Amos et Osée*, CE 64, Paris, Cerf, 2011.

Auld, A. G., *Amos*, OTG, Sheffield, JSOT Press, 1986.

Balla, E., *Die Droh- und Scheltworte des Amos*, Leipzig, Edelman, 1926.

Barré, M. L., « The Meaning of l'šybnw in Amos 1. 3 – 2. 6 », *JBL* 105 (1986), p. 611–631.

Barré, M. L., « Amos », dans Brown, R., Fitzmyer, J. A., Murphy, R. E. (eds.), *The New Jerome Biblical Commentary*, London, 1989, p. 209–216.

Barré, M. L., « Amos 1:11 Reconsidered », *CBQ* 47 (1985), p. 420–427.

Barstad, H. M., *The Religious Polemics of Amos : Studies in the Preaching of Am 2, 7b-8 ; 4, 1–13 ; 5, 1–27 ; 6, 4–7 ; 8, 14*, VTSup. 34, Leiden, Brill, 1984.

Bartina, S., « ‹ Vivit Potentia Beer-šeba › Amos 8, 14 », *VD* 34 (1956), p. 202–210.

Barton, J., *Amos's Oracles against the nations : A Study of Amos 1:3–2:5*, SOTSMS 6, Cambridge, University Press, 1980.

Baumann, E., *Der Aufbau der Amosreden*, BZAW 7, Giessen, Rickert, 1903.

Beaucamp, É., « Am 1–2, le pèscha d'Israël et celui des nations », *ScEs* 21 (1969), p. 435–441.

Becker, U., « Der Prophet als Fürbitter. Zum literarhistorischen Ort der Amosvisionen », *VT* 51 (2001), p. 141–165.

Bentzen, A., « The Ritual Background of Amos 1, 2 – 2, l6 », *OTS* 8 (1950), p. 85–99.

Berg, W., *Die sogenannten Hymnenfragmente im Amosbuch*, Bern/Frankfurt, Peter Lang, 1974.

Bergler, S., Die hymnischen Passagen und die Mitte des Amosbuches, Tübingen, Magisterschrift, 1978.

Bezzel, H., « Der Prophet als Bleilot. Exegese und Theologie in Amos 7 », *Bib* 85 (2014), p. 524–545.

Bons, E., « Das Denotat von kzbyhm ‹ ihre Lügen › im Judaspruch Am 2,4–5 », *ZAW* 108 (1996), p. 201–213.

Bons, E., « Amos et la contestation des pouvoirs », dans Luciani, D., Wenin, A., (dir.), *Le pouvoir, enquêtes dans l'un et l'autre Testament*, LD 248, Paris, Cerf, 2012, p. 95–110.

Bons, E., *Textkritik und Textgeschichte. Studien zur Septuaginta und zum hebräischen Alten Testament*, FAT 93, Tübingen, Mohr Siebeck, 2014.

Bovati, P., Meynet, R., *Le livre du prophète Amos*, Paris, Cerf, 1994.

Bramer, S. J., «Analysis of the Structure of Amos », *BS* 156 (1999), p. 160–174.

Brueggemann, W., « Amos 4, 4–13 and Israel's Covenant Worship », *VT* 15 (1965), p. 1–15.

Bulkeley, T., « Amos 7: 1–8, 3 : cohesion and generic dissonance », *ZAW* 121 (2009), p. 515–528.

Bulkeley, T., « The Book of Amos and the Day of Yhwh», *Col* 45/2 (2013), p. 154–169.

Bushey, S. D., « The Theology of Amos », Ph. D. diss., Bob Jones University, 1979.

Butterworth, M., *Structure and the Book of Zechariah*, JSOTSup. 130, Sheffield, JSOT Press, 1992.

Byargeon, R. W., « The Doxologies of Amos : A Study of their Structure and Theo-logy », *TE* 52 (1995), p. 47–56.

Carroll, M.D., *Amos – The Prophet and His oracles : Research on the Book of Amos*, Louisville-Londres, Westminster John Knox Press, 2002.

Carroll, M.D., *Context for Amos : Prophetic Poetics in Latin American Perspective*, JSOTSup. 132, Sheffield, Sheffield Academic Press, 1992.

Cazelles, H., « L'arrière-plan historique d'Amos 1, 9–10 », dans Avigdor, S. (ed.), *Proceedings of the Sixth World Congress of Jewish Studies*, tome 1, Jérusalem, WCJS, 1977, p. 71–76.

Christensen, D. L., « The prosodic Structure of Amos 1 – 2 », *HThR* 67 (1974), p. 427–436.

Cohen, S., « Amos was a Navi », *HUCA* 32 (1961), p. 153–160.

Coniglio, A., « ‹ The tabernacle of David is fallen › (Am 9:11) : an Exegetical Study of a Moot Expression », *LibA* 63 (2013), p. 137–156.

Coote, R. B., « Amos 1. 11 : *rhmyw* », *JBL* 90 (1971), p. 206–208.

Coote, R. B., *Amos among the Prophets : Composition and Theology*, Philadelphia, Fortress Press, 1981, p. 1.

Coulot, C., « Propositions pour une structuration du livre d'Amos au niveau rédactionnel », *RevScRel* 51 (1977), p. 169–186.

Cox, G., « The Hymns of Amos : An Ancient Flood Narrative », *JSOT* 38 (2013), p. 81–108.

Crenshaw, J., *Hymnic Affirmation of Divine Justice : The Doxologies of Amos and Related Texts in the Old Testament*, SBLD 24, Missoula, Scholars Press, 1975.

Cripps, R. S., *A Critical and Exegetical Commentary of the Book of Amos*, SPCK, London, 1969[2].

Davies, G. H., « Amos – the Prophet of Re-union », *ExpTim* 92 (1980–1981), p. 196–200.

Delcor, M., *Amos, les petits prophètes (La Sainte Bible)*, Paris, L. Pirot et S. Clamer, 1961.

Dempster, S., « The Lord is His Name : A Study of the Distribution of the Names and Titles of God in the Book of Amos », *RB* 98 (1991), p. 170–189.

Desnoyers, L., « Le prophète Amos », *RB* 26 (1917), p. 218–246.

Devescovi, U., « Camminare sulle Alture », *RivB* 9 (1961), p. 235–242.

Diebner, B. J., « Berufe und Berufung des Amos (Am 1, 1 und 7, 14 f.) », *DBAT* 23 (1992), p. 97–120.

Dijkstra, M., « I am neither a prophet nor a prophet's pupil' : Amos 7:9–17 as the Presentation of a Prophet like Moses », dans Moor, J. C. de, (ed.), *The Elusive Prophet : The Prophet as a Historical Person, Literary Character and Anonymous Artist*, OTS 45, Leiden, Brill, 2001, p. 105–128.

Doorly, W. J., *Prophet of Justice : Understanding the Book of Amos*, New York/Mahwah, N. J. Paulist, 1989.

Dorsey, D. A., « Literary Architecture and Aural Structuring Techniques in Amos », *Bib* 73 (1992), p. 305–330.

Driver, S. R., *The Books of Joel and Amos, with introduction and notes*, Cambridge, University Press, [1901], 1934.

Dunne, J. A., « David's Tent as Temple in Amos 9:11–15 : Understanding the Epilogue of Amos and Considering Implications for the Unity of the Book », *WTJ* 73 (2011), p. 363–374

Edghill, E. A., *The Book of Amos*, London, Westminster Commentaries, 1926.

Eslinger, H., « The Education of Amos », *HAR* 11 (1987), p. 35–57.

Farr, G., « Language of Amos, Popular or Cultic ? », *VT* 16 (1966), p. 312–324.

Fendler, M., « Zur Sozialkritik des Amos : Versuch einer wirtschafts-und sozial-geschichtlichen Interpretation alttestamentlicher Texte », *EvTh* 33 (1973), p. 32–53.

Feuillet, A., « L'universalisme et l'alliance dans la religion d'Amos », *BVC* 17 (1957), p. 17–29.

Fey, R., *Amos und Jesaja : Abhängigkeit und Eigenständigkeit des Jesaja*, WMANT 12, Neukirchen-Vluyn, Neukirchener Verlag, 1963.

Finley, T. J., *Joel, Amos, and Obadiah*, WEC, Chicago, Moody Press, 1990, p. 333.

Fishbane, M., « The Treaty Background of Amos 1:11 and Related Matters », *JBL* 89/3 (1970), p. 313–318.

Fleischer, G., *Von Menschenverkäufern, Baschankühen und Rechtsverkehren. Die Sozialkritik des Amosbuches in historisch-kritischer, sozialgeschichtlicher und archäologischer Perspektive*, BBB 74, Frankfurt, Athenäum, 1989.

Foresti, F., « Funzione semantica dei brani participiali di Amos (4, 13 ; 5, 8s ; 9, 5s) », Bib 62 (1981), p. 169–184.

Fritz, V., « Amosbuch, Amos-Schule und historischer Amos », dans Fritz, V., Pohlmann, K. F., Schmitt, H. C. (eds.), Prophet und Prophetenbuch, Festschrift für Otto Kaiser zum 65. Geburtstag, BZAW 185, Berlin/New York, de Gruyter, 1989, p. 29–49.

Garrett, D. A., « The Structure of Amos as a Testimony to its Integrity », *JETS* 27/3 (1984), p. 275–276.

Garrett, D. A., *Amos : A Handbook on the Hebrew Text*, Waco, Texas, Baylor University Press, 2008.

Gaster, T. H., « An Ancient Hymn in the Prophecies of Amos », *JMEOS* 19 (1935), p. 23–26.

Gese, H., « Amos 8, 4–8 : Der kosmische Frevel händlerischer Habgier », dans Fritz, V., Pohlmann, K. F., Schmitt, H. C. (eds.), *Prophet und Prophetenbuch. Festschrift für Otto Kaiser zum 65. Geburtstag*, BZAW 185, Berlin/New York, 1989, p. 59–72.

Gilbert, P., « A New Look at Amos's Prophetic Status (Am 7:10–17) », *EeT* 28 (1997), p. 291–300.

Gitay, Y., « A Study of Amos's Art of Speech. A Rhetorical Analysis of Amos 3:1–15 », *CBQ* 42 (1980), p. 293–309.

Gordis, R., « The Composition and Structure of Amos », *BS* 156 (1999), p. 160–174

Gordis, R., « The composition and Structure of Amos », dans idem, *Prophets and Sages : Essay in Biblical interpretation*, Bloomington : Indiana University Press, 1971, p. 217–229.

Gosse, B., « Le recueil d'oracles contre les nations du livre d'Amos et l'histoire deutéronomique », *VT* 38 (1988), p. 22–40

Gottlieb, H., « Amos und Jerusalem », *VT* 17 (1967), p. 430–463.

Grosch, H, *Der Prophet Amos, Handbücherei für den Religionsunterricht* 6, Gütersloh, Gerd Mohn, 1969.

Hadjiev, T. S., *The Composition of the Book of Amos*, BZAW 393, Berlin/New York, de Gruyter, 2009.

Hamborg, G., *Still Selling the Righteous : A Redaction-critical Investigation of Reason for Judgment in Amos 2.6–16*, LHBOTS 555, New York/London, Clark International, 2012.

Hammershaimb, E., *The Book of Amos : A Commentary*, Oxford, Blackwell, 1970.

Haran, M., « Observation on the Historical Background of Am 1, 2 – 2, 6 », *IEJ* 18 (1968), p. 101–107.

Harper, W. R., *A Critical and Exegetical Commentary on Amos and Hosea*, ICC 28, Edinburgh, Clark, 1905.

Hasel, G. F., *Understanding the Book of Amos : Basic Issues in Current Interpretation*, Grand Rapids, Baker Book House, 1991.

Hayes, J. H., « Amos's Oracles against the Nations », *RevExp* 92 (1995), p. 153–167.

Hayes, J. H., *Amos-The Eighth-Century Prophet : His time and His Preaching*, Nashville, Abingdon Press, 1988.

Hoffmann, Y., « Did Amos Regard himself as *Nabi* », *VT* 27 (1970), p. 209–212.

Hoonacker, A. van, *Le livre des douze petits prophètes*, Paris, Librairie Victor Lecoffre, 1908.

Horst, F., « Die Doxologien im Amosbuch », *ZAW* 47 (1929), p. 45–54.

House, P. R., « Amos and Literary Criticism » *RevExp* 92 (1995), p. 175–187.

Hubbard, D. A., *Joel and Amos : An Introduction and Commentary*, TOTC 25, Leicester, InterVarsity Press, 1989.

Hunter, A. V., *Seek the Lord ! A study of the Meaning and the Function of the Exhortations in Amos, Hosea, Isaiah, Micah, and Zephaniah*, Baltimore, St. Mary's Seminary and University, 1982.

Jeremias, J., « Amos 3 – 6 : from the Oral Word to the Text », dans Tucker, G. M., Peterson, D. L., Wilson, R. R. (eds.), *Canon, Theology and Old Testament interpretation : Essays in Honor of Brevard S. Child*, Philadelphia, Fortress Press, 1988, p. 217–229.

Jeremias, J., *Hosea und Amos. Studien zu den Anfängen des Dodekapropheton*, FAT 13, Tübingen, Mohr Siebeck, 1996.

Jeremias, J., *The Book of Amos : A Commentary* (trad. D. W. Stott), OTL, Louisville, Westminster/ John Knox, 1998.

Jozaki, S., « The secondary passages of the Book of Amos », *KGUAS* 4 (1956), p. 25–100.

Kapelrud, A., *Central Ideas in Amos*, Olso, Aschehoug, 1956.

Keil, C. F., « Amos », dans Keil, C. F., *The Twelve Minor Prophets*, vol. 2 (trad. J. Martin), [Edinburgh, T. Clark, 1878], Grand Rapids, Eerdmans, 1982², p. 236–336.

Kellermann, U., « Der Amos-Schluß als Stimme deuteronomistischer Heilshoffnung », *EvTh* 29 (1969), p. 169–183.

Kelly, J. G., « The Interpretation of Amos 4:13 in the Early Christian Community », dans McNamara, R. F. (ed.), *Essays in Honor of Joseph P., Brennan*, Rochester, N.Y., The Seminary, 1977, p. 60–77.

Kessler, R., « Die angeblichen Kornhändler von Amos VIII 4–7 », *VT* 39 (1989), p. 13–22.

Kessler, R., « Von hinten gelesen. Das Amosbuch im Licht der Schlusskapitel », dans Geiger, M., Poser, R., Voß, Ch., *Visionen im Dialog. Der Schluss des Amosbuches (Am 7 – 9)*, SBS 236, Stuttgart, Verlag Katholisches Bibelwerk, 2016, p. 122–139.

King, P. J., « Amos », dans Brown, R. E., Fitzmyer, J. A., Murphy, R. E. (eds.), *The Jerome Biblical Commentary*, Englewood Cliff, N. J. Prentice-Hall, 1968, p. 245–252.

Koch, K., « Die Rolle der hymnischen Abschnitte der Komposition des Amos-Buches », *ZAW* 86 (1974) p. 504–537.

Koch, K., *Amos : Untersucht mit den Methoden einer strukturalen Formgeschichte*, 3 vols., AOAT 30, Neukirchen-Vluyn, Neukircherner Verlag, 1976.

Koenen, K., *Heil den Gerechten – Unheil den Sündern. Ein Beitrag zur Theologie der Prophetenbücher*, BZAW 229, Berlin/New York, de Gruyter, 1994.

Kolani, N. B., « Amos, prophète et défenseur de la dignité humaine. Une lecture d'Am 2, 6–16 à la lumière de la déclaration universelle des droits de l'homme », dans Keith, P. (dir.),

Texture sacrée, l'intertexte biblique dans quelques œuvres littéraires et textes autorisés, Strasbourg, Presses Universitaires, 2016, p. 59–92.

Kolani, N. B., « Pratiquer la justice sociale ou s'effondrer. L'actualité du message d'Amos (Am 5, 7–13 ; 6, 12) », *Théologiques* 24 (2016), p. 15–36.

Kratz, R. G., « Die Redaktion der Prophetenbücher », dans Kratz, R. G., Krüger, T., *Rezeption und Auslegung im Alten Testament und seinem Umfeld,* OBO 153, Freiburg, Éditions Universitaires/Göttingen, Vandenhoeck & Ruprecht, 1997, p. 9–27.

Kratz, R. G., « Die Worte des Amos von Tekoa », dans Köckert, M., Nissinen, M. (eds.), *Propheten Mari, Assyrien und Israel*, FRLANT 201, Göttingen, 2003, p. 54–89.

Kratz, R. G., « Hosea und Amos im Zwölfprophetenbuch », dans Kratz, R. G., *Prophetenstudien. Kleine Schriften II*, FAT 74, Tübingen, Mohr Siebeck, 2011, p. 275 – 286.

Landy, F., « Vision and Prophetic Speech in Amos », *HAR* 11 (1987), p. 223–246.

Lang, B., « Sklaven und Unfreie im Buch Amos (II 6, VIII 6) », *VT* 31 (1981), p. 482–488.

Lescow, T., « Das nachexilische Amosbuch : Erwägungen zu seiner Kompositions-geschichte », *BN* 99 (1999), p. 69–101.

Levin, C., « Das Amosbuch der Anawin », dans Levin, C., *Fortschreibungen : Gesammelte Studien zum Alten Testament,* BZAW 316, Berlin/New York, de Gruyter, 2003, p. 265–290.

Limburg, J., « Sevenfold Structures in the Book of Amos », *JBL* 106 (1987), p. 217–222.

Linville, J. R., « Visions and the Voice : Am 7 – 9 », *Bib* 80 (1999), p. 22–42.

Lombaard, C., « What is Isaac Doing in Amos 7 ? », *OTE* 17 (2004), p. 435–442.

Lust, J., « Remarks on the Redaction of Amos V 4–6, 14–15 », *OTS* 21 (1981), p. 129–154.

Maag, V., *Text, Wortschatz und Begriffswelt des Buches Amos*, Leiden, Brill, 1951.

March, W. E., « Amos 1:3 – 2:16, the Exegesis of a Tradition », *ASB* 90 (1975), p. 7–34.

Markert, L., « Amos, Amosbuch », dans Krause, G., Müller, G. (eds.), *Theologische Realenzyklopädie*, vol. 2, Berlin/New York, de Gruyter, 1978, p. 471–487.

Markert, L., *Struktur und Bezeichnung des Scheltworts. Eine gattungskritische Studie anhand des Amosbuches*, BZAW 140, Berlin/NewYork, de Gruyter, 1977.

Marti, K., « Zur Komposition von Amos 1,3 – 2,3 », dans Frankenberg, W., Küchler, F. (eds.), *Abhandlungen zur semitischen Religionskunde und Sprachwissenschaft : Wolf Wilhelm Graf von Baudissin zum 26. September 1917 überreicht von Freunden und Schülern*, BZAW 33, Giessen, Töpelman, 1918, p. 323–330.

Marti, K., *Das Dodekapropheton erklärt*, KHKAT 13, Tübingen, Mohr Siebeck, 1904.

Martin-Achard, R., *Amos, l'homme, le message, l'influence*, Genève, Labor et Fides, 1984.

Martin-Achard, R., *L'homme de Teqoa : message et commentaire du livre d'Amos*, Aubonne, Éditions du Moulin, 1990.

Mauchline, J., « Implicit Signs of a Persistent Belief in the Davidic Empire », *VT* 29 (1970), p. 287–303.

Mays, J. L., Amos : A Commentary, OTL, Philadelphia, Westminster Press, 1969, p. 12.

McComiskey, Th. E., « The Hymnic Elements of the Prophecy of Amos : A study of Form Critical Methodology », *JETS* 30 (1987), p. 139–157.

McComiskey, Th. E., « Amos », dans Gæbelein, F. E. (ed.), *The Expositors Bible Commentary*, vol. 7, Grand Rapids, Zondervan, 1985, p. 267–331.

Melugin, R. F., « Amos in Recent Research », *BS* 6 (1998), p. 65–101.

Melugin, R. F., « The Formation of Amos : An Analysis of Exegetical Method », dans Achtemeier, P., *SBL 1978, Seminar Paper*, vol. 1, Missoula, Mont., Scholar Press, 1978, p. 369–391.

Möller, K., *A Prophet in Debate : The Rhetoric of Persuasion in the Book of Amos,* JSOTSup. 372, London, Sheffield Academic Press, 2003.

Monloubou, L., « Amos », *DBS* 8, Paris, Letouzey & Ané, 1972, col. 706–724.

Morgenstern, J., « Amos Studies I », *HUCA* 11(1936), p. 19–140.

Motyer, A., *Amos, le rugissement du Dieu*, Lausanne, Presses Bibliques universitaires, 1982.

Nägele, S., *Laubhütte Davids und Wolkensohn : Eine auslegungsgeschichtliche Studie zu Amos 9,11 in der jüdischen und christlichen Exegese*, AGJU 24, Leiden, Brill, 1995.

Neher, A., *Amos, contribution à l'étude du prophétisme*, Paris, J. Vrin, 1950.

Niehaus, J. J., « Amos », dans McComiskey, Th. E. (ed.), *The Minor Prophets An Exegetical and Expository Commentary*, Grand Rapids Baker, 2008.

Noble, P. R., « Amos and Amaziah in Context : Synchronic and Diachronic Approaches to Amos 7–8 », *CBQ* 60 (1998), p. 423–439.

Noble, P. R., « The Literary Structure of Amos : a Thematic Analysis », *JBL* 114 (1995), p. 209–226.

Nogalski, J. D., « The Problematic Suffixes of Amos IX 11», *VT* 93 (1993), p. 411–417.

Nogalski, J. D., « A Teaching Outline for Amos », *RevExp* 92 (1995), p. 147–151.

Nowack, W., *Die kleinen Propheten übersetzt und erklärt*, HKAT 3/4 Göttingen, Vandenhoeck & Ruprecht, [1897], 1922³.

O'Connell, R. H., « Telescoping v + 1 Patterns in the Book of Amos », *VT* 46 (1996), p. 56–73.

Olyan, S. M., « The Oaths of Am 8, 14 », dans Anderson, G. A., Olyan, S. M. (eds.), *Priesthood and Cult in Ancient Israel*, JSOTSup. 125, Sheffield, Sheffield Academic Press, 1991, p. 121–149.

Osty, E., *La Sainte Bible, Amos, Osée, Habaquq, Abdias, Joel, Jonas, Michée, Sophonie, Nahum, Agée, Zacharie, Malachie*, Paris, Cerf, 1960².

Paas, S., « Seeing and Singing : Visions and Hymns in the Book of Amos », *VT* 52 (2002) p. 253–274.

Paas, S., « De HERE als Schepper en Koning : De hymnen in Amos », NedThT 49 (1995), p. 124–139.

Park, A. W., *The Book of Amos as Composed and Read in Antiquity*, SBL 37, New York, Peter Lang, 2001.

Paul, Sh. M., « A Literary Reinvestigation of the Authenticity of the Oracles against the Nations of Amos », dans Doré, J., Grelot, P., Carrez, M. (éds.), *De la Tôrah au Messie, Mélanges Henri Cazelles*, Paris, Desclée, p. 189–204.

Paul, Sh. M., « Am 1:3 – 2, 3 : A Concatenous Literary Pattern », *JBL* 90 (1971), p. 397–403.

Paul, Sh. M., *Amos : A Commentary on the Book of Amos*, Hermeneia, Minneapolis, Fortress Press, 1991.

Pfeifer, G., « Jahwe als Schöpfer der Welt und Herr ihrer Mächte in der Verkündigung des Propheten Amos », *VT* 41 (1991), p. 475–481.

Pfeifer, G., « Die Ausweisung eines lästigen Ausländers. Amos 7, 10–17 », *ZAW* 96 (1984), p. 112–118.

Polley, M. E., *Amos and the Davidic Empire : A Socio-Historical Approach*, New York, Oxford University Press, 1989.

Pschibille, J., *Hat der Löwe erneut gebrüllt ? Sprachliche, formale und inhaltliche Gemeinsamkeiten in der Verkündigung Jeremias und Amos*, BTS 41, Neukirchen-Vluyn, Neukirchener Verlag, 200.

Ramsey, G. W., « Amos 4: 12 – A New Perspective », *JBL* 89 (1970), p. 187–191.

Reimer, H., *Richtet auf das Recht. Studien zur Botschaft des Amos*, SBS 149, Stuttgart, Katholisches Bibelwerk, 1992.

Reventlow, H. Graf, *Das Amt des Propheten bei Amos*, FRLANT 80, Göttingen, Vandenhoeck & Ruprecht, 1962.

Richardson, H. N., « *SKT* (Amos 9:11) : ‹ Booth › or ‹ Succoth › ? », *JBL* 92 (1973), p. 375–381.

Richardson, H. N., « A critical Note on Amos 7:14 », *JBL* 85 (1966), p. 89.

Robinson, T. H., *Die zwölf Kleinen Propheten, Hosea bis Micha*, HAT 14, Tübingen, Mohr Siebeck, [1936], 1964.

Rosenbaum, *Amos of Israel : A New interpretation*, Macon, Mercer University Press, 1990.

Rosenmüller, E. F. C., *Scholia in Vetus Testamentum VII*, vol 2, Leipzig, Barth, 1813.

Rottzoll, D. U., *Studien zur Redaktion und Komposition des Amosbuchs*, BZAW 243, Berlin/New York, de Gruyter, 1996.

Rowley, H. H., « Was Amos a Nabi ? », dans Fück, J. (ed.), *Festschrift Otto Eissfeldt zum 60. Geburtstage 1. September 1947. Dargebracht von Freunden und Verehrern*, Halle an der Saale, Max Niemeyer Verlag, 1947, p. 191–198.

Rudolph, W., « Amos 4, 6–13 », dans Stoebe, H. J., Stamm, J. J. (eds.), *Wort – Gebot – Glaube : Beiträge zur Theologie des Altes Testaments, Walter Eichrodt zum 80 Geburtstag*, ATANT 59, Zürich, Zwingli, 1970, p. 27–38.

Rudolph, W., *Joel-Amos-Obadja-Jona*, Gütersloh, Gerd Mohn/Gütersloher Verlagshaus, 1971.

Schart, A., *Die Entstehung des Zwölfprophetenbuchs. Neubearbeitungen von Amos im Rahmen schriftübergreifender Redaktionsprozesse*, BZAW 260, Berlin/New York, de Gruyter, 1998.

Schmid, H., « Nicht Prophet bin ich, noch bin ich Prophetensohn. Zur Erklärung von Amos 7, 14a », *Jud* 23 (1967), p. 68–74.

Schmidt, W. H., « Die deuteronomistische Redaktion des Amosbuches », *ZAW* 77 (1965), p. 168–193.

Seesemann, S. O., *Israel und Juda bei Amos and Hosea*, Leipzig, Dietrich, 1898.

Sellin, E., *Das Zwölfprophetenbuch übersetzt und erklärt*, KAT 12, Leipzig, Deichertsche Verlagsbuchhandlung, 1929[2].

Simian-Yofre, H., *Amos : nuova versione, introduzione e commento*, Milano, Paoline, 2002.

Smalley, W. A., « Recursion Patterns and the Sectioning of Amos », *BT* 30 (1979), p. 118–127.

Smalley, W. A., « The Chiastic Structure of Amos », *VT* 27 (1977), p. 170–177.

Smith, G. A., *The Book of the Twelve Prophets, Commonly Called the Minor*, vol. 1, [1896], New York, Harper and Brothers, 1928[3].

Smith, G. V., *Amos : A Commentary*, LBI, Grand Rapids, Zondervan, 1989.

Soggin, J. A., *Il profeta Amos, Traduzione e commento*, SB 61, Brescia, Paideia Editrice, 1982

Speier, S., « Bermerkungen zu Amos», *VT* 3 (1953), p. 305–310.

Spreafico, A., « Amos : Struttura formale e spunti per una interpretazione », *RivB* 29 (1981), p. 147–176.

Steiner, A. C., *Stockmen from Tekoa, Sycomores from Sheba : A Study of Amos's Occupation*, CBQ 36, Washington, 2003.

Steinmann, A., « The Order of Amos's Oracles against the Nations : 1:3–2:16 », *JBL* 111/4 (1992), p. 683–689.

Steins, G., « Das Chaos kehrt zurück ! Aufbau und Theologie von Amos 3–6 », *BN* 122 (2004), p. 35–43.

Steins, G., *Gericht und Vergebung :Re-Visionen zum Amosbuch*, SBS 221, Stuttgart, Katholisches Bibelwerk, 2010.

Story, C. I. K., « Amos-Prophet of Praise », *VT* 30 (1980), p. 67–80.

Stuart, D. K., *Hosea-Jonah*, Waco, Word, 1987.

Sweeney, M. A., *The Twelve Prophets vol. 1 : Hosea, Joel, Amos, Obadiah, Jona*, Collegeville, Minnesota, Michael Glazier Book Litugical Press, 2000.

Sweeney, M. A., « The Dystopianization of Utopian in prophetic Literature : The Case of Amos 9: 11–15 », dans Ben Zvi, E. (ed.), *Utopia and Dystopia in Prophetic Literature*, Helsinki, Publication of the Finnish Exegetical Society, 2006, p. 175–185.

Thompson, M. E. W., « Amos – A Prophet of Hope ? », *ExpTim* 104 (1992–1993), p. 771–776.

Thompson, H. O., *The Book of Amos : An Annotated Bibliography*, ATLABS 42, Lanham, Scarecrow Press, 1997.

Torrey, C. C., « Notes on Amos II. 7, VI. 10, VII. 3, IX. 8–10 », *JBL* 15 (1896), p. 151–154.

Tromp, N. J., Deden, D., *De profeet Amos*, Boxtel, Katholieke bijbelstichting, 1971.

Tucker, G. M., « Prophetic authenticity : A Form-Critical Study of Amos 7:10–17 », *Interpretation* 27 (1973), p. 423–434.

Utzschneider, H., « Die Amazjaerzählung (Am 7,10–17) zwischen Literatur und Historie », *BN* 41 (1988), p. 76–101.

Vesco, J. L., « Amos de Teqoa, défenseur de l'homme », *RB* 4 (1980), p. 481–513.

Vincent, J. M. « « Visionnaire, va-t'en ! » Interprétation d'Am 7, 10–17 dans son contexte », *ETR* 75 (2000), p. 229–250.

Vischer, A. W., « Amos, citoyen de Teqoa », *EThR* 50 (1975), p. 133–159.

Viviés, M. P., de, *Oracles du Seigneur, Amos, Osée, Isaïe*, Lyon, Profac, 2012.

Vogels, M., « Invitation à revenir à l'alliance et universalisme d'Amos 9, 7 », *VT* 22 (1972), p. 223–239.

Vogt, E., « *Waw* explicative in Amos VII 14 », *ExpTim* 68 (1956–1957), p. 301–302.

Vuilleumier-Bessard, R., *La tradition cultuelle d'Israël dans le livre d'Amos et d'Osée*, CahTheo 45, Neuchâtel/Paris, Delachaux & Niestlé, 1960.

Waard, J. de, « Le Dieu créateur dans l'hymne d'Amos », *FV*, 83 (1984), p. 35–44.

Waard, J. de, « The Chiastic Structure of Amos V 1–17 », *VT* 27 (1977), p. 170–177.

Waard, J. de, Smalley, W. A., *A translator's Handbook on the Book of Amos*, New York, United Bible Society, 1980.

Wal, A. van, der, « The Structure of Amos », *JSOT* 26 (1983), p. 107–113.

Wal, A. van, der, *Amos : A Classified Bibliography*, Amsterdam, VU Boekhandel/Uitgeverij, [1981 ; 1983], 1986.

Watts, J. D. W., « The Origin of the Book of Amos », *ExpTim* 66 (1954–1955), p. 109–112.

Watts, J. D. W., « An Old Hymn Preserved in the Book of Amos », *JNES* 15 (1956), p. 33–39

Watts, J. D. W., *Vision and Prophecy in Amos*, Leiden, Brill, 1958.

Watts, J. D. W., « Note on the Text of Amos 5: 7 », *VT* 4 (1954), p. 215–216.

Weiser, A., « Zu Amos 4, 6–13 », *ZAW* 46 (1928), p. 49–59.

Weiser, A., *Die Profetie des Amos*, BZAW 53, Giessen, Töpelmann, 1929.

Weiss, M., « The Pattern of Numerical Sequence in Amos 1–2 : A Re-Examination », *JBL* 86 (1967), p. 416–423.

Wendland, E. R., « The ‹ Word of the Lord › and the organization of Amos : A Dramatic Message of Conflict and Crisis in the Confrontation between the Prophet and the People of Yahweh », *OPTAT* 2/4 (1988), p. 1–51.

Werlitz, J., « Amos und sein Biograph. Zur Entstehung und Intention der Prophetenerzählung », *BZ* 44 (2000), p. 233–251.

Westermann, C., « Amos 5, 4–6. 14. 15 : Ihr werdet leben », dans Westermann, C., Albertz, R., *Erträge der Forschung am Alten Testament : Gesammelte Studien III*, TB 73, München, Chr., Kaiser Verlag, 1984, p. 107–118.

Wicke, D. W., « Two perspectives (Amos 5. 1–17) », *CurTM* 13 (1986), p. 89–96.

Williamson, H. G. M., « The Prophet and the Plumb-Line : A Redaction-Critical Study of Amos vii », dans Woode A. S., van der (ed.), *In Quest for the Past : Studies on Israelite Religion, Literature and Prophetism*, OTS 26, Leiden, Brill, 1990, p. 101–121.

Wolff, H. W., *L'enracinement spirituel d'Amos*, Genève, Labor et Fides 1974.

Wolff, H. W., *Joel and Amos : A Commentary on the Books of the Prophets Joel and Amos*, Hermeneia, Philadelphia, Fortress Press, 1977.

Wood, J. R., *Amos in Song and Book Culture*, JSOTSup. 337, London/New York, Sheffield Academic Press, 2002.

Wöhrle, J., *Die frühen Sammlungen des Zwölfprophetenbuches : Entstehung und Komposition*, BZAW 360, Berlin/New York, de Gruyter, 2006.

Würthwein, E., « Amos-Studien », *ZAW* 62 (1952), p. 10–52.

Zevit, Z., « Expressing Denial in Biblical Hebrew and Mishnaic Hebrew, and in Amos », *VT* 29 (1979), p. 505–509.

Zevit, Z., « A Misunderstanding at Bethel : Amos VII 12–17 », *VT* 25 (1975), p. 783–790.

Autres études

Ádna, J., « James › Position at the Summit Meeting of the Apostles and the Elders in Jerusalem (Acts 15) », dans Ádna, J., Kvalbein, H. (eds.), *The Mission of the Early Church to Jews and Gentiles*, WUNT 127, Tübingen, Mohr Siebeck, 2000, p. 125–161.

Albertz, R., *Israel in Exile : The History and Literature of the Sixth Century B.C.E.*, SBL 3, Atlanta, Society of Biblical Literature Press, 2003.

Alter, R., *The Art of Biblical Narrative*, New York, Basic Books, 1981.

Anderson, B. W., « Hosts, Host of heaven », dans Buttrick, G. A. (ed.), *IDB* II, New York-Abingdon, 1962, p. 654–656.

Angerstorfer, A., *Der Schöpfergott des Alten Testaments : Herkunft und Bedeutungsentwicklung des hebräischen Terminus ברא (bara) « schaffen »*, RSTh 20, Frankfurt/Bern/Las Vegas, Peter Lang, 1979.

Barnett, P., *Jesus and the Rise of Early Christianity*, Downer's Grove, InterVarsity, 1999.

Barth, K., *Kirchliche Dogmatik* IV, 2/2, Zürich, Evangelischer Verlag, 1948.

Witherington III, Ben, *The Acts of the Apostles : A Socio-Rhetorical Commentary*, Grand Rapids, Eerdmans, 1998.

Beale, G. K., *The Temple and the Chunks Mission : A Biblical Theology of the Dwelling Place of God*, Downer's Grove, InterVarsity, 2004.

Behrens, A., *Prophetische Visionsschilderungen im Alten Testament : sprachliche Eigenarten, Funktion und Geschichte einer Gattung*, AOAT 292, Münster, Ugarit Verlag, 2002.

Ben Zvi, E., « Twelve Prophetic Books or ‹ The Twelve › ? A Few Preliminary Consi-derations », dans Watts, J. D. W., House, P. R. (eds.), *Forming Prophetic Literature : Essays on Isaiah and the Twelve in Honor of John D. Watts*, JSOTSup. 235, Sheffield, Sheffield Academic press, 1996, p. 125–156.

Bergen, R. V., *The Prophets and the Law. Monographs of the Hebrew Union College 4*, New York, Hebrew Union College, 1974.

Blenkinsopp, J., « The prophetic Reproach », *JBL* 90 (1971), p. 267–278.

Blenkinsopp, J., *Une histoire de la prophétie en Israël, depuis le temps de l'installation en Canaan jusqu'à l'époque hellénistique* (trad. M. Desjardins), LD 152, Paris, Cerf, 1993.

Boda, M. J., « Chiasmus in Ubiquity : Symmetrical Mirages in Nehemiah 9 », *JSOT* 71 (1996), p. 55–70.

Braun, M., « James › Use of Amos at the Jerusalem Council : Steps towards a Possible Solution of the Textual and Theological Problems », *JETS* 20 (1977), p. 113–121.

Breasted, J., The Down of Conscience, New York, Charles Scribner's Sons, 1968.

Briend, J., « Sabbat », dans *DBS* 10 (1984), p. 1132–1170.

Bright, J., Jeremiah, AncB 21, Garden City, New York, Doubleday, 1965.

Briquel-Chatonnet, F., *Les relations entre les cités de la côte phénicienne et les royaumes d'Israël et de Juda, Studia Phoenicia XII*, Leuven, Département Oriëntalistiek, Uitgeverij Peeters, 1992.

Bruce, F. F., *The Book of the Acts : New International Commentary on the New Testament*, Grand Rapids, Eerdmans, 1988².

Buis, P., « Les formulaires d'alliance », *VT* 16 (1966), p. 396–411.

Carasik, M., « The Limits of Omniscience », *JBL* 119 (2000), p. 221–232.

Carny, P., « Doxologies – A Scientific Myth », *HS* 18 (1977), p. 149–159.

Charpin, D., Ziegler, N., *Florigium Marianum V. Mari et le Proche-Orient à l'époque amorite : essai d'histoire politique*, MN 6, Paris, SEPAO, 2003.

Charpin, R., « Tell Hariri/Mari : textes II. Les archives de l'époque amorite », dans *DBS* 14, Paris, Letouzey & Ané, 2008, col. 233–248.

Childs, B. S., *Introduction to the Old Testament as Scripture*, Philadelphia, Fortress Press, 1979.

Christensen, D. L., *The Transformation of the War Oracle in the Old Testament Prophecy : Studies in the Oracles against the Nations*, Missoula, Scholars Press, 1975.

Clements, R., *Prophecy and Tradition*, Oxford, B. Blackwell, 1975.

Cooper, K. R., « The Tabernacle of David in Biblical Prophecy », *BS* 168 (2011), p. 402–412.

Crenshaw, J. L., « Wedōrêk ʿal-bāmōtê ʾāreṣ », *CBQ* 34 (1972), p. 39–53.

Crenshaw, J. L., *Prophetic Conflict : Its Effect upon Israelite Religion*, BZAW 124, Berlin/New York, de Gruyter, 1971.

Dahood, M., Psalms III (101–150), AncB 17a, Garden City, New York, Doubleday, 1970.

Dahood, M., « Ugaritic-Hebrew Lexicography IX », *Bib* 52 (1971), p. 337–356.

Dawson, D. A., *Text-Linguistics and Biblical Hebrew*, JSOTSup. 177, Sheffield, Sheffield University Press, 1994.

Dhorme, E., « L'Idée de l'au-delà dans la religion hébraïque », *RHR* 123 (1941), p. 113–142.

Dobbs-Allsopp, F. W., *Weep, O Daughter of Zion : A Study of the City-Lament Genre in the Hebrew Bible*, BibOr 44, Roma, Pontificio Istituto Biblico, 1993.

Dorsey, D. A., *The Literary Structure of the Old Testament : A commentary on Genesis-Malachi*, Grand Rapids, Baker, 1999.

Driver, G. R., «Affirmation by Exclamatory Negation », *JANESCU* 5 (1973), p. 107–114.

Eberlein, K., *Gott der Schöpfer-Israels Gott. Ein exegetisch-hermeneutische Studie zur theologischen Funktion alttestamentlicher Schöpfungsaussagen*, BEATAJ 5, Frankfurt/Bern/New York/Paris, Peter Lang, 1986.

Eissfeldt, O., *The Old Testament. An Introduction Including the Apocrypha and Pseudepigrapha, and also the Works of Similar Type from Qumran*, New York, Harper et Roy, 1965³.

Ellul, J., *L'Apocalypse, architecture en mouvement*, Paris, Desclée, 1975.

Fensham, F. C., « Common Trends in Curses of the Near Eastern treaties and I Kudurru-Inscriptions Compared with Maledictions of Amos and Isaiah », *ZAW* 75 (1963), p. 155–175.

Fensham, F. C., « Malediction and Benediction in Ancient Near Eastern Vassal-Treaties and in the Old Testament », *ZAW* 74 (1962), p. 1–9.

Ferry, B. M., « La miséricorde », dans Bogaert, P. M., Delcor, M., Jacob, E., (als.), *Dictionnaire encyclopédique de la Bible*, Turnhout (Belgique), Brepols, 1987, p. 847.

Finley, T. J., « Dimensions of the Hebrew Word for ‹ Create › (בָּרָא) », *BS* 148 (1991), p. 409–423.

Fohrer, G., *Das Buch Hiob*, *KAT* 16, Gütersloh, G. Mohn, Gütersloher Verlagshaus, 1963.

Fohrer, G., « *Prophetie und Magie* », *ZAW* 78 (1966), p. 25–47.

Freedman, D. N., « Deliberate Deviation from an Established Pattern of Repetition in Hebrew Poetry as a Rhetorical Device », dans Giveon, R., Anbar, M. (eds.), *Proceedings of the Ninth World Congress of Jewish Studies*, Jerusalem, World Union of Jewish Studies, 1986, p. 45–52.

Gemser, B., *The Rib-or-Controversy-Pattern in Hebrew Mentality*, VTSup. 3, Leiden, Brill, 1955.

Good, E. M., *Irony in the Old Testament*, BLS 3, Sheffield, Almond Press, 1981².

Gottwald, N. K., *All the Kingdoms of the Earth. Israelite Prophecy and International Relations in the Ancient Near East*, New York, Harper & Row, 1964.

Greenberg, M., *Ezekiel 1–20 : A New Translation with Introduction and Commentary*, AncB 22, Garden City, Doubleday, 1983.

Gressmann, H., *Der Messias*, Göttingen, Vandenhoeck & Ruprecht, 1929.

Gunkel, H., « The prophets as Writers and Poets », dans Petersen, D. (ed.), *Prophecy in Israel*, IRT 10, Philadelphia, Fortress Press, 1987, p. 22–73.

Hallo, W. W., « New Moons and Sabbaths : A Case Study in the Contrastive Approach », *HUCA* 48 (1977), p. 1–18.

Harrison, R. K., *Introduction to the Old Testament*, Grand Rapids, Eerdmans, 1969.

Harvey, J., « Le « Rib-pattern », réquisitoire prophétique sur la rupture de l'Alliance », *RB* 43 (1962), p. 172–196.

Hasel, G. F., « Sabbath », dans *AncBD* 5 (1992), p. 849–856.

Hasel, G. F., *The Remnant : The History and the Theology of the Remnant Idea from Genesis to Isaiah*, AUMSR 5, Berrien Springs, Andrew University Press, 1980.

Hayes, J. H., « The Usage of the Oracles against the Foreign Nations in Ancient Israel », *JBL* 87 (1968), p. 81–92.

Hehn, F., « Zur Bedeutung der Siebenzahl », *BZAW* 41 (1925), p. 128–136.

Hempel, J., « Die israelitischen Anschauungen von Segen und Fluch im Lichte alt-orientalischer Parallelen, Apoxysmata », *BZAW* 81 (1961), p. 30–113.

Herrmann, W., « Wann wurde Jahwe zum Schöpfer der Welt ? », *UF* 23 (1991), p. 165–180.

Hoffmann, Y., *The Prophecies against Foreign Nations in the Bible*, Heb. Doctoral Dissertation, Tel Aviv, Tel Aviv University, 1977.

Holladay, W. L., *The Root šubh in the Old Testament : with Particular Reference to its Usages in Covenantal Contexts*, Leiden, Brill, 1958.

Hölscher, G., *Die Propheten : Untersuchungen zur Religionsgeschichte Israels*, Leipzig, Hinrich, 1914.

House, P. R., « Endings as New Beginnings », dans Redditt, P. L., Schart, A. (eds.), *Thematic Threads in the Book of the Twelve*, BZAW 325, Berlin/New York, de Gruyter, 2003, p. 313–338.

Huffmon, H., « The Convenant Lawsuit in the prophets », *JBL* 78 (1959), p. 285–295.

Humbert, P., « Emploi et portée biblique du verbe yāsar et de ses dérivés substantifs », dans Hempel, J., Rost, L., Albright, W. F., *Von Ugarit nach Qumran : Beiträge zur alttestes-*

tamentlichen und altorientalischen Forschung, Otto Eissfeldt zum 1. September 1957 dargebracht von Freunden und Schülern, BZAW 77, Berlin, Töpelmann, 1958, p. 82–88.

Jemielity, T., *Satire and the Hebrew Prophets : Literary Current in Biblical Interpretation*, Louisville, Westminster John Knox Press, 1992.

Jepsen, A., « Gnade und Barmherzigkeit im Alte Testament », dans *Kerygma und Dogma 7*, Göttingen, Vandenhoeck and Ruprecht, 1961, p. 261–271.

Jones, B. A., *The Formation of the Book of the Twelve : A Study in Text and Canon*, SBLDS 149, Atlanta, Scholars Press, 1995.

Kaiser, W. C. J., *The Uses of the Old Testament in the New*, Chicago, Moody, 1985.

Kapelrud, E. G. A. S., « The Number Seven in Ugaritic Texts », *VT* 18 (1968), p. 494–499.

Koch, K., *The Prophet vol. 1 : The Assyrian Period*, Philadelphia, Fortress Press, 1983.

Körner, J., « Die Bedeutung der Wurzel bārā im Alten Testament », *OLZ* 64 (1969), p. 533–540.

Lagrange, P. M. J., *Études sur les religions sémitiques*, Paris, Lecoffre, 1903.

Lemaire, A., « Le sabbat à l'époque royale israélite », *RB* 80 (1973), p. 161–185.

Lenski, R. C. H., *The Interpretation of the Acts of the Apostles 15 – 28*, Minneapolis, Augsburg Fortress Press, 1934.

Lods, A., *Les prophètes d'Israël et les débuts du judaïsme*, Paris, Albin Michel, 1969.

Lods, A., *Histoire de la littérature hébraïque et juive : depuis les origines jusqu'à la ruine de l'État juif (135 après J.-C)*, Paris, Payot, 1950.

Longman, T., Dillard, R., *Introduction à l'Ancien Testament*, OR, France, Excelsis, 2008.

Lowth, R., *Leçons sur la poésie sacrée des Hébreux* II, Lyon, Avignon, 1812.

Lund, N. W., *Chiasmus in the New Testament. A Study in Formgeschichte*, Chapel Hill, University of North Carolina Press, 1942.

Luther, M., *Œuvres complètes tome 14*, Genève, Labor et Fides, 1993.

Marks, H. « The Twelve Prophets », dans Alter, R., Kermode, F. (eds.), *The Literary Guide to the Bible*, London, Collins, University Press, 1987, p. 207–233.

Marshall, I. H., « Acts », dans Beale, G. K., Carson, D. A. (eds.), *Commentary on the New Testament Use of the Old Testament*, Grand Rapids, Baker Academic, 2007, p. 513–606.

Mathys, H. P., *Dichter und Beter : Theologen aus spätalttestamentlicher Zeit*, OBO 132, Éditions Universitaires — Göttingen, Vandenhoeck et Ruprecht, 1994.

Mauchline, J., « Implicit Signs of a Persistent Belief in the Davidic Empire », *VT* 29 (1970), p. 287–303.

Meynet, R., *Initiations à la rhétorique biblique. « Qui donc est le plus grand ? »*, Initiations, Paris, Cerf, 1982.

Meynet, R., *L'Analyse rhétorique, Initiations*, Paris, Cerf, 1989.

Meynet, R., *Lire la Bible*, Paris, Flammarion, 1996.

Meynet, R., *Quelle est donc cette parole ? Lecture rhétorique de l'Evangile de Luc (1 – 9 et 22 – 24)*, Paris, Cerf, 1979.

Mol, J., *Collective and Individual Responsability. A Description of Corporate Personality in Ezechiel 18 and 20*, SSN 53, Lieden, Brill, 2009.

Mosley, H. R., « The Oracles against the Nations », *ThE* 52 (1995), p. 37–45.

Mowinckel, S., « Die Sternnamen im Alten Testament », *NorTT* 29 (1928), p. 5–75.

Mowinckel, S., *Prophecy and Tradition : the Prophetic Books in the Light of the Study of the Growth and History of the Tradition*, Oslo, J. Dybwad, 1946.

Niehaus, J. J., *God at Sinai : Covenant and Theophany in the Bible and Ancient Near East*, SOTBT, Grand Rapids, Michigan, Zondervan Publishing House, 1995.

Noble, P. R., « Israel among the Nations », *HBT* 15 (1997), p. 56–82.

Nogalski, J. D., *Literary Precursors in the Book of the Twelve*, BZAW 217, Berlin/New York, de Gruyter, 1998.

Nogalski, J. D., Sweeney, M. A. (eds.), *Reading and Hearing the Book of the Twelve*, Atlanta, SBL (symposium 15), 2000.

Ohler, A., *Elementi mitologici nell'Antico Testamento*, Torino, Marietti, 1970.

Paas, S., « A Textual Remark note on Ps 143, 6 (אֶרֶץ – עֵיפָה a weary Land ?) », *ZAW* 113 (2001), p. 415–418.

Panurak, H. D. van, « Some Axioms for Literary Architecture », *Semitics* 8 (1982), p.1–16.

Panurak, H. D. van, « Some Discourse Functions of Prophetic Quotation Formulas in Jeremiah », dans Bergen, R. D. (ed.), *Biblical Hebrew and Discourse Linguistics*, Dallas, Summer Institute of Linguistics, 1994, p. 489–519.

Paran, M., *Forms of the Priestly Style in the Pentateuch, Patterns, Linguistic, Usages, Syntactic Structures*, Jerusalem, Magnes Press, 1989.

Petersen, D. L., *The Roles of Israel's Prophets*, JSOTSup.17, Sheffield, JSOT Press, 1981.

Pfeifer, G., « Ich bin in tiefe Wasser geraten, und die Flut will mich ersäufen (Psalm LXIX 3) : Anregungen und Vorschläge zur Aufarbeitung wissenschaftlicher Sekundärliteratur », *VT* 37 (1987), p. 327–339.

Porter, J. R., בֶּן־נָבִיא, *JTS* 32 (1981), p. 423–429.

Posener, G., *Princes et pays d'Asie et de Nubie. Textes hiératiques sur des figurines d'envoûtement du Moyen Empire*, Bruxelles, Fondation égyptologique Reine Elisabeth, 1940.

Rad, G. von, « Gerichtdoxologie », dans Jepsen, A., Bernhardt, K. H., *Shalom : Studien zu Glaube und Geschichte Israels*, Stuttgart, Calwer, 1971, p. 28–37.

Rad, G. von, *Théologie de l'Ancien Testament, tome 2*, Genève, Labor et Fides, 1965.

Ramlot, L., « Prophétisme », *DBS* VII, 1970, col. 811–1222.

Randall, C. C., « An Approach to Biblical Satire », dans Knight, J. C., Sinclair, L. A., Hunt, J. I., *The Psalms and Other Studies on the Old Testament, presented to Joseph I. Hunt, Professor of Old Testament and Hebrew, Nashotah House Seminary on his Seventieth Birthday*, Nashotah/Wisconsin, Nashotah House Seminary, 1990, p. 132–144.

Reisel, M., « The Relation Between the Creative Function of the Verbs ברא- יצר – עשׂה in Is 43, 7 and 45, 7 », dans Boertien, M. (ed.), *Verkenningen in een Stroomgebied : proeven van oudtestamentisch onderzoek*, Amsterdam, Huisdrukkerij Universiteit, 1974, p. 65–79.

Renan, E., *Histoire du peuple d'Israël, livre IV, tome 2*, Paris, Calmann Levy, 1893.

Rendtorff, R., *Das Alte Testament. Eine Einführung*, Neukirchen-Vluyn, Neukirchener Verlag, 1983.

Robinson, T. H., *Prophecy and Prophets in Ancient Israel*, London, Gerald Duckworth, [1923], 1953.

Rubenstein, J. L., « The Symbolism of the Sukkah : Part 1 », *Jdm* 43 (1994), p. 371–387.

Sassin, J., « Genealogical convention in biblical chronology », *ZAW* 90 (1978), p. 171–183.

Schiffman, L. H., *Les manuscrits de la mer morte et le judaïsme, l'apport de l'ancienne bibliothèque de Qumrân à l'histoire du judaïsme*, Québec, Fides, 2003.

Schmidt, W. H., *Die Schöpfungsgeschichte der Priesterschrift. Zur Überlieferungs-geschichte von Genesis 1,1–2,4a von 2,4b–3,24*, WMANT 17, Neukirchen-Vluyn, Neukirchener Verlag, 1967².

Sellin, E., Fohrer, G., *Einleitung in das Alte Testament*, Heidelberg, Quelle/Meyer, 1965.

Sethe, K., *Die Ächtung feindlicher Fürsten, Völker und Dinge auf altägyptischen Tongefäßscherben des Mittleren Reiches nach den Originalen im Berliner Museum*, Berlin, Verlag der Akademie der Wissenschaften, 1926.

Sicre Diaz, J. L., « *Con los pobres de la tierra* » : *la justicia social en los profetas de Israel*, Madrid, Ediciones Cristiandad, 1984.

Soggin, J. A., *Introduction to the Old Testament : From Its Origins to the Closing of the Alexandrian Canon*, Louisville-Kentucky, Westminster /John Knox Press, 1989.

Steinmann, J., *Le prophétisme biblique des origines à* Osée, LD 23, Paris, 1959.

Strong, J. T., « Tyre's Isolationist Policies in the Early Sixth Century BCE : Evidence from the Prophets », *VT* 47 (1977), p. 207–219.

Sweeney, M. A., « Formation and Form in the Prophetic Literature », dans Mays, J. L., Petersen, D. L., Richards, K. H. (eds.), *Old Testament Interpretation, Past, Present and Future. Essays in Honor of Gene M. Tucker*, Nashville, Abingdon, 1995, p. 113–126.

Tanner, J. P., « James's Quotation of Amos 9 to Settle the Jerusalem Council Debate in Acts 15», *JETS* 55/1 (2012), p. 65–85.

Thompson, J. A., « The Response in Biblical and Non-Biblical Literature with Particular Reference to the Hebrew Prophets », dans Conrad, E.W., Newing, E. G. (eds.), *Perspectives on Language and Text : Essays and Poems in Honor of Francis I. Anderson's Sixtieth Birthday*, Winona Lake, Eisenbrauns,1987, p. 255–268.

Tromp, N. J., « Amos V 1–17. Towards a stylistic and Rhetorical Analysis », dans Woude, van der, A. S. (ed.), *Prophets, Worship and Theodicy : Studies in Prophetism, Biblical Theology and Structural and Rhetorical Analysis, and the place of Music in Worship*, OTS 23, Leiden, Brill, 1984, p. 56–84.

Tzevat, M., « The Basic Meaning of the Biblical Sabbath », *ZAW* 84 (1972), p. 447–459.

Vanhoye, A., *La structure littéraire de l'Epître aux Hébreux*, Paris, Desclée De Brouwer, 1976.

Vawter, B., « Were the Prophets nābî' », *Bib* 66 (1985), p. 206–220.

Veijola, T., « Die Propheten und das Alter des Sabbatgebots », dans Fritz, V., Pohlmann, K. F., Schmitt, H. C. (eds.), Prophet und Prophetenbuch, Festschrift für Otto Kaiser zum 65. Geburtstag, BZAW 185, Berlin/New York, de Gruyter, 1989, p. 246–264.

Vermeylen, J., *Du prophète Isaïe à l'apocalyptique : Isaïe I – XXXV, miroir d'un demi-millénaire d'expérience religieuse en Israël*, tome 2, Paris, Gabalda, 1978.

Watson, W. G. E., *Classical Hebrew Poetry A Guide to Its Techniques*, JSOTSup. 26, Sheffield, JSOT Press, 1986.

Weber, M., *Gesammelte Aufsätze zur Religionssoziologie III : Das antike Judentum*, Tübingen, Mohr Siebeck, 1923.

Weinfeld, M., *Deuteronomy and Deuteronomic School*, Oxford, Clarendon Press, 1972.

Weiser, A., *The Old Testament : Its Formation and Development*, New York, Association Press, 1961.

Weiss, M., « The Pattern of the ‹ Execration Texts › in the Prophetic Literature », *IEJ* 19 (1969), p. 150–157.

Weiss, M., « Die Methode der « Total-Interpretation » : Von der Notwendigkeit der Struktur-Analyse für das Verständnis der biblischen Dichtung », dans Anderson, G. W. (ed.), *Congress, Uppsala 1971*, VTSup. 22, Leiden, Brill, 1972, p. 88–112.

Welch, J. W. (ed.), *Chiasmus in Antiquity : Structures, Analyses, Exegesis*, Hildesheim, Gerstenberg, 1981.

Wellhausen, J., *Die kleinen Propheten übersetzt und erklärt. Skizzen und Vorarbeiten*, Berlin, [Georg Reiner,1892], de Gruyter 1963⁴.

Wellhausen, J., *Prolegomena to the History of Israel*, [1878; 1883], Cambridge, Cambridge University Press, 2013.

Wénin, A., *Le Sabbat dans la Bible* (Connaître la Bible, 38), Bruxelles, Lumen Vitae, 2005.

Willi-Plein, I., *Vorformen der Schriftexegese innerhalb des Alten Testaments : Unter-suchungen zum literarischen Werden der auf Amos, Hosea und Micha zurück-gehenden Bücher im hebräischen Zwölfprophetenbuch*, BZAW 123, Berlin/New York, de Gruyter, 1971.

Wright, C. J. H., *Living as People of God : The Relevance of Old Testament Ethic*, Leicester, Inter-Varsity Press, 1985.

Youngblood, R., « לקראת in Amos 4: 12 », *JBL* 90 (1977), p. 98.

Index des auteurs

https://doi.org/10.1515/9783110562743-034

Index des références Bibliques

https://doi.org/10.1515/9783110562743-035

Index des mots clés

https://doi.org/10.1515/9783110562743-036